반대물의 복합체

COMPLEXIO OPPOSITORUM-ÜBER CARL SCHMITT.
Vorträge und Diskussionsbeiträge des 28. Sonderseminars 1986 der
Hochschule für Verwaltungswissenschaften Speyer (1st edition 1988)
edited by Helmut Quartisch

반대물의 복합체

COMPLEXIO OPPOSITORUM

20세기 법학과 정신과학에서 카를 슈미트의 위상

헬무트 크바리치 외 저 | 김효전 편역

Carl Schmitt

산지니

일러두기

· 각주는 1), 역자 미주는 *로 표시하였습니다.

· 역자의 부연은 [ ] 로 표시하였습니다.

· 각 논문의 필자가 강조한 부분은 고딕체로 표시하였습니다.

편역자 서문

이 책은 Helmut Quaritsch (Hrsg.), Complexio Oppositorum. Über Carl Schmitt, Berlin: Duncker & Humblot 1988, 610 S.에 수록된 26편의 논문 중 11편과 서론을 한국어로 번역한 것이다.

카를 슈미트(Carl Schmitt, 1888~1985)가 세상을 떠난 지 1년 반이 지난 1986년 가을, 10월 1일부터 3일에 걸쳐 편자인 헬무트 크바리치가 근무하던 슈파이어 행정대학원(Hochschule für Verwaltungswissenschaften Speyer)에서 〈20세기 법학과 정신과학에서 카를 슈미트의 위상〉이라는 테마로 특별 세미나가 열렸다. 세미나의 경과에 대해서는 편자가 서문에서 자세히 기록하고 있으므로 여기서는 생략한다.

이 책은 원서의 편별과는 달리 슈미트의 정치신학, 정치사상, 헌법사상이란 세 가지의 시각에서 관련된 논문들을 선별했으며, 논문 중에는 말미에 세미나 당시의 '토론(Aussprache)'이 붙어 있는 것도 있는데 이것은 모두 삭제하였다.

편집자인 크바리치는 서문에서 특별 세미나의 목적이 슈미트 개인을 연구하고 사죄하거나 단죄하는 것이 아니라 그의 이론의 영향력에 관한 평가라고 적었다. 그러나 이 세미나에 초대되어 발표하거나 토론에 참가한 사람들은 대부분 슈미트의 제자들이거나 그와 관련된 인사 내지는 친척이기도 하다. 또한 어떤 사상이나 이론은 이것을 만들어낸 사람의 생애나 그의 시대적 배경에 대한 이해 없이는 올바로 파악할 수 없다는 것은 너무나 자명한 사실이다. 여하튼 슈미트에 대해서는 독일 본국에서뿐만 아니라 전 세계의 여러 나라에서 관심이 많으며 한국에서도 계속하여 번역서와 연구문헌이 발표되고 있다. 이에 관하여는 편역자가 이미 『칼 슈미트 연구』(세종출판사, 2001)와 『정치적인 것의 개념』(정태호와 공역, 살림, 2012) 해설 등에서 정리한 바가 있어서 여기서는 중복을 피한다.

전체적으로 볼 때 슈미트는 자신의 조국에서는 부정적인 평가를 받는 데 반하여 외국, 특히 영어사용권에서는 최근에야 그에게 관심을 가지고 번역서와 연구 문헌들이 나오고 있다. 이 책을 보는 독자들은 한국에서 카를 슈미트는 어떤 의미가 있는가 하는 문제의식과 관점에서 보았으면 하는 것이 편역자가 이 책을 펴내는 동기이며 의도이다.

번역을 함에 있어서는 시야케 마사노리(初宿正典) · 고가 게이타(古賀敬太) 편역, 『カール · シュミットの遺産』(風行社, 1993)을 많이 참조하였다. 몇 군데 오역과 누락된 곳도 있으나 큰 도움이 되었다. 특히 이 번역서와 함께 세미나에서의 관련 자료를 보내주신 고 갈봉근 박사와의 대담을 이제는 감사와 추억 속에 기리게 되었다. 이와 아울러 편역자가 오래전에 동아대학교 대학원에서 강의할 때 초벌 번역을 맡아서 수고해준 김광명 · 이병규 · 류성준 · 장이화 여러분에게도 고마운 마음을 늦게나마 다시 전한다. 복잡하고 어려운 독일 문헌의 해독과 내용 파악에 대해서는 또 정태호 교수의 도움을 많이 받았다. 그러나 번역의 모든 책임은 편역자에게 있음은 물론이다.

끝으로 산발적으로 발표된 논문들을 한 권의 책으로 엮어서 출판하도록 기회를 주신 산지니의 강수걸 대표에게 감사하며, 교정을 꼼꼼하게 보아준 손수경 씨의 노고를 치하한다.

2014년 3월

편역자 김효전

서문

이 책은 〈20세기 법학과 정신과학에서 카를 슈미트의 위상〉이라는 대주제 아래 1986년 10월 1일부터 3일까지 슈파이어 행정대학원에서 개최된 특별 세미나를 기록한 것이다. 슈파이어 행정대학원 재직 교수들이 주로 주관한 특별 세미나에는 개별 주제에 대한 전문가로서 개인적으로 초대받은 몇몇 발제자도 합류하였고, 각 주제의 전문가로 이름이 있거나 그렇게 불리는 학자들이 초대를 받았다. 애초에 20인으로 예상되었던 세미나 참여자가 50인으로 늘어나면서 초대 명단을 마감해야 했다. 이 숫자를 넘어서면 세미나 토론이 불가능해지기 때문에 문헌상 카를 슈미트 전문가라고 할 수 있는 모든 사람들이 함께할 수 없었다. 특히 일련의 스페인 학자들이나 이탈리아 학자들이 제외될 수밖에 없었다.

카를 슈미트가 독일에서 조직적 · 공식적인 전문가 회합의 주제가 된 것은 이번 세미나가 처음이었다. 이번 세미나의 목적은 국가와 법의 영역에서 개최된 학문적 기획으로서 슈미트 개인의 성격을 탐구 · 해명하고 사죄하거나 단죄하는 것이 아니었다. 세미나 참가자들은 카를 슈미트가 나치스 체제를 지지했다는 것을 충분히 알고 있다. 그의 지원 방식, 특히 1934년과 1936년에 그가 발표한 유명한 논문들과 관련하여 그에게 면책을 줄 수도 없고 그렇게 해서도 안 된다. 카를 슈미트 자신도 전후에 이 출판물을 "…정녕 끔찍한 것이다. 그것들에 대하여 달리 평가할 수 없다" (Joseph Bendersky, Carl Schmitt. Theorist for the Reich, Princeton N. J. 1983, p. 269 참조)고 자책하였다. 이와 같은 자기단죄가 있었다고 하여—이 점에 대해서는 모든 참가자들이 생각을 같이하였을 것이다—68년 동안이나 20세기에 독일 법률가가 집필한 글들 중 가장 주목을 끈 글들을 발표한 저자이고, 또 자신의 전문영역을 넘어 호응과 반발을 불러일으키고 항상 정신과 사람들의 격정을 유발하는 등의 영향력을 그에 견줄 정도로 발휘하고 있는 독일의 다른 법률가를 알지 못하는 학자를 학문적 · 정치적으로 망각 속에 파묻어버리는 것이 정당화되는 것은 아니다. 카를 슈미트가 오늘날에도 여전히 그러한 영향력을 발휘하고 있는지 또는 그가 오늘날 어떻게 영향을 미치고 있는지, 카를 슈미트가 1986년 현재 단순한 골동품과 같은 학문적 관심만을 끌고 있는 것인지가 이번 세미나의 본질적 물음이 되어야 한다. 본 특별 세미나의 인적 구성이 학문 분야 면에서는 신학자, 철학자, 고대사가와 근대사가, 정치학자, 사회학자, 법학자를 망라하고 있고, 그 활동무대도 대학 교수만이 아니라 실무가에 걸쳐 있으며, 그 출신국도 독일을 넘어 벨기에, 프랑스, 스위스, 이탈리아, 영국, 미국, 한국을 아우를 정도로 이례적으로 폭넓고 다양하다는 사실도 카를 슈미트의 학문적 주장과 글이 발휘하는 학문 분과의 초월적인 영향력을 말해주고 있다. 따라서 슈미트 우파와 슈미트 좌파, 반슈미트파, 비슈미트파로 슈미트 관련 학자들을 구분할 수 있는 가능성과는 별개로 이번 세미나는 주제를 다양하게 반영할 수 있을 것으로 기대하고 있다.

시간의 제약으로 인하여 발제자들은 발표 전에 제출한 발제문의 요지만을 설명할 수 있었다. 그 때문에 토론문은 이와 같은 요지와 구두로 발표된 것만을 수록할 수 있었다. 이 책에 담긴 보다 상세한 발제문의 인쇄본과 토론문을 비교할 때 이 점을 감안하여야 한다. 시간 부족으로 일부 발제자들은 발제 자체를 하지 못했다.*

필자가 쓴 이 책의 서론은 세미나 참석자들 앞에서 낭독할 필요는 없었다. 물론 서론에 담긴 생각들이 도움이 될 수도 있다는 생각에서 서론을 발제자들에게도 제시하였다.

헬무트 룸프(Helmut Rumpf) 씨는 약속했던 「카를 슈미트의 국제법 사상에 담긴 세계질서(Großraumordnung)」를 완성할 수 없었다. 그는 1986년 4월 23일 타계하였다. 그가 국제법의 박학한 실무가요 카를 슈미트 저작에 대하여 정통하고 있음을 보여주는 그의 논저들을 알고 있는 사람이라면 누구나 그의 영면이 카를 슈미트 연구 작업에 큰 손실일 뿐 아니라 이 책의 주제와 관련해서도 빈틈을 남겼음을 느낄 것이다.

세미나 개최에 필요한 재원을 마련해준 독일연구재단에 감사를 표한다. 또한 이번 학술행사에 대한 재정지원만이 아니라 장소와 행정인력을 제공해주신 슈파이어 행정대학원에 대해서도 사의를 표한다. 동 대학교 총장 블뤼멜(W. Blümel) 교수께서도 본 세미나를 시작부터 환대하여 주시고 매사에 도움을 아끼지 않으셨다.

필자의 조교인 라인하르트 페터스(Reinhard Peters)는 제2차 변호사 시험 합격자로서 조악한 상태의 녹음을 토대로 토론내용을 녹취하고 발제문 형식의 통일작업을 수행하여 주었다. 필자의 비서 가브리엘레 덴하르트(Gabriele Dennhardt) 부인은 타자기로 깨끗한 원고를 작성하여 주었고 탈루되는 것이 없도록 세심한 신경을 써주었다. 두 사람은 거듭하여 사무직원으로서의 의무 이상의 일을 헌신적으로 해주었다.

둥커 운트 훔블로트(Duncker&Humblot) 출판사 사장인 노르베르트 시몬(Norbert Simon) 변호사께서는 슈파이어에서 열린 세미나에 친히 오셔서 출판 관련 비화를 들려주었을 뿐 아니라 이 책이 신속하게 출판될 수 있도록 배려하여 주셨다. 이 자리를 빌려 심심한 감사를 표한다.

1987년 8월 슈파이어에서

헬무트 크바리치

차례

카를 슈미트 특별 세미나는 1986년 10월 1일부터 3일간 독일 슈파이어 행정대학원에서 개최되었다. 그 정식 명칭은 〈20세기 법학과 정신과학에서 카를 슈미트의 위상〉이며, 여기에는 세계 각국에서 60여 명의 국법학자, 정치학자, 사회학자, 역사학자 등이 참가하였고 한국에서는 갈봉근(1932-2002) 교수가 참가하였다. 상세는 『고시계』 1986년 11월호, 210쪽 참조.

이 세미나에서의 강연과 토론들은 1988년 Helmut Quaritsch (Hrsg.), Complexio Oppositorum Über Carl Schmitt, Berlin: Duncker & Humblot 1988, 610 S.라는 책자로 발간되었다. 이 책은 편자인 헬무트 크바리치의 「서론: 카를 슈미트와 그의 저작에 대한 접근방법(Über den Umgang mit Person und Werk Carl Schmitts)」 외에 4부로 구성되어 있으며, 28편의 논문과 자료가 수록되어 있다. 차례는 다음과 같다.

제1부 전기(Zur Biographie)

- 에버하르트 프라이헤르 폰 메뎀, 카를 슈미트의 학문적 유산(Eberhard Frhr. von Medem, Der wissenschaftliche Nachlaß von Carl Schmitt)
- 에른스트 루돌프 후버, 바이마르 말기 라이히 위기에 있어서의 카를 슈미트(Ernst Rudolf Huber, Carl Schmitt in der Reichskrise der Weimarer Endzeit)
- 피이트 토미센, 학문적 전기의 초석: 1888-1933년 시대[Piet Tommissen, Bausteine zu einer wissenschaftlichen Biographie (Periode: 1888-1933)]

제2부 방향설정(Orientierungen)

- 미켈레 니콜레티, 카를 슈미트의 '정치신학'의 기원(Michele Nicoletti, Die Ursprünge von Carl Schmitts "Politischer Theologie")
- 아르민 몰러, 카를 슈미트와 '보수혁명'(Armin Mohler, Carl Schmitt und die "Konservative Revolution")
- 클라우스 크뢰거, 카를 슈미트의 '로마 가톨릭주의와 정치형태'에 관한 논평(Klaus Kröger, Bemerkungen zu Carl Schmitts "Römischer Katholizismus und politische Form")
- 빌헬름 니센, '기독교적 에피메테우스의 사악하고 품위 없으나 신뢰할 만

한 예시'인 카를 슈미트(Wilhelm Nyssen, Carl Schmitt, "der schlechte, unwürdige und doch authentische Fall eines christlichen Epimetheus")

- 귄터 마슈케, '결단'의 이의성-카를 슈미트 저작에서의 토머스 홉스와 도노소 코르테스(Günter Maschke, Die Zweideutigkeit der "Entscheidung"-Thomas Hobbes und Juan Donoso Cortés im Werk Carl Schmitts)
- 엘렌 케네디, 정치적 표현주의-카를 슈미트의 정치적인 것의 개념의 문화비판적 및 형이상학적 연원(Ellen Kennedy, Politischer Expressionismus: Die kulturkritischen und metaphysischen Ursprünge des Begriffs des Politischen von Carl Schmitt)

제3부 저작에서(Aus dem Werk)

- 카를 슈미트, 정치적인 것의 개념. 이탈리아판을 위한 1971년의 서문(C. Schmitt, Der Begriff des Politischen. Vorwort von 1971 zur italienischen Ausgabe)
- 지안프랑코 밀리오(Gianfranco Miglio), 정치적인 것의 개념, 이탈리아판을 위한 1971년의 서문(G. Miglio, Der Begriff des Politischen. Einleitung von 1971 zur italienischen Ausgabe)
- 에른스트-볼프강 뵈켄회르데, 카를 슈미트 국법학 저작의 열쇠로서의 정치적인 것의 개념(Ernst-Wolfgang Böckenförde, Der Begriff des Politischen als Schlüssel zum staatsrechtlichen Werk Carl Schmitts)
- 요제프 카이저, 구체적 질서사상(Joseph H. Kaiser, Konkretes Ordnungsdenken)
- 게어리 L. 얼멘, 정치신학과 정치경제학-카를 슈미트와 막스 베버에 관하여(Gary L. Ulmen, Politische Theologie und politische Ökonomie-Über Carl Schmitt und Max Weber)
- 파스쿠알레 파스키노, 엠마뉴엘 시에예스와 카를 슈미트에 있어서의 '헌법제정권력'론(Pasquale Pasquino, Die Lehre vom "pouvoir constituant" bei Emmanuel Sieyès und Carl Schmitt)
- 줄리앙 프로인트, 파르티잔이냐 전시 중의 평화냐(Juien Freund, Der Partisan oder der kriegerische Friede)
- 장 루이 포이어바흐, 카를 슈미트에 있어서 광역이론(Jean-Louis Feuerbach, La théorie du Großraum chez Carl Schmitt)

제4부 영향(Wirkungen)

- 헤르만 뤼베, 카를 슈미트의 자유로운 수용(Hermann Lübbe, Carl Schmitt liberal rezipiert)
- 조지 슈와브, 영어사용권에 있어서 슈미트 연구의 발전(George Schwab, Progress of Schmitt Studies in the English-Speaking World)
- 조세프 벤더스키, 정치적 낭만주의: 지적 비판과 지속적인 학자의 영향(Joseph W. Bendersky, Politische Romantik: Intellectual Critique and Enduring Scholarly Influence)
- 시야케 마사노리, 일본에 있어서의 카를 슈미트 연구 현황(初宿正典, Zur Lage der Carl Schmitt-Forschung in Japan)
- 갈봉근, 한국의 헌법생활에 미친 카를 슈미트의 영향(葛奉根, Carl Schmitts Einfluß auf das koreanische Verfassungsleben)
- 한스-요아힘 아른트, 1945년 이후의 정치학에서의 정치적인 것의 개념(Hans-Joachim Arndt, Der Begriff des Politischen in der Politikwissenschaft nach 1945)
- 라인하르트 무쓰그누크, 카를 슈미트의 헌법 저작과 독일연방공화국의 국가법에서의 그 영향(Reinhard Mußgnug, Carl Schmitts verfassungsrechtliches Werk und sein Fortwirken im Staatsrecht der Bundesrepublik Deutschland)
- 피에르란젤로 쉬에라, 카를 슈미트와 델리오 칸티모리(Pierangelo Schiera, Carl Schmitt und Delio Cantimori)
- 크리스티안 마이어, 카를 슈미트의 개념형성에 관하여-정치적인 것과 노모스(Christian Meier, Zu Carl Schmitts Begriffsbildung-Das Politische und der Nomos)
- 폴커 노이만, 이데에 비추어 본 현실(Volker Neumann, Die Wirklichkeit im Lichte der Idee)
- 베르나르드 빌름스, 카를 슈미트는 정치사상에 있어서 최신의 고전적 대가인가?(Bernard Willms, Carl Schmitt-jüngster Klassiker des politischen Denkens?)
- 발언자 리스트(Verzeichnis der Redner)

서론: 카를 슈미트와 그의 저작에 대한 접근방법*

헬무트 크바리치

* 이 논문은 1987년 6월 15일 베를린학술원에서 베른트 뤼터스(Bernd Rüthers)가 주최한 카를 슈미트 콜로키움에서 행한 강연 내용이다.

I

1986년 3월 19일 파리에 있는 하인리히 하이네(Heinrich Heine) 회관에서 헬무트 베르딩(Helmut Berding)이 사회를 보는 가운데 쿠르트 존트하이머(Kurt Sontheimer)*와 야콥 타우베스(Jacob Taubes)** 간에 카를 슈미트에 대한 대담이 있었다. 베르딩은 잘 알려진 슈미트의 1934년의 논문(「총통은 법을 보호한다」)***과 1936년의 논문(「유태 정신과 투쟁하는 독일 법학」)을 인용하여 토론의 막을 열었다. 타우베스가 카를 슈미트를 '심원한 가톨릭 사상가'의 한 사람으로 생각한다고 고백했을 때, 존트하이머는 더 이상 참지 못하고 타우베스의 상세하고 감동적인 고백의 말허리를 자르고서 "그런데 카를 슈미트는 반유태주의자가 아니었던가?" 하고 따지는 투로 말했다.[1] (타우베스는 스스로 지칭하고 있듯이) '근본 유태인'인 야콥 타우베스의 말을 자르는 시점과 취향은 별론으로 하고, 다음과 같은 반문, 즉 카를 슈미트가 비록 반유태주의자였다고 하더라도 그러한 사실이 그가 1910년부터 1978년까지 저술한 40권의 책과 200편의 논문에 대해서 어떤 의미가 있는가 하는 반문에 직면할 수 있을 것이다. 그러나 우리들은 이 반문을 일단 제쳐두기로 한다.

그러면 카를 슈미트 연구의 여부나 방법에 대한 물음에 나는 우회적으로 해답을 제시하고 싶다. 즉 필자는 독자들에게 이러한 대담이 1596년에

---

1) Jacob Taubes, Ad Carl Schmitt - Gegenstreibige Fügung, Berlin 1987, S. 52.

66세로 라옹(Laon)에서 페스트에 걸려 죽은 프랑스의 법학자 장 보댕(Jean Bodin)을 대상으로 진행되었다고 상상해볼 것을 요청한다. 1986년 카를 슈미트에 대하여 개최되었던 대담을 따른다면 1597년에는 보댕 문제[2)]가 다음과 같은 질문으로 시작했을 것이다.

1. 보댕은 신중하지 못한 기회주의자였는가? 그는 1586년에는 그의 『국가론 6편』*의 라틴어판에서 살리카(Salica)법에 따른 프랑스 왕위계승권을 30쪽에 걸쳐서 입증하였다. 그러나 그는 그로부터 3년 후에 발루아(Valois) 왕조의 마지막 군주[앙리 3세]가 살해되고 프랑스 왕위계승전쟁이 일어났을 때에는 살리카법에 반대하여 가톨릭교도동맹이 옹립한 대립 국왕인 샤르르 드 부르봉에게 왕위계승권이 있다는 주장을 뒷받침하려는 시도를 하고, 또 '프랑스 국왕은 가톨릭이어야 한다'는 신조를 방패로 삼아 그가 그때까지 전개해온 근대 주권국가의 정치적 · 세속적 체계를 철회한 것은 아닌가?

답: 그렇다. 그는 그와 같은 시도 때문에 다시 패배자 진영에 속하게 되었다. 왜냐하면 살리카법에 의해서 앙리 3세의 적통 후계자인 앙리 드 나바르 부르봉이 앙리 4세로서 프랑스제국의 위대한 국왕의 한 사람이 되었기 때문이다.[3)]

2) 여기서 언급한 사실은 보댕에 대한 문헌에서 다툼이 없는 것이며 또 그렇기 때문에 상세하게 입증하지 않았다. 개별 테마에 대한 관련 문헌은 최근에는 Quaritsch, Souveränität - Entstehung und Entwicklung des Begriffs in Frankreich und Deutschland vom 13. Jh. bis 1806, Berlin 1986, S. 70 ff.에 소개되어 있다.

3) 장 보댕에 대해서 카를 슈미트가 써둔 두 번째 부분은 이 사태를 겨냥하고 있다. 슈미트는 이로써 1946년 여름 시점에서 아마 자신이 처한 운명을 묘사하려고 하였을 것이다. 즉 "그(보댕)는 자주 자기의 조국이 직면한 당대의 절박한 내정문제에 관여하고, 종종 위험상황을 무릅써서 생명의 위험에 빠지기도 하였다. 그는 사망 직전에도 잘못된 순간에 잘못된 진영으로 갈아타고 말았다. 그리하여 필생의 연구 업적이 가져올 실천적 이익을 썩게 만들었다"(Ex Captivitate Salus, Köln 1950, S. 65) [김효전 역, 『구원은 옥중에서』, 교육과학사, 1990, 143쪽].

2. 더욱 심각한 것은 다음과 같다. 즉 보댕은 유일한 진리인 기독교 신앙을 유태인이나 이슬람교인을 비롯한 기타 이교도의 거짓 가르침과 동열에 둠으로써 예수 그리스도를 모독한 것은 아닐까?

답: 그렇다. 그가 1587년부터 1593년까지 쓴 『숭고한 것의 감추어진 비밀에 대한 일곱 현인의 토론(Colloquium heptaplomeres)』에서 기독교의 교리를 철저하게 비판한 것은 의심할 여지가 없다. 이 저작이 만약 그의 생존 중에 발간되었더라면 그는 유럽의 어떤 국가에서든 화형에 처해졌을 것이다. 이 책은 19세기 후반이 되어서야 비로소 출판될 수 있었다.

3. 보댕의 모든 저작은 교황 혹은 많은 정통신앙을 가진 국왕이나 왕후들에 의해서 금서로 지정되었을 것이라는 말인가?

답: 그렇다. 1841년이란 시점에서도 아직 그때까지 출판된 보댕의 모든 저작은 금서목록에 들어 있었다.

4. 보댕은 대담하게도 신성로마제국을 귀족적인 군주공화국으로 매도한 것은 아닌가?

답: 그렇다. 이것은 군주주의를 옹호하는 17세기의 법률가들에게, 마치 오늘날 국법학회의 어떤 회원이 스위스는 민주체제가 아니며 오히려 취리히의 은행가나 바젤의 화학업체 대주주들에 의하여 과두제적으로 지배되고 있다고 주장하는 것과 같은 효과를 발휘한다.

5. 보댕이 마법사와 마녀를 사냥하도록 사람들을 내몰지 않았는가? 그는 마녀재판이 얼마나 부당하며 무의미한 것인가를 입증하려고 한 독일인 의사 요한 바이어(Johann Weyer)의 최초의 시도를 마법과 마술에 대한, 학자연한 대저를 저술하여 공식적으로 짓밟아버린 것은 아닐까? 그는 마법과 마술을 행하였음을 부정하는 사람들을 고문할 것을 요구한 것은 아닐까? 그는 마녀에 대한 사형을 요구하고 고집한 것은 아닌가? 그는 14세

의 마녀를 화형에 처하려고 한 것은 아닐까?

답: 그렇다.『마법사의 악마학(惡魔學)에 내해서(De la démonomanie des Sorciers)』라는 책은 1580년에 나오고 프랑스어판으로 14판, 독일어판과 라틴어판으로는 각각 4판을 찍었고, 이탈리아어판도 판을 거듭하였다. 그 마지막 판인(독일어판)은 1698년에도 출간된 데 반하여『국가론 6편』은 그다지 성공을 거두지 못했다. 국가론 마지막 판이 나온 것은 1641년이었다. 보댕은 16세기 말과 17세기 행해졌던 마녀사냥에 대하여 지식안으로서 공동책임이 있다고 볼 수 있다.

1597년에 이상과 같은 다섯 가지의 고통스런 질문에 대한 다섯 가지의 괴로운 답으로부터 추론해낼 수도 있는 결론은, 1985년 5월 19일의『디 차이트』지에 게재된 존트하이머의 카를 슈미트 추도사에 담긴 표현을 약간 바꾸면 재현할 수 있다. 즉 정통 기독교 신앙과 성모 교회를 절박한 문제로 생각하는 사람, 전통적인 질서와 자유를 가진 제국과 왕국을 사랑하고 이것을 소중하다고 생각하는 사람, 계몽된 모든 사람들과 함께 미신과 싸우고 무고한 사람을 사법절차를 통해 살해하는 것에 대하여 투쟁하는 사람—이러한 사람들은 장 보댕을 필요로 하지 않는다[4]는 것이다.

그러나 오늘날 진정한 학자라면 누구도 감히 그러한 판단을 내리지는 못할 것이다. 보댕이 근세 초 유럽 정신사의 대가에 속한다는 것은 이론의 여지가 없으며, 근대 법학적 국가론은 그를 통하여 시작된 것이다. 우리들은 또한 '우리에게 보댕은 필요 없다'는 판단이 왜 잘못인가를 알고 있다. 우리들이 오늘날 독일 제국의 국가형태를 둘러싸고 법률가들이 걱정한 것을 비웃기 때문에, 상술한 '일곱 현인의 대화'에 깔려 있는 종교적 회

4) 존트하이머의 말을 그대로 인용하면 다음과 같다: "그래서 나는 카를 슈미트의 저작을 연구하는 것이 왜 부르주아적 민주적 헌법국가를 이해하는 데 불가결하다고 하는지 이해할 수 없다. 자유주의적인, 즉 자유로운 민주주의를 절실한 문제라고 생각하는 사람은 카를 슈미트를 필요로 하지 않는다."

의주의가 우리들에게 근대적인 인상을 주거나 동정심을 자아내기 때문에, 보댕이 프랑스 내전 중에 보여준 모순에 찬 태도가 우리들을 냉담하게 만들기 때문에, 여하튼 마녀에 대한 그의 책이 일찍이 볼테르*가 보댕을 귀신의 두목인 바알세불**의 변호인이라 일컬은 것처럼 오늘날에도 여전히 우리들을 불편하게 만들고 있기 때문에 그러한 판단이 잘못된 것은 아니다. 그러한 판단이 잘못인 이유는, 그것이 보댕과 그의 저작에 대한 우리의 **시야를 협소하게** 만들 수도 있기 때문에, 즉 보댕의 저작 중에서 예컨대 『마법사의 악마학에 대해서』처럼 그가 단지 잘못하였을 뿐만 아니라 당시의 지배적인 신학자나 법률가의 의견에 광적으로 편을 드는 자로서도 행동하고 있는 일부 저작에 대해서만 주목하게 만들기 때문이다. 이렇게 시야를 좁혀놓으면, 보댕이 유럽의 국가학에 긍정적으로 크게 기여한 사실을 보지 못하게 되며, 그럼으로써 보댕의 저작 전체를 학문적으로 정당하게 평가하지 못하게 될 것이다.[5] 보댕을 단지 기회주의자, 배교자, 절대주의에 의한 헌정질서 해체자, 마녀사냥꾼으로서만 보는 사람은 보댕에 대하여 아무런 학문적 언명도 하지 못할 것이다. 이러한 견해는, 헤르만 륍베(Hermann Lübbe)가 유사한 맥락에서 말한 것처럼, 판단력보다 지조가 중요하다고 보는 **도덕지상주의적인** 정치 판단[6]일 것이다.

1934년과 1936년에 『독일법률가신문』에 실린 두 개의 논문으로 카를 슈미트에 대한 논의를 시작하려는 사람은 무엇보다 고발인이 범죄인의 반유태주의에 대하여 수사적인 질문을 던져서 확인하려고 할 뿐인 일종의 **정치적** 판단을 꾀하는 것이다.

---

5) 이와 같은 시야의 축소는 특히 쿠르트 존트하이머의 다음과 같은 말에서 다시 극명해진다. 즉 "가령 카를 슈미트가 나중에 나치스체제에서 더 이상 관헌의 총애라는 각광을 받지 못하게 되었다고 하더라도, 우리로 하여금 그가 나치스 독재체제로 가는 길을 연 정신적 선도자, 그 체제의 법적 옹호자요 들러리만이 아닌 다른 어떤 존재임을 인식할 수 있도록 하는 어떤 것도 알려져 있지 않다."

6) H. Lübbe, Politischer Moralismus. Der Triumph der Gesinnung über die Urteilskraft, Berlin 1987.

행동양식의 일치는 흥미롭고, 유쾌하게도 만들지만 서글프게도 만든다. 카를 슈미트는 1936년의 강연에서 당시 이미 죽은 사람이나 살아 있는 사람까지 포함하여 일련의 유태인 동료들에게 독일 제국에 적대적인 자유주의의 주체라는 낙인을 찍음으로써 그들을 학계에서 추방하려고 하였다. 카를 슈미트가 잠들어 있는 흙도 마르지 않은 무덤에서 그가 실제로 저지른 죄와 그가 저지른 것으로 추정되는 모든 죄에 대한 책임을 추궁하고 있는 존트하이머와 열광적 비판자는 프로이센 추밀고문관이었던 카를 슈미트가 1936년에 범했던 오류를 범하는 것이다. 즉 나치스의 계관법학자이고 반유태주의자라는 이유로 카를 슈미트를 적으로 선언하는 것이다. 카를 슈미트는 1936년에, 그의 비판자들은 1986년에 여기서 인용하는 것으로 충분한 다음과 같은 인식을 확인시켜주고 있다. 즉 "모든 … 대립은, 그것이 인간을 실제로 적과 동지로 편 가르기에 충분할 만큼 강력한 경우에는 정치적 대립으로 변화한다"[7]는 인식이다.

확실히 오늘날에는 누구도 정치적 · 학문적인 적의 목숨을 노리지는 않는다. 적어도 우리 독일에서는 그런 일은 없을 것이다. 그러나 '기억말살(damnatio memoriae)'은 한 저자가 쓴 저작의 생명을 빼앗는 것이고, 또 그렇기 때문에 이 맥락에서 슈미트의 정치의 개념을 응용된 의미로 원용할 수 있다. 그렇지만 적과 동지의 구별은 결코 학문적인 범주는 아니다. 왜냐하면 이 구별은 다른 차원에 토대를 두고 있어서 방법론에 입각한 진리탐구를 불가능하게 만들기 때문이다. 적은 인식능력이 없고, 배울 것도 없으며, 심지어는 적이 쓴 것을 읽으면 독이 된다. 즉 '슈미트를 먹는 자는 죽어버린다(Qui mange du Schmitt, en meurt).' 발터 벤야민(Walter Benjamin)이나 여타 마르크스주의자들의 글을 읽기를 거부하는 부르주아 학자들이 그와 같이 생각하며, 베르트 브레히트(Bert Brecht)의 작품이 상연될 때에는 예약권을 가지고 있으면서도 극장에 가지 않는 부르주아 연극관객들이 그와

7) Carl Schmitt, Der Begriff des Politischen, 2. Aufl., Berlin 1963, S. 37 [김효전 · 정태호 옮김, 『정치적인 것의 개념』, 살림, 2012, 51쪽].

같이 행동한다.

카를 슈미트를 학문적으로 연구하는 사람은 슈미트와 그의 저작을 그가 1985년이 아닌 1596년에 죽은 것처럼 고찰하지 않으면 안 된다. 바이마르 공화국과 제3제국에서 한 그의 행동, 그가 보인 당파적인 태도는 모두 역사적으로는 중요한 의미를 갖고 있지만, 그 밖의 점에서는 그의 전기와 관련해서만 중요성을 가질 뿐이다. 그의 전기 작성을 위해서는 보댕이라는 매우 유사한 예[8]를 주시하지 않으면 안 될 것이다. 위대한 것, 주변적인 것, 이해할 수 없는 것이 하나의 두뇌 속에 동시에 동거할 수 있는 것이다. 그러므로 한 천재적인 인간이 몇몇 바보짓을 범했고, 그 짓이 우리에게 극히 나쁜 바보짓으로 보인다고 하더라도, 그가 '(학문적) 관심거리가 되지 않는' 사람이 되거나 심지어 바보가 되는 것은 아니다.[9]

1919년부터 1945년까지에 이르는 시대의 정치적 인물로서 카를 슈미트는 역사연구와 전기적 연구의 **대상**이다. 그러나 그의 저작에서는 학계의 **주체**로서 『독재론』, 『정치적 낭만주의』, 『국제연맹의 핵심문제』, 『헌법이론』, 『정치신학』이나 『정치적인 것의 개념』, 『제도적 보장』이나 『차별적

---

8) 카를 슈미트는, 보댕과 홉스라는 내전을 경험한 두 사상가에게 가장 친근하다는 느낌을 가지고 있었다. "그러나 두 사람의 사상과 표현은 마치 한 형제의 사상이나 말처럼 나에게 친숙하다"(Ex Captivitate Salus, S. 63-68, 64)[김효전 역, 『구원은 옥중에서』, 142-145쪽].

9) 오직 카를 슈미트의 경우만이 나로 하여금 이처럼 본래 진부한 표현을 사용하게 만든다. 이 표현들을 내가 진부하다고 말하는 까닭은, 높은 지위와 명예를 누리는 다른 저자들은 생전에는 거의 그리고 사후에는 전혀 슈미트와 같은 정도의 '바보짓'을 범했다는 원망을 듣지 않기 때문이다. 에른스트 블로흐(Ernst Bloch)가 그 좋은 예이다. 하르트무트 예켈(Hartmut Jäckel)이 1987년 6월 15일부터 16일까지 베를린학술원에서 개최된 콜로키움 석상에서 카를 슈미트의 논문 「총통은 법을 보호한다」에 대해서 "역겨운 행위에 대한 역겨운 각주는 … 무분별한 자해를 가하는 이해하기 어려운 행동"이라고 평한 표현이야말로 블로흐가 1936~1937년에 벌어진 모스크바의 공개재판과 1956년의 헝가리 민중봉기 진압에 대해서 인쇄물을 통해 표명한 평가에 매우 잘, 아니 정확하게 들어맞는다. 여기서 말하는 에른스트 블로흐의 텍스트나 일반적으로 존경받는 20세기의 일련의 인물들의 유사한 심정 토로에 대해서는 Gerd Koenen, Die großen Gesänge (Frankfurt/M. 1987)에 수집되어 있다. 블로흐에 대해서는 같은 책, S. 71 f., 157 참조.

전쟁개념에로의 전환』 또는 『대지의 노모스』의 저자로서 우리들 앞에 서 있는 것이다.

우리에게 이러한 카를 슈미트가 필요한가?

II

나는 이 물음에 대해서 일화와 통계를 사용하여 답한다.

1952년의 예루살렘. 야콥 타우베스가 카를 슈미트의 『헌법이론』을 접하게 된 이유는, 전적으로 이스라엘의 법무장관 핀차스 로젠(Pinchas Rosen. 옛 이름은 프리츠 로젠블루트Fritz Rosenblutt임)이 이 책을 병사를 통해 예루살렘대학 도서관에서 대출해 왔기 때문이었다. 즉 로젠은 이스라엘의 헌법을 작성하기 위해서 이 책을 필요로 하였다.[10)]

1954년의 본(Bonn). 아돌프 아른트(Adolf Arndt)는 나치스의 박해를 받은 사람이며 50년대부터 60년대에 걸쳐 연방의회의 사회민주당 원내교섭단체의 지도적인 법률가였다.[11)] 그런 그가 "이것은 우리들이 … 카를 슈미트의 도움을 받은 인식"이라고 서술하면서 카를 슈미트를 핵심증인으로 불러내었다.—아른트가 여기서 말한 인식이란 헌법과 헌법률의 구분과 1932년에 『합법성과 정당성』이라는 논문에서 전개한 헌법을 개정하는 입법자에게 그어져 있는 불문의 한계에 관한 이론이다.[12)]

---

10) Taubes (FN 1), S. 19, 66.

11) 아른트(1904~1974)의 생애에 대해서는 Adolf Arndt, Gesammelte juristische Schriften, hrsg. v. E.-W. Böckenförde u. W. Lewald, München 1976, S. 439 ff.에 기재된 것 참조.

12) Bundestag, 2. Wahlperiode, 7. Sitzung des Ausschusses für Rechtswesen und Verfassungsrecht am 19. Februar 1954. 이 회의의 심의 대상이 된 것은 기본법에 국방헌정질서를 삽입할 것인가의 여부였다. 속기록(Stenog. Protokoll), S. 63에 기재된 곳을 전부 그대로 인용하면, "… (기본법) 제79조는 헌법개정 내지 추가에 관한 제한적인 권능만을 부여하고 있습니다. 그 밖의 경우에는 제79조가 헌법에 명시되지 않은 경우일지라도 헌법개정에는 실질적인 한계가 있다고 할 것입니다. 이것은 우리들이 카를 슈미트의 저작의 도움을 받고 있는 인식입니다. 나는 주저하지 않고 이 괴물을 인용합니다.

1967년의 베를린. 프랑스에서 헤겔을 부활시키는 데 원동력이 된 알렉산드르 코제브(Alexandre Kojève)는 베이징에서 파리로 돌아오는 도중 잠시 베를린에 체류할 때 타우베스를 당혹케 하면서 플레텐베르크(Plettenberg)로 가려고 하는데 "슈미트 말고 독일에서 누구와 말할 수 있는가?"라고 말했다.[13)]

다음은 통계적인 관점이다. 즉 어떤 법정책학자가 1949년부터 1982년까지 개최된 '독일국법학회' 연차 대회에서 주제발표자들이 카를 슈미트를 인용한 횟수와, 바이마르 공화국 시대의 독창적인 국법학자들 중 필두에 속하는 인물로서 1933년 11월 망명지에서 사망한 유태인 사회민주주의자인 헤르만 헬러(Hermann Heller)를 인용한 횟수를 계산하였다. 이러한 이른바 인용분석의 결과는 예상대로 다음과 같이 나타났다. 분석에 사용된 66개의 주제발표문에서 1934년까지 간행된 슈미트의 저작이 213회, 헬러의 저작이 72회 인용되고 있다. 다만, 헬러의 이름이 이른바 부정적 인용의 형태로 등장하는 것은 6회에 불과하여 드물었던 반면, 카를 슈미트의 저작은 63회나 부정적으로 인용되고 있다.[14)]

왜냐하면 항상 부정하는 힘도 좋은 것을 창출하는 힘이기도 하기 때문입니다. 카를 슈미트나 에른스트 윙거(Ernst Jünger)나 또는 이와 같은 부류에 속하는 다른 사람들처럼, 잘못된 관념을 무너뜨리는 데 강력하게 활약한 사람은 이러한 방법으로 잔해를 일소함으로써 매우 긍정적인 역사적 기능을 수행한 것입니다(여기서 연방의회의원 메르카츠(Merkatz) 박사가 "여기서도 잔해가 일소된다!"고 한다).—아니 그렇지 않습니다. 잔해가 쌓이고 있으므로 카를 슈미트의 이러한 인식에 대해 오늘날에도 학문적으로 주목할 가치가 있습니다. 그러나 그렇다고 해서 그가 고군분투한 것은 아니며 바로 헌법이론은 실로 오늘날까지 이 점에서는 그를 추종해온 것이 확실합니다. 형식을 밟으면 무엇이든지 할 수 있다는 순수 실증주의적인 견해는 나치즘 시대를 체험한 후인 오늘날에는 이미 근거 없는 것입니다." 내가 이 텍스트를 알게 된 것은 나의 존경하는 은사인 함부르크의 한스 페터 입센(Hans Peter Ipsen) 덕분이다.

13) Taubes (FN 1), S. 69. 다른 문장에서 즉 S. 24에서는 "그러면 독일 어디로 가야 할 것인가?"이다.

14) 절대수로는 카를 슈미트 인용이 213회, 헬러 인용이 72회인데, 그중 '중립적인' 인용은 슈미트가 36회이고 헬러는 11회이며, 따라서 남은 인용 횟수, 즉 슈미트 177회와 헬러 61회가 긍정적으로 또는 부정적으로 인용되고 있다. 슈미트는 긍정적인 인용이 114

이 점에 대해서 인용분석자는 다음과 같이 평가하고 있다. "여기서 저절로 나오는 추론은 슈미트 저작 쪽이 오늘날의 국법학 분야의 논의에 대해서는 헬러의 저작보다도 의미 있고 또 중대한 것으로 간주된다고 생각된다."[15] 우리 동료들 중에는 카를 슈미트의 저작 앞에서 주저하거나 그렇지 않으면 적어도 인용을 주저하는 사람이 있을 것이기 때문에, 그처럼 인용하는 데 불안을 느끼는 사람의 수까지 더한다면, 따라서 여기서도 이른바 숨은 숫자를 계산에 넣는다면 인용의 실태는 아마 위 서술보다 훨씬 선명하게 나타날 것이다. 학문적인 작업과 논쟁에 대해서는 헬러가 1932년 독일 국사재판소에서 열린 재판에서 정당한 측, 즉 프로이센의 브라운 제베링(Braun-Severing) 정부의 변호인으로 나선 반면, 카를 슈미트는 파펜(Papen) 정부의 소송대리인으로서 잘못된 쪽에 섰다는 사실은 중요하지 않다. 환언하면 헬러가—다시 인용하면—"파시즘의 책동을 예리하게 관찰한 인물이며 민주적인 사회주의를 적극적으로 옹호한 인물인 점"이 실증되더라도 그것은 중요하지 않다는 것이다.[16]

일화의 관점이나 통계의 관점에서 보더라도 카를 슈미트는 활용될 것이다. 어떤 국법학자가 언급했듯이, 단지 비판적 시금석으로서 활용되는 데 불과하더라도 말이다. 이 국법학자는 정치적인 것의 기준에 대한 카를 슈미트의 학설을 비난하면서도 다음과 같이 덧붙인다. "분노나 열광 없이 평가한다면 그 학설은 비판적으로 이용할 만한 현저한 가치가 있을 수 있

회이고 부정적인 인용이 63회이며, 헬러는 긍정적 인용이 55회이고 부정적 인용이 6회이다. 인용분석자는 여기서 다음과 같은 결론을 도출한다. 즉 헬러를 인용하는 주제발표자는 "헬러의 국가관에 대해서 대체로 긍정적인 태도를 취하고 있다"는 것이다. Rüdiger Voigt/Wolfgang Luthardt, Von Dissidenten und Klassikern. Eine Zitationsanalyse der Veröffentlichungen der Vereinigung der Deutschen Staatsrechtslehrer, in: Historische Soziologie der Rechtswissenschaft, hrsg. v. E. V. Heyen, Ius Commune, Sonderheft Nr. 26 (1986), S. 135 ff., 143.

15) Rüdiger Voigt (FN 14), S. 143.

16) R. Voigt (FN 14), S. 154.

다".[17)]

그렇지만 카를 슈미트에 대해서 그가 마치 1596년에 사망한 것처럼 논의하자는 필자의 요청으로 돌아가기로 한다. 이 시간적 간격을 미래로 옮겨 2377년이란 시점에서 슈미트를 평가하는 쪽이 아마도 더 간난할지 모른다. 만약 그럴 수 있다면 카를 슈미트에 대해서 어떻게 말하고 어떻게 써야 할 것인가? 필자는 오늘날 보댕에 대해서 말하고 쓰는 경우와 마찬가지로, 즉 시야를 좁히거나 연막을 펴지 않고 말하고 쓸 것이라고 확신한다. 학자들이라면—적어도 선입관에 사로잡히지 않는 자세와 고발자 특유의 정열을 포기하는 자세가 문제 되는 한—원래 당장 지적인 노력을 통해서, 그리고 감정을 의식적으로 억제함으로써 위와 같은 시간적 간격에 의하여 조성되는 거리를 두는 입장을 획득할 수 있어야 한다. 그러한 태도에는 두 가지의 이점이 있을 것이다. 즉 우리는 그 경우 유익한 인식을 얻을 수 있는 가능성에 대하여 처음부터 마음의 문을 닫지 않게 되며, 훗날 보더라도 우리들의 사고방식(Habitus)이 지나치게 옹졸해지지 않게 된다는 것이다.

이처럼 거리를 두는 입장에서 본다면 카를 슈미트가 보댕과 같은 정신사적인 반열에 있는지는 중요하지 않다. 누구도 오늘 당장 그것을 확실히 긍정하거나 부정할 수 있다고 주장하지는 않을 것이다. 어떠한 학문적 저작도 고유한 가치를 가지고 있으며 학문세계에서는 그 자체로서 그리고 개인적인 공감이나 시대에 갇혀 있는 감정을 초월하여 읽어달라고 요구할 수 있다. 그 저작의 급이 떨어진다는 사정은 그에 대한 망각만을 정당화할 수 있지 그것을 저주하거나 금서로 지정하는 것을 정당화하지 않을 것이다. 이류(Dii minores)는 저절로 망각되며 누구도 그것을 망각하도록 요구할 필요가 없다.

---

17) Herbert Wehrhahn, VVDStRL 15 (1956), S. 43, FN 26. 여기서는 R. Voigt (FN 14), S. 151도 인용한다.

Ⅲ

다음에는 카를 슈미트를 올바로 연구하기 위한 몇 가지 '요지'를 제시하면서 나의 생각을 총괄적으로 정리하고자 한다.

1. 카를 슈미트를 어떻게 연구하는 것이 좋은가 하는 질문에 대한 논자들의 견해는 다음 세 가지 진영으로 갈라지고 있다.

a) 카를 슈미트가 나치스체제를 학문적으로 지지한 것은 의심할 여지가 없기 때문에 처음부터 범죄인이다. 그의 저작은 정도의 차이는 다소 있겠지만 이른바 과거청산이라는 틀 안에서 이루어지는 학문적 연구와 고발의 대상에 불과하다. 「총통은 법을 보호한다」(1934년)와 「유태 정신과 투쟁하는 독일 법학」(1936년)의 저자가 무죄판단이나 정상참작 또는 공소시효와 같은 것을 기대할 수는 없다. 그러한 판결을 받기에는 그는 거침없는 기회주의자이거나, 유혹에 약한 지식인의 모델이거나, 부르주아적인 정당화 이데올로기를 '파시즘적' 정당화 이데올로기로 뒤바꿔 놓은 인물의 전형이거나, 아니면 이 모든 요소를 겸비한 인물이다. 그러나 이러한 평가로 최종 판단이 내려진 것은 아니라고 생각된다. 여하튼 제3제국을 청산하는 것이 학문의 과제에 속하고, 또 독일인의 자기다짐(Selbstvergewisserung)을 위하여 불가결하다면, 이러한 측면에서 슈미트를 연구의 대상으로 삼는 것도 의미 있는 일이다.

b) 법률가들이 라반트(Laband)나 안쉬츠(Anschütz) 또는 연방헌법재판소의 판결을 읽거나 인용하는 것처럼, 카를 슈미트와 관련하여 주로 읽고 인용하는 것은 그가 1933년 이전이나 1945년 이후에 발표한 저서와 논문이다. 이 텍스트들을 활용하는 사람들에게 저자의 인품이나 저자가 정치적으로 연루되어 있는 일 등은 연방헌법재판소의 판결을 기초하고 서명한 인물이 누구인가 하는 것과 마찬가지로 의미 없는 일이다. 결정적인 것은 오로지 그 언명이 옳은가 아니면 그른가 하는 것뿐이다.

그렇지만 카를 슈미트를 동료 법전문가들 가운데 계속 살아남게 하는 것은 이러한 인용습관만은 아니다. 예컨대 그가 바이마르 헌법에 대해서 쓴 『헌법이론』(1928년간, 제6판 1983년)이 아직도 독자들에게 매력적인 이유는 당시에는 드러나지 않았지만 정신사와 실정법을 오늘날까지도 탁월하게 여겨질 정도로 결합하고 있다는 점에 기인한다. 그 밖에 카를 슈미트는 국법과 국제법은 물론 유럽공동체법에서도 다소 현실성을 갖고 있는 문제들에 대하여 주목하였다. 슈미트가 글을 쓸 때의 계기나 용도를 제거할 경우, 이러한 확인이 어느 정도까지 1933년 이후에 출판된 논문들(예컨대 「구체적 질서사고」나, 특히 국제법 문제에 관한 입장들)에 타당할 것인지에 대해서는 연구가 필요하다.

c) 카를 슈미트가 법학적 저작과 결합하였거나 또는 그러한 저작으로부터 분리한 국가학이론과 정치학이론은, 비판적이기는 하지만, 처음부터 거부해버리거나 그를 범죄인으로 평가해버리지 않는 연구의 대상이 되는 경우가 증가하고 있다. 국제적으로도 이 분야가 카를 슈미트 연구의 중점이 될 것이다.

2. 진리라는 것은 그것이 발견되어야 하는 곳에서 거두게 된다는 격언[18]이 카를 슈미트에 대한 학문적 연구의 지침을 제시하고 있다. 이질적인 사상이 가지는 유용한 요소들을 융합하려는 자세는 열광적인 사람들에게만 약점이나 배신으로 받아들여질 것이다. 보댕의 예가 보여주듯이, 카를 슈미트는 위대한 것, 주변적인 것, 이해불가한 것이 두뇌 속에 동거하고 있던 유럽 정신사 최초의 인물은 아니다.

---

18) 이 명제는 중세의 신학자들이 고대의 이교 철학을 수용한 이래 우리들에게는 친숙하기는 하지만, 아마 표면적으로만 자명할 것이다. 우리 시대에서는 헤르만 뤼베가 좌파로 하여금 아르놀트 겔렌(Arnold Gehlen)을 연구하도록 설득하려 하고 있다. Hermann Lübbe, Helmut Schelsky und die Institutionalisierung der Reflexion, in: Recht und Institution. Helmut Schelsky - Gedächtnissymposion Münster 1985, Berlin 1986, S. 60.

3. 정치사상가로서의 카를 슈미트는 특정 상황적 문제들의 해결을 시도한 상황적(situativer) 사상가이다. 그는 완결된 이론체계를 전개하지 않았다. 주장이나 해석은 1914년 이래의 독일이 처한 예외상황에서 그가 관찰하고 경험한 것을 반영하는 것이다.

4. 카를 슈미트를 '각인'하고 있는 것은 네 가지이다. 즉 그는 19세기적인 의미에서의 가톨릭교인으로 (자유주의적이지 않았다). 그는 민족주의자로서 (1919년의 베르사유조약을 치욕으로 받아들였다). 그는 국가사회주의자로서 ('사회'의 관점에서 사유하지 않았다). 그는 유미주의자로서 (문학적인 형식이나 대중적 효과를 위하여 교수들이 높이 평가하는 것과 같은 '학문적 균형성과 철저함을 갖춘' 서술을 종종 포기하였다).

5. 카를 슈미트의 저작을 정리하고 그의 인식을 활용하는 자는 그가 염두에 두었던 정치적 상황과 그의 시각과 귀결에 영향을 미친 개인적인 사상의 특징들을 고려하지 않으면 안 될 것이다.

카를 슈미트의 '정치신학'의 근원

미켈레 니콜레티

"시대의 도덕적 의미를 예감하고 동시에 자신을 그 시대의 아들로 의식한 사람은 이원론자가 될 수 있을 뿐이었다."[1] 카를 슈미트 사상의 기반을 이루며 그중에서도 그의 초기의 저작을 특징짓는 이론적 지평은 이원론의 징조를 띠고 있다.

이원론은 19세기 말과 20세기 초기 '정신의 가치들'을 지키고, 실증주의가 외쳤던 경험적 사실의 승리를 거부하며, 유럽 문화를 약체화하고 그것을 파멸시킬 우려가 있는 상대주의와 다툴 수 있다고 간주되는 유일한 전망으로 나타났다. 이러한 전망에서 슈미트의 기독교 가문과 그가 그 속에서 성장한 당시의 신칸트주의의 영향이 결합하여 조화를 이룬다. 현실의 이원론적 파악을 주장하려는 데에 슈미트의 관심은 실로 강하게 향하고 있었음에도 불구하고, 그의 노력은 이 이원론의 양안 사이에서 하나의 '다리', 하나의 매개(Vermittlung)를 발견하는 데로 기울었다. 일단 이념이 이를 납득하려고 하는 실재의 소용돌이에서 분리되면 양쪽의 영역 사이 통로를 두는 것이 중요하다. 그럼으로써 이념은 내실 없는 추상으로, 실재는 상대주의의 단편적인 사고로 빠지지 않고 결말짓는 것이다.

이러한 이중적인 관심은 슈미트의 작품 전체에서 볼 수 있는데 특히 초기의 저작에서 많이 나타나며 보다 정확하게는 이미 그의 박사학위 청구논문 「책임과 책임의 종류」[2]에 잘 나타나 있다. 이 박사학위 청구논문은

1) C. Schmitt, Theodor Däublers "Nordlicht". Drei Studien über die Elemente, den Geist und die Aktualität des Werkes, München 1916, S. 68. (*S. 63의 오식임 - 역자)

2) C. Schmitt, Über Schuld und Schuldarten. Eine terminologische Untersuchung, Breslau 1910.

책임개념과 책임의 종류에 대해서 논하고 있다. 이 연구는 방법적인 의도에서, 특히 형식적인 관점에서의 책임개념의 해명을 시도하고 있지만, 그때의 실질적인 내용은 고려하지 않았다. 박사학위 청구논문은 제2단계에서 그 개념 해명에 근거하여 책임은 어떤 종류가 있는지, 어떠한 근거에 의해 의도와 무작위가 책임의 종류에 해당되는지를 확정하고 있다.[3]

슈미트의 접근방법은 책임문제를 다룰 때에, 반대되는 방법을 사용한 통설적인 해석에 명백하게[4] 대립하고 있다. 즉 [통설적인 해석은] 의도와 부작위는 '책임의 종류'로서 통용하고 있으며, 또 유일한 종류로 타당해야 하는 것, 거기에서 책임개념을 특징짓는 공통된 요소, '유사한 부류(genus proximum)'가 도출될 수 있는 것을 승인하고 있다. 슈미트는—이 점에서는 신칸트학파와 일치하지만—, 이러한 사고 경향을 단호하게 거부하였다. 왜냐하면 이러한 사고경향은 경험적 사실성에서 형식적 개념의 일반성을 획득하는 것을 요청하기 때문이다.

이미 이와 같은 비판적 태도에서 슈미트의 사상이 추이하는 문화적 지평이 명확하게 나타나고 있다. 즉 현실은 이원론의 징조를 띠고 있다. 즉 형식과 사실상의 모습의, 당위와 존재의, 외면과 내면의 이원론의 징조이다. 따라서 이 지평은 신칸트주의와 신칸트주의가 제기한 반론으로 서술되고 있다. 이 반론은 이념상의 현실, 즉 주관적인 세계를 필연성의 철칙에 따르는 외면적 사실성의 단순한 모사로 만들려는 시도로 향해지고 있었다.

그러나 슈미트는 이원론의 확립만으로 만족하지는 않았다. 그는 서로 대립적으로 나타나는 세계 사이를 매개하는 개념을 발견하기를 바랐다. 바로 이러한 긴장이 그에게 현존하는 균열을 확대시키고, 승인하고 그렇게 함으로써 현실을 상대주의로 인도한 다른 신칸트주의적 입장에 대한

3) Ebd., S. 1-2.

4) Ebd., S. 3.

비평으로 이끌었다.[5] 1910년의 박사학위 청구논문에서는 이러한 이중적 고찰의 차원이 책임 개념을 분석할 때에 명백하게 된다.

> 책임은 대체로 간주관적인 것이다. … 현행법에 대해서는 단지 명백한 현상으로 나타나는 범죄만이 고려된다. 영혼 속에서 알 수 없는 채 머물고 있는 것에 법은 관여하지 않는다. 생각에 관한 처벌은 아무도 받지 않는다(cogitationis poenam nemo patitur). 즉, 법적인 의미에 있어서의 책임의 정의에서는 외적 현상과 객관화한 것을 받아들여야만 한다.[6]

즉, 법의 대상은 외계에서 가시적으로 생성하는 사실이며, 양심의 내부에 머물고 있는 것은 아니다. 따라서 '범죄'는 '죄'와 비교하면 본질적으로 다른 것을 포함하고 있다. 하지만, 법은 범죄를 야기한 사람 중에서 진행하는 내적 경과를 무시해도 좋다고 주장될 수는 없다. 전혀 반대로 법은 이 [내적 경과]를 하나의 본질적인 범죄구성요건으로 승인한다. 왜냐하면 책임개념은 [범죄] 행위자의 내면적 관여도 포함하기 때문이다. 그러나 이 승인은 이 [내적] 경과 그 자체가 인식된다고 바로 행해지는 것이 아니라, "그 [내적 경과]가 특정한 방법으로 객관화된다는 외적 조건 아래서만 승인되는 것이다."[7] 따라서 객관화는 내적 경과의 '표징'이 된다. 즉, 그것은 원인의 결과가 아니라, (왜냐하면 인과관계는 내면과 외면의 구별을 해소하는 결과를 초래하는 것이기 때문에) 어떤 목적으로 향하고 있는 인간의 의사의 실현이다. '원인'이 아니라 '목적'이 책임개념의 본질을 규정하는 구성

---

5) 슈미트의 비판은 특히 G. 라드브루흐(1878~1949)를 향하고 있다. 라드부르흐는 신칸트주의 입장에 가까웠음에도 불구하고 상대주의적인 법이해를 대표하며 법의 적절한 인식에 도달하는 것은 불가능하다고 강조하였다. '결단'이라는 것도 그의 사상에서는 중요한 위치를 차지한다. G. Radbruch, Rechtsphilosophie, 4. Aufl., Stuttgart 1950, S. 97 u. S. 220-221 [최종고 역, 『법철학』, 삼영사, 1975] 참조.

6) C. Schmitt (FN 2), S. 28.

7) Ebd., S. 30.

요건이 된다.[8] 이러한 규정에서 책임개념은 법이나 자연법을 초월한 윤리를 기반으로 정의되는 것은 아니며, 마찬가지로 단순한 경험적 관찰에 근거해서 정의되는 것도 아니다. 즉 "책임이란 의무위반을 자각하는 것이 가능한 귀책능력 있는 인간의, 법목적에 적합하지 않은 구체적인 목적설정이다."[9] 구체적인 사례에서의 판단기준으로서 '목적'이 중심적인 위치를 차지하는 것이 특히 강조되고 있다. 왜냐하면 목적은 약간의 일탈이 있다고는 하지만, 슈미트의 작품 전체에서의 인식론적인 정수이며 계속 존속하기 때문이다. 구성요건의 진리는 그것[구성요소]이 자연법적 또는 형이상학적인 각인을 띠고 있는 내용이나 외적으로 전제되고 있는 질서와 일치하는 데에 있는 것이 아니라 ("그러나 첫째로 형법에서 어떤 것에 대해서 '그 자체'가 악이든지 '그 자체'가 선이라든지 말하는 것은 차이가 있다"),[10] 오히려 구체적인 질서를 확립하는 능력과 일치에 있다. 논리적 '실용주의'에 가까운 이와 같은 슈미트의 방향성은 나중의 저작에서 다시 한스 파이힌거[11]의 영향 아래서도 증대되고 강화되게 된다. 그러나 이 방향성은 이미 이 최초의 저작에서 성숙한 발달을 이루고 있다.

진리에 대한 이와 같은 '실용적인' 파악방법은 슈미트에서 19세기 말과 20세기 초기의 문화위기와 긴밀하게 결합하고 있다. 진리가 존재의 질서를 통해서 보증된다고 간주한 낡은 형이상학의 방법은 이미 타당성을 지니지 않는다고 생각되었다. 다른 한편, 실증주의의 방법들도 인간 정신의 현실에 참된 자율성을 초래하는 데에 아무 소용이 없다는 것을 스스로 증명하였다.

『책임과 책임의 종류』에서 슈미트는 유물론적 일원주의에 대해 현실의 이원론적 견해를 주장하는데, 동시에 그의 후기의 사상전개에서 점차 명

8) Ebd., S. 39.
9) Ebd., S. 92.
10) Ebd., S. 64.
11) H. Vaihinger, Die Philosophie des Als-Ob, Berlin 1911.

확하게 떠오르게 된 매개의 필요성을 강조하는 것처럼 생각된다. 내면은 외면이 아니고, 반대로 의사형성의 내적 과정, 의식의 세계는 사실상의 현실의 영역, 즉 외적 행위의 세계와 동일한 것이 아니다. 그런데 바로 책임 개념의 분석에서는 순수한 이원론을 극복하기보다 빈틈없는 견해를 얻기에 이른다. 외적 행위는 내적 경과에서 완전하게 구별되지는 않는다. 즉 그것은 어떤 원인의 반사, 단순한 모사, '산물'이 아니라 의사(意思)를 객관화하는 특정한 형식이다. 이 의사의 실현은 그것이 의사와 하나가 됨으로써 완전하게 의사를 이해하게 되는 것이 아니라 의사의 '구체화', 즉 목적 지향적인 의사의 다이나미즘의 대상화를 묘사하고 있다. 이 목적이란 어떤 구체적 질서를 근거지우는 것이다. 그리고 사회의 질서의사와 결부시켜, 그것과 모순하기 때문에 '책임'으로서 나타나는 것은 바로 이와 같은 목적설정, 인간의 의사의 이러한 질서지향성에 다름 아닌 것이다. 이 문제점은 1912년에 **결단**의 문제가 처음으로 의미를 가지는 법이론상의 논문 「법률과 판결」 중에서 다시 다루고 있다.[12] 이 문제야말로 슈미트 사상의 중심을 이루며, 그 표식과 표상이 되는 것이다.

연구한 테마의 영역은 다시 형법으로, 여기서는 재판상의 것으로 파악되는 결단의 종류에 관계가 있다. 그래도 다시 문제로의 접근과 시사될 수 있는 해결은 슈미트의 사상이 추이하고 있는 문화적 배경을 지금까지 이상으로 명확하게 하고 있다.[13] 이미 서문에서 중심문제와 해결책이 제

---

12) C. Schmitt, Gesetz und Urteil. Untersuchung zum Problem der Rechtspraxis, Berlin 1912. [홍성방 옮김, 『법률과 판결: 법실무의 문제에 대한 연구』, 유로, 2014].

13) 이 저작의 의의는 1968년 10월 슈미트가 저술한 제2판(초판 57년 후에 발간되었다)의 서론에서도 강조하고 있다. 즉 "그러나 또 결단의 독립성이라고 생각하는 방법은 국가이론상의 결론을 포함하고 있다." 이 사고의 방법은 정치적 결단으로서의 국가주권이라고 정의하고, 또 독재가 이론의 귀결이라고 인식을 고민하고 있다고 비방 중상하는 문구로 왜곡되었다. 이에 대해서 1912년 저자는 초기의 단순함을 약간은 가지고 있다. 그것은 판결과 결단의 본질적인 의미를 직접적으로 밝히고 있다. 이 초기의 사고방식을 생각케 하는 것은 논쟁상 혼란된 의론을 해명하고 받아들이는 것이 가능한 결론들로 인도하는 데 기여할지도 모른다. C. Schmitt, Gesetz und Urteil, 2 Aufl., München 1969, S. V를 보라. 『법률과 판결』의

시되고 있다.

이 논문은, 법실천에서 내려진 결단은 언제 정당한가 하는 문제를 제기하고, 이에 대해서 법실천 그 자체가 그것에 대해서 결단한다고 대답하는 것이다. 모든 재판관은 눈앞의 실천에서 도대체 어떻게 결단할 것인가 하는 물음을 법실천에 근거하여 결정하려고 하며, 사실 애쓰고 있다. 따라서 정당한 결단을 위한 모든 노력의 근저에는 한결같이 통일적인 실천의 요청이 있다. … 즉 실천은 실천상의 결단의 정당성을 위해서 독자적인 판단기준을 가져야만 한다. … 그것[실천]은 말하자면 자기 자신의 주인이 된다. 그리고 결단이 효과적인가의 여부의 평가는 단순히 결단이[당사자 간의 상호] 교류의 수요에 일치하며 '효과적이다'라는 것을 의미할 뿐만 아니라 실천에서 내려진 결단의 정당성은 그 확정 그 자체가 문제인 특별한 관점에 근거하여 판정된다는 것도 의미하고 있다.[14)]

『법률과 판결』에서 논의되는 문제에 대한 접근은 다시 1910년의 박사학위 청구논문의 배경이 되는 것을 환기시킨다. 논점은 사법상의 실천에 있어서 결단의 의의에 관계가 있다. 슈미트에 대해서 이 문제는 어떤 때에 결단이 '평균적으로' 정당한가를 확정하는 '인과관계의' 규명에 의한 경험적인 구성요건에 따라서도 추상적 및 절대적 정의의 차원에서도 해결될 수 없다. "현재 일어나는 것에서 일어나야 할 것을 도출할 수 없는 것은 명백하기 때문이다"[15)]라고 슈미트는 적고 있으며, 다시 한 번 더 존재와 당위의 차이를 강조하고 있다. 그러나 마찬가지로 또 실천의 기준을 "개념들에서 나온 여러 개의 가상영역"[16)]에서 도출할 수 있는 것도 아니

의의에 대해서는 M. Stolleis, Carl Schmitt, in: Staat und Recht. Die deutsche Staatsrechtslehre im 19. und 20. Jahrhundert, hrsg. von M. J. Sattler, München 1972, S. 128.

14) C. Schmitt, Gesetz und Urteil, 2. Aufl., München 1969, S. VII.

15) Ebd., S. 3.

16) Ebd., S. 3.

다. 경험적인 현실세계는 절대적인 규범의 기준을 제공할 수 없으며, 현실은 단지 사실을 부여할 뿐이다. 다른 한편, 기준은 그 자신의 경험적 타당성을 소유해야 하는 공준(公準)에서 획득되지 않으면 안 된다. 따라서 기준은 하늘에서 지상으로 내려올 수는 없다. 즉 사법상의 실천 그 자체에서 새로운 판결의 기준을 발견하는 것이 중요하다. 그러나 슈미트에게 폐쇄되었다고 생각된 것은 전통적인 자연법의 방법만은 아니다. 그의 비판은 특히 결단의 정당성의 기준을 실정법의 법규범의 구체적 적용으로 바꾸는 켈젠의 법실증주의를 향하고 있다. 이 방법에서는 사법상의 결단은 사실관계의 순수한 해석 그리고 특별사례의 일반법으로의 포섭으로 환원된다. 그럼으로써 실정적 규범은 의문의 여지없는 적용이 요구하는 명확한 지침을 포함한다는 것이 전제되고 있다. 그러나 이러한 입장은 슈미트에 대해서 문제의 해결이 되지 않는다. 즉 형식적 일반성의 차원에서 현실적 특수성의 차원으로의 이행은 논리적 추정에 의해서는 성취될 수 없다. 일반적 규범과 특수한 현실 사이에는 균열(Bruch)이 존재한다. 그러나 이 균열은—헤겔의 경우처럼[17]—일반적인 것의 구상화(具象化)를 위한 대가는 아니었다. 헤겔의 경우 일반적인 것의 구상화는 자신을 객관화함으로써 중단된 이성을 다시 자기 안으로 포괄하고, 균열을 수용, 지양하고 일반성을 회복한다. 슈미트에 대해서는 이와 반대로, 이 균열은 견딜 수 있는 부담의 종류로, 즉 "법과 '이성이 아닌' 무엇과의 관련을 가지고, 공간적인 한정성을 가진 것으로 파악되지는 않으며 오히려 모든 법적 현상의 계기와 구성요소로 파악할 수 있는 것이다. 그러한 계기나 구성요소는 개념적 고찰을 위해서 고립화하여, 방법에 관한 연구의 출발점으로 이용될 수 있다."[18] 따라서 이 '균열'은 일반적 이성의 구상화에 대한 단순한 대상

---

17) G. W. F. Hegel, Grundlinien der Philosophie des Rechts, Berlin 1821, §214. [임석진 옮김, 『법철학』, 한길사, 2008, 395쪽]. 슈미트-헤겔의 관계에 관하여는 H. Hofmann, Legitimität gegen Legalität. Der Weg der politischen Philosophie Carl Schmitts, Neuwied 1964, S. 37-38 und 54-55 FN 75 참조.

18) C. Schmitt (FN 14), S. 50 FN.

은 아니다. 이 대상은 어떠한 경우에도 제약받을 수 있으며 사실상 현실의 일정한 우연성에 귀착되어버리는 것이다. 균열은 오히려 인식론상의 가치를 가지며 진리와 현실의 구조를 계시하고 있다. 균열은 그 구조의 개념적 파악을 근거지우고 장려할 수 있는 것이다. '균열'의 순간, 즉 위기의 순간에서 결단은 실재의 질서의 수립과 그 이해에 대해서 근원적인 의의를 가진다. '근거지움'은,—슈미트는 이렇게 적는다—"결단에 귀속하고 있다."[19] 결단은 실재를 관철하는 균열의 의식을 나타내고 있다. 그러나 동시에 결단은 이 균열을 가교하려는 시도이기도 하다. 이 시점을 국가이론의 체계적인 구상 속으로 추가하려는 시도를 슈미트는 그의 청년기의 주요 작품 『국가의 가치와 개인의 의의』[20]에서 하고 있다. 연구의 초점은 바로 '법, 국가 그리고 개인'이라는 일련의 서열에서 중심적 요소로서 강조되고 있는 국가의 가치이다.

> 순수하고 가치가 있으며 사실에 의해서는 정당화되지 않는 규범으로서의 법은 논리상 이 서열의 첫 번째 구성요소를 이룬다. 국가는 이러한 사상적 세계와 현실의 경험적인 현상 세계와의 결합을 집행하는 것이며, 법윤리의 유일한 주체를 체현하는 것이기도 하다. 그러나 경험적인 개별적 실존으로서의 개인은 소멸한다. 그리고 개인은 법과 국가로부터 법을 실현하는 사명 있는 것으로서 이해되며, 이 사명에서 자기의 의의를 발견하고, 법의 자기 완결적인 세계에서 이 세계 고유의 규범들에 따라서 자기의 가치를 이해하는 것이다.[21]

이 책의 서문이 설정하고 있는 구조는 이미 앞에서 서술한 논문들에서

---

19) Ebd., S. 82.

20) C. Schmitt, Der Wert des Staates und die Bedeutung des Einzelnen, (Tübingen 1914), 2. Ausgabe Hellerau 1917.

21) Ebd., S. 2-3. (인용은 1917년 판에서)

나타난 문제의 지평과 관련된다. 이미 세 개로 구성된 서열 '법-국가-개인'은 우리들에게 슈미트의 접근방법의 포괄적인 상을 제시하고 있다. 법은 여기서는 순수한 형식의 세계로서 파악되며 사실을 통해서는 정의될 수 없는 이념, 일반성의 세계로서 파악되고 있다. 상대적인 것에 의해서 지배되고 있는 경험적 개인의 세계는 이에 상대해서 존재하고 있다. 국가는 매개의 요소이다. 즉 이원론을 가교하고 이념을 '실현'하는 다리이다. 즉 국가는 구체적 질서 속에서 이념을 '객관화'할 수 있는 유일한 주체이다. 경험적 개인은—법의 관점 아래에서는—단지 이념의 실현이라는 과제를 통해서만 가치를 가진다. 이러한 입장은 슈미트의 서술에서는 개인을 부정하지는 않고 반대로 개인에게서 무언가를 만들어내며,[22] 경험적 세계의 상대성에서 개인을 지키기 위한 유일한 방법을 제시하는 것이다. 사실의 관점 아래서가 아니라 단지 이념의 관점 아래서만 법, 그리고 인간의 작업에 가치와 의의를 부여하는 것이 가능하다.

1914년의 책 제1장은「법과 권력」[23]이라는 제목을 내걸고, 법을 사실상의 현실에서 연역하려는 모든 가능성을 거부하면서 법과 권력의 관계를 다룬다. 권력론은 법을 보다 강한 것의 우월성이 관철되는 사회적 세력들 간에서의 분배의 결과로 본다. 슈미트의 입장에서 본다면, 이 이론은 결국, 살인자가 희생자에게 미치는 힘을 국가가 살인자에게 미치는 힘과 '본질적으로' 구별할 수 없다는 것이 된다. 이 이론은 기껏해야 국가권력이 그 출현에 있어서 대중에게 부여하는 여러 가지 '인상'에 관해서 말할 수 있을 뿐이며 국가권력의 정통성을 그대로 기초지을 수 없다. 문제는 다수파의 동의로 되돌아오는 것에 의해서도 해결될 수 없다. 왜냐하면 이 '일치'는 단지 인식할 수 있을 뿐인 심리적 현실이기 때문이다. 그러나 다른 한편, 일정한 사실을 증거로서 채택하는 것은 힘의 원용이며, 현실을 초월

22) Ebd., S. 3.

23) 이곳(S. 15-38에 해당한다)은 변경하지 않고 수년 후 잡지에 기고하여 출간되었다. C. Schmitt, Recht und Macht : Summa Ⅰ(1917-18), S. 37-52.

해서 존재하는 원리를 원용하는 것은 아니다.[24)]

> 이와 반대로 법이론에 대해서는 매우 공정하게 생각하는 모든 사람들의 의견을 참조하는 것은 다음의 것을 의미한다. 즉 고유한 권위에서 타당한 것이 아니라 이렇게 있을 수 있다는 것에 일치하는 하나의 내용을 나타낼 뿐인 것과의 관련을 의미하는 것이다.[25)]

이러한 관점 아래서는 다수파의 의견은 그 자체로 타당성의 기초가 아니라 가치의 근거이다. 그 가치는 언뜻 보기에 통념에 반하며, 그 [가치]를 승인하는 정직하고 이성적인 인간이 단지 한 사람이라도 존재하지 않는다고 하더라도 자신 속에 정당성을 가지는 가치이다.

당위와 존재 사이에, 법과 사실상의 현실 사이에, 따라서 상이한 두 세계의 사이에 모순이 존재한다. 법을 노골적인 권력의 투쟁으로 환원하는 것을 피하기 위해서는 이 모순을 단순하게 승인할 뿐만 아니라 강조하는 것이 필요하다. 이 모순은 심연의 양안(兩岸) 간의 관계를 명확하게 할 뿐만 아니라 이들 쌍방의 세계의 본질을 명백히 하는 데에도 공헌한다. 사실상의 현실에 대해서 법이 가지는 본질적인 이질성에서 다음과 같은 결론이 나온다. 즉 "법의 영역은 그때에 실증적인, 사실상 타당한 법의 영역으로 종결지을 수 없다."[26)] 법을 실정적인 법, 즉 사실상 주어진 법과 간단히(tout court) 동일시하는 것은 법과 현실 사이의 모순을 부인하는 것을 의미하며 사실상의 소여성을 법의 표지로 하는 것을 의미한다. 그러나 만약 법이 순수한 사실로 환원되는 것이라면 사실상의 현실은 스스로 진실성을 입증시킬 수 없기 때문에 '논의'나 논증에 대해서 말할 가능성도 없어진다. 실존은,—하고 우리들은 키르케고르와 같이 말할 수 있을 것이다—개

---

24) C. Schmitt (FN 20), S. 15-18.

25) Ebd., S. 18.

26) Ebd., S. 20.

념에 갇힐 수 없다. "존재론적인 신의 증명에 대한 칸트의 공격은 다른 누구보다도 법학자에게 중요하다."[27]

법과 사실상의 현실 간의 이러한 구별은 슈미트를 **법**과 **법실현**의 구별로 인도하였다. 즉 한편으로는 일반적 규범과 경험적 현실의 분리가 존재하며, 다른 한편으로는 법을 '실현한다'는 필요성, 즉 규칙에 따라서 현실을 질서지운다는 필연성이 존재하고 있다. 법실현이라는 이 계기는 법 그 자체에서 유래할 수 없다. 재판관의 결단이 논리적 귀결과 동일시되지 않고 오히려 주관적 의사의 작용에 상당하는 것과 아주 마찬가지로 국가론에서도 국가의 이러한 경우에 법실현은 주체의 결단에 위탁되고 있는 것이다.

그리하여 국가는 법과 현실의 중개자이며 그 본질은 이 궁극적 '임무'에 따라 규정된다. 국가는 법을 실현한다는 임무에서 스스로 고유한 근거와 정통성을 가지는 것이다. 즉 "국가는 법의 창조자가 아니라 법이 국가의 창조자인 것이다. 법은 국가에 선행한다."[28] 그러나 법은 여기서는 실정적으로 사실상 주어진 법으로서가 아니라 오히려 일반적인 법으로서, 즉 현실을 만들 수 있는 법질서란 의미에서 이해되고 있다.

> 성 아우구스티누스의 표현 (『신국』Ⅱ, 11, c. 24)을 인용하자면, 법은 국가에 대해서 근원이며 원형이며 축복이다(origo, informatio, beatitudo). 그러므로 법치국가를 제외하고 국가는 없으며, 모든 경험적인 국가는 법의 첫 번째 종으로서의 자신의 정통성을 부여받는 것이다. 그 때문에 국가는 아주 중요한 의미에서 유일한 법주체이기도 하다. 왜냐하면 국가는 법에서 발견되는 윤리의 유일한 담당자이기 때문이다.[29]

27) Ebd., S. 21.
28) Ebd., S. 46.
29) Ebd., S. 53.

이 인용은 이 논문에서 슈미트의 이중적인 의도를 명백하게 제시하고 있다. 즉 한편으로는 법의 근거지움을 경험적 현실에서 해방하고, 다른 한편으로는 국가의 절대적 법주체성을 근거지우는 것이다. 비록 국가가 한편으로는 모든 경험적 사실에 대해서 항상 우월한 법의 단순한 종에 불과하더라도, 그것은 다른 한편으로는 법질서의 실천에서 배타적 위치를 차지하며 그 때문에 국가는 법에 대해서 칸트의 신의 윤리에 대한 것과 같은 관계에 있게 된다.

> 국가개념은 실재의 세계에서 윤리적인 것을 실현할 필요성에서 생겨나는 신개념이 윤리에 대해서 차지하는 것과 같은 아주 같은 입장을 법에 대해서도 가지고 있다.[30)]

이 문장 속에, 즉 신개념과 국가개념 간의 유사성 속에서 확실히 슈미트의 '정치신학'의 기초를 이루는 것의 하나가 잠재하고 있다. 1922년에 처음으로 사용된 이 [정치신학이라는] 표현에[31)] 의해서 슈미트는 신학상 · 형이상학상 그리고 국가론상의 개념들간에 존재하는 '구조적 유사성'을 표현하고 있다.

이러한 관련에서 '정치신학'의 차원은 국가개념의 주변에 존재하는 데에 유의하는 것이 중요하며, 그 경우 즉 이념과 실재, 법과 사실이라는 일치할 수 없는 양 세계 사이의 매개자로서의 국가 개념의 기원, 기능, 의의를 명확하게 하는 것이 중요하다. 정치신학은 당초부터 지배의 신성화나 종교의 정치화, 즉 다른 차원을 위해 있는 차원의 천박화, 구상화를 결코 보증하는 것이 아니라 반대로 오히려 두 세계의 격차에 의해서 필요한 매개자를 보증하는 것이다. 이 매개자는 그것이 두 개의 세계 사이의 가교로

---

30) Ebd., S. 55.

31) C. Schmitt, Politische Theologie. Vier Kapitel zur Lehre von der Souveränität, München 1922 [김효전 역, 『정치신학 외』, 법문사, 1988].

나타남에 따라 그것들 아래에 있는 심연을 다시 상기시킨다. 이 매개자는 단순히 가교라는 것을 밝힘으로써 자신을 '과도기'의 직무에 맡게 하고, 그 짊어진 능력을 보증하기 위해서 절대성과 배타성의 특질, 유일한 매개적 주체로서의 위치, 그것에 의해서 이념이 실제로 도달하고 가시화시킬 수 있는 **유일한** 통로로서의 위치를 요구한다.

그리하여 슈미트의 연구는 분명히 강렬한 헤겔의 변증법의 영향 아래에 있다. 즉, 심연의 양 갈래의 모순이 나타남으로써 단순히 매개의 필요성만이 생기는 것은 아니다. 오히려 이념을 현실에서 관철한다는 과제를 설정할 뿐만 아니라 이념을 실재의 영향 아래 두고 실재의 법칙, 즉 세계를 지배하는 메커니즘 아래로 복종시키기도 한다는 반대방향의 운동이 생기게 된다. 그러나 여기서는 단순히 매개를 요구하는 헤겔주의적 요청과 정열이 나타날 뿐만 아니라 칸트적 사고영역도 슈미트의 성숙과정에서 자기를 주장하는 것이다. 칸트적 사고영역에 대해서는 현상의 세계에서 가시화될 수 있는 것은 모두 불가피하게 현상의 법칙들에 의해 관철되어야만 한다. 슈미트는 이 점에서 하르나크가 인용하는 괴테의 어떤 명제로 돌아온다.[32] 그것은, 이념은 "항상 알 수 없는 손님으로서 나타난다"는 것이다. 이로써 슈미트의 사고에서 생겨나는 이원론의 구조가 완전히 부각된다. 즉 현실은 스스로의 의의와 기초로서의 이념을 지시하며, 이념은 자신의 실현에서 실재의 법률들에 따른다. 심연 위에서 파악되는 매개의 다리는 각각의 가장자리를 이등분한다. 즉 현실의 가장자리는 이념의 환상을 통과하고 경험적 메커니즘과 할당된 임무를 성취시키는 의사로 갈라지며, 이념의 가장자리는 추상적 원칙과 구체적 규범으로 양분된다.

법과 현실 사이에서 국가가 행하는 매개는 단순한 사실성에 있는 '임무'를 할당하며, 그럼으로써 사실성이 지닌 기계적 반복을 돌파하는 것에 한정될 뿐만 아니라 법 내부에서 분리를 실현하고, 한편으로 국가가 선행

---

32) 슈미트는 괴테의 이 말을 A. v. Harnack, Urchristentum und Katholizismus, Leipzig 1910, S. 136, FN 2에서 인용하고 있다.

하는 근원적 · 우월적인 추상성을 그 특징으로 하는 법과, 다른 한편 목적결합적인 매개적 법으로서의 국법을 구별한다. 이러한 보순은 여러 사지 영역들 간에서 발생하는 것은 아니다. 오히려 그것은 그 구체적 내용이 근원적이며 비국가적 요소에 의해서 확정되는 모든 개개의 법규를 통해서 생기는 분리이며, "그것[추상법]에 대해서는 자연주의 없는 자연법으로서 나타날 수밖에 없다고만 말할 뿐이다."[33] 추상적 법과 국가법률의 이와 같은 구별은 슈미트의 국가학을 기초지우며, 『독재』의 연구의 출발점으로서 증명하게 되는 **법규범**과 **법실현**의 근원적인 구별에까지 거슬러 올라가게 된다.[34]

그러나 이러한 구별로 되돌아오는 것은 별도로 하더라도 '자연주의 없는 자연법'이라는 표현을 강조하는 것은 중요하다. 왜냐하면 이 표현은 슈미트의 이론적 입장을 해명할 때에 유용한 것이기 때문이다. 자연법에의 소급은 명백하게 구체적으로 주어진 법만을 유일한 법으로 해석하고, 법의 계기를 순수한 경험적 사실성에 환원하는 실증주의적 사고방향을 거부하려는 의도를 실현하는 것이다. 자연법에 호소한다는 것은 경험적 사실성을 초월한 법의 차원, 즉 구체적이고 순수한 대상성(對象性)으로 해소되지 않는 계기 내지 차원을 지시한다는 것이다. 다른 한편, '자연주의 없는'이라는 부가어는 슈미트의 입장을 구체적 질서들에 대한 자연법의 초월성이 존재의 질서에 의해 보증된 전통적인 형이상학적 방법 외측에 두는 것이 된다.[35] 구체적 현실에서 형태를 취하는 것을 고대하는 영속

---

33) C. Schmitt (FN 20), S. 76.

34) 이 구별은 호프만(FN 17), S. 57의 말처럼 『니코마코스 윤리학』[천병희 옮김, 숲, 2013, 1134b 18-1135 a5]에 있는 자연의 정의(dikaion physikon)와 법의 정의(dikaion nomikon)의 아리스토텔레스의 구별을 참조하도록 생각하는 동시에, 이 구별은 자연적 항상적 규범들과 구체적 규칙을 구별하는 가톨릭 법학의 전통적 유산이다.

35) '존재의 질서'를 승인하지 않는다는 고발은 『정치적인 것의 개념』 출판 수년 후에 행해진 슈미트에 대한 '가톨릭적인' 비판을 특징짓고 있다. 다음을 참조. R. P. Delos, La fin propre de la politique : le bien commune temporel, in : La société politique et la pensée chrétienne, Semaine socials de France, Reims XXV Session 1933, Lyon 1933, S. 215-235.

적이고 불변한 자연은 이미 존재하지 않는다. 심연의 저쪽에 가로놓여 있는 이념의 가장자리는 구체적 현실에서는 멀리 떨어져 있으며, 어떤 방법으로 실체화할 수 있는 현실이 되는 이념의 세계뿐만 아니라 오히려 지양될 수 없는 변증법상의 한쪽 극이 된다. '자연주의 없는 자연법'은 세기 초에 사상의 위기, 즉 실증주의의 거부, 형이상학적 방책의 불충분함에 대한 자각, 새로운 '형식'의 추구를 표현하고 있다. '자연주의 없는 자연법'은 세속화의 현실과 자각을 표현하며, 스스로에게 위임되어 있지만 자신 속에서 정당함의 근거를 가지지 않기 때문에 항상 위로 열려 있는 세계의 구조를 명백하게 하고 있다.[36)]

추상적인 법과 구체적 규칙의 구별은 『법률과 판결』 속에서 검토되고, '결단'의 필요성을 법실현의 요소로서, 따라서 매개의 요소로서 근거지우는 기회를 부여한, 일반 규범과 특례 간의 저 균열과 관련되고 있다. 『국가의 가치』의 논문에서 국가는 법실현의 주체이며, 그리고 바로 국가는 지금까지 설정된 개념의 지평에서 보면 결단을 내리는 심급이 된다. 즉

(그는 동지와 적 구별에 몇 개의 일반적인 가치를 대치시키며, 거기에는 인적 · 공공복리가 있으며 그것들에 의거하여 정치가 '질서지워'져야 한다고 말한다). T. Haecker, Was ist der Mensch? München 1949 ; J. Maritain, Le crépuscule de la civilisation, 2. Aufl., Montreal 1941 ; J. Pieper, Notizen : Hochland XLVI(1954), S. 342-345.

36) '자연주의 없는 자연법'이라는 표현은 다수의 이론가에게 가톨릭의 공적 교의를 명백하게 평가하는 단어로서 받아들여지고 있다. H. Wohlgemuth, Das Wesen des Politischen in der heutigen neoromantischen Staatslehre. Ein methodischer Beitrag zu seiner Begriffsbildung, Emmendingen 1933, S. 68, FN 58 참조. 이에 반하여 호프만은 『국가의 가치』에 대한 서평(in: Schmollers Jahrbuch, XXXIX[1915], S. 451-453) 중의 쾰러(W. Köhler)의 다음 발언에 주의를 촉구한다. 슈미트의 입장은 하인리히 리케르트의 초월철학에 가깝다(H. Rickert, Der Gegenstand der Erkenntnis. Einführung in die Transzendentalphilosophie, Tübingen 1892를 참조)고 쾰러는 발한다. 그때에 그는 슈미트가 법을 매개하는 자로서의 국가관, 그리고 단지 판결에서만 일반적 규칙이 정립된다는 견해를 주장할 때, 리케르트에 의거하고 있다는 것이다. 리케르트는 이념적 일관성과 구체적 현실의 사이에 걸쳐 있는 가교로서의 판결의 필요성을 강조하며 슈미트는 판결이라는 절차를 구속력을 가진 국가의 결단에 구체화하고 있다.

구체적인 것과 추상적인 것 사이에는 항상 어떠한 급진적 이행으로도 뛰어 넘을 수 없는 극복 불가능한 심연이 가로놓여 있다. 그러므로 필연적으로 모든 실정적인 법률에서는 단지 규정되고 있다는 계기가 사실을 말하는 것이며, 경우에 따라서는 무릇 무엇인가가 실정적으로 규정된다는 쪽이 어떠한 구체적 내용이 규정되는가 하는 것보다도 중요하게 된다. 내용에 대한 이러한 무관심은—나의 논문 「법률과 판결」에서 서술한 것과 관련되는 데—국가의 [법] 실현의 노력에서 생겨난 것이다.[37)]

여기서 슈미트의 사상은 그 접합점에 이른다. 『법률과 판결』에서 행하였듯이 '결단'의 이론화는 '국가의 가치'라는 문제를 내포한 접합점으로 이동함과 동시에 형법의 영역에서 국법의 영역으로 이행한다. '구체성'과 '추상성', 사실성과 이념 간의 균열은 공공연하게 나타나며, 위기와 변칙적 상태는 극복될 수 없게 된다. 그때 결단은 심연의 양 가장자리에 의미를 충족시키는—틀림없이 무의미한 고립으로 결정될 것이다—매개적 관계를 보증하는 유일한 다리이다. 한쪽의 가장자리에서 다른 쪽 가장자리로의 단계적 이행은 불가능하기 때문에 결단에 의한 매개는 비록 심연 위에 걸쳐진 약한 다리일지라도 유일한 가능성이 된다. 무릇 키르케고르의 '비약'의 경우처럼, 그것[결단에 의한 매개]만이 차이, 즉 영원한 심연을 유지한 채 이념을 실현할 수 있다. 결단의 이러한 궁극성은 결단이라는 '사실'에, 구체적인 내용에 대한 우위를 부여한다. 심연이 모습을 나타내는 그 '계기'에서 '이행'으로, 즉 이념의 실현과 맞서는 긴장상태가 존재하며 거기에서 비약을 가능하게 하는 결단의 필요성이 생긴다. 그러나 자유재량과 우연성의 위험에서 빠져나오기 위해서 이 [결단]의 필요성에 수반하여 어떠한 형태이든 저 절대적 심급에 대한 요청이 나타나는 것이다. 즉,

37) C. Schmitt (FN 20), S. 79.

어디선가 관념을 실현하려는 시도, 즉 가시화와 세속화의 시도가 나타나자마자, 동시에 비록 어떤 사고상의 희생을 치르더라도 매우 확실해야만 하는 구체적인 결단의 요청과 아울러 이 [결단이라는] 정식화를 부여하는, 마찬가지로 확실하게 오류를 범하지 않는 심급을 요구하는 시도가 생긴다.[38)]

이 문장에서 슈미트의 논문 중에 처음으로, 이후의 그 사고방향에서 중심적 위치를 차지하게 되는 '세속화' 개념이 나타난다. 그때 두 요소가 강조된다. 우선 첫째로 '세속화' 개념은 역사적이라기보다는 오히려 본질적인 의미에서 해석학적으로, 즉 존재의 해석학에 의해서 특징짓고 있으므로 그것은 '실현의 시도'나 '가시화' 등의 표현들과 함께 이용되고 있다. '세속화'는 여기서는 현세적 현실과 신성한 가치의 관계가 상실되는 과정을 의미하는 것이 아니라 오히려 실현되고, 가시화되고, 육체화되는 이념의 긴장상태를 가지는 계속적 활력을 의미한다. 이러한 관련에서 세속화는 현세적인 내재성을 우선하여 초월성을 포기하는 것이 아니라 전혀 반대이다. 즉, 세속화는 존재질서의 계시이며 이념을 실현한다는, 결코 끝나지 않는 긴장상태이며, 일반성의 결여가 아니라 일반성의 부자연스러운 현존이다. 이에 관하여 슈미트에 대해서 세속화, 즉 현실의 본질의 계시는 태도결정, 결단, 따라서 이 결단을 내리는 주체를 필요로 한다는 것을 명백히 한다. 그리하여 세속화는 역사적 · 객관적 과정이 아니라 오히려 해석학적 · 주관적 과정이다. 현실이 계시되기 위해서는 현실은 그 숙명을 성숙할 수 있는 주체를 필요로 하며, 이것을 어떤 방법으로 설정한다. 따라서 세속화는 위기를 계시하는 것, 즉 주체에 의한 질서를 필요로 하는 실재 구조로서의 심연을 계시하는 것이다. 세속화-결단-절대적 심급은 슈미트의 사상의 기초를 이루는 세 개의 연결고리(Verbindungsringe)를 나타

---

38) Ebd., S. 81.

낸다.

이러한 고려들은 '예외상황'과 '비상내권'(독재와 같은)에 대한 슈미트의 이후의 관심의 전조를 제시하고 있다. 그의 사고가 정상상태보다도 예외상태를 출발점으로 삼는 한, 슈미트가 어떻게 결단과 독재라는 테마에 도달했는가를 강조하는 것은 여기서는 그다지 중요하지 않다. 중요한 것은 오히려 '균열'의 계기를 따라서 규범의 무력함이 '한계상황'을 의미하는 것이 아니라 현실의 구조 그 자체에 내재한다는 것을 실증하는 것이다.[39] 마찬가지로 결단과 절대적 심급은 지배구조 그 자체의 일부분이다.

1916년부터 1917년까지의 슈미트 청년기의 마지막 논문들은 이원론과 매개라는 주제를 다시 다루고 있다. 이원론은 슈미트가 1916년에 그것에 관한 에세이를 쓴 테오도르 도이블러의 『북극광』이라는 작품의 배경을 이룬다. 거기에서 현실 전체는 이원론에 의해 특징지어지고 있지만 또한 화해를 구하는 노력이 제시되고 있다. 북극광은 지구 그 자체의 극에 존재하는 빛이며 지구는 암흑으로 인도되지 않고 오히려 정신에 의해 조명될 수 있다는 상징이다. 그러나 이 화해는 아래로부터 실현될 수는 없다. 즉 '최종적이고 결정적인 것'은 '만들어질' 수 없고, 단지 위로부터 하사물로서 도래할 수 있는 것이다.

여기서 단순히 가볍게 언급한 이 작품의 의의는, 슈미트에 대해서는 그

---

39) 이러한 의미에서 키르케고르로부터의 인용은 이해될 것이다. 슈미트의 인용은 저자의 이름을 기록하지 않고 『정치신학』 제1장의 마지막에 기술하고 있다. 그가 이 문장을 인용할 때 예외의 일반성과의 '화해'에 관련된 몇 개의 문장을 삭제하고 있다. 이 삭제에 대해서 K. 뢰비트는 논란이 일고 있다. (in H. Fiala (뢰비트의 가명), Politischer Dezisionismus: Internationale Zeitschrift für Theorie des Rechts Ⅸ(1935), S. 101-123). 슈미트와 키르케고르의 관계에 대해서는 다음도 참조할 것. K. M. Kodalle, Politik als Macht und Mythos. Carl Schmitts "Politische Theologie", Stuttgart 1973, S. 84-85; ders., Der nonkonforme Einzelne. Kierkegaards Existenztheologie, in : Religionstheorie und politische Theologie, Hrsg. J. Taubes, Bd. I, Der Fürst dieser Welt. Carl Schmitt und die Folgen, München 1983, S. 198-226 (bes. S. 198-199): M. Nicoletti, Kierkegaard e la "teologia politica," in : AA. VV., Kierkegaard. Existenzialismo e dramma della persona umana, Brescia 1986, S. 169-181.

것이 기계화의 시대, 자본주의적 교환시대, 그리고 상대주의의 시대에 저항하고 있으며 정신의 가치를 재발견하는 것이다. 세속화의 시대에서는 기술은 절대적인 것으로 인도하는 것이 아니라 단지 정신만이 그것을 이루는 것이라고 설명되고 있다. 이와 같은 현실분석에서 다시 '세속화' 개념이 나오는데, 이 경우에는 부정적인 역사적 과정을 지시하기 위해서 사용되고 있다. 이 의미는 해석학적 · 구조적 의미의 대용이 아니라, 대극성, 즉 역사적 차원과 존재론적 차원 사이의 병행성을 위해서 해석학적 · 구조적 의미를 보충하는 것이다. 특징적인 것인데 세속화라는 테마는 여기서의 접근의 경우에도 '결단'의 문제와 함께 공공연하게 나타난다. 현실의 존재론적 구조를 역사적 및 해석학적 차원에서 계시하는 것은 항상 책임 앞에, 그리하여 결단 앞에 세워지는 주체에 '대해 스스로를 계시한다'라는 것이다.

그것은 슈미트의 적(敵)그리스도 문제의 취급에서 특히 현저하다. 이 문제는 여기서 처음으로 모습을 나타내지만 슈미트의 나중의 사상의 대부분을 규정하는 것임에 틀림없다. 적그리스도란 묵시록에 의해서 예언되고 있듯이, 인자(人子)가 최종적으로 도래할 하나님의 나라를 건설하기 전에 이 세상의 지배의 시대 최후에 나타나는 '사탄(Fürst des Bösen)'이다. 그러나 적그리스도의 도래는, 슈미트의 생각에 의하면, 역사에서 수동적 비관주의로 인도하는 것이 아니라 오히려 구체적 형식의 발견으로 촉진하는 것이며, 그것에 의해서 인간은 이 도래와 지배를 앞으로 연장하고 저지할 수 있는 것이다. 그것은 바울이 데살로니가 후서 제2장 6절에서 말하는 '카테콘(Kat-echon)'*의 문제이다. 즉 "그리고 너희들이 알고 있는 대로 그(즉, 악마의 자식인 적대자)가 자신에게 정해진 때가 되고 나서 나타나게 되는 것과 같이, 지금 그를 저지하고 있는 것이다."

우리들의 연구에 대해서 가장 중요한 이 청년기 슈미트의 마지막 논문은 신학적 논고이며 더구나 교회의 '가시성'에 대한 '스콜라적 성찰'—

자신이 그와 같이 이름붙인—인 것이다.[40] '스콜라적'이라는 명칭은 단순히 가톨릭에서 나온 것만이 아니라 중세사상의 명백한 찬미자인 이 사상가에게는 조금도 진기한 것이 아니다. 풍자적 논문인 「부리분켄(Die Buribunken)」의 각주에서 그는 아이러니컬하게 자신에 관해 쓰고 있다. 즉

> 슈미트는 거의 믿을 수 없는 주장을 해내고 있다. 지상에 있는 정신적인 것에 대한 진정한 존경이 항상 존재한다면 그것은 모두 중세 기독교의 유산이라는 것이다. 우리들은 그 유산을 길들이고 익힌 도제(徒弟)와 같이, 2, 3세기 동안은 멋지게(in dulci jubilo) 살아갈 수 있지만, 그 끝에는 탈기독교화한 세계라는 것이 현실에 예술이나 학문에 대해서 어떻게 생각하는지를 인식하기에 이른다는 것이다.[41]

슈미트는 신의 수육(受肉), 인간화라는 것을 '교회의 가시성'에 관한 논술의 전면에 내세운다. 그것은 문제의 취급에서 두 개의 주장을 기초로 둘 가능성이 있다. 즉, "세계는 선이다. 그리고 세계에 존재하는 악은 인간의 죄의 결과이다"[42]라는 주장이다. 이 두 가지 주장의 주변에 슈미트의 논의는 자리 잡고 있다. 이리하여 슈미트의 논의는 한편으로는 『국가의 가치』에서 다루는 개인과 법률 사이의 관계라는 주제로 환원되며, 다른 한편으로는 현세의 현실과 거기에서 보여지는 악에 대해서 『테오도르 도이블러의 『북극광』』에서 제시되고 있는 견해를 재차 다루고 있다.

슈미트의 견해에 의하면, 신과의 관계는 인간을 현세로부터 해방하지 않는다. 오히려 반대로 인간을 고립된 존재로서가 아니라 현세의 존재로서 구성한다. 인간이 고독하고 인간 관계가 종종 헛된 것이라고 생각되

40) C. Schmitt, Die Sichtbarkeit der Kirche. Eine scholatische Erwägung: Summa I (1917-1918), S. 71-80.

41) C. Schmitt, Die Buribunken : Summa I (1917-1918), S. 91 FN.

42) C. Schmitt (FN 40), S. 71.

는 것은 세계가 죄 속에서 나온 것이며, 고독한 신에 대한 향수를 증명하는 것에 불과하다. 그러나 신의 고독에서는, 인간이 신체적이며 심리적 고독 속에서 신에게로 보다 가깝게 다가간다는 결론에는 이르지 않는다. 그러한 경우에는 확실히 '우리들 아버지여'라고 기도하는 대신에 '내 아버지여'라고 기도하는 것이 보다 적절할 것이다.

> 신에게 도피하는 것은 현세로부터의 도피를 의미하지 않으며 더구나 순수한 심령주의에 서서 현세를 종교적으로 측량할 수 없는 대상이 되게 둘 수도 없는 것이다. 또 현세가 그 합법성을 신의 입에서 유래시키는 대신에, 현세 자체에서 얻는 것(만약 그렇다면 확실히 이 세상에서 최선의 것은 명령이 될 것이다)도 아니다.[43]

그리하여 기독교 신앙은 현세를 신의 법에 따라서 질서지우는 대신에, 현세를 자의에 맡기는 탈마술화한 심령주의가 아니다. 기독교는 진리의 기준이 개인적 주관성 속에 놓여 있는 순수하게 심리학적 체험이 아니다. 어떠한 매개에도 의하지 않고 신에게 직접 다가가기를 바라는 것은 슈미트에 의해서, 사탄이 그리스도에게 돌을 빵으로 변하게 해보라고 요구했던 황야에서의 사탄에 의한 그리스도의 유혹과 비교되고 있다.[44] 기독교는 직접성의 종교가 아니라 오히려 신의 법이다. 그리고 바로 세계가 이 법에 의해서 창조되었기 때문에 인간은 순수한 개인으로서 존재할 수 없다. 만약 모든 사람이 법 앞에서, 그리고 특히 이 법[신의 법] 앞에서 평등하다는 것이 진실이라면, 이러한 분석상의 결론은, 법은 그 앞에서 평등을 구성하는 그 무엇이라고 주장하는 대로 뒤바꿀 수 있을 것이다. 신의 법 앞에서는 개인의 주관성의 지배가 아니라 공동체의 구성원으로서의 인간이 구성되고 있다. 어떠한 현세적 합법성도 개인을 전면적으로는 지킬 수

43) Ebd., S. 72.
44) Ebd., S. 73.

없고, 개인의 보호와 개인의 인격적 표현을 보증하기 위해서 설립되는 어떠한 기관도 기존의 질서가 개인에 대해 요구하는 것에서 그를 면제시킬 수는 없다. 어떠한 법 제정자가 아무리 현명하고 선량하다고 하더라도 개인을 현세의 합법성의 귀결에서 지킬 수는 없다.

> 그러나 신은 그를 현세에서 어쩔 수 없는 대 변동을 통해서 구원한다. 왜냐하면 신은 모든 법칙성을 자신을 토대로 해서 창설하고 자신의 입에서 생기게 하기 때문이다. 만약 기독교신자가 이 세상의 지배에, 그 지배의 기반과 한계가 신에 의한 것이라는 이유로 따른다면, 그는 이 세상의 지배가 아니라 신에 복종하는 것이다. 그것은 위대한 것이라는 칭호를 받기에 상응한 세계역사의 유일한 혁명이다. 기독교는 그 인증을 통하여 이 세상의 지배에 새로운 기반을 초래한 것이다.[45]

우리들은 여기에서 새로이 '정치신학'의 뿌리와 마주친다. 법률의 일반성과 개개의 인간의 구체적 현실성을 가교할 수 없는 격차는 합법성과 권위가 신의 입에서 도출되는 것을 통해서 자의적이 아니라 신학적으로 보증되는 권위의 매개에 의해서 빠져나가고 있다. 그러나 이로써 현세적 권위에 신의 각인을 찍고 그것으로써 현세적 지배의 절대성을 확립한다는 지배의 단순한 신성화가 생각되지는 않는다. 오히려 반대로 권위와 지배의 구조적 성질의, 법률과 개인에 대한 관계를 더욱 전개하는 것이 문제이다. 지배의 신성화 혹은 신성한 것의 현세화는 현실을 유일한 차원, 즉 슈미트의 근본적 입장과 모순되는 '일원론'의 양식의 차원으로 내리는 것을 의미한다. 다른 한편, 그는 세계를 정신적 현실에서 추방하기 때문에 세계를 그 자신에게 위임하도록 귀결하는 '그노시스적' 각인을 받은 이차원을 수용하는 것도 바라지 않는다. 따라서 인간적 현실을 (원죄에 의해서 생긴)

45) Ebd., S. 74.

'분리', 분할, 투쟁을 스스로 담당하고, 그래도 다시 화해를 이루려고 노력하는 현실로서 승인하기에 이른다.

그러나 이 화해는 신의 은혜를 통해서 신 자신이 그리스도의 모습으로 이룬 '매개'를 통해서 주어지고 있다. 슈미트의 다른 저서에서와 같이 이 매개는 아래로부터가 아니라 '위'로부터 '피안'에서 온다. 이 매개는 분리, 투쟁, 심연을 은폐하지 않고 그들 위에 다리를 놓는다. 만약 이 다리가 없다면 인간은 신의 법에 도달할 수 없었을 것이다. 인간은 신의 법을 이 다리 위에서 성취할 수 있다. 그리스도는 이 매개를 성취했다. 그는 그가 가지고 있는 신적 성질과 그가 받아들인 인간적 성질이라는 두 개의 성질을 띠고 있기 때문에 그 자신이 매개인 것이다.

이러한 두 개의 성질 사이에서 그리스도는 유일한 (그 밖에 구제는 없다) 효과적 매개자이므로 절대자로서 지배한다. 그는 율법을 성취할 수 있는 진정한 주체이다. 또 그는 인간을 경험적 인과관계의 지배에서 분리시키고, 그 '인격적 주체성'을, 즉 법을 '성취'하는 가능성을 근거지우는 진정한 인격이다. 매개는 그리하여 인격과 '주체성'의 지평을 근거지우고 있다. 매개 없는 직접성에서는, 단지 공공연한 사실성, 사실들의 분류, 객관성의 지배가 존재할 뿐이다.

> 당연히 인간의 인격성으로 기술되고 감지될 수 있는 것은 신과 현세 사이의 간접성의 영역에서만 존재한다. 전적으로 신에 몰두한 인간은 완전히 현세적인 것 속에 매몰된 인간과 마찬가지로 이미 개개인의 인격이 아니다. 유일하고 가장 중요한 것은 신이 그를 현세에 붙들고, 그는 현세, 즉 공동체 속에서 비할 데 없는 가치를 지닌다는 것이다. 그의 자기 자신에 대한(ad se ipsum) 관계는 타인에 대한(ad alterum) 관계 없이는 존재할 수 없다.[46)]

46) Ebd.

이로써 국가 내부에서의 개인의 의의와 그 위치의 관련에서 『국가의 가치』에서 나온 관점이 보다 더 명백해진다. 국가 그 자체의 역할은 그리스도를 통해서 초래된 매개와의 대비하에서 명백하게 된다. 그것이 '정치신학'이다. 즉 '정치적인 것'과 그 매개에 내재하는 신학성은 현실에 있어서의 신의 매개, 즉 신의 수육(受肉)의 구조를 유사하게 '반복'한 것이다.[47] 그리스도의 주체성이 매개적 주체로서 임명되는 것은 신의 법이 적용되는 것을 의미하는 것이 아니라 오히려 어떤 선택이 이루어지는, 어떤 '결단'이 내려진다는 것을 의미한다. 그 '결단'은 개인의 주체성, 즉 개인의 구원에 대해서 '결단하는' 가능성을 근거지우는 것이다. 그것과의 유비에서 매개자로서의 국가의 주체성이 생기지만 그것은 법의 적용에서 생기는 것이 아니라 오히려 '결단'에 의거하고 있다. 이 매개에 대해서 개인들은 복수의 주체로서, 인격들로서, 따라서 공동체로서 구성되고 있다.

공동체 참여는 인간이 이 매개와 관계를 가진다는 사실 그 자체에 그 기초를 두고 있다. 신학적 차원에서는, 그리스도의 매개에 의해서 비롯된 공동체는 교회이다. 교회는 그 지도자[그리스도]와 마찬가지로 불가시한 것에 뿌리를 내리고 있는데 인간에게 가시적인 것으로서 자신을 계시한다. 그 때문에 그리스도에 의한 매개와 국가에 의한 매개 사이의 구조적 유사성은 교회를 한층 더 구성요소로서 예견하고 있다고 재해석할는지도 모른다. 그러므로 슈미트가 앞에서 말한 매개개념을 점진적으로 보완하는 것으로서 나중에 해석하게 되는 세속화 과정의 요소들은 그리스도-교회-국가라는 역사적 순서로 기술될지도 모른다.

그리하여 교회의 가시성은 그리스도의 수육(受肉)과의 이러한 유비에 근거하고 있다. 이 가시성을 문제로 삼는 것은 슈미트에게는 신의 아들의 인간성을 의심하는 것이며 그의 수육을 비현실적, 신비적인 일로 변화시키는 것이다. 그것은 또 신과의 직접적 관계를 요청하고 마침내 그리스도

47) 우리들은 다시 한번 키르케고르의 사상 구조와의 병행성을 강조한다. 즉 개인이 더 이상 그리스도의 육신을 '반복'하는 것은 아니며, 국가가 그것을 집행한다.

는 어떠한 개인을 위해서도, 단지 2000년 전의 팔레스타인에게뿐만 아니라 어떠한 순간에도 인간이 되는 것을 요구하는 것을 의미한다.

> 그러나 모든 기독교인 중 가장 내면성이 풍부한 기독교인인 키르케고르가 그처럼 강하게 고집했던 것은 이미 육체적이고 가시적인 인간화가 아니다.[48]

교회의 가시성은 교회의 죄에 더럽혀진 차원이 아니라 반대로 그 인간적-신적 차원과 일치한다. 인간의 모습을 받아들인 그리스도의 수육을 통해서 인간은 죽음에서 구원받았다. 육신을 통해서 존재의 히에라르키는 회복되었다. 즉 자연은 죄에서 생겨난 것이 아니라 오히려 죄가 자연을 타락시키는 것이다.

> … 생은 죽음 위에서 자란 버섯이 아니라 죽음은 생에서의 탈락이다. 신은 여러 악마를 제거한 나머지가 아니라 악마가 신으로부터 배반한 참혹한 결과인 것이다. 그것은 마치 모든 악이 선으로부터 배반하는 것과 같다. 그러므로 기독교적인 견해에 대해서는, 가시적인 세계의 법칙성은 마찬가지로 본질적으로 선하며, 인간관계를 법적으로 규제하는 것은 악의나 죄의 결과를 발생시키는 것이 아니라 그것 이전부터 존재하고 있었던 것이다.[49]

여기까지 묘사해온 신학적 관점은 슈미트에 대해서는 사법상의 목적에 기여하는 것이며 '위기'의 시대에 있어서는 법질서의 자연적 선성(善性) 혹은 오히려 피조물에 갖추고 있는 선성을 근거지우는 데에 기여하는 것이다. 법은 인간의 일상성을 질서지우는 필요성에서 생겨난 규칙들로 이루어지는 문장이 아니다. 오히려 법은 신에 의해서 의사되고 창조되는 동시

48) C. Schmitt (FN 40), S. 75.
49) Ebd., S. 78.

에 인간의 본성에도 들어 있다.

인간은 처음부터 그물의 눈과 같은 법관계 속에 서 있었다. 슈미트는 아우구스티누스가 결혼관계는 죄 이전에 존재하며 따라서 신과 인류, 그리스도와 교회의 관계의 '형식'이 되고, 이념과 실재를 매개하는 '형식'이 된다고 강조한 것을 상기시킨다. 결혼관계는, 가시적인 것은 불가시적인 것에 그 원류를 가지며, 결혼관계를 근거지우는 신의 통일성을 언제나 지시한다고 증언하는 것이다. 신은 인간에게 자신을 계시함으로써 신 자신, 신이 창조한 자연적 현실의 법칙성에 자발적으로 몸을 맡기고, 언어, 즉 가시적인 현실이 되었다. 즉 신은 육체가 되어 인간의 법률에 몸을 맡긴 것이다. 신의 계시의 일체성을 다양한 가시적인 형태들을 통해서 보증하기 위해서 신은 교회가 그 기반을 두고 있는 합법적 후계자의 '형식'을 신뢰하고 있다. 합법적 후계자란 형식이며 이것을 통해서 교회는 신과 피조세계의 일체성을, 역사의 긴 계열을 통해서, 즉 모험과 우연으로 가득 찬 매개를 통해서 표현하고 있다. 교회가 고유한 정체성을 상실한다는 두려움을 가지고 있지 않고 현실에서 가시적이 될 수 있는 것은 단지 이 형식에 의거할 뿐이다.

마지막으로 언급한 슈미트의 논문은 이 저자의 모든 저서에서 중심문제의 하나인 매개와 그 가시성의 문제를 제기하고 있다. 그리고 이 문제는 신학적인 논의 틀 속에 위치하고 있다. 그리하여 있을 수 있는 한의 매개, 따라서 슈미트에 대해서는 있을 수 있는 한의 정치 안에 존재하는 '신학성'을 강조하는 것이 중요하다. 현실의 근원적 구조, 즉 인간이 향하고 있는 또 슈미트의 사상이 유래하는 피할 수 없는 상황에도 불구하고, 이원론은 인간의 근원적 현실이 아니라 '타락'의 결과 세계의 분할로 이르게 하는 '죄'의 결과이다. 그러므로 이원론은 일관하여 매개를 제시하고 매개에 고집하는 것이며, 심연의 양안(兩岸)은 끊임없이 다리로 이어진다. 단지 다시 통합하기 위해서만이 아니라 각자를 자신에게로 다시 되돌리기 위해서도. 그러나 죄의 현실은 이 매개가 '아래로부터' 유한한 것에 의해서 수행되는 것을 방해한다. 매개는 다만 '위로부터' 무한한 존재의 자발적인 연민 행위를 통해서만 부여될 수 있다. 균열을 다시 결합시키는—비록 지양하지는 않더라도—이와 같은 구원을 가져오는 매개는 신학적으로 본다면 그리스도에 의해서, 즉 무한한 존재에 의해서 성취되며, 그리하여 육체는 가시적이 되고 유한한 것이 된다. 종교상의 지평에서는 교회, 정치적 지평에서는 국가라는 심급을 사용하여 이 매개를 반복하고 세속화하는 것, 즉 가시화하는 것이 중요하다. 이 심급의 효력은 그 자신의 경험적 현실에서 생겨난 것이 아니라 매개를 반복한다는 신학적 임무에서 생긴 것이다.

'정치신학'은 그리하여 모든 정치적 매개 속에 존재하는 신학성이다. 이 정치적 매개는 그것이 효과를 발휘하기 위해서는 '위에서' 오는 것이어야만 하며, 즉 초월적 심급의 '세속화'나 '대표'이어야 한다. 그러나 단 하나의 주체, 하나의 인격만이 '대표'할 수 있다. 순수한 객관성(기술적 수단으로서의 추상적 규범)은 매개를 반복하는 주체성이 임명되는 가능성을 여는 것이 아니라 파괴하는 것이다. '단순한 수단'이란 객관성의 지배에 대해서, 단지 주체성의 '결단'만이 심연을 가교하고 파괴하는 질서를 회복할 수 있는 것이다.

카를 슈미트와 '보수혁명'

—비체계적 고찰

아르민 몰러

카를 슈미트를 이른바 '보수혁명'으로 분류할 것인가 하는 문제는 단지 역사의 세부적인 해명만을 목적으로 삼는 것은 아니다. 이 문제는 두 개의 암시적인 의미를 지니며, 오히려 그것을 위해서 우리들은 대체로 이 문제를 설정하는 것이다. 즉 이 문제는 한편으로는 이 국가사상가의 매우 복잡하고 쉽게 관철하기 어려운 모습을 정확하게 규정하기 위한 요소가 될 수 있다. 다른 한편, 그것은 두 종류의 정치적 결단(다소간 우리들의 자유의지에 맡겨 있는 결단과, 우리들이 거기에서 도피할 수 없는 구체적인 상황—예컨대 패전국의 입장 등—에 의해서 미리 우리들에게 주어진 결단)을 구별해야 한다는 것을 비교가능한 교훈적인 모범으로 우리들에게 제시해주고 있다.

I. 예비적 고찰

1. 개인적인 사안에 대해서

보통 카를 슈미트는 '보수혁명' 속에 포함한다. 필자는 보수혁명에 대한 개설서를 통하여 이것에 관여하고 있다.[1)] 무엇보다 필자는 그 책에서 다음과 같이 불분명하게 서술함으로써 문제를 회피하였다. 즉 슈미트처럼 비범한 개성은 어떠한 분류의 시도도 기여하지 못하고, 바로 정신적인 문제에서의 분류를 위한 구획은 대체로 용이하게 전망하는 중간 클래스를 염두에 두고 행해진 것이라고. 보수혁명이라는 약칭 아래 자신을 분

1) Armin Mohler, Die konservative Revolution in Deutschland 1918-1932, Stuttgart 1950; 2. erw. Handbuch-Fassung, Darmstadt 1972.

류하는 것이 정당한가 하는 것에 대해서, 슈미트가 어떻게 명확한 의견을 서술하였는지는 기억나지 않는다. 일찍이 그는 당시 준비 중에 있던 필자의 박사학위 논문에 대한 설명에 가끔 강하게 귀를 기울였지만 그때에 그는 단순히 '보수혁명'에 대한 나의 특수한 정의에 대해서 의문을 표시했을 뿐이다(이에 대해서는 후술한다). 1949년 말에 이 논문이 발간되면서부터 이 문제에 대한 그의 판단은 긍정적인 색채를 띠게 되었다. 왜냐하면 이 논문은 무엇보다도 패전 직후 그가 경의를 가지고 논한 최초의 책 중의 하나였기 때문이다. 그의 부인이 사망하기 직전에 서술한 말은 그의 관심을 강하게 끌었다. 두슈카 부인은 그녀의 잘 알려진 사람들의 이름이 많이 등장하는 이 책—그녀의 남편은 그것을 병실에 가지고 들어갔다—의 페이지를 넘기면서 이렇게 서술하였다. "지금부터 당신에 대한 조사는 이 책에 근거해서 하기로 하지요."

2. 조직에 대해서

조직의 관점에서 볼 때 슈미트가 보수혁명에 속하는가 하는 문제는 대답할 수 없다. 보수혁명은 과연 많은 조직에 영향을 미쳤는데, 그러나 어떠한 조직구조와도 동일시되지 않는다. 확실히 슈미트는 오늘날 보수혁명에 포함되는 인물들 중 상당수와 교분을 가졌다(그리고 그 일부와 친교를 맺었다). 그렇지만 이로써 고령에 이르기까지 대화에 대한 갈망, 다양한 출신의 사람들(지적이거나 뛰어난)과의 논쟁을 진정으로 갈망하던 인물의 본질을 결정지을 수는 없다. 요컨대 보수혁명은 그 핵심에서—'세계관'이라는 말을 피하려고 한다면—하나의 정신적 조류로 그치는 것이다. 슈미트는 그 가운데 포함될 것인가?

3. 개념규정에 대해서

'보수혁명'은 역설적으로 만들어낸 말이다.[2] 지금까지 고안된 수많은 명칭 가운데 이것은 이 정신적 조류의 가장 현저한 두 개의 특징을 가장 잘 말해주고 있다. 첫째로, 보수혁명은 환멸한 좌익과 우익이라든가 좌익적 에너지와 우익적 에너지로부터 무엇인가 새로운 것(제3의 무엇)을 창출하려는 시도로서 정의된다.[3] '좌익-우익'이나 '진보-보수'와 같은 전통적인 이분법은 더 이상 쓸모없다. 이와 같은 진테제의 원형은 조르주 소렐에 있으며,[4] 슈미트는 독일에서 그를 재발견한 인물에 포함된다.[5] 둘째로 서술할 것은 이 '보수혁명'을 낡은 보수주의로부터 구별하는 것은 무엇인가 하는 점이다. 이 점에 대한 거의 공인된 마르틴 그라이펜하겐의 논술은[6] 묄러 반 덴 브루크(Moeller van den Bruck)와 에른스트 윙거(Ernst Jünger)의 텍스트에 근거하여 그것을 다음과 같이 정식화하고 있다. "보존할 만한 가치를 창출한다는 이 사상이 일반적으로 '보수혁명'의 핵심을 이루는 사상이다." 그것은 항상 새로운 것을 만들어내려는 성급함에서도 단순한 유지로부터도 마찬가지로 멀리 떨어져 있는 것이다.

---

2) 그 개념사에 대해서는 다음을 보라. Ebd., S. 9 ff. der 2. Fassung.

3) 이 방향에서 가장 명확한 해석을 보이는 것은 이스라엘 역사가의 손에 의한 연구사에 혁명을 가져오는 다음의 책이다. Zeev Sternhell, Ni droite-ni gauche, Paris 1983.

4) 소렐에 관한 2차 문헌은 오늘날에 이르기까지 소렐은 좌익 내부의 문제라고 하는 편견에 사로잡혀 있다. 가장 대담한 연구는 이제 다음의 것이다. Michael Freund, Georges Sorel/Der revolutionäre Konservatismus, Frankfurt/Main 1932, Neudruck 1972. 오늘날의 문헌 중 가장 좋은 것은 로트펠트의 제자인 미국인의 손에 의한 다음의 연구이다. Jack Roth, The Cult of Violence. Sorel and Sorelians, Berkeley 1980.

5) Schmitt, Die geistesgeschichtliche Lage des heutigen Parlamentarismus, 2. Aufl., München 1926, S. 80 f., 84 [김효전 옮김, 『현대 의회주의의 정신사적 지위』, 관악사, 2007, 88쪽 이하, 93쪽].

6) Martin Greiffenhagen, Das Dilemma des Konservatismus, München 1977, S. 343.

Ⅱ. 어지러운 전경

카를 슈미트가 보수혁명에 속하는가 하는 문제에 대답할 때에는 우선 어지러운 전경(前景)을 한번 살펴보지 않을 수 없다. 거기에는 해답을 내리기 어렵게 하는 장해가 존재하기 때문이다. 시작하기 전에 약간의 주변적인 사안부터 서술하기로 한다.

1. 슈미트의 반니체적 감정

니체는 의심할 것도 없이 보수혁명의 아버지이다. 그것은 보수혁명의 적마저 증명하고 있다. 하버마스가 1986년에 개시한 대항 캠페인은 '니체와 그의 제자들'을 향하고 있다. 니체가 슈미트의 저작에 등장하지 않는 것은 결코 슈미트가 보수혁명에 속하지 않는다는 주장의 논거가 되지는 않을 것이다. 니체 없이는 생각하지 않는 작가들의 저작에서마저 '다이너마이트 아버지'(에른스트 윙거는 니체를 이렇게 부른다)는 거의 인용되지 않는다. 그렇지만 공간을 예정하지 않은 텍스트에서는 슈미트의 명백한 반니체 감정이 표현되고 있다. 푸슈바라에게 쓴 자신의 정신적 아버지에 대한 설명[7] 속에서 슈미트는 "시대에 뒤떨어진 허풍쟁이, 니체"를 명백하게 부정적인 인물상 중에 넣고 있다. 또한 슈미트를 성급하게 억지로 니체의 제자로 만든 파틀로흐의 슈미트 연구[8]에 대해서 슈미트는 매우 분노한 것으로 보인다. 슈미트는 그의 저작에 대한 연구서를 받았을 때 마음에 들지 않더라도 대체로 정중하게 예의를 갖춰 감사인사를 쓰곤 했지만 파틀

---

7) Schmitt, Entwurf eines Berichts an P. Erich Przywara, Schreibmaschinenabschrift, 2 Blatt, undatiert und unsigniert. 이 초고는 프슈바라의 대저인 Humanitas (1952)—이 신부는 이 책에서 수많은 저술가를 다루면서 금세기의 정신사의 개요를 묘사하고 있다—에 대한 슈미트의 코멘트를 보면 좋을 것이다.

8) Peter Paul Pattloch, Recht als Einheit von Ordnung und Ortung. Ein Beitrag zum Rechtsbegriff von Carl Schmitt 'Nomos der Erde', Aschaffenburg 1961.

로흐에 대한 회답[9]만은 무뚝뚝한 질책조로 썼다.

> … 끊임없이 니체를 가지고 나를 공격하는 귀하의 방법에 나는 참을 수가 없습니다. 니체는 표현주의자였고 나는 그렇지 않습니다. 기독교적 에피메테우스를 귀하는 묵살하고 있으며, 비원근법적 공간이 존재한다는 것에 대해서 귀하는 언급하지도 않고 있습니다.

(슈미트에게 '표현주의자'는 욕하는 말이다.) 이 인용문의 의미는 매우 명백한 것처럼 보인다. 그러나 그럼에도 불구하고 슈미트는 니체의 '제자들' 측에 세우는 것이 적합하다는 반대의 결론을 다른 방법으로 도출하는 것도 가능하다.

2. 단순한 국법학자인가?

더욱 중요한 것은 다음과 같은 이의, 즉 한 국법학 교사에 관하여 우리들과 같은 문제를 설정하는 것은 쓸데없다. 왜냐하면 그들은 어떠한 세계관도 가지지 않은 것이 보통이라는 이의이다. 이러한 유의 이의는 슈미트에 대한 관심을 바이마르 공화국 말기에 이르기까지의 그의 최초 활동기에 한정하는 유행의 경향과 관련하고 있다. 이러한 이의에 따르면, 카를 슈미트는 무엇보다도 먼저 세력들을 움직이려는 것이 아니라 오히려 그의 주위에 보이는 세력들의 경쟁을 법학적 형식에서 제어하려고 노력하는 국법학자인 것이다. 이 역할에서는 경쟁 **위에** 서서 단독자로서 경쟁의 모든 움직임을 전망하고 예견하는 것이 그의 야심이지 않으면 안 된다. 이러한 의미에서 국법학자에게 중요한 것은 현실을 **있는** 그대로 제어하는 것이다. 그때에 지나치게 거창한 '세계관적인' 장비를 갖추고 임하는 것은 오히려 방해가 될 뿐이다. 얼핏 보면 당시의 슈미트는 자택에서 '지참한'

---

9) Schmitt, Brief vom 13. 9. 1961 an Pattloch.

것으로 만족한 것처럼 보인다. 즉 그에게 인간의 한계성을 자각시킨 가톨릭 신앙 그리고 이와 실로 풍부한 긴장관계에 선 동일하게 명백한 국가의식이 그것이다. 그러므로 당시의 슈미트를 보수혁명으로 분류하는 것에는 별로 의미가 없다. 슈미트가 그 당시 (그리고 그 후에도) 보수혁명을 대표하는 많은 사람들에게 그의 '입장'에서 파악할 수 없는 인물로 비치고 있었던 것은 전혀 우연이 아니다. 그렇지만 필자는 이러한 의미에서처럼 초기의 슈미트만을 고려하는 것은 정당하지 않다고 생각한다. 또한 그렇게 하는 것은 필자의 의도도 아니다. 1977년에도 슈미트는 다음과 같이 적고 있다.[10)]

> 나는 1933년에 사색하는 것을 중단하지 않았으며 1945년에도 중단하지 않았다. 1977년이란 시점에 고정하고 그 이후의 나의 사고작업을 '나치 사상'으로서 은폐하고, 표절하려고 한다. '먼저 침묵하고 그 다음에 은폐한다', 이것을 독일인은 좋아한다.

그러나 저작 전체의 구조를 시야에 넣는다면, 실제로 슈미트의 법학자적 측면과 법학의 영역을—나아가서는 정치적인 영역마저도—초월하는 매우 많은 측면과의 비중은 달라지게 된다.

3. 세 활동시기

슈미트의 저작은—정치사상가에서는 결코 놀랄 일은 아니지만—그가 발자취를 함께한 체제에 따라서 분류된다. 이미 빌헬름 제정 시대에 네 권의 책이 저술되었는데 이것들은 아직 습작의 영역을 벗어나지 못하고 있다. 명확하게 윤곽을 묘사하는 제1기의 슈미트는 바이마르 공화국 시대의 그것이다. 이에 이은 것은 제3제국 시대의 슈미트이며, 끝으로는 패전 후

10) Schmitt, Brief vom 8. 11. 1977. (수신인 이름이 없는 편지는 모두 몰러에게 보낸 것이다.)

의 점령기와 연방공화국 시대의 슈미트이다. 이들 세 활동시기 사이에 예컨대 1933년 1월 30일이나 1945년 5월 7일~9일과 같은 정확한 날짜로 경계선을 그으려는 것은 매우 소박할 것이다. 아마 슈미트에 대해서 바이마르 공화국은 1932년의 어떤 시점에서 종언하였는지도 모르며, 또한 제3기는 이미 제2차 세계대전 중에 노모스의 테마에 관한 연구와 함께 시작하였는지도 알 수 없다. 그런데 이들 세 시기 동안에 단절은 존재할 것인가? 슈미트가 1933년 이후나 1945년 이후에도 행한 회고적인 자기해석은 그 존재를 시사하고 있다. 그러나 그렇다고 단정한다면 아마 지나치게 단순화된 비역사적 판단에 빠지게 될 것이다. 아마—동일한 주제의 다른 평면, 새로운 상황 아래서의 재개를 의미하는—'중간휴식'이라는 개념 쪽이 보다 정확할 것이다. 그때에 제3의 활동 시기는 두 개의 상이한 플롯의 병존—한편으로는 『구원은 옥중에서』와 같은 자기 정당화의 문헌, 다른 한편으로는 『대지의 노모스』와 같이 보다 자유로운 숨결로 가득 찬 저작—을 위해서 복잡한 것이 되고 있다.

4. '설정(設定, Setzen)'

중요한 것은 슈미트의 첫 번째 활동시기와 그 후 두 번의 활동시기의 차이다. 바이마르 공화국 시대에서는 슈미트의 활동 중에서 국법학자로서의 측면에 중점이 있었다는 것이 이미 확인되었다. 당시는 경쟁 위에 선다는 것이 어느 정도 가능하였다. 즉 여전히 약간의 선택의 자유가 존재한 것이다. 그러나 역사에서는 본래 드문 이러한 자유로운 국면은 한정된 기간에만 존속한 것처럼 보인다. 20년대 말경에 환경은 전보다 더욱 어려워졌다. 이러한 환경의 급변에 대응하여 그 자신에게 관련된 변화도 일어났다. 이제 슈미트는 의지에 의해서 설정(設定)된 것만을 현실로 간주하기 때문에 경쟁의 룰에서 일탈하려는 세력에 직면하고 있었다. 슈미트는 이것을 두 번 경험하고 있다. 최초는 나치즘에서고 두 번째는 1945년 이후의 전승국 지배 때이다. 이것은 당연히 '보존할 가치가 있는 상태를 창조하려는 사상'이라는 보수혁명의 정의(I의 3을 보라)를 상기시킨다. 이로써 나치즘과 보수혁명의 차이는 제거된 것일까?

5. 포위된 자들의 컨센서스

보수혁명 대표자들의 습성이 나치스와 매우 다르고 나치스의 행동이나 방법을 혐오하고 있었다고 하더라도 30년대 그리고 그 후 그들은 나치스와 어떤 점을 공유하고 있었다. 즉 독일인으로서 금세기 초 이래 국민의 실존을 둘러싼 생사를 건 투쟁 중에 휘말려 있다는, 어떤 면에서는 숨 막히고 또한 어떤 면에서는 고통스러울 정도로 첨예화된 의식이 그것이다. 그러므로 하버마스가 카를 슈미트에 대해서 정치적인 것은 "'정치적으로 실존하는' 민족의, 안팎의 적에 대한 자기주장에서 나타난다"고 주장했을 때, 그는 잘못한 것은 아니다.[11] 슈미트는 그 명민한 정치적 지성과 거의 육감적인 예민함으로 이미 1933년 이전에 선택의 가능성이 그만큼 좁아지고 있다는 것을 감지하고 있었다. 만약 자유주의와 국가에 관해서 그때까지 서술하여온 것을 철회할 계획이 아니라면 그에게 남은 길은 포위된 자들의 컨센서스에 순응하는 시도뿐이었다. 이것이 30년대에 있어서의 그의 언동의 대부분을 설명한다.[12] 즉 '세계관적인 것'의 금욕은 현저하게 곤란해지고 있었다. 베를린과 북독일에 대한 '식민지 로마인'[13]의 아이러

11) Jürgen Habermas, "Die Schrecken der Autonomie. Zu zwei frühen Publikationen des deutschen Staatsrechtlers Carl Schmitt." Babylon. Beiträge zur jüdischen Gegenwart, 1986, Heft 1, S. 108-117.

12) 놀랍게도 슈미트는 이러한 컨센서스를 대중지라는 속된 차원에서마저 추구하였다. 1933년 5월부터 7월에 걸쳐 『서독의 관찰자(Westdeutschen Beobachter)』 (쾰른의 당기관지)에 그가 게재한 논설을 보라.

13) 이것은 슈미트가 사용한 말은 아니다. 그는 자신이 모젤 출신이라는 것을 즐겨 강조하였다. 이미 여행이 큰 일로 되고 있던 74세 가까이 되어서도 더구나 그는 모친(처녀시대의 성은 슈타인라인)의 친척을 방문하기 위해서 모젤 지방의 빅-쉬르-세유(Vic-sur-Seille)까지 여행하였다. 그가 동료들에게 유포한 정치적 풍자시의 하나(그것은 "인류는 이제 통합되고/모젤강은 항행 가능하게 되는가/사크라멘트는 왜곡된 채로 …"라는 구절로 시작한다)에 그는 「늙은 모젤 사람의 노래-1957년」라는 제목을 붙였다.

니컬한 거리는[14] 연기적인 성격을 상실했다. 이미 다리를 놓아야만 했다면 이제 세계관적인 것이 필요하게 되고 있었다. 과연 슈미트는 새로운 운동에 있어서의 가톨릭적 · 로마적 제스처를—이와 같은 제스처가 단지 연대기(聯隊旗)와 로마식의 인사에서뿐만 아니라 넓은 폭을 차지하고 있는 것에서 보더라도—자신과 전혀 동떨어진 것이라고는 느끼지 않았다. 그러나 그것이 나치즘의 전부는 아니라는 것은 그에게는 처음부터 명백하였을 것이다.

6. 일리리아

물론 '로마인' 카를 슈미트라는 규정으로 사안을 단순화해서는 안 된다. 슈미트의 고향 선택에 대해서 생각해본다면 그에게 이러한 '제2의 고향'이 동시에 두 곳이 존재했다는 것을 알 수 있다. 하나는 잘 알려져 있는 스페인이다. 그만큼 널리 알려지지 않았으나 그에 못지않게 강한 것은 '일리리아'와의 결합이었다. 구 오스트리아-헝가리 제국에서는 기원전 3세기의 전설상의 왕국으로 인하여 남슬라브의 세계가 그와 같이 불리고 있었다. 슈미트의 부인은 두 사람 모두 세르비아인으로 그곳 출신이었다. 또한 슈미트가 좋아하는 두 사람의 시인 중 한 사람인 테오도르 도이블러는 독일인 부모 아래 트리에스테에서 태어났다(또 한 사람의 시인 콘라드 바이쓰

14) 그의 반북독일 감정은 잘 알려지고 있었다. '발할라(Walhalla)'라는 말의 기분 나쁜 해석이 슈미트에게는 우연이 아니다. 그는 이 말의 유래를 로마의 투기장에서 맹수와 싸운 게르만인 포로에 돌리고 있다. 슈미트에 의하면, 포로들은 어두운 지하실로부터 투기장의 넓은 원형 속에 내몰려 자신들이 하늘에 이른다고 생각했다. 왜냐하면 그들은 이처럼 거대한 건축을 한번도 본 일이 없었기 때문이다. "무엇인가 넓은 홀일 것이다!"라는 그들의 절규가 와전되어 "발할라"가 되었다는 것이다. 테오도르 도이블러의 시 「북극광」에 대해서 슈미트가 보인 지속적이며 거다란 애착의 마음은 이를 부정하는 것이 아니다. 이 시의 폭포와 같은 말이 불러일으키는 「빛의 길」은 전지구적인 것으로 통하기 때문이다. 이 시에서 구체적인 풍경이 마음에 남는다면 그것은 알프스의 남쪽이나 동쪽의 풍경이다. 앞에 인용한 1977년 11월 8일 자 편지에는 "1977년의 반게르만의 파도"라는 표현이 보이는데 그것은 이질화(異質化)의 효과를 노린 것에 불과하다.

는 호엔로에 지방 출신이었다). 슈미트는 도이블러를 디오클레티아누스와 성 히에로니무스*로부터 금세기의 세르비아 시인 보직(Bojik)에 이르는 위대한 일리리아인의 리스트에 추가한다. 이 리스트는 1925년에 저술된 『일리리아』라는 에세이[15] 속에 게재되어 있다. 이 에세이는 슈미트가 널리 유포한 그의 국법학이론에 관한 저술에 포함되어 있어 상당히 다망했던 시기에 발간된 텍스트의 하나이다.

그리스에 대한 경시와는 대조적으로, 발칸 반도 북서부에 위치하는 이 지방에 슈미트가 이처럼 강하게 사로잡힌 이유는 무엇이었을까? 지금까지 거의 이용되지 않았던, 슈미트에 대한 많은 수수께끼를 푸는 열쇠는 아마 이 에세이에서 구가하는 다음과 같은 비전일 것이다.

> 로마, 비잔틴, 고트인, 세르비아인, 아바르인, 노르만인, 베니스인, 터키인, 헝가리인, 프랑스인, 오스트리아인이 여기를 지배하였다. 그리하여 생긴 것은 일리리아의 원주민, 그리스인, 켈트인, 로마인, 게르만인, 슬라브인, 몽골인 등 다양한 인종의 기괴한 결합이며, 데몬의 숨소리, 이교적인 고대, 로마적 · 그리스적 기독교, 그노시스파, 이슬람교 등에 의한 언어와 종교의 환상적인 혼합이었다. 그러나 이 지방은 이러한 역사적 환영(幻影)의 무대에 불과하다. 육지, 산, 바다, 태양은 이러한 사건들 모두를 무시하는 것처럼 보인다. 장려한 바다, 위대한 산—불멸하는 영혼의 숭배를 당연하다고 생각하는—하나의 태양과의 결합 속에 이 지방의 특질이 견고하게 뿌리내리고 있기 때문에 역사상의 일은 다채로운 그림자처럼 하늘과 땅과 바다 사이를 흘러가버리고 있다.

15) Schmitt, "Illyrien/Notizen von einer dalmatinischen Reise", Hochland, Dezember 1925, S. 293-298. 이 텍스트가 30년 뒤에도 그에게 얼마나 중요하였는지는 1952년에 그가 자의로 그것을 어떤 손님에게 증정하기 위해서 수중에 남아 있던 유일한 원본 6페이지 분을 사진으로 찍게 했다(당시에는 아직 복사기가 없었다)는 사실에서도 이해할 수 있을 것이다.

다음의 문장은 이러한 찬미를 핵심적으로 나타내는 것이다.

피가 아닌 대지가 대지의 아들인 인간에게 그 얼굴과 형태를 부여한다. 일리리아에 정착한 인종은 모두 이 토지로부터 무엇인가 새로운 것을 받아들이며 일리리아 정신의 어떤 특정한 면의 담당자가 되었다.

그 후 곧 다음과 같은 한 절이 계속된다.

나는 베네치아가 일리리아의 일부라고 생각하지는 않는다. 천년에 걸쳐 베네치아는 일리리아 해안 지방의 지배자였다. 달마치아 도시들의 대건축은 베네치아에 의한 지배의 표식이다. 대건축이라는 것은 항상 현실적인 국가의 틀림없고 외관상으로도 불가결한 표현이다. 농촌도 세계시장도 이러한 것을 산출할 수는 없다. 이러한 건축에서 보더라도 베네치아는 현실적인 국가—그 본질은 자유가 아니라 지속이다—의 예시인 것이다.

이러한 찬미는 슈미트를 읽고 푸는 열쇠이다. 왜냐하면 그것은 개인의 연약함을 넘어서 슈미트의 생활의 기조음을 재현하기 때문이다. 슈펭글러의 『몰락』, 에른스트 윙거의 『노동자』, 한스 블뤼허의 『에로스의 역할』로부터도 몇 페이지에 걸쳐서 인용할 수 있는데, 동일한 울림을 들을 수 있을 것이다. 이러한 텍스트들에서 읽어낼 수 있는 것은, 이 사람들이 모든 전설과는 달리 과연 저 컨센서스로부터 몸을 빼앗기지는 않았지만 실제로도 거기에 손쉽게 몸을 맡길 수 없었던 것은 어떤 이유였을까 하는 점이다. 그들보다 단순한 사람들에게는 그것이 쉬운 일이었다.

Ⅲ. 보수혁명의 새로운 이미지

카를 슈미트를 보수혁명으로 분류할 수 있는가 하는 문제에 대답하는 것이 그의 저작을 둘러싼 어지러운 전경 때문에 곤란한 것만은 아니다. 보수혁명의 해석이 아직 규정되어 있지 않다는 점이 더 큰 장해이다. 보수혁명의 윤곽, 내용 그리고 영향에 대해서 어떤 합의도 형성되어 있지 않은 것이다. (I의 3에서 언급한) 보수혁명에 대한 두 개의 정의는 확실히 널리 승인된 것이라고 간주할 수 있다. 그러나 그것들이 승인되고 있는 이유는 단지 그것들이 일반적이며 형식적인 차원을 넘어서지 못하고 있기 때문이다. 내용적인 면에서는 많은 사정이 그대로 남아 있는 것이다.

1. '회귀'의 모델

필자는 보수혁명의 내용을 해명하기 위해서 특히 니체와 프리드리히 게오르크 윙거의 영향 아래 '회귀'의 모델을 인증함으로써 이 공백을 메꾸어보려고 해왔다. 즉 순환적인 시간관념을 기독교의(그리고 마르크스주의에 이르기까지의, 기독교의 모든 세속형태의) 직선적인 시간관과 대비함으로써 보수혁명을 추상화(유토피아)에 의한 세계의 고갈에 대한 저항으로서, 또한 모든 중요하고 본질적인 것을 먼 미래에(혹은 오늘날에는 오히려 환경운동이나 노스탤지어 운동의 뒤로 향하게 된 유토피아에서처럼, 먼 과거에) 이전함으로써 충만해진 순간의 저항으로서 해석하려고 해온 것이다. 이미 니체 이래 회귀의 관념은 결코 사람을 위축시키는 것이 아니며 오히려 실로 풍부하게 사람을 고무하는 사상(혹은 사람을 고무하는 이미지라고 말하는 편이 좋을지도 모른다)이라는 것은 필자에게는 자명한 일이었다. 필자의 구체적인 경험에서 보아도 정적주의나 욕구불만이나 동정은 오히려—기독교에 있어서의 구제이든, 유토피아 이론에서의 완성이든—그 실현을 손댈 수 없는 미래로 미리 보내는 세계상의 귀결이었다. 회귀의 사상이 많은 독자에게(특히 보수적인 독자에게) 일종의 '독일적인 불교'를 호소하는 것으로 잘못 받아들여진 것은 그것만으로도 필자에겐 큰 놀라움이었다. 회귀의 모델은 분명히 독자의 마음에 필자와는 다른 연상을 불러일으킨 것이다. 이러한 사정에 더하여 전쟁 직후의 시기에 필자를 곤혹케 한 테제, 즉 자신의 신앙에 진지한 기독교도는 '좌익'이 되지 않으면 안 된다는 테제의 영향 역시 당황했다(필자는 아데나워 시대 한가운데보다 좌익 반대파 활동을 권유받는 오늘날 이 테제에 더욱 잘 대처하고 있다).

2. 회귀를 거부한 슈미트

『보수혁명』이라는 나의 저서에 대해서 긍정적인 태도를 보이고 있었음에도 불구하고, 슈미트도 많은 독자와 마찬가지로 거기에 전개되고 있는 회귀의 모델에 동의할 수 없었다. 무엇보다 카를 슈미트가 동의하지 않은 것은 그들과는 약간 다른 이유에서였다. 그는 회화 중에서 사용된 것 중에서도 반복하여 이 문제를 다루었다. 그때에 그는 다음에 보이는, 상상도 못할 강렬한 이미지를 사용한 것이다.[16)]

> 나에게는 이러한 순환적 이미지는 모두 마치 사람이 먼 바다에서 나와 바다 이외에는 한 조각의 육지도 볼 수 없게 된 때, 수평선이 좁아지고 상당히 작은 유리종으로 화해버린 것 같은 상태와 마찬가지로 생각된다.

그가 서정시로 깊숙이 기울어지고 있었기 때문에,[17)] 가끔 프리드리히 게오르크 윙거의 개개의 시를 평가하는 것은 여전히 귀결은 이들 시의 배경을 이루는 회귀의 관념에 대한 반감 쪽이 능가하게 되었다. 슈미트가 회귀의 관념을 기피한 진정한 이유는 그것을 그의 정치적인 것의 개념과 일치시킬 수 없었다는 것이다. 회귀의 상징 아래 있는 세계는 그에게는 정치 없는 세계, 그러므로 쇠약한 세계였다. 이것과 크게 관련하는 것은 고대에 대한 그의 분열된 태도이다. 고대 로마는 그에게 가톨릭교회의 로마에 못지않게 중요하였다. 왜냐하면 그에게는 전자가 후자로 이행한 것처럼 여겨졌기 때문이다. 다른 한편 고대 그리스, 즉 헬라를 그는 중요시하지 않

16) Brief vom 23. 9. 1948.

17) Brief vom 3. 2. 1956.

았다. 그리스 고전극이란 의미에서의 '비극적인 것'은 그에게는 생소하였다. 그러므로 [인간의 생사와 존엄을 건 경기라는] '아곤'의 모티브에 대해서도 마찬가지였다. 그는 이러한 경기를 무의미한 행위로서만 생각했을 뿐이었다. 즉 그것은 그에게는 어리석은 소업에 불과하였다.[18)]

3. 패러다임의 변화

필자는 직업상 4반세기에 걸쳐 근대 자연과학에 종사하는 사람들과 관련을 가져왔다. 필자가 정신과학에 제휴하는 자로서 놀라움과 함께 그들로부터 배운 것은 사람은 현실의 일부를 설명하기 위해 유용한 한에서 어떤 모델을 이용한다는 것이다. 따라서 지금까지 많은 주목을 받았으며, 이해하기에도 더욱 적절하고 새로운 모델을 만난다면 사람은 낡은 모델을 그것과 대체하게 된다. 외국에서 젊은 연방공화국으로 돌아온 다음 위축된 독일인들에게 니체를 가지고 나와 무엇인가를 설명하려고 한 것은 확실히 젊은 필자의 오만이었다. 필자가 1949년의 학위청구논문 테제들을 1972년에 졸저의 신판에서 제출하였기 때문에 비판적인 서평만이 적지 않게 쌓여온 것도 어쩔 수 없는 일이다. 그러나 그동안 보수혁명 연구의 패러다임은 현저히 변하고 있었다. 그것은 이른바 '포스트모던'—하버마스는 비난하면서 이를 '새로운 불투명성'이라고 부른다—에 대한 관심으로 감지된다. 포스트모던이나 새로운 불투명성 등으로 불리는 현상에서 문제가 되는 것은 보수혁명(그리고 다른 몇몇 국가에서 그것에 대응한 조류들)의, 조잡하게 성장한 어느 비적출자이다. 그리고 연방공화국에서 사람들은 일찍이 보수혁명과의 직접적인 만남에 즈음하여 거절한 것 중의 얼마를 이 우회로를 통하여 수용하고 있는 것처럼 보인다. 그러므로 우리들은 이 우회로를 통하여 카를 슈미트를 보수혁명에 포함하는 것을 해명해

18) 여행에서 돌아온 66세의 아버지가 22세의 딸에게 쓴 애정 어린 풍자를 보라. "여기 플레텐베르크에서 나는 그리스로부터 그리스의 벗이 되어 돌아온 아니마를 만났다." Karte vom 28. 4. 1954.

보려고 한다. 진행에 박차를 가하고 있는 패러다임 변화를 먼저 달려 묘사하는 것은 하나의 대담한 시도일 것이다. 이 시도의 어려움은 이번의 새로운 현상이 중량감과 주장을 갖춘 '세계상' 자체로서 나타난 것은 아니라는 사정에 의해서 경감되어도 좋다. 보수혁명의 조잡한 자식인 '포스트모던'은 비공식의 선택이라는 루즈한 매력과 함께 등장하고 있다. 즉 그것은 언어에 관한 고찰이나 현실에 대한 우리들의 관계에 관한 고찰, 즉 인식이론 중에서도 전통적인 이론이 아닌 넓은 의미의 인식이론으로서 등장하는 것이다.

4. 이해가능성

패러다임 변화를 간결하게 기술하기 위해서 가장 적절하다고 생각되는 방법은—그것과 함께 모델의 교대가 발생한—중심적인 개념들을 예전부터 있는 것과 아울러 새로운 것도 포함하여 열거하고 설명하는 것이다. 출발점이 되는 것은 이해가능성과 역설적인 사고 사이에 존재하는, 수백 년째 지속되는 예리한 대립이다. '이해가능성'이라는 생각 아래 이해되는 것은 파르메니데스의 다음과 같은 명제의 의미에서의 사고와 존재의 일치이다. "사람이 서술하거나 생각할 수 있는 것은 존재하지 않으면 안 된다. 즉 존재는 있으며 비존재는 없다." 이 명제에 따라서 플라톤-아리스토텔레스적 체계로부터 기독교의 스콜라학을 거쳐 헤겔에 의해서 정리된 기독교의 세속적 형식들에 이르기까지의, 모든 보편주의적 철학들이 전개되었다. 여기에 마지막으로는 **거꾸로** 설정된 헤겔의 변증법적 유물론으로부터 이러한 종류의 대표적 하이브리드인 국민경제학자 오트마르 슈판(Othmar Spann)의 '보편주의'에 이르는 모든 변종을 포함할 수 있다. 이와 대극을 이루는 것은 인간의 유한성과 가사성(可死性)에 대한 통찰에서 출발하는 패러독스한 사고이다. 이 극에 서는 사람은 현실 전체를 조망하며 이해하는 것이 가능하다고는 생각하지 않는다. 즉 세계의 모든 수수께끼를 푸는 열쇠를 손에 넣거나 혹은 언젠가 그것을 손에 넣을 수 있다는 환상에 몸을 맡기려고 하지는 않는다. 서양적 사고의 전통 전체를 관철하는 오늘날의 사상적 위기에서 다시 한 번 심각하게 된 것은 이러한 보편주의(진정한 보편실재론)와 유명론(唯名論)의 오랜 대립이다. 무엇보다 하버마스가 오늘날 그토록 분개하는 '제2의 계몽'의 일반적인 퇴조 경향 속에서 중점은 명백하게 이동하고 있다.

5. 전체성 사상의 쇠약

지식층은 보편주의적인 구제이론에 더구나 그 모든 종류에 피곤해지기 시작한다. 여기에는 자유주의도 포함된다(무엇보다 자유주의가 완결한 이데올로기로 나타나는 한에서, 그러므로 전적으로 존중해야 할 막연한 생활감정만을 의미하는 것이 아닌 한에서이지만). 지금까지 역설적인 사고의 지지자들이 보편주의자 측에서 보여온 태도는 고작해야 오만한 무례함에 불과하였다. 그들은 '전체'를 볼 수 없는 가난한 인간이라고 판단하여 '유명론'과 함께 단순한 '원자론적 개인주의적' 사상에 매몰되어 버린다고 비난해온 것이다. 그러나 '전체'에 대한 단순한 말은—그것은 결코 '전체'를 보유하는 것은 아니었다—전쟁 직후의 세월이 지남에 따라서 곧 소멸하기 시작하였다.[19] 원래 '유명론'의 개념을 둘러싼 상황은 '회귀'를 둘러싼 상황과 유사

19) 그 좋은 예는 일찍이 자신의 대가를 소생시키려고 했던, 어떤 정치인의 시도이다. Walter Becher, Der Blick auf das Ganze. Das Weltbild Othmar Spanns, München 1985. 베허는 슈판이 1924년의 공리—"존재하는 것은 모두 어떤 전체의 부분으로서 존립한다."—로부터 연역한 구분과 분류를 300페이지 이상에 걸쳐 열거하고 있다. 이 공리에서 논리적으로 모순 없이 전개되는 하나의 시스템이 모든 현실적인 것을 읽고 해결하는 열쇠로 제출된다. 그것은 S. 130에서 슈판의 '분지 질서'를 반복함으로써 마침내 보편주의적인 사고양식이라는 풍자화로 높아지는 것이다. 분지 질서는 "정신적 기원을 가지는 모든 전문 영역이 조직에서 실현되고 표현되는 것을 요구한다는 데에서 출발한다. 이러한 의미에서 종교는 교회를 찾는다. 학문은 대학, 학교, 연구단체, 교양단체를 찾는다. 예술은 극장, 오케스트라, 미디어, 음악협회, 전시협회를 찾는다. … 육체성은 체조협회, 스포츠협회를 찾는다." 이와 같이 한없이 계속된다. 그렇지만 베허는 이미 저서의 앞부분에서 이 철학이 "우리들 시대의 의식에서-저널리즘뿐만 아니라 전문가에서도-거의 완전하게 사라져버린" 것에 놀라움을 나타내고 있다.

하다. 왜냐하면 비록 이 개념이 사실에 맞게 정확한 것일지라도 그것은 부정적 이미지를 등진, 막다른 길로 돌아가는 여러 가지의 연상도 불러일으키기 때문이다. '니체와 그 제자들'을 둘러싼, 그러므로 포스트모던을 둘러싼 국제적인(특히 프랑스에서의) 논쟁이 '유명론'이라는 개념보다도 더욱 유용한 개념들을 가져오고 있다는 것은 이미 명백하다.

6. 특수한 것과 일반적인 것

여하튼 '전체와 그 부분'이라는 전통적인 도식의 해체는 상당히 진행되고 있다. 아마도 그것은 우리들이 어떤 전체의 세밀한 부분만을 손에 넣는다는 것을 의미하는 것은 아닐 것이다. 우리들이 파악할 수 있는 것은 바로 '특수한 것'[20]이며 거기에서 비로소 일반적인 것이 도출되는 것은 아닐까?[하이미토 폰 도데러는 분명 '개개의 모든 사물의 총체(All-Gemeinheiten)'라는 심술궂은 표현법으로 일반적인 것을 표현하려고 한다.] '전체와 그 부분'이라는 도식의 해체와 함께 당연하게도 질서와 무질서라는 이분법 또한 해체되고 있다. 그것은 다른 이분법, 즉 '디스오더와 오더'—이것은 예컨대 '아직 질서잡히지 않은 것과 질서'(카오스와 질서)라고 번역되어야 한다—라는 이분법으로 대체되는 것이다. 이것은 1981년에 개최된 유명한 스탠포드의 심포지엄이 내건 테마였다. 이 심포지엄은 프랑스인 몇 명(모랭, 세르, 르네 지라르)과 미국에서 활약하는 세 사람의 오스트리아인('급진적 구성주의'[21]의 아버지인 폰 글라서스펠트, 폰 푀르스터 그리고 바츨라비크)의 참가를 얻어서

---

20) 쇼펜하우어와 니체의 가장 일관된 계승자이며 니스 대학에서 교편을 잡고 있던 클레망 로세는 1939년생으로 "le réel"(현실적인 것)과 "son double"(그의 분신-그에게는 이차적인 것, 파생적인 것을 가리키는 말)에 대해서 말하고 있다. 그의 다음의 저서를 보라. L'Anti-Nature, 1973; Le réel et son double, 1976; Le réel. Traité de l'idiotie, 1977; L'objet singulier, 1979. 이것들은 모두 파리에서 출판되고 있다. ('Idiotie'는 '유일한, 반복되지 않는'을 의미하는 그리스어 'idiotes'에서 유래한다.

21) Heinz Gumin u. Armin Mohler (Hrsg.), Einführung in den Konstruktivismus, München 1985.

포스트모던을 선언하는 행사의 하나가 되었다.

7. 디스오더와 오더

어떤 프랑스 보도기관의 특파원은 스탠포드의 심포지엄에 대해서 다음과 같이 적고 있다.[22]

> '디스오더'는 여기서는 지금까지와 같이 질서의 결여로서 이해되는 것이 아니라 오히려 반대로 질서의 기원과 전제로서 이해되었다.

이것이 보편주의적 이론의 '영원한 질서'에의 대항을 함의하는 것임은 이 기사를 읽어나감으로써 명백해진다.

> 근원적이며 창조적인 카오스의 연구자들이 오늘날 모든 학문 분야에서, 즉 '견고한' 학문(미국에서 말하는 '과학')에서도 '유연한' 학문(미국에서 말하는 '인문학')에서도 등장하였다.

인간사회의 성립에 대한 르네 지라르의 가톨릭적 설명은 프리고진의 '열역학적 불균형'과 마치 거울에 비친 모습처럼 일치한다. 그것을 설명하기 위해서는 과학이론가 에드가 모랭—그는 스탠포드에서 과학과 인문학의 가교를 놓는 역할을 하였다—의 문장을 인용하기로 한다.

> 우리들에게 우주는 이미 오랫동안 생각해온 시계구조는 아니다. 하늘에는 이미 사물의 영원한 질서는 전혀 존재하지 않는다. 별과 구름은 끊임없이 형성되며 그리고 다시 소멸한다. 생명에서도 마찬가지이다. 정치에서 활동적인 소수파에 대응하는 것은 물리학에서는 대규모 변화의 단서에 자주

---

22) L'Express, Paris, 16. 10. 1981.

발생하는 작은 방해이다.

8. 패러독스한 사고

보수적 혁명 자체가, 역설적 추리를 통해 고전적 사유의 직선적 화법과 명확히 구분되는 언어를 창조하였다. 보수적 혁명의 사생아, 즉 포스트모더니스트들은 지성적 사유의 마지막 잔재를 급진적으로 짜내면서 모순에 가득 찬 언어로 말하기 바빴다. 그들은 그렇게 개관 불능의 천지를 새롭게 자신의 것으로 개척하였다. 여기서 냉정한 문헌학자가 이 패러다임 전환을 어떻게 묘사하는지를 보는 것은 유익할 것이다. 지금까지의 포스트모던을 체계적으로 이해하려고 하는 아마 유일한 개설서[23]를 우리들의 텍스트로 사용하기로 한다. 이 개설서에는 스탠포드에서 교편을 잡고 있는 게르마니스트인 데이비드 E. 웰베리가 기고하고 있다. 그는 푸코, 데리다, 세르, 리오타르에 체현되는 프랑스의 포스트모던에 대해서 위르겐 하버마스가 던진 비난을 능숙하고 공평하게 분석하고 있다. 웰베리는 이러한 '정치적 · 상징적 의식'의 사례를 통하여 포스트모던의 사고양식이란 무엇인가를 해명하려는 것이다. 그의 견해에 의하면 하버마스는 칸트, 헤르더, 콩도르세 그리고 그중 헤겔의 역사철학적 논의를 계승하고 있다. 포스트모던 측면에 관해서 그가 그 선행자로서 열거하는 사람은 우선 마르크스, 프로이드, 소쉬르, 하이데거이다.

그러나 그 저작의 **창조적인 독해**를 통해서 포스트모던의 사고양식이 형성

23) Stanley Trachtenberg (Hrsg.), The Postmodern Moment. A Handbook of Contemporary Innovation in the Arts, Westport, Conn. 1985. 그린우드 출판사에서 나온 이 개설서는 12명의 미국인 대학 교사가 집필하고 건축, 조형예술, 무용, 문학, 음악, 사진의 여러 분야를 다루고 있다. 두 편의 논문이 부록으로 첨가되어 있는데, 하나는 라틴 아메리카의 포스트모던 문학에 대해서 논한 것이며, 또 하나는 「유럽에서의 포스트머더니즘-최근의 독일 작품에 대해서」라는 제목의 논문이다. 데이비드 E. 웰베리가 쓴 이 논문에서 인용했다(S. 231 ff.).

되었다고까지 말할 수 있는 것은 유일하게 **니체**의 경우뿐이다. [모든 강조는 아르민 몰러]

하버마스의 논의는 캘리포니아의 시각에서는 어떻게 보일 것인가? 웰베리—그는 지금까지 레싱과 괴테 연구에 몰두하며, 『스탠포드 문학 평론(Stanford Literature Review)』의 편집자이다—는 파푸아족의 성인식을 관찰하는 민족학자의 눈과 유려한 필치로 독일 교수의 현실을 떠난 이상론을 재현하고 있다.

하버마스는 이상적인 커뮤니케이션 상황을 출발점으로 한다. 그것은 의논의 구체적인 사례를 평가하는 기준 및 사회이론을 구성하는 알키메데스의 점으로서 작용하고 있다. 간결하게 말하면 이 개념은 커뮤니케이션적 행위의 보편적 규범을 내포하고 있다. 즉 그것은 커뮤니케이션에 참가하는 자가 (지배의 제도와 구조에서 유래하는) 외적 강제와 (커뮤니케이션적 행위 자체의 유감에서 유래하는) 내적 강제를 받지 않고 합의에 도달할 수 있는 심벌 사용의 구조를 내포하고 있는 것이다. 상술한 프랑스 저술가들의 견해에 이만큼 예리하게 대립하는 철학적 테제를 떠오르게 하는 것은 곤란할 것이다. 하버마스가 투명한 커뮤니케이션의 이념에 고집하는 것에 대해서 프랑스인들은 회화 자체에 내재하는 불투명성을 탐구한다. 하버마스가 합의의 조화적인 측면을 강조하는 것에 대해서 프랑스인들은 배제의 행위에 근거해서만 합의가 성립하는 데 불과하다고 생각한다. 그리고 하버마스가 진리나 성실이나 정당성 등의 개념 속에, 말하자면 언어를 초월하여 존재하며 언어에 그 타당성을 부여하는 규준을 구하는 것에 대해서, 프랑스인들은 이러한 개념을 회화를 통해서 타자의 회화를 통제하는 전략이라고 해석한다. 물론 상술한 네 사람의 저술가들은 대부분 언어를 각각 다른 방법으로 해석하고 있으며 그들이 결코 하나의 학파를 형성하는 것은 아니다. 그러나 그들의 저작과 하버마스의 저작을 아울러 본다면 포스트모던한 사고양식의 가장 현저한 특징이라고 생각되는 것이 떠오른다. 즉 포스트모던의 철학자들—그들을 여전히 그렇게 부를 수 있다고 한다면—은 대부분 순수한 언어라는 꿈을 거부하는 것이다.

이처럼 '무해한 언어의 꿈'에 대한 거부는 패러독스한 언어, 패러독스한 사고의 승인 이외에는 아무것도 아니다. 우리들은 나아가 카를 슈미트에서 '언어의 순수함'이라는 문제가 어떻게 다루어지고 있는가를 조사해보아야 할 것이다.

Ⅳ. 카를 슈미트의 다면성

통속적인 카를 슈미트 해석은 대체로 슈미트가 어떠한 인물인가가 나와는 아무런 상관이 없다거나 혹은 이 인물에 대해서 상당히 단순한 이미지를 만들어버린다는 결함을 띠고 있다. 그리고 그 후 그들은 바로 작품으로 향하는 것이다. 확실히 시중에는 아무런 전제도 없이 이해할 수 있다고 하는 책이 넘친다. 그러나 구체적인 상황에 목적을 정하는 슈미트의 저작들이 그러한 유에 속하지 않는다는 것은 물론이다. 이에 더해서 미리 고려에 넣어야 하는 점은 슈미트 정도 레벨의 사상가는 통상보다도 복잡한 면모를 가지고 있다는 것이다. 더구나 슈미트의 경우 이 복잡성은 그가 이질적인 반응을 보이는 타자나 특수한 문제를 포함하는 이질적인 상황에 대한 호기심의 하나라는 점에 의해서 더욱 심해지고 있다.

1. '명석함과 정밀함'

1986년 10월에 개최된 카를 슈미트 심포지엄에는 여러 해에 걸쳐서 슈미트 저작의 연구에 종사해온 다수의 사람들이 모였다. 슈미트 저작에 긍정적이거나 비판적이라는 차이는 있었지만 다음과 같은 공통된 경험을 가지고 있었다. 즉 그들은 슈미트의 저작을 처음 접했을 때 그 저자의 정신의 예리함과 정밀함에 매료되었다. 그 후 시간이 지나면서 이러한 인상은 변했다. 더구나 이 변화는 슈파이어에서 열리는 이 심포지엄의 준비를 위해서 예전에 읽은 슈미트의 저작 한 권이나 몇 권을 이전보다도 더욱 면밀하게 연구하여 바로잡은 사람들에게 가장 현저하게 일어났다. 과연 이 저자는 자신들이 생각만큼 실제로 명석하고 정밀한 것일까? 확실히 이 저자가 그들에게 불가해하게 보이거나 전혀 알 수 없는 인물로 여겨진 것은 아니다. 맑은 눈으로 슈미트의 저작을 읽고 바로잡은 결과 그들은 슈미트의 저작에 의외로 예리하게 부각된 부분과, 조심스럽고 깊게 드리운 그림자 속에 남은 부분이 공존하고 있다는 것을 알게 된다. 카를 슈미트 자신은 이것을 분명히 자각하고 있었다. 이 문제를 언급한 슈미트의 발언은 반드시 일관된 것은 아니다(물론 이것도 본절의 테마에 합치된다). 이러한 발언들을 통해 살아남기 위한 전략이라는 단순한 의도를 규지할 수 있다. 그러나 다른 발언은 보다 깊은 목적을 추측케 한다. 여기에 슈미트의 '은폐된 입장'에 대해서 질문한 한 학생에게 1948년(슈미트가 미군에 의한 구류에서 해방된 뒤 1년 후)에 보낸 회신 세 통이 있다. 최초의 것은[24] 투우에 비견한 배역에 대한 슈미트의 반응을 나타내고 있다.

> 대항하는 역할 투우사라는 새로운 역할을 나는 다른 역할과 함께 기록해 두고자 합니다. 가장 큰 일은 적에게 자신의 정체를 보이지 않는 것입니다.

두 번째의 회신은[25] 살아남는 전술의 의도를 이만큼 분명하게 나타내고 있지는 않다.

> 나는 오늘 귀하에게 1944년 5월 31일의 도노소 강연을 보내드립니다. … 나는 자신을 이해시키기가 얼마나 어려운가를 느낍니다. 나의 『리바이어

24) Brief vom 24. 12. 1948.
25) Brief vom 4. 12. 1948.

던』이 신비로 가득 찬 책이라는 것은 이미 귀하에게 말씀드렸습니다. 표지의 '광고문'에서도 혹은 서문의 마지막 문장에서도 생각나게 합니다. 다만, 그것은 "뒷받침하기" 위해서 필요한 것입니다…….

세 번째로 소개하는 회신은[26] 이들 두 통의 회신보다도 이전에 쓰여진 것이다. 그것이 제기하는 문제는 단순한 의도의 차원에서 멀리 떨어져 있으며 더욱 복잡하다.

…항상 '은폐된' 나의 입장을 귀하가 말씀하셨는데 감추어진 것은 자주 상찬되는 나의 명석함과 정밀함의 이면에 불과합니다. 왜냐하면 "명료함이란 빛과 그림자의 적절한 배분이기"(괴테가 인용한 J. G. 하만의 말) 때문입니다. 귀하가 학위청구논문의 작성에서도 이 말을 마음에 두는 것을 권하려고 합니다. 이어서 우리들은 귀하가 바라는, 리바이어던의 '이면을 추적하는 것'에 대해서 많이 말했습니다. 나는 이 점에 관해서 귀하의 생각을 충분히 이해하고 있다고 생각합니다. 나 자신이 이면을 추적하는 전문가입니다. 아마 Gr(…)은 귀하가 생각하는 만큼 이 문제에 생소하지는 않을 것이며, 그의 리바이어던이 집토끼라는 것을 그는 충분히 자각하고 있을 것입니다. 리바이어던과 같은 악마적 명칭을 사용해서는 안 된다는 것을 그에게 강하게 말했습니다. 아마 전면적인 동원해제라는 타이틀 쪽이 리바이어던이라는 이름이 던지는 그림자를 불러내지 않는다는 점에서 훨씬 낫고 효과적일 것입니다. '이면을 추적하는 것'이 적 위에서만 가능하다는 사실은 노련한 사람에게는 자명한 일입니다. 이것은 내가 즐겨 인용하는 문장("정복은 자신이 정복하려고 하는 상대방 이상으로 상대방을 잘 아는 자만이 할 수 있다.")에도 나타나 있습니다. 만약 그렇지 않다면, 즉 적에 대한 우월성을 수반하지 않는 경우에는 이 대담한 시도는 고작해야 다음과 같은 결과

26) Brief vom 19. 10. 1948.

가 될 것입니다. 즉 죽은 체 하는 딱정벌레는 이미 납작해지고 그 결과 '독일직 불교'의 문세는 부분적인 자기'멸각'의 문세에 불과해질 것입니나. 나른 면에서 그것은 자기 자신의 가면의 포로가 될 위험에서 어떻게 도망할 것인가 하는 문제이기도 합니다. 또한 나아가 그것은 리바이어던의 이면을 추적한다는 커다란 문제영역과도 통합니다…….

이러한 것들은 패전과 연방공화국 간의 진공상태에서 이루어진, 현교(顯敎)-밀교(密敎)를 둘러싼 그리고 그 밖의 약간의 사안을 둘러싼 말하자면 통신교육이었다.

2. 핵심-정밀성

카를 슈미트의 말은 그렇지만 냉정하게 기술적으로 쓰기도 한다. 그것을 설명하기 위한 어휘를 우리들은 대상에 향하여 관찰자의 방법이 여러 가지 제도가 개입함으로써 방해되는 일이 별로 없는 학문으로부터 빌려서 사용하기로 한다. 우리들이 의거하는 것은, 자신의 전문에서 개념형성력의 부족을 극복하려고 노력한, 1945년 이후의 몇 안 되는 예술학자 프리츠 슈말렌바흐[27]이다(사촌동생 베르너 슈말렌바흐-뒤셀도르프와 구별하기 위해서 슈말렌바흐-뤼베크라고도 부른다). 프리츠 슈말렌바흐는 1979년에 「회화에 있어서의 내용과 형식」이란 제목의 통찰력이 날카로운 연구[28]에서 회화에서 구상적 모티브를 배제하는 표현주의와 함께 시작한 경향이

---

27) 프리츠 슈말렌바흐(Fritz Schmalenbach, 1909~1984). 쾰른 출생. 1938년부터 1956년까지 스위스에 망명했다. 1956년부터 1974년까지 킬 미술관의 관장을 역임하면서 킬 대학의 객원교수를 지냈다. 그의 저작은 다음과 같다. Jugendstil. Ein Beitrag zu Theorie und Geschichte der Flächenkunst, Würzburg 1935(유겐트 스타일에 관한 최초의 학문적 저서이다). Kunsthistorische Studien, Basel 1941; Neue Studien über Malerei des 19. und 20. Jahrhundert, Bern 1955; Studien über Malerei und Malereigeschichte, Berlin 1972; Die Malerei der 'Neuen Sachlichkeit.' Berlin 1973.

28) Neue Rundschau 1979, S. 236-248.

왜 회화의 빈곤화로 귀착하지 않을 수 없는가를 논증하였다. 이미 1939년에 그는 표현주의 이후의 화가 알베르 마르케(1875-1947년)—이 화가는 저 '표현 내용의 엄금'에 추가하지 않았다—의 예에 비추어 '핵심-정밀성'의 개념을 전개하였다.[29] "개개의 대상이 그림의 한 부분 속에 매몰되어 버리는" 표현주의와는 달리, 마르케에게 개개의 대상은 "그 충일함과 독립성을 유지한다. … 여기서는 대상이 그 풍부함과 특질을 유지하므로 마르케의 그림 일부는 그대로 회화물이 되기도 한다." 이것을 마르케는 "불분명함과 정밀의 공존"으로 이루었다. 이 말 다음 프리츠 슈말렌바흐가 이해하는 것은 아래와 같다.

> 어떤 제도용 잉크로 조잡하게 묘사한 그림에 대립하는 것, 즉 확고하게 내면적인 정밀성이며 굳이 말하면 내면적 '직선성'이다. 이 그림은 대상을 불분명하게 하지만 그러나 대상의 중심을 매우 정확하게 파악하고 있다. 그리고 이 핵심-정밀성에서 말하자면 대상의 완전한 충일과 명료한 특질, 대상 독자의 풍부함 모두가 용솟음쳐 나온다. 이 핵심-정밀성을 통하여 여기서는 그림에 의한 불분명함은 (표현주의와는 전혀 달리) 대상을 그림의 얼룩으로 폄하하지 않고 오히려 실제로 대상을 '완벽하게' 파악하는 것이다.

우리들에게 핵심-정밀성의 개념은, 언어라는 다른 매체로 바꿀 수 있다면 카를 슈미트의 언어에 관한 비밀을 정확하게 밝힐 수 있는 것처럼 생각된다. 그리고 그 자신이 모든 미디어와 장르에서의 표현주의를 매우 경멸하였기 때문에 확실히 개념에 찬동했을 것이다.

3. 한 가톨릭교도와의 만남

이러한 언어의 배후에는 어떤 인물이 숨어 있을까? 필자 역시 이러한

29) "Notizen zu Marquet", Frankfurter Zeitung vom 6. 5. 1939(바젤에서의 전람회를 계기로 그가 쓴 기사); Kunsthistorische Studien (FN 27), S. 105-111 (Zitate S. 106 ff.).

의문을 품고 1948년 여름 카를 슈미트를 처음으로 만나기 위해서 플레텐베르크 행의 작은 지선으로 자우어란트 깊숙이 들어갔다. 친구가 나를 그에게 소개해주고 방문을 위한 초대가 이루어졌다. 나는 이미 6년 전부터 슈미트를 저술가로서 알고 있었다. 베를린에서 학생생활을 보내고 있던 1942년에 나는 그의 저작 『법학적 사고방식의 세 유형』을 입수하였다. 이것은 예술사와 독문학도였던 내가 읽은 최초의 법학 책이었다. 나는 그것을 단번에 읽고 이해할 수 있다고 생각했다. 이후 나는 슈미트의 이 저작에 파고들었으며, 또한 이 고명한 인물과 알고 지낸다고 느꼈다. 그가 재교육을 받은 독일인 사이에서 '평판이 좋지 않은 인물'로 통하고 있었던 것은 일찍이 나에게 더 한층 자극이 되었다. 그럼에도 불구하고 내가 가톨릭의 슈미트와의 만남을 일말의 불안과 함께 바라보았다면, 그것은 당시 내가 가톨릭적 서부독일에서 의사소통의 곤란을 다소 경험하고 있었기 때문만은 아닐 것이다. 독일인에 대한 나의 태도는 전적으로 편견 없는 것이었다. 나는 제3제국에서 1년을 보내고 당시의 복잡한 상황을 견문하고 있었으므로 1945년 이후에는 일반화된 흑백 이미지가 그러한 상황을 판단하는 데에 적절하지 않다는 것을 알고 있었다. 그런데 내가 만난 가톨릭—대부분은 고급 관료, 학자, 예술가였다—은 나에게는 쇼킹한 방법으로 자민족에 대해서 거리를 두는 유형의 인물일 뿐이었다. 그들은 반드시 승리자로서 고무되어 있지는 않았지만 그러나 역시 재앙에 대해서 경고를 발한 의인으로서의 모습을 보인 것이다. 나는 그들의 눈에 자신들이 진리를 가지고 있다고 확신하는 자의 일종의 허세를 알아챌 수 있었다. 그들이 타인에게 보이는 예의바름이나 친절함에 의해서도 그 인상은 결코 지워지지 않았다. 당시 가톨릭교도의 신념은 결코 오늘날처럼 불안정하지는 않았는데, 우리는 그들의 삐죽 나온 입술로 이를 감지했다. 나는 옛말을 떠올리지 않을 수 없었다. "교수대 마지막 단에서 정중하게 대접받더라도 결국 죽는다." 심지어 내가 제3제국에서 용감하게 행동한 적지 않은 가톨릭신자 중 한 사람을 만났을 때 그 굳은 눈은 쉽게 분명 광신적인 특성을 지닌 가면으로 일그러진 것이다. 독일인에 대한 재판관적 태도는 나와 관련이 없었으므로 나는 불쾌한 말을 입 밖에 내어 이러한 종류의 가톨릭을 분노하게 만들었기 때문이다. 플레텐베르크에서도 그렇게 될 것인가?

4. 질문과 대답의 논리

만약 슈미트가 가톨릭이라는 것을 알지 못했다면 나는 가톨릭에 전혀 관심을 갖지 않았을 것이다. 적어도 이 종파 귀속의 문제가 중요하다고 생각하지 않았음에 틀림없다. 그는 무엇이든 알고 있는 유형의 사람은 아니었다. 그는 나에게 끝없이 먼 세계의 모든 사안, 생각할 수 없는 사안에 대해서 물었다(그리고 당연하지만 나는 정확하게 대답할 수 없었으므로 자주 곤혹에 빠졌다). 그는 독백으로 시종한다는, 저명 인사에 잘 보이는 그런 유형의 인간은 아니었다. 그는 대체로 대화가 되어서 비로소 고양되는 것처럼 보였다(그의 어떤 친구는 일찍이, 그는 대화에서만 생각할 수 있다고 서술한 일이 있다). 더욱이 그는 법학상의 문제에 대해서마저 나와 이야기하며, 그때에 그가 던진 문제점들은 내가 적어도 그의 면전에서 법학에 대해서 무엇을 이해하고 있다고 확신하였던 것이다. 슈미트는 탁월한 교사였다. 그는 내가 선입관을 가지고 있다고 느꼈을 때 젊은 말에게 도약을 가르치는 조련사와 같은 태도를 취했다. 다양한 문제에 관하여 그는 다음과 같이 발견적 원리에 따라서 나와 연습을 하였다. "모든 명제는 하나의 대답이며 모든 대답은 하나의 문제에서 생기며 모든 문제는 어떤 특정한 상황에서 생긴다."[30] 전술한 전후 가톨릭으로부터 그처럼 명민하게 제시된 '영원한 진

30) 슈미트 정식의 표현에 대해서 유감스럽게도 나는 생각해내지 못했는데, 가장 적절했던 것 같다. 여하튼 교육적 효과를 지닌 단언적 삼행시였다. 이러한 사고과정의 정식은 슈미트의 냉정한 대가적 신문 형식으로 에른스트 윙거의 기념논문집에 기고한 그의 논문 「오늘날의 동서 세계대립의 역사적 구조」에서 볼 수 있다(Armin Mohler (Hrsg.), Freundschaftliche Begegnungen, Frankfurt/Main 1955, S. 151). "인간의 역사적 언동은 모두 역사적으로 제기된 문제에 대한 응답이다. 역사적 상황은 인간의 외침과 이 절규에 대한 인간의 응답으로 이해되는 것 이상이 아닌 한 이해할 수 없는 것이다. 인간의 말

리'에 대해서 플레텐베르크에서 듣는 일은 전혀 없었다. 그가 편지로 다음과 같이 쓴[31] 것은 상내방에 대한 호의일 뿐이었을까? "자주 나는 대화를 계속하려고 갈망했다. 왜냐하면 우리들 누구도 대화가 어디로 향하고 있는지 알지 못했기 때문이다." "그래도 귀하는 도처에서 그렇게 썼을 것입니다."라는 나의 이의에 대해서 그는 전술한 발견적 원리를 정식화했을 때를 언급하면서 유쾌하게 그리고 웃으면서 대답하였다. "모든 진리는 단지 한번만으로 진실이다."는 헤라클레이토스의 말[32]을 그는 자주 인용하였다. 헤르만 아우구스틴—의사이며, 부업으로 파이프오르간을 연주하는, 아마 어려운 책을 쓰는 기인—이라는 작가에 관한 질문을 받았을 때 그는 다음과 같은 반응을 보였다.[33] "나는 이런 종류의 작가 쪽이 화학적으로 순수한 작가보다도 좋습니다. 그렇지 않다면 어떻게 내가 도이블러의 작품에 심취하였겠습니까?" 이러한 것은 모두 베스트팔렌의 가톨릭들 아래서 내가 얻은 경험과 전혀 달랐다. 슈파이어의 카를 슈미트 심포지엄에서는 공법학자 클라우스 크뢰거가—슈미트 조카딸의 남편으로서 가족의 일원이라는 권위를 가지고—확실히 슈미트의 사상에서 신학의 의의는 오늘날 상당히 인정되고 있지만 "카를 슈미트가 그 영역을 초월하여 로마 가톨릭에 깊은 신앙을 품고 있었던 사실은 일반적으로 주목받지 못하고 있는 상태이다."라는 비판적 발언을 서술하였다. "로마 가톨릭주의와 정치신학에 대한 그의 신앙은 법학적 문헌에서도 종래 거의 중시된 일이 없는 그의 사상과 세계관의 기초이며 찬미되기도 하고 적대시되기도 하는 그의 개념들의 원천인 것이다." 이처럼 단호한 증언에 대해서 필자는 동의할 수

은 모두 응답이다. 응답은 모두 그것이 대답하려고 하는 문제를 통해서 그 의미를 수취하는 것이며 이 문제를 인식하지 못하는 사람에게는 무의미한 것이다. 또한 문제의 의미는 문제가 제기된 구체적 상황 속에 있는 것이다." 슈미트는 같은 곳에서 이 사상과 R. G. 콜링우드의 「질문과 대답의 논리」의 공통점과 차이점에 대해서 서술하고 있다.

31) Brief vom 4. 12. 1948.

32) Brief vom 15. 6. 1961.

33) Brief vom 4. 12. 1948.

없다. 필자는 슈미트와 함께한 다양한 경험 때문에 긴 시간적 거리를 두고서도 그와 같이 일정한 윤곽을 가지고 이미지를 만들고 싶지는 않다.

5. 건설계획과 미궁

신앙인 카를 슈미트에 대해서는 아마 중간생략의 형태로만 쓸 수 있으며 생략된 공백 부분에 대해서는 그대로 방치해두지 않을 수 없을 것이다. 아마도 법학과 정치의 한계영역, 즉 헌법과 헌법현실의 한계영역에서 유래하는 이미지가 여기서 유용하리라 생각된다. 헌법과 그것을 실현하려고 시도하는 과정에서 실제로 성립하는 것이 모두 동일하지는 않다는 것은 누구도 부정할 수 없을 것이다. 개개의 인간에 대해서도 마찬가지일 것인가? 로마 가톨릭주의가 말하자면 슈미트의 건설계획이었다는 가정에서 크리거의 주장은 아마 정당하리라. 그러나 이런 종류처럼 단순한 견본은 항상 그 청사진에 따라서 조정된다는 것이 인간생활의 현실이 아닐까? 카를 슈미트는 습관적으로 그가 태어난 교회에 일생동안 충실하였다. 그는 제단 앞에서 성호를 긋고 식탁에서는 언제나 짧은 기도를 드렸다. 그리고 방문객과 함께 성모 마리아 찬미가를 부르는 그의 습관에 대해서는 일찍이 조교였던 귄터 크라우스가 「카를 슈미트의 추억」[34]—이 논문은 카를 슈미트의 인간상을 매우 생생하게 묘사하고 있다—속에서 서술하고 있다. 그에게 기독교는 무엇이었을까? 그것은 단지 그가 고집한 청년시대의 '성스러운 세계'의 일부였을까? 또는 인간이 취할 수 없는 역사적 유산의 하나에 불과한 것일까? 그렇다면 그것은 오히려 그의 사상과 활동을 규정하는 힘이었을까? 샤를 모라스가 서술한 것으로 옛부터 프랑스 전통주의의 아버지[35]인 드 보나르에게도 해당하는 다음의 말, 즉 "나

34) Günther Krauss, Erinnerungen an Carl Schmitt, I: 1929-1931, Criticón 1986, S. 127-130; ebd., II: 1931-1933, S. 180-184. 1933년 이후에 대한 연구도 같은 잡지에서 계속 연재되고 있다.

35) 독창성 높은 조제프 드 메스트르는 이 역할에 용감한 드 보나르만큼 적합하지는 않다.

는 크리스천은 아니지만 좋은 가톨릭이다."라는 말을 그에게도 적용할 수 있지 않느냐 하는 발상은 확실히 매력적이다. 카를 슈미트는 가톨릭 교회의 사회질서 형성력에 놀라며, "독일 국가가 공동체를 지속하도록 보장하는 것은 로마교회이다."[36)]라는,—특색을 나타내기 위해 쉼표 없이 쓰고 있다—유무를 힘센 표현으로 즐겨 논증하였다. 그러나 교회와 슈미트의 관계가 이와 같은 정치적 고려를 초월한 것이었음은—내가 그에서 여러 번 들은—다음과 같은 아이러니한 탄식에서 듣지 않으면 안 된다. "아아 이교도인 당신은 내가 가톨릭 교회의 좌절로 무엇을 상실하였는가를 전혀 예상할 수 없다." 슈미트에 대해서 중요한 것은 그리스도 없는 기독교라고 생각하고 있던, 바젤—종교개혁의 보루—출신의 인간에 대해서 이것은 뚜렷한 발언이었다. 생각건대 슈미트에 보이는 기독교는 무엇보다도 마리아 숭배적인 것이었다. 이에 대한 징후를 열거해둔다. 슈미트가 전후의 여행 도중 나에게 보낸 수많은 그림 엽서를 한번 꺼내 볼 때마다 나는 그 대부분이 종교예술적인 그림이었다고 느낀다. 더구나 그것들은 마리아상이거나 성자상이거나, 십자가 위의 그리스도상을 묘사한 것은 한 장도 없었다. 또한 슈미트는 분명히 예배, 예전, 의식, 성가, 촛대에 애착을 느끼고 있었다. 그는 (문외한 나름으로 표현한다면) 충만한 순간에서 시간의 직선성을 해소하는 사크라멘트를 중시하였다. 요컨대 기독교가 다른 대종교와 공유하는 것은 모두 슈미트에게서 발견할 수 있으며,[37)] 다른 한편, 기독교에서 본래 혁명적인 것, 즉 기독교를 다른 모든 종교와 구별하는 것—그리스도와 불가역적인 시간의 직선성—의 의의는 희박한 것이다. 실제로 슈미트적 기독교의 다채로운 꽃다발에는 혁명적인 것이 결여되어 있더라도 이단적인 것은 결코 결여되지 않고 있다. 슈미트는 파틀로흐에 의한 그의 니체화에 항의하였을 때(II의 1), 이 학위논문 작성자가 슈미트의 저작

36) Brief vom 3. 12. 1965.

37) 슈미트에게는 기독교에 있어서의 마술적 요소마저 인정된다(아주 단호한 불신앙인인 에른스트 윙거에 대해서 그것은 기독교 중에서 그에게 연고 없는 유일한 영역이다).

에 있어서의 기독교적 요소에 대해서 침묵한 것에 대해서는 전혀 비난하지 않았다(실제로 파틀로흐는 기독교적 에피메테우스에 대해서 한마디도 말하지 않았다!). 슈미트가 좋아했으며 애도한 또 한 사람의 시인 콘라드 바이쓰[38]의 난해한 저서[39] 이름[『기독교적 에피메테우스』]을 열거함으로써 슈미트가 1920년대 중반부터 신앙심 깊은 사람으로서 점차 콘라드 바이쓰의 시에 자신의 모습을 거듭 동일시하였다는 것이 상기된다. 그렇지만 우리들은 이 시적 작품의 수수께끼 같은 아름다움과 격렬함에 눈이 현혹되어 또 세례를 받아서는 안 된다 (또는 강제적으로 세례를 받게 만든) 독일과 기독교를 융합시키려는 바이쓰류의 시도가 전혀 무모한 시도라는 것을 잊어서는 안 될 것이다. 우리들은 이들 약간의 징후를 열거함으로써 어떤 처방이나 깊은 의미를 도출하려는 것은 아니다. 그러나 이것으로부터 다음의 것은 알아차릴 수 있을 것이다. 즉 카를 슈미트가 보수혁명에 관여할 때 방해가 되었을 것이라는 크고 넓은 가죽끈이 끊어져 있었다는 것 말이다.

V. 보수혁명과 구체적 질서

카를 슈미트의 저작과 같이 다채롭고도 역사와 밀접하게 얽혀 있는 저작에서는 어떠한 해석이든 거기에 걸맞은 인용문을 발견하는 것이 가능하다. 따라서 필자가 인용한 슈미트의 문장도 '증거'로서가 아니라 오히

---

38) Konrad Weiß, Der christliche Epimetheus, Berlin 1933. (Edwin Runge사에서 나온 이 책의 특히 제3부 「독일의 기독교적 에피메테우스」를 참조하라).

39) 슈미트가 좋아한 이들 두 사람의 동시대 시인에 대해서는 『마르바흐 잡지』(Marbach am Neckar)의 시리즈에 난해한 두 사람의 시인을 다룬 다큐멘터리 자료가 수록되어 있다. Friedhelm Kemp u. Karl Neuwirth, Der Dichter Konrad Weiß / 1880-1940, Sonderheft 15/1980 ; Friedhelm Kemp u. Friedrich Pfäfflin, Theodor Däubler / 1876-1934, Bd. 30/1984. (두 책 모두 수많은 사진을 게재하고 있다.) 바이쓰의 입문서로 가장 좋은 것은 프리드헬름 켐프가 편집한 『1914년부터 1939년의 시』 전집(München 1961)과 독일 기행을 게재한 두 권의 책(Deutschlands Morgenspiegel. Ein Reisebuch, München 1950)이다.

려 방향을 탐구하기 위한 힌트로서 인용한 것이다. 슈미트를 보수혁명으로 분류할 것인가 하는 문제에 실득력을 가지고 대답하려면, 우리들은 그의 전 작품, 그의 경력 전체에서 명확한 답을 추찰하는 대규모 발전 여부를 묻지 않으면 안 된다. 그때에 오늘날 보수혁명 자체가 40년 전보다도 더욱 명확한 윤곽을 취해왔다는 것이 해석에 도움이 될 것이다.

1. 루비콘 강을 건너서

오늘날 카를 슈미트는 그가 자유사회 속에서 전개한 자유주의 비판에 의해서 그 이름이 알려지고 있다. 자유주의에 괴멸적인 타격을 주었다고 주장하는 운동이 권력을 장악한다는 사태는 슈미트를 전적으로 변화된 상황 앞에 내세웠다. 이와 같은 도전에 대한 그의 회답이 이미 (Ⅳ의 3에서) 언급한 1934년의 저작 『법학적 사고방식의 세 유형』이다. 슈미트 연구에서 이 책은 일반적으로는 거의 중요시되지 않는다.[40] 그것은 (약간의 시대영합적인 말투 때문에) 탈선으로서 무시되거나 혹은 (알기 어려운 의미에서) '논지 불명'으로서 무시되고 있다. 그러나 우리들이 그것을 적어도 『정치적인 것의 개념』이나 『정치적 낭만주의』와 동일하게 중요한 책이라고 간주하는 것은 슈미트의 전 작품에서 그것이 차지하는 돌쩌귀 같은 위치 때문만은 아니다. 만약 올바른 입구가 보이지 않는다면 이 책에 접근하지 못하게 막는 쪽이 무난할 것이다. 왜냐하면 이 책을 어떤 개념에서 다른 개념을 전개하거나—슈미트에서 이것은 원래 드물다—개념들을 확고한 규칙에 따라서 서로 결합시키는 직선적인 논의로 읽는다면, 완전한 혼란 상태에 빠져버리기 때문이다. 이 방법론적 연구의 책은 우선 언어비판 이외에 아무것도 아니다(특히 7쪽에서 23쪽까지가 분명히 그렇다). 그때의 방법

40) 하나의 좋은 예외가 요제프 H. 카이저이다. 슈파이어에서 보고한 그의 「구체적 질서사고」는 슈미트의 작품 중에서 『법학적 사고방식의 세 유형』에 매우 높은 지위를 부여하는 점에서 필자의 주장을 뒷받침하는 것이다. 주목할 것은 카이저가 슈미트와 하이데거의 관련을 지적하는 점이다.

은 대부분 공법에서 취한 매우 많은 법학적 개념을 전시하고, 이어서 바로 음험한 의식에 따라서 그것들을 제거하고 서열화하는 절차를 마련한다. 거기에서 언어는 특수한 조명 아래 주어지고 그 효력을 시험받는다. 약간의 말이 다양한 조합 아래 결합하고, 그 가운데 어느 것이 의의 있는 '이중어'이며 어떤 것이 그렇지 않은지가 독자에게 암시되는 것이다. 그만큼 가장 호의적인 독자도 더 이상 그들과 함께 하려고 하지 않을 만큼 특정한 개념들이 몇 페이지에 걸쳐서 추구된다. 특히 이와 같은 소거작업의 희생이 되는 것은 예컨대 자연법이나 법-질서나 법치국가와 같은 개념, 그러므로 반드시 해롭지 않은 개념이다. 그리고 마술사가 그의 세 개의 기본개념—규범, 결단, 상황—간에 적당한 차이를 두고 끝난다면 다음에는 그것들이 서열화될 차례다. 즉 동권자, 등가자의 삼위일체가 거기에서 생겨나는 것은 아니다. 세 개의 개념 중 두 가지가 조합되고 빛나는 제3의 개념에 대항하는 어두운 적의 모습이 된다. 즉 규범주의와 결단주의가 결합하여 실증주의라는 사생아를 낳고, 다른 한편 상황은 이것을 내리보는 '구체적 질서'라는 귀족의 지위로 높아지는 것이다. 미국의 견실한 게르마니스트인 데이비드 E. 웰베리는 마침내 포스트모던의 언어가 '컨센서스는 배제의 행위에 근거해서만 성립할 수 있다'는 것을 전제로 하고 있다는 정당한 지적을 하고 있다. 포스트모던의 언어는 정당하게도 '순수한 언어의 꿈'을 오래전에 포기하였다고 말하는 것이다. 위약한 것, 현실에 대해서 자신을 막는 것, 이와 같이 언어사상을 통하여 파괴한다는 것은 슈미트의 놀랄 만한 모더니티(정확하게는 포스트모더니티)의 유일한 예는 아니다. 필자가 슈미트와 포스트모던의 관계로 눈을 돌리게 한 계기 중 하나는 슈파이어의 심포지엄 때에 엘렌 케네디가 행한 제1차 세계대전 후의 예술적 아방가드르와 슈미트와의 관계에 관한 연구 보고였다. 슈미트가 아방가드르에 대한 자신의 관심을 '강도'라는 말로 표현했다는 그녀의 지적에 사람들은 귀를 기울인 것이다. 도래할 것에 대한 기적적인 형안이 부여된 돈 카피스코(Don Capisco, 에른스트 윙거가 슈미트에 붙인 별명)는 그렇다면 오늘날 세계 중에서 (적어도 백인 세계에서) 유포되고 있는 '강도 논의'를 선취한 것이 된다. 포스트모던적 사고의 핵심이 된 '지속'과 '강도'의 이분법 발안자는 조르주 바타이유이다. 유감스럽게도 우리들은 보수혁명에서 그의 비적출자인 포스트모던에 도달하는 길의 이 간략한 조감도로 들어갈 수는 없다. 그러나 슈미트와 보수혁명의 관계는 이 비적출자를 중개로 한 우회로에서 추측될 뿐이다. 그가 보수혁명과 직접적 관련을 가지고 있었던 것, 실로 그가 보수혁명의 최대 창시자이며 추진자의 한 사람이라는 것은 앞에서 언급한 중요 저작 『법학적 사고방식의 세 유형』에서 읽어낼 수 있을 것이다.

2. 현실 복귀

우리들이 (I의 3 및 III의 1에서 8까지) 보수혁명 '내용'의 그 윤곽을 묘사한 것을 카를 슈미트도 자신의 말로써 독자적인 방법으로 서술하고 있다는 것이 우리들의 생각이다. 그 증거로 들 수 있는 것이 『법학적 사고방식의 세 유형』이라는 슈미트의 저작이다. 1933년부터 1934년에 걸쳐 그는 그의 저작에서 자신의 이전 길과 지금부터의 길을 명시하였다. 지나친 해석이라는 비난을 받지 않기 위해서 우리들은 신뢰할 만한 증인 에른스트·볼프강 뵈켄회르데에 의거하기로 한다. 그는 이 난해한 책을 간결하고 거장답게 명확하고 건실한 논문[41)]에서 요약하고 있다. 뵈켄회르데는 먼저 다음을 확인하는 데에서 시작한다. 즉 슈미트가 그의 '구체적 질서와 형성의 사상'을 통해 의도한 것은

> 법학적 실증주의에서 미해결인 채로 남아 있는 법의 근거의 문제를 다룸에 있어서 법이해를 추상적인 규범주의와, 법을 근거 없는 채로 두는 결단주의라는 당시의 법사상에서 유력하였던 두 개의 입장에서 해방하는 것이

41) Ernst-Wolfgang Böckenförde, Ordnungsdenken, konkretes, Sp. 1312-15 in: J. Ritter/K. Gründer (Hrsg.), Historisches Wörterbuch der Philosophie, Bd. 6, Basel 1984.

> 었다. … 구체적 질서사고는 법을 규범적으로 정립 내지 요청된 추상적 당위에 근거하는 것을 자의적인 결단에 근거하는 것이라고 보지 않고 오히려 존재와 당위의 이원론적 분열에 선행하는 구체적인 생활질서와 역사적 현실의 초개인적인 제도 속에 본다. 이것들은 그 자체로 지도적인 질서이념에 의해서 각인되고 규정된 것이며, 그것에서 그리고 거기에서 구체적인 법이 성립하고 그 (한정된) 규범적인 효력을 발휘하는 것이다.

뵈켄회르데는 다른 곳에서 동일하게 기본사상을 다시 한 번 다음과 같이 정리한다.

> 사실적 소여와 질서에 정위하는 법사고는 법을 유형의 법형상 (제도)의 구조로서 파악하는 동시에 개개의 법규를 그 자체로부터 내지는 특정한 입법의사에 따라서 해석하는 것이 아니라 오히려 법규가 그중에 성립하고 그것으로 근사해가는 구체적인 질서연관에서 해석하고 이 연관에 합치하는 형태로 따르는 것이다.

이것이야말로 보수혁명에 그 생명과 특질을 부여하는 것 외에 아무것도 아니다. 즉 현실적인 것을 위축시키고, 추상화에 대한 저항과 그 의미를 자기 자신 속에 가지고 무엇인가 일반적인 것의 관계를 통하여 정당화될 것을 필요로 하지 않는 특수한 것을 지향한다.

나아가 뵈켄회르데는 구체적 질서사고의 대립자도 『법학적 사고방식의 세 유형』에서 정확하게 재구성하고 있다.

> 동시대사적으로 본다면 구체적 질서사고는 자유주의적 개인주의적 (영리) 사회와 그 추상적 규범법에 대해서 정치적 논쟁적으로 대립하고 있다. 이 추상적 규범법은 단순히 교환관계, 영리관계뿐만 아니라 사회적, 정치적 생활의 제도들(예컨대 혼인, 가족, 직업질서, 관리신분, 공공단체)을 오로지 자

기 자신에게 입각한 (범주체로서의) 개개의 개인 간의, 내지는 그러한 개인으로 이루는 다수자 간의 법관계로 파악하고 규율하는 것이며 그러므로 그것들을 초개인적인 질서로서 파악하고 규율하는 것이 아닌 것이다.

또한 뵈켄회르데는 보수혁명을 구래의 보수주의로부터 구별하는 것—'보존할만한 상태를 창출한다는 사상', (본고 I의 3)—도 슈미트의 대담한 구상에서 취하고 있다. 즉 그는 계속하여 다음과 같이 말한다.

이에 대해서 여전히 발견할 수 있고, 또는 재창출해야 하는 구체적 생활질서와 공동생활의 제도들이란 그것들에 고유의 신분적 속박을 통하여 개개인을 위치지우는 점에서 법규의 출발점과 종착점을 이루는 것이다. …

그 위에 에른스트 · 볼프강 뵈켄회르데는 논문의 마지막에서 '구체적 질서사고'라는 카를 슈미트의 개념이 1950년대에 쉽게 차원을 옮겨 아르놀드 겔렌의 '제도적 법사고'에서 답습된 것을 지적하고 있다. '제도적 법사고'의 개념은

한편으로 존재와 당위의 이원론적 대립에 의해서 은폐되고 있던 다음의 통찰을 소생시켰다. 즉 법의 형성은 (그리고 법의 변경도) 규범적인 과정은 아니며 사회의 전체적 현실성 내부에서 진정한 정신적, 사회적 그리고 정치적 세력들에 의해서 담당되고 나아가는 하나의 사회적 과정이라는 통찰이 그것이다.

오늘날의 우리들의 사회에서는 자유주의적 공리에서 그러한 이반은 판에 박히게 '파시즘'이라는 혐오를 받게 되는 것이 보통이므로 뵈켄회르데가 "다른 한편"이라고 말을 이어서 다시 서술하는 데에 충분히 귀를 기울이는 것이 좋다고 생각한다. 제도적 법사고가

명확하게 한 것은 법이 사회질서를 형성하는 유일한 규범적인 힘이 아니라 (풍속, 습관, 에토스, 종교 등과 함께) 약간의 힘 중 하나에 불과하며 또한 법이 질서를 부여해야 할 것으로서 법으로 향한 '사회적 현실'은 규범과 질서를 결여한 단지 사실적인 현실인 것이 아니라 오히려 이미—법 '이전에' 그리고 법 없이—규범을 각인하고 규범적으로 형태지워진 현실이라는 것이다. …

3. 요약

지금까지 서술하였듯이, 카를 슈미트는 단순히 보수혁명과 접점을 가질 뿐만 아니라 완전히 그 일원이며 그 가장 중요한 대표자의 한 사람이다. 그러나 그렇게 단정하는 것은 누구도 그에게서 국민혁명파나 맹약파나 국수파 등과 같은 보수혁명에 속하는 당파 개개의 숨소리를 감지하기 때문만은 아니다. 청년보수파 아래서마저 거기에서는 프로이센 귀족이나 바르트 귀족이나 남독일의 가톨릭적 귀족이 앞장을 서기 때문에 그는 한 사람의 보행자로서 활약하였다. 그러나 슈미트는 그의 '구체적 질서사고'에 의해서 보수혁명의 근본적 관심을 그토록 놀랍고 새롭게 그리고 단도직입적으로 (그러므로 더욱 효과적으로) 전부 정식화한 것이다. 덧붙여 이 개념에는 보수혁명을 나치즘과 구별하는 것이 보수혁명의 당파들의 경우보다도 더욱 명료하게 표현되어 있다. 이 점에 관하여 오늘날의 인습적인 슈미트 비판자와는 달리 당시 나치스트는—영리하지만 영웅적이지 않은 인간인 슈미트가 자신들에 가한—의례적이고 예의바른 증언으로도 결코 기만되지 않았던 것이다.

'결단'의 이의성

—카를 슈미트 저작에서의 토머스 홉스와 도노소 코르테스*

–헬무트 룸프를 기념하여

귄터 마슈케

* 슈미트와 홉스와의 관계는 Helmut Rumpf, Carl Schmitt und Thomas Hobbes, 1972가 대표적이며, 한국 문헌은 좌종흔, 「Carl Schmitt의 결단주의와 Thomas Hobbes」, 고려대 박사학위논문, 1989가 있다. 도노소 코르테스와의 관계는 김효전 역, 『정치신학』, 법문사, 1988과 김효전 · 박배근 공역, 『입장과 개념들』, 세종출판사, 2001 참조.

I

카를 슈미트의 수많은 말과 개념의 수수께끼로 가득 찬 모호성, 시종 일관성의 결여, 그리고 미숙함은 빈번하게 지적되고 있으며, 슈미트 해석자에게 끝없는 대화를 제공하고 있다. 수십 년 뒤에 반복되어 나타나는 이 잘못됨이나 혼란의 일부는 슈미트가 그때그때 관계한 구체적 상황을 회상하면 해명되는 것이다. 이러한 구체적 상황은 물론 처음부터 언제나 명백한 것은 아니다. 또 슈미트가 개별적인 사례에서 누구에게, 또는 누구에 관하여, 그리고 누구에 반대해서 발언하는지도 설명되어야 한다. 종종 슈미트는 그것에 대해서 아무런 힌트도 제공하지 않는다.[1] 더구나 슈미트의 저작은 암시로 채워져 있다. 슈미트와 동시대를 산 사람들은 그 의미를 바로 이해하지만, 이후에 태어난 우리는 탐정과 같은 노력을 해야만 비로소 그 의미를 해명할 수 있기 때문이다.[2] 나아가 훌륭한 문장가인 슈미

1) 따라서 슈미트의 많은 문장은 한스 켈젠이나 레오 슈트라우스와 관련되어 있지만, 그것이 명백히 영향받은 것은 아니다.

2) 예컨대 슈미트의 논문 "Der *status quo* und der Friede" : Hochland, Oktoberheft 1925, S. 1-9 [김효전 · 박배근 옮김, 『입장과 개념들』, 세종출판사, 2001, 44-57쪽]는 유사한 정치상황의 이유로 요제프 괴레스의 1814년의 "Der status quo" (Görres, Ausgewählte Werke, I, Freiburg 1978, S. 225 ff. 참조)에 관계하고 있다. 「로마 가톨릭주의와 정치형태」(Römischer Katholizismus und politische Form)[김효전 역, 교육과학사, 1992]의 마지막 문장은 「정오표」(Syllabus), 특히 제80조에 관계하고 있다. 슈미트의 저작을 읽는 라인의 가톨릭교도는 당시 이러한 빈정거림을 즉시 이해한 것을 염두에 두어야 한다. 이러한 예를 나타내려고 생각하면 매우 많다.

트는 중요한 언어나 개념을 일상어처럼 종결하지 않고 사용하는 경향이 있다.[3] 슈미트를 말하는 경우, 우선 *그*가 정치사상가로서인지, 법학자로서인지, 문명비평가로서인지 또는 역사철학자로서인지를 찾아내는 것은 항상 유익하다. 이러한 예의 분류가 왜 억지로 강행하는 인상을 주는 것인가? 만일 우리들이 슈미트 안에서 학자를 발견한다면 거기에서 성과를 기대할 수는 없다. 왜냐하면 슈미트는 간주관적인 검증 가능성이라는 의미에서의 학문을 오히려 주변에서 종사하고, 우리들은 방법의 서술을 쓸데없이 추구하기 때문이다.[4] 만일 개인이 슈미트를 철저하게 정의하고자 한다면 명시적인 주문에 의한 일종의 분위기를 만들기 시작하고, 긴장영역이나 결합영역—거기에 놓여 있는 정치적 기획이 전개되지만 그 기획을 실현할 힘을 '유혹자'는 가질 수 없었거나 가지지 않았다—을 수립한 수필가라고 정의할 수 있을 것이다. 슈미트의 명제를 "모호함에 대한 끊임없는 지적 전쟁"[5]으로 보는 명제는 별다른 문제이지만, 여러 가지의 눈부신 슈미트 해석은 어깨를 움츠리게 하거나 음미하게 만든다. 그러나 성공한

---

3) 슈미트는 '민주주의'나 '리바이어던'과 같은 단어를 자주 통속적인 의미에서, 따라서 완전히 그의 이론에 반대하여 사용하고 있다. 만일 그가 정치적인 것의 '본질'에 대해서 쓴다면, 그가 그 본질을 이해하고 있지 않는 것을 증명하기 위해서는 완전한 한 권의 책이 필요하다. 예컨대 Heinrich Wohlgemuth, Das Wesen des Politischen in der heutigen deutschen neoromantischen Staatslehre, Emmendingen 1933 (Dissertation) 또는 Jürgen Habermas, Die Schrecken der Autonomie. Zu zwei frühen Publikationen des deutschen Staatsrechtslehrers Carl Schmitt, in : Babylon-Beiträge zur jüdischen Gegenwart 1/1986, S. 108 ff. 거기에서 슈미트는 '전통적인 철학자처럼', 정치적인 것의 '본질'을 묻는다고 주장된다. 그러나 그는 단지 정치적인 것의 '규준'(슈미트 자신)이나 '기능'(E. R. 후버)을 주장할 뿐이다.

4) Volker Neumann, Der Staat im Bürgerkrieg. Kontinuität und Wandlung des Staatsbegriffs in der politischen Theorie Carl Schmitts, Frankfurt 1980, S. 10 ff. 참조. 노이만의 학문관은 나에게는 약간 좁게 생각된다. 실제로 '간주관적인 검증가능성'이 가장 중요한 것이라면, 정신과학이나 인간과학 내에 무엇이 남아 있는지가 질문된다.

5) Alvaro d'Ors, Carl Schmitt en Compostela: Arbor, Januar 1952, S. 46 (Nachdruck in ders., De la guerra y de la paz, Madrid 1954, S. 182). 슈미트에게 바친 이 책은 동시에 엄격한 가톨릭의 입장에서 슈미트의 저작을 비판한 가장 재미있는 책이기도 하다.

형식만이 그러한 신기루를 만들어낸다. 그리고 슈미트의 입장이 많은 경우에 명확하게 생각되더라도 그것은 3회나 4회 고찰하면 명확함은 없어진다.

그런데 고전적 대가의 가장 중요한 특권은 무진장하고 양면적인 것이다. 슈미트의 경우에는 그러한 특징을 공교롭게도 그의 결단의 개념이나 결단주의 전체에서 볼 수 있다는 점이 중요하다. 완전히 다른 개념이 상호간에 뒤섞이거나 융합하는 것이다. 대규모의 정치 투쟁으로부터 질서를 창출하고 안정화하고 구출하는 결단은 결단'이라는' 헌법, 나아가 기존의 질서에 기초를 두고 발생할 수 있는 법률의 중심에 드러나는 결단과는 다른 것이다.[6] 그리고 또한 그것은 규범에 대한 독자성을 가지는 것의, 규범에 관계하고, 규범에 의존하는 법관의 결단과도 다른 것이다.[7] 안정, 질서 그리고 안전을 수립하는 무(無)로부터 규범적인 것을 창조하는 결단을 헌법제정이나 법률의 공포로부터 떼어내는 것이 어디까지나 필요하다. 그러나 이것 이상으로 정치적, 국법적, 입법적 결단 그 자체를 법관의 해석에 의해서 표시된 결단으로부터 구별하는 것이 중요하다.[8] 법관은 그의 결단

6) 이러한 구별할 수 없는 것에 대한 비판에 대해서는 예컨대 E. R. Huber, Wesen und Inhalt der politischen Verfassung, Hamburg 1935, bes. S. 39-42 참조. 후버에게 있어서 결단은 무에서 생기는 것이 아니라 "결단 자체가 자신의 방향과 가치를 부여하는 질서를 필요로 한다." 또한 확실히 헌법은 결단에 의해 창조된 질서이지만 그 자체가 질서는 아니며, "결단에 의해서 형성된 질서"이다. 이에 대해서는 또한 ders., Verfassung und Verfassungswirklichkeit bei Carl Schmitt: Blätter für deutsche Philosophie 5/1931, S. 302 ff. 참조. Pier Paolo Portinaro, Che cos'è il decisionismo? : Rivista internaz. di filosofia del diritto 2/1982, 247-267은 어떻게 법학적 결단주의가 정치적 결단의 이론에 대해서 결실 있는 것이 될 수 있는지를 묻고 있다. 그것은 나에게는 거의 생산적이지 않은 것처럼 생각되지 않는다. 그것을 제외한다면, 이 논문은 이 테마에 관한 슈미트의 불명료한 귀결에 대한 매우 가치 있는 연구이다. 이 애매성은 그의 저작 전체에 걸쳐서 증명된다. 그러나 그것에 대한 체계적인 연구는 아직 존재하지 않는다.

7) Carl Schmitt, Gesetz und Urteil, Berlin 1912와 1969년 뮌헨에서 출판된 이 책의 신판 서문에 게재된 슈미트의 지적을 참조.

8) 이에 대해서는 Portinaro, FN 6 참조. 그러나 특히 Helmut Schelsky, Thomas Hobbes. Eine politische Lehre, Berlin 1981 (Habil. Schrift 1942), S. 396-404, bes. S. 400 ff. 참조. 거기

에도 반드시 규범주의로부터 완전히 유리될 수는 없다. 그리고 강조란 의미에서 '행위는 규범에 앞선다'는 여기서는 드러내지 않으며, 단지 결단의 시간적 우선권만이 드러나며, 결단에 적합한 규범이 추구되는 것이다.[9] 새로운 결단의 의미와 범위는 이 사이에 약간 있으며 예측가능성은 매우 크다. 우리들은 단지 **작은 결단**은 발견하지만 **커다란 결단**은 발견하지 못한다.[10] 그것은 이러한 상황—그것을 고찰하는 데에 근거하여 결단주의에 이르렀다—에서 법이론적으로 나타난다. 즉 우선 문제는 법관의 머릿속에서 심리학적으로도 설명하는 사상과 현실이다.[11]

Ⅱ

기준이 되는 것은 물론 정치적인 것이다. 그리고 슈미트의 결단주의가 만약 가장 낮은 법학적 영역에서 출발하였다고 해도 그것은 1922년의 『정치신학』에서 가장 매력적이며 영향력 있는 정식화를 시작한 것이다. 여기서 우리는 슈미트의 저작 전체를 관철하는 그의 사고의 근본적인 모순에 직면한다. 문제가 되는 것은 겨우 생각해서 준비하려는 결단의 유형이 아

에는 결단주의와 구체적 질서사고의 관계를 서술한 슈미트에 대한 쉘스키의 반론이 중심적 위치를 차지하고 있다. "카를 슈미트가 구체적 질서를 그렇게 묘사하는 것으로는 혁명, 즉 질서의 새로운 창조를 기초지우는 것은 불가능할 것이다. 그러나 바로 그것이야말로 홉스의 정치적 관심사였다." 만일 이 말의 배후에 당시 확신적인 나치스트였던 쉘스키의 비판이 숨어 있다고 해도, 그것으로써 슈미트의 질서사고의 정치적 · 정치이론적 결함을 정확하게 지적할 수 있다.

9) Hermann Isay, Rechtsnorm und Entscheidung, Berlin 1929, bes. S. 60-66.

10) 이에 대해서는 Martin H. Krieger, Big Decisions and a Culture of Decisionmaking: Journal of Policy Analysis and Management 5 (1986), S. 779-797 참조. "커다란 결정은 별로 중요하지 않고 동일 기준으로 계량할 수 있는, 추가적인 '작은' 결정에 비교해 본다면 단속적이며 돌연하고 특이한 것으로 정의될 수 있다."

11) Isay, FN 9 참조. Rüdiger Nierwetberg, Die Lehre Hermann Isays von Entscheidung und Rechtsnorm: ARSP 1983, S. 529-549는 이자이(Isay)의 '비합리성'을 비판하고, 설정의 보편타당성이 "결단의 대가를 지불하는 것만으로 획득된다"는 것을 유감스럽게 여기는 것 같다. 그러나 그것이 인생이다.

니라 두 가지 상호 간에 완전히 대립하는 정치적, 역사적 그리고 형이상학적으로 양립 불가능한 결단이다. 토머스 홉스와 후안 도노소 코르테스 (그들 외에 루이 드 보나르와 조제프 드 메스트르는 비교적 작은 역할을 하였을 뿐이다)는 이 양립불가능성의 대표자이다. 슈미트는 이 두 가지가 동일한 결론, 즉 독재[12]에 이른다고 주장함으로써 그 이상으로 이 저작—그것은 당장 어떠한 문제도 등장시키지 않는다—의 전체적 인상에 의해서, 양자가 서로 밀접한 관계에 있고, 수백 년을 뛰어 넘어 통일을 형성하는 것처럼 겉으로만 보여지고 있다.[13] 당연한 것이지만 마땅히 독자의 관심이 슈미

12) Schmitt, Politische Theologie, München 1922, S. 46[김효전 역, 『정치신학』, 법문사, 1988, 40쪽]. "이리하여 코르테스에게 남은 길은 오로지 독재뿐이다. 이것은 홉스 역시 결단주의 사상을 마찬가지로—다만 수학적 상대주의를 주고 받으면서—밝혀냄으로써 도달한 결론이었다." 바로 이 '마찬가지로'가 잘못이다. 주목할 만한 것은 슈미트의 텍스트 다른 곳에서는 그가 홉스를 드 보나르, 드 메스트르, 그리고 도노소와 함께 다루지 않는 것이다. 내가 알고 있는 한, 단지 Schmitt-Dorotić, Die Diktatur, München 1921, S. XI [김효전 역, 『독재론』, 법원사, 1996, 13쪽.] (여기서 슈미트는 홉스뿐만 아니라 드 메스트르에게도 해당되는 '결단의 실질적인 정의 내용에서 독립한' 결단 자체의 법적 가치에 대하여 논하고 있다)의 S. 9(역서 32쪽)에서, '루터, 홉스, 드 메스트로 그리고 슈탈'이 '국가의 권위를 뒷받침하기' 위해서 인간의 사악함을 강조하는 곳이 예외이다. 그러나 홉스에게 중요한 것은 인간의 사악함은 아니고 위험성이다(S. 23[역서 47쪽]). 홉스에 있어서 주권자의 권력은 "국가공민과의 확신에 기초하고 있다. 비록 이 확신이 바로 국가에 의해서 일어날지라도 말이다." 그러나 드 메스트르는 더욱 과격하며 (따라서 또한 주민의 다수에게 대항해서도) 무에서 생겨나는 결단을 진실로 받아들인다. 홉스를 상회하는 그의 이 날카로움은 드 메스트르의 절망적인 상황의 결과로 생긴 것이다. 그리고 그 진리는 바로 무에서 생긴 것은 아니었다. 슈미트 저작의 다른 곳에서 슈미트의 선구자들은 많은 페이지에 걸쳐 분리되고 있다. 그들을 함께 다룬 것은 슈미트 자신의 반자유주의적인 논쟁에 대해서 공통된 유용성이 있기도 하지만, 그러나 슈미트의 깊은 우유부단함에도 있다. 후술 참조.

13) 따라서 홉스와 도노소는 『정치신학』을 도외시한다면 완전히 다른 시기에 슈미트의 주목을 끌었다. 도노소에 대한 3개의 논문은 1922년, 1927년 그리고 1929년에 나타나고 1950년에 동일한 이름의 논문집 안에 게재된 제4 논문 「전유럽적인 해석에 있어서 도노소 코르테스」는 1944년 5월 31일의 마드리드의 강연에서 나온 것이다. 여기에는 유럽의 쇠퇴가 문제인데, 다른 경우에 슈미트는 이 스페인 사람을 '자유주의'를 이론적으로 공격하는 시기에 다루고 있다. 이에 대해서 슈미트가 중점적으로 홉스를 다룬 시기는 1937년부터 1938년이다. 따라서 그 시기는 국가의 파멸을 우울하게도 인식한

트에게 집중하고 있으므로 독자는 슈미트가 다른 고전적 대가와 마찬가지로 보노그라피를 정확히 쓴다는 이익을 약간은 체득할 뿐이며, 과거 시대의 저자를 좋아해서 자신의 선험자로 지정한다는 것을 잊어버리고 있기 때문이다. 내전 중의 영국이나 1848년 후의 대륙에서는 시대가 결단을 요구하고 있었다. 그 일반적인 성격에 따라서 명명백백한 이 사건은 두 사상가의 유사성이라는 환상을 가능하게 했다. 그러나 '완성된 종교개혁'의 대표자인 홉스와 스페인의 울트라 몬타니스트인 가톨릭의 대표자 도노소 간의 아주 가까이 눈에 들어온 대비는, 상호 적대적인 그들의 주권개념 속에 독자가 발견하는 것 이상으로 광범위하게 미치는 대립을 감추고 있다. 슈미트는 아마 그것을 눈치채고 있었을 것이다. 이렇게 말하는 것은 슈미트가 이미 1922년에 도노소 코르테스 저작의 전문가였다는 것을 입증하려는 증거가 있기 때문이다. 그러나 슈미트는 그의 결단주의 통일이라는 외관을 장식하기 위해서 그들의 주권개념이 대립하는 것이나, 도노소가 생애에 걸쳐 홉스를 매우 심하게 비판한 것을 숨길 수밖에 없었다.

Ⅲ

홉스의 경우는 결단이 진리에 무관심하며 중립적인 권력기구로서의 국가가 여러 가지의 진리에 대항하여 평화를 관철하려는 데 비하여, 도노소의 경우는 진리를 체현하는 대상은 가톨릭 교회이며 그것과 다른 것은 모두 극복해야만 하는 이단이다. 또 홉스의 경우는 국가가 예배나 신학에 대하여 결정하고[14] 이데올로기를 결정함으로써 내전을 진압하려는 데 비

시기이며, 결단 없는 비(非)국가의 파괴와 비히모스 구축의 시기이다. 그리하여 도노소가 슈미트의 주목을 끈 것은 절망적이지만 희망으로 가득찬 투쟁의 시기였던 데에 반하여, 홉스는 체념한 회고의 시기였던 것은 아닐까?

14) 이에 대해서는 Schelsky, FN 8의 상술을 참조. 그는 거기서 시민으로서의 교육의 중요성과 행동 제약의 필요성을 강조한다. 특히 슈미트에 대한 쉘스키의 비판이 실질적으로 풍부한 것은 S. 312 이다. 그는 거기서 외적인 종교적인 심정이 신앙의 내면성을 공

하여, 도노소는 '거대한 투쟁', 즉 가톨릭주의와 무신론의 정치적 표현인 사회주의간의 묵시적 결단의 전장을 요구한다. 이와 같은 전장의 혼란에서는 도노소가 증오했던 자유주의가 소멸할 뿐만 아니라 근대의 불가지론적인 세속국가도 근절되어버렸다.[15] 홉스가 국민의 정치적 통일을 위협하는 모든 간접적인 권력 중에 가장 위험한 것을 로마 안에서 발견하고 로마에 대항해서 싸우는 데 비하여, 도노소에게는 (그리고 드 보나르나 드 메스트르에게도) 로마는 의의 있는 통일체의 유일한 장소, 즉 기독교적 · 가톨릭적인 통일체이며 종교개혁을 파괴한 통일체이다. 도노소에게는 이 통일체를 회복하는 것이 중요하며 그 때문에 필요하다면 군사적 행동도 불사한다.[16]

홉스의 경우는 각인이 진리의 깃발을 내세우는 것이 평화와 국가의 안

격하는 것, 슈미트가 말하는 '내적 유보'는 홉스에서는 완전하게 만들어내는 것이 불가능하다는 것을 주장했다. 따라서 홉스 역시 자유주의의 아버지로 보는 것은 불가능하다. 홉스를 둘러싼 슈미트와 쉘스키의 논쟁에 대해서는 반드시 더욱 정확한 고찰을 가해야만 한다.

15) 도노소의 묵시적인 레토릭과 대조적인 그의 현실적인 정치적 선택의 온당함, 즉 나르바에스(Narvaez)의 독재와 루이 나폴레옹의 쿠데타는 자주 주목을 끌고 있다. 카를 슈미트는 그것을 정력적으로 지적하였음에도 불구하고, 도노소가 영향력 있는 외교관이며 현실정치의 탁월한 분석가였던 것은 거의 항상 망각하고 있다. 도노소에게 문제였던 것은 현실을 과장하여 표현하는 것 그 자체는 아니었다. 그의 이러한 과장 안에는 일층 두려워할 만한 투쟁이 반영되었다.

16) 비스마르크는 『회상록』(Gedanken und Erinnerungen, Cotta-Ausgabe in einem Band, o. J,. S. 446)에서 1870년부터 1871년에 걸쳐 독일에 대한 프랑스의 승리를 희망하는 로마 교황청의 태도를 도노소의 사상을 계승한 것으로 간주했다. 「프랑스인에 의한 신의 언어(gesta Dei per Francos)는 아마도 교황권력의 약간의 새로운 진보를 초래할 수 있을지도 모른다. 그리고 가톨릭 문필가(발데가마스의 도노소 코르테스)의 의견에 의하면 종교전쟁의 결단은 최종적으로 '마르크 · 브란덴부르크의 모래 위에서' 싸워 실패할 것이고, 독일에 대한 프랑스의 입장이 압도적으로 우세하며, 그 결단은 여러 가지 방향으로 촉진되었을 것이다」. 이에 해당되는 곳은 도노소에게는 눈에 띄지 않는다. 그러나 이러한 정치적인 도상(圖上) 작전은 그에게는 가능하다. 도노소의 반프로이센적 감정에 대해서는 Schmitt, Donoso Cortés in gesamteuropäischer Interpretation, Köln 1950, S. 72 f. 참조.

정성을 위험에 노출할 운명을 가지고 있는 데 비하여, 도노소의 경우는 평화와 안정은 그것이 진리에 근거하는 한에서만 가능하다. 덧붙여서 도노소에게 홉스가 높이 평가하는 지상의 평화는 비교적 아무래도 좋은 것이며, 홉스가 몹시 꺼리는 내전은 원리의 불가피한 결과라고 하여 신의 시련이라는 의미를 가지며 끝까지 싸워야 하는 것이다. 홉스의 결단이 규범적으로 무에서 생기고 평화를 관철하는 효율에 따라서 정당화시키려는 데 비해서, 도노소의 결단은 로마 가톨릭주의의 진리에 복종하는 것이다.[17] 도노소는 1849년의 그의 유명한 연설에서 독재를 요청하지만,[18] 그것은 세속주의-자유주의-무정부주의-무신론(그에 의한 불가피한 나열)의 진행을 저지하기 위해서이며,[19] 중립화하는 정식을 알리기 위한 것은 아니다.

홉스는 도노소에게 내전 중의 이데올로그란 레테르를 붙이는 데에 주저하지 않았을 것이다. 실제로 그의 저작에서는 이그나티우스 로욜라의 두 개의 깃발(dos banderas)이 반복하여 나타난다.[20] 다른 한편, 도노소의 국가를 개인의 이성에 기초지우는 홉스의 모든 시도는 죽음에 이른 리바이어던 병 이외의 아무것도 아니다. 요컨대 이 비참한 개체는 이성을 가지고 있었을까?

너무나 쉽게 알 수 있는 것은, 슈미트의 저작이 여기서 대충 묘사한 [도

---

17) Herfried Münkler, Carl Schmitt und Thomas Hobbes (Rezension zur Neuauflage von Schmitts Hobbes-Buch) : Neue politische Literatur 3/1984를 참조. S. 352 ff.가 필자의 지적과 관련이 있다.

18) Donoso Cortés, Discurso pronunciado en el congreso el 4 de enero de 1849 (Sobre la dictadura), in: Obras, Ⅱ, ed. Gabino Tejado, Madrid 1904, S. 109-132. 또한 이 강연은 우수한 독일어판인 D. C., Drei Reden, Zürich 1948, S. 17 ff.에 수록되어 있다.

19) 슈미트의 후기의 저작 중에 여러 가지 논의되고 있는 카테고리는 그에게서도 발견된다. 또한 홉스를 기독교인으로 평가한다면 그에게도 발견되는 것이 있다. 예컨대 J. G. A. Pocock, Time, History and Eschatology in the Thought of Thomas Hobbes, in: ders., Politics, Language and Time. Essays on Political Thought, London 1972, S. 148-201 참조.

20) "G." (A. E. Günther의 약자), Der Entkampf zwischen Autorität und Anarchie. Zu Carl Schmitts "Politischer Theologie": Deutsches Volkstum, Jan. 1931, S. 11-20, S. 19는 매우 적절하다.

노소와 홉스의] 가상적인 대립을 스스로 중재한 것이다.[21] 이 대립은 통일을 내전의 진압으로 창출하는 국가와, 승리한 내란정당에 의해서 질서를 창출하는 것—그것은 묵시적으로 받아들일 수 있는 경우도 있다면 확실히 기대되는 경우도 있다—과의 전쟁이다. 그것은 또 합법성과 정통성, 규범 없는 결단과 규범을 창출하는 결단, 적대관계의 제한과 단계적 확대, 중립화에 의한 통일과 이데올로기에 의한 통일, 평화의 창조자(Creator Pacis)와 평화의 옹호자(Defensor Pacis), 그리고 내용의 결여를 묻지 않는 질서의 창출과, 특히 진리에 대한 무관심을 나타내는 근대에 이의(異議)를 외치는 반혁명의 승리에 의한 질서의 창출과의 전쟁이다. 확실히 이 이원론은 항상 같은 지점에서 발견되는 것은 아니다. 그리고 치밀한 이론을 평가할 수 있는 사람이라면 아무도 이러한 평가를 좋아하지 않을 것이다. 그럼에도 불구하고 이러한 이원론은 [도노소와 홉스라는] 두 사람의 저자로 환원시킨다. 만일 우리들이 냉정한 학문적 방법에 대한 슈미트의 무관심을 고찰하고, 홉스의 사고 전체에서의 중요한 그의 수사학 비판,[22] 또한 당시 스페인의 가장 위대한 연설가[인 도노소]에게 많은 은덕을 입고 있는 슈미트의 문체를 생각한다면, 그리고 마지막으로 논의의 여지가 없고 자주 급격히 나타나는 슈미트의 가톨리시즘을 의식한다면 우리들은 슈미트가 '20세기의 홉스'[23]라기보다는 '20세기의 도노소'(Donoso del siglo veinte)라는 결론에 도달할 것이다. 실제로 슈미트의 저작은 스페인 내전에서 프

21) 필자는 가까운 시기에 이 점에 관해서 한 권의 책을 출판하기를 희망하고 있다. 따라서 이 텍스트는 간단히 서술하고 그친다.

22) Hobbes, The (whole) art of rhetoric, English Works (이하 EW로 씀) Molesworth-Edition, VI, S. 419-518 참조. 이 텍스트는 짧은 '궤변술'이 첨가되어 있다. 『비히모스』에서는 열정을 불태우고, 내전을 촉진시키려는 레토릭(특히 당시의 교도딘으로부디의 언설자)에 대한 비판이 큰 역할을 하고 있다. EW VI, S. 161-418.

23) José Maria Beneyto, Politische Theologie als politische Theorie. Eine Untersuchung zur Rechts-und Staatstheorie Carl Schmitts und zu ihrer Wirkungsgeschichte in Spanien, Berlin 1983, passim 참조.

랑코 진영에 선 지식인의 **십자군적** 사고에 많은 영향을 미쳤다.[24)]

Ⅳ

세계관이나 이데올로기의 차이보다도 중요한 것은 그 차이의 원천이다. 즉 근대의 주권과 전통적 주권[25)]의 투쟁이다. 슈미트는 홉스와 가톨릭의 신정 정치가들[26)]에게 공통된 명백한 결단주의를 강조함으로써 바로 이 투쟁을 인위적으로 은폐하려고 하였다. 미리 결론을 말한다면, 가톨릭의 신정 정치가들은 그들이 근대적 주권의 사탄적인 소산이라고[27)] 생각한 1789년과 1848년의 혁명에 반대하는 투쟁을 해왔지만, 실은 그것으로 그들이 재생한 전통적 이론에 날카로움과 완결성을 부여했다. 그리하여 그들의 이론은 홉스도 창출하는 데에 중요한 역할을 인정한 근대적 주권개

---

24) 슈와브(G. Schwab)의 영역, Political Theology의 서문(MIT Press, Cambridge/Mass. 1985, S. XXVI) 참조.

25) 이러한 구별은 Panajotis Kondylis, Konservatismus. Geschichtlicher Gehalt und Untergang, Stuttgart 1986, S. 72 ff. u. S. 226 f.에서 볼 수 있다. '전통적 주권'이 어느 정도까지 순수하게 기준이 되는 대조적 개념이며, 또한 근대적 주권에 대해서만 말하는 것이 어느 정도까지 의의 있는가가 여기서는 관계가 없다.

26) 이 표현은 '전통주의자', '복고의 이데올로기', '반혁명주의자', '울트라 몬타니스트'(교황지상주의자)와 같은 말보다도 그들의 본령을 유감없이 발휘하는 것이다. 그러나 이 표현은 아직 독일의 문헌에서는 일반적이지 않다. Henry Michel, L'idée de l'État, Paris 1896, 108-121 '정치신학가' 또는 Maxime Leroy, Histoire des Idées sociales en France, t. Ⅱ., Paris 1950, S. 115 ff. 참조. 또한 Harold J. Laski, Authority in the modern state, Yale Univ. Press 1919는 드 보나르의 장에서 '신정 정치'에 대해서 말하고 있다(S. 123-188, Third printing 1929). 슈미트가 이러한 표현을 회피하는 것은 있을 수 있는 것이다. 왜냐하면 이를 사용하게 되면, 이들 3인의 '정치신학'이 그중에서도 어느 정도까지 특히 '신학'이었던가라는 문제가 제기되기 때문이다.

27) 드 메스트르는 프랑스혁명에 대하여 "그 본질은 사탄적"이라고 서술하고 있다. Du Pape, in: Oeuvres complètes, Ⅱ, Lyon 1884/87 (이하 O. C.로 씀), S. XXXⅡ f. 여기에서 이 판이나 지금까지의 모든 판이 나타내고 있는 것처럼, 『프랑스에 대한 성찰』의 10장 §3의 일부분은 아니며, 제5장 「프랑스혁명에는 사탄적 성격이 있다」는 일부분(O. C., I, S. 55)을 반복하고 있다.

념으로 인도하고, 특히 드 메스트르의 '교황론'에서는 그것과 결합하기에 이른 것처럼 생각된다.

우선 당시의 신정 정치가들이 놓여 있던 상황은 다음과 같이 묘사할 수 있다. 즉 절대주의로 시작한 파괴작업을 완성하는 프랑스 혁명은 아직 잔존하고 있던 신분제 구조의 나머지를 제거하고, 가혹하게도 교회와 신자를 근대 주권의 원리와 대비시키기에 이르렀다. 권력의 중앙집권화는 권력을 완화하고 억제하는 반대 세력들을 근절하고, 평등하게 법적으로 직접지배를 받는 고립된 개인의 집단을 만들어낸다. 그와 같은 개인은 근본이 없는 소외된 성격을 가지고 있으므로 쉽게 노예화시킬 수 있다. 그리고 그와 같은 개별화는 자유의 약속과 결부되어 있기 때문에 무정부를 초래하고 국가라는 몰록을 불러내기에 이르렀다. 이러한 국가라는 몰록은 종교와 종교로 뒷받침되어온 윤리가 해체될수록 전제주의적으로 된다. 도노소의 예견에 의하면, 다가오는 국가는 전체주의적 기구와 몸에 털난 소름끼치는 동물로 된 괴물인 반신반인으로서 심연에서 올라온다. 바로 홉스의 『리바이어던』이 오늘날에 이르기까지 많은 사람에게 보여지는 것과 동일한 모습으로 등장한다. 근대적인 이론이 요구한 교회와 예배에 대한 주권자의 권력은 점차 강력해지고 국가의 비기독교화로부터 나아가 종교의 피비린내 나는 박해, 무신론, 범신론이 생긴다. 근대의 주권은 국가질서, 헌법 그리고 법률이 권력적 성격을 가지고 있는 것을 전제로 하지만 이러한 전제는 결코 끝낼 수 없는 개혁이나 영구 혁명으로 돌아가며, 실험욕에 의해서 적어도 사회적 안전에 대한 기대와 보장을 모두 해소해버리는 것이다. '만들 수 없는', 그러나 법관이라는 지배자에 의해서 해석되는 것에 불과한 종래의 영원한 신법(神法)에 관하여 홉스는 그것을 자의적으로 해석하고 항상 불일치한 내전의 원인이었던 것을 논증한다. 이번은 그것이 근대의 주권사상 실현에 대해서도 던져지고 있다. 법이 주권자의 자의적인 의지에서 출발할 때 그것은 제약을 받지 않고 변경 가능하며 더구나 새로운 관념에 의해서 함의(含意)된 인민주권이 활동하기 시작한다면, 신에서 떠난 **이성**은 **경험**에 반항하며 그것에 대응하는 귀결을 초래할 수 있게 된다. "사회에 있어서 주권에 관한 두 가지 제도는 자기 자신 혹은 자기의 이성에 대한 인간의 주권에 관한 두 가지 제도에 완전히 대응하고 있다. 한편으로는 자신이 이성 이외의 규칙을 자신에게 부여할 수는 없다. 다른 한편 신법(神法) 아래서 자신의 이성에 우월하는 규칙을 자신의 이성에 부여한다."[28] 이처럼 드 보나르는 사물의 핵심을 찌른 것이다. 이와 같이 신 없는 **이성**은 피비린내 나는 **광기**가 되었다. 왜냐하면 주권이 신에게 없다면, 주권은 '부조리'(도노소)가 될 숙명에 있었기 때문이다. 의미 있게 조합된 **시민사회**의 구조를 파괴하는 근대의 주권은 이리하여 결과적으로 그것이 방해하려고 한 것을 불러내기에 이른 것이다. 즉 무질서를 불러낸 것이다. 이와 같은 주제 속에 위기를 종결시키는 학문으로서의 모든 세속적인 사회학 전체를 향한 접근이나 근대의 기술적 · 경제적 세계의 허무주의에 대한 청년 슈미트의 가톨릭적인 문화 비판의 동기가 발견된다.

법의 창조자 · 출발점은 드 메스트르에서도 항상 신이다. 슈미트는 드 메스트르를 관헌적 권위 그 자체, 결단 그 자체를 지지하는 전사(戰士)로 묘사한다.[29] 사보이의 주민인 드 메스트르의 이 결단주의적인 순간적인 착상—예컨대 자주 인용되는 "당국은 그것을 존속시키려면 그 자체? 선이다"라는 명제—은, 항상 신법(神法)에 따라서, 또한 신법을 단호하게 집행하는 정부에 관계한다. 드 메스트르에 의하면 이것과 다른 정부는 원래 정부에는 없기 때문이다. 항상 위임적 독재가 주장되고 그 주권은 그 정통적인 한계, 즉 가톨릭교회에 의해서 해석된 신법의 내부에서만 무제한이다. 드 메스트르도 확실히 아는 형식으로 다음과 같이 기술한다.

내가 어떠한 주권도 제한되지 않는다고 말할 때, 그 행사에서 정당한 주권

---

28) De Bonald, De la Souveraineté, in: Oeuvres, I, Bruxelles 1845, S. 31.
29) Schmitt, Politische Theologie (FN 12), S. 50.

에 관하여 서술하는 것이다. 그리고 그것은 매우 신중하게 지적해야 할 사안이다. 왜냐하면 견해를 바꾸면 모든 주권은 제한되어 있는 것, 그리고 어떠한 주권도 제한되어 있지 않은 것, 이것들은 동일하게 말할 수 있다. 어떠한 주권도 전능하지 않다는 의미에서 주권은 제한되어 있다. 또한 각국의 근본법에 의해서 추적된 정통성의 범위 내에서 주권은 항상 그리고 이르는 곳마다 절대적이라는 의미에서 주권은 제한되지 않는다. 따라서 주권이 부정하다든가, 잘못되어 있다든가 하며 주권에 관해 이러저러하게 말할 권리는 누구에게도 없다. 정통성은 그 범위의 이러저러한 방법에 의존하는 것이 아니라 주권이 어디서 나왔는가에 의존한다.[30]

이러한 드 메스트르의 서술에서 그가 저항권을 거부하는 것은 확실히 근대적인 여운이지만, 실제는 혁명에서 생긴 저항권의 표현을 비꼬는 것이다. 그리고 '근본법'의 지적은 헌법과는 관계가 없으며 신이 민족의 영혼에 기입한 그때그때의 '근본법'을 의미하는 것이고, 성문화된 모든 것보다 더욱 중요한 것이다. 왜냐하면 드 메스트르가 지치지 않고 설명하는 곳에 의하면, "인간은 인간의 활동범위에서는 분명히 모든 것을 바꿀 수는 있지만 어떠한 것도 창조할 수 없다. 그것은 도덕과 신체의 세계 쌍방에 공통된 법칙이다."[31] 그 결과 인간은 어떠한 헌법도 만들어낼 수 없다. 그것을 할 수 있는 것도 신뿐이다. 이것이 근대의 주권에 관한 이해와 모순된다고 해도 드 메스트르는 망설이지 않고 명확한 언어(expressis verbis)를 역설적으로 서술하고 있다.

실제로 이 중요한 법은 그것이 쓰여져 있다는 이유로만 존재한다고 하자.

---

30) De Maistre, Du Pape, in: O. C. Ⅱ (FN 27), S. 178. 그것과 '유사'한 설명은 De Maistre, Étude sur la Souveraineté, in: O. C. I, S. 314에서 "… 주권은 신으로부터 나오며, 또 인간으로부터 온다. 그것은 결코 모순되는 것은 아니다."

31) De Maistre, Considérations sur la France, in: O. C. Ⅰ (FN 27), S. 67.

그 경우에 법을 작성했다고 하는 얼마간의 권위가 그것을 강제하는 권리를 확실히 가지고 있을 것이다. 그렇다면 법은 참으로 입헌적인 여러 가지 법을 특징짓는 신성함이나 불역성과 같은 특성을 가져야 할 것이다. 근본법의 본질은 누구도 그것을 폐지하는 권리를 가지지 않는 데에 있다. 그런데 만약 누군가가 그것을 만들었다면, 어떻게 해서 그것은 모든 것 위에 있는 것일까?[32]

드 메스트르에서는 냉소주의에서 폭발하며, 도노소에서는 묵시록적인 열광의 수사학을 방출시키는—드 보나르는 늘 신중하다—돌연한 날카로움, 결단주의적인 몸짓은 모두 이러한 사람들의 절망으로부터 설명된다. 그들은 자신들의 정치적 목적인 신분제 사회의 부흥이 쓸데없는 것을 예감한 이상으로, 세계가 무신론, 인간의 자기 절대화, 그리고 탐욕한 생에 빠져가는 것을 두려워했다. 이러한 슈미트의 우려는 「주권에 관한 이론」이란 한 장에서 토로하고 있음에 불과하지만 그의 문화비판에서는 구체적으로 표명되고 있다. 확실히 도노소는 1848년을 체험하였기 때문에 결단주의적인 태도가 강해졌다. 그러나 그의 결단주의 호소는 정치적이라기보다 오히려 신학적이고, '정치신학'에 기초한다기보다는 '정치에 있어서의 신학'[33]에 기초하고 있다. 그리고 그가 가장 급진적인 정치적 입장을

32) De Maistre, Essai sur le Principe générateur des Constitutions politiques, in: O. C. I (FN 27), S. 236.

33) 우선 P. Dietmar (Joseph) Westemeyer O. F. M., Die Theologie in der Politik bei Donoso Cortés, Diss. Münster 1940의 고전적인 연구 참조. 이 타이틀은 다음에 읽을 슈미트에 대한 비판을 예감할 수 있다. 도노소를 홉스류의 결단주의자로 한 스페인 사람의 비판은 광범위하게 다루고 있고, 부분적으로는 이상한 날카로움을 띠고 있다. 예컨대 Eugenio Vegas, Autoridad y libertad, según Donoso Cortés: Arbor Nr. 24/1953, S. 53-57 참조. 그는 슈미트가 도노소의 사상을 "유무(有無)를 말하지 않고 왜곡해버렸다"는 것을 비난하고, "제한하지 않은 권력은 본질적으로 적그리스도적인 권력이다"라고 도노소의 중심적인 일부분을 지적한다. 이 점에서 지표로 삼는 역할을 하는 것은 에스파냐 문화의 고지자(告知者)의 논쟁이다. Ramiro de Maeztu, El espíritu y la decisión: Acción Española Nr. 16/1936, S. 434-456을 보라. 그에 의하면 도노소에서는 '영원한

취한 바로 그 순간에 정치로부터 손을 뗀다고 선언하는 것은 계발적이다.

"… 나에게 결심을 야기시키고 공적 생활에서 나를 위축시키는 이러한 매우 용기 없는 것은 오늘이 어제보다 더 컸으며, 어제보다는 그제가 더 컸었다."[34)]

다가오는 불안의 시대에 대해서 도노소는, 정치는 모두 간단히 파악하고 거의 오로지 기도와 명상에만 바친다. 도노소가 요구하고, 나르바에스 장군이나 루이 나폴레옹 체제에서 매우 성실한 시저주의의 형태를 취한 위임적 독재는 신법(神法)에 복종하는 독재로서 구상되어 있다. 그것은 단도(短刀)의 독재에 대한 세베르의 독재, 즉 압박해오는 과도한 중앙집권적인 신 없는 전제나 혁명의 주권적 독재에 대항하고, 고뇌하는 사회에 숨쉴 틈을 주는 위임적 독재이다. 슈미트가 주목한 도노소에 있어서 비장한 트레몰로(tremolo)라는 강한 말은 도노소에서는 본질적으로 정통성이 아니라 독재가 문제인데, 이 사상가가 출발점으로 삼는 정통성의 사상은 결단의 귀결로 폐지되는[35)] 것에서 설명되는 것이 아니라 보다 높은 정통성의 이름으로 합법성의 배제가 요구되는 것에서 설명된다. 이러한 정통성을 관철하는 독재—그것은 내전의 입장을 합의하고 있다—에 대한 요구는 단지 "국가를 결단의 계기로 환원한다"[36)]와 같이 작용하며, 시각을 바꾸어 슈미트의 관점에서 본다면, 홉스의 무에서 창조된 결단에 유사한 것은

진리'가 존재하며, 어떠한 '무로부터의 결단'도 존재하지 않는다. Diego Sevilla Andrés, Donoso Cortés y la dictadura: Arbor Nr. 24/1953, S. 58-72는 도노소가 "홉스의 구상에 반대하고 있었다"(S. 70)는 것을 분명히 지적하고 있다.

34) Donoso Cortés, Discurso sobre la situación general de Europa (30. 1. 1850) : Obras de Don Juan Donoso Cortés, ed. Gabino Tejado (이하 Obras라고 씀), Ⅱ, Madrid 1904, S. 161. 즉 "매우 용기 없는 것, 나에게 결심을 야기시키고 공적 생활에서 나를 위축시키는 이러한 매우 용기 없는 것은 오늘이 어제보다 더 컸으며, 어제보다는 그제가 더 컸었다."

35) Schmitt, Politische Theologie (FN 12) 특히 S. 56.

36) Ebd.

오로지 도노소가 전래의 정통성이나 정통주의가 해결되었다는 것을 알고 있기 때문인 것이다. 그는 나음과 같이 탄식한다.

> "정통적인 다수파가 항상 열광적인 소수파에게 지게 되고, 책임 있는 대신이 아무런 책임도 지지 않고, 불가침한 국왕이 항상 침해되는 정부란 도대체 무엇인가?"[37)]

그러나 정통성의 문제는 슈미트가 주장하듯이 소멸해버린 것이 아니라 단지 여전히 성가시게 된 것뿐이다. "합법성이 사회를 구출하는 데 충분하다면 합법성은 바람직하다. 그러나 만약 충분하지 않다면 독재가 필요하다"는 도노소의 말은 만약 그렇게 들린다고 해도, 내전에 직면한 홉스적인 언명은 아니고 무정부주의나 사회주의에서 정치적으로 표현되는 무신론으로부터 사회를 구출하는 것을 주장하는 것이다. [도노소에게] 구원은 진리 때문에 생겨야 하며 내전이 나쁘다는 이유 때문은 아니다.

그런대로 도노소의 가장 최초의 논문 중에 슈미트가 『정치신학』 속에서 도노소에게 돌아간 순수한 결단주의와 일치하는 문구의 일부를 발견할 수 있다. 슈미트가 공교롭게도 이 저작을 언급하지 않았던 것은 주목해야 할 사실이다. 1836~1837년의 도노소의 『정치학 강의』에서 도노소는 주권에 세 가지의 자질을 승인했다. 그 세 가지란 자발성(자기활동이란 의미에서), 불가류성 그리고 전능이다. 그러나 여기서 전능은 단지 예외에서만 통용된다. 즉 "주권자와 신하가 함께 탄 배가 난파하여 서로 구별할 수 없을 때, 또한 이러한 난파로 인해 모든 위계질서가 무너지고 수준화될 때"[38)]이다. 그때가 독재자, 즉 강력한 인간(hombre fuerte)이 나갈 차례이다. 헌법은 이러한 존재를 알려고 하지는 않지만, 그것은 돌연 "신과 같이 나

---

37) Donoso Cortés, Discurso pronunciado en el congreso el 4 de enero de 1849 (Sobre la dictadura), in: Obras, Ⅱ(FN 34), S. 131.

38) Donoso Cortés, Lecciones de Derecho politico, ed. Alvarez Junco, Madrid 1984, S. 71.

타나오는"[39] 것이다. 독재자의 전능은 모든 규범으로부터 독립해 있고, 독재자의 합법성은 선행하는 합법성이 아니라 효과적인 성과나 순수한 기술성에 근거해 있다. 이 텍스트는 도노소가 1836~1837년의 시점에서는 아직은 근대의 세속화된 국가 측에 서 있었다는 사실로만 설명된다.

이러한 유일한 예를 도외시한다면, 도노소에 대해서 항상 중요했던 것은 평화를 창출하는 중립적인 권력이 아니라 진리이며 법에 우월하는 정의이다. 따라서 보수적=자유주의적인 **온건정당**(partido moderado)[40]과 결부되며, 결코 가톨릭적=반혁명적 결단주의—슈미트는 이 이미지를 도노소의 실체를 잘못 볼 정도로 불러내고 있다—의 대표자는 아닌 도노소 코르테스는 1845년에 다음과 같이 선언했다.

> "… 신사 여러분, 국민적 주권의 행위에 호소해서는 안 됩니다. … 주권은 만약 그것이 어떠한 종류의 것인가와, 또 그것이 어떤 방향으로 나아가려고 할 때, 정의에 의해서 제한되어야 한다면, 야만적인 폭력 이외의 어떠한 것도 없습니다. 정의는 국민이나 군주를 포함한 모든 사람에게 의무를 부여합니다. 정의가 신에게 의무를 부여한다고 말할 수 없는 것은 정의와 신이 동일하기 때문입니다.[41]

39) 이 점에서 도노소의 텍스트는 슈미트에 의한 기적과 예외상태의 유비(類比)를 시적인 방법으로 선취하는 표현을 볼 수 있다. "… 그 등장에 즈음하여 구름은 사라지고 형태 없는 무질서가 생기를 머금고 투기장 주위에서 으르렁거리고 미친 듯이 날뛰는 리바이어던이 잠자코 있고(!!!), 폭풍이 가라앉는다." 이러한 레토릭을 도외시한다면 도노소의 견해는 분명히 '기술주의적'이다. G. Fernández de la Mora, Schmitt y Donoso ante la dictadura: Razón española, 17/1986, S. 311-322의 연구는 도노소에게는 대표적이지는 않고 이 텍스트에 필요 이상으로 고집하며 '주권적 독재'를 도노소에게 귀결시키고 있지만 그것은 근거 없는 것이다.

40) 이 중요한 정당의 역사에 대해서는 Francisco Canovas Sanchez, El partido moderado, Madrid 1982 참조. 도노소에 대해서는 도처에서 언급되고 있다.

41) Donoso Cortés, Discurso sobre la restitución de los bienes de la Iglesia, 14. 3. 1845, in: Obras completas, ed. Carlos Valverde S. J., Ⅱ, Madrid 1970, S. 110.

텍스트의 이곳은 특히 설득력이 있다. 왜냐하면 교회 재산의 매각, 이른바 **교회영대(教會永代) 재산으로부터의 해방**(desamortización eclesiástica)에 관계하고 있으며, 도노소는 그의 논평의 앞머리에서 소유는 "두 가지 권력의 서로 다른 성격에 대응한, 그러한 권력들의 동의와 **합의**[42]"가 없다면 이동할 수 없다고 설명하기 때문이다.

도노소가 죽기 조금 전에, 「정오표」(Syllabus erroum)[43]—피우스 9세는 「정오표」에 의해서 자유주의에 대한 투쟁을 선언하는 동시에 1868년에 공포한 교황불가류성의 도그마에도 영향을 미쳤다— 의 준비에 관여하고 있었음에 대해서, 교황불가류성의 도그마는 1819년의 드 메스트르의 『교황론』 안에 그 최고 강력한 대변자를 발견하였다. 여기서 불가류성은 근대 주권과의 엄밀한 유비(類比) 아래 고찰되고 있으므로 사실상 '홉스화'가 생겨나는 것이다.[44] 가장 주목을 끄는 표현은 그의 주저인 『교황론』보다도 앞의 편지에서 발견되지만, 거기서는 실제로 진리가 아니라 권위가 문제인 것처럼 생각된다.

---

42) Ebd.

43) 1864년 12월 8일에 교황 피우스 9세에 의해서 발표된 「정오표」(현대의 주요한 잘못에 대해서)는, 이미 40년대에 준비되었었다. 여기서는 자유주의적 가톨리시즘의 예리한 비판자이며 도노소의 친구로서 저널리스트인 루이 뷔요(Louis Veuillot)가 커다란 역할을 담당하고 있다. 아마 도노소는 뷔요로부터 자극을 받고, 「포르나리(Fornari) 추기경에게 써 보낸 현대의 최대의 잘못의 본질과 원천에 대한 각서」(Obras, Ⅱ FN 34, S. 387-409)를 썼을 것이다. 이 각서는 훌륭한 독일어 판인 Donoso Cortés, Briefe, Parlamentarische Reden und diplomatische Berichte, hrsg. von A. Maier, Köln 1950, S. 159-174에 수록되어 있다. 슈미트의 반사회주의 감정이 「정오표」나 유사한 가톨릭 논쟁에 의해 성장했다는 것은 의심할 여지가 없다. 「정오표」에 코멘트를 붙인 것으로서 Anton Michelitsch, Der Syllabus, München 1907 참조.

44) Hermann Josef Pottmeyer, Unfehlbarkeit und Souveränität. Die päpstliche Unfehlbarkeit im System der ultramontanen Ekklesiologie des 19. Jahrhunderts, Mainz 1975의 특히 S. 399 참조. 거기서는 특히 예외상태나 교회의 극도의 위험성에 대한 드 메스트르의 논의가 지적되고 있다. 이 자극적이며 박식한 저작은 슈미트에 대한 드 메스트르의 결단주의를 강조하며, 드 메스트르에게 '진리'에 대해서 상당히 무관심한 것을 서술하고 있다.

"신사 여러분, 만일 내가 무신론자이고 주권자라면 나는 우리 나라에서 평화의 확립과 보장을 위해서, 칙령에 의해서 교황을 불가류라고 선언할 것입니다."[45)]

드 메스트르는 두 가지의 목적을 추구한다. 첫째로, 그는 교황의 수위권(首位權)의 부흥과 여러 가지의 주권에 의해서 '해체된'유럽 통일[46)]의 부흥을 요구한다. 다른 한편 그는 여러 가지의 주권에 교황에 대한 충성을 호소한다. 왜냐하면 주민의 신앙만이 주권자의 지배를 보증하기 때문이다. 그리하여 주권은 그것이 한정되고, 보존되고, 로마의 **간접권력**(potestas indirecta)에 복종함으로써 오히려 확고한 것이 된다. 여기에서 드 메스트르는 비록 제후들이 가톨릭교회에 반대하는 근시안적인 권력이해로부터 프로테스탄티즘을 장려한다고 하더라도, 프로테스탄티즘은 모든 주권의 가장 사악한 적이라는 결론을 도출하고 있다. 프로테스탄티즘은 일반적 이성에 대한 개별적 이성의 반란으로서 모든 보편타당하고 의론의 여지가 없는 신앙의 적이며, 본래 반주권적이며 본질적으로 반항적이며 … 종교의 상퀼로티즘이다.[47)]

그러나 종교가 질서유지에 유용하다는 지적, 즉 '신의 사회화'[48)]는 "나

45) De Maistre, A Son Excellence Monseigneur Severoli, Brief v. 1. 12. 1815, in: O. C. XIII(FN 27), S. 185.

46) De Maistre, Du Pape, in: O. C. II (FN 27), S. 13. "그러나 근대에서는 문명화된 우주가 존재하는 이래 말하자면 많은 주권에 의해서 분할되고 …"

47) De Maistre, Réflexions sur le protestantisme dans ses rapports avec la soverainité, O. C. VIII (FN 27), S. 63-97(여기서는 S. 76, 97)을 참조.

48) Robert Spaemann, Der Irrtum der Traditionalisten - Zur Soziologisierung der Gottesidee im 19. Jahrhundert: Wort und Wahrheit 1953, S. 493-498. 슈패만은 드 보나르에 있어서 신학은 사회학의 단순한 동이반복으로 되고 그의 사상은 "근대의 무신론적, 실증주의적, 반혁명적 전체주의에의 정확한 이행"을 표현하고 있다고 한다. 그러나 내 생각으로는 그의 이러한 주장은 근거 없는 것이다. 왜 이러한 결론이 나왔는가 하는 질문에 대해서 해답하는 것은 매우 의미 있을 것이다. 그것과 비교한다면, ders.,Der Ursprung der Soziologie aus dem Geist der Restauration, München 1959, S. 182 f.의 일부분은 약

는 무신론자이지만 가톨릭이다"라는 모라스의 명제를 선취한 것은 아니며, 계몽주의의 메시지에 내한 반항적인 호소의 전투이다. 계몽주의는 종교가[권력을 정당화하는]기능을 가질 가능성이 있는 것으로부터 그 억압적인 성격을 지적하고, 그리고 그 억압적 성격으로부터 종교의 허위성을 도출하고 있다. 신정 정치가는 혁명의 경험은 우리들에게 볼테르와 그 동료들에게 반대할 권리를 준다고 말한다. 신정 정치가가 종교의 기능에 언급하는 것은[49] 단지 덧붙인 것에 불과하다. 만약 그들이 신앙을 가지고 있지 않다고 해도, 적어도 신앙에 대한 존경은 가지고 있다. 그것은 [종교를] 조작하는 것과는 아무런 관계도 없다. 왜냐하면 신앙만이 사회를 안정시키며 그 속에 신앙의 증명이 있기 때문이다. 홉스와 드 메스트르라는 양 극단은 서로 일치한다. 그러나 그들은 극단에 머물러 있는 것이다.

따라서 드 메스트르의 다음과 같은 말은 권위로부터 진리에 이르는 것이며, 법을 만드는 것은 진리가 아니라 권위라는 것을 의미하는 것은 아니다. "종교가 없으면 공공의 도덕도 국민적 특성도 없으며, 기독교가 없다면 유럽의 종교도 없다. 또한 가톨리시즘이 없다면 진정한 기독교도 없으며, 교황이 없다면 가톨리시즘도 없다. 그리고 교황에 속하는 지상권이 없다

간 소극적이다. 형이상학이 사회학으로 대체시킬 수 있는 필요의 지위에 드 보나르가 위치하고, 꽁트는 드 보나르에 의해 기능화 된 신을 인류의 '전체성'으로 대체하고, 끝으로 가톨릭과 실증주의자들과의 연합을 꿈꾸고 있다는 지적은 슈패만이 생각하는 만큼 중요하지 않다. 드 보나르에 있어서 사회는 아직 신으로 된 것은 아니다. 사회를 근거지우는 말—그것은 인간에 의해서 만들어진 것은 아니다—이 신을 증명한다. 드 보나르는 신에게 등을 돌린 학문은 가톨리시즘이 이미 잘 알고 있던 인식을 마음에 들지 않는 방법으로 유포하는 것이라고 말할 뿐이다. 그것은 도노소가 생시몽의 『신 기독교』를 비웃고, 생시몽을 진실로 기독교의 악한 도전자로 간주하는 것과 동일하다.

49) 따라서 또한 Donoso Cortés, Ensayo sobre el catolicismo, el liberalismo y el socialismo, Madrid 1851. I. 1, 특히 S. 5 f. 참조. 거기서 도노소는 루소나 볼테르를 종교의 필요성에 대한 증인으로 불러내고 있다. 신정 정치가들이 자주 그들의 적의 논의에 호소하려는 그 동기를 간파할 필요가 있다. 적마저도 종교의 필요성을 인식하고 있으므로 적은 자신의 의지에 반하여 종교의 진리에 대한 증거를 제공하는 것이다.

면 교황은 존재하지 않는다."[50] 드 메스트르가 중요한 것은 교황이 불가류하다는 것이 아니라 그가 그렇지 않으면 안 된다고 서술할 때("잘못으로 종속하지 않는 것, 혹은 고소되지 않는 것은 실제로 실천상은 동일한 사안이다. 그리하여 어떠한 신의 약속도 교황에 대해서 하지 않았던 것이 동의될 때에도 여전히 교황은 불가류이며 또한 최후의 법정으로서 그러한 것으로 간주되는 것이다"),[51] 그것은 불가류성에 대한 의문이 아니라 주권의 극단적인 귀결로서의 프랑스 혁명에 대한 논쟁적인 반동이다. 교황의 불가류성은 국가이성에 기여하는 단순한 수단은 아니며 국가이성이 지속적인 것에, 즉 전적으로 다른 어떤 것으로 되기 때문에 국가 이성을 교황의 불가류성에 방향지우는 것이 주권자에게 바람직하다. 나아가 교황과 교회는, 교회가 국가에 의해서 압박을 받고 있으므로 국가 이성에 마음을 빼앗기지도 않고 우월하지 않으면 안 되며, 적의 원리를 보다 첨예화한 형태로 계승해야 한다. 그것들은 이것을 전적으로 양심에 기초하여 행할 수 있다. 왜냐하면 교황과 교회는 진리를 소유하고 있기 때문이다. "교황의 권위를 확립하는 것을 허용하는 주권의 형이상학"[52]은 아니며 가톨릭의 신과 그 대리인에 대한 신앙이 드 메스트르를 이 '형이상학'으로 인도한 것이다. 드 메스트르는 세속인과 정치가로서, 이 세상의 무기를 교회를 위해서 연단할 소명을 받고 있다고 생각했다. 방법은 [홉스와] 같을지도 모르지만, 법의 원천은 계시된 신의 진리이며 인간이 정한 것은 아니다. 『교황론』은 『리바이어던』의 어떠한 가톨릭적 변형에도 없으며 그것에 대항하는 위대한 책이다.[53]

---

50) De Maistre, A. M. le Comte de Blacas, Brief v. 22. 5. 1814, in: O. C. XII (FN 27), S. 427 f.

51) De Maistre, Du Pape, in: O. C. II (FN 27), S. 6.

52) C. Latreille, Joseph de Maistre et la Papauté, Paris 1906, S. 93 f.

53) 여러 차례에 걸쳐 필자와 나눈 대화에서 카를 슈미트는 『리바이어던』과 『교황론』이 근대의 가장 중요한 두 저작이라고 설명했다.

V

그러나 드 보나르나 드 메스트르가 논쟁가인 도노소보다도 더욱 강력한 이론가라는 바로 그 이유로 그들의 사고와 홉스의 사고의 양립불가능성은 도노소의 경우와 비교해 볼 때 그만큼 명백하지 않다. 그들은 루소에 대항하면서 홉스의 자연상태에 유사한 상을 그리기 때문에 [그들과 홉스의] 중요한 차이점은 거의 명확하지 않다. 그 차이점이란 그들에 대해서 인간은 홉스와 같이 '위험'한 존재는 아니며 원리에 근거하여 '악'이라는 것이다.[54] 이러한 예측의 어려움보다 중요한 차이점은 도노소나 프랑스 사람들도 특히 인간의 원죄나 죄책을 가톨릭의 도그마보다 훨씬 어두운 색채로 묘사한다는 것으로 감추어버린다. 드 보나르 그리고 그보다는 아니지만 드 메스트르 역시 학문적 야심을 가지고 있기 때문에 오히려 홉스의 사상을 감사하게 받아들이고, 도노소의 **열정적인** 수사처럼 곧 '반대자의 형이상학'(슈미트)을 인식하는 것은 아니다. 그들은 특히 사상을 생각할 수 있는 귀결에 보다 더욱 주의를 기울이며, 그리하여 그 귀결과 그것을 초래한 원래의 사상을 동일시하는 것이다. 그에 대해서 도노소는 그의

---

54) 슈미트는 홉스와 신정 정치가들을 함께 묶어두기 때문에 양자의 '특질'을 구별하는 데에 실패하였다. Schmitt, Der Begriff des Politischen, Ausg. 1963, S. 59 ff.(역서 71쪽 이하) 참조. 따라서 그의 정치적 선택—대충 말하면, 리바이어던에 의한 내전의 저지인지, 아니면 내전정당에 의한 국가의 극복인지—은 미해결 그대로이다. 그 자신의 입장의 분열은, 여기에서도 두 가지의 변형이 '반자유주의적인' 함의(含意)를 보전함으로써 은폐하고 있다. 합법성이냐 정당성이냐 하는 문제는 여기서도 우선 불분명한 방식이다.

자연상태에 관하여는 De Maistre, De l'état de nature, in: Revue des études Maistriennes 2/1976.(텍스트는 Oeuvres complètes (FN 27), Bd. Ⅱ의 "Examen d'un écrit de J. J. Rousseau"보다 낫다); de Bonald, Théorie du pouvoir politique et religieux, Ausg. Monteil 1979, 특히 I, S. 10 ff. 또 Vincenza Petyx, Stato di natura e società civile nel pensiero della Restaurazione: Revista di filosofia, April 1986, S. 173-204 참조. 신정 정치가에서 자연상태의 논의는 항상 원죄와 결부되어 있다. 원죄는 홉스에 있어서는 사실 아무런 의미도 없다.

사고의 적을 곧바로 인식한다. 그 적은 홉스이다. 그는 결코 그것을 하지 않으며 그것을 고안하는 것은 아니고, 그의 짧은 생애에서 20년 이상이나 걸쳐 일관되게 행하는 것이다. 따라서 도노소로부터 약간의 긴 문장을 인용하는 것이 허락된다.

1829년에 당시 20세의 철학 교사였던 도노소는 다음과 같이 서술한다.

> 이 철학[=영국과 프랑스의 계몽주의 철학]의 탄생 이래, 격동, 투쟁 그리고 항쟁이 모든 유럽의 태내에서 일어나고 있다. 모든 이론체계 중에서 가장 시종일관하고 거대한 이론체계를 전개한 홉스는 그가 끊임없이 성서로부터 인용하고 있음에도 불구하고 신의 존재를 부정한 최초의 인물이며 또 자신의 신앙에 불경한 이름을 부여하고, 감히 자신을 스피노자의 품위 있는 스승으로 자처한 대담함을 보여주는 유일하고 경솔한 인물이었다.[55]

이 문장은 아마 올바크(Holbach)나 디드로의 저작에 의거하며 또한 아마 하이메 발메스의 저작[56]에 영향을 받고 있으며, 여전히 홉스에 관해서는 개괄적인 인상을 줄 뿐이다. 그러나 우리들은 1836년에는 27세의 국법학 강사였던 도노소가 홉스에 대한 증오에 사로잡혀 다음과 같은 노래를 부른 때에는 그가 적어도 『시민론』(De cive)을 읽고 있었다고 대충 단언할 수 있기 때문이다.

> 장래의 세계가 인류의 운명의 재정(裁定)에 대한 섭리로서, 국민의 운명을 중시하고, 또한 국왕의 운명을 경시하는 것을 보았을 때 증오로 인하여 국

55) Donoso Cortés, Dicurso de apertura en Cáceres (FN 41), I, S. 199.

56) 카탈로니아의 성직자이고 수학자인 하이메 발메스(Jaime Balmes, 1810~1848)의 커다란 영향력에 대해서 여기서는 논의할 수 없다. 그 밖에 발메스는 스페인에서 사회학을 창시한 사람의 하나이며, 그의 이른 죽음에도 불구하고 주목을 끄는 저작을 만들어냈다. 이에 대해서는 Joachim Fernández O. F. M., Spanisches Erbe und Revolution, Münster 1957 참조.

민에서 분리되고, 무관심에 의해서 국왕으로부터 분리되고, 경멸에 의해서 신으로부터 분리된 심뜩하고 불길한 반감을 불러일으키는 음울한 인간이 존재했다. 그는 악의 제국을 알리고, 인간에게 무엇이 시작될 것인지를 알지 못하고, 인간을 짐승의 사냥감처럼 먹이로서 전제자 앞에 내던진 것이다. 이 인간이란 맘즈베리의 철학자 토머스 홉스이며 그는 거의 모든 학문 영역을 망라한 백과전서적으로 심원한 천재적 재능의 소유자였다. 그는 가상디(Gassendi), 데카르트, 갈릴레이와 같은 인물을 알고 있었지만 그의 천재는 그러한 사람들에 의해 변경되지 않고, 신이나 인류로부터 분리되어 혼자 쓸쓸히 자신의 생애를 마쳤다. 그는 비록 이전에 민주주의의 승리를 제시하고 있었다 해도 본능적으로 민주주의를 혐오하고, 영국에 나타나고 있던 국민운동에 역사적인 사례를 가지고 나와 대항하기 위해서 투키디데스를 라틴어로 번역한 것이다.[57] 그는 그의 정치적 견해를 『시민론』과 『리바이어던』이란 저서에 기록해두었다.

그에 의하면 인간의 숙명은 노예상태나 전쟁이며, 그 유일한 법칙은 에고이즘이다. 자연상태에서는 만인의 만인에 대한 투쟁이 존재한다. 인간은 전쟁을 노예상태로 전화하기 위해서 자연상태를 제거하고 사회상태에 들어간다. 왜냐하면 단지 이러한 대가를 지불할 뿐, 홉스에 있어서 유일한 선인 평화가 존재하기 때문이다. 그때 [홉스에 대해서] 독창적인 것은 노예상태가 계약에서 생기며 이 계약에 의해서 집합한 개인이 무조건 모든 자신의 권리를 군주에게 양도하고, 군주는 그러한 권리를 흡수해버린 것이다. 사회계약론이 당시 모든 지식인을 매료한 것은 분명하다. 본래 주권은 신법에 근거하여 약간의 제한을 승인한다. 왜냐하면 신은 군주를 교정해야 하기 때문이다. 그러나 홉스의 주권은 모든 제한을 거부한다. 왜냐하면 홉스의 주권에서 신은 존재하지 않으며 인민은 자신의 권리를 포기하는 순

57) 홉스는 투키디데스의 『펠로폰네소스 전쟁사』를 영어로 번역했다. 홉스의 번역의 복사(English Works (FN 22), Bände Ⅷ und Ⅸ, o. die Edition von R. Schlatter, Rutgers Univ. Press, New Brunswick/N. J. 1975) 참조.

간에 노예가 되기 때문이다. 홉스는 논리적으로 시종일관하여 억압에 대한 저항권을 거부했다. 비록 그 억압이 상궤(常軌)를 벗어난 불합리한 것일지라도. 그는 군주가 만일 기독교를 제거하려고 한다면 그의 가신이 어떻게 행동해야만 하는가라는 문제를 똑같이 다루고 있다. 홉스는 가신들이 신과 군주에 대해 충실하기 위해서는, 그리고 예수 그리스도에서 살기 위해서는 저항하는 것이 아니라 순교해야 한다고 말했다.[58] 신사 여러분, 이것은 희생자를 악마적인 큰 웃음거리로 모욕하는 것을 의미한다. 인간을 노예로 정하고, 인간의 이마를 죽는 자의 종으로 장식한 홉스는 "당신은 당신 주인의 손에서처럼, 더러운 동물로부터 빵을 취할 수 있을 것이다. 그리고 그 빵은 고생이나 눈물에 의해서 반죽할 수 있을 것이다'라고 말했다. 인간을 무서울 만큼 빈정거리며 관(棺)에 이르도록 추적한 홉스여, 나는 여기서 인류의 가장 최선의 양심의 이름으로, 당신의 양심에 항의한다![59]

도노소 자신에 대해서마저도 놀랄 만한 이 과격함은 이미 강화된 가톨릭 신앙과 아직 잔존하고 있던 자유주의 신앙의 병존에 귀착할지도 모른다. 이 병존이야말로 1836년 당시 도노소의 특징인 것이다. 홉스는 크리스천이었는가? 존재론과 인간학에 있어서 유물론을 기독교와 일치시키는

58) 여기서 도노소의 발언은 아마 Hobbes, De Cive, Opera Latina, Ⅱ (FN 22), S. 429 f.에 향하고 있다. 거기에서 홉스는 사람이 기독교인으로서 비기독교적인 지배자에게 이미 복종할 수 없을 때, 무엇을 할 수 있는가라는 물음에, "순교하여 그리스도가 있는 곳으로 가자"고 대답했다. 그것과 다른 모든 행위는 국가계약에 위반하는 것일 것이다. 도노소는 여기서 문제가 되는 것이 비기독교적인 지배자인 것을 무시하고 있으며, (저항에 의한) 이러한 순교의 거부에 대한 다음과 같은 홉스의 견해도 '망각'하고 있다. "그러나 순교하는 것이 곤란한 가르침이라 생각한다면, 그렇게 말하는 사람은 참으로 예수가 살아 있는 하나님의 아들, 그리스도라고 믿지 않으며 (왜냐하면 믿는 사람은 순교되어 이 세상에서 떠나서 그리스도와 함께 있기를 바랄 것이기 때문이다), 기독교의 신앙을 가장하고, 그가 그 나라에 주는 것을 약속한 복종을 반드시 회복할 것이다"(S. 430).

59) Donoso Cortés, Lecciones de Derecho politico, (1836/37), ed. Alvarez Junco, Madrid 1984, S. 20 f. - 나중의 논쟁은 액센트에서 더욱 절도 있는 것이 유사한 경향이다.

것은 불가능하다. 이러한 것을 양립 가능한 것으로 해서 해석하려고 하는 오늘날의 시도는 그 지적인 균형이 무모하면 할수록 나쁜 것이다. 그러나 그것을 믿는 자마저도 1651년이나 1836년에 그것들이 양립 가능했던가, 그렇지 않았던가를 묻지 않으면 안 된다. 홉스가 브람홀에게 "신은 존재하기 때문에 그는 우주 전체이거나 아니면 우주의 한 부분이란 사실이 나오는가?"[60]라고 쓸 때, 이것을 어떻게 이해할 것인가? [홉스의] 학문적 체계의 기초는 그의 저작 어디에서도 신 가운데에는 발견되지 않으며, 홉스가 신을 첫 번째 운동자로서 언급하는 경우는 항상 선언적으로 들린다. 만약 사람이 홉스의 기독교를 증명하려는 오늘날의 정치한 시도를 고려하고,[61] 그러한 노력을 홉스에서는 분명히 산재하고 있는 실례나, 가장 명료한 세계로부터 완전히 불명료한 신앙의 이면—그 신앙에 대해서는 정말 아무것도 말할 수 없지만—으로 신을 추방하려는 홉스의 격한 시도와 대비한다면, 그의 저작에 빈번히 나타나는 다의성을 지적할 필요도 없을 정도로 홉스에서는 '허위의 합리적 체계'[62]가 존재한다는 것이 추측되고 있다. 적어도 홉스의 시대에서는, 또한 도노소의 시대에서도 여기에 적고 있는 것은 무신론자와 같다는 확신을 떨쳐버리는 것은 불가능했다.

슈미트도 1963년에 처음으로, 그 뒤 1965년에 이 문제를 실제로 긍정하였다.[63] 그가 1922년에 그 물음에 대해서 발언하지 않았던 것은, 그가

60) Hobbes, An Answer to Bishop Bramhall's Book, called "The Catching of the Leviathan", in : English Works (FN 22), Ⅳ, S. 279-384. 여기서는 S. 349.

61) 특히 K. M. Kodalle, Thomas Hobbes - Logik der Herrschaft des Vernunft des Friedens, München 1972 참조. 이에 대해서 B. Willms, Die Antwort des Leviathan, Neuwied 1970은 홉스에 있어서 합리주의적 논의와 신학적 논의간의 평행선을 강조한다. 또한 F. C. Hood, The divine politics of Thomas Hobbes, Oxford 1964는 간단히 홉스의 기독교적인 특질을 '결정'하고, 명목적인 가치로서 홉스의 대부분의 모든 명제를 진지하게 받아들인다.

62) R. Polin, Hobbes, Dieu et les homme, Paris 1981, S. 9.

63) 『정치적인 것의 개념』(1963)의 부록에 있는 유명한 '홉스 결정(結晶)'이나, "Die

가톨릭으로서 홉스의 사고 속에 공존하는 두 가지 가능성에 반대하는 가톨릭교회의 논쟁을 충분히 알고 있었다는 점에서 아마 충분한 설명을 찾을 수 있을 것이다. 그 두 가지 가능성의 하나는 신 없는 비정통적인 권력지배의 가능성이며, 다른 하나는 교회에 적대적인, 신 없는 자유주의의 가능성이다. 이 두 가지의 해석은 배척될지도 모른다. 그러나 홉스의 체계가 내재로 완전히 향할 수 있고, 정리되고 있는 것, 그리고 그 결과로서 의무를 부과하는 **종교**가 도덕적 태도로 변질되고 있다는 해석은 부정할 수 없다.

바로 『정치신학』에서 근대의 이러한 경향이 비판되고 있다. 그리고 이 시기에서는 중기나 후기의 그의 저작과는 달리 실질적인 프로테스탄티즘의 어떠한 결정(結晶)도 발견되지 않기 때문에 우리들은 단지 다음과 같이 추측할 수 있을 뿐이다. 즉 슈미트는 당시 홉스의 사상을 오로지 그 법학적='기술적'인 측면에서 토의할 수가 있었는데, 그는 이러한 결단주의를 독일 국가의 해체에 반대하는 결단을 위해서 이용할 뿐만 아니라 합리적-자유주의적인 근대 그 자체에 반대하는 보다 중요한 결단을 위해서도 이용하는 것을 기대했다. 왜냐하면 슈미트를 몰아세운 동기는 근대에 대한 이 이의였기 때문이다. 정치적인 것(요구가 높은 도덕적 결단!)에 반대하는 근대의 투쟁은 실제의 기회로부터 가장 명백하게 되는 근대의 죄의 드러남에 불과하다. 이러한 근대는, 신학적인 것에 의해서 도덕적인 것을, 도덕적인 것에 의해서 정치적인 것을 요술처럼 보지 않고, 최종적으로 "직접적 · 자연적인 생활과 문제가 없는 육체성이라는 천국의 차안(此岸)"[64]에 이르는, 중립화의 모든 공포 속으로 한 걸음 한 걸음 빠져들어 가는 것이다. 즉 초월 없는 존재의 진부함부터 근대 파괴병기의 허무주의에 이르기까지. 우리들은 『정치신학』(1922년)부터 「중립화의 중간단계에 있어서 유

---

vollendete Reformation," Der Staat 4 (1965), S. 51 ff. [김효전 역, 「완성된 종교개혁」, 『유럽법학의 상태』, 교육과학사, 1990, 209쪽 이하] 참조.

64) Schmitt, Politische Theologie (FN 12), S. 55. [*인용 페이지가 부정확하다 - 역자]

럽의 문화』(1929년)를 거쳐 『대지의 노모스』(1950년, 그러나 실제로는 1945년에 완성했나)나 『정치신학 II』(1970년)에 이르기까지 '문화비판'(필요에 쫓겨 예비적인 말을 사용하면)이라는 한 가닥의 실이 관철되는 것을 쉽게 발견할 수 있다.[65] 그 중심 사상은 이미 도노소에 의해서 정식화되고 있었다.

> 국민에게 지상은 낙원일 수 있다고 믿게 한 사람들은 또한 지상은 유혈이 없는 낙원이어야 한다는 말로 더욱 쉽게 그들을 믿게 할 수 있었다. 이러한 환상이 나쁜 것은 아니다. 그렇지 않고 이러한 환상을 모든 사람들이 믿게 되는 그 순간에 피 그 자체가 단단한 바위로부터 세차게 흘러내리고 지상이 지옥으로 일변해버린 것이 나쁜 것이다.[66]

인도주의란 원죄를 부정하는 것이며 그것은 진정한 의미에서 반인도주의이다. 적의 존재를 부정하는 사람은 적을 범죄자로 해서 근절하려는가, 신의 적[67]으로 간주하는 것을 어쩔 수 없이 하게 될 것이다. 이러한 슈미트의 비판은 여기서 다룬 신정 정치가의 저작 『실라부스』 시대의 가톨

---

65) 지금까지 슈미트 저작의 통일이 추구되었으나 성공하지 못했다. 내 생각에 그 통일은 이 점에서만 발견될 뿐이다. 그것은 또한 슈미트가 늘 허무주의에 반대하여 싸운 것, 그리고 바로 그는 즐겨 말할 수 있게 '허무주의자'는 아니었던 것을 의미하고 있다. 근대 세계에 대한 슈미트의 거부는 매우 심하게 시종일관하였으므로 그것은 그에게 무질서 그 자체로 생각되었다. 그리고 그는 항상 부득이한 입장의 변경을 보았고 질서의 가능성을 약속한 그때그때의 요소에 끊임없이 다가가고 있었다. 그 점에서 그는 소렐과 유사하며, 소렐과 마찬가지로 데카당스의 사상가이며 비판가이다. 홉스와 도노소는 이 초월 없는 허무주의적인 세계에 대한 두 가지의 행동양식을 대표하고 있다.

66) Donoso Cortés, Ensayo … (FN 49), S. 357.

67) Wilhelm Stapel, Der christliche Staatsmann. Eine Theologie des Nationalismus, Hamburg 1932, S. 169 ff. 적과 동지의 대립을 없애려는 시도는 좌절할 운명에 있을 뿐만 아니라 모독이다. 우리는 인간의 타락 이래 선량할 수 없고 정직한 것도 아니기 때문에 모든 사람에 대해서는 동지가 될 수 없다. "적과 동지를 구별하지 않는 사람은 인간적인 것을 감추는 것이며 형이상학적인 위선자이다. 그가 모든 인간에 대한 동지가 되려고 함으로써 그는 신의 적이 된다." 이것은 나에게는 슈미트 사상의 구체적인 귀결로 생각된다.

리시즘, 그리고 프랑스나 독일의 가톨릭 재생 운동에서 나오는 융합물이다.[68] 이러한 비판은 『정치신학』이 출판된 1922년의 훨씬 전부터 이미 형성되고 있었다. 슈미트는 이 비판을 1914년에 『국가의 가치와 개인의 의미』에서, 그리고 1916년에 『테오도르 도이블러의 『북극광』』에서 이미 하고 있었다. 특히 후자의 책에서 간결하고도 요령 있게 다음과 같이 기술하고 있다.

> 그들은 지상에 천국을, 즉 상업과 산업의 성과로서의 천국을 구축하려고 하였다. … 그들은 사랑과 은혜의 신을 가지려고 하지 않았다. 그들은 많은 놀랄 만한 것을 '이루었다'. 왜 그들은 지상의 탑을 건설 '하려고' 하지 않았을까? 법은 권력으로 되고, 신의는 계산가능성으로 되고, 진리는 일반적으로 승인된 정당성으로 되고, 미는 좋은 취미가 되고, 기독교는 평화조직이 되어버렸다. 가치들의 일반적인 교환이나 위조가 혼을 지배했다. … 혼동은 소름끼치는 것이었다. 그 파괴에 진력하는 힘을 인식하는 자에게 지상은 삐걱삐걱 소리를 만드는 기계가 된 것처럼 여겨진다.[69] 적그리스도가 등장하고, "무시무시한 마술사가 세계를 개조하고, 지상의 모습을 변화시키고, 자연을 자신에게 복종시킨다. 자연은 적그리스도에게 봉사한다. 무엇을 위해서인가라는 것은 매우 좋다. 예술적인 필요를 만족시키기 위해서인가, … 안정성의 시대가 시작된 것이다.[70]

68) 이러한 융합의 세 가지 요소는 시대적인 순서에 따르면, (반)혁명적인 에너지, 요새로서의 교회의 퇴각, 예술적 · 지적인 아방가르드의 순서로 배열된다. 이 점에 관한 정보를 제공하는 것은 Piet Tommissen, Carl Schmitt - metajuristisch betrachtet : Criticón 30 (1975), S. 177-184. 레옹 블루아가 카를 슈미트에 영향을 미친 거대한 매력은 특별히 주목할 가치가 있다.

69) Schmitt, Theoder Däublers "Nordlicht", München 1916, S. 65. 아마 슈미트는 이 점에서 도이블러의 서사시를 재현하는 것에 불과하지만 그때 그는 자신을 도이블러의 시와 완전히 동일화하고 있다.

70) Ebd., S. 66. Michele Nicoletti, Alle radici della "teologia politica" di Carl Schmitt. Gli scritti giovanili (1910-1917) : Jahrbuch des italienisch-deutschen histor. Instituts in Trient X

홉스의 사상이 이처럼 정점에 달한 인간의 자기절대화의 출발점으로서 있는 것, 또한 그것이 이성의 힘을 신뢰하면서 이 프로세스를 제어할 수 있는 것을 기대 (혹은 그 가능성을 증명하려는 욕구)한 것에 대해서 상세하게 서술할 필요는 없다. 이러한 시도가 완전히 성공하지 못한 원인을 도노소라면 아마 다음과 같이 설명했을 것이다.[71] 즉 그 설명이란 만약 홉스가 '속지속종교주의'(cujus regio eijus religio) 라는 명제—거기에서는 중립화가 문제는 아니라 "신앙상의 적이냐 이웃이냐라는 것으로 의견이 달라지게 된다는 특성에 직면하여 독단적으로 하나를 긍정하는 것"[72]이 문제였다—의 옹호자이며, "정신적인 결단요구의 순수에 정치적인 의미를 개념적으로 인식한"[73] 것을 승인한다고 하더라도, **예수는 그리스도**라는 정식은 세속화, 관용, 중립화와 같은 한 톱니바퀴 장치 안에 쉽게 휩쓸려버린다. 왜냐하면 이 최소한도의 신앙이 어떻게 해서 거대한 전 체계를 뒷받침할 수 있는가? 또 이와 같이 최소한도로 삭감된 정식은 홉스가 생생하게 묘사한 개인들의 다이나믹한 활력에 대해서 실제로 어떠한 영향력을 가질 수 있을 것인가? 그 밖에도 말하면, 형식적으로 짜맞춘 최후의 토대—그것은 실체가 너무 많아서 다시 솟아오르게 되는데—는 **커다란 스캔들**, 즉

/1984, S. 255-316은 드물게 보는 박식과 감명 깊은 감정이입의 능력을 구사하여 청년 카를 슈미트의 가톨릭성, 도덕, 시대비판 그리고 역사상 사이의 연관을 고찰하고 있다.

71) 우리는 여기서 이러한 '반정'에 기초해서 작업을 진행하지 않으면 안 된다.

72) Schmitt, Die vollendete Reformation (1965). 인용은 ders., Der Leviathan in der Staatslehre des Thomas Hobbes, Nachdruck, Köln-Lövenich 1982, S. 162 [김효전 역, 「완성된 종교개혁」, 『유럽법학의 상태』, 교육과학사, 1990, 236쪽]이다.

73) Ebd., S. 167. 슈미트의 저작은 홉스가 '종교적인 신앙의 진리 중립화의 정점'에 서 있는가와 같은 인상이 어떻게 생겼는지를 웅변조로 말했다. 그러나 그는 이러한 해석을 영원한 오류로서 거부한다. 그리고 보댕의 『숭고한 것의 감추어진 비밀에 대한 일곱 현인의 토론』에 나타난 실제의 중립화를 발견한다. 당해 보댕의 저작에서는 이것이 승인되고 있다 하더라도, 전 작품을 보는 한, 내재성을 향한 홉스의 전향은 보댕보다 훨씬 철저하다는 사정은 변함이 없다. 그와 마찬가지로 보댕의 경건성을 의심하는 사람은 홉스의 경우보다 훨씬 적다.

종교개혁의 산물이다. 그런데 종교개혁이 초래한 교회분열 때문에 국가—그것은 종교의 기능상실의 결과인데[74]—가 필요하게 되었는데, 이 무서운 이단은 다시 계몽과 혁명을 가져오기에 이르렀다. 영혼을 타락시키는 가장 효과적인 수단이 될 수 있는 지상의 평화를 평가하는 나머지 재차 진리의 오솔길이 없어지고 이 오솔길을 다시 탈환하지 못하면 그때에는 앞의 발걸음은 더욱 큰 잘못에 내디딘 것이다.

실제로 **예수 그리스도라는 정식**은 홉스의 철저한 내재로의 전환 때문에 퇴색되어버린다. 그리고 슈미트가 '홉스 결정(結晶)'[75]에서 요청한 '초월로 열려 있는 것'은 개인의 파괴적인 팽창력이나 욕구체계의 항진(恒進)에 직면하여, 마치 종교적 감정을 위한 작은 피난처로 들릴 수 있다.

그러나 가장 중요한 것은 이성에 대한 홉스의 평가이다. 홉스에서 이성은 폭력에 의한 죽음의 두려움으로 발전하며, 그리하여 명백히 논증 가능한 결론을 가져오는 데 반하여, 후기[76]의 도노소에 대해서 이성은 냉소

74) Alvaro d'Ors, La violencia y el orden, Madrid 1987, S. 25. "프로테스탄티즘에서 유래하는 정치적 현상 아래서는 유럽에서 '국가'의 등장보다 중요한 것은 존재하지 않았다."

75) Schmitt, Der Begriff des Politischen, Ausg. 1963, S. 121-123 [김효전 · 정태호 옮김, 『정치적인 것의 개념』, 살림, 2012, 178-182쪽] 참조. 슈미트 자신은 여기서 '중립화가 예수 그리스도에 대한 공통의 신앙고백을 초월해서, 예컨대 '자유, 평등, 박애'나 '각자에게 그의 것을'에 까지 확대될 수 있는가에 대해서' 의문을 품으며, "나는 홉스가 그처럼 전면적인 중립화를 주장했다고 생각하지는 않는다"라고 주저하면서 요약하고 있다. [이러한 슈미트의 발언은] 그가 '홉스 결정'에서 정식의 의의를 모두 정력적으로 지적하는 곳에서 본다면 아마 배신행위일 것이다! '홉스 결정' 중에서 모든 것이 간취될 수 있는 것은 Francesco Valentini, Carl Schmitt o dell'interpoliticismo, "Prefazione" zu : Schmitt, La dittatura, Bari 1975, S. XXX이다. 그것에 의하면 초월적으로 열려진 것은 "정치적 신화, 예컨대 불가류의 거룩한 주권이라는 신화를 배제하는 것은 아니다." 그러나 슈미트는 1963년에서 분명히 기독교적 의미의 초월이란 것을 서술하며, 1923년처럼 대용품으로서의 '신화'에 대해서 서술하는 것은 아니다. 비록 항상 그의 애매함이 고려될 수밖에 없다고 해도.

76) 기조(Guizot)의 에피고넨으로서 초기의 도노소는 '지성의 주권'을 요구한다. 기조와 루와이에=콜라르의 자유주의에 대해서 도노소가 날카롭게 비판하는 것은 그가 가톨릭으로 전향하기 때문이다. 도노소의 정신적 발전에 대해서는 Luis Díez del Corral, Doktrinärer Liberalismus. Guizot und sein Kreis, aus Span., Neuwied am Rhein 1964, bes.

적인 동정의 대상에 불과하다. 즉 이성은 '인간의 비참 중 가장 큰 것'으로서 그 자체는 광기이고, '이성과 부조리 사이에는 매우 밀접한 관계'가 존재한다. 이성은 **합리주의**를 초래하며, 이 합리주의로부터 유럽을 동요시켰고 모든 교의가 생겨 나오는 것이다. 합리주의는 자유주의나 민주주의의 원천이다. 그것은 원죄와 같이 심각한 잘못이며 그것과 비교하면 다른 잘못은 모두 '잠재적인' 잘못에 불과하다. 슈미트는 도노소가 인간의 어리석음, 열등함 그리고 타락을 경멸하는 것을 알고 있었으며,[77] 그때 언급한 이 스페인 사람의 경멸의 원인이 이성인 것을 나타내고 있다. [도노소에 의하면] 단지 신과 동일시된 이성만이, 즉 신—그것은 단지 가톨릭의 신일 수 있다—에 대한 신앙에 의해서 계발된 이성만이 원래 이성적이다. 이성의 독립을 선언하고 이성 자신에게 전권을 부여하려는 시도는 모든 전쟁과 내전, 무질서와 무결단을 초래한다. 도노소가 인정사정없이 비웃고, 슈미트에게 커다란 자극을 준 **토론하는 계급**(clasa discutidora)이나 의회주의의 부르주아지는 이성의 소산 중의 하나일 뿐이었다. 그것은 소름 끼치기보다는 가소롭기 짝이 없었다.

그러나 플란데른(Flandern)의 수렁이나 솜므(Somme) 강에서의 3개월간의 연속집중공격에서 이성의 시대는 자신의 무덤을 발견함으로써 실현되지 못한 것은 아닌가? 그리고 거기에서 유럽에 있어서 규율과 비데카당스의 마지막 피난처인 독일에 대한 '볼테르의 부르주아지'(소렐)의 승리가 준비된 것은 아니었는가? 그러나 '일반적으로 진리도 아니고 현실도 아니며 단지 자신의 안정감정[78]만을 추구하는' 인간은 패자를 선두에, 휴머니즘의 환상과 적대성을 부정하는 데에 열중했다. 또한 그들은 국제연맹에 기대하고 무력(無力)으로 무책임하게 의회를 창설했다. 그것은 우스꽝스럽고 무서운 광경이었다.

S. 320 ff. 참조.

77) Schmitt, Politische Theologie (FN 12), S. 51 f.[김효전 역, 『정치신학』, 44쪽 이하].

78) Schmitt, Donoso Cortés … (FN 16), S. 84.

Ⅵ

이상이 슈미트가 제1차 세계대전이 끝난 후 결단주의를 내걸고 등장한 때의 상황이었다. 그는 1919년『정치적 낭만』에서 아담 뮐러에서 전형적으로 볼 수 있는 무결단의 심적 태도를 공격했는데, 그것으로 그는 자기 폭로에 성공했다기보다는 슈미트가 속한 진영, 즉 가톨릭의 보수주의에 대한 비판에 성공한 것이다. 가톨릭 보수주의는 가혹한 투쟁으로부터 도피하기 위해서 스스로 게토를 마련하여 거기에 살면서 세속화의 사실을 추방해버렸다. 이러한 형태의 보수주의는 그것에 의해서 역설적인 방법으로 자유주의와 관계하게 되었다. 이 자유주의는 자신이 일련의 세속화 과정의 일환을 이루고 있는 것을 이해할 수 없었다. 이 세속화 과정은 자유주의에 아직도 고유한 세속내적인 초월—그것만이 구속성을 창출할 수 있다—을 해체해버렸다.

이러한 상황 아래서는 추론하지 않고 의논하지 않고 단지 목적 달성으로 향하는 규범 없는 독재의 즉물성과 효율만이 도움이 되었다. 슈미트는 1921년에『독재론』에서 이러한 국가유형의 역사와 기술을 설명했다. 그는 1년 후에『정치신학』에서 시종일관 이러한 사고를 비판하는 사람들을 배척했는데 동시에 정치에는 이념이 불가결한 것, 이념 없는 권위는 존재하지 않는 것, 그리고 확신의 에토스 없이 권위가 존재하지 않는다는 사실에 마주친다.[79] 그가 드 메스트르, 드 보나르 그리고 도노소 코르테스를 서술함에 즈음하여 그들을 순수한 결단주의로 억지로 맞추려고 할 때, 그의 이데올로기상의 선호—우리는 그렇게 부르지만—는 명백하게 되었다. 이와 같은 선호에서 손에 닿을 듯이 가장 가까이 살았던 적(敵)은 형이상

79) Schmitt, Römischer Katholizismus und politische Form, 2. Aufl., München 1925, S. 23 [김효전 역,『로마 가톨릭주의와 정치형태』, 교육과학사, 1992, 27쪽]; H. Krupa, Carl Schmitts Theorie des "Politischen", Leipzig 1937, S. 3-5 [김효전 역,『칼 슈미트의「정치적인 것」의 이론』, 동인 편역,『칼 슈미트 연구』, 세종출판사, 2001, 150-152쪽]는 적절하게도「결단주의 이전의 가톨릭적 규범주의」에 대해서 말한다.

학적이며 체계적이고 지나친 타협의 산물인 현대의회주의였다. 1923년의 『현대 의회주의의 정신사적 지위』에 서술된 비판에는 독창적인 점은 별로 없지만, 그 비판이 날카로웠던 것은 특히 적의 형이상학에 대한 공격이 문제로 되었기 때문이었다. 이 점에서도 이 저서의 마지막 장은 정통성에 의한 해결의 전망, 즉 신화의 전망을 열었다. 신화는 『정치신학』에서 소극적으로 기술되고 후에 홉스 쪽으로 '방향전환'한 종교적인 정통성의 위치를 차지했다.

1923년의 독일은 1918년 후 가장 큰 위기를 맞이하고 있었다. 그리고 합법성의 권위에 대한 슈미트의 신앙은 이미 상실하고 있었을 것이지만 그는 이제 또 예외의 나약함과 정통성의 결여도 이해했다. 위로부터의 통일은 단지 아래로부터 의해서만이 가능했다. 그리고 통일은 민족의 신화에 의해서 수립되지 않으면 안 되었다. 이 신화—근원의 신화, 운동의 신화, 기대의 신화 그리고 이 모든 것들을 포함한 신화[80]—는 하나의 형태를 필요로 하며 이 형태로 움직였다. 그 형태란 국가이다. 그 모델은 이것 역시 1923년에 저술한 『로마 가톨릭주의와 정치형태』에서 묘사되었다. 그것은 가톨릭교회였다. 가톨릭교회는 교회를 억압하는 근대 국가에 대한 투쟁 안에 조직되고 통일되어왔다. 이제 가톨릭교회는 근대국가의 모범이지만 거의 도달 불가능한 규모이다. 그것은 독일인의 억압자인 제네바와 베르사유에 대항하여 투쟁하는 독일인 국가의 모범이었다. 이것은 어떤 의미에서 슈미트가 1919년부터 1923년까지 몰두해온 테마였다. 그 후 곧 슈미트는 그의 생애에서 최대의 충격을 가져온 라인란트 점령에 고무되었고, 적과 동지라는 유명한 귀결을 이끌어 내었다.

그러나 국가에 호소하는 것과 홉스의 사고를 체계적으로 거슬러 올라가는 것은 1919년 이후에는 이미 거의 불가능했다. 독일은 더 이상 국가

---

80) Paul Tillich, Die sozialistische Entscheidung, Offenbach a. M. 1948(초판은 1933년)을 참조. 틸리히는 이러한 신화들과 그 정치적 진영을 함께하고, 그리하여 말의 진실이란 의미에서의 '국민-사회주의'에 도달한다.

는 아니었으며,[81] 단지 껍데기에 불과하였다. 바이마르 헌법 제178조 제2항에는 주목할 만한 교묘함으로 잔혹한 사실(factum brutum)이 다른 말로 바꿔 말해지고 있다. "1919년 6월 28일 베르사유에서 조인한 강화조약 규정은 헌법에 저촉하지 않는다"[82]라고. 이러한 대외적 · 국제법적 상황이 [내란 상태의 정당] 위에 서서 중립적인 국가권력을 요청하는 것을 바로 쓸데없는 일이 되어버렸다. 리바이어던은 보호—외국에 대한 보호도 포함해서—를 제공할 때에만 복종을 요구할 수 있다. 따라서 바이마르는 리바이어던이 아니었다. 그것은 국가가 아니라 배상국가였다. 그것은 결국 자국민에 대해서 승자가 강제로 압박한 것을 관철해야만 하는 것이다. 그리하여 바이마르에 대항해서 내 · 외의 구별을 다시 실현할 수 있는 국가가 바이마르에 대해서 싸우지 않으면 안 되었다. 이것은 내전을 긍정하는 것을 의미했다. 그러나 그것은 국가주의자이고 홉스주의자인 슈미트가 싫증내지 않고 그러한 시각을 회피하는 방법을 요구함으로써 은폐되었다. 그에 이은 여러 해 동안의 슈미트의 사고는 항상 그의 일관된 사고의 귀결에 반대하는 생각이기도 하다. 따라서 그는 방화범인 동시에 소방수였던 것이다.

그러나 건설적인 안정화와 첨예화하는 급진화는 서로 모순된다. 전자의 시도는 모두 후자의 반동을 일으켰다. 그리고 국가에 호소하는 것이

81) 슈미트는 헤겔의 이 유명한 일부분(in: Die Verfassung Deutschlands, 1801/02, Reclam-Ausgabe 1919, Hrsg. H. Heller, S. 11)을 바이마르 시대에 대해서도 끌어내고 있다. 이에 대해서는 그의 쾰른 대학 취임 연설인 "Reich-Staat-Bund", 20. Juni 1933, in: Positionen und Begriffe, Hamburg 1940, S. 190 ff. [김효전 · 박배근 공역, 「라이히 · 국가 · 연방」, 세종출판사, 2001, 273쪽 이하]를 참조.

82) Anschütz, Die Verfassung des Deutschen Reiches, 3. u. 4. Aufl., Berlin 1926, S. 433은 "강화조약과 모순되는 헌법규정은 무효는 아니며 조약이 존속하는 한 그 효력이 제한되고 있을 뿐이다"라고 주장했다. 따라서 "국제법상의 조약은 … 독일 헌법을" 변경하는 것은 아니라는 슈미트의 주석(Verfassungslehre, München 1928, S. 254)은 단지 한 법학자의 위로에 불과하다. 무엇이 문제인가는 베르사유와 그 귀결에 대한 슈미트의 정치적 논문에서 더욱 분명해질 것이다.

아직 여전히 발 아래 나머지 토지—그것이 제48조라는 바다에 돌출한 좁은 곳에 지나지 않는다 해도—를 발견한 데에 대해서 신정 정치가에 대한 호소는 정치가 아니라 현대의 위기를 측정하는 데 유일하게 적합한 메타정치학이나 문화비판을 상기하는 것이 중요했다. 확실히 슈미트는 정치적 위기의 근저에 있던 종교적 · 형이상학적 위기를 극복할 가능성을 보지 못했다. 이미 도노소도 그러한 가능성을 보지 못했다. 또 슈미트는 바이마르에 대항하는 가톨릭적으로 고무된 혁명을 무시하지는 않았다. 당시 급속도로 유행하고 있던 역사철학적, 역사신학적인 사변은 그에게는 소원했다.[83] 따라서 슈미트가 '가톨릭교회와 민족적 독재자와의 동맹'[84]을 바라고 있다는 리하르트 토마의 추측은 근거 없는 것이었다. 그러나 군주제의 붕괴와 함께 프로테스탄티즘도 질서를 향한 힘과 권위를 향한 의지를 상실하고 프로테스탄티즘이 인도주의적인 이데올로기로 해소해온 것과[85] 병행하여 바이마르의 위기가 진행한 것이다. 프로테스탄트는 아직 여전히 자신을 좋은 독일인이라고 생각하는 것을 좋아했는데 가톨릭보다도 프로테스탄트 사이에서 슈미트의 사고는 호의적인 반향을 발견하였다.[86] 가톨릭은 1914년에 어쩌면 프로테스탄트보다 위력이 좋은 무기를

83) Wilhelm v. Schramm, Radikale Politik. Die Welt diesseits und jenseits des Bolschewismus, München 1932 참조. 이 책은 "기독교 교회만이 세계혁명을 완성함으로써 그것을 극복한다"로 끝마쳤는데, 그 명제는 본문 중에는 결코 설명되지 않았다. 또 이 책은 물론 흥미 깊은 '메타 정치적'인 레토릭이란 희미한 빛 속에 항상 머물러 있지만, Duncker & Humblot사의 원고심사처의 유보 후에 슈미트의 추천으로 간행되었다.(피트 토미센의 호의 있는 정보에 의함)

84) Richard Thoma, Zur Ideologie des Parlamentarismus und Diktatur : Arihiv f. Soz. Wiss. u. Pol. 1 (1924), S. 212-217, 여기서 S. 217(박남규 역, 리하르트 토마, 「의회주의와 독재의 이데올로기에 대하여」『현대의회주의의 정신』, 탐구신서, 1987, 156-169쪽 참조) 참조.

85) 이 점에 대해서는 Robert Hepp, Politische Theologie und theologische Politik. Studien zur Säkularisierung des Protestantismus im Weltkrieg und in der Weimarer Republik. Diss. Erlangen 1967 (Teildruck) , o. O., passim 참조.

86) 예컨대 신학자 프리드리히 고가르텐, 한스 쇼메루스 또는 게오르그 분쉬를 보라. 이것보다 냉정한 반응은 알프레드 드 케르뱅에서 볼 수 있다. 슈미트 이론의 반향에

가지고 있었을지도 모른다. 왜냐하면 전쟁은 가톨릭에게 국민적인 명예 회복의 계기를 주고 또한 유럽 중부 국가들이 승리하고 그에 따라 인구를 증가시키게 된 그때에는 가톨릭교도의 증대와 그들의 영향력의 강화를 약속했기 때문이다. 또한 이 전쟁은 서구의 자유주의적인 반성직자주의의 문화를 표적으로 삼은 것이었다.[87] 가톨릭교도는 바이마르에서 반국민적인 이데올로기를 확산시킨 자유주의 정신에 대해서 가장 적게 병에 감염될 수 있었다. 전쟁에 패배한 후에 민족이 획득되지 않으면 안 되었다. 그러나 1914년까지 거의 제2급의 시민에 불과했던 가톨릭교도는 독일 국민의 결정적인 효소가 될 수 없었던 것은 아닐까?

항상 그렇듯이 이 점에서도 슈미트는 명료하게 발언하지 않았다. 그리고 그의 내셔널리즘[88]을 용의주도하게 국가주의나 문학애호의 배후에 은폐시키면서, 그가 무엇에 반대하고 있는가를 항상 단지 명확하게 규정하고 있었음에 불과하다. 그러나 그는 제국 초기의 법실증주의에 반대하는 의논을 홉스보다도 가톨릭 법사상 안에서 훨씬 쉽게 발견했다. 이 법실증주의는 바이마르 공화국에서 다시 등장했는데 그것이 슈미트에 있어서는 부조리한 것이었다. 가톨릭교회의 질서는 국가에 대해서 우월하고 있었다. 왜냐하면 가톨릭교회에는 바로 진리=최고권력이라는 정통성이 구석구석까지 미쳤기 때문이다. 교회는 이념의 실현을 대표하고 있었으므로 "단지 하나의 교회가 존재한다면 교회는 필연적으로 완전하다. 백 개

대해서는 Richard Hauser, Autorität und Macht-Die staatliche Autorität in der neueren protestantischen Ethik und in der katholischen Gesellschaftslehre, Heidelberg 1949, bes. S. 269-292를 보라. E. 포르스토프, E. R. 후버 그리고 W. 베버와 같은 슈미트의 가장 중요한 제자들이 전부 프로테스탄트인 것은 계발적이다.

87) K. Lutz, Demokratie im Zwielicht. Der Weg der deutschen Katholiken aus dem Kaiserreich in die Republik 1914-1925, München 1963 참조.

88) 바로 외국인이 이 내셔널리즘을 독일인보다 더 주목하는 것은 흥미롭다. Jośe Caamaño Martinez, El pensamiento juridico-politico de Carl Schimitt, Santiago de Compostela 1950, S. 155-163 참조.

의 국가가 존재한다면 개개의 구체적 국가는 필연적으로 불완전하다"[89] 라는 슈미트의 결론은 설득력이 있다. 교회에서는 불가류한 기관이 결정했다. 따라서 교회는 '그 가르침'이나, '이 의미에서 지상에서 생각할 수 있는 절대적 존재'[90]인 불가류한 교황에 의해서 '전형적으로 순수한 모범'을 국가에 제공한다. 슈미트는 후에 교회로부터 국가로, 신정 정치가로부터 토머스 홉스로 역점을 이동시켰다. 그렇다고 해서 슈미트는 후기에 홉스에 있어서의 신학적인 문제를 필요 이상으로 관심 있게 만들어보려고 시도하였다.[91] 동시에 또 슈미트가 신정 정치가를 '홉스화'하는 이유도 여기에 존재한다.

그러나 종교적으로 분열하고 프로테스탄트가 3분의 2를 차지하는 독일에서 가톨릭주의의 가능성은 적었고 또 가톨릭주의도 세속화의 법칙에 굴복해버렸다. 가톨릭주의에서도 또한 구속이 도덕적 태도로 변하고 종교적 현실의 지배가 지상적=사회적인 것의 감상적인 논리로 변화했다. 근대에 대항한 가톨릭주의의 '이데올로기적'내용은 바이마르-제네바-베르사유라는 건물을 붕괴시킬 수 있던 저 투쟁적인 에너지를 부추겨 세우는 비합리적인 생의 철학과 연결시킬 수가 없었다. 근대의 인도관념이나 진보관념—그것들은 철두철미하게 세속화의 산물이다[92]—은 이 건물의 단순한 장식일 뿐만 아니라 독일을 쳐부수기 위하여 도덕적으로 암시를 주려는 무기였다. 이러한 관념들은 기껏해야 고서점에 부지런히 다니는 사람이나 알 수 있었던 19세기 초의 가톨릭 귀족 두 세 명의 비판에 의해서는 파괴되지 않았다. 여기서는 전쟁에서 태어나는 새로운 생활감정이 등장하지 않을 수 없었다. "오직 전쟁에서만 신화가 생

89) Schmitt, Der Wert des Staates und die Bedeutung des Einzelnen, Tübingen 1914, S. 45.

90) Edb., S. 81, 85.

91) Helmut Rumpf, Carl Schmitt und Thomas Hobbes, Berlin 1972, S. 72 ff. 참조.

92) 예컨대 당시 이미 슈미트와 거리를 둔 슈미트의 제자 발데마르 구리안(가명은 발터 게르하르트)의 Um des Reichs Zukunft. National Wiedergeburt oder politische Reaktion?, Freiburg i. Br. 1932, bes. S. 150-174를 보라.

겨난다."[93]

따라서 슈미트는 신화는 종교와 마찬가지로 인간의 심층에 뿌리내리고 있는 것을 지칠 줄 모르고 강조한, 일찍이 가톨릭교도인 조르주 소렐과 만났다. 신화만이 무신앙이며 회의주의적이며 쾌락주의적인 세계에서 모든 탁월한 것의 원천인 종교에 대체되거나 또는 그것을 계속할 수 있었다. 이 세계에서 신자는 그림자에 의해 생기고, 신자가 아닌 사람은 그림자의 그림자에 의해서 생겼다. 그리고 이 세계는 "우리들 뒤의 사람들은 무엇에 의해 생기는 것일까"[94]라는 에르네스트 르낭의 가공할 물음 이전에 만들어졌다. 신화는 현실과 관련하지만 현실적으로는 반론되지 않는 투쟁을 불러일으키는 이미지의 총체이며 그러한 것으로서 최종적인 가능성으로 계속했다.[95] 신화만이 합리주의나 회의주의에 의해 마비된 결단과 행위를 향한 힘을 해방시킬 수 있었다. 합리주의적 결단주의로부터 비합리적 결단주의가 생겨날 수는 없었다.

> 위대한 열광, 위대한 도덕적 결단과 위대한 신화는 추리나 합리적 고려에서 태어나는 것은 아니며 순수한 생의 본능의 깊이에서 태어난다. 열광한 대중은 직접적인 직감으로 신화적 이미지를 창조한다. 이 이미지야말로 그들의 활력을 추진시키고 순교를 향한 힘과 폭력행사를 향한 용기를 그들에게 준다.[96]

---

93) Ernst Forsthoff, Staatsrechtswissenschaft und Weltkrieg : Blätter f. Dt. Philosophie 1931, S. 292-301은 계발적이며 정확하다.

94) Georges Sorel, Réflexions sur la violence, 10. Aufl., Paris 1946, S. 353 (이용재 옮김, 『폭력에 대한 성찰』, 나남, 2007)에서 인용.

95) 유감스럽게도 슈미트는 나와 대담 중에 종종 표명하곤 했던 '정치적 신화학'의 집필계획을 실현할 수 없었다.

96) Schmitt, Die geistesgeschichtliche Lage des heutigen Parlamentarisnus, 2. Aufl., München 1926, S. 80[김효전 옮김, 88쪽]. Sorel, Réflexions...(FN 94), S. 46 f. 소렐의 『폭력론』 다음 참조. "신화는 실제로는 하나의 집단의 확신과 동일하며, 운동의 표현형식에 의한 확신의 표명이며, 바로 해체 불가능한 것이다. 그로 인해 신화가 논박당하는 것은

사실 슈미트는 시종일관 도노소 코르테스와 그의 적대자 프루동, 그리고 프루동의 후계사 소렐의 유사성을 나타내고 도노소의 많은 표현이 한 점 한 획 그대로 소렐로부터 밝혀지는 것을 지적했다.[97] 소렐의 경우는 생디칼리즘과 퇴폐적인 부르주아지 사이의 투쟁이 문제였지만 도노소의 경우는 가톨릭주의와 무신론의 투쟁이 문제였다. 그러나 양쪽에 공통된 것은 결단의 전장이다.

슈미트에게 중요했던 것은 경제나 기술에 대한 정신적인 것의 지배였다. 또한 국가권력에 대한 투쟁이 아니라 국가권력을 구축하는 것이었다. 즉 그는 소렐을 반대로 해버린 것이다.[98] 그는 또 국민적 신화가 사회적 신화보다 더욱 강력하다는 것이 실증된 것을 알고 있었다. 그리하여 그와 같이(als-ob)의 대담한 행위[99] 중에서 해결이나 구제책을 강구하지 않

아닐 것이다."[이용재 옮김, 역서, 67쪽].

97) Schmitt (FN 96), S. 82.

98) Jozef van Bellingen, Georges Sorel en Carl Schmitt, in : M. Weyembergh (Hrsg.), Georges Sorel (1847-1922) : Tijdschrift voor de Studie van de Verlichting en van het Vrije Denken Nr. 2, 1986/87, S. 195-217을 참조. 반 벨링겐은 소렐이 자율적 생산자의 조직에 대한 그의 이념에 의해서 정치를 '폐기'하려는 사람들에게 속하고 있으므로 슈미트의 동의를 얻는 것은 불가능하였다고 지적한다. 소렐 역시 슈미트가 정신적 · 정치적으로 지배하는 것이 중요하다고 생각한 기술의 중립적인 토대를 믿었다. "슈미트의 출발점은 가톨릭주의지만 그의 도달점은 기술이다"(S. 214) 소렐과 슈미트의 대립은 반 벨링겐이 그의 감명 깊은 연구 중에서 설명하는 것보다도 더욱 극적일 것이다. 소렐에서는 산업적 생산의 규율을 요구하는 실질적인 세계가 그가 칭찬하는 유일한 인간의 '토대'이다. 그것과 현저한 대조를 이루는 것은 추상적인 신화이다. René König, Mythos und Technik bei Georges Sorel : Schweizer Monatshefte 1939/40, S. 18-27.

99) 헤르만 헬러는 "진정한 신화는 무제한한 현실의 상징이다. 소렐, 파레토, 무솔리니의 신화는 항상 '이러한' 특질'을 가지고 있음에 불과하다"고 비난한다(Heller, Europa und der Fascismus, Berlin 1929, S. 46)[김효전 옮김, 「유럽과 파시즘」, 『동아법학』 제43호, 2009]. 특히 헬러는 이 저작에서 슈미트도 비판하는데(특히 S. 30), 이러한 것은 파이힌거의 영향력을 시사할 것이다. 그러나 파이힌거에서는 픽션 그리고 신화적 픽션도 '자기목적이 아니라 보다 고도의 목적을 위한 수단'이다. 신화는 '의제적인 창작이며 비유이다. 사정을 알고 있는 사람들은 완전히 의식하고, 그것들을 종종 정립하고, 거기로부터 가설이나 도그마를 만들어낸다' (Vaihinger, Die Philosophie des Als Ob, 2. Aufl., Berlin 1913, S. 131, 224). 또 Schmitt, Juristische Fiktionen (Rez.) : DJZ 12 (1913), Sp.

으면 안 되었다. 이탈리아의 파시즘은 그것을 이미 발견하고 있었다. 따라서 1950년에 슈미트가 결국 정치신학에서는 어느 정도 달랐던 것, 즉 "작은 집단에 의해서 지도되는 대중의 원망 이미지의 신화화가 문제가 된다"고 말한 것은 놀랄 일이 아니다.[100] 적어도 1923년에 있어서 그것은 꼭 들어맞았다.

슈미트에 의해서 정치신학은 사물을 해명하는 예증으로서, 신화는 활력을 부여하는 강장제로서 도입되었다. 정치신학이 언제나 새롭게 시작하고 항상 동일하였던 (토크비유) 프랑스 혁명을, 따라서 아무런 안전성도 만들어낼 수 없었던 원리를 염두에 두었던 것에 대해서, 소렐에 대한 지적은 1870~1871년 후의 프랑스—그것이 품은 환상은 많은 점에서 1918년 이후의 독일을 선취하고 있었다—를 상정하고 있었다. 소렐의 경우는 선언된 목적을 받들고, 적극적으로 마지막 전투를 기대했던 것은 뭐라 해도 생디칼리슴의 엘리트들이었다.

> … 제도나 도덕은 완전한 붕괴하에서, 힘세고 새롭고 그리고 완전 무결한 무엇인가가 남아 있다. 적절하게 말하면, 그것이야말로 혁명적 프롤레타리아트의 혼을 구성하는 것이다.[101]

804-806. 즉 "픽션은 술책이며, 인류가 모든 학문에서 잘못된 반정으로부터 올바른 목표에 도달하기까지 천 번을 걷는 길이다. …" 신화의 적대자에 대한 모든 올바른 신화를 증거로서 가지고 나오는 사람은 항상 '이성'을 변호하는 사람이다.

100) Schmitt (FN 16), S. 10. 그 전의 문장에서 슈미트는 삼위일체의 도그마에서 본다면, 정치신학은 불가능하다는 페터존의 테제를 받아들이고, 그 위에 "나는 그대로 이것을 믿는다"고까지 선언한다. 그러나 Politische Theologie Ⅱ, Berlin 1970 [김효전 역, 「정치신학 Ⅱ」, 『동아법학』 제16호, 1993]에서는 S. 93. FN 11에서도 이 점에 언급하지 않는다. 그렇다면 이것은 정치신학은 불가능하다는 페터존의 테제를 무효로 선언하는 것은 아닐까?

101) Sorel, Réflexions … (FN 94), S. 388.

그러나 슈미트의 경우는 '침묵과 어둠 속에서'[102] 성장해온 저 **원리로 복귀**(ritornar al principio)의 주체는 누구였는가? 또한 그 주체는 무엇을 바랐던가?

소렐의 역사형이학상의 목적과 내용이 매우 내용이 부족하고 애매했더라도,[103] 슈미트에 의한 소렐 사상의 재구성은 그것보다 더 애매했다. 비록 라인 지방의 점령 후에 그의 목적이 선언되었더라도 말이다. 우리들은 슈미트가 소렐의 신화이론을 채택한 것 중에 슈미트의 동지와 적의 규준의 원형을 발견한다. 그러나 뢰비트나 그에 이은 사람들이 슈미트에게 던지는 비판, 즉 슈미트의 사상은 내용적으로 공허하고 자의적이라는 비판은 지나치다. 슈미트의 결단주의는 항상 '통일'과 결부되고 있었다. 즉 교회나 국가나 국민의 통일이다. 만일 슈미트가 누가 적인가를 명언한다면 그것은 보편타당성을 요구하는 이론의 성격을 파괴하고 순수한 내전의 표어가 되었을 것이다.[104] 그 위에 예감되는 통일의 지평선 위에는 또한 많은 변화하는 적이 움직이고 있었다. 그리고 그는 형태가 완전한 인간은 아니었다. 그는 민족지상주의도 아니라면 반서구주의도 아니고, 혹은 이교도적이지도 않지만 성직자적이지도 않았다. 모든 진영에서의 에피고넨은 슈미트를 일정한 이데올로기의 형태로 묘사함으로써 웃음거리로 만든 것이다. 더구나 그는 위기의 시대에서 모든 결단주의적인 사상가와 마찬

102) Schmitt, Die europäische Kultur in Zwischenstadien der Neutralisierung : Europäische Revue, Nov. 1929, S. 529.

103) René König, Kritik der historisch-existenzialistischen Soziologie (1938), München 1975, ö. 참조.

104) 슈미트에 대한 나치의 비판과 민주적인 연방공화국의 비판은 유사하다. 그들은 정치적인 것의 구체적인 본질규정이 아닌 것을 발견하고, 슈미트가 우호성, 협조 그리고 합의—그것이 민족 공동체 중에든, 독일적인 토양에서 생겨난 자유주의적인 질서 중에서든—을 인정하지 않았던 것으로 그를 비난한다. 적극적인 내용이 결여되어 있다! 당시의 퀼로이터나 훤의 슈미트에 대한 공격과, 오늘날의 크로코프, 슈테른베르거 그리고 존트하이머의 비판을 비교해 보는 것이 좋다. 훤의 비판과 피알라스(=뢰비트)의 비판의 유사성을 숨기지 않고 신랄하게 쓴 것이 Hans Peter Ipsen, Politik und Justiz. Das Problem der justizlosen Hoheitsakte, Hamburg 1937, S. 235에 있다.

가지로 심미주의자였다.[105] 그리고 이에 더하여 그 자신이 거의 결단을 내릴 수 없는 인간이었다. 슈미트는 "결단을 내리지 못하는 나 같은 인간만이 결단의 이론을 전개할 수 있다!"고 서술한다.

그러나 그중에서도 특히 이처럼 허공을 향하여 이야기를 시작하는 것이 큰일이었다. 합리주의는 파탄하고 특정한 내용을 명확하게 설명하는 것은 모든 합리주의의 부산물인 토론의 두려운 손에 빠졌을 것이다. 그러므로 바로 슈미트의 불명확함이 '정신적으로 단호한 태도의 형성'에 도움이 되었다.[106] 실제로 형이상학적 · 도덕적 · 정치의 위기의 시대에서 이 단호한 태도는 유일 가능한 구제책이다. 그 **일어날 수 있는 귀결**을 두려워하고 이 구제책을 받아들이지 않는 사람은 그것을 부인하는 것보다 확실한 결과의 희생자가 된다. **보다 확실한** 결과는 독일의 굴복이라는 더욱 광범한 결과였을 것이다. 따라서 결단주의의 비판자들은 꿈을 꾼 것보다도 더 뒤얽힌 방법으로 결단주의에 대한 무관심의 계기를 존중하게 되었다.

결단주의에 대한 비판은 결단주의의 핵심을 목적으로 하지만 그것은 항상 핵심을 파악하지 못하고 있다. 왜냐하면 이 비판은 결단은 결단이며, 합리적이지 않은 비약이며 위험하다는 것을 유쾌하지 않게 확인하는 것으로 시종일관하기 때문이다. 그것으로는 아무것도 논박하지 못하며, 따라서 단지 진부하게 말해질 뿐이다. 그리고 결단주의란 관념의 불확정성을 비판하려고 해도 그것은 이 관념의 실효성이 바로 그 불확정성에 근거

---

105) 슈미트는 즐겨 비판한 "정치의 심미화"(W. 벤야민)란 의미에서가 아니라 카오스에 대한 형식(Form)의 투쟁이라는 요청이 많은 의미에서 심미주의자였다. 이때 문제점은 카오스가 형식에 대한 소재를 제공한다는 점에 있다. 내가 아는 한, 이 테마는 아직 모노그라피로서 취급되지 않았다. 예컨대 René König, Machiavelli, München 1979 (zuerst 1941), passim; Dalmacio Negro Pavón, Thomas Hobbes. De la razón estética a la razón politica : Revista de Estudıos Politicos Nr. 212/217, 11-57; Arsène Soreil, Étude litteraire sur le Vicomte de Bonald, Bruxelles 1942, S. 16 ff.; Helmut Berding, Rationalismus und Mythos. Geschichtsauffassung und politische Theorie bei Georges Sorel, München 1969, bes. S. 73 ff. 참조.

106) A. E. Günther, FN 20, S. 12.

하고 있다는 사태를 바꾸는 것은 아니다. 바로 불확실성이 효율을 가져올 수 있으며 그 기술적 수단을 만들어낼 수 있는 것이다.

정치적 표현주의

—카를 슈미트의 정치적인 것의 개념의

문화비판적 및 형이상학적 연원

엘렌 케네디

인류여, 세계의 괴로움을 이해하라.

모든 존재를 위협하는 것을 보라.

죽음은 원초의 명령이다!

—테오도르 도이블러, 『북극광』에서

1910년부터 이후 10년 동안에 독일 표현주의는 그 정점을 맞이하였다. 후세의 해설과는 반대로 표현주의는 새로운 경향을 받드는 예술가나 지지자들로부터 하나의 운동으로 이해되었다. 표현주의는 '정신의 요구'이며 그들의 새로운 에토스와 새로운 생활감정을 상징하는 윤리적이고 신학적인 운동이었다. 표현주의자들에게 표현주의는 단순한 유행을 넘어서는 것이고, 요컨대 정신적 '신생'(하르트라우프[Hartlaub], 1920년)이었다.[1)]

이러한 견해에서 볼 때 양식은 단순한 장식이 아니라 현실의 필연적인 결과이며, 카를 슈미트의 '급진적인 개념성'이 파악하려고 한 "정신적인, 그러나 실체 있는 독자성"의 필연적인 결과였다. 이른바 '양식'의 거부는 당시의 이 세대가—도덕률에서 건축술까지—제2제정 시대에 부르주아적이며 쾌적하다고 여긴 모든 사물에 취한 거부의 태도와 함께 진행되었다.[2)]

---

1) Wolfgang Rothe, Der Expressionismus. Theologische, soziologische und anthropologische Aspekte einer Literatur, Frankfurt 1977, S. 10.

2) 그 전형적인 분위기는 이렇다. "고요한 것은 운명이다…모든 범용한 사람들이 교황직

바이마르 공화국의 초기에 시작된 실증주의 논쟁도 물질주의와 부르주아성에 대한 반란이라는 이 분위기를 공유했지만, 이 양자의 연결을 분명히 지적한 것은 카를 슈미트의 논문뿐이다. 슈미트는 결코 좁은 의미의 법학자는 아니었다. 그의 위대한 동시대 사람들 중에서 유일하게, 그는 시대의 문학과 예술 운동에 관심을 가지고 있었다. 아니, 그것만이 아니다. 카를 슈미트는 법학을 우리들의 세기의, 보다 넓은 정신 운동의 일부로서 파악한 유일한 사람이었다. 그는 폴커 노이만이 아주 적절히 지적했듯이, 법과 정치의 경계선상을 가는 사람이었다.[3] 그러나 또한 이 양자와 그 이후 시대의 철학과 예술의 경계선 위를 가는 사람이기도 했다. 그것이 그의 저작에 독특한 철저성을 부여하고 있다. 카를 슈미트는 근대국가의 문제점을 구체적인 문제로 파악하는데 그때에 헤겔처럼, 또 한편으로는 하이데거처럼, 현실을 시대의 정신적 질서로서 파악하려고 하였다. 그의 청년시대 저작을 보면, 일찍부터 문학과 예술에 대한 관심이 나타나 있다.[4] 1910년부터 1920년까지 그는 『법률과 판결』, 『국가

에 있는 결말은 이렇다. 우리들의 밝고 위대한 독일은 건국 시대를 통하여 30년 전쟁시대보다 더 괴로워해온…사람은 더욱더 깊게 침체되어가고, 벽돌로 쌓아 만든 고딕식의 제국우체국에까지…결국 이렇게 그대로 계속 가는 것이다. 독일에 무엇인가 장엄한 것이 존재한 곳에서, 사람은 작은 일에 신경 쓰며, 기름 치고 손질해 온, 아무것도 더 이상 남지 않게 될 때까지 말이다. 물질주의의 손끝은 우리들의 신비가의 돌에 새긴 계시를 강간해왔다." Theodor Däubler, Simultanität: Der neue Standpunkt, 2. Aufl., Leipzig 1919, S. 9-32. 도이블러의 에세이는 새로운 예술의 최초의 표현이라고도 할 수 있을 것이다. 이 인용문은 31쪽과 9-15쪽에 있다. Carl Schmitt, Politische Theologie, 4. Aufl., Berlin 1985, S. 59 [김효전 역, 『정치신학』, 49쪽]. 슈미트의 저작 전체에서 차지하는' 급진적 개념성'의 의의에 대해서는 Hasso Hofmann, Legalität gegen Legitimität. Der Weg der politischen Philosophie Carl Schmitts, Neuwied 1964, S. 10-13을 참조. 또한 Jacob Taubes (Hrsg.), Der Fürst dieser Welt. Carl Schmitt und die Folgen, 2. Aufl., München 1983도 참조.

3) Volker Neumann, Carl Schmitt-Grenzgänger zwischen Recht und Politik, in: Deutschland. Portrait einer Nation, Bd. 5, Gütersloh 1985, S. 304-306.

4) 슈미트의 '잃어버린' 작품 중 하나인 소설 「Der Schnekke」를 그는 1911년에 아이슬러, 클룩젠, 로젠바움 등과 공동으로 집필했다. 여동생 아우구스테 앞으로 보낸 편지 속에,

의 가치와 개인의 의미』 그리고 「독재와 계엄상태」에 관한 작은 논문 이외에도 「라인란트」 약사, 패러디 『그림자』, 「부리분켄」과 바이힝거의 '닮음의 철학'에 비추어 본 바그너의 「마이스터징거」 해석 같은 것을 저술했지만, 아마 그 밖에도 많은 비교적 짧은 문학작품과 풍자적 작품을 썼을 것이다. 1910년에서 1920년에 걸쳐 슈미트는 키르케고르와 니체, 카를 마르크스와 노자를 읽었지만, 그중에서 읽은 것이 테오도르 도이블러의 『북극광(Nordlicht)』이었다. 도이블러는 뛰어난 정신의 소유자로, 그가 미친 작용과 영향 덕분에 슈미트는 시대의 문화가 가지는 문제들을 알아가게 되었던 것이다. 도이블러에 관한 저서와 낭만주의에 대한 저작이 슈미트의 자유주의 비판의 철학적 전제가 되고 있다. 1922년의 『정치신학』에서 슈미트가 한스 켈젠의 법적 형식주의를 거부한 것은, "인식은 사물의 핵심에까지 돌진하지 않으면 안 된다"라는 표현주의자들의 확신을 재차 반복한 것이다. 국가는 결코 자신의 규칙에 의해서 이해되어서는 안 되며, 그 규칙의 예외를 방법적으로 검토함으로써만 이해할 수 있는 것이다. 예외에서 국가는 그 생명을 있는 그대로 드러내는 것이다.

I

시대 비판이란 형식과 실체의 관계를 규정하려는 시도이며, 그것이 바로 카를 슈미트가 현대 국법학을 연구함에 있어서 염두에 두었던 중심 문

슈미트는 「Der Schnekke」 한 구절을 인용하고 있다. "최근 슈넥케는 그에게 생활비를 요구해온 아내에게 다음과 같은 편지를 썼다. "사랑하는 마리아, 죽음에 대한 두려움의 생각은 일단 접어두고, 굶어 죽는다는 것은 그렇게 빨리 일어나지는 않는 것이라고 거리낌 없이 말할 수 있다. 오늘날 생활비를 버는 것은 그렇게 간단하지 않다. 너에게 먹을 것이 아무것도 없으면, 독일의 정치가들에게 마음으로부터 책임을 느끼게 해주어라. 오늘날 그들이 국민 의식이나 시민 의식을 가진 중산 계급 남자의 아내를, 누구 하나라도 굶게 하는 것은 용서되지 않는다. 당신은 틀림없이 그런 남자의 아내라고 생각하고 있으니까. 삼가 올림. 에곤 마리아 슈넥케." Carl Schmitt an Auguste Schmitt, Düsseldorf, 28. November 1911, Private Papiere der Familie Schmitt, Plettenberg.

제이다. 거기서 슈미트는, 세계사가 거기에 따라 법형식과 정치적 현실의 연관을 만들어내는 헤겔의 단서에 의거하였다. 어떤 특정한 학문의 콘셉트라는 것은 구체적인 사건을 통해서만 정신의 철학적 인식의 일부가 될 수 있다. 문화와 시대 비판을 외부로부터 보거나 또는 슈미트의 주요 관심사에서 볼 때 제2차적인 것이라고 결정해버리면, 사건의 구체적 지식으로서의 정치학에 대한 그의 관념은 알 수 없게 된다. 그는 이렇게 말한다. "비평이란 무엇이 시대의 본질적인 것이며, 무엇이 시대를 특징짓는가를 정의 내리는 것이다"[5]라고.

두 사람의 현대 비평가가 소개되고 있다.

1. 발터 라테나우. 그의 『시대 비판을 위하여』(1912년)에 의하면, 대도시야말로 현대의 중심에 있다.[6] 대도시 생활의 획일성 속에 문화의 쇠퇴가 분명히 나타나 있다. 형식의 기계화는 극에 달했다. 『신문 독일어』에 들어간 언어의 퇴폐 속에서, 커뮤니케이션이나 운송 조직 속에서 일어나는 정신 현상이 나타나고 있다. 라테나우에게 숨을 죽이는 것 같은 도시와 그 독특한 도시 문화의 발전에 의한 독일인 생활의 변화야말로 시대인 것이며—독일은 모든 서구의 나라들과 그 운명을 분담한 것이다.

> 백인 세계의 모든 대도시에서는 그 구조와 메커니즘은 공통된다. 대도시는 거미집으로 둘러쳐진 철도망 한가운데에 위치하며, 돌로 된 도로망으로 전국을 뒤덮고 있다. 굉음을 발하는 교통수단의, 눈에 보이거나 보이지 않으며 빠짐없이 짜여진 그물코 같은 협곡을 뚫고, 하루에 두 번, 손발에서 심장까지 인간을 펌프질하는 것이다. 제2, 제3, 제4망이 습도와 온도를 조절하며, 힘을 분배하고, 전기의 신경 시스템이 정신의 진동을 운반한다.[7]

---

5) Carl Schmitt, Kritik der Zeit: Die Rheinlande (22) 1912, S. 323-324.

6) Walter Rathenau, Zur Kritik der Zeit, Berlin 1912.

7) Ebd., S. 15.

라테나우가 볼 때, 새로운 세계가 생겨난 원인은 인구의 이례적인 증가에 있었다. 현대는 대중과 대도시의 시대이다. 현대의 물질적 형태는 모두 이 인구의 증가라는 현상의 정신적 표현이다. 슈미트는 현대가 기술의 시대이며, 또한 실제적 재능이 있는 인간의 시대라는 라테나우의 설에 동의하지만, 다른 한편 라테나우의 정식은 '네거티브'라고 비판하였다. 왜냐하면 라테나우는 동시대인의 생활의 우연성 쪽을 향하여—즉 그 정신의 방향에 대해서가 아니라 외면성의 방향으로 나아가고 있었기 때문이라는 것이다. 슈미트는 잡지 『라인란트』에서 라테나우의 저작을 비평하며, 우리들의 시대에 있는 것은 단지 목적과 목표뿐이며 혼은 아니라고 말한다. "영혼이 없다는 것이, 결국 기계화 시대의 본질적인 것이다." 라테나우의 시대 비평이 가지는 고도의 엘레강스에도 불구하고 그 비평은 어디까지나 비평의 대상에 의해서 좌우된다. 거기서 슈미트는, "라테나우의 『시대 비판을 위하여』는 비평이라기보다는 푸념처럼 들린다"[8]고 썼다.

2. 1912년 즉, 라테나우의 『시대 비판을 위하여』를 비평한 때와 같은 해에 슈미트는 테오도르 도이블러의 표현주의 시에서 시대에 대한 진정한 비판을 발견하였다. 슈미트는 도이블러를 "시대의 도덕적인 의의를 예감하고 동시에 자신을 시대의 아들로서 인식한다"[9]라고 보고 한 사람의 인간으로서 묘사하기 시작한다. 도이블러의 발견은 대전 전 슈미트를 지배하였다. 도이블러의 시뿐만 아니라 인물 그 자체가 슈미트를 매료하였다. 1912년, 아우구스테 슈미트에게 보낸 편지 속에서 그는 도이블러에 대해서 묘사하며, 동시에 그들의 그룹에 대해서 다음과 같이 언급한다.

가까운 시일에 아이슬러와 도이블러의 방문을 받을 것이다. 후자에 대해

8) Carl Schmitt, Kritik der Zeit (FN 5), S. 324.

9) Carl Schmitt, Theodor Däublers "Nordlicht". Drei Studien über die Elemente, den Geist und die Aktualität des Werkes, München 1916, S. 68.

나는 특히 관심을 가지고 있다. 그는 2미터에 가까운 큰 남자로 뚱뚱하며 길고 검은 수염에, 이야기할 때는 강력한 몸짓을 한다. 게다가 그는 상발로 옷차림은 허술해서 우리들은 뒤셀도르프에서 첫인상을 나쁘게 보았다. 그가 클룩센과 있었을 때인데, 무의미한 것에 대해 묻자 클룩센은, 이것은 키에프의 총주교라고 대답했다고 한다.[10]

도이블러의 용모는 동시대의 사람에게 놀랄 만한 작용을 미쳤다. 그 결과, 그는 표현주의자들이 선호하는 초상화의 모델이 되었다. 오토 딕스는 1927년에 2회, 게오르그 그로스는 1918년 이후 여섯 번이나 그를 그렸다. 한나 호흐 도이블러는 자신의 다다이즘 콜라주(Dada-Collage) 가운데 "부

10) Carl Schmitt an Auguste Schmitt, Düsseldorf, 19. Januar 1912, Private Papiere der Familie Schmitt, Plettenberg. 이것은 도이블러가 슈미트를 방문한 최초의 증거이며, 1912년 여름의 라인란트, 알자스 방랑을 기록한 켐프와 패플린이 『Däubler/Marbacher Magazin』에서 적고 있는 도이블러의 최초의 방문 3개월 전의 일이다. 여동생에게 보낸 슈미트의 편지는 여름(6월부터 7월과 8월)과 1912년 12월의 규칙적인 방문, 그리고 1913년 6월의 1회 도이블러 방문을 증명하고 있다. 1915년 10월부터 12월까지 도이블러는 뮌헨에 있었지만, 슈미트는 그때 그곳의 참모본부 중앙부서에서 근무하였다. 그해 가을, 도이블러는 슈미트를 슈바빙의 보헤미안 그룹에 소개했음에 틀림없다. 전시 중 그들의 편지 왕래는 줄어들었다. 뒤셀도르프에 있는 슈미트의 유품 안에는 슈미트 앞으로 보낸 도이블러의 편지가 많이 들어 있는데, 그것들은 모두 도이블러가 그리스에 체재하던 20년대에 보낸 것이다. 슈미트가 도이블러 앞으로 보낸 편지는 거의 보존되어 있지 않다. 유품 안에는 도이블러에게 보낸 슈미트의 편지에 대하여 속기로 기록된 메모가 있는 작고 푸른 일기장이 포함되어 있을 뿐이다(1914년 12월 19일, 1915년 10월 14일-17일, 1923년 2월 23일과 1925년). 마르바흐의 도이블러 콜렉션에 슈미트의 편지는 한 통도 없다. 작센의 주립 도서관(드레스덴)에는 약간의 도이블러 관련 자료가 있지만 그중에는 도이블러가 가지고 있던 슈미트의 저서를 타이핑한 원고 여러 페이지와 당시의 관장 앞으로 보낸 슈미트의 편지가 한 통 포함되어 있다. 그 즈음에, 슈미트는 도이블러의 추도식에 참석해달라는 초대를 거절하고 있다. Schmitt-Bollert, 29. August 1934, Sächsische Landesbibliothek B Ⅲ-28/i. 이 거절은 SS · 게슈타포의 반 슈미트 캠페인 개시와 그 시기를 같이한다. 이 캠페인 중에서 그와 도이블러의 친교는 나치 정신에 대한 슈미트의 초기의 잘못이라고 지적하고 있었다. Bendersky, Carl Schmitt. Theorist for the Reich, Princeton (N.J.) U. P., 1983, Kap. 11, "Purge of an Ideological Deviant", S. 219 ff. 참조.

억칼 다다이즘으로 최근 독일의 바이마르 맥주통 문화 시대를 잘라낸 것" 이라고 쓴 작품 속에서, 도이블러의 머리를 기괴하게 축소하여 아이의 몸통 위에 싣고 있다. 엘제 라스커 쉴러는 도이블러를 스케치했고, 에른스트 바를라흐는 12개의 습작을 만들었지만, 가장 유명한 것은 아마 「휴식 중인 도이블러」(1929년)일 것이다. 빌헬름 렘브루크는 1916년에 그를 모델로 하여 연필로 스케치한 작은 작품을 만들었다.[11] 헤르바르트 발덴이나 베를린의 '슈트룸'을 중심으로 한 예술가 그룹 안에서는 도이블러를 보는 것이 익숙한 광경이 되어, 마을의 예술가 카페나 레스토랑에서 그는 단골손님이 되었다. 로타르 슈라이어에 의한 도이블러의 회상은, 그 사람과 그가 풍기는 다양한 감정을 말하는 전형적인 것이다.

> 슈트룸 그룹의 우리들—과 다른 많은 사람들 역시—은 시인 테오도르 도이블러를 아주 좋아했다. 커다란 몸집과 당당한 수염을 가진 그의 유별난 모습은 비록 어디에 보이려고 한 것은 아니지만 항상 사람을 사로잡았다. 그의 모습은 마치 자연이 이 정신 생활에 요동치는 불을 꺼보려고 시도하지만 아직 성공하지 않았기 때문이 아닌가 싶다.[12]

---

11) F. Kemp/F. Pfäfflin (Hrsg.), Theodor Däubler, 1876-1934: Marbacher Magazin 30/1984, 특히 S. 84 ff. "Theodor Däubler und die moderne Kunst"와 S. 110, "Porträts von Theodor Däubler." 그리스 지중해식의 배경 앞에 있는 도이블러를 그린 오토 딕스의 장엄하고도 신비주의적인 유화(1928년)와 에버하르트 피그너가 그린 초현실주의 수법의 도이블러 초상화가 표지를 장식하고 있다.

12) Lothar Schreyer Erinnerungen an Sturm und Bauhaus, München 1966, S. 25. 도이블러에 대한 게오르그 그로스의 추억은 아주 생생하다. "나에게는 지금도 그가 배를 하늘로 내밀고, 분노에 불탄 눈으로, 양손에 하나씩 커다란 생감자를 움켜쥐고, 그의 형제가 저녁밥을 준비하다가 부엌에서 뛰쳐나오는 모습이 보인다. 화를 내며 방안을 왔다 갔다 하면서, 그는 설치동물처럼 이빨로 감자의 껍질을 벗겼다. 그리고 그 감자의 껍질을 닥치는 대로, 어떤 경우든 상관하지 않고 토해내었나—빈 화병 속에, 난로 안에, 책상에. 여기저기 그는 걸어 다닌다. 마치 노아의 홍수 이전의 [태고의] 괴물처럼 이빨을 드러내고, 하하 숨차게 하고, 입술을 새처럼 쪽쪽거리고, 큰 소리로 외치면서, 여기저기 돌아다닌다." 그로스는 그와 그의 아내가 초대한 저녁식사 때의 도이블러 묘사를 계속한다. "아내는 당연히 큰 접시에 푸짐하게 특별 스파게티를 준비했다. 그리고……그 큰 접시

도이블러는 끊임없는 운동 속에서 살았다. 그는 당시 오스트리아·헝가리 제국의 일부였던 트리에스테에서 태어났다. 그의 가족(아버지는 슈바벤에서 태어났다)은 1896년부터 1898년에 걸쳐 빈에 살았다. 거기서 그는 구스타프 말러의 지휘로 바그너의 〈지그프리트〉를 듣고 베토벤의 제9번 교향곡을 들었다. 음악은 결정적이었다. "빈은 나에게 무엇인가 지금까지 들은 적이 없는 것을 계시해주었다. 그것은 음악이다. ……독일어는 또한 번 나의 모국어가 되었다"[13]라고 그는 적고 있다. 유년 시대 이래, 그는 독특한 빛과 어둠에 대한 신화에 홀려 부모님한테 자신을 나폴리에 보내달라고 졸랐고 결국 거기로 갔다. 거기, 즉 "베수비오스의 발 밑에서" 그는 『북극광』을 쓰기 시작했다. 거기에 계속하여 10년간, 그는 이탈리아에서 프랑스로, 그리고 또 이탈리아와 유럽을 돌아다녔다. 파리에서는 피카소와 제임스 조이스를 만나 루브르를 방문하고—"우리들의 세계 미술관인 루브르는……나의 대학이 되었다"—그리고 아마 1910년에 폴 세잔의 회고전을 보았을 것이다. 도이블러의 『북극광』 출판을 준비한 묄러 반 덴 브룩과의 우정도 이 시대로 거슬러 올라간다. 1910년에 베를린에 가기 전에, 도이블러는 피렌체의 미래파 예술가들과 함께 활동하고 있었다. 그리고 미래파의 예술을 발덴의 '갈레리 슈트룸'에서 베를린으로 옮겼다.[14]

슈미트는 도이블러가 모든 것에 관심을 가진 사나이였다고 회상한다.—그는 스트라우스의 음악, 트라클의 시, 그리고 무엇보다도 표현주의의 회화에 관심을 가지고 있었다.[15] '가교(Die Brücke)'는 1912년 드레스덴

를 도이블러에게 내밀면……·그것을 다음 사람에게 돌리지 않고, 겨드랑이에 끼고는, 도대체 어떤 일이 일어나려 하는지 우리가 거의 상상할 수 없는, 일종의 묵시록적인 배고픔으로 그 접시를 완전히 비워버렸다. 그 모습은 마치 용암의 역분출 같았다……." 게오르그 그로스의 자전, Georg Grosz, A small yes and a big no, London 1955(A.J. Pomerans의 독역이 있다), S. 83.

13) Däubler/Marbacher Magazin (FN 11), S. 13.

14) Ebd., S. 14-20.

15) Schmitt, Ex Captivitate Salus. Erfahrungen der Zeit 1945/47, Köln 1950, S. 45 f. [김효전 역, 『구원은 옥중에서』, 교육과학사, 1990, 126쪽 이하].

에서 베를린에 왔다. 그리고 슈미트가 도이블러를 만났을 무렵, 현대 예술은 바로 독일 예술가들의 확고한 신념 속에 퍼져나가고 있었다. 그러나 그것은 아직도 대부분은 아웃사이더의 취향에 지나지 않았다. 1912년 여름, 슈미트는 쾰른에서 개최된 존더분트 전시회를 관람했다. 도이블러는 당시 뒤셀도르프에 살고 있었는데, 거기서부터 그들은 프리츠 아이슬러와, 알베르트 콜만과 함께 라인란트를 지나 알사스까지 여행하였다. 슈미트의 스트라스부르크 대학 동창생이며 친구이기도 한 쿠르트 클룩센은 뮌스터의 백화점 주인 아들이었고, 쾰른의 전람회에서 15,000 라이히 마르크의 그림을 매입했다. 그중에는 피카소의 작품 한 점도 있었다. 그 그림을 슈미트가 여동생의 아우구스테 앞으로 보내며 쓰기를, "아주 모던한" 것이었다.[16)]

1912년과 1913년의 슈미트의 편지에는 도이블러의 방문, 아이슬러나 클룩센과 슈미트와의 계획들, 뒤셀도르프와 뮌헨-글라트바흐에서 하는 사법관 시보로서의 일—이 일에 종사하는 것에 대해 그는 다음의 인용문처럼 묘사하고 있다—이나 금전적 걱정 등이 적혀 있다. 1912년에 슈미트는 스트라스부르크 대학의 사강사 자리가 제공되었지만, 사법관 시보로서의 봉급이 비참한 정도였음에도 불구하고 그 제의를 거절하여 아이슬러를 매우 화나게 만들었다.

> 법률 고문관(람베르츠)은 매우 인색한 사람이다. 그는 안경을 쓸 때 안경알이 상하지 않도록 낡은 안경 윗쪽으로 본다. — 크리스마스에는 나의 일에 대해 따뜻하게 악수하는 것이 바로 보수이다. ……나는 요하네스 슈미트 일족 전체의 어려움에 대해 생각한다. 그러나 언젠가 좀 더 좋은 때가 오리라는 희망을 접지는 않는다. 그 이유는 우리 모두 아직 젊으니까, 머지않아 어떤 사람이 무엇이든 될 수 있을 것이기 때문이다. 나는 유명한 변호인이,

16) Carl Schmitt an Auguste Schmitt, 22. August 1912, Private Papiere der Familie Schmitt, Plettenberg.

그리고 우리 동생은 유명한 의사가 될 것이다.[17)]

그러나 이 모든 것을 보충해준 것은 슈미트의 우정과 연구—그는 1913년 1월에 아우구스테 앞으로 보낸 편지에서 "나는 법철학적인 저작만을 위해서 일한다"라고 적고 있다—와 음악과 시에 대한 열정들이었다. 도이블러의 매력도 그 일부를 이루고 있었다. 1912년 8월에 도이블러가 슈미트와 함께 살고 있었을 무렵 슈미트는 여동생에게 다음과 같이 적고 있다.

도이블러는 6주간 나에게 와 있지만……그는 현대에서 가장 위대한 시인이다.…… 아이슬러와 나는 그에 대해 쓸 생각이다. [우리는] 머지않아 매우 기지가 풍부한 책을 마무리할 것이다. 이 책을 읽으면 너는 몇 시간이나 마음껏 웃을 거라고 생각한다.[18)]

슈미트에게 도이블러는 시인 이상이었다. 도이블러는 그의 저서 『현대 예술을 위한 투쟁 속에서』(1919년)에 의해서, 전통적인 '문예 작품'에 반대하는 '정신 예술'의 변호인이 되었다. 그는 뵈클린과 클링거에 반대하여 슈미트 · 로트루프, 페히슈타인, 키르히너, 헥켈, 놀데 등의 작품에 가세했다. 왜냐하면 후자의 사람들은 모데르네가 무엇인지를 이해하고 있었기 때문이다.[19)] 그러나 그가 특히 감탄한 것은 칸딘스키였다. 칸딘스키의 작품에는 '가장 급진적인 의미에서의 절대 색채'라는 것이 있다고 그는 평가

17) Carl Schmitt an Auguste Schmitt, 14. Januar 1914, Private Papiere der Familie Schmitt, Plettenberg.

18) Carl Schmitt an Auguste Schmitt, 19. August 1912, Private Papiere der Familie Schmitt, Plettenberg.

19) Theodor Däubler, Im Kampf um die moderne Kunst, Berlin 1919, S. 46-47. 도이블러의 상찬(S. 47 ff.) 게오르그 그로스는 하룻밤 사이에 독일의 예술가 그룹 일원으로 유명해졌다. Grosz, Autobiography(FN 12), S. 82 참조.

하고 있었다. 현대 예술이 색채에 의해서 이루어진 것을 도이블러는 언어로 이룬 것이다. 슈미트는 대전 전의 베를린의 문화적 · 예술가적 분위기 속에서는 "무엇 하나 빠트릴 것이 없었다. 도이블러도 마찬가지이다"라고 말한다. 『베를린 일보(Berliner Tageblatt)』에 도이블러의 『북극광』을 논평한 요한네스 슐라프는 저자 도이블러를 "유럽의 시인"이라고 평가했고, 슈미트의 말에 따르면 도이블러는"무한하게 현대적"이며, 그의 시는 "울림과 색채의 기적적인 작품"이고, 지금까지 프랑스와 이탈리아의 예술이 창조한 모든 것을 완성으로 인도한 것이었다.[20)]

아마 슈미트는 프리츠 아이슬러나 스트라스부르크 대학의 동창생 그룹을 통하여 도이블러를 만났을 것이다. 당시의 독일에서는 그것이 보통이었듯이, 슈미트는 최초의 학위를 취득한 대학에서는 면학 기간의 한 시기만을 보냈다. 그는 베를린에서 대학생활을 시작하고 거기서 문헌학을 공부할 생각이었다. 그러나 입학 등록 시에 백부 앙드레 스와송(André Soissong)의 충고를 생각하였다. 백부는 생활비를 스스로 벌지 않으면 안 되는 청년에게 문헌학은 아무리 생각해봐도 유망한 출발이라고는 할 수 없다고 말했다. 슈미트는 법학을 배우겠다는 결심을 굳혔다. 1908년의 전반을 슈미트는 뮌헨 대학에서 보냈다. 거기에는 후고 발도 등록하고 있었지만 두 사람의 길은 서로 달랐다. 슈미트는 뮌헨시나 대학도 좋아하게 되지 않고, 같은 해 6월, 스트라스부르크로 옮겼다.[21)] 독일 법실증주의의 제1인자인 파울 라반트가 거기서 교수로 근무하고 있었지만, 스트라스부르크는 동시에 독일 철학과 법률학의 '서남학파'의 근거지이기도 하기에 슈미트의 정신적 발전에 있어 커다란 의미를 지닌다. 신칸트학파의 후예 '서남학파'는 카를 슈미트가 가장 관심을 갖고 있던 법철학의 다양한 분야, 즉 형법과 헌법학에 현저한 영향력을 가지고 있었다. 이 학파가 목표

---

20) Schmitt, Ex Captivitate Salus (FN 15), S. 46 [김효전 역, 『구원은 옥중에서』, 126쪽].

21) Carl Schmitt an Auguste Schmitt, 21. Juni 1909, Private Papiere der Familie Schmitt, Plettenberg.

로 하는 방향을 향해 제휴한 이론가들은, 목적론적으로 개념을 전개시키는 것으로 법학의 진보에 새로운 기반을 만들어내려고 노력하고 있었다. 원래 그들이 등장한 것 자체가 이미 독일법의 내부에서 반실증주의 바람이 불기 시작했다는 증거였다.[22] 스트라스부르크 대학 학장 빈델반트는 '서남학파'의 지도적 인물 가운데 한 사람이다. 하인리히 리케르트도 그랬다. 슈미트는 학위 논문 『책임과 책임의 종류』(1910년)를 스트라스부르크의 지도 교수인 프리츠 반 칼커에게 헌정하지만, 이 칼커의 초기의 영향이 헌법학부터 정치학까지 슈미트의 그 후의 발전을 위한 보다 넓은 기초를 제공한 것이다. 반 칼커는 '법정책'이라는 관념을 전개했는데, 그것에 의하면 법은 순수하게 실증주의적으로 볼 것이 아니라 자연법을 인용하지 않고도, 법은 어떻게 있어야 할 것인가 하는 관점에서 고찰하는 것이다. 자연법 대신에 칼커는 법의 원천으로서의 정치적 가치에 관심을 집중한 것이다.

그러나 대학의 은사들처럼, 알자스나 가까운 바덴 지방의 자유로운 분위기, 그곳의 와인이나 경관이, 그리고 이 지역의 문화의 풍요로움이, 슈미트를 형성하는 데 기여하지 않았을까 하는 사람도 있을 것이다. 그의 집은 루트비히스하펜 거리에 있어서, 거기에서는 산들이 바라다 보였다. 밤에는 아이슬러, 클룩센 그리고 나중에 함부르크의 상업은행의 총재가 된 로젠바움 등과 그곳의 와인 술집에서 보냈다. 로젠바움의 여동생과 슈미트는 결혼 직전까지 갔었다. 아우구스테 앞으로 보낸 슈미트의 편지는 그가 문학이나 예술에 열광하는 모습을 전하고 있다.—디킨즈, 괴테, 뷔히너, 토마스 만 등 이들은 모두 너무도 엄격했던 오빠가 여동생에게 추천한 독서 리스트에 올라있는 이름이었다—그러나 슈미트에게는 도이블러에게 그랬던 것처럼 음악이야말로 커다란 체험이었다. 2년 이상 슈미트는 낭만파의 음악과 바그너만을 들었다. 그리고 여행을 떠날 때는 항상

---

22) Franz Wieacker, Privatrechtsgeschichte der Neuzeit, Göttingen 1967, S. 586 ff.

〈트리스탄과 이졸데〉의 피아노용 총보(總譜)를 휴대하였다.[23] 슈미트는 이 오페라에 매우 열광하고 있었으므로, 아우구스테에게 보낸 편지에 제2막의 제1시절을 베껴 쓰고, 그녀가 〈마이스터징거〉를 보지 않았다고 질책했을 정도였다. 더구나 슈미트는 법철학과 예술의 관련을 여기서도 발견하였다. 1912년, 그는 파이힝거의 철학과 〈마이스터징거〉 중의 '미혹의 장면'과 법률학에 대한 중요성에 대해서 『바이로이트 블래터』지에 논문을 썼다.[24]

3. 「북극광」은 슈미트에게 하나의 계시였다. 도이블러의 업적은 바그너를 능가했다. —바그너가 음악으로 이룬 것을 도이블러는 음악 없이 언어만으로 이루었다. 슈미트는 이렇게 적는다.

도이블러에 이르러 비로소 독일어는 새로운 조성(調性)을 위한 순수한 기

---

23) Private Papiere der Familie Schmitt, Plettenberg. 아우구스테에게 보낸 슈미트의 편지에는 바그너, 브람스, 모차르트에 대한 기술로 채워져 있다. 1910년 10월 13일, 그는 아우구스테에게 편지를 보냈다. "나는 피아노를 매우 잘 치고 있다. 그리고 여기저기서 좋은 평가를 받고 있다.… 너는 또 〈마이스터징거(Meistersinger)〉에 안 간 것 아니니, 아직 안 갔다면, 어쨌든 가라!" 1910년 5월 13일 그는 이렇게 썼다. "나는 내일, 2, 3일 예정으로 자르의 자르부르크에 간다. 거기에는 아이슬러가 준 「트리스탄과 이졸데」의 피아노용 편곡 스코아를 가지고 간다." 슈미트 외가의 백부 자콥 스와송은 거기에 레스토랑이 있는 호텔("Zur Post")을 소유한, 이른바 '부자 백부'로, 슈미트가 언어학을 전공하는 것을 그만두도록 충고한 인물이었는데, 친척 중에 어려운 집 사람이나 대학에 간 사람에게는 적은 금액이지만 '장학금'을 주어 돕고 있었다. 1911년 10월 4일 자 편지에 의하면, 집안의 금전적 걱정에 대해 슈미트는 절실히 알고 있었다. 아우구스테에게 보낸 여러 편지 속에서, 그는 자신이 종종 금전적 어려움에 직면해서 검약한 어머니를 존경하고 "어머니는 한 달에 600마르크를 지출하지 않으면 안 되는데, 아버지는 300마르크밖에 벌지 못한다"라고 적고 있다. 1912년 10월 9일 그는 인간 사이의 기본적 불평등에 대해 적고 있다. 변호사는 사법연수생 슈미트가 준비를 해온 사건에 대해 변호료를 1200만 마르크 이상을 받는데, 연수생은 그 일에 대해서 운이 좋으면 월 70마르크, 그리고 그의 노동인생의 마지막에 연금을 받는다는 것이다.

24) Carl Schmitt, Richard Wagner und eine neue "Lehre vom Wahn": Bayreuther Blätter (35) 1912, S. 239-241. 또한 Carl Schmitt, Juristische Fiktionen. Über Vaihinger und die Philosophie des Als-Ob: Deutsche Juristenzeitung 18 (1913), S. 804-806도 참조.

적의 악기가 되었다. 19세기의 유럽의 인상주의, 그리고 미래파, 입체파 그리고 표현주의가 수많은 혼돈의 시도 속에서 꽃봉오리를 열어놓은 것이 독일어 속에는 뜻하지 않게 충만해 있었다.[25]

카를 슈미트의 『테오도르 도이블러의 『북극광』』(1916년)이란 모노그라피가 세상에 나왔을 때, 유럽 세계는 제1차 대전의 전장이 되어 서로 물어뜯고 있었다. 그리고 슈미트가 함께 책을 쓰기 원했던 아이슬러는 이미 약 2년 전에 세상을 떠났다. 슈미트의 『테오도르 도이블러의 『북극광』』은 지금까지 발표한 저작 중 가장 영향력이 큰 책이 되었다. 그리고 슈미트가 정치적 국법학자로 전진하는 길을 정돈한 것 역시 그가 혼자서 쓴 『시대 비판』이었다. 도이블러에 대한 이 책이 없었으면 슈미트는 『정치적 낭만주의』도 『독재』도 『정치신학』도 집필하기 어려웠을 것이다.

슈미트는 도이블러에게서 라테나우의 『시대 비판을 위하여』에서 결여된 것, 즉 '정신'의 이념을 발견하였다. 슈미트는 『북극광』에 관한 논평 속에서 『북극광』은 셸링이나, 슈미트의 동시대 사람인 빌헬름 오스트발트를 포함한 낭만주의, 그리고 사변 철학의 전통에 기인한다고 생각한다. 이 전통의 원동력은 항상, 자연 속에 무엇인가 어떤 의미를 요구하는 인간의 욕구와 자연 속에서 그 근거를 구하려는 인간의 존재에 있었다. 그리고 이 욕구는 근대 철학에 있어서의 물질과 정신이라는 이원론에 의해서 더욱 강화된다.[26] 『북극광』의 '엘레멘트'는 어떤 흥미로운 역사 분석의 단순한 부분으로 머물렀을지도 모른다. 그러나 슈미트는 이 『북극광』을 정신과 그 현현의 표본으로 바꾸어놓았다. 헤겔 철학 덕분으로 『북극광』의 의의를 밝히는 것을 재촉하게 되고, 그럼으로써 동시에 헤겔 철학의 진실도 증명된 것이다. 도이블러의 비전이 세계사의 최고개념을 구체화하게 되고, 그 결과 이 정신의 현실성, 즉 정신의 실증적 묘사에 의해서 슈미트는 마

25) Schmitt, Ex Captivitate Salus (FN 15), S. 47 [김효전 역, 『구원은 옥중에서』, 127쪽].
26) Schmitt, Theodor Däublers "Nordlicht" (FN 9), Kapitel 1.

지막 장(즉 「행위의 오늘날의 의의」)에서 그 독자적인 시대 비판에 도달할 수 가 있었던 것이다.

4. 현대생활의 중심적 제도이며, 그 전제와 보장은 국가이다. 도이블러의 『북극광』 중의 「이란의 랩소디(Rhapsody)」라고 이름 붙인 장에 나오는 페르시아 산의 신화는 카를 슈미트의 정치적 고찰에 대해서, 비록 우아함이 크게 부족한 구성이지만 정확히 홉스, 로크 그리고 루소의 고찰과 같은 작용을 미쳤다. 이것은 자연 상태와, 그리고 페르시아 산의 건설에 따라 생긴 사건들을 묘사한 것인데, 국가와 인간의 본성에 대해 그가 생각하는 일반적 진실이 여기서 법률—돈—국가라는 복합적 상징에 의해서 밝혀진다. '다른 사람'에 대한 두려움과 불신 때문에 건설자들은 근처 사람들과 계약을 맺기에 이르고, 그럼으로써 그들은 하나의 정치적 관계에 발을 내디딘다. 그리고 이 관계 속에서 '법'으로서의 법률과, '힘'으로서의 법률의 패러독스가 모습을 나타내온다.[27] 슈미트의 정치적인 고찰은 사회와 국가의 기원을 설명하기 위해서 홉스, 로크 그리고 루소처럼 '자연 상태'를 상정하거나 '계약'이란 도식에 의지하지도 않는다. 그러나 그의 고찰에는 인간의 본질에 대한 하나의 견해가 있다. 이것은 몇몇 곳에서는 분명히 정식화되었지만 대부분은 암시적으로 시사하는 데 그친다.

인간의 본질에 관한 슈미트의 고찰이 가장 명확하게 나타난 것은 그의 『정치적인 것의 개념』(1927년과 1932년)에서이다. 정치적 인류학을 의미 있게 하려고 슈미트가 정치 이론으로 향해 제출한 요구는, 자연 상태를 가정하여 거기로부터 단순한 동지와 적이라는 규준을 도출해내는 것보다는 본질적으로 좀 더 강력한 것이었다. 슈미트가 정치적인 것의 규준을 논한 후에 계속되는 제7장은, 모든 정치 이론은 그것이 인간의 본질을 선이라고 보는가 악이라고 보는가 하는 견해에 따라 분류된다는 그의 단정에서

27) Schmitt, Theodor Däublers "Nordlicht" (FN 9), S. 31 ff.

시작한다. 정치적인 것과 윤리적인 것, 그리고 경제적인 것의 영역 사이를 구분하려는 그의 생각에 따르면, 슈미트는 인간의 본성을 '위험한 것'과 '위험하지 않은 것'으로 다시 분류하려고 한다. 그는 진정한 정치 이론이라면, 인간은 '위험하지 않다'는 가정을 자기 학설의 출발점으로 삼을 수는 없다는 주장으로 논고를 마무리한다. "…진정한 정치이론이란 모두 인간을 '악한 것'으로 전제한다는, 즉 (인간은) 결코 문제가 없는 것이 아니라 '위험'하고 역동적인 존재로 간주한다"[28)]라고 그는 책에서 적는다.

슈미트는 이것이 인간성을 고찰하는 **유일한** 가능성이라고 주장하지는 않는다. 그 관심이나 실제적 목적이 어디에 있는가에 따라서 다른 시점도 마찬가지로 유효하며 또 가능하다—그러나 인간의 본성에 대한 특수한 정치적 관점, 정치이론에 대한 인류학적 전제라면 이것이라고 그는 말한다.[29)]

그와 도이블러의 연결점이 또 하나 있다. 『정치적인 것의 개념』은 국가를 그 외적 관련에서 파악한다. '정치적인 것'이란 슈미트에게는 우선 첫째로 '강력한 정치'였다. 그리고 강력한 정치적 순간이란 바로 "적이 구체적인 명료함 속에 적으로 인식되는"[30)] 순간이다. 산업화 · 군사의 시대—그것이 1942년 이후나 독일만을 가리키지는 않고, 1914년 이후 모든 참전국에서의 전쟁이 '전면'전쟁이 된 시대—에서 현대 국가의 딜레마는, 민족의 실존적 통일 유지가 국가의 첫 번째 과제가 되었을 때, 바로 이 민족에 대해서 위험이 극도로 중대해지는 순간이라는 점이다. 국가의 부단한 과제인 자기보존은 『테오도르 도이블러의 『북극광』』 속에서 두 가지 요소의 변증법으로서 묘사된다. 그리고 도이블러에 대한 슈미트의 논평에서, 그

28) Schmitt, Der Begriff des Politischen, 3. Aufl., Berlin 1979, S. 61 [김효전 · 정태호 옮김, 『정치적인 것의 개념』, 82쪽].

29) Schmitt, Der Begriff des Politischen (FN 28), S. 61.

30) Ebd., S. 67 (역서 90쪽). [원래 필자(케네디)는 S. 63이라고 잘못 적었으며, 또 본문의 인용도 'der Feind in großer Deutlichkeit als Feind erblickt wird.'라고 적었는데 여기의 großer는 원문에서 konkreter이므로 원문대로 바로잡았다.—역자].

는 그야말로 모데르네의 본질이라고 말한다. 그리고 이것이야말로 서구 세계에 독특한 역사적 모순이다. 동방 세계의 인간은 형이상학적 피조물로서 이 모순 밖에 살고 있다. 서구 세계의 인간은 정신과 물질의 피조물로서 이 모순 안에 살고 있다는 것이다.[31)]

슈미트에게 도이블러의 『북극광』은 자본주의와 기계화 시대의 대립성을 위대한 예술 작품 속에서 "정신과 예술 없는 세계"의 대립성으로서 구상화한 것이었다. 인간은 모든 쾌적함을 자기의 것으로 했음에도 불구하고, 초월성이 소실하고—그와 함께 인간으로서의 생명의 의의도 사라져버린 세계 속의 불쌍한 존재가 되어버렸다고[32)] 슈미트는 『테오도르 도이블러의 『북극광』』 마지막에서 지적한다. 현대 생활은 인간의 자기 인식의 조건으로서 경제적인 것을 향한 길을 열었지만, 불안이 모든 것에 드리워지고 '안전'에 대한 추구는 절망적으로 변했다.

『북극광』은 현대 생활의 '종말론적 공포'를 표현한 것이었다. 그리고 슈미트의 국가론은 프랑크푸르트 학파가 나중에 '계몽의 변증법'이라고 명명한 하나의 시각을 전개하였다. 이성은, 인간을 둘러싸고 있는 물질적 세계를 지배하기 위한 인간의 도구이기를 중단하고, 인간 자신의 주인이 되는 인간의 도구이려고 한다. 되어버렸다.[33)] 인간의 비참함은 이성에 의해서 현실의 물질이 형식으로—즉 가치가 돈으로 돈이 자본으로—변형된 것에서 생긴다. 그리고 이러한 '이성의 황폐한 질주'는 마침내 '배금주의'로 끝난다. 모든 것을 사고파는 것이다. 하나밖에는 알지 못하는 지적인 소자본가의 시스템이 만들어지고, '일반적 교양과 좋은 취미의 화원'에서는 모든 것이 단지 조직의 문제에 불과한 것이다.[34)]

슈미트는 『테오도르 도이블러의 『북극광』』을 다음과 같은 의미 있는

---

31) Schmitt, Theodor Däublers "Nordlicht" (FN 9), S. 70.

32) Ebd., S. 64-65.

33) Ebd., S. 71-72.

34) Ebd., S. 77.

말로 끝마친다. "인간이 이처럼 영리한 조직들을 가지게 된 것은 완전히 옳았다. 다만, 유일 중대한 경우를 제외하고는."[35]

Ⅱ

간주곡: 키르케고르에 대해서. 모든 것을 좌우하는 경우에는 예외라는 경우가 있다. 「주권의 정의」라는 무해한 제목을 붙인 『정치신학』 제1장은 도이블러에 대한 슈미트 저작의 결론을 다시 드러내고 그것을 근대국가와 정치 이론의 분석에서 그 출발점으로 삼았다. 『테오도르 도이블러의 『북극광』』에서처럼, 여기서도 슈미트는 다른 사상가와 함께 말하지만, 그 사람을 숨기려고 대단한 노력을 한다. 슈미트의 관점을 아는 데 열쇠가 되는 『정치신학』 제1장 마지막의 인용문은 절반은 익명으로 나타난다. 즉 '한 프로테스탄트 신학자'*가, 신학은 19세기에도 여전히 무엇을 달성할 수 있었는지를 제시하였다라고.[36]

쇠렌 키르케고르는 국가나 주권을 고찰함에 있어서 실로 많은 원천이 보이지 않는다. 그러나 실증주의에 대해서 과연 키르케고르 이상으로 드

35) Ebd., S. 77.

36) Carl Schmitt, Politische Theologie (FN 2), S. 22 (역서 25쪽). 그 장을 끝내는 데 사용한 인용 부분은 본래 키르케고르의 『반복(Wiederholung)』(임춘갑 옮김, 치우, 2011, 192-193쪽)이다. 『반복』은 키르케고르가 1843년에 발간한 일련의 저작 중 하나이며, 모두 키르케고르 자신의 체험, 즉 레기네와의 파혼이나 부친과의 관계를 다룬다. 키르케고르는 이 책의 구성을 두 명의 인물, 작가로서 등장하는 좀 늙고 회의적인 콘스탄틴 콘스탄티우스와 또 인생을 막 시작하는 젊은이로 나눈다. 이 책의 스토리는, 자신이 유혹한 아가씨와 젊은이의 열애와 그 후 그의 자세의 '불성실함'으로 채운다. 레기네와 키르케고르의 관계는 동시에 진행되지만, 로맨틱한 에피소드는 프리츠 쉴레겔과 레기네의 약혼으로 종지부를 찍는다. 이리하여 로맨틱한 딜레마는 외적인, 따라서 객관적인 사실에 의해서 해결된다. 양극, 즉 주관적 매력(로맨틱한 사랑, 유혹, 자유로움)과 보편성(결혼, 성실함)은 서로 비교되어 슈미트 정치사상 안에 정치적 가능성의 두 개의 극점이 된다. 즉, 자유주의 또는 로맨틱한 정치란 항상 끝없는 토론의 정치이며, 따라서 현실의 국가정책에 대한 불성실함이라는 것이다.

라마틱한 반란이 있을까? 오이겐 디드리히스사에 의해서 다시 출판된 키르케고르의 저작은 당시의 독일 청년들 정서에 맞는 수많은 이념을 제공하였다.

슈미트는 1918년 여름 『정치적 낭만주의』를 집필하였을 때, 키르케고르를 읽었다.[37] 슈미트의 정치적 고찰의 발전에 있어 중요한 다른 몇 개의 논문도 마찬가지로 1917년부터 18년에 걸쳐 쓰인 것인데, 그 하나에는 경건주의자인 요한 아르놀드 칸네의 회상을 모은 작은 앤솔러지(시화집)도 포함되어 있었다. 이 앤솔러지는 슈미트에 의한 물질주의와 낭만주의적 반동이 발생하는 분석 속에서, 키르케고르와 평형을 유지하며 유익함과 함께 중요한 역할을 수행하였다.[38]

슈미트가 상술한 것은 낭만주의적 생활의 두 개의 평면이다. 하나는 현대 생활의 물질주의적인 힘들(교통, 조직 그리고 기술)에 대한 반동의 면이며, 다른 하나는 낭만주의적 동일성 안에서의 자아의 위기이다. 슈미트는 서문에서 칸네(Kanne)는 19세기의 물질주의를 이해하지 못했으며, 물질과 정신 사이의 변증법적 관계를 보지 못한다고 적고 있다. 키르케고르는 바로 이것들을 파악한 단 한 사람이었기 때문에, 결단 없는 것과 자기 회의라는 낭만주의적 딜레마에 종지부를 찍을 수가 있었다. 더구나 그는 그럼에도 불구하고 완전히 서구의 전통적 신앙 내부에 계속 머물렀다. 슈미트는 다음과 같이 적는다.

> 그[키르케고르]에게는 아이러니, 미적 세계관, 가능과 현실의 대립, 무한과 유한의 대립, 구체적 순간의 감정 등 모든 낭만적 요소가 살아 있다. 프로

37) 뒤셀도르프의 중앙문서관에 있는 슈미트의 유품(RW 265-159)에는 키르케고르의 『선민의 개념(Begriff des Auserwählten, Hellerau 1917/18)』이라는 책 한 권이 포함되어 있다. 거기에는 그의 자필로 'C. S. 1918년 7월, 테오도르 핵커 기증'이라고 쓰여져 있다.

38) Arnold Kanne, Aus meinem Leben. Aufzeichnungen des deutschen Pietisten, Hrsg. Carl Schmitt-Dorotić, Berlin 1919.

테스탄트로서 그의 기독교 신앙은 그를 의식을 가지고 기독교의 신 안에 존재하는 모든 유일한 개인으로 만들었다. 신과 직접 관계를 가지게 됨에 따라 모든 가치 있던 인간의 공동체는 지양되었다. 정치적 낭만주의에는 이러한 해결책이 떠오르지 않았다.[39]

사고와 존재, 물질과 정신이라는 낭만주의적 이원론의 테제는 여전히 슈미트에게 철학의 중심 문제였다. 낭만주의는 데카르트가 파괴한 철학적 통일을 재건하는 하나의 시도에 불과했는데, 카를 슈미트의 정치적 고찰 중에서 낭만주의의 해결은 전형적인 현대식 해결로서 나타난다.[40] 개인 외에는 어떠한 가치도 없고, 따라서 초월성이라는 것이 존재하지 않는 세계에서는 자아만이 유일하게 생각할 수 있는 관계의 원천이다. 키르케고르는 신을 수용하는 결단에 의해서 존재와 사고 간에 상실된 통일을 다시 재건하는데, 이 통일이야말로 인간의 존재에 의의를 부여하는 것이다.

슈미트의 정치사상은 공적 생활과 국가적 차원에서 주관주의가 어떤 결과를 가져오는가를 보여준다. 개인에 대해서 그 생명의 의미는 무엇인가가 국가의 정치적 권위의 정신적 기초가 된다. 바로 개인과 마찬가지로,

---

39) Schmitt, Politische Romantik, 1919, 4. Aufl., Berlin 1982, S. 97 (배성동 역, 『정치적 낭만』, 삼성출판사, 1977, 494쪽).

40) 이것은 Politische Romantik (FN 39)의 주요문제이다. 슈미트는 그 당시—1917년에서 1918년까지 제1차 대전의 전운이 감도는—낭만주의 연구에 종사했다. 그에게 있어 낭만주의가 중요해진 것은, 낭만주의자들이 현대의 특징을 체현하였기 때문이었다. 이 특징은 로베르트 무질의 『특성 없는 남자』(Robert Musil, Mann ohne Eigenschaften, in: Ges. Werke, Hrsg. A. Frisé, Bd. 1, Hamburg 1952)[안병률 옮김, 북인더갭, 2013]에서 가장 뚜렷하게 묘사되고 있다. 결정적인 것은, 낭만주의자 또는 유미주의자는 외면적으로 살아간다는 것이다. 현대에는 이것은 필연적으로 '취향', 더구나 보다 소중하고, 보다 엘리트적인 취향이 평가의 기준이 되는 것을 의미한다. 이렇게 볼 때 슈미트는 반유미주의자이다. 즉 유미주의는 낭만주의적 기회원인론의 입장을 반영하며, 그 결과 정치와 윤리를 파괴한다. 아르민 몰러는 본질적으로 이 점을 보지 못하고 있다. Armin Mohler, Rechts-Schmittisten, Links-Schmittisten und Establishment-Schmittisten: Criticón 1986, S. 266-267.

국가 역시 예외적인 순간에 결단에 의해서 그 진정한 모습을 나타낸다. 여기에서 키르케고르적 콘셉트인 '타자', '결단', '진면목', '단독자', '동시성'에 대한 슈미트의 의존과 그의 정치사상 전체에서 결정적인 '이것이냐 저것이냐'하는 분리가 일어난다. 분열된 자기와 자유주의 시대의 존재론적 분열과의 딜레마는—이 딜레마가 시대의 제도들에 침투하지만 예외상태에 의해서 비로소 인식된다. 주권자의 결단에 의해서 이 딜레마는 극복된다. 자유주의에 대해서 슈미트가 제기한 주요한 이의는 자유주의가 공적 생활을 어떤 구경거리로 바꾸어 정치를 오락으로 왜소하게 만드는—그의 『정치적 낭만주의』의 범주에서 말하면, 정치를 '미적인' 것으로 만들어버린다는 점에 있었다.

자유주의의 이러한 견해는 레오 슈트라우스도 공유하였는데 그는 슈미트의 정치적인 것의 개념을 급진적 반자유주의적인 견해의 확인으로 보았다.

> (슈미트는) 정치적인 것을 시인한다. 왜냐하면 그는 정치적인 것의 존립이 위협을 받고 있는 것에서 인간 생활의 진지함이 위협받는 것을 보기 때문이다. 결국 정치적인 것의 시인은 다름 아닌 도덕적인 것의 시인이다.[41]

변증법적으로 슈트라우스를 읽는다면, 슈미트의 낭만주의 비판과 그의 정치적인 것의 콘셉트의 관계를 다음과 같이 정식화해도 좋을 것이다. '정치적인 것'은 자유주의자의 '불성실한'자세를 부정한다고. 또한 자유주의에 대한 슈미트의 문화 비판에서는 윤리적인 것의 부정으로서의 자유주의자의 독특한 태도인 결단 없음과 불성실로 나타난다. 슈미트의 논리

---

41) Leo Strauss, Anmerkungen zu Carl Schmitt, Der Begriff des Politischen: Archiv für Sozialwissenschaft und Sozialpolitik 67 (1932), S. 732-749 (745). [「카를 슈미트의 정치적인 것의 개념에 대한 논평」, 김효전 · 정태호 옮김, 『정치적인 것의 개념』, 187-223쪽 (215쪽)].

를 규명하면 정치적인 것과 윤리적인 것의 동일함이라고 할 수 있다. 슈미트의 문화와 시대비판에 비추어 본 슈트라우스의 설명을 잘 읽으면, 『정치적인 것의 개념』은 1910년부터 22년에 걸친 주요한 문화 운동의 한 예시였던 것을 알 수 있다. 『정치적인 것의 개념』은 독일 정치사상 중에서 표현주의를 이론적으로 설명한 가장 중요한 저작이다.

도이블러는 순수한 장식성 또는 순수한 유미성을 넘어서, 그리하여 현실 속에 존재하는 진실을 나타내려는 그러한 문화의 컨셉을 추구하고 있었다. '장식'은 '물질주의'와 동일시되며 나아가 가치를 상실하여 부르주아적 위치에까지 떨어졌다. 표현주의(아울러 프랑스와 이탈리아 예술에서의 표현주의의 선구자들)은 도이블러의 정신예술의 이상을 실현한 것이다. 폴 세잔에 대해 그는 다음과 같이 적고 있다.

> 현실에 대한 궁극적 침잠, 그럼으로써 현실은 저절로 형이상학이 되고 양식이 된다. 세잔느는 이 침잠을 이루었다 …… 폴 세잔느의 양식은 지금까지 들어본 적이 없는 기적이다 …… 장식성은 남김없이 사라지고 단지 양식만이 남는다.[42)]

표현주의의 열쇠개념인 '동시성'은 슈미트가 말하는 계기로서의 예외를 강조함으로써 더욱더 높은 '강도'에 이른다.

Ⅲ

1. 『정치신학』에서 카를 슈미트는 '현실에 대한 궁극적 침잠'의 추구야말로 정치학의 방법이라고 정식화하였다. 『정치적인 것의 개념』에서 정치이론들은 그 인간학적 가정에 비추어 분류하고 있다. 인간의 본성을 '선'

42) Theodor Däubler, Simultanität (FN 2), S. 33-34.

또는 '악'이라고 규정하는 전통적인 분류법은 여기서 다시 '위험한' 또는 '위험하지 않은'이라는 분류법으로 변경하고 있다. 그는 그 분석의 마지막에서, 자유주의는 인간을 본래 '위험하지 않은' 존재로 전제한다고 단언한다. 그는 낙관주의와 비관주의의 '심리학적'기초에 대해서는 회의적이었지만, 그러나 자유주의적 고찰과 자유주의적 제도란 예외적 또는 심각한 사태의 가능성을 체계적으로 무시한다는 결론에 도달하였다. 인간의 행동에 관해서 자유주의는 철두철미하게 낙관적이다. 그리고 그때에―자신도 그렇다고 인정하는 슈미트처럼 대다수의 사람들도 그렇지만―자유주의적 사고나 제도 역시 사물의 긍정적 측면을 보려고 하며, "위협이 없는 평온이라는 환상"에 빠지기 좋아하여, '비관론자'를 허용하지 않으려는 경향이 있다.[43] 그러므로 자유주의적 국가이론은 거의 오로지 "국가 권력에 반대하는 국내정치상의 투쟁"만을 상대로 한다. 그리고 그 결과는 다음과 같다.

> 자유주의의 체계적 이론은 … 개인적 자유와 사유재산을 지키고자 이 국가권력을 억제하고 통제하기 위한, 그리고 국가를 '타협'으로 간주하고, 국가의 제도들을 어떤 '안전판'으로 만들기 위한 일련의 방법을 (제공한다)….[44]

1918년 이래 슈미트는 더욱더 자유주의와 법실증주의를 동일시하게 되었다. 법실증주의는 한스 켈젠의 『주권의 문제와 국제법 이론』(1920)에서 정점에 달하였다. 세계대전 전에는 켈젠과 신칸트학파에 대해서 상대적으로 호의적이었던 슈미트였지만, 공화국 성립 당초의 몇 년을 지나면 그들 중에 논쟁적인 적대자, 그러한 자로서 자유주의의 대리인을 인정하게 되었다. 본에서 슈미트의 동료였고, 20년대의 지도적인 국제법 이론가

43) Carl Schmitt, Der Begriff des Politischen (FN 28), S. 65 (역서 87쪽).
44) Ebd., S. 69 (역서 94쪽).

였던 에리히 카우프만과 마찬가지로 슈미트도 실증주의자들의 비정치적 태도를 경멸적으로 보게 되었다. 카우프만 역시 실증주의보다 훨씬 더 넓은 구상을 가지는 정치사상의 전통을 특히 지적하여, 슈미트처럼 유럽 국가학의 고전에 의해서 시대의 법학의 문제들을 해명하려고 하였다.[45] 그렇지만 독일의 전통에 머무르지 않고, 널리 유럽의 정치사상 전체로 향하게 된 슈미트의 관심은 본질적으로 카우프만 또는 그와 동시대의 학자들의 관심보다는 넓었다. 슈미트가 당시 법률학에서는 결코 중요시하지 않았던 정신생활의 영역—철학, 자연과학, 음악, 예술, 문학—을, 국가의 정치적 관계들을 연구하는 데 사용한 것은 그의 특색을 잘 나타내고 있다.

2. 제1차 대전으로부터 바이마르 공화국을 거쳐 60년대까지 슈미트는 이제 종말을 맞이한 하나의 역사적 신기원의 구성 부분으로서 국가의 이념을 연구하였다.[46] 그의 자유주의 비판은 국가의 기원을 시민적 시대의 내부에서 찾으려는 그의 보다 커다란 시도의 일부를 이룬다. 그가 쓰려고 한 것은 결코 자유주의의 역사가 아니었다. 그는 자유주의를 19세기의 특징을 이루는 일관성 있는 이데올로기의 일부로서 철학적 · 사회학적으로 특정하는 데에 훨씬 더 관심을 가지고 있었다. 그의 저작에서는 자유주의

---

45) Erich Kaufmann, Kritik der neukantischen Rechtsphilosophie. Eine Betrachtung über die Beziehungen zwischen Philosophie und Rechtswissenschaft, Tübingen 1921. 또한 다음의 논문 Kaufmann, Die Gleichheit vor dem Gesetz im Sinne des Art. 109 der Reichsverfassung: Veröffentlichungen der Vereinigung der Deutschen Staatsrechtslehrer 3 (1927), S. 2-24. 같은 형태로 한스 나비아스키(Hans Nawiasky)에서의 대답(S. 25 ff.)과 양자의 문제를 다룬 토론(한스 켈젠도 참가했다)을 참조.

46) 조직화하는 구상과 유럽의 정치현실에서 국가의 흥망은 슈미트의 연구를 관통하는 '붉은 실'이다. 이 테마의 발전과정을 밝힌 것을 연대순으로 정리하면 다음과 같다. Der Begriff des Politischen (1927), Das Zeitalter der Neutralisierungen und Entpolitisierungen (1929), Staat als ein konkreter, an eine geschichtliche Epoche gebundener Begriff (1941) [김효전 역, 「국가개념의 구체성과 역사성」, 『정치신학 외』에 수록], Der Nomos der Erde im Völkerrecht des Jus Publicum Europaeum (1950)[최재훈 옮김, 『대지의 노모스』, 1995], Theorie des Partisanen (1963)[김효전 옮김, 『파르티잔』, 1998].

의 역사적 동일성의 한계는 규정되지 않고 끝났다. 다만, 그가 헤겔학파에서 출발한 것을 나타내는 증거로 그는 이렇게 말한다. "시민적 시대는 아직 끝나지 않았다"라고. 그러나 슈미트의 분석에서는, 법치국가는 그가 자주 "특히 적절한 제도의 핵심"이라고 명명한 국가의 기반으로 환원된다.[47] 법과 정치의 개념은, 다만 필요하고 충분한 성격을 부여하고도 남는 곳까지 급격히 진행된다. 이렇게 정의되면 하나의 컨셉은 일상 생활과는 다른 현실적 차원으로서 그 일부가 된다. 그곳에서 평가나 타협은 실제상의 필요에서 받아들이게 된다. 슈미트에게는 이러한 '철저한 개념성'만이 학문인 것이다.

'철저한 개념성'에 의해서 정치적 현실의 '핵심'과 '본질'은 파악이 가능해진다. 슈미트의 개념사회학은 이리하여 정치이념과 현실과의 '기하학'을 요구한다. 이념의 "궁극적이고도, 철저하게 체계적인 구조"는,"어떤 특정한 시기의 사회구조의 개념적 파악"에 반영되는 것이다.[48]

철저한 개념성이라는 이름 아래 슈미트가 추구한 것은, 하나의 논쟁 내부에서 다양한 개념을 단지 명확히 하는 것보다도 더욱 강력하였다. '철저한 개념성'은 국가의 합리성이라는 진정한 구조를 나타낸 것이다. 내재하는 사회적 · 법적 질서로부터 구체적 컨셉을 도출하는 슈미트의 작업은 국가 역사적인 어떤 한 순간에 국가이성의 '건축학적 구조'를 파악하려고 한 헤겔의 프로젝트를 실현하려는 시도였다.[49] 이것만이 이념의 진정한 사회

---

47) 슈미트의 Die geistesgeschichtliche Lage des heutigen Parlamentarismus, München 1923, 2. Aufl., 1926 [김효전 옮김, 『현대 의회주의의 정신사적 지위』, 관악사, 2007]는 자유주의적 민주주의의 중심 제도로서 의회에 대한 반대학설의 전개 중에 하나의 습작으로 간주할 수 있다.

48) Carl Schmitt, Politische Theologie (FN 2), S. 58-59 [필자인 케네디가 인용한 곳은 S. 50 (역서 49쪽)의 오기나.—역사].

49) G. W. F. Hegel, Grundlinien der Philosophie des Rechts, in: H. Glockner (Hrsg.), G. W. F. Hegel-Sämtliche Werke, Bd. 7, 3. Aufl., Stuttgart 1952. 특히 Vorrede, S. 27 (임석진 옮김, 『법철학』, 한길사, 2008, 40쪽) 참조. 여기서 헤겔은 "그 자체 인륜적인 것의 아름다운 조직체—즉 국가—에 있어서, 그리고 그 국가라는 이성적인 건축물"에 대해 말

학이다. 왜냐하면 이것은 형식적인 것과 우연성에서도 해방되고, 철학적으로 볼 때 진실한 컨셉에 도달하기 때문이다. 슈미트는 켈젠의 체계를 거부하였다. 그것은 켈젠의 도그마가 역사 과정을 배척하고, 그럼으로써—이론적으로나 정치적으로—급진적인 관점으로 향하는 길을 차단하기 때문이다.

『정치신학』의 열쇠라고 할 구절 중에서, 슈미트는 켈젠과 모든 형식주의의 학설에 대한 이 '급진적 개념성' 방식의 우월성을 주장하였다. 그 까닭은 이 방식만이 법률에 대한 가장 가까운 실제적인 관심을 넘어서 사회생활과 관련된 국가의 최종적이며 체계적인 구조에 도달하기 때문이다. 슈미트에 의하면, 우리들이 정치와 법의 컨셉을 추구함에 있어서 그러한 연구를 관철할 수 있는지 또는 그 결과는 생각하지 않고 궁극적으로 형이상학적이며 신학적인 의미를 추구할 준비가 되어 있다면, 그때에만 우리들은 국가의 현실성을 파악할 수 있다는 것이다. 학문만이 모든 실제적 고려를 부차적으로 만들며, 순수이론의 메커니즘을 깨트리고 생의 실체에 도달하는 것이다.[50)]

Ⅳ

1. 정치적 표현주의의 싹은 슈미트의 『정치적인 것의 개념』에서 그 완성을 보았다. 이 저서의 구성은 도이블러에 의한 표현주의적 모데르네 비판의 반복, 즉 슈미트가 도이블러의 『북극광』에서 받아들이고 그 후의 저작에서 다음과 같이 설명한 논증의 반복이다.

(1) 정치란 동지와 적의 관계라는 그노시스파의 정치 비전은 정치적인 것의 범주를 포괄한다. 부정적인 심상은 정치적 실존의 현실성을 표현하

한다. 이 구조를 파악하는 것이 학문의 임무이다. 다음의 논문 참조. Michael Foucault, L'Archaéologie du savoir, Paris 1969.

50) Carl Schmitt, Politische Theologie (FN 2), S. 22, S. 58-60 (역서 49쪽).

고 있다. 적이란 '바로 타자, 즉 이질적인 것'이다.

(2) 동지와 적 관계라는 말은 상징적이다. 그 구조는 정치적인 것의 형이상학적 진실을 반영한 것이다. 그리고 이 형이상학적 진실이야말로 현실이라는 이 영역의 결정적인 내용이다.

(3) 갈등의 가능성은 **적대 관계**의 본질을 이루는 한 요소이다. 슈미트는 갈등의 강렬한 종국인 죽음을 인용하여 갈등을 형이상학적 의미까지 이끈다. 그는 말한다. "적이란 … 그 본질은 특히 강한 의미에서 낯설고 이질적인 존재라는 것으로 족하다. 따라서 극단적인 경우에는 적과의 충돌이 일어날 수 있다."[51)]

(4) 방관자는 결단을 재촉받는다. 슈미트의 상징적인 말투는 형이상학적 태도를 변증법적으로 부정한다. 그는 『정치신학』 속에서 이 형이상학적 태도를 평가하고 전형적으로 자유주의적이라고 말하며, 다음과 같이 묘사한다. "그 본질은 교섭이며, 결정적인 대결과 피비린내 나는 결전은 의회에서의 토론으로 변하고, 결정은 영원한 토론에 의해서 영원히 정지될 수 있다는 희망을 가지고 천천히 기다리는 불완전한 것이다."[52)]

(5) 전시에는 **결단**이 명시적으로 나타나는데, 이는 슈미트의 이원적인 구조 속에서 암시적으로 포함되었던 것이다. 즉 전쟁의 가능성이야말로 정치적인 것의 기초이다. "오늘날에도 여전히 전쟁은 '위급한 사태'이다. 이 경우에도 또한 다른 경우에도, 바로 예외사태는 결정적이며 사물의 핵심을 명백히 드러내는 의미를 가진다고 할 수 있다 … 인간의 삶은 이러한 궁극적인 가능성에서 특수한 정치적 긴장감을 획득하는 것이다."[53)]

(6) 슈미트의 『정치적인 것의 개념』은 결국 자유주의 세계에 대한, 즉 기계, 대중, 그리고 소비자 심리—즉 정신을 왜소하게 만들어 물질주의로

---

51) Carl Schmitt, Der Begriff des Politischen (FN 28), S. 26-27 (역서 39쪽).

52) Carl Schmitt, Politische Theologie (FN 2), S. 67 (역서 63쪽). [필자인 케네디는 S. 80이라고 적었으나 S. 67의 오기이다—역자].

53) Ebd., S. 35 (역서 48쪽).

타락시킴으로써 정신의 중립화에 기대는 정치에 대한—강렬한 '부정'인 것이다.[54]

슈미트의 정치적 표현주의의 결정적인 시각은, 그도 그 일원이었던, 보다 광범위한 문학 · 예술 운동과 마찬가지로 그 사고가 극한 상태를 지향하고 있으며, 이 극한 상태를 관계들의 강도로서 파악하는 점에 있었다. 볼프강 로테는 문학의 표현주의와 관련하여 이렇게 지적한다. 즉 "문학적 표현주의는 언제나 극단적인 것, 혼돈 없는 것, 극한 상태를 염두에 두고 있다."[55] 슈미트의 논증에 의하면, 도이블러의 『북극광』이 제시한 것은, 모데르네 운동은 현실을 제거할 수 없었다는 것이다. 슈미트의 확신에 의하면 이 현실이야말로 정치적인 것의 본질이다.

2. 『정치적인 것의 개념』은 '그것만이 중요한 경우'라는 것을 특히 상세하게 설명한다. 슈미트는, 적어도 이것에 관해서는 시대의 자유주의 정신을 능가한다. 그러나 그렇다면 그는 자유주의적 · 부르주아적 유미주의, 그것이 가지는 '단디이즘(Dandyismus)' 즉 청빈하게 즐기는 것을 정치의 세계에서는 단념한 것일까?

슈미트의 의도에도 불구하고, 그의 이론은 자유주의가 가지는 유미적인 방향성을 넘어 전진하는 데에 실패하였다. 그 원인은 슈미트가 현대 세계의 특징에 관해서는 도이블러를 통하여, 나아가 국법과 정치학의 영역에 대해서는 키르케고르의 신학적 실존주의를 채택하는 형태로 받아들인 것과 밀접하게 결부되고 있었다.

(1) 정치적인 것이란 순수한 **강도**의 관계에서 머무른다. 그것은 도이블러의 시에 대한 슈미트의 묘사처럼 '울림과 색채'이며, 표정이 풍부한 견해

---

54) Carl Schmitt, Das Zeitalter der Neutralisierungen und Entpolitisierungen, in: Der Begriff des Politischen (FN 28), S. 79-95. [김효전 옮김, 「중립화와 탈정치화의 시대」, 『정치적인 것의 개념』, 107-130쪽].

55) Wolfgang Rothe, Der Expressionismus (FN 1), S. 13.

의 피력이지만, 전적으로 유미주의가 가지는 주관적 방향성 이외의 것은 아니었다.

(2) 『정치신학』 제1장에서 논증하는 것에 따르면, 진실의 길을 열고—만약 그 길을 최후까지 걸어간다면—유미적인 것에서 형이상학적인 것으로의 비약을 낳을지도 모르는 결단의 순간이란 이것 역시 강도이다. 결단에서 정점에 이르는 의지의 강도에 따라서 '정상적인 것'은 남고, 초월성으로 향한 문이 열린다는 것이다.

슈미트가 이해한 정치적 결단과 국가 권위의 구조가 결코 단순히 역사적 또는 전기적 탐구에서 생긴 결과는 아니며 그의 형이상학적 지향이 일관한 결과로서 이해해야 한다. 이러한 그의 태도는 또한 문화적 태도이다. 어떤 결정에 대한 판단 근거를 상세하게 설명하지 않는 것은 슈미트의 사고에서 사실상 약점이기도 하다. 윤리적인 결단의 성질상, 불가피한 저 합리적인 판단 기준의 대용품으로서, 단순히 결단이라는 의지에 의해서 슈미트는 그의 모데르네에 대한 문화 비판을 교묘하게 정치적인 것의 영역에 적용한 것이다. 그러나 그렇게 보더라도 그에게는 그 자신의 정치적인 것의 개념이 가지는 유미적인 근원을 극복할 수는 없었다. 도이블러처럼 그도 '시대의 아들'이며, 그리고 그럼으로써 자기 자신 안에 자유주의의 근본적인 요소들을 포용했기 때문에, 그 자유주의에 반대하는 운동의 자식이 되었다.

카를 슈미트 국법학 저작의 열쇠로서의 정치적인 것의 개념*

에른스트-볼프강 뵈켄회르데

* 이 논문은 발표된 후, 뵈켄회르데의 논문집인『Recht, Staat, Freiheit』(1991)에 재수록되었다. 재록하면서 약간 가필 · 수정하였지만, 기획의 취지를 존중하여 1988년판에 따라서 번역한다. 그러나 원저자가 특히 요망한 두 가지 점은 1991년판에 따라서 해석했다. 그 하나가 여기에 있다. 1988년판 제1장의 내부에는 상세한 구분이 없었지만, 1991년판에서는 1에서 4까지 구분되었고 3은 또 a), b), c)로 구분되어 있다.

세미나의 이 부분은 카를 슈미트라는 인물보다는 그의 저작을 문제 삼으려고 한다. 이에 관하여 나는 보고를 『카를 슈미트 국법학 저작의 열쇠로서의 정치적인 것의 개념』이라는 제목으로 하고 싶다.

나는 법대생 6학기와 7학기에 카를 슈미트의 『헌법이론』을 읽었다. 이 책에서 나는, 국가는 인민의 정치적 통일체라는 정식[1]과, 더 나아가 헌법의 법치국가적 구성부분은 비정치적 구성부분이라는 정식[2]에 이른다. 이 두 개의 정식은 당시의 나로서는 수수께끼 같은 것이었다. 나는 게오르그 옐리네크(Georg Jellinek)의 저작으로부터, 국가는 사회학적으로 고찰해보면 목적에 관련된 단체통일체라는 것, 따라서 국가는 법학적으로는 영역적 사단이라는 것을 배웠다. 그 위에 나는 유기체적 국가이론, 특히 국가를 단순한 의제(擬制)라고 하지 않고, 유기체이자 현실의 단체인격이라고 묘사한[3] 오토 폰 기이르케(Otto von Gierke)에 대해서 다소 알고 있었다. 그러나 국가는 인민의 정치적 통일체라는 것이 무엇을 의미하는가에 대한 해명은, 이러한 기초에 입각해서는 성공할 수 없었다. 이러한 기초에는 정치적인 것과의 관련이 결여되어 있었기 때문이다. 나중에야 비로소 나는 카를 슈미트의 『정치적인 것의 개념』을 주의 깊게 읽고 분석함으로써 그것을 조금이나마 명확하게 이해하게 되었다. 그리하여 나는 시간이 지

1) Carl Schmitt, Verfassungslehre, 1928, S. 3, 125 u.ö.[김기범 역, 『헌법이론』, 21쪽, 147쪽].

2) Ebd., S. 200 (역서 220쪽).

3) Otto v. Gierke, Das Wesen der menschlichen Verbände. Rektoratsrede, 1902 (Neudruck 1954), S. 8 ff.

남에 따라서 다음과 같은 견해를 가지게 되었다. 즉 이 저작 중에, 다시 말해 그 속에서 정식화된 정치적인 것의 개념 중에 카를 슈미트의 국법학상의 저작을 이해하기 위한 하나의 열쇠가 있다는 견해이다. 나는 그것을 이제 다소나마 상세히 설명하고 싶다.

I

첫째로 질문할 것은 정치적인 것의 개념에 관한 저작의 내용과 중심명제는 무엇인가라는 것이다.

1. 이 중심적 명제에 관해서는, —이 저작에 관련하여 생기는 논의로부터도, 또 이 저작이 역사상 야기한 여러 가지의 영향으로부터도—누적된 오해가 없어져야만 한다. 이 오해의 일부는 이 저작이 쓰여지고, 그 영향을 발휘한 정신적 · 정치적 상황으로부터 설명되기도 하고, 또 일부는 오해하고 싶다는 의지에 기인하고 있기도 한데, 그러한 오해를 상세하게 특징짓고, 논박하는 것은 하나의 독자적인 보고가 필요한 것이다. 따라서 여기서 상세하게 다룰 수는 없고 두 개의 잘 알려진 매우 중대한 오해에 관해서만 간단하게 언급하고자 한다.

첫 번째 오해는 이 저작 속에 전개된 동지와 적의 이론을 국가에 있어서 내정상의 대립을 동지와 적의 관계라고 특징짓고, 그것을 가능한 한 동지와 적의 관계에 적합하게 현실화하는 데에 기여하고 있다고 생각하는 것이다. 바꾸어 말하면, 이 오해에 의하면 내정상의 대립을, 경우에 따라서는 전투적으로 될지도 모르지만, 그러나 정치적 · 사회적인 질서의 형성을 목적으로 한 상당히 평화적인 시도로서 기여하는 것으로, 혹은 조정과 타협을 추구하는 것으로서 기여한다고 보지는 않는 것이다. 두 번째 오해는 이 저작에서 정치 또는 정치적 행동의 **규범적** 이론—그것은 동지와 적의 구별과, 그 궁극적 귀결로서의 투쟁을 정치의 목적과 내용이라고 한다—이 문제가 된다고 보는 점이다. 분명히 이 오해가 이 책이 역사상 할당된 여러 가지의 영향 중에서 드물지 않게 나타나고 있다. 저자는 아마도 이 오해에 때로는 일부러 반론하지 않았는지도 모른다. 그러나 이러한 오해는 슈미트의 원전에 의거해 볼 때 명백히 부정될 수 있다.[4)]

2. 이에 반하여 이 저작의 중심적인 명제와 후세까지 남아 있는 학문적 의의는 그것이 정치가 아닌 정치적인 것, 정치적인 영역, 혹은 정확하게 말하면 정치적인 것의 응집상태의 현상적으로 중요한 기준을 지적하였다고 하는 점에 있다. 그러므로 이 기준을 간파하고 또 그것을 배우는 것은 의미가 있는 어떤 정치적인 행동을 위한 전제이다. 이러한 기준으로서 등장하는 것은 다음과 같은 것이다. 즉, 정치적인 것은 극한적인 대립, 결국 투쟁, 그것도 무장 투쟁의 각오를 내포한 동지와 적의 구별이라고 하는 대립에 귀착할 수도 있다는 것을—현상적으로 제기하고 확인할 수 있듯이—그 자체에 지니고 있으며, 또한 적극적인 대립에 따른 이러한 가능성에 의하여 현상적으로 규정되어 있다는 것이다. 여기서부터 정치적인 것의 개념의 정의가 생긴다. 내가 이미 서술한 것이지만,[5)] 여기서 또 한 번 반복하면 다음과 같다. 정치적인 것은 대상영역에 관한 어떠한 한정가능성을 가지고 있지 않다. 오히려 그것은 인간과 인간집단 간의 공적인 관계영역을 나타내고 있다. 그리고 그 관계영역은 동지와 적의 구별에까지 이르는 일정한 강도를 가진 연합 내지 분리에 의해 특징된다. 이때 이 결합 내지 분리의 일정한 강도는 그 소재를 모든 물적(物的) 영역이나 생활영역으로부

---

4) Carl Schmitt, Der Begriff des Politischen. Text von 1932 mit einem Vorwort und drei Corollarien, 1963, S. 34/35 [김효전 · 정태호 옮김, 『정치적인 것의 개념』, 42,43쪽] : "전쟁은 결코 정치의 목표나 목적은 아니고, 더구나 그 내용도 아니다. 다만 전쟁은 현실가능성으로서 항상 존재하는 전제이며, 이 전제가 인간의 행동과 사고를 독특한 방법으로 규정하고, 그것을 통하여 특히 정치적인 태도를 실현하는 것이다." 이 표현방법은 같은 표현으로—압축되고, 부분적으로 수정되어 있는—1933년판, 17쪽에도 나타나 있다.

5) 최종적으로는 E.-W. Böckenförde, Staat-Gesellschaft-Kirche, in: Christlicher Glaube in moderner Gesellschaft, Teilband 15, 1982, S. 82.

터 끌어올 수 있다.

3. 이러한 정의로부터 이 저서의 제2의 중심적 명제의 의미를 정확하게 제시할 수 있게 된다. 이 명제는 당초에는 오히려 은연중에 숨어 있었지만, 그 후 1963년의 신판 서문에 명시적으로 나타났는데 즉, 그 의미라는 것은, 국가는 인민의 정치적 통일체라는 것이다.

a) 정치적인 것에 관한 이 개념에서 보면, **정치적 통일체**로서의 국가는 그 자신의 내부에서 평화가 획득되고 있는 통일체이며, 또 그러므로 정치적인 것을 포괄하는 정치적 통일체라는 것을 의미한다. 이 정치적 통일체는 대외적으로는 다른 정치적 통일체와 구분되지만, 그 내부에는 동지와 적의 편 가르기라는 영역**하에서** 모든 대립, 분쟁 및 논쟁이 남아 있는 것이다. 다시 말하면, 이러한 대립, 분쟁 및 논쟁은 공통적으로 생활하는 인간의 상대적 동질성에 기인하는 연대(우정)에 의하여 침해되며, 따라서 국가의 권력독점에 의해 보장된 평화질서에 편입되는 것이다. 내정은—카를 슈미트 자신도 상세히 서술하고 있듯이,[6]—예를 들면 외교와는 다르게 이차적인 의미에서만 정치적이다. 내정은 고전적인 의미에서는 경찰이고, 배려이고, 공동체의, 그리고 공동체 내부의 올바른 질서를 둘러싼 대결이지만, 그러한 대결은 보호의 테두리 및 그 테두리 내에 편입되어 있는 상태를 넘어서거나 파괴시키지는 않는다. 따라서 정치적 통일체로서의 국가의 기능은 분명히 그 내부에서 대립, 긴장, 그리고 분쟁을 일으키는 모든 것을 이러한 방법으로 상대화하고, 또한 이러한 상대화 내에 머무르는 것이다. 그 결과 그 모든 것들에 관하여, 국가적 평화질서의 범위 내에서 공적인 토론이나 규율된 절차 및 그것과 유사한 방법으로 논쟁과 해결책에 관한 논의가 이루어지고, 최종적으로는 결정이 내려지는 것이다.

b)* 물론 그것에 의해—많은 사람들 사이에 널리 오인된 추론과는 다

---

6) Begriff des Politischen (FN. 4), S. 30 f.(역서 37쪽), 나아가 das Vorwort von 1963, ebd., S. 10/11 (역서 12,13쪽).

른—어떤 국가에 있어서 내정의 영역은 정치적인 것의 개념으로부터 완전히 분리되어 있고, 여기에서 정치의 개념이 정치적인 것의 개념과는 독립적으로, 완전히 별개의 의미로 사용되고 있다는 것을 말하는 것은 아니다. 또한 내정도 이차적인 의미로서 상술한 정의의 의미에서 '정치적'인 것이다. 여기에서 이차석 성격이라고 서술한 이유는 이러하다. 즉, 정치 또는 정치적이라는 개념은 여기서는 한편으로 정치적인 것으로부터의 격리의 정도를 표현하지만, 다른 한편으로는 그것과의 논리적 관련성을 포기하지는 않는다는 것이다. 여기에는 다음과 같은 사정이 있다. 동지와 적의 편 가르기가 심하게 구별된, 하나의 정치적 통일체 내부에서도 공동생활의 질서 문제에 관한 분쟁이 존재한다. 인간과 인간집단은 그즈음 공공연하게 공동적으로나 상대적으로 분류된다. 그들은 그것을 잠재적으로는 모든 영역에서, 즉 어떤 때에는 문화정책에서, 어떤 때에는 경제정책에서, 또 어떤 때에는 외교정책 등등에서 행하는 것이며, 대상을 미리 고정할 수 없는 것이다. 그러나 그들은 그것을 동지와 적의 편 가르기라는 강도까지는 이르지 않는 방법으로 행하고 있다. 그럼에도 불구하고 그것은 슈미트의 개념의 의미에 있어서 이차적으로 정치적이라고 할 수 있을 텐데, 왜냐하면 이러한 모든 대립은 확대되어 그 위에 분쟁해결을 목적으로 하는 이성적인 정치가 이루어지지 않는다면, 동지와 적의 대립이라는 궁극적인 과격함에까지 상승할 수 있기 때문이다. 예를 들면 프로이센과 비스마르크 제국시대의 문화투쟁은 바로 직전에 중지되었다. 문화투쟁은 더욱더 확대하면서 계속되어 일부 가톨릭 국민 사이에 아주 중대한 충성 갈등이 생기기에 이르렀다. 비스마르크는 매우 현명한 정치가였기 때문에, 교황권지상주의(教皇權至上主義)는 그의 견해로도 극히 완고하고, 자신은 제국(帝國)이나 그 존립을 위험하게 할 수 없다는 것을 이해하고 있었다. 그래서 그때, 그는 평화를 향한 방법을 탐구한 것이다. 물론 이러한 성격의 사례는 모든 영역에서 볼 수 있다. 그러한 광대했던 분쟁은 대학개혁, 교육개혁, 혹은—아마 수년 후에는—폐기물처리장의 입지나 처리능력에 관련하여 발생할 가능성이 있다.

이러한 이차적인 정치는 있을 수 있는 동지와 적의 편 가르기라는 의미에서의 정치적인 것으로부터 카테고리상 단호하게 구별되고 있을 뿐만 아니라, 오히려 그것과의 실질적 관련성은 독성을 가지고 존속하고 있다. 그러므로, 또 그러한 한에서 정치적인 것의 이차적 개념은 적절하게 논리적으로 정당한 자격을 가지게 되는 것이다. 따라서 카를 슈미트가 정의한 것과 같은 정치적인 것은 창설된, 그리고 정치적 통일체로서 활동영역을 가지는 국가에서도, 예를 들면 외교의 영역에 압도되어 소멸되어버리지는 않는다. 그것은 일반적인 상태에서는 가시적으로 나타나지 않을지라도 동지와 적의 편 가르기에 광대한 가능성으로서 잠재적으로 국가의 내부에서도 항상 현존하는 것이다.

c) 그러므로 정치적 통일체라고 하는 상태는 한 번 달성되면 그것으로 언제까지 거기에 있는 것이 아니라, 오히려 인간의 공동생활에 있어서 하나의 상태로서 계속적인 실증과 유지가 필요하다. 이러한 상태는 외부로부터의 위험, 즉 외적인 적으로부터의 위협이나 공격에 의한 위험에 처해 있을 뿐만 아니라 내측으로부터의 잠재적인 위험에도 처해 있다. 국가에 의해, 그리고 국가의 내부에서, 정치적 영역을 포함하고, 그것에 누군가를 끼워넣고, 기르며 길들이는 것이 경우에 따라서는 의문시되고 불확실하게 되어 잠재적 또는 공공연한 내전상황에 이르는 어려운 상태가 발생할 가능성이 있다. 그렇다면 정치적 통일체로서의 국가적 통일체가 해체될 위험성이 있는 것이다. 그러한 위험이나 위협으로부터 벗어나기 위해서 국내 질서를 안정시키고, 현존하는 내지 앞으로 일어날 수많은 어떤 긴장이나 분쟁을 해결함과 동시에 예방해야 한다. 그럼으로써만 그러한 확대나 상대적 동질성을 토대로 한 분쟁을 억제하는 연대—그것은 정치적 의미에 있어서 우정이라는 개념을 의미하지만—가 해체되거나 위험해질 정도의 강도를 지닌 분열이라는 확대된 상태가 생기지 않게 된다. 그때에 정치는 정치적인 것의 특성에 대한 인식으로부터 생기고, 그것에 의해 규정되

는 이성적인 정치가 되는 것이다.

4. 그런데 지금까지 설명한 것이 인민의 정치적 통일체로서의 국가라는 정의의 정확한 의미라고 할 경우 여기에서 국법학에 대한 몇 가지 추론이 생겨나게 된다. 그 경우, 국법은 이러한 의미에서의 정치적 통일체의 존립, 유지 및 행동능력을 위한 구속적인 규범적 질서 내지 형식으로서 나타난다. 국법은 특수한 목적을 가지며, 국법은 이러한 목적에 관계하고, 또한 향해야만 한다. 즉 이 목적이라는 것은 정치적 질서나 정치적 통일체라는 상태로서의 국가를 가능하게 하고, 그것을 유지하고 지탱하는 것이다. 국법이나 국법의 해석으로 인해 이 상태나 이 질서가 위기에 처해버리고, 경우에 따라서는 국가가 해체 직전에까지 이르게 된다면 그러한 국법이나 국법의 해석은 자기모순이 될 것이다. 이러한 의미에서, 국법은 본래적으로 정치적인 법이다. 즉 국법은 정치적 통일체의 존립, 형식, 그리고 행동에 주변부분으로서 간접적인 효과에 있어서 관계할 뿐만 아니라 그것들에게 직접적으로 관계하는 것이고, 국법의 대상은 말하자면 정치적인 것 그 자체의 중력(重力)이 미치는 범위인 것이다.[7)]

Ⅱ

이제 다음에 나는 카를 슈미트의 국법학상의 저작에서 중심적인 개념 표현, 진술 그리고 명제 등이 어떻게 해서 정치적인 것의 이러한 개념과 정치적 통일체로서의 국가의 특징으로부터 추론되는가를 밝히고—그것들을 사태에 적합한 형태로, 동시에 시종일관한 것으로 파악하는 데에 많은 어려움에도 불구하고—어떻게 그것들의 내적 근거라든가 시종일관성을

7) 이 점에 대하여는 E.-W. Böckenförde, Die Eigenart des Staatsrechts und der Staatsrechtswissenschaft, in: Recht und Staat im sozialen Wandel. FS für H. U. Scupin, S. 317(320 f.)[김효전 · 정태호 옮김, 『헌법과 민주주의』, 법문사, 2003, 3-25쪽] 참조.

유지하고 있는가를 밝히고자 한다. 그러나 그것에 의해 카를 슈미트가 이러한 개념표현이나 언명에 의해 추구한 목적이 별개의 언명형식에 의해서도 달성될 수 있느냐의 여부, 또한 경우에 따라서는 슈미트 자신(von ihm selbst)에 의해서 가장 잘 달성될 수 있는 것은 아닌가 하는 것에 관한 논의를 선주(先走)할 생각은 아니다. 여기서의 목적은 당면한 그의 국법학상의 저작에서 하나의—항상 반복하여 논쟁되어오긴 했지만—체계적 연관을, 그래도 내가 보는 경우에서는 결정적이라 할 수 있는 체계적 연관을 증명하는 것이다.

케네디(Kennedy) 여사는 이전에 『헌법이론』과 『정치적인 것의 개념』의 최초의 텍스트가 거의 같은 시기에 나타났다는 것을 지적했다. 그렇다면 『정치적인 것의 개념』의 구상이 『헌법이론』 중에서 명시적으로 상세하게 설명되어 있지 않음에도 불구하고 그것이 『헌법이론』 중에 구체화되어 있으며, 『헌법이론』을 뒷받침하고 있다고 해도 놀랄 만한 것은 아니다. 인민의 정치적 통일체로서의 국가, 헌법의 비정치적 부분으로서의 법치국가적 구성요소, 이것들이 『헌법이론』에서 실제로 명제로서 작용하고 있다. 그러나 바로 이것이 『헌법이론』의 전제, 즉 그 기초가 되는 기본적인 사고상(思考上)의 토대를 보여주는 것은 아닌가? 또한 이것은 『헌법이론』 뿐만 아니라 국법학상의 저작 적합한 것은 아닌가?

카를 슈미트의 국법학상의 저작에 대하여, 『정치적인 것의 개념』을 해독하는 열쇠라고 하는 나의 명제를 지금부터 7개의 예를 들어 증명하고자 한다.

1. 주권의 개념과 국법에서의 그 불가결성

"주권자란 비상상태에 관하여 결정을 내리는 자이다"[8)]라는 정식은 잘 알려져 있다. 정치적 통일체가 긴장, 대립 그리고 충돌하는 이익들을 넘어

8) Carl Schmitt, Politische Theologie, 2. Aufl., 1934, S. 11[김효전 역, 『정치신학』, 11쪽].

서 통일을 완성하고, 또한 연대성을 획득하고, 그럼으로써 계속적으로 긴장이나 대립을 상대화하고 연결하는 데에 성공하는 경우, 정치적 통일체는 항소불가능(抗訴不可能)한 최종적 결정을 내릴 가능성을 전제로 가지고 있다. 이러한 권한을 가진 주권은 그리하여 평화통일체로서의 국가에 있어서 필수불가결한 권력적 지위이다.[9] 주권은 예외상태인가에 관하여, 또 어떻게 그것에 대처하는가에 관하여 결정하는 것이 가능하다.이 권력적 지위는 주권이라는 개념 중에서 권리로서 정식화되고, 주권자는—국법상—그러한 결정을 행할 권리를 가지는 것이다. 결정을 행한다고 하는 가능성은 정치적 통일체가 극도의 위험에 빠진 경우에, 즉 상태와 현실의 소여(所與)로서의 정치적 통일체가 스스로의 실존을 위협받을 경우 그 최고의 완전한 표현을 획득한다. 물론 그러한 위험성이 미리 정의할 수 있는 것은 아니며 여러 가지의 사건이 일어난 후에 비로소 명확하게 될 수 있다. 이 세미나에서 이미 '구제적 행위의 권리(Recht der rettenden Tat)'에 관한 강연이 있었다.[10] 그것은 이것과 동일한 현상을 다른 말로 바꾸어 말한 것이다. 카를 슈미트는 주권을 법적으로 제한할 수 있는 것으로, 혹은 합의에 의해 변경이 가능하다고 생각하지는 않았다. 만약 그렇다고 한다면 독자적인 정치적 통일체로서의 국가는 이미 존재하지 않는다.[11] 물론 이 문제는 주권을 완전하게 행사하는 것이 그 자체로서, 또는 일정한 상황에서

---

9) 앞의 책 S. 20 (역서 23쪽)은 시종일관 다음과 같이 서술한다. 주장은 "강제의 독점이나 지배의 독점이 아니라 결정의 독점으로서 법학적으로 정의되어야 할 것이다." Hermann Heller, Die Souveränität (1927) = ders., Gesammelte Schriften, Bd. 2, 1971, S. 120 ff., 185 ff.[김효전 역, 『주권론』, 관악사, 2004, 119쪽 이하, 203쪽 이하]도 참조.

10) Ernst Rudolf Huber, Carl Schmitt in der Reichskrise der Weimarer Endzeit, in : Complexio Oppositorum Über Carl Schmitt, S. 33 ff.의 보고 참조.

11) Begriff des Politischen (FN 4), S. 39 (역서 47쪽); 같은 의견은 H. Heller (FN 9), S. 185 ff.(역서 203쪽 이하). 이것은 연방의 헌법론에 있어서의 출발점이며 그것은 연방의 내부가 동질성을 갖기 위하여, 위급존망에 관계있는 분쟁사건은 일어나지 않는다는 것을 이유로, 연방과 그 구성국 간에는 주권의 문제가 결정되지 않게 될 수도 있다는 데 근거한 것이다. Verfassungslehre (FN 1), S. 370 ff. (역서 398쪽 이하) 참조.

는 실제로 허락되지 않도록 하는 주권의 사실상의 한계, 특히 권력적인 한계와 정치적 구속의 존재에 관한 문제와는 구별되어야 한다. 그러한 한계나 구속은 항상 존재하며, 정치적 논쟁과 변화하는 권력상황의 상호작용은 그것에 기초를 두고 있다. 그러나 그러한 한계나 구속은 주권을 법적으로 의문시하는 것은 아니다. 그럼에도 불구하고 더욱더 주권이 법적으로 실효(失效)되고, 포기되고, 어떤 식으로든 제한되어 주권이 항소불가능하고, 사전에 결정되어 있지 아니한 최종적 결단으로서도 나타날 수 없게 되는 경우 그것은 물론 주권 그 자체의 소멸을 의미하는 것이 아니다. 오히려 그것은 이 권리를 요구하고, 필요한 경우에는 실현까지 하는 보다 고차원의 정치적 통일체로 주권이 이행했다는 것을 의미할 뿐이다.[12] 처음에는 독자적인 정치적 통일체가 종속적인 통일체가 될 수 있다. 그 경우 그 종속적 통일체는 다른 정치적 통일체의 비호 아래 여전히 일정한 한계 내에서 정치적으로 행동하고, 그러한 한계 내에서 또 내정상의 논쟁을 행하고, 그것에 대응하는 결정을 내릴 수 있는 것이다.[13]

2. 국가와 헌법의 관계

카를 슈미트에 있어서 국가는 헌법에 선행하여 존재하는 것이며, 헌법이 국가를 최초로 만들어 내지 않는다는 것이 그 이상의 근거를 제시할 필요가 없는 전제가 되고 있다. 이것은 정치적 통일체로서의 국가라는 그의 개념으로부터 필연적인 귀결로 나타난다. 왜냐하면 정치적 통일체로서의 국가—그것은 틀림없이 국내적으로는 지배력의 독점을 수반한 권력 및 평화통일체를 의미하는 것이지만—는 존재에 적합하며, 그것도 당면한

12) Begriff des Politischen (FN 4), S. 51-54 (역서 60-64쪽). 주장을 포기하기도 하고 제거하기도 하는 것은 고유한 정치적 최종결정에 대한 능력을 상실하는 것과 같다. 그 경우에는 다음과 같은 것이 타당하다. "어떤 국민이 정치적인 것의 영역에서 자신을 유지할 힘이나 의사를 상실함으로써 정치적인 것이 이 세상에서 사라지는 것은 아니다. 다만, 약한 국민만이 사라질 뿐이다." Ebd., S. 54 (역서 64쪽).

13) 이에 관한 고전적인 국제법의 개념은 보호령이며 정치적 개념은 패권(覇權)이다.

권력의 집중으로서 소여의 것이기 때문이다. 또한—나에게는 특히 중요하게 생각되는 것이지만—이 평화통일체의 가능성 및 시민에 의해서도 받아들여져야 하는 승인된 권력독점의 기초 및 조건이 되고 있는 상대적 동질성도 소여로서 존재하는 것이지 규범적 요구도 아니며, 헌법을 준수함으로써 비로소 만들어질 수 있는 어떤 것도 아니다. 법으로서의 헌법과 그 규범적 결정을 준수하고 적용하는 것이 국가를 만들어 내는 것은 아니고 오히려—정치적 통일체로서의—국가는 헌법의 타당성을 위한 전제가 된다. 그렇다면 국가가 법으로서의 헌법에 의해 확고한 형식이나, 국가의 지배적인 행동에 대한 보다 상세하게 규정된 질서를 획득하고, 그럼으로써 안정을 이루고 있다는 사실은 논쟁의 여지가 없을 것이다. 그러나 그것으로부터 국가 고유의 존재나 국가의 본질을 이루는 것이 생겨나는 것은 아니다.[14)]

3. 헌법과 그 구성요소

a) 헌법은 계약이 아니라 결정이며, 다시 말하면 정치적 통일체의 종류와 형식에 관한 결정이다.[15)] 계약으로서의 헌법이 존재할 수 있는 것은—『헌법이론』에서 상세하게 설명되어 있듯이—정치적 통일체 상호뿐이며, 그것들의 정치적 통일체가 하나의 연방관계, 혹은 경우에 따라서는 하나의 연방국가적 관계를 기초하는 것이다.[16)] 그 중요한 예는 독일연방과 북

14) 국가와 헌법에 관한 이러한 관계는 헌법이 정치적 통일체의 형성과 존립에 관한 결정으로서가 아니라 정치적 통일체의 종류와 형식에 관한 결정으로서 정의되고, 그와 함께 그 존재가 전제됨으로써 헌법의 개념 중에 이미 내재되어 있다. Verfassungslehre (FN 1), §3 I, S. 21 ff.(역서 41쪽 이하) 참조. 이것은 헌법제정행위가, 예를 들면 독립하는 과정에서 야기되는 일정한 역사적 · 정치적 상황에서, 국가라는 정치적 통일체의 설립과 일치할 수 있다는 것을 배제하는 것은 아니다. 그러나 그것은 결코 필연적이지는 않은데, 예를 들면 1791년의 프랑스헌법이나, 1787년의 미합중국헌법과 같은 중요하고 모범이 되는 헌법이 성립할 때에도 완전히 그렇지는 않았다.

15) Verfassungslehre (FN 1), §3, S. 20, 21-23 (역서 41-43쪽).

16) Verfassungslehre (FN 1), §7 II, S. 62 ff. (역서 82쪽 이하).

독일연방—스위스연방—뉴잉글랜드 주들의 국가연합문서와 같은 연방계약이다. 국가의 내부에는 국가의 기본적인 질서와 형식이 계약에 기초하는 것은 아니다. 만약 그렇다고 한다면, 정치적 통일체로서의 국가에서 통일체의 원칙과 보장은 이미 존재하지 않게 되어버릴 것이기 때문이다. 계약으로서의 헌법은, 그 정치적 · 법적 의미를 여기에서 유지하려고 한다면, 국가 내부의 독립적이고 자주적인 정치적 세력 간의 계약이 될 것이다. 그러나 그러한 노력들이 존재하는 경우, 국가에 있어서 통일체의 원칙과 보장은 문제성을 상당히 내포하게 된다. 다음과 같은 질문에서 그러한 사실이 해명된다. 즉, 우리들이 '중용(中庸)'이나 영속적인 타협에 근거한 위험이 없는 '평온한 나날'이라는 상대적으로 분쟁이 없는 상태를 가정해보지 않는다면, 위와 같은 전제하에서 어떻게 하여 헌법제정권력의 행사, 헌법개정의 성립, 헌법쟁의의 결정과 같은 것을 생각해볼 수 있겠는가 하는 문제이다.[17)]

b) 헌법을 정치적 구성부분과 비정치적 구성부분으로 구별하는 것—그것은 누차 비판되어왔지만 용이하게 구별할 수는 없는 것인데—과 법치국가적 구성부분을 비정치적 구성부분으로 특징짓는 것도 정치적 통일체로서의 국가의 개념으로부터 이해할 수 있게 된다. 오히려 그러한 구분이나 특징화는 거기서부터 그 자체의 내적 논리를 지니게 된다. 게다가 그

---

17) 여기서부터, 카를 슈미트에 의한 입헌군주제의 이원주의에 계속되는 비판이 설명된다. 이러한 비판은 Verfassungslehre (FN 1), §6Ⅱ 5, S. 53 ff.(역서 72쪽 이하)에서 이미 강조되었으며, Staatsgefüge und Zusammenbruch des Zweiten Reiches, 1934 [김효전 옮김, 『제2제국의 국가구조와 붕괴』, 관악사, 2008]라는 저작 속에서, 한층 더 격렬하고 예리한 형태로 전개되고 있다. 이 책에서, 입헌군주제는—프로이센 헌법분쟁을 예를 들어 설명하면서—항상 새롭게 확립되어야 했고, 대립하는 정통성 원리를 가교하는 영속적인 타협으로서 보여지고 있다. 이 점에 관해서는 다른 문헌과 함께 Ernst Rudolf Huber, Deutsche Verfassungsgeschichte seit 1789, Bd. Ⅲ, 1960, S. 1-20. 이 관계에서 중요한 것은 입헌군주제의 헌법체제와 헌법재판은 상용되지 않았다는 것, 그리고 그 이유에 관하여는 Rainer Wahl, Der Vorrang der Verfassung: Der Staat 20 (1981), S. 485 ff.(491 ff.)에 의해 증명된다.

것은 우선 법치국가적 구성요소도 공동체의 질서의 한 부분이며, 따라서 정치적 질서의 한 부분은 아닌가라는 비판적인 질문을 시사하고 있다. 슈미트가 말한 의미에서 정치적인 것의 개념은 확실히 이 통일체로서의 정치적 통일체에, 즉 분쟁이나 대립을 억지할 수 있을 정도로 강한 결합으로서의 정지적 동일제에 형태와 조직을 부여하고, 행위능력을 부여하며 그것을 유지하는 것이다. 그것은—민주주의에 있어서는 인민으로부터 유래하는—국가적 활동의 정통성을 포함하고 있다. 다른 한편 억제적, 균형적, 분리적으로 그리고 다원화하는 방향에서 이 통일체에 영향을 미치는 것은 이러한 의미에서 정치적이라고 할 수 없다. 그 중에는 기본권, 권력분립, 그리고 그것들과 같이 법치국가 중에 존재했던 광범하고 독립적인 시민적 영리 및 경제사회의 발생이 속해 있다. 그것들은 비정치적이고 개인주의적 · 자유주의적인 목적을 위하여 국가의 정치적인 활동통일체를 상대화하고 한정하는 것이다.

c) 이렇게 보면 헌법의 정치적 부분이 법치국가적 구성부분에 대하여 우위를 주장했다고 하더라도 그것은 비약이 아니라 내재적 · 논리적인 귀결이라고 할 수 있다. 국가의 기관들을 조직하고, 국가의 활동에 형식을 부여하고, 정치적 통일체의 행위능력을 위하여 필요불가결한 절차규정을 정립하고, 정치적 통일체의 자기보존과 옹호에 관련된 이러한 규정들은 사적 자유나 사회적 자유를 위하여 국가의 활동을 한정하는 규정들을 그 대상으로 하는 규정들보다 우위에 있다고 할 수 있다. 왜냐하면 이러한 사적인 자유나 사회적 자유는 정치적으로는 어떠한 경우에도 조직할 수 없고, 정치적 결합을 만들어내지도 않기 때문이다. 정치적 통일체와 그것을 지지하는 동질성에 관하여 말하면, 그러한 자유에서 유래하는 분리와 개별화는 이 통일체의 필요불가결한 통합적 부분이라기보다는, 그것을 약체화시키는 것이다.[18] 바꾸어 말하면, 헌법의 법치국가적 부분이나 그

18) Legalität und Legitimität, 1932, S. 87 f.[김효전 역, 『합법성과 정당성』, 118쪽 이하]에는 다음과 같은 명제가 있다. 즉 바이마르 국가의 위기를 목전에 두고, 바이마르 헌법 제

보장은 현존하는 정치적 통일체나 형식과 결부되어 있어야 하며, 그것으로부터 독립할 수 없으며 그것에 우위해서는 영속할 수 없고, 또한 실제적인 효과를 가져올 수도 없다. 현존하고, 그 자체로서 기능을 과할 수 있는 통일체이어야 비로소 기본권적인 개인적 권리나 자유가 보장되는 가능성을 만들어내는 것이다. 즉 동포의 위협이나 침해로부터도 이 통일체에 의해서 보호되고 보장될 수 있는 그러한 가능성을 만들어내는 것이다.[19]

4. 헌법재판과 헌법의 수호자

a) 정치적인 것의 개념으로부터, 진정한 헌법재판은 정치적 사법이라고 카를 슈미트가 계속 주장한 명제가 적절하게 설명된다.[20] 반복하여 말하

2편이 지켜져야 하는, 또한 제1편이 상세하게 규정하고 있는 기술적 · 기능적으로 공허화된 합법성체제라는 자기모순과 의제로부터 해방되어야 한다는 명제이다. 이 명제는 외견적으로는 본문에서 서술한 것과 모순되는 것처럼 보이지만, 실제로는 그렇지 않다. 왜냐하면 개개인의 사적인 자유나 사회적 자유에 관련된 자유주의적인 기본권만이 아니라, '공동생활의 질서'를 규정하고 있는 제2편은 스스로 실효적으로 되지는 않으며, 스스로의 내부에 지지하는 힘을 가지고 있다. '정치적' 질서의 범위에서만 그 개조가 요구되기 때문이다.

19) 국가와 국가 속에서 창조된 고전적인 지배권의 집중화가 출발점에서 필요한 것은 바로 개개인을 그의 동포에 의한 위험과 위협으로부터 보호하기 위함이라는 견해는 토머스 홉스나 임마누엘 칸트와 같은 매우 특색 있는 국가철학자에게 공통되는 견해이다. Thomas Hobbes, Elementa philosophica de cive, cap. 5, 6-7; ders., Leviathan, cap. 17; Immanuel Kant, Metaphysik der Sitten, Teil Ⅰ, §44 [백종현 옮김, 『윤리형이상학』, 아카넷, 2012, 264쪽]; ders., Ideen zu einer allgemeinen Geschichte in weltbürgerlicher Absicht, 6. Satz = Werke (Hrsg. Weischedel), Band 9, S. 40 f. 참조.

20) Carl Schmitt, Das Reichsgericht als Hüter der Verfassung(1929) = ders., Verfassungsrechtliche Aufsätze, 1958, S. 73 ff., 97 ff.[정태호 옮김, 「헌법의 수호자인 라이히 재판소」, 『동아법학』 제37호, 2005]; ders., Der Hüter der Verfassung, 1931, S. 26-34[김효전 옮김, 『헌법의 수호자』, 법문사, 2000, 41-52쪽]. 이와 함께 헌법재판 아래에서는 근원적인 의미에서의 헌법분쟁들에 관한 결정만이 이해되었는데 이는 정치적인 것의 중력에 관한 분야로서, 즉 영업, 획득, 그리고 정치세력과 그 행사의 안정과 문제제기이다. 이에 속하는 것은 바이마르 시대의 프로이센 대 라이히 소송, 연방 공화국에서의 사회주의국가당(SRP)과 독일공산당(KPD) 소송(BVerfGE 2,12 ; 5,85), 제1차 텔레비전 분쟁(BVerfGE 12,205), 퍼싱Ⅱ로케트 배치를 둘러싼 기관쟁의(BVerfGE 68,1)

면 이렇다. 국법과 헌법은 대상이라는 점에서는 진정한 정치적 법이다. 그러나 그것은, 법은 항상 어느 정도라도 정치와 관계하고 있으며, 어떤 정치적 사회에 있어서 공동생활의 질서와 형성에 봉사하고 있다는 의미에서 그런 것이 아니라, 오히려 국가나 헌법은 정치적 통일체인 국가의 행동능력의 조건, 행사방법, 권한, 그리고 한계를 내용적으로 규범화하고, 또 이 정치적 통일체를 유지하고 보장하기 위한 권한과 가능성을 동시에 규범화하고 있기 때문이다.[21] 그렇다면, 국법은 그 소재와 목적이라는 점에서 직접적으로 정치적인 것에 관계되고, 그것에 의해 규정되는 것이 된다. 국법은 이러한 규정성으로부터, 그리고 이러한 규정성에 기초하여 해석되고 취급될 수 있다. 오히려 국법의 해석과 취급은 그렇게 본다면 특수정치적 활동의 일부라고 말할 수 있다.

따라서 헌법재판은 이념상으로는 정치적 토론 중에서 확정된 법률에 구속된 사법인 것처럼 정치적 분열이나 그것과 결부된 위험으로부터 분리된 평화적인 영역은 될 수 없다. 사법은 정치적 의지가 형성되는 과정이라든가 결정이 형성되는 과정을 통해 이루어진 법률과 관계하고 있다. 동시에 법률은 그것이 정치적 의지결정의 결과로서 확정된 후에는, (잠재적인) 정치적 분열로부터 원칙적으로 분리되고, 구별되어 있다. 법률은 바야흐로 그것 자체에 기초하여, 즉 법률 중에 규정된 내용에 따라서 해석되고 적용될 수 있으며, 또한 그렇게 되어야 한다. 따라서 법률에만 복종하는 재판관도 그 밖의 다른 점에서는 독립적이지만 그것 자체가 정치적인 것이 되는 것은 아니다.[22] 이에 대하여, 헌법재판은 정치적 통일체의 행위능

또는 정당재정보조를 위한 결정(끝으로 BVerfGE 73,40)이다.

이에 반하여 연방헌법재판소의 기본권에 관한 판결은 슈미트적 개념이란 의미에서 행정재판의 가장 높은 단계보다 광범위한 범위에서 특징적이라고 할 것이다. 여기서 사법적인 실현화가 확립된 기본권에 대해서 집행가능하게 되는 한 헌법재판소는 불안한 법치국가성을 수호하는 것이다.['이와 함께' 이하는 1991년판에서 추가하였음—역자]

21) E.-W. Böckenförde (FN 7), S. 320 f.

22) 그러므로 바로 다음의 것도 재판관에 있어서, 정치체제에 있어서 재판관의 기능에 적

력을 상세하게 규정하고, 절차에 따라서 형성해나가는 등등을 행하는 법으로서의 헌법의 내용과 해석에 관하여 결정을 해야 한다. 따라서 헌법재판은 그 자체로 필연적으로 정치적인 것의 고유한 중력(重力)의 범위에 뿌리를 내리게 된다. 거기에는 결합과 분리가 말하자면 잠재적으로 항상 현존하고 있고, 또한 야기될 수도 있는 것이다. 헌법재판이 자신의 임무를 그 기능에 적합하게, 목적론적으로 정당하게 받아들인다면, 헌법재판은 이러한 의미에서 숙달되지 않은 '정치적인' 사법이다. 그러나 오해를 피하기 위하여 부가한다면, 그것은 결코 당파정치적인 사법과 같은 의미는 아니다.

b) 사법의 형식으로 활동하는 재판소는 카를 슈미트에 있어서 헌법의 수호자가 될 수 없다.[23] 왜 그럴까? 여기서도 이 명제는 정치적인 것의 개념으로부터 설명된다. 유럽의 법치국가적 발전 중에서 형성된 재판소는 그 임무, 기능방법, 그리고 인적 담당자의 역할이해라는 점에서 판단해볼 때 정치적인 중력이 미치는 범위와 구별된 것이다. 재판소는 소(訴)가 제기된 경우에만 활동하고(원고가 없으면 재판관이 없고), 제기된 법적 요구에 구속되어 있다(청구를 넘어서면 안 된다ne ultra petita). 또한 재판소는 일반적으로 제정법으로서 형성된 소여(所與)의 법에 구속되어 있고, 완전히 그 구속에 기초하여 활동하는 것이며, 재판소에 의해 처음에 제정된 법에 따라 그러한 것은 아니다. 이 제정법은 재판소로부터 독립하여 적용할 수 있

합한 임무이며, 또한 임무이어야 한다는 것이다. 즉, 법률을 그 내용에 관련된 경우에 따라서는 발생하는 정치적 분쟁에 의존하는 것이 아니라 독자적으로, 또한 현행 법질서의 연관으로부터 해석하고 적용하는 것이며, 또한 법률해석이나 재판관에 의한 법의 계속적 형성을 "다른 수단에 의하여 정치가 계속"하는 것처럼 하지는 않는다. 확실히 그 점에 재판관의 임무와 기능의 '정치적' 성격이 있다. Niklas Luhmann, Funktionen der Rechtsprechung im politischen System, in: Dritte Gewalt heute? Schriften der Ev. Akademie Hessen-Nassau, Heft 4, 1969, S. 9 f.; E.-W. Böckenförde, Verfassungsfragen der Richterwahl, 1974, S. 89 ff. 참조.

23) Carl Schmitt, Hüter (FN 20), S. 48 ff., 132 (역서 70쪽 이하, 183쪽); ders., Reichsgericht (FN 20), S. 97 ff. sowie die Nachbemerkung dort S. 108.

는데 재판소에 특히 정치적으로 광범한 목적 · 목표설정을 위임하고 허용하지는 않는다. 이에 대하여 헌법의 수호자는 적극적으로 활동하는 하나의 정치적인 기관이어야 한다[24]는 것도, 헌법의 수호자는 헌법이 정치적 통일체의 의복이고, 그것을 특징짓는 법적 형식이라는 이유로, 그리고 그러한 한에서 동시에 정치적 통일체 자체의 수호자이기도 하기 때문이다. 그것은 특히 카를 슈미트가 소여로 간주한[25] 국가와 헌법과의 관계로부터도 명확하게 된다.

덧붙여서 말하면, 이 점에 관하여 카를 슈미트와 루돌프 스멘트(Rudolf Smend)가 바이마르 공화국 시대에 대하여 어느 정도 일치하고 있었는가라는 문제를 해명할 필요가 있다. 스멘트의 『헌법과 실정헌법(Verfassung und Verfassungsrecht)』을 면밀히 읽어보면 그중에 헌법재판이 전혀 언급되어 있지 않은 것이 놀랍다. 거기에서의 헌법은 사법에 의해 보장된 법제도의 일부로서가 아니라, 국가의 생명이나 현실이 나타나는 통합과정의 질서로서 묘사되고 있다. 사법을 포함하여 법기능이나 법제도는 국가 고유의 권력체제로부터 의식적으로 제거된다는 것도, 법기능이나 법제도가 국가적 · 정치적 통합과는 별개의 독자적인 가치이념에 따르고 있기 때문이다.[26] 스멘트는 헌법해석의 특징, 헌법해석의 최선의 통합 지향, 그리고 헌법 자체의 타당성이 계속 형성되는 것에 관해 서술하고 있지만,[27] 이것도 재판소를 염두에 두고 정식화되어 있지는 않다. 국가적 통합과정—헌법은 그 질서이기도 하고, 동시에 일부이기도 하다—은 그 보장을 재판소에 위임하지 아니한 것이다.

---

24) Carl Schmitt, Hüter (FN 20), S. 132 ff.

25) 본문 서술의 2를 참조.

26) Rudolf Smend, Verfassung und Verfassungsrecht, 1928, S. 98, 152 f.[김승조 옮김, 『국가와 헌법』, 145쪽, 217쪽 이하].

27) Ebd., S. 78 ff. (역서 119쪽 이하), 137 ff. (역서 197쪽 이하) 참조.

5. 사적 및 사회적 영역으로부터 정치적 영역의 독자성과 상대적 완결성

내가 카를 슈미트의 국법학상의 저작을 올바르게 이해한다고 할 경우, 거기에 정치적인 영역은 정치적 통일체를 유지하기 위하여 국가와 국가기관들에게 집중되어 있으며 또한 계속 집중되어야 한다는 것, 또한 국가는 말하자면 정치적인 것의 독점권을 주장해야 한다는 것이 시종일관 나타나고 있다. 이것은 세 가지의 방법으로 나타난다.

a) 국가에 의하여 조작되지 아니한 자율적인 자유로서의 기본권적 자유는 사적인 비정치적 영역에만 속하며, 그것에만 적합하다. 그러한 기본권적 자유는 정치적인 영역으로부터의 간섭을 피할 필요가 있다. 만약 그렇지 않으면 정치적 영역이나 국가기관의 권력적 지위와 결정을 행하는 지위가 사적 · 사회적인 자기발전의 도구로 분해되거나 기능이 전환될 우려가 생겨날 수 있다.

『헌법이론』에서의 기본권의 분류가 이것을 확인하고 있다.[28] 국가 이전에 존재하는 전국가적 · 초국가적 인권이라는 의미에 있어서 고유의 기본권은 엄격한 의미에서 개인주의적 자유권, 즉 고립한 것이라고 생각된 개개의 인간이 가지는 자유권일 뿐이며, 그것은 사적 영역의 둘레에 경계를 설정하고, 그것을 보호해준다. 이러한 자유권에 속하는 것은 신앙의 자유, 양심의 자유, 인신의 자유, 주거의 불가침, 우편의 비밀, 그리고 사적 소유권이다. 다른 개인들과 결부된 개인의 자유권이라는 다음 단계의 그룹에서는—거기에는 의견표명의 자유, 언론 · 출판의 자유, 집회 · 결사의 자유가 속하는—일종의 내적 분열이 나타나는데 그것은 그러한 그룹의 자유권에서는 그 사회적 성격에서 정치적인 영역으로의 이행이 인식되고 있기 때문이다. 카를 슈미트에 의하면, 이러한 자유권은 한편으로는 "개인이 단순한 사회성이라는 비정치적인 상태*를 이탈하지 않고 개인들 간의 자유로운 경쟁과 토론이 허용되는 한에서만" 여전히 진정한 기본권으로서 간

---

28) Verfassungslehre (FN 1), S. 163-170 (역서 184-192쪽). 특히 일람표에 의한 개관으로서, S. 170 (역서 192쪽).

주되어야 한다는 것이다.[29)] 그러나 다른 한편 이러한 종류의 권리는 자칫 하면 그 '비정치적 성격'(!)을 잃고, 개인주의적 자유권과 법치국가적 배분 원리란 의미에서의 전국가적 자유로서 보장될 수 없게 될 것이다.[30)]

정치참가권은 전국가적 자유권과는 명확하게 구별된다. 정치적인 참가는 전국가적 존재로서의 개인에게 부여될 수 있는 것이 아니며, 또한 기본권적인 사사(私事)로운 성격이나 이익추구 속에서, 또는 그것으로부터 부여될 수 있는 것도 아니다. 다만 정치적 국민의 구성원, 즉 공민(citoyen)으로서의 개인에게만 부여될 수 있는 것이다.[31)] 여기에서 비밀선거제에 대한 카를 슈미트의 노골적인 비판이 설명될 수 있다. 그에 의하면 비밀선거제는 민주주의에 있어서 정치권력의 합법성이라는 공공연한 특성을 무효로 만들어버리고 만다고 한다. 왜냐하면 비밀선거제는 정치적 국민(citoyen)의 구성원과 그 일부로서의 개인이 아닌 사인(homme)으로서의 개인을 투표함으로 불러 모으고, 그럼으로써—이것이 바로 명확하게 정식화되어 있지 않다는 비판의 요점이 되고 있다—정치적 통일체의 분해라는 위험을 자기의 내부에 잉태하고 있기 때문이다. 또한 그것은 어느 정도까지 무방비하게 이 정치적 통일체가 사적·사회적인 이익의 전개나 추구에 의해 압도되어버릴 수도 있다는 것을 이유로 하고 있다.[32)]

b) 스스로 정치적으로 중요해질 수 있는 그러한 기본권적인 자유영역에 관하여 국가가 무관심해지거나 간섭하는 것을 금지하는 것 등은 있을

---

29) Ebd., S. 165 (역서 186쪽).

30) Ebd.

31) Verfassungslehre (FN 1), S. 168 ff. (역서 190쪽 이하).

32) 이러한 비판은 처음에, 저서 Die geistesgeschichtliche Lage des heutigen Parlamentarismus, 2. Aufl., 1926, S. 22 f. [김효전 옮김, 『현대 의회주의의 정신사적 지위』, 관악사, 2007, 24쪽 이하]에서 제기되고, 그 후—압축되고, 또한 명료화되어—Der bürgerliche Rechtsstaat: Abendland, 1928, S. 202라는 논설이나, Verfassungslehre (FN 1), S. 245 f. (역서 267쪽 이하)에서 서술되어 있다. 그와 관련하여, Geistesgeschichtliche Lage, S. 22 (역서 24쪽)에서 보여진 비판에 루돌프 스멘트는 명시적으로 동의한다. Rudolf Smend (FN 26), S. 37 FN 4 (역서 64쪽 주 107) 참조.

수 없다. 왜냐하면 이러한 자유영역은 그것의 전제가 되는 상대적 동질성의 유지라고 하는 점에서 정치적 통일체에 직접적으로 관계하고 있기 때문이다. 『헌법이론』 중에, 내가 처음에 읽고 난 이래 아직도 기억하고 있는 다음과 같은 간단한 지적이 있다.

> 영화를 통해 대중에게 영향을 미친다는 정치적 문제는 상당히 중대한 의미를 가지므로 어떠한 국가라 하더라도 이 강력한 심리기술적 도구를 무통제하게 방치할 수는 없다. 국가는 그것을 정치로부터 격리하여 중립화해야 한다. 즉 ―정치적으로 되는 것이 불가피하기 때문에―비록 국가가 그것을 사회심리적인 동질성을 통합하기 위한 수단으로서 이용할 용기는 없다고 하더라도 실제로는 현존의 질서*에 봉사하게 해야 한다.[33)]

구체적으로 그것은 바이마르 헌법 제118조 제2항 영화검열 유보의 정당화와 그 유보를 보충해주는 1920년의 영화법과 관련되어 있다. 1932년부터 1933년까지의 공화국 위기 시기의 논문들에는 그러한 입장표명이 한층 더 뚜렷하게 나타나고 있는데, 이것은 아마도 새로운 기술적 전달수단의 도움으로 대중에게 영향을 미치는 실제현실에 대한 통찰로부터 나온 듯하다. 또한 그처럼 자유주의적인 국가도 대중감화나 대중암시, 또 '공적인', 보다 엄밀하게는 집단적인 의견형성을 위한 새로운 수단을 타인에게 맡길 수는 없다는 것이다.[34)] 만약 맡기게 된다면, 정치적 통일체로서의 국가는 그 자체의 과제를 감수하게 되리라고 분명히 말할 수는 없지만, 묵시적으로 그 배후에 존재하는 것이다. 이러한 진술은 1986년의, 특

---

33) Verfassungslehre (FN 1), S. 168 (역서 190쪽).

34) Carl Schmitt, Weiterentwicklung des totalen Staates in Deutschland (1932/1933)[김효전 · 박배근 옮김, 「독일에 있어서의 전체국가의 발전」, 『입장과 개념들』, 267쪽]=ders., Verfassungsrechtliche Aufsätze, 1958, S. 360와 Machtposition des modernen Staates (1933), ebd., S. 368/369 [김효전 역, 「현대국가의 권력상황」, 『로마 가톨릭주의와 정치형태』, 교육과학사, 1992에 수록].

히 당시에는 아직 완전히 알려지지도 않았던 텔레비전의 암시적인 영향력과 현실에 비추어 적용해 볼 수도 있을 것이다. 그러나 그것이 이 보고의 테마는 아니다.[35]

두 번째의 지적은 『국법학강요(Handbuch des Staatsrechts)』에 기고한 논문 중에 나타난다. 카를 슈미트는 회고 때마다 항상 이것을 과시했으며, 또한 그는 루돌프 스멘트가 그것을 즉시 알아보고 그 가치를 인정했었다는 사실도 과시해왔다. 그 논문에서는 바이마르 공화국 헌법 제135조가 종교적 행위의 자유로 간주되고 있으며, 안쉬츠(Anschütz)의 해석과는 달리 반종교적 신념의 자유를 포함하는 것으로 간주되지는 않고 있다.[36] 자기 고유의 전제로서의 상대적 동질성을 염두에 두고 있는 국가는—어느 정도까지는 위대한 불가지론자(不可知論者)로서—종교와 반종교에 대하여 완전히 무관심하게 보일 수는 없는 것이다.

c) 경제적 · 사회적인 이익주체는 자기의 영역에 계속 머물러 있어야 하며, 국가적 · 정치적 기능을 획득할 수 없다. 즉 정치적 다원주의가 없어진다는 것이다. 카를 슈미트에 있어서 조직화된 이익단체들은 정치적 대표가 될 수 없다. 이익단체들이 정치적인 권력을 장악하는 것은 정치적 통일체로서의 국가를 약체화시키거나 해체시키는 것이 된다. 더구나 그것도 이 단체들이 국가적 · 정치적 결정권력의 담당자로서 스스로 직접적인 정치적 책임조차 지지 못하는 한 그렇게 되는 것이다.[37] 카를 슈미트는 조합

---

35) 이에 관하여는, 예컨대 신중하게 접근했다는 점에서 매우 인상적인 분석인 Kurt Eichenberger, Beziehungen zwischen Massenmedien und Demokratie: FS Leo Schürmann, Freiburg/Schweiz 1987, S. 405 ff. 참조.

36) Carl Schmitt, Inhalt und Bedeutung des zweiten Hauptteils der Reichsverfassung: HdbDStR Bd. 2 (1932), S. 584 [정태호 옮김, 「기본권과 기본의무」, 『동아법학』 제36호, 2005] 및 Gerhard Anschütz, Die Verfassung des deutschen Reiches vom 11. August 1919, 14. Aufl., 1933, Bem. 4 mit FN 2 zu Art. 135.

37) Begriff des Politischen (FN 4), S. 40-45 (역서 48-53쪽), 나아가 Carl Schmitt, Staatsethik und pluralistischer Staat, (1930) = ders., Positionen und Begriffe, 1940, S. 133(136-142) [김효전 · 박배근 옮김, 「국가윤리학과 다원적 국가」, 『입장과 개념들』, 190-209쪽]를

국가(stato corporativ)를 머릿속에 떠올리고 있었을 수도 있다. 조합국가는 직업조합, 생디칼리스트적 조합 등이 정치적 결정권력과 정치적 책임을 직접적으로 담당하고, 그 자체로서 헌법에 승인되어 있다는 사실에 기초하고 있다. 카를 슈미트가 항상 비판하고, 또한 시종일관 비판하지 않을 수 없었던 것은 간접적 권력에 의한 정치적인 것의 점령이었다. 이 간접적 권력은 정치적 결정권과 책임을 스스로 떠맡지 않고, 경제적 · 사회적인 권리보유자로서, 혹은 교회적 · 종파적인 권력의 보유자로서 국가적 · 정치적 기능에 간섭하고, 그것을 자기에게 유리하도록 이용하려고 시도하는 것이다.[38] 이것이 교회권력을 포함한 모든 '간접적 권력(potestas indirecta)'에 대한 그의 원칙적인 적대감에 대한 근거를 마련해 주고 있다.[39]

6. 국가적 조직 내부의 '중립적 권력'의 필요성

국가가 표현하는 정치적 통일체를 보존하고 그 활동을 현실화함에 있어서는 행위능력이 있는 하나의 상위 관련점이 불가피하게 나타난다. 그

보라. 카이저의 기초를 마련한 저작인 Joseph H. Kaiser, Die Repräsentation organisierter Interessen, 1956에 관한 다음과 같은 소극적인 발언도 그것과 일치한다. 즉, "본서가 그 문제제기를 헌법과 법률의 개념의 핵심에까지 규명하지 않은 것은 본서의 현명함"이라 할 것이다. Carl Schmitt, Verfassungsrechtliche Aufsätze, 1958, S. 385 그리고 J. H. Kaiser, Die Repräsentation organisierter Interessen, 2. Aufl., 1978, Vorwort S. 2 참조.

38) Carl Schmitt, Hüter (FN 20), S. 71 [김효전 옮김, 『헌법의 수호자』, 법문사, 99쪽]: "이에 대하여 다원주의는 견고하게 조직되고, 국가의 구석구석에까지 보급되어 있는 다수의 사회적인 권력복합체를, 바꾸어 말하면, 국가생활의 다양한 영역, 란트(Land)들의 영역적 범위로서 자치적인 지역단체의 구석구석에까지 파급되어 있는 사회적인 권력집단을 말한다. 그리고 이 다수의 권력복합체는 그것 자체는 단지 사회적인 (비국가적인) 조직이라는 것을 포기하는 것이 아니라, 국가의 의사형성을 좌우하는 것이다."

39) Carl Schmitt, Der Leviathan in der Staatslehre des Thomas Hobbes, 1938 (Neudruck 1982), S. 117 [김효전 역, 『홉스 국가론에서의 리바이어던』, 교육과학사, 1992, 345쪽]. 즉 "간접권력의 본질은 국가적 명령과 정치적 위험, 권력과 책임, 보호와 복종의 명확한 일치를 애매하게 하고 간접적이기는 하지만 오히려 그 때문에 강력한 지배를 무책임하게 행하여 정치권력의 위험을 일체 몸에 받아들이지 않고 모든 이익을 장악하도록 한 데에 있다."

러한 관련점은 이익단체들의 투쟁과 충돌 속에서, 혹은 그와 맞서서 타협과 통합을 이끌어낼 준비를 갖추고 있을 뿐만 아니라, 실제로 그렇게 할 수 있다. 그리고 이것이 '중립적 권력(pouvoir neutre)'의 임무이고 기능이다.[40] 그러므로 그것은 이익들의 충돌이나 그 밖의 다른 분쟁의 가능성이 동지와 적의 편 가르기나 정치적 통일체 자체의 의문시로 확대되는 것을 저지하기 위하여 필요한 것이다. 권력통일체 및 평화통일체로서의 국가질서를 설립함으로써 정치적 분열의 가능성이 완전히 극복되는 것은 아니다. 오히려 그 가능성은 상황과 동기에 따라 항상 현실화될 수도 있다. 따라서 이 잠재적 가능성이 현실화되지 않도록 하기 위해서는 단체들에 개입하여 질서를 세우고 조정하는 정치가 필요하다. 그러나 그러한 정치 또는 정치의 이러한 요소는 자기의—정당하긴 하지만 개별적인—이익에 구속되어 있고, 상호 간에 적대적으로 대립하고 있는 정치적 세력에 의해서는 실행될 수 없는 것이다.

카를 슈미트는 『헌법의 수호자』 속에서 이러한 '중립적 권력'을 탐구하고, 그것을 바이마르 국가에서는 관료제와 라이히 대통령에게서 찾는다.[41] 바이마르 공화국의 최종국면에서 '중립적 권력'이 현실에 근거를 두고 있었던가의 여부는 제2차적인 문제이며 사실문제(quaestio facti)이다. 여기에서의 관심은 법률문제(quaestio iuris)이다. 즉 정치적 통일체로서의 국가의 유지, 기능 그리고 행위능력을 목표로 하는 국법질서에 있어서 그러한 '중립적 권력'이 헌법구조의 내부에서 구체적으로 어디에 요청되어야 하는가는 고려하지 않은 채 포기할 수 없는 것으로 생각된다는 것이다.

7. 카를 슈미트에 있어서 대표의 개념

이 문제는 어렵고 또 어려울 것이므로 그 자체로 하나의 독자적인 보고를 필요로 하는 테마라고 생각한다. 그러나 나는 이 문제를 생략하고 싶

40) Carl Schmitt, Hüter (FN 20), S. 114 f., 132 ff. (역서 159쪽 이하, 183쪽 이하).
41) Ebd., S. 149 ff.(관료제), S. 156 ff.(라이히 대통령).

지 않다. 카를 슈미트의 국법학상의 저작에 있어서 대표는 항상 인민의 정치적 통일체, 즉 국가에 관계된 것이며, 국가에 대한 사회의 대표나 사회에 있어서의 이익단체들의 대표에 관계된 것은 아니다. 대표되는 것은 국가에 있어서의 인민이 아니라 결국 정치적 통일체에 결부되고 조직화된 인민을 말하는 것으로서, 따라서 여기서도 국가 자신이 되는 것이다.[42] 이것은 국가가 정치적 통일체 그 자체로서만 대표의 능력이 있는 것이며, 국가 내부와 외부의 대표는 정치적 통일체로서의 국가를 그만두어야 할 것이라는 생각에서 나온 것임이 분명하다.

대표라는 개념은—내가 알기로는 카를 슈미트가 그것을 마지막으로 언급한 곳은 『헌법이론』에서지만—그 자신에 의해 최종적으로 정식화되지 않았던 개념일지도 모른다. 우리는 다양한 강조와 형식화를 야기하는 여러 단계를 추구할 수도 있다. 처음에 대표는—내 생각은 그것을 이 세미나에서 이미 들어서 알고 있는 것이지만—『로마 가톨릭주의와 정치형태』 중에서 취급되고, 그 후 『현대 의회주의의 정신사적 지위』의 어떤 긴 각주에서 다루어지고, 그리고 마지막으로 『헌법이론』 중에서 상세히 취급되고 있다. 『헌법이론』에서는 루돌프 스멘트와 논쟁도 하고 있다[대표에 관한 라이프홀츠(Leibholz)의 대학교수자격논문은 1929년에 겨우 출판되었고, 따라서 『헌법이론』의 집필 시에는 아직 존재하지 않았다].[43]

우리는 『헌법이론』 중에서 정식화된 대표의 개념에 있어서, 사회와 그 이익단체들, 그리고 집단들의 대표가 곤란한 문제가 된다는 것, 즉 그것에 대해서는 고려하지 않는다는 것도 알아야 한다. 동시에 시민을 공통으로 결부시키는 것 중에서 시민이 대표되고, 그럼으로써 정치적 통일체도 실

42) Verfassungslehre (FN 1), S. 212, 210 (역서 233쪽, 230쪽).

43) Römischer Katholizismus und politische Form, 2. Aufl., 1925, S. 25 ff.[김효전 역, 『로마 가톨릭주의와 정치형태』, 29쪽 이하]는 인격의 존엄과 어떤 정신적 원칙의 서술에 관계하고 있다. Giestesgeschichtliche Lage (FN 32), FN 3 zu S. 43 [역서 47쪽 주 19]은 그것을 계승하면서 정치적 영역으로 이행하고 있다. Verfassungslehre (FN 1), S. 204-216 (역서 224-237쪽)은 국법적 · 정치적 개념으로서의 대표에 관한 설명이다.

행하게 되는 민주적 대표 또한 곤란한 문제가 된다.[44] 카를 슈미트에 있어서의 대표의 개념은 눈으로 볼 수는 없지만 현존하고 있는 존재의 표현으로서, 대표에 의해 눈에 보이는 것처럼 되고, 오히려 정태적으로 생각되고 있었다.[45] 그것에 의하면, 대표는 통일이나 공통의 의식을 현실화하고, 또한 수립하는 사건, 과정으로서가 아니라 이미 존재하는 것만을 묘사하는 데 지나지 않는다.[46]

그러나 다른 한편, 『헌법이론』의 같은 장 중에서, 인민의 정치적 통일체 자체는 자연적으로 존재하는 것이 아니라 발생되어야만 비로소 존재하게 된다는 견해도 나타난다. 즉, "모든 정치적 통일체는 자연적으로 존재하는 것이 아니라 인민의 결정에 기초하고 있는 것이므로 무엇인가의 방법으로 통합되어야 한다"[47]고 기술되어 있다. 내가 보기에 그것은 루돌프 스멘트로부터 그렇게 멀리 벗어나지는 않은 것으로 보이는데, 다만 통합이 결정으로 환원된다는 것만이 다른 점이라 할 수 있다. 한층 더, "대표는 처음으로 통일체를 창출한다. 그러나 창출되는 것은 항상 정치적 상태에 있어서의 인민의 통일체일 뿐이다"[48]라고 서술되어 있다. 여기에서 대표는 극도로 의식적으로 그 행동과의 관련 중에서 생각되며, 따라서 대표는 본래 통치기관에만 부여되어 있다. 대표는 행위자이다. 그러나 대표가 부여되는 것은 행정기관이 아니고, 통치기관만이라고 하는 것은 통치기관만이 정치적 존재의 정신적 원칙을 표현하고 구체화하고 있기 때문이다.[49] 여

44) E.-W. Böckenförde, Demokratie und Repräsentation, 1983, S. 21-26 [김효전 역, 『헌법 · 국가 · 자유』, 법문사, 1992, 279-284쪽].

45) Verfassungslehre (FN 1), S. 209(역서 230쪽). 즉 "대표한다는 것은 보이지 않는 존재를 공적으로 현존하는 존재를 통해서 보일 수 있게 하고 눈앞에 방불케 하는 것이다."

46) 대표가 사건과 과정으로서 인식된다는 것에 관해서는 Martin Drath, Die Entwicklung der Volksrepräsentation (1954), in: H. Rausch (Hrsg.), Zur Theorie und Geschichte der Repräsentation und der Repräsentativverfassung, 1975, S. 260 (275 ff., 292 ff.).

47) Verfassungslehre (FN 1), S. 207 (역서 227쪽).

48) Ebd., S. 214 (역서 235쪽).

49) Verfassungslehre (FN 1), S. 212 (역서 233쪽).

기에서 카를 슈미트는 로렌츠 폰 슈타인(Lorenz von Stein)을 예로 인용하고 있다. 또한, 19세기에 있어서 두 개의 대표의 이원주의에 관해서도 서술되어 있다. 거기에는, 말하자면 한편으로는 의회가 군주에 대하여 인민을 대표해야 하고, 다른 한편으로는 군주가 전체로서의 국가를, 특히 대외적·국제적 관계에 있어서 대표해야 한다는 것으로 되어 있었다.[50] 그렇다면 전자의 경우 어떠한 대표도 아니고, 또한 대표의 요소도 없었다는 말인가? 또한 헌법이론상의 개념으로서의 대표는 항상 전체로서의 국가적 통일체에만 관련되어 있고, 전체로서의 국가적 통일체만이 대표될 수 있다고 하는 출발점에 서면 본래의 **민주적인** 대표, 즉 국가에 있어서 인민의 대표나 인민대표로서의 의회는 어떻게 생각될 수 있을까? 내가 보는 한, 이 점에서는 많은 것이 미해결이고 미완성이다. 그리고 나는 그 문제들을 미해결인 상태로 남겨두고 싶다.

Ⅲ

지금까지의 서술은 카를 슈미트의 국법학상의 저작을 기술하는 것을 목적으로 하는 것이지 그것에 대한 실질적인 논쟁을 하는 것이 아니다. 나는 그의 저작을 나에게 있어서 기본적이라고 생각되는 특정한 관점으로부터 체계적으로 해독하는 것, 그리고 그 범위 내에서 누차 주장된 기회원인론 대신에 그의 시종일관성을 명백하게 하려고 시도해왔다. 그의 국법학상의 저작의 기본적 개념들, 구별들 그리고 언명들이 어느 정도까지 실제로 유효한 것인가라는 문제, 즉 다시 말해 국가, 국가적 생활 그리고 국가적 존재나 그 질서의 현실에 관하여 그 실태와 맞고 적절한가? 또한 오늘날까지 현실성을 가지고 계속되어 왔는가 하는 문제는 아직 대답되지 못하고, 겨우 제시된 것에 불과하다. 나의 견해로는, 이러한 문제는 슈미

50) Verfassungslehre (FN 1), S. 210/211 (역서 231/232쪽).

트의 국법학상의 저작의 체계적인 해독이라는 기초에 의해서만 실제적으로 또한 계속적으로 논의될 수 있다. 끝으로 이 논의에 있어서 결정적이라고 생각되는 두 개의 관점을 지적해두고 싶다. 첫째는, 카를 슈미트에 의해 전개된 정치적인 것에 관한 규준의 정당성과 거기에 기초된 정치적 통일체로서의 국가라는 개념의 정당성에 관한 질문이다. 둘째는, 국가적 통일체와 국가적 질서에 있어서 자유—개인적 자유과 정치적 자유—가 가지고 있는 의의에 관한 질문이다. 이러한 자유는 카를 슈미트의 국법학상의 저작에서 적절하게 고려되고 규정되어 있을까? 특히 국가적 통일체와 행동능력의 기초로서 한 국민에게 있어서 상대적 동질성이나 상호연관성을 형성하고 계속한다는 관점에서는 어떤가?

구체적 질서사고

요제프 H. 카이저

"평화를 위하여 질서를 가져온다(pacique imponere morem)."

—Vergil, Aeneis, Ⅵ, 852

이것은 베르길리우스의 유명한 싯구를 요한네스 괴테[1]가 번역한 것으로,
그는 여기서 로마에 용기와 관용을 함께 가지도록 호소하고 있다.

I

카를 슈미트가 1934년에 만든 이 개념은 **법학적** 사고방식과 **법이론적** 입장을 나타내는데, 이것들은 그의 저작 『법학적 사고방식의 세 유형』[2] 속에서 개요가 서술되고 있을 뿐이다. 따라서 그것들은 구체적으로 명시되고, 전개될 필요가 있으며, 또한 그렇게 하는 것이 가능하기도 하다.

물론 구체적 질서에는 역사도 있으며, 그러한 한 그것들은 우선 역사학의 대상이다. 또한 사회학이나 문예학과 같은 다른 학문도 슈미트에 관한 다른 테마에 대해서와 마찬가지로 이 테마에 대해서 본질적인 것을 말할 권리가 있다. 즉 법률가는 그러한 학문을 보조학문으로서 존중함으로써 그것들로부터 은덕을 입고 있는 것이다.

---

1) Johannes Götte, ed. Tusculum, München 1983, S, 269.

2) Über die drei Arten des rechtswissenschaftlichen Denkens, Hamburg 1934 [김효전 역, 「법학적 사고방식의 세 유형」, 『정치신학 외』, 법문사, 1988, 215-269쪽].

구체적 질서사상은 당시의 역사적 · 철학적 사정에서 이해되지 않으면 안 된다. 그때에 카를 슈미트는 동시대사나 법이론상의 전통만을 보는 것이 아니라 당시의 문학적 및 철학적 과제와 동기도 보고 있었다.[3)]

'구체적 질서사상'은 정치적 개념이며, 그것에 대해서는 카를 슈미트가 『정치적인 것의 개념』[4)] 속에서 행한 다음과 같은 확인이 타당하다. 즉 "모든 정치적 개념, 관념과 용어들은 **논쟁적인** 의미를 가진다. 즉 그것들은 구체적인 대립관계에 초점을 맞추고 있으며, 구체적 상황과 결부된 것이다."[5)] 이미 이 저작의 처음과 장의 제목에서 구체적 질서사상은 규범주의와 결단주의로부터 구별된다는 것을 밝히고 있음을 간과해서는 안 된다. 그리고 거기에서의 본래의 적대자는 '19세기의 법실증주의'이며, 그것은 '결정사고와 제정법 사고의 결합'으로서 특징지워진다. 거기에서 염두에 둔 것은 19세기에 단서를 발하는 바이마르 시대의 헌법사상에 있어서의 실증주의이며, 그 대변자로서 지목하여 열거한 것은 게르하르트 안쉬츠와 리하르트 토마였다.[6)] 카를 슈미트는 결코 헌법실증주의의 경향에 반

3) 그렇지만 당시 문학작품의 대부분은—여기서는 이것을 비판하는 것이 아니라 상기할 것을 촉구하여 둔다—이성의 힘을 크게 높이 평가하지 않고 오로지 세계관에 침투하고 있었다(좋은 의미에서 독일적이며, 또한 당시 그것이 즐겨 읽힌 것이다). 다른 한편, 카를 슈미트는 낭만주의적 합리성을 그의 구체적 질서사상 속에 집어넣었다. 즉 상티 로마노와 특히 모리스 오류의 낭만주의적 합리성이며, 카를 슈미트는 오류를 아직 발간되지 않은 글로사리움(Glossarium)의 어떤 기재 속에서 자신의 '형제'라고 부르고 있다[이 『글로사리움』은 이미 1991년에 출판되었으며, 1947년 9월 9일 자(S. 13)에서 오류를 '나의 만형(mein älterer Bruder)'이라고 표현하고 있다.—역자].

4) Archiv für Sozialwissenschaft und Sozialpolitik 58 (1927), S. 1-33. 이 논문은 1932년에 가필되고 1933년에는 축소되었다. 카를 슈미트는 1963년 이 1932년판을 수정하지 않고 완전한 텍스트의 형태로 출판하고 거기에 서문을 붙이고 세 개의 계론을 책 뒤에 두었다. 인용은 이 판(Berlin 1963)에 따랐다[김효전 · 정태호 옮김, 『정치적인 것의 개념』, 살림, 2012 참조].

5) Ebd., S. 31 (역서 44쪽).

6) 다른 견해를 취하는 것은 이전부터 확실히 하였지만, 특히 1932년의 편지에서도 명백하듯이, 안쉬츠에 대한 개인적인 관계를 손상하지는 않았다. 리하르트 토마는 1953년의 시점에서도 여전히 필자와 대담할 때에 카를 슈미트에 대한 존경을 나타내었다.

대한 유일한 학자는 아니었으며, 또한 최초의 학자도 아니었다. 루돌프 스멘트는 바이마르 시대의 처음에는 "통설적이었던 형식주의적 실증주의"를 거부하는 '공동전선'의 바로 한가운데 있었다.[7] 또한 에리히 카우프만도 마찬가지로, 라반트에게 관련하여 안쉬츠와 토마로 대표되는, 자칭 순수하게 법학적인 방법이라고 한 국법학의 방법"[8]에 반대하였다.

전술한 시대의—그것이 이 심포지엄에서 테마가 되고 있는 차원인데—법학과 정신과학은 구체적 질서사상의 전제조건이 된 것일까? 정신과학의 주변에서 구체적 질서사상의 설명, 성립, 해석이 파악될 것인가? 나는 이 물음에 솔직하게 "그렇다"고 대답한다. 여기서 말하는 [정신과학의] 주변에는 카를 슈미트가 이름을 거명하지 않았거나 또는 그가 때때로 반대의 뜻을 나타낸 저자도 포함되어 있다. 낭만파의 잔재들도 여기서 말하는 주변에 포함된다. 그 밖에 니체도 포함되고, 빌헬름 딜타이나 막스 베버도 당연히 포함되며, 에드문트 후설의 현상학, 그리고 마르틴 하이데거의 존재론 철학, 나아가서는 당연한 것이지만 에른스트 윙거도 포함된다. 윙거에 있어서는 니체의 강한 영향을 간과할 수는 없다.[9]

나는 내가 말하려는 것을 루돌프 스멘트에 비추어 간단하게 말하기로 한다. 즉 스멘트는 규범실증주의에 반대하여 법질서나 국가질서의 이해

---

7) Die Vereinigung der Deutschen Staatsrechtslehrer und der Richtungsstreit, in: FS für Ulrich Scheuner, Berlin 1973, S. 575, 578. 또한 Joseph H. Kaiser, Einige Umrisse des deutschen Staatsdenkens seit Weimar, Ulrich Scheuner zum Gedenken: AöR 108 (1983), S. 5 ff.

8) Gesammelte Schriften, Ⅲ, Göttingen 1960, S. XXXI. '그러나 새로운 국가이론이라고 주장되고 있는 통합이론을 기본적으로 거부한다' (ebd., S. XXX). 당초 통설을 계속하던 실증주의학파에 반대한 새로운 사상경향이 지녔던 강한 영향력에 대한 증언으로서, Ernst Rudolf Huber, Verfassungswirklichkeit und Verfassungswert im Staatsdenken der Weimarer Zeit, in: Karlsruher Kulturwissenschaftliche Arbeiten, FS für Gustaf Klemens Schmelzeisen, Stuttgart 1980, S. 126 ff.

9) 막스 플랑크(Max Planck)는 논문 「세 가지 종류」의 근저에 놓여 있는 과학의 촉진에 관한 카를 슈미트의 카이저 · 빌헬름 협회에서의 강연을 듣고 실증주의의 비판으로 지지하였다. 전하는 바에 의하면, 플랑크는 슈미트와의 대담 중 법학의 실증주의는 외관상으로는 자연과학의 실증주의보다도 더 어리석은 것 같다고 말하였다고 한다.

(Verstehen)에 대해서 말할 때에 다음의 것을 강조하였다. 즉 사람들이 기대하는 것은,—여기서 딜타이의 이름이 열거되는데—법질서나 국가질서의 이해가 딜타이의 이해철학(Verstehensphilosophie)과 관련되어 있음에 틀림없다는 것이라고. 그러나 실제로는 그렇지 않다. 나는 스멘트 부인이나 그 밖의 사람들과의 대화 속에서 스멘트가 딜타이를 읽었는지의 여부를 확실하게 하려고 하였다. 그러나 그 점에 대해서 확증은 얻지 못했다.[10] 그럼에도 불구하고 다름 아닌 딜타이의 영향이 있으므로, 그것은 시대정신이라는 매개물을 통해서라고 해두자. 카를 슈미트도 역시 시대정신에 대해서 아울러 민감한 감수성을 가지고 있었다. 그가 '이해(Verstehen)'라는 카테고리에 막스 베버의 세미나에서 이미 만나고 있던 것은 명백하다.[11] 나는 베버의 '이해사회학 (Verstehende Soziologie)'[12]을 구체적 질서사상의 전제의 하나라고 생각한다.

Ⅱ

구체적인 법학상의 개념들이 상황에 구속적이라는 것은 카를 슈미트의 저작에서 자주 이야기되고, 또한 항상 전제가 되고 있는 토포스이다. 따라서 구체적 질서사상의 전제 중에는 1932년, 1933년의 헌법위기의 경험도 포함되어 있다. 이 점에 대해서는 금세기의 증인인 에른스트 루돌프 후버 씨가 그 보고 중에서 우리들에게 신뢰할 수 있는 형태로, 또한 인상 깊게 서술하고 있는 그대로이다. 특히 그중에는 이와 같은 헌법의 전개가 계속

10) 상세한 것은 J. H. Kaiser, Einige Umrisse des deutschen Staatsdenkens seit Weimar(FN 7), S. 15 ff.

11) 슈미트는 만년에 이 세미나에 대해서 즐겨 말하였다.

12) 이 용어에 대해서는 Max Weber, Wirtschaft und Gesellschaft, Grundriß der verstehenden Soziologie, 4., von Johannes Winckelmann besorgte Auflage, Tübingen 1956, S. 1 ff., 6, 8, 9 [박성환 옮김, 『경제와 사회』, 문학과지성사, 1997]를 보라.

된 것, 1933년 1월 30일에 "헌법의 적에게 권력이 위양된 것",[13] 3월 24일의 수권법도 포함된다.

법실증주의는 전체주의에 대항하여 자신의 국법학상의 입장을 근거지울 수가 없었다. "국법학은 여기서 끝난다"는 것은 숙명론적인 잠언이며,[14] 그리고 나치스 입법자의 입법은 그 실질적인 내용에도 불구하고 법이 된 것이다(한스 켈젠). 이와 반대로 카를 슈미트는 '합법성에 의한 합법적 배제'에 대해서 매우 단호하게, 그리고 그냥 넘길 수 없는 형태로 경고하였던 것이다. 그것은 이미 헌법론 중에서 수용되고 있던 입장을 시종일관 견지하고 있었다는 것이며(1949년의 기본법은 이 입장을 제79조 3항*에서 채택하였다), 위험을 충분히 알고 있으면서 그것을 자각적으로 인수하고 있었다. 이러한 입장의 실질적인 내용은 구체적 질서사상에서 완성되었다. 나치스 체제의 운동역학은 시민계층에 의해서 완전히 과소평가되고 있었으나 그것은 히틀러의 제1차 내각에서는 다수파를 차지하고 있던 시민계층의 포스트도 사로잡았다. 슈미트는 이 운동역학에 대항하여 부분적으로는 나치스 체제 자체의 무기를 사용하여 자신의 입장의 실질적인 내용을 옹호하였다. 그와 동시에 구체적 질서사상은 실질적인 입장을 획득하기 위한 상황에 적합한 방법을 마련한 것이다. 이것은 바로 그것이 널리 학제적인 영향을 미쳤다는 것을 나타내고 있다. 그러므로 안정된 시대에 어떻게 실용화 가능한가 하는 척도만으로 이것에 대해서 추측한다면, 그것은 역사적으로 잘못일 것이며, 그와 같은 인식가치는 의심스러울 것이다.[15]

---

13) Ernst Rudolf Huber, Deutsche Verfassungsgeschichte seit 1789, Bd. 7, Stuttgart 1984, S. 1264 ff.

14) E. R. Huber, Verfassungswirklichkeit und Verfassungswert im Staatsdenken der Weimarer Zeit (FN 8), S. 128에서 인용.

15) 1933년 1월 29일 에른스트 윙거와 나눈 대담 속에서 슈미트는 다음과 같은 문장을 써두고 있다. 즉 윙거의 말에 의하면, 이제 무신론과 합리주의와 마르크스주의 간에 모든 어정쩡한 해결이 분쇄된 것은 좋은 일이라고.

구체적 질서사상의 내용과 의미는 저 14페이지도 안 되는 저작 『법학적 사고방식의 세 유형』을 읽는 것으로는 분명하지 않다. 이 저작 중에서는 규범주의와 구체적 질서사상이 기술되어 있으며, 양자가 대립적으로 묘사되어 있다. 그러나 우리들은 카를 슈미트의 이 시기에 저술된 그 이외의 저작 중에서도 구체적 질서사상 개념의 구성요소를 발견하는 것이다. 나는 이 점에 대해서 다음 세 가지의 예를 열거해두기로 한다.

1) 프로이센 대 라이히라는 구체적인 소송 속에서 주장된, 헌법의 수호자로서의 라이히 대통령의 임무에 관한 변론. 라이히 대통령은 당시와 같은 상황 아래에서 라이히의 질서를 위협하는 위기를 방지할 임무가 있었으며, 그것이 별다른 방법으로는 불가능하다면, '프로이센 타도'라는 방법밖에는 없다는 것이다. 여기서의 기준은 상황에 적합하며 상황법학으로 되어버릴 위험을 수반하는 것이었다. 이것 역시 구체적 질서사상의 요소의 하나라고 한다.

2) 「총통은 법을 보호한다」[16]는 불길한 제목의 논문. 이 제목은, 총통은 지키지 않으면 안 된다는 독일의 법률용어에서는 특히 엄격한 명령을 의미하는 현재형으로 붙어 있다. 그리고 이 제목은 그것을 다의적으로 함으로써 저자에게 위협하는 위험에 대응하는 형태에서의 반응을 나타내고 있었다. 이 논문 중에서는 법원(法源)이 화제가 되고 있다. 즉 "모든 민족의 법은 거기에서 흘러나온다", 그것은 "민족의 생명권에서 생긴다"는 것이다.[17]

3) 『법학적 사고방식의 세 유형』에서는 '노모스'가 화제가 되며[18] 더구나 그것을 강조하고 있으므로, 나중에 발간된 『대지의 노모스』[19]를 경시

16) Deutsche Juristen-Zeitung vom 1. August 1934, Sp. 945 ff. auch in: Positionen und Begriffe im Kampf mit Weimar-Genf-Versailles 1923-1939, Hamburg 1940, S. 199 ff.[김효전 · 박배근 공역, 『입장과 개념들』, 세종출판사, 2001, 787쪽 이하].

17) Positionen und Begriffe (FN 16), S. 200 (역서 289쪽).

18) FN 2, S. 14 (역서 224쪽).

19) Der Nomos der Erde des Jus Publicum Europaeum, Köln 1950, 2. Aufl., Berlin 1974 [최

하는 것은 허용되지 않는다. 나는 거기에 법창설에 의해서가 아니라 자생적으로 현행의 국제법을 깨뜨리는 형식으로 형성된, 국제통화 및 경제체제질서라는 예에 대한 정당화가 발견된다고 생각한다. 이것은 이미 나의 보고에서 제시한 예이며, 또한 뒤에도 열거하는 그대로이다. 내가 여기서 염두에 두는 것은 1971년의「스미소니안 합의」와 거기로 인도한 그 후의 전개이다. ―카를 슈미트는 노모스를 규정함에 있어서 멀리 자연적 기원에까지 거슬러 올라간다. 여기서는 그것을 지적하면 충분할 것이다.

도로교통과 같이 기술적으로 규정되는 기능구조물과 혼인, 씨족, 군대, 교회, 국가와 같이 제도적으로 구성된 생활영역은 대조적이 될 것이다.[20] 이와 같은 생활영역에는 독자적인 법학적 실체가 주어진다. 그 생활질서는 또한 그 나름의 규율을 낳기는 하지만, 그러나 그것을 모두 규범화하여 소진할 수는 없는 것이다. 카를 슈미트는 이 저작에서 이와 같은 다원주의에 대해서 말함으로써 중앙집권적으로 작동하는 전체주의적 국가권력에 대항하여 실질적인 기초를 획득하며, 그것을 제도로서 보장하려는 외관을 지니고 있다. 모리스 오류의 제도이론은 완전히 질서사상에 의해서 뒷받침되고 있다는 것이다.[21]

재훈 옮김,『대지의 노모스』, 민음사, 1995].

20) Über die drei Arten des rechtswissenschaftlichen Denkens (FN 2), S. 20 und passim. [김효전 옮김,「법학적 사고방식의 세 유형」, 232쪽 및 여러 곳].

21) Ebd., S. 21 (역서 259쪽) ; M. Hauriou, La Théorie de l'institution et de la fondation. Essai de vitalisme social: Cahiers de la nouvelle journée 4, 1925; deutsch von Roman Schnur, Die Theorie der Institution und zwei andere Aufsätze von Maurice Hauriou, Berlin 1965. 또한 R. Schnur (Hrsg.), Institution und Recht, Darmstadt 1968 참조.

Ⅲ

구체적 질서사상의 '이해'는 「작용영향사적인 과정」[22]이기도 하다. '이해'는 그것이 생성하여온 상황에 의해서 요구되는 것이다. 이것은 결코 비판해야 할 것은 아니다. 왜냐하면 '이해'는 상황의 소산이기보다는 오히려 상황을 극복하는 하나의 계기가 되기 때문이다.

무엇을 척도로 삼으면 좋은지 완전히 알 수 없는 시대라는 것은 무엇보다도 나치스에 의해서 비로소 일어난 것은 아니다. 왜냐하면 이러한 상황은 이미 바이마르 공화국 말기의 특징이었으며, 그것이 나치스가 약진하는 근본적인 요인이기도 하였기 때문이다. 이러한 시대에 이 사상은 사변적 · 이념적인 질서가 아닌, 현실의 질서가 가지는 요소 중에서 전통적이며 시류와는 독립한 약간의 요소를 제시하였다. 이들 요소는 의거할 수 있는 것이며 열정적으로 다루어온 것이다. 생활세계의 질서와 형태는 더 이상 신뢰할 만한 것을 가지지 못하며 저자는 1933년 1월 30일에 시작한 것이 아닌 긴장과 흥분의 날들, 또한 두려움의 날들, 그리고 거의 기쁘지 않았던 날들에서 정치적 현실을 경험한 것이다. 그것은 그의 일기가 나타내고 있다. 조잡한 정치세력은 바이마르 가치상대주의의 고귀한 기품을 남용하고, 그 결과 바이마르가 도달한 규범구조를 무력하게 만들며, 부분적으로는 붕괴로 인도하고, 그리고 그것을 자신의 가치에 의한 전제로 자리를 바꾸어버린 것이다. 그 후 아마 환상으로 생겼을 것은, 『세 가지 종류』가 발간된 해에는 이미 그 광채를 상실해버린 것이다. 카를 슈미트는 다른 것과 아울러 이러한 분노를 생생하게 그려내는 것으로도 법학적 · 미학적 원리를 획득한 것이다. 정치와 미학은 카를 슈미트의 작품을 매우 독

22) Hans-Georg Gadamer, Wahrheit und Methode, 2. Aufl, Tübingen 1965, S. 283 ff. [이길우 외 옮김, 『진리와 방법 Ⅰ-철학적 해석학의 기본특징들』, 문학동네, 2000] "그것에 대해서 명시적으로 알고 있느냐의 여부를 이해하는 모든 경우에 작용영향사(史)의 작용이 움직이거나" (S. 285) 또는 움직여야 하는 것이다.

자성 있는 것으로 하는 카테고리이다.

발터 벤야민은 정치의 미학화를 파시즘으로 오해하고 그 대신에 미학의 정치화를 요구하였다. 그러나 여기서는 양자 모두 분명히 이의를 제기하기로 한다. 미학의 정치화에 대해서는 간단히 반대의 입장을 표명할 수 있나. 즉 미학은 항상 규범개념이기도 하며, 규범적으로 요구되는 것은 미학에서 생긴다. 이에 대해서 정치는 미학적인 기원과는 완전히 다른 목표설정에 따른다. 미학의 정치화는 그 도착(倒錯)으로 향하는 것이다.

하인리히 뵐은 프랑크푸르트에서 했던 그의 시학 강의 중에서 미학과 도덕은 아주 중요한 것으로서 설명할 수 있다고 하였는데, 그러한 것은 아름다운 꿈 이야기이다. 악의 미학은 경험에 뒷받침된, 의심할 것도 없이 명증성을 가지는 현실이다. 마키아벨리는, 객관적으로는 악일지라도 그것도 또한 국정상의 기법이라는 삼가는 판단을 내리고 있었다. 그리고—르네상스의 위대한 문필가인 그에 대해서는 당연한 것으로 이해되지만—, 그의 이 판단은 미학의 판단기준을 항상 정당하게 평가하는 것이다. 악의 미학 그 자체는 마키아벨리의 영향에 대해서 전체로서 플러스하게 움직였다. 그러나 그것이 때로는 그의 『군주론(Principe)』에 대해서 분노한 열기와 불씨를 준 것도 사실이다. 이것은 프리드리히 대왕이 『반마키아벨리론』을 쓴 것이 대왕이 되기 이전이었음을 내가 지적하더라도 그것은 실제로 왕의 미학적 능력에 대한 비판은 아닌 것이다.

카를 슈미트가 그의 질서사상을 서술한 것은 시대의 미학적이며 아울러 정치적 내용에 의해서 창출되고, 또한 그 특징을 나타내는 변화 속에서였다. 그리고 그의 서술이 때로는 불명확하였다는 것은[23] 질서사상이 창출한 영향을 방해하지는 않았다. 그 영향은 이 책이 발간된 후 10년 동안

23) 게오르그 담은 1935년에 이미 카를 슈미드의 이 학설이 '여명' 속에 있다고 보았다 (Dahm, Die drei Arten des rechtswissenschaftlichen Denkens: Zeitschrift für die gesamte Staatswissenschaft 95 [1935], S. 181). 또한 Ernst-Wolfgang Böckenförde, Konkretes Ordnungsdenken, in: Historisches Wörterbuch der Philosopihie, hrsg. von Ritter und K. Gründer, Bd. 6, Basel 1984, Spalte 1312.

국법학, 행정법, 형법, 사법, 노동법에 대해서 용이하게 입증할 수 있으며, 그 영향은 오늘날에도 더욱 존중되는, 중요한 인물의 이름과 결부되고 있다. 이에 대해서 약간의 예를 들어보기로 한다.

카를 라렌츠는 구체적 생활질서에 그것과 대립하는 추상적·일반적 법률규범을 배제하는 힘이 있다고 믿었다. '성실한 농민'과 '용감한 병사'라는 이상상이 법인식의 기준이 된다는 것이다.[24] 프란츠 비아커는 물권법 중에 구체적 질서사상의 영향을 발견한다. 즉 소유권질서를 만들어내는 경우 소유권 그 자체가 아니라 대상이 되는 생활재의 유형이라는 소유권이 문제로 될 것이며, 세습농장법이나 입식법, 그리고 부분적으로는 민족노동질서에 관한 법률에서도 물의 그룹은 생활현실에 맞추어 개별적으로 정리되며, 적절하게 만들어졌다는 것이다.[25] 하인리히 랑게는 법률을 법생활과 생활질서 중에 뿌리내릴 것을 요구하고, 그것이 실증주의에서는 달성되지 않는다고 하였다.[26] 볼프강 지벨트에 대해서는 노동관계는 인격법적 충성관계이며, 그것은 구체적인 공동체로의 편입을 필요로 하고 있었다.[27]

형법에서는 특히 '킬 학파'가 구체적 질서사상의 영향을 받고 있었다. 게오르그 담은 법률 속에 추상적 규범보다도 오히려 본질적인 생의 현실의 표현을 보려고 한다.[28] 프리드리히 샤프슈타인은 규체적 질서사상으로부터 구성요건의 메르크말에 대한 귀결을 이끌어내었다.[29] '킬 학파' 이외에서는 에드문트 메츠거가 '형법에 있어서의 본질직관과 구체적 질서사

---

24) Über Gegenstand und Method des völkischen Rechtsdenkens, Berlin 1938, S. 29 f., 32.

25) Wandlungen der Eigentumsverfassung, in: Der deutsche Staat der Gegenwart, Hamburg 1935, S. 27 ff., 42 ff.

26) Vom alten zum neuen Schuldrecht, in: Der deutsche Staat der Gegenwart (FN 25), S. 36.

27) Das Arbeitsverhältnis in der Ordnung der nationalen Arbeit, ebd. (FN 25), S. 15.

28) 범죄나 범인은 민족적(völkisch) 질서에 대해서 그것이 무엇을 의미하는가 하는 것에서 파악되어야 한다(Verbrechen und Tatbestand, Berlin 1935, S. 45).

29) Rechtswidrigkeit und Schuld im Aufbau des neuen Strafrechtssystems: Zeitschrift für die gesamte Strafrechtswissenschaft 57 (1938), S. 295 ff., 306 FN 23.

상'을 다루었다.[30] 그 밖의 저자들도 자신들의 분야에 대해서 구체적 질서사상이 어떠한 의의를 가지고 있는가를 나에게 편지로 알려주었다.

구체적 질서사상의 요소들은 오늘날 사실상의 계약이나 사회적 접촉이나 상린적 연대관계에 관한 연방통상재판소의 판결 중에 발견된다.[31] 때로는 '사물의 본성'에 의한 해석이나 '사회적합성'이라는 논증형태의 배후에도 구체적 질서사상과의 친화성이 숨어 있다.[32]

Ⅳ

그만큼 오랜 것이 아닌 구체적인 예시에 의해서 구체적 질서사상이 오늘날에도 더욱 현실적인 의의를 가지고 있음을 나타내보기로 한다. 만약 내가 국가 간의 영역에 있어서의 예시를 들어 이를 증명하더라도 놀라지는 않을 것이다. 왜냐하면 국제법은 때로는 경제적 · 정치적 변화에 의해서 생긴 필요성을 고려에 넣는 수고를 하기 때문이다. 현행법에는 규정되지 아니한, 오히려 거기에 저촉되는 형태로 구체적 질서가 진화하는 것은 흔히 있는 광경이다. 그러나 그럴지라도 국제법학자가 "여기에 국제법은 끝난다"라고 말하는 것은 허용되지 않으며, 또한 국가가 상황의 필요에서 불가피한 조약의 구속을 일치하여 무시하였다고 하더라도 그들 국가는 죄 있는 상태에서 변화를 고려해 넣은 조약을 체결하였다고 가정하는 것도 아니다.

미합중국 대통령은 1971년 8월 15일의 결정에 의해서 계속되는 달러위기에 달러의 교환가능성의 정지로 대응하였다. 미국은 거인 아틀라스로

30) Zeitschrift der Akademie für deutsches Recht 1937, S. 417.

31) Hans Hattenhauer, Die geistesgegchichtlichen Grundlagen des deutschen Rechts, 2. Aufl., 1980, Rz. 657.

32) J. H. Kaiser, Die Parität der Sozialpartner, Karlsruhe 1973, S. 31 f. m.w.Nachw.; insbes. Karl Engisch, Die Idee der Konkretisierung in Recht und Rechtswissenschaft unserer Zeit, Heidelberg 1953, S. 112 f., 154 und passim.

서 그날까지 타당하던 국제통화체제를 담당하고 있었다. 그러나 부담이 되고 있던 특권적 기능[33]을 자신 쪽에서 포기한 것이다. 고정환율제도는 파괴되었다. 유럽이나 그 밖의 세계 국가들도 미국의 결정을 전혀 예기하지 못한 것은 아니었지만, 그렇다고 하여 그 쇼크가 적은 것은 아니다.

법적인 평가의 기점이 되는 것은 그때까지 타당하던 체제가 1944년에 44개국의 대표가 모이고 특히 환율의 안정을 목표로 하여[34] 개최된 브레튼 우즈에서의 통화 및 재정회의(독일은 1952년에 이에 가맹하였다)에서 체결된 여러 가지의 국제조약에 근거하였다는 것이다.

미국 대통령의 결정에 의해서 야기된 심각한 불확정성, 보호주의의 조짐, 세계규모에서의 경기후퇴의 우려, 그리고 첨예화한 정치마찰이 1971년 12월의 스미소니언 합의에 근거하여 오늘날 여전히 타당한 체제를 발전시킨 것이다. 그렇지만 이 체제는 시대에 뒤떨어진 국제조약 시스템의 구성원이었던 모든 국가들이 참가하여 창조한 것이 아니라, 십대 강대국(Große Zehn)[35]에 의해서 창출된 것이었다. 이를 인도한 것은 국제조약개

33) 미국 입장의 메리트와 데메리트에 대해서는 당시 격렬하게 논의되었다. 드골 장군은 미국이 달러를 다른 나라에 인도함으로써 국제수지의 적자를 치유할 수 있고, 통상의 외부적 강제로부터 면하는 것을 미국의 '터무니 없는 특권'이라고 불렀다. 즉 미국인이 유럽의 기업을 매수한 경우, 거기에서 생긴 적자는 유럽의 중앙은행에 의해서 재정적으로 지원하게 될 것이다. 왜냐하면 유럽의 중앙은행은 이 달러를 그 준비금으로서 인수하기 때문이다(O. Emminger, in: The Smithonian Agreement and its Aftermath, Council on Foreign Relations, New York 1972, S. 43 이 페이지 이외의 곳에도 이 문제에 관한 그 밖의 대립된 견해들이 열거되어 있다).

34) 이것은 원래 거기에서 설립된 세계통화기금과 세계은행이라는 두 제도의 주된 임무이기도 하였다.

35) 많은 국제법학자가 1971년 8월 15일의 미국이 결정한 결과, 고정환율제에서 변동제로 이행한 경위 중에 이 모든 국가들의 국제법위반의 행위를 발견하려고 한다. 1979년 4월 5일부터 7일까지 쾰른에서 개최된 제16회 국제법학회에서의 토의 참조. Berichte der Deutschen Gesellschaft für Völkerrecht, Heft 20; Fragen des Rechtes der Auf- und Abwertung, Heidelberg 1979, S. 80 (These 16 von Hugo J. Hahn), S. 137 (Ziegler), S. 149 (Hahn). 나는 이러한 견해에 끊임없이 반론하여왔다(Berichte der Deutschen Gesellschaft für Völkerrecht, aaO., S. 150; 1987년에 발간 예정인 헤르베르트 크뤼거의

정에 관한 국제법상의 원칙은 아니었다. 선도한 것은 오히려 비공산주의의 경제선진국가들의 경제력이었다. 그리고 이러한 국가들은 스미소니언 합의에 의해서 그 경제력에 따라서 국제적인 통상과 비중에 적합한 유연한 체제에 대한 책임을 인수한 것이다.

새로운 체제에서 특징적인 것은 기존의 국제법을 배제하는 새로운 규칙의 진화와, 특히 십대 강국의 돌출이다. 십대 강국의 정통성은 그 경제력과 경제력에 부합한 책임을 인수한 것에 근거하고 있다. 그들이 좌지우지하는 수단으로서는 '정상'과 아울러 바젤에 있는 국제수지은행에 십대 강국과 스위스의 중앙은행 총재가 모여 개최하는 월례회의가 있다.

지금까지 아무도 이 체제에 질서로서의 성격을 부정한 사람은 없다. '질서, 즉 정상적인 상황'[36]은 위험으로 가득차 있어서 불안케 하는 상태가 있었기 때문에, 경제력에 그것에 따른 책임에서 그 능력이 증명된 소수의 국가들에 의해서 합의된 것이다. 그것은 우선 첫째로 그들 국가들에 의해서, 그리고 세계통화기금이나 세계은행과 같은 국제기관의 관여 아래 다층적으로 유연한 조정체제에 의해서 보장되는 것이다.[37] 이 질서에서 조정하는 국가적 및 국제적 기관은 '고권(高權, Hoheit)'을 주장하고 있다. 그것은 영역에 대한 고권이 아니라 세계경제질서에 불가결한, 그것을 조정하는 통상 · 통화 균형 메커니즘에 관한 고권이다.

구체적 질서사고는 소여의 질서나 질서를 창출하는 제도만을 대상으로 하지는 않는다. 그것은 소여의 질서로부터 생긴 법적 규칙에 관한 서술만을 내용으로 하는 것이 아니며, 의사행위나 경우에 따라서는 창설행위에 의해서 무질서로부터 생긴 새로운 질서에 그것이 적용되는 경우에도 그 법이론으로서의 힘이 증명되는 것이다. 이에 대해서는 1933년과 1934

80세를 기념하여 개최한 세미나에서의 나의 보고도 참조).

36) Über die drei Arten des rechtswissenschaftlichen Dekens (FN 2), S. 141.

37) 세계통화질서의 유지에 대해서 불가결한 중요한 차환(借換)절차에서는 선진채권국가들 (파리 클럽) 이외에 채권자의 입장에 있는 민간은행도 거기에 참가하고 있다.

년의 국법학상의 상황에서도 그 논거를 발견할 수 있을 것이다. 오늘날에는 국가 간의 영역에서 약간의 예가 생각이 난다. 그것은 특히 국제경제와 재정영역에서 나타나며, 이에 따른 제도적 · 조정적 구조가 발달해가며, 그러한 예들이 실제로 엮어지고 있다는 사례는 확실히 나아간 것이다.

V

백년 이상 독일에는 역사와 법학 연구의 확고한 토대가 존재하였다. 그 본질적인 구성요소로는 프로테스탄티즘과 독일 이상주의철학이 들어간다. 1785년에 태어난 레오폴드 폰 랑게와 1954년까지 살았던 프리드리히 마이네케가 그 학파와 함께 이 전통 속에 있었다. 이 시대의 국법학이나 헌법학의 대부분도 마찬가지로 이 전통 속에 있었으나, 물론 1918년의 제국의 종말과 함께 커다란 단절을 경험하였다. 카를 슈미트는 이 토대 위에는 있지 않았다. 그는 칸트파였다. 이것은 그의 최초의 저작인 『법률과 판결』의 입장이다. 마찬가지로 명백한 것은 그 후 칸트나 신칸트학파는 이미 그의 사고의 토대가 아니라는 것이다.[38] 그는 헤겔의 법과 국가철학에 대해서 다음과 같이 말한다. 거기에서는 "구체적 질서사고가 17, 18세기의 국가와 법이론의 발전에 따르더라도 거의 기대할 수 없었던 직접적인 힘을 가지고 그에 이른 세대가 붕괴하기 전에 또 한 번 활발한 것이 된다"[39] 라고. 그러나 그 후 곧 카를 슈미트는 여러 기회에[40] "헤겔은 죽었다"고 말

38) "관습법의 이론도 법률과 판결의, 법률과 재판관의, 자유법운동과 이익법학과의 관계에 관한 수십 년간의 방법론적 논구도 법률사고, 결정사고, 질서사고의 차이라는 결정적인 대립에까지는 나아가지 못하고 있다" (Über die drei Arten... [FN 2], S. 30 f.[역서 243쪽]).

39) Ebd., S. 45 (역서 259쪽). 거기에서는 헤겔의 법철학의 약간의 인용과 그에 대한 해설에 의해서 그 질서사고가 상세하게 제시되고 있다.

40) Staat, Bewegung, Volk, 2. Aufl., 1934, S. 31 f.[김효전 옮김, 「국가 · 운동 · 민족」, 『정치신학 외』, 194쪽 이하].

했다. 무솔리니와의 대담에서도 그렇게 말하였다. 이에 대해 총통(Duce)이 격렬하게 반박한 것은 부당한 일이다!

카를 슈미트의 철학적 입장에 대한 질문은 즉흥적인 가설로는 대답할 수 없다. 거기에서부터는 구체적 질서사고에 이르는 간단한 입구는 존재하지 않으며, 반대로 구체적 질서사고로부터는 그의 법학적 사고의 철학적 전제나 출발점이 일반적인 형태로, 그리고 어느 정도 완전히 속여 넘길 수 있다는 견해로서 추론되지도 않는다.

물론 그에 대해서는 가톨릭의 사회와 국가이해가 잘 알려져 있다. 이러한 이해에 대해서 질서는 기본개념 중의 하나이며, 그것은 '코스모스의 창조를 결정한' 신을, 모든 질서의 기원이라고 본다. 즉 **법은 질서를 전제로 한다.**[41)]

프로테스탄트적 질서사고가 루터에 결부되고 있는 한, 물론 그 두 개의 왕국(zwei Reiche)의 이론은 출발점이다. 신에 의해서 창조된 창조물의 질서의 이론은 그 구성이 역사적 전환 아래 있는 사회도 창조물의 질서의

41) Anton Rauscher S. J., Art. "Rechte" IV, A, Staatslexikon Bd. 6, 1961, S. 634, 635. "법이란 평화의 질서이다"라는 아우구스티누스의 『신국』의 한 구절(De civitate Dei 19, 15)[윤성범 옮김, 『신국』, 을유문화사 1966, 197쪽]도 이 논문의 앞머리에 모토로서 내세운 베르길리우스 말의 전통 속에 있다.—질서라는 것은 항상 영원한 철학에서 생긴 신학과 법학의 내용에 포함된 것이다. 그러나 여기서는 다음의 점을 첨가하는 데 그치기로 한다. 즉 물리학에서 말하는 우주론의 최근의 가설 또한, 초기에 있어서의 우주의 과정에 모든 가능성이 있었던 카오스로부터 항상 커다란 질서로 인도하였다는 것을 쉽게 추측한다는 것이다. 그리고 이 일은 신이 의욕된 것으로서, 따라서 의미 있는 자연의 과정으로서 해석할 수도 있으며, 이 가설의 기초에 있는 사실은 이중적인 것이지만, 인간의 의미발견의 욕구에 합치하는 해석을 허용하기도 한다.—존재의 유비(Analogia Entis)—카를 슈미트는 동시대의 저명한 에리히 프슈바라(Erich Przywara)에 가까운 입장에서 기념논문집에 논문(Nomos-Nahme-Name, in: Der beständige Aufbruch, hrsg. von Siegfried Behn, Nürnberg, o.J., S. 91)을 기고하고 있다—때문에 어떤 인간이 1933년이란 대전환 이후와 같은 역사적 상황에 놓인 것을 안 경우에 대해서, 유사한 표명이 허용된다. 이러한 역사적 상황이 그때까지의 구조가 전복된 후에는 여러 가지 관점에서 이중적인 것이라면, 바로 그러한 경우에야말로 적절한 질서요소의 도래를 기다려 관찰하는 것이 공법을 하는 법률가의 임무인 것이다.

하나로 헤아린다. 그러한 질서의 규범적 성격의 관념은 어떠한 종류의 질서사고에서도 간단히 결합하는데, 그럼으로써 질서사고는 발견된 질서를 정당화하는 역할을 하는 (역할을 담당하려는) 위험에, 혹은 또한 단순한 그러한 의심에 놓이는 것이다. 이에 대해서 구체적 질서사고는 오히려 1933년의 '대전환' 이후 적절한, 그리고 일정한 수용의 기회를 제공하는 질서 기초를 제시하는 것을 목표로 한 것이다. 법률학의 모든 분야를 통하여 구체적 질서사고는 여러 가지의 법발견과 적용영역에의 수용이라는 큰 물결을 가져온 것이다.

에른스트 루돌프 후버는 이 시기에 있어서의 카를 슈미트의 법이론적 발전에 대한 철학적 입장에 관한 물음에 대해서 스콜라 철학, 가톨릭 자연법론, 그리고 그 '질서(Ordo)' 개념(아울러 결단주의의 단계에 대해서는 홉스가 결정적이다)을 지적하였는데, 그것은 정당하다.[42] 다른 양식의 법사고와의, 즉 결정사고와의 구별은 "방법론적으로만이 아니라 사물적인 유의 것"[43] 이다. 그러므로 구체적 질서사고의 내용은 법철학과 법학방법론을 구별하는 분석으로는 불완전하며 명백하지는 않다.[44] 카를 슈미트는 『정치신학』 제2판의 서문(1933년 11월)에서 자신이 결단주의를 넘어 제도적 법사고에 도달한 것을 고하였다.[45] 여기서는 하이데거의 실존주의에 가깝다는 것이 크게 이해를 돕는다. 하이데거에 대해서 "존재 자체로부터"만 "인간에 대해서 법률이나 규칙이 되기에 틀림없는 지시를 적소에 지정하는 것이 생긴다. … 노모스는 법률이 아니며 보다 근원적으로는 존재의 섭리 중에 은폐된 곳에 지정인 것이다".[46]

---

42) "Positionen und Begriffe", Eine Auseinandersetzung mit Carl Schmitt: Zeitschr. f. d. ges. Staatswissenschaft 101 (1941), S. 6.

43) Ebd., S. 5.

44) E.-W. 뵈켄회르데는 구체적 질서사고의 법철학적 측면과 아울러 법학방법론적 측면을 강조한다(FN 23, Sp. 1312).

45) München, 1934 [김효전 역, 『정치신학 외』, 법문사, 1988, 14쪽].

46) Brief "Über den Humanismus".

스미소니안 합의와 같은 예를 본다면, '필요(necessitá)'가 자주 질서의 정상적인 존재양식을 조건지운다는 상티 로마노(Santi Romano)의 이해[47]를 설명할 수 있다. 그것과 동일한 예를 든다면, 오류에 대해서 구체적 질서의 제도적 측면에 대해서 본질적인 요소도 설명할 수 있다, 즉 그러한 요소란 중심이념('실현해야 할 사회질서의 이데 une idée de l'ordre sociale á réaliser'), 책임권력('조직화된 힘 une force organisée'), 그리고 공통합의의 표명('일치의 표명 une manifestation de communion')이다.[48] 필요에서 생기는 자극은 '지도자의 이데(idée directrice)' 중에 구성을 얻는데, 그러나 그것은 그대로의 형태로 이미 규범인 것은 아니다. 그러한 것은 허용되는 동일시일 것이다.[49]

카를 슈미트는 항상 헌법사 속에 쌓인 공법적 사고형태의 축적을 면밀하게 조사한 후 대담한 생각을 대담하고 빼어난 수단으로 주저하지 않고 말했다. 킨틸리아누스가 호라티우스를 찬미한 것이 허용될지도 모른다. 즉 " … 변화에 능숙한 모습과 가장 행운이며 대담한 말(variis figuris et verbis felicissime audax. Institutio oratoria[변론술] X, 1, 96)"이다—다만 행운이 고뇌 없는 것이라면.

---

47) Pietro Piovani, Il significato del principio di effettivitá, Mailand 1953, S. 65.

48) M. Hauriou, Die Theorie der Institution, hrsg. von Roman Schnur, Berlin 1965, S. 64.

49) E.-W. 뵈켄회르데는 법에 대립하는 "사회적 현실" 속에—"이미 법 '이전에', 더구나 법 없이—이미 하나의 … 규범적 성격을 가지며, 규범적으로 형성된 현실"이 있다고 본다 (Art. Ordnungsdenken, konkretes [FN 23], Sp. 1314).—이에 대해서 나는 사회적 현실과 구체적 질서와 규범 간의 차이를 강조하고 싶다. 사회적 현실에서 생겨 나오는 자극은 '지도자의 이데(오류)' 속에 그 형태를 획득하며, 그 자극은 내 생각으로는 그대로는 이미 규범적 성격을 가지지 않는다. 구체적 질서는 타당한 규범과 모순되며, 그것을 상대화하고 해석에 의해서 배제하고 그 변경과 폐기를 촉진할지도 모르지만 구체적 질서는 또한 그것들을 고정화하고 정당화할지도 모르는 것이다.

정치신학과 정치경제학[1)]

—카를 슈미트와 막스 베버에 대하여

게어리 L. 얼멘

1) 이 논문의 필자가 쓴, 카를 슈미트와 막스 베버에 관한 책은 1988년 말 하이델베르크의 악타 후마니오라(Acta humaniora)사에서 두 권으로 발간되었다. 그 원고의 일부는 미국 잡지 『국가 · 문화 · 사회』에 영어로 발표되었다. State, Culture and Society. Hrsg. Arthur J. Vidich und Stanford M. Lyman, Bd. Ⅰ, Heft 2 (Winter 1985), S. 3-57.

"우리들의 테마는 무엇인가?" 카를 슈미트는 논의를 시작하면서 즐겨 이렇게 질문하였다. 여기서 우리들의 테마는 신학과 경제학, 가톨릭 교회와 프로테스탄티즘의 윤리, 정치형태와 자본주의의 정신, 법학과 사회학, 공적 영역과 사적 영역 그리고 결단주의와 자유주의 간의 관계이다. 즉 카를 슈미트와 막스 베버의 관계이다. 확실히 이러한 테마의 설정은 이처럼 한정된 지면으로는 부족하다. 그러나 모든 테마에는 시작이 있다—아마도 항상 끝이 있지는 않겠지만—. 거기에서 우리들은 『로마 가톨릭주의와 정치형태』와 『프로테스탄티즘의 윤리와 자본주의의 정신』이라는 두 논문의 특정한 관계를 슈미트가 『정치신학』이란 제목 아래 논한 문제와 관련하여 고찰하기로 한다.

카를 슈미트가 막스 베버의 학생들로 구성된 『추모논문집』에 기고한 「주권개념의 사회학과 정치신학」에 관한 세 개의 장[2]은 왕정복고의 가장 중요한 가톨릭 철학자에 관한 하나의 장과 합하여, 『정치신학-주권이론에 관한 네 개의 장』이라는 독립된 책자로 출판하였다.[3] 이 저작에서 슈미트는 이러한 장들을 "1922년 3월에 「가톨릭주의의 정치이념」에 관한 논문과 동시에 썼다"고 적어두고 있다. 그는 「가톨릭주의의 정치이념」을 1923년에 『로마 가톨릭주의와 정치형태』라는 제목으로 발간하였다.[4] 『정치신

2) Melchior Palyi (Hrsg.), Erinnerungsgabe für Max Weber, München 1923, Bd. Ⅱ, S. 3-35.

3) München 1922.

4) Hellerau에 있는 야콥 헤게너(Jakob Hegener) 출판사. 2. Aufl., München 1925; 3. Aufl., Stuttgart 1984. 여기서는 제3판으로 인용한다.

학』과 『로마 가톨릭주의와 정치행태』의 관련성은 신학적 개념과 법학적 개념의 체계적인 유사성에 관한 슈미트의 설명에서 명백하게 된다. 이 유사성은 사회학적으로 해석해야 하는데, 이것은 20세기의 생활과 사고에서 무게를 두었던 사회(Gesellschaft)와 사회학적인 것(Sozialen)의 역할을 암시하고 있다.

카를 슈미트의 사고구조에서 막스 베버는 토머스 홉스의 대극(對極)에 위치한다. 홉스는 자유주의의 창시자이고, 베버는 시민시대 말기에 이 자유주의를 극복한 사람이다. 슈미트가 자유주의 비판에 몰두하기 위해서 홉스로 돌아가는 한편 베버를 세속화시킨 프로테스탄티즘의 윤리라는 경제적 사고의 영향과 대결한다. 분명히 슈미트는 자유주의 비판이 무조건적으로 정치경제학에 대한 비판으로 되는 것, 실로 시민사회에 대한 정치적 비판이 되는 것을 보았다.[5] 그는 자연상태의 부정에 관하여 홉스로부터 하나의 물음을 도출하고, '경제적 정치학'의 본질에 관한 해답을 베버에게 주었다.

『로마 가톨릭주의와 정치형태』는 『프로테스탄티즘의 윤리와 자본주의 정신』에 대한 응답으로서 썼다. 물론 슈미트의 저작은 베버의 주요 테제에 대한 비판이 아니다. 오히려 그는 메타비판적인 대립상(Gegenbild)을 묘사하고, 베버에 대항하여 가톨릭의 가치를 강조한다. 슈미트는 베버와 마찬가지로 기본적으로는 근대 서구의 문화와 문명에 몰두한다. 그 중심이 베버에 있어서는 근대의 자본주의이고, 슈미트에게는 근대의 국가이다. 또한 동시에 슈미트의 논문은, 베버의 논문에서는 궁극적으로 그 자의식을 획득한, 자유주의적=시민적=자본주의적 시대에 대한 비판에도 있다. 왜냐하면 서구의 근대자본주의는 국가에 반항한 시민사회의 지적 내지

5) 슈미트에 의하면 마르크스는 정치경제학의 경제적인 비판만을 하였다. 왜냐하면 "마르크스는 항상 상품과 가치, 즉 부르주아 자본주의의 개념들에 대해서만 말하고, 따라서 구래의 고전적인 특히 부르주아 국민경제학에 그치고 있기" 때문이다. Carl Schmitt, Die geistesgeschichtliche Lage des heutigen Parlamentarismus, 5. Aufl., Berlin, 1979, S. 75 [김효전 옮김, 『현대 의회주의의 정신사적 지위』, 관악사, 2007, 82쪽] 참조.

그 밖의 다양한 힘에 의해서 달성되었기 때문이다. 따라서 『로마 가톨릭주의와 정치형태』도 『프로테스탄티즘의 윤리와 자본주의의 정신』도 인간의 정신사나 사회사에서의 주요문제나 전환점을 둘러싼 논의를 도발하고 그 이해를 돕는 것도 적지 않지만, 그러나 결정적으로 중요한 저작이다.

슈미트의 『로마 가톨릭주의와 정치형태』는 학문적으로 매우 주목되는 것이 아니라 오히려 전기적(傳記的)인 색채를 지닌 저작으로 간주되어 왔다. 확실히 이 저작은 슈미트의 개인적인 신앙으로서의 가톨릭주의의 백조의 노래이며 물론 『정치적 가톨릭주의』에 대한 중요한 공헌이라는 점에 의의가 있다. 요컨대 슈미트는 여기서 최고의 신앙적 권위로서의 로마 교회가 아니라 로마 교회가 정치적 당파로서 행동하고 '국가'에게 모든 정치적 권위를 승인하였다는 견해(진리가 아니라 권위가 법을 만든다 autoritas non veritas facit legem)*에 도달했다. 그의 신앙의 상실은 역사적으로나 종교적으로도, 사회학적으로나 신학적으로도 제한을 받았다. 그가 믿는 것을 포기했다고 하더라도 [로마교회]를 사랑하는 것까지 포기한 것은 아닐 것이다.

슈미트가 가톨릭주의와 단절한 것, 즉 슈미트에 있어서의 '세속화'는 이미 『로마 가톨릭주의와 정치형태』에서 볼 수 있다. 이 저작에서 그는 바티칸 체제와 근대 세계의 지적 생활에 뿌리를 내리는 가톨릭 사상과의 타협안을 탐구한다. 이 문제의 해결책은 1918년의 독일 혁명 이후 필수적이며 긴급한 과제였다. 슈미트는 바티칸공의회 후 교회를 강화하려고 노력하였지만 동시에 교회와 근대의 관계에 대해서도 새로운 평가를 시도하였다. 그러나 그는 당시 이미 홉스의 일을 인식하고 있었다. 그뿐만 아니라 주권적 결단이 현실적으로 필요한 것을 자각하고 있었다. 이리하여 슈미트는 교회와 국가의 관계를 스스로 문제화하여 대상화하여 갔다.

슈미트에 의하면, 홉스는 가톨릭 교회의 결단의 독점에 관하여 정치적으로 더구나 개념체계적인 선택이 있는 것을 발견하고 또한 종교개혁을 완성하였다. 보다 정확히 말하면 홉스는 종교적=교회적인 권한과 세속적=정치적인 권한 사이의 투쟁이 일순간에 구체적인 자기주장의 문제에까지 고양되고 정치투쟁으로 되는 것을 인식하였다.

로마 교회의 형이상학적, 도덕적-신학적, 자연법적 그리고 카논법적인 우월을 주장하는 측에서 본다면, 이러한 질문은 결국 다음과 같이 대답할 수 있을 것이다. 즉 보다 높은 권력으로서 "누가 결정을 내리는가?" 하는 질문에 대답할 권한은 종교적 권력이라고. 특히 직 · 간접으로 종교적인 것으로부터 구별되는 것은 실제상의 귀결로서는 구체적인 일에 대한 종교적 권력의 존재적인 관심이 충분히 강해지자마자, 그것에 대해서는 종교적 권력이 결정하였다는 것을 의미하였다. 토머스 홉스의 획기적인 중요성은 종교적 권력이 행하는 이러한 결정권에 대한 요구가 가지는 순수하게 정치적인 의미를 개념으로 명백하게 인식하였다는 점에 있다.[6]

슈미트는 이러한 로마 교회의 결단독점에 대한 명확한 국가적 안티 테제를 '완성된 종교개혁의 표현'으로 간주한다. 즉

'종교전쟁의 불꽃 속에서 익은 시대의 결실'이라고 본다. 그리고 이 내란의 시대에 **개혁의 권리**(jus reformandi)는—중세로부터 본다면—최고의 왕권이 된 것인데 동시에 그것은—(바로 그럼으로써 성립하는) 근대 국가로부터 본다면—하나의 주권적 권리가 된 것이다.[7]

가톨릭주의의 정치이념은 주권국가에 일치하지만, 반대로 프로테스탄티즘

---

6) Carl Schmitt, Die vollendete Reformation. Bemerkungen und Hinweise zu neuen Leviathan-Interpretationen: Der Staat 4 (1965), S. 64 [김효전 역, 「완성된 종교개혁」, 동인, 『유럽 법학의 상태』, 교육과학사, 1990, 240-241쪽].

7) Ebd., S. 65 (역서 244쪽).

의 윤리나 그것을 탄생시켜온 자유주의적=시민적=자본주의적인 시대와는 대립한다. 여기에 슈미트의 '로마 가톨릭주의'에 관한 저작과 『정치신학』 간의 관계를 이해하기 위한 열쇠가 있다.

주목할 만한 것은 다음의 것이다. 즉 나의 정치신학에 대한 노력은 산만하고 형이상학적인 어떤 것이 아니라 법적 합리성을 완벽하게 가지는 가톨릭 **교회**와—토머스 홉스의 체계에서도 역시 기독교를 전제로 한다—**유럽 공법의 국가**라는 역사를 통해서 최고도로 발전하고 또 최고도로 형성된 '서양합리주의'라는 두 가지 구축물의, 체계적인 사고 속에서 명백하게 된 독자적인 개념을 사용하여 양자를 관계지으려는 고전적인 경우에 관한 것이다.[8)]

그러나 『정치신학』의 결말 부분에서는 다음과 같이 서술한다.

오늘날 지배적인 정치적=기술적 사고에 의해서는 이미 전혀 정치이념을 인식할 수 없다. 막스 베버가 그렇게 보듯이, 근대 국가는 실제로 거대한 기업으로 변모한 것처럼 보인다.[9)]

Ⅰ. 베버의 '프로테스탄티즘' 상(像)에서의 로마 가톨릭주의

로마 가톨릭주의는 종교전쟁 중에 칼뱅주의를 그 주요 적으로 간주하였다. 베버의 『프로테스탄티즘의 윤리와 자본주의 정신』에서의 주요한 적은 존재하지 않는다. 또 신앙이나 교회로서의 로마 가톨릭주의가 대상이

8) Carl Schmitt, Politische Theologie Ⅱ, Die Lehre von der Erledigung jeder Politischen Theologie, Berlin 1970, S. 110-111[김효전 역, 「정치신학II-모든 정치신학은 일소되었다는 전설」, 『동아법학』 제16호, 1993, 321-322쪽].

9) Carl Schmitt, Politische Theologie, 3. Aufl., Berlin 1979, S. 82 [김효전 역, 『정치신학 외』, 법문사, 1988, 65쪽].

되고 있지도 않다. 베버의 논문은 완전히 중립화, 탈정치화되어 있고 종교 전쟁의 세속화라는 사회학적인 문맥 중에서 자유주의 시대의 종말을 시사하는 것이다. 베버의 연구는 방법론적인 이해에 의해 얻어진 경제적인 것(Ökonomische)이라는 열쇠 개념에 의해서 두 개 종파의 특정한 시점으로 향하고 있다. 그렇다고는 하지만 그의 칼뱅주의에 대한 적극적인 평가는 필연적으로 로마 가톨릭주의에 대한 소극적인 평가가 내재하는 것이다. 이 점을 어떻게 이해하면 좋을 것인가?

무엇보다도 먼저 베버는 가톨릭주의가 [프로테스탄티즘보다] '비현세적'이며, 그 최고의 이상으로 하는 금욕주의적인 경향을 띠고 있기 때문에 [가톨릭교도는] 이 세상의 재화에 대해 보다 무관심한 태도를 취하도록 교육되지 않을 수 없었다는 피상적인 견해에 반대한다. 이 점에 관하여 베버는 프랑스의 칼뱅주의자가 예컨대 북독일의 가톨릭교도와 적어도 같은 정도로 비현세적인 것, 양자가 모두 "같은 경향에 의해서 당시의 지배적인 종파로부터" 구별되는 것을 지적한다.

> 이러한 비교가 무엇보다도 명백하게 보여주듯이, 가톨릭주의가 (표면상!) '비현세적'이라든가 프로테스탄트주의가 (표면상!) 물질주의적인 '현세의 즐거움'을 포함하고 있다든지 하는 그런 막연한 관념으로는 도저히 이 문제를 해결할 수 없다. 왜냐하면 이처럼 막연한 관념은 오늘날은 물론이고 적어도 과거에 대해서도 전혀 통용하지 않기 때문이다. 만일 이러한 관념을 사용하여 의논을 전개하려고 한다면, **그 경우** 이미 설명한 사항 이외에도 더 몇몇 견해가 곧 떠오르고 결국 다음과 같은 생각으로 접근해나가지 않을 수 없을 것이다. 즉 한편의 비현세적 · 금욕적으로 종교상 경건하다는 것과, 다른 한편의 자본주의적 영리생활에 종사한다는 것, 이 양자 간의 완전한 대립은 바로 내면적인 **친화관계**로 역전될 수 있는 것은 아닐까

라고.[10)]

로마 가톨릭주의에 대한 베버의 부정적인 평가가 칼뱅주의에 대한 적극적인 평가에 대해서 본질적인가의 여부에 관한 문제를 우선 별도로 하면 비현세적인 것과 자본주의적인 영리생활에 종사하는 것 사이에 있는 친화관계와 같은 문제는 베버의 논문에서 발견되는 '가톨릭적인' 배경을 명백히 할 때 다른 양상을 드러낸다.

베버의 출발점의 기초는 직업 통계의 데이터이다. 즉 "자본의 소유자나 기업가 혹은 높은 학식을 가진 노동자, 특히 근대 기업가의 보다 고도로 기술적이고도 상인으로서 훈련된 인격"이 전적으로 프로테스탄티즘적인 성격을 띠고 있다는 점이다. 베버는 가톨릭교도에 대해서 다음의 점을 확인한다. '보다 고등한' 학교의 생도나 김나지움의 졸업자인 가톨릭교도의 비율은 전체적으로 볼 때 총인구에 가톨릭교도가 차지하는 비율에 달하지 않은 것, 그러나 그들은 (실업 김나지움이나 실업 학교 등과 비교하면) 상당한 비율로 인문계 김나지움을 찾는다는 것이다. 또한 가톨릭교도는 "언제나 수공업에 집착하는 경향이 강하며", "그러므로 수공업의 우두머리 **장인**이 되는 일이 비교적 많은 데에 반하여, 프로테스탄트는 공장에 유입하는 경향이 상당히 강하다는 것이다".[11)] 독일에서는 가톨릭교도가 근대적 영리생활에 종사하는 것이 보다 적다는 사실에 착안하면 할수록 이것은 다음과 같은 오랜 경험칙에도, 현재의 경험칙에도 반하는 사항이다. 즉 "'피지배자'로서 자신들과는 이질적인 '지배적'집단에 대립하는 민족적 · 종교적 소수자는 자발적이든 강제적이든 정치적인 영향력을 가지는 입장에서 **배제**

---

10) Max Weber, Gesammelte Aufsätze zur Religionssoziologie, 5., photomechanisch gedruckte Aufl., Tübingen 1963, Bd. 1, S. 25 f.[박성수 옮김, 『프로테스탄티즘의 윤리와 자본주의 정신』, 문예출판사, 2013, 33쪽 이하].

11) Ebd., S. 17-22.

됨으로써 오로지 영리활동을 추구한다는 것, 그리고 그들 중에서 재능이 풍부한 사람은 국가의 관직에서는 발휘할 수 없었던 명예욕을 영리활동으로 만족시키려고 하는 것, 이와 같은 경험칙이다."[12]

베버는 이 뜻밖의 사실의 주요한 원인을 가톨릭 신앙의 특수한 성격 중에서 발견하려고 하지만, 그때 그는 명백히 교회의 조직 · 제도(Anstalt)* 가 아니라 **개개의** 가톨릭 교도의 행위와 사업에만 주의한다. '전통적인' 가톨릭적 금욕과 자본주의 정신의 결여라는 통찰은 경제적인 사고의 틀 안에서 이루어지고 있다. 즉 베버는 프로테스탄티즘의 윤리에 관한 자신의 테제를 로마 가톨릭주의의 윤리와 대비하면서 전개하지만 교회의 조직 · 제도(Anstalt)에는 전혀 눈을 두지 않기 때문이다. 후술하듯이, 베버는 로마 교회의 조직 · 제도를 철두철미하게 법학적인 의미에서 고찰했다. 그러나 『프로테스탄티즘의 윤리와 자본주의의 정신』에서는 법학적인 의미를 넣어서까지 논의를 진행시키지는 않았다. 베버가 시도하려고 한 것은 하나의 경제적 · 사회학적인 탐구였다.

경제적=인문주의적, 개인주의적=제도적이라는 대립항을 고찰함에 있어서 베버의 종과 이해는 그가 '천직'과 '합리성'이라는 개념을 논할 때 가장 명확해진다. 베버에 의하면 압도적 다수의 가톨릭 민중은 압도적 다수의 프로테스탄트 민중과 같은 의미를 지닌 천직 관념을 가지고 있지는 않다.

즉 '천직(Beruf)'이라는 개념 중에는 프로테스탄트 모든 교파의 중심적 교의가 나타나 있다. 즉 그것은 가톨릭에서 볼 수 있는 기독교의 도덕계를 '명령'과 '권고'로 나누는 것을 거부하며, 또 [신도가] 하나님만이 마음에 없었던 생활을 하기 위한 하나의 수단으로서 수도사적 금욕을 세속 내적인

12) Ebd., S. 22-23.

도덕보다도 우월하다고 생각하는 것은 아니며, 오직 개개인의 생활상의 입장에서 생기는 세속내적의무의 수행을 존중한다는 것이다. 그리고 이 세속내적인 의무의 수행이야말로 개개인의 '천직'임에 틀림없다.[13)]

세속적 직업의 의의는 신앙뿐이라는 사상의 승인에 의해서 결과적으로 고양되고 또 오직 신앙(sola-fide)이라는 사상에 의해서 생긴 '악마의 지시를 받은' 가톨릭 수도사의 '복음적 권고'와의 날카로운 대립에 의해서도 증대한다. 수도사의 생활태도가 신에 의해서 외로워지기 위해서는 전혀 무가치하다고 생각되는 것뿐만 아니라 세속의 의무로부터 도피하려는 이기적인, 사랑이 결핍된 소산으로서 타당한 데 대해서 세속적인 직업 노동은 이웃 사랑의 외적인 표현으로 간주된다.

무엇보다도 먼저 가톨릭주의는 모든 정치적 이유에서 칼뱅주의를 고유한 적으로 보았다. 그러나 그 대립관계는 오로지 칼뱅주의의 윤리적인 특성에 기초한다. 베버에 의하면 결정적인 모든 시점은 가톨릭 수도사의 규율에도, 칼뱅파 교도의 생활태도의 원칙에도 한결같이 각인되어 있다.

양자가 함께 갖추어 현세를 극복하는 강대한 힘, 특히 칼뱅주의가 루터파와 다르고 '싸우는 교회(ecclesia militans)'로서 프로테스탄티즘의 존속을 확고한 것으로 한 거대한 힘은 이러한 인간 전체의 조직적인 파악이라고 하는 점에 그 근원을 두고 있다.[14)]

다른 한편 칼뱅주의적인 금욕과 중세적 금욕의 대립은 매우 선명하다. 이 대립은 복음적 권고의 폐지와 거기에 수반하여 나타난 금욕의 순수함에 세속내적인 것에의 의미전환에 의해서 생긴 것이다.

---

13) Ebd., S. 69

14) Ebd., S. 118.

> 가톨릭주의에서는 마치 '방법적인' 생활이 수도원의 골방 속에만 제한되어 있는 것으로 생각해서는 안 된다. 교리에서 그렇게 생각하는 것은 잘못이며 실제로도 그렇지 않다. 오히려 이미 강조했듯이, 가톨릭주의의 도덕적 절도의 요구가 비교적 컸던 것에도 관계없고 윤리상의 조직 없는 생활은 가톨릭주의가—세속내적인 생활에 대해서도—목표로 삼은 최고의 이상에 도달할 수 없었다는 것이다.[15]

베버는 수도사의 윤리를 프로테스탄티즘의 세속내적 금욕이란 윤리의 선구로 본다. 그러나 가톨릭주의가 완전히 결여된 것이야말로 베버에 대해서는 결정적으로 중요한 것이다.

> 즉 그것은 "금욕적 프로테스탄티즘에 특징적인 천직에서 자신의 구제를 **확증**하려는 구원의 확신(certitudo salutis)의 개념이고 따라서 또 이러한 종교성이 '노동(industria)'에 주는 심리적 **포상**이다. 이러한 것은 가톨릭주의에서는 구원의 수단이 전혀 달랐기 때문에 필연적으로 결여되지 않을 수 없었다.[16]

가리지 않은 모든 향락을 단호히 피하면서도 화폐의 획득과 더 많은 화폐를 획득하는 것이 프로테스탄티즘 윤리의 최고선(summum bonum)으로서 강조된다. 베버는 바로 이 점에서 자본주의로 인도하는 지도원리를 보지만 이것이야말로 가톨릭 교의에 대립하는 것이다. 가톨릭 교의가 경제적 이해에 보다 강하게 순응하기에 이른 경우마저도 "영리를 자기 목적으로 하는 활동을 근본적으로는 부끄러워할 것(pundendum)이며 현존하는 생활질서가 그러한 활동을 어쩔 수 없이 허용하고 있음에 불과하다는 감

---

15) Ebd., S. 118 f.
16) Ebd., S. 58.

각은 결코 소실되지 않았다."[17] 개개의 윤리학자, 그 중에서도 유명론자(唯名論者)는 이미 발전하고 있던 자본주의적 영업 형태의 싹을 소여의 것으로 받아들이고 그것을 허용해야 한다고 주장하지만—그때 그들은 상업을 필요한 것으로 보고 거기에서 길러진 노동을 이윤의 정당한 원천으로서, 또한 윤리적으로 비열하지 않은 것으로 생각한다—당시의 지배적인 학설의 주장자는 자본주의적인 영리'정신'을 추한 것(turpitudo)이라고 하여 거부하거나 적어도 그것을 윤리적으로 적극적으로는 평가하지 않았다.

기본적으로 가톨릭의 **윤리**는 신념윤리(Gesinnungsethik)이다. 프로테스탄트의 윤리와 달리 개개 행위의 구체적인 **의도**(intentio)가 그 행위의 가치를 결정했다.

> 그리고 개개의 행위가—선하거나 나쁜 것이더라도—행위자 자신에게 귀결시키고 그 행위자의 현세와 내세의 운명에 영향을 주는 것으로 보았다. 그럼으로써 가톨릭 교회는 매우 현실적으로 다음의 점을 고려하고 있었다. 즉 인간은 절대적, 임의적으로 결정되고 평가될 수 있는 통일체는 아니며, 그 도덕적 생활은 (통상) 여러 가지의 충돌하는 동기에 좌우된, 자주 모순에 찬 상태에 있다는 것이다. 확실히 가톨릭 교회는 이상으로서 인간에게 **원칙적인** 생활방식으로의 방향전환을 요구했지만 이 요구도 가톨릭 교회의 가장 중요한 하나의 권력·교육의 수단에 의해서, 즉 그 기능이 가톨릭적 종교성의 밑바닥에 있는 특성과 깊이 결합하고 있는 참회의 비적(秘蹟)에 의해 (평균적인 신도에게는) 약화된 것이다.[18]

베버에 의하면 가톨릭 신앙심의 경우, 세계의 '주술로부터의 해방', 즉 구제 수단으로서의 주술의 배제는 프로테스탄트의 종교성 정도로는 시종

17) Ebd., S. 59.
18) Ebd., S. 113-114.

일관하지 않았다. 베버는 가톨릭 사제를 화체(化體)의 기적을 완수하고 자신의 수중에 [천국의] 열쇠의 권능을 쥔 주술사로 간주하였다. 칼뱅주의자는 지복(至福)의 확증을 말하자면 스스로 손에 넣고 끊임없이 조직적인 자기 통제를 행하였다. 다른 한편, 중세의 아주 보통 가톨릭 평신도는 윤리 위에서는 거의 '일상을 생활하는 것'이며 무엇보다도 전통적인 의무를 양심적으로 실행했다. 그들이 그 이상의 '선한 행위'를 하여도 그것은 통상 서로 맥락이 없고 적어도 하나의 생활 체계에까지 합리화되지는 않은, 개개 행위의 나열에 불과하였다.

> 칼뱅주의의 신이 그 신도에게 요구한 것은 개개의 '선한 업'은 아니고 **조직**으로까지 올라간 성스러운 행위였다. 가톨릭교도들의 죄, 회개, 참회, 사면 그리고 새로운 죄와 같은 것 사이에서 동요하고 움직이는 참으로 인간적인 감정이나 현세의 벌로 [죄를] 속죄할 수 있고 교회의 은총이란 수단으로 생활 전체를 청산할 수 있다는 것은 [칼뱅주의에 대해서는] 문제가 되지 않았다.[19)]

베버에게 중요한 것은 신학상의 윤리학설을 개념적으로 전개하는 것이 아니라 신자의 현실생활에서 무엇이 힘을 가진 도덕인가, 또 그러므로 직업윤리의 종교적인 방향 지움이 실제로 어떠한 영향을 미쳤는가 하는 것이다. 가톨릭주의, 특히 예수회의 결의론적(決疑論的)인 문헌 중에는 예컨대 프로테스탄트의 많은 결의론적 문헌에서도 동일한 영향을 지니며 이자를 허용할 것인가 여부의 물음에 대한 설명을 발견하는 것이 가능하였다.

평신도의 금욕 생활에 종교적인 **보장**을 준다는 결정적인 사실은 별도

19) Ebd., S. 114-115.

로 하더라도 …[가톨릭주의와 프로테스탄티즘 사이에는] 이미 이론상 다음과 같은 거대한 차이가 존재했다. 즉 가톨릭주의에서 이 관용파적인(latitudinarisch) 견해는 교회의 권위에 의해서 인가되지 않는, 독자적으로 **이완된**(laxer) 윤리학설의 소산이며 바로 가장 진지하고 엄격한 교회의 신자들에게는 걸맞지 않았다. 이에 대하여 프로테스탄티즘의 천직이념은 반대로 금욕생활의 바로 가장 진지한 신봉자들을 결과적으로 자본주의적인 영리생활에 봉사시키는 것이 되었다. 가톨릭주의에서는 조건부로 **허용**된 것이 프로테스탄티즘에서는 적극적으로 도덕적으로 **선한 것**이 되었다.[20]

두 가지 윤리의 실제상의 기본적인 차이는 베버에 의하면 이미 17세기에 가톨릭 내부에서 생긴 얀세니즘을 둘러싼 분쟁에서 인정되었다. 프랑스의 신학자이며 주교인 코넬리우스 얀센은 성 아우구스티누스의 저작 중에 일방적인 신의 은총과 인간의 영겁의 벌이라는 교리를 발견했다. 프로테스탄트 교도는 이 분쟁을 몰리니즘의 주장자(Molinisten)에 대한 반동으로 또 예수회의 정신에 대한 투쟁으로서, 그러므로 가톨릭 내부의 사정이라고 본 것인데 다름 아닌 교황은 얀세니즘을 정당하게도 오늘날 청교도주의로 알려져 있는 칼뱅주의의 운동에도 유사한 경건주의적 운동으로 간주하였다. 칼뱅주의는 프로테스탄티즘의 윤리의 합리화를 다시 추진하였지만 가톨릭 교회는 얀세니즘을 억압하였다. 왜냐하면 그러한 운동을 관대하게 용인하는 것은 안슈탈트(Anstalt)로서 가톨릭 교회에 대해서는 전혀 불가능했기 때문이다. 물론 얀세니즘에서는 구원의 확신(certitudo salutis)과 세속적인 활동을 결부시킨 흔적은 존재하지 않는다. 얀세니즘의 직업관념은 특히 사회질서에 관하여 말하자면 정통 신앙에 입각하는 가톨릭주의보다도 더욱더 개개의 생활 상황[에 순응]을 허용한다.

기독교적인 금욕과 철저한 합리적 성격을 그 최고의 현상형태로 승인

---

20) Ebd., S. 117.

함에 있어서 베버는 무계획적인 현세 도피와 거장 같은 고행에서 빠져나온 수도사의 생활 태도가 이미 성 베네딕트의 규율 속에, 또 그 이상으로 클뤼니 수도사회에서, 나아가 현저하게는 시토 수도사(Zisterzienser)에, 그리고 대체로 결정적으로는 예수회에 나타나는 것으로 본다. 수도회는 합리적인 생활태도라는 조직적으로 완성된 방법을 길렀지만 그 목적은 **자연상태**(status naturae)를 극복하고 인간을 비합리적인 충동의 힘과 현세 및 자연에 대한 의존성에서 해방하여 계획적인 의지의 지배에 복종시키고 나아가 인간의 행위를 부단한 자기 통제나 그 윤리적 의의(意義)의 숙고 아래 둔다는 것이다. 베버는 그러한 점들 모두가 수도사의 규율 중에도 칼뱅주의자의 생활태도의 원리들에 각인되어 있는 것을 발견한다. 교리상으로나 실천상으로도 '방법적인' 생활이 수도원의 골방에만 한정되었다고는 할 수 없다. 그러나 결정적으로 중요한 것은 "종교적인 의미에서 우수한 방법으로 생활하는 인간은 어디까지나 수도사뿐이며 또 수도사에 한정되었다."[21] 조직적인 세속내적 금욕의 싹은 반복하여 다음과 같은 원인으로 요약한다. 즉 한편에서 어떤 종류 교회의 사회적 관행, 특히 종교개혁 시대에 경미한 남용으로서가 아니라 근본적인 해독 그 자체로서 수취된 면죄부에 의해서, 다른 한편 금욕 그 자체의 역학에 의해서이다. 금욕이 개개의 수도사를 강하게 잡으면 잡을수록 금욕은 더욱더 그들을 일상생활로부터 갈라놓은 것이 되었다. 왜냐하면 수도사 독자적인 신성한 생활은 바로 세속내적 도덕을 능가하는 데에 있었기 때문이다.

> 칼뱅주의에서는 예정설을 그 윤리의 기초로 둠으로써 "세속의 바깥쪽에서, 또한 세속을 초월하여 존재하는 수도사들의 종교적 귀족주의 대신에 영원한 옛날부터 신에 의해[구원이] 예정된 성도들의 현세 내부에서 종교적 귀족주의가 생기게 되었다. 더구나 이 귀족주의는 그 지우기 힘든 각인

21) Ebd., S. 119.

(character indelebilis)에 의해서 영원한 옛날부터 배제된 [성도 이외의] 나머지 인간을 현세로부터 외면적으로 분리된 중세의 수도사보다도 원리적으로 더욱 가교하기 어렵고 또 눈에 보이지 않는 만큼 더욱더 무서운 균열에 의해서 사이를 두게 되었다. 이러한—균열은 사회적 감각의 **모든 면**에 가혹하리만큼 잘게 절단되어 있다."[22] 이곳과 그에 이은 몇 줄은 베버 자신이 제기한 물음, 즉 "한쪽은 비현세적, 금욕적이며, 종교상 경건하다는 것, 다른 한편으로 자본주의적 영리생활에 종사한다는 것, 이 양자 간에 어떤 완전한 대립은 바로 내면적인 **친화관계**로" 역전되는 것은 아닌가 하는 물음에 답하고 있다. "최초의 세속에서 떠나서 고독 속으로 도피한 기독교의 금욕은 세속을 포기하면서 이미 수도원의 내부에서 세속을 교회의 지배 아래 두어왔다. 그러나 그 경우 세속적 일상생활이 가진 자연 그대로로 파악하지 않는 성격을 대체로 그대로 방치했다. 이제 이 금욕은 일상 속에서 나타나고 수도원의 문을 그 배후로 잠그는 동시에 다름 아닌 세속적인 일상생활 내부에 그 방법을 침투시키고 그것을 세속 중에서 합리적 생활로 개조하고자하였다. 다만, 그것은 세속에 의한 개조도, 세속을 위한 개조도 아니었다."[23]

분명히 그러한 합리화는 경제상의 **만인에 대한 만인의 투쟁**(bellum omnium contra omnes)이라는 경제적인 것의 영역에서는 이미 경제적 사고의 일종의 자기 충족 내지 자기주장이며, 자유주의와 시민사회의 사정(射程) 전체를 표현한다. 『프로테스탄티즘의 윤리와 자본주의 정신』을 쓴 수 년 후에 베버는 다음과 같이 말한다. "나는 … 종교적으로는 완전히 음치이고 나 자신의 종교적 성격을 특색지운 어떠한 혼의 구축물을 쌓아 올릴 필요도 없으며, 또 그러한 능력도 가지고 있지 않다"[24]라고. 따라서 베버

22) Ebd., S. 120.

23) Ebd., S. 163.

24) Marianne Weber, Max Weber. Ein Lebensbild, Tübingen 1926, S. 339 [조기준 옮김, 『막

가 자신의 논문에서 제시하려고 한 것은 형이상학적인 신념이 아니라 종교현상의 사물적인(sachlich)인 탐구이다. 그렇지만 수도원의 폐쇄된 문 뒤에는 세속외적인 금욕뿐만 아니라 영속적인(교회적=법학적인) 합리주의도 존재했다. 그리고 그것은 [후술하듯이 가톨릭주의가] 생활 현장에서는 경제적으로 음치(unmusikalich)라도 국가 생활에서는 정치적으로 우수한 음감을 가진다(musikalisch)는 것을 의미한다.

Ⅱ. 슈미트의 '가톨릭'상(像) 중의 프로테스탄티즘의 윤리

슈미트는 『로마 가톨릭주의와 정치형태』 중에서 베버의 사회학적인 종교해석에 대해 법학적인 종교해석을 대립시킨다. 베버가 경제적인 것을 사회학적으로 해석하였듯이, 슈미트는 정치적인 것을 법학적으로 해석한다. 보다 정확하게 말하면 이 대립은 가톨릭 교회의 기반이 공적 영역에 있고 자유주의의 기반은 사적 영역에 있다는 것이며 이러한 대립으로부터 슈미트의 법학적 이해를 추진해가는 구체적인 가능성이 열린다. 베버의 표현 방법은 신학적 영감(Eingebungen)과 경제적 사업 간에 있는 관계를 비정치적으로 고찰하기 때문에 성서 주석적이다. 이에 대해서 슈미트의 표현 방법은 논쟁적이다. 왜냐하면 정치적인 모든 개념은 '구체적인 대립'을 전제로 하기 때문이다. 슈미트는 이 『로마 가톨릭주의와 정치형태』에서도 그러한 대립, 즉 베버가 매우 독자적인 시작에서 짜맞춘 시대의 경제적·기술적 사고를 염두에 두고 있다. 이 경제적·기술적 사고는 슈미트에 대해서 소극적으로 짜맞추어야 하는 상대는 아니고 그 투쟁의 화살이 특히 "정치가와 법률가"로 향한, 적극적으로 맞붙어야 하는 논적(論敵)으로 본다.

슈미트와 베버의 관계는 기본적으로 명백히 대립한다. 그리고 이 대립

스 베버: 세기의 전환기를 이끈 위대한 사상가』, 소이연, 2010].

은 슈미트의 전체학문적인 전개에서 나타난다. 베버와의 특별한 관계가 가장 선명하게 나타나는 것이 『로마 가톨릭주의와 정치형태』이다. 나아가 중요한 것은 슈미트가 베버의 주요 저작 중에서 프로테스탄티즘의 윤리에 대항하기 위한 모델을 발견한 것이다. 카논 법학자이며 헌법학자인 한스 바리온에게 바친 『정치신학 II』에서 슈미트는 다음과 같이 적고 있다. 친구이며 동료인 바리온은

> 카논법 대전 중에 '이미 신적 교회법에 이상적으로 접근한 법적 교회의 내적 질서'를 본다… 더욱이 여기서는 베버의 전형적인 말을 인용하면 족하다. 이 말은 내가 1923년 로마 가톨릭주의에 대한 에세이 중에서 막스 베버의 이름을 들었을 때 염두에 두었던 것이다. 즉 베버는 다음과 같이 말한다. '어떠한 다른 종교법도 로마 교회의 법만큼 합리적 계정법을 창조하지는 못했다. 그것은 로마법에까지도 미칠 수 없었던 것이다'.

나아가 슈미트는 베버의 『경제와 사회』를 인용하면서 논의를 진행시켜 나간다. 그때 특히 주목할 점은 세속법에 대해서 카논법이 그 합리성의 과정에서 다름 아닌 하나의 안내가 되었다. 베버도 강조하듯이 이것은 **"다른 어디에서도 결코 발견되지 않는 가톨릭 교회의 합리적인 '안슈탈트적' 성격"**[25]의 귀결이다.

슈미트가 자신의 논문에서 치중한 것은 개인의 윤리가 아니라 공동의 권위이며, 사적인 동기가 아니라 공적인 안슈탈트이며, 구성된 정신이 아니라 조직된 형식이며, 경제적인 작용이 아니라 정치적인 계기이다. 베버 논문의 중심개념은 '천직(Beruf)'이며, 슈미트 논문의 중심 개념은 '대표(Repräsentation)'이다. 전자는 경제적인 영리에, 후자는 정치적인 결단에 귀착한다. 슈미트가 자유주의적=시민적인 적과 경제의 영역에서는 다투지

---

25) Carl Schmitt (FN 8), S. 100 (역서 315쪽). 슈미트는 바리온의 저서 『세속화와 유토피아』(Säkularisation und Utopia, Ebracher Studien, 1967, S. 190)를 제시하고 있다.

않고, 또한 경제적 투쟁에는 응하지 않았던 것을 분명하게 하기 위해서는 그러한 병렬적인 대치만으로 충분하다. 그는 자신의 적에게 투쟁 수단을 결정하는 것조차도 허락하지 않았다. 슈미트는 자신의 적을 법적 영역을 기점으로 하면서 정치적 영향권에, 즉 정치적인 투쟁 장소 뒤로 이끌어내어 거기에서 스스로 선택한 무기를 잡고 싸운다.

가톨릭주의의 정치이념에 관한 슈미트의 설명은 무릇 근대 생활의 모든 영역을 지배하는 근원적인 이원론을 기반으로 하는 자연 개념에서 시작한다. 즉 이 자연 개념은 '기술과 산업에 의해서' 변혁된 세계 속에서 그 현실을 찾아내며, 로마 가톨릭 교회의 자연 개념과는 전혀 이질적인 것이다. 프로테스탄트의 민중과 비교하여 로마 가톨릭의 민중에 대한 자연은 기술이나 인간 노동과의 대립, 나아가서는 오성(悟性)이나 감정(感情) 혹은 심정(心情)과의 대립에 의해서 규정되는 것은 아니다. 자연과 은총의 프로테스탄트적인 분단이나 자연과 정신, 자연과 오성, 자연과 기술, 자연과 기계와 같은 바로 모든 국면에서 보이는 이원적 대립은 트리엔트 공회의 교의 중에도 보이지 않는다. 당연하지만 가톨릭 교회는 이러한 모든 대립(Antihesen)의 총합(Synthese)을 거부한다. 그러므로 슈미트는 다음과 같이 말한다. "만일 가톨릭 교회가 기계론적 시대의 대극에 위치 지워진다면"[26] 그것은 틀림없이 가톨릭교도로부터 칭찬을 받게 될 것이다. 만일 교회가 영혼 없는 합리주의적, 기계론적 시대에 대한 '영혼으로 충만한 극성(極性)'으로서의 역할을 유지할 수 없게 되었다면 교회는 "자본주의의 바람직한 보완물이 되었을 것이며, 경제 경쟁의 고뇌를 완화시키기 위한 위생상의 시설이라든지 대도시 주민의 일요일 소풍 내지는 피서지"와 같은, 바로 '상대주의적 시민의 소모품'[27]이 되었을 것이다. 슈미트에 의하면 베버와 그 세대의 시대적 분위기는 이러한 극성의 의미로 이해되는 것이

26) Carl Schmitt (FN 8), S. 19-20.
27) Carl Schmitt (FN 4), S. 19.

다.[28)]

우리들은 슈미트의 정치적 이해가 어떻게 가톨릭의 정치이념으로부터 발전된 것이었는가 하는 징후의 발단을 그의 자연개념에서 본다. 그는 매우 명확하게 다음을 인식했다. 정치이론에 대한 결정적인 문제, 즉 '성악설적인' 인간과 '성선설적인' 인간의 대립은 트리엔트 공회의의 교의에서는 '그렇다 혹은 그렇지 않다'라는 단순한 말로는 결코 대답할 수 없는 것, 그러한 교의는 자연인의 완전한 타락이라는 프로테스탄트의 이론과 다르며, 인간 본성의 손상, 쇠약 또는 혼탁을 문제로 삼는 것에 불과한 것이다. 나아가 슈미트는 다음과 같이 말한다.

> 가톨릭주의의 정치이념에서 본다면 로마 가톨릭의 반대물의 복합체(complexio oppositorum)의 본질은 세속 권력(Imperium)이 지금까지 경험하지 못한 인간생활의 질료에 대한 특수 형상적인 우월성에 있다.[29)]

그럼에도 불구하고 슈미트는 막스 베버나 다른 많은 사람들과 마찬가지로, 로마의 세속권력과 가톨릭 교회의 관계가 연속적이라고 본다. 이 연속성은 역사적인 집단이나 행정 장치로서의 교회 속에 보이는 것뿐만 아

---

28) "우리보다 앞선 독일의 세대는 1918년의 패망과 슈펭글러의 '서구의 몰락'을 기다릴 필요도 없이, 이미 세계대전 이전에 표명되었던 문화적 몰락의 분위기에 사로잡혔다. 그러한 분위기는 에른스트 트뢸취, 막스 베버, 발터 라테나우 등에게서 수없이 발견된다. 여기서는 기술이 가지는 불가항력적인 힘이 정신에 대한 비정신적인 것의 지배로, 또는 고도로 정신적이지만 영혼이 결여된 메커니즘으로 나타난다. 영혼이 무기력하고 무능한 시대인 영혼 없는 기술의 시대를 한탄하고 있는 독일의 세대는 '세기의 병(maladie du Siècle)'을 개탄하고, 칼리반(Caliban)의 지배나 '우리 뒤의 야만적인 신(After us the Savage God)'을 기다리고 있는 유럽의 한 세기와 결부되어 있다." Carl Schmitt, Das Zeitalter der Neutralisierungen und Entpolitisierungen, wieder abgedruckt, in: ders., Der Begriff des Politischen, Text von 1932 mit einem Vorwort und drei Corollarien, Berlin 1963, S. 92 [「중립화와 탈정치화의 시대」, 김효전 · 정태호 옮김, 『정치적인 것의 개념』, 살림, 2012, 125-126쪽].

29) Carl Schmitt (FN 4), S. 14 (역서 16쪽).

니라 교회의 보편주의 속에도 존재한다. 그러므로 슈미트에 의하면 교회는 서로 대립하는 조류나 집단들에 결부되는 빈대물의 복합체이다. 우리들은 거기에서 형성된 결정(結晶) 중에 '반(反)로마적 감정'을 환기한, 표면상으로는 파악하기 어려운 로마 가톨릭주의의 정치 권력을 본다.

슈미트의 '반로마적 감정' 이라는 첫머리의 문장은 곧 프로테스탄티즘적 금욕과 경제적 합리주의의 테제에 대한 반론을 의미한다. 베버는 가톨릭과 프로테스탄트 윤리학자(倫理學者)의 입장이 얀세니즘 논쟁 중에서 결실을 맺는 것을 보았지만, 슈미트는 크롬웰의 청교도 독재 속에서 그 제도적 대립을 보았다. '일체의 직업의 남용'을 이유로 장기의회 앞으로 쓴 1650년의 크롬웰의 항의문서에도 불구하고 베버는 크롬웰에 대해서 다음과 같이 적는다. 크롬웰의 경우 "한편으로는 '특수 자본주의적인' 사고 방식을 충분히 갖추고 있었던 것은 명백하다"[30]라고. 다른 한편, 슈미트에 대해서 청교도 혁명은 기존 국가 질서의 계속을 타파한 가장 현저한 사례이다.

> 종교개혁이나 프로테스탄트의 폭군방벌론자들의 저서에서 모든 사회적 형태의 해체를 인정할 수 있는 유일한 점은, 어떠한 제정된 관직도 가지지 않고, 단지 '신에게 의지하는(a Deo excitatus)' 어떤 사람에게도 현행 권세를 제거할 가능성이 남아 있다는 데에 있다. 그러나 경건한 프로테스탄티즘이 기존의 사회적 구조체를 포괄적인, 그러나 결코 제정될 수는 없는 국민의 전권으로 해체하는 일은 매우 드물다는 사실이 크롬웰이 자신의 주권에 부여한 이유 속에 가장 잘 나타나 있다.[31]

---

30) M. Weber (FN 10), S. 73-74.

31) Carl Schmitt, Die Diktatur. Von den Anfängen des modernen Souveränitätsgedankens bis zum proletarischen Klassenkampf, 4. Aufl., Berlin 1978, S. 130-131 [김효전 옮김, 『독재론 - 근대 주권사상의 기원에서 프롤레타리아 계급투쟁까지』, 법원사, 1996, 165쪽].

슈미트는 크롬웰 군대의 청원서와 헌법구상 중에 오늘날 국가의 고유한 문제, 즉 인민과 그 대표와의 관계를 보았다.

특히 중요한 것은 베버에 대한 슈미트의 반대상(Gegenbild)이며, 이것은 로마 가톨릭 민중이 프로테스탄트 민중과는 다른 방법으로 대지를 사랑하는 것처럼 보인다는 점이다. 로마 가톨릭 민중은 프로테스탄트와는 다른 형태로 대지와 관계를 맺지만 그것은 그들 독자의 '토지 신앙'에 의해서, 즉 그들의 대지에 대한 충성에 의해서 각인되어 있다. 이와 같은 토지에 대한 태도에 의해서 그들에게는 '도시풍(Urbahn)'이라는 전혀 이질적인 개념이 존재한다. 그들의 도시는 자연히 성장한 대지의 산물과 같다. 그것은 자연환경에 순응하고 그 토지에 충실하며 더구나 근대 산업 도시의 정밀한 메커니즘을 영구히 받아들이지 않으려는 성격을 가진다. 가톨릭 교도의 대부분은 프로테스탄트보다도 가난했기 때문에 자신의 고향을 떠났다. 그럼에도 불구하고 가톨릭 이민은 존재하지 않는다. 적어도 대규모의 이주는 하지 않는다. 이에 대해서 위그노파 신자나 청교도는

> 어떤 토지에서나 생활할 수 있었다. 그러나 그들이 모든 토지에 뿌리를 새로 내리는 등이라고 하면 그것은 적절한 표현법은 아닐 것이다. 그들은 도처에서 자신의 산업을 쌓고 모든 토지를 자신의 직업 노동과 '내면적 금욕'의 장으로 바꾸고 최종적으로는 도처에서 쾌적한 주거를 가질 수 있었다. 이들은 모두 그들이 자연의 지배자가 되고 자연을 자기에게 예속시킴으로써 이루어진 것이다.[32]

근대 대도시 주민의 환상은 기술적이며 산업적인 관념들에 의해서 채워진다. 즉 "그들은 근대적 대도시 중에 만사가 계산대로 움직이는 하나의 구조를 쌓아 올렸다. 경건한 가톨릭교도는 이 단호한 즉물성의 체계

32) Carl Schmitt (FN 4), S. 17-18 (역서 19쪽).

에 대해서 공포감을 품는데, 이 공포감은 바로 합리성에서 유래하는 것이다."[33] 로마교회의 합리주의는 "인간의 심리학적 · 사회학적 본성을 도덕적으로 파악하며, 산업이나 기술로 볼 수 있는 물질의 지배나 실용화에 관계되는 것은 아니다."[34] 확실히 막스 베버는 로마교회가 특수한 합리성을 갖추고 이 합리성이 제도적인 것 속에 존재하며 그것이 본질적으로 법학적인 것을 인정하였는데, 슈미트는 바로 이 점에 베버의 이름으로 언급하는 이른바 양검적(兩劍的) 동기를 가진 것이다. 우리들은 이 동기를 교회의 합리주의의 위대한 성과가 교황을 특수한 성격을 띤 하나의 관직으로 만든 점에 있다고 하는 슈미트의 주장에서 본다.

> 교황은 예언자가 아니라 그리스도의 대리인이다. 무규율한 예언자의 모든 열광적인 과격함은 이러한 정식에 의해서 멀리하게 된다. 관직이 카리스마로부터 독립하여 형성됨으로써 사제는 자기의 구체적인 인격이 전적으로 추상화된 것으로 보이는 하나의 존엄(Würde)을 획득한다. 그럼에도 불구하고 사제는 공화주의적 사상에서 말하는 공무원과 정부가 임명하는 위원도 아니며 그 위엄은 근대적 관료와 같은 비인격적인 것도 아니다. 오히려 사제직은 끊어지지 않는 쇠사슬 속에 인격적인 위임자인 그리스도의 인격에까지 거슬러 올라가는 것이다. 이것은 참으로 놀랄 만한 반대물의 복합체이다.[35]

이 점에 관하여 슈미트는 베버의 전문용어를 가지고 다음과 같이 확인한다. "경제적 사고의 합리주의는 일정한 수요를 계산하고 어느 정도 만족시킬 수 있는지를 고려하는 것만으로 일관하여버렸다"[36]라고. 이 외면

---

33) Ebd., S. 25 (역서 25쪽).
34) Ebd., S. 23 (역서 23쪽).
35) Ebd., S. 23-24 (역서 24쪽).
36) Ebd., S. 25 (역서 25쪽).

적인 생산의 합리화라는 합리주의가 전혀 비합리적적인 소비에 대응하는 것이 현실이다. 경제적 사고는 그것이 완전히 '즉물적'이라는 것에 의해서 고유한 현실성과 성실성을 지닌다. 사물(Sache)의 본질은 경제적인 것이다. 왜냐하면 경쟁 없는 시민사회는 존재하지 않으며 영리활동의 에토스 없는 경쟁도 존재하지 않기 때문이다. 바로 이 즉물성이라는 점에 경제적 사고와 정치적인 것의 대립이 존재한다. 정치적인 것은 비즉물적이며 단순한 경제적 가치 이외의 다른 가치에 의해서 기초지을 수 있어야 하는 것이다.

『정치신학』에서 슈미트는 다음과 같이 주장한다. 정치적인 것에 대한 투쟁만큼 근대적인 것은 없으며, 그러한 투쟁에서는 다양한 사회적 집단들, 예컨대 미국의 재계인사, 산업기술자, 마르크스주의의 사회주의자, 아나르코 생티칼리즘의 혁명가 등이 경제생활의 즉물성에 대한 정치의 비즉물적인 지배를 종결시키는 요구에서 일치한다 라고. 또 『로마 가톨릭주의와 정치형태』 중에는 이러한 목표가 환상에 불과하며 그것은 사회적으로 중대한 대립이 경제적으로는 해결될 수 없기 때문이라고 설명한다. 이미 여기서 슈미트는 다음과 같은 인식에 도달하였다. 즉 특정한 사회적 권력집단—그것이 유력한 사기업가이든 조직 노동자이든 혹은 특정한 경영이나 산업부문이든—이 국가권력을 장악하기 위하여 생산과정 중에서 자기의 지위를 이용하는 경우, 바꾸어 말하면 그들이 자기의 움직이는 손을 차단하는 정치권력을 폐기하고자 하는 경우,

> 경제적 사고와 정치적 사고의 대립이라는 구조는 이미 그들의 관심이 아니고 경제적 기반 위에 새롭게 확립된 권력에 의한 새로운 형태의 정치가 실현하게 될 것이다. 그렇다면 그들의 경영 자체가 정치로 되는데, 이것은 특수한 성질을 가진 효력과 권위의 요구를 의미한다.[37]

37) Ebd., S. 29 (역서 28쪽).

그때 슈미트는 베버의 『프로데스탄티즘의 윤리와 자본주의의 정신』에 대해서 서술한 『종교사회학 논집』의 서문을 염두에 두고 있다. 그것은 베버가 국가("정치적 안슈탈트란 의미에서의")도 '우리들의 근대적 생활의 가장 운명적인 힘', 즉 자본주의도 서구에서만 존재했다고 설명하는 곳이다.[38] 우리들은 동일한 사고를 다시 『정치적인 것의 개념』의 마지막 부분에서 발견할 것이다. 거기에서 슈미트는 정치가 아니라 경제가 운명이라는 발터 라테나우의 말을 부연한다.

> 보다 정확하게는 이렇게 말할 것이다. 즉 정치는 여전히 운명적인가, 다만 경제가 정치적인 것이 되고 그러므로 '운명적'이 된다는 사태가 발생한 것이다.[39]

"경제적인 것 이상을 요구하기 때문에 정치적인 것에는 생산과 소비와는 다른 카테고리에 호소할 필요성이 생겨난다."[40] 경제적인 것과 비교해서 가톨리시즘은 훌륭한 의미에서 정치적이다. 그렇지만 그것은 마키아벨리적인 정치개념처럼, 어떤 종류의 사회적 및 국제적인 권력요인들의 조작이나 지배를 의미하는 것은 아니다. 왜냐하면 어떠한 정치체제도 권력보유의 단순한 기술만으로는 한 세대라도 존속할 수 없기 때문이다. 즉 "정치적인 것에는 반드시 이념이 내재하고 있다. 왜냐하면 정치는 권위 없이 존재하지 못하며, 신념의 에토스 없는 권위도 존재하지 않기 때문이다."[41] 가톨리시즘의 정치권력은 경제적인 권력수단에도, 군사적인 수단에도 호소하지 않는다. 오히려 신념의 에토스에 의거하고 있다.

---

38) M. Weber (FN 10), S. 3 f.

39) C. Schmitt (FN 28), S. 76-77 (역서 92쪽).

40) C. Schmitt (FN 4), S. 29 (역서 28쪽).

41) Ebd., S. 28 (역서 27쪽).

교회는 하나의 '법인'이지만 주식회사와 같은 법인과는 다르다. 생산시대의 전형적인 소산인 주식회사가 하나의 계산방식인 데에 대해서, 교회는 구체적 인격을 구체적이며 인격적으로 대표하는 것이다. 교회가 법적 정신의 최대의 담낭자이고 로마 법학의 참된 상속인이란 것은 교회를 알고 있는 사람이라면 누구나 인정할 것이다. 교회의 사회학적 비밀의 하나는 교회가 법적 형식의 힘을 가지는 것이다. 그러나 교회가 법적 형식이나 기타 다양한 형식의 힘을 가지는 것은 바로 그것이 대표의 힘을 가지기 때문이다. 교회는 인류국가(civitas humana)를 대표하며, 모든 순간에 그리스도의 인간화와 십자가상의 희생이라는 역사적 결합을 표현하며 인격적으로 그리스도 자신을, 즉 역사적 현실 중에서 사람으로 신을 대표하는 것이다. 경제적 사고 시대에 대한 교회의 우위성은 이 대표라는 점에 있다.[42]

슈미트에게 가장 중요한 것은 로마교회의 무한한 다의성이 교황 무류성(無謬性)의 이론에서 정점에 달하는, 가장 정밀한 도그마와 결단(Dezision)에 대한 의사에 결부되어 있다는 것이다. 그러나 그 중점은 신학상의 사항이 아니라 법학상의 사항이며 그것은 바로 정치적인 것의 의미에서 그러하다. **반대물의 복합체**로서의 로마교회는 인간생활의 질료에 대해서 특수 형상적으로 우월하다. 즉 로마교회는 역사적 · 사회적 현실을 실질적으로 형성해나가는 데에 성공하였다. 슈미트는 그의 논문 초판에서 다음과 같이 적는다. "실존적 에토스를 가지는" 이 형성물[로마교회]은 "그 형식적인 성격에도 불구하고 생기로 가득 차고 최고로 합리적이다"[43]라고. 제2판에서 슈미트는 이 "실존적 에토스를 가진다"라는 곳을, "구체적 실존이다"[44]라고 고쳐 쓰고 있다. 로마 가톨릭주의의 형상적인 특성은

42) Ebd., S. 31-32 (역서 29-30쪽).

43) Römischer Katholizismus und politische Form, 1. Aufl., 1923, S. 18 (역서 16쪽).

44) Carl Schmitt (FN 4), S. 14 (역서 16쪽).

구체적으로는 대표의 원리를 엄격하게 관철한다는 것이다. 이 로마 가톨릭주의의 특수성에서 시대를 지배하는 경제적 · 기술적 사고와의 대립도 구체적으로 명백해진다.

대표는 물적인 개념이 아니라 여러 가지 점에서 인격적 권위의 사고에 의해서 지배되는 개념이다. 즉 대표는 대표하는 것이나 대표되는 것이 하나의 가치를 주장하는 한 그것들이 거점으로 하는 수신인(Adressat)이기도 하다. 우리들은 자동장치나 기계를 앞에 두고 대표할 수 없다. 또 자동장치나 기계 그 자체가 대표하거나 대표하게 할 수도 없다. 국가마저도 그것이 리바이어던이라면 대표하는 것이 자리에서 사라져버리는 것이다. 기계에는 전통이 결여되어 있으므로 근대의 경영은 대표할 수 없다. 일찍이 카를 마르크스 시대에 부르주아 사회는 대표를 불가능하다 하고 보편적인 이원론의 운명으로 빠져들었다. 이 이원론은 프롤레타리아트의 계급관념에 대한 부르주아 사회로부터의 시종일관한 응답임에 틀림없었다. 따라서 마르크스는 일체 대표를 단념하는 것이 프롤레타리아의 정신양식에 적합한 것을 확증했다.

슈미트에 의하면 '최대의 사회학자'인 오귀스트 콩트의 오류는 중세의 대표 유형인 성직자와 기사를 근대 사회의 대표 유형인 학자나 산업 상인과 대비시킨 데에 있다.

> 학자는 교회와의 투쟁이라는 과도기에서만 대표적인 존재였다. 그리고 상인은 청교도적 개인주의자로서만 정신적으로 위대했다⋯. 학자나 상인은 공급자나 지도적인 노동자가 되어버렸다. 상인은 자신의 사무소에, 학자는 자신의 연구실이나 실험실에 자리를 차지하고 있다. 학자도 상인도 진실로 근대적이라면 경영에 봉사한다. 그들은 함께 익명적 존재였다. 그들에게 무엇인가를 대표하도록 요구하는 것은 무의미하다. 그들은 사인이지만

대변자이며 대표자는 아니다.[45)]

근대적 경영의 대표 없는 무형상에 대하여 슈미트는 가톨릭주의의 정치 이념과 가톨릭주의에의 형상의 힘을 대립시킨다. 즉 예술적인 것의 심미적 형식, 법학상의 법형식 그리고 세계사에서의 권력형식과 같은 세 가지 의미에서의 위대한 형식의 힘이 그것이다. 그는 분명히 형식의 힘의 본질이 언어의 힘, 즉 위대한 수사의 힘에 있는 것을 강조한다. 베버도 또한 변론술을 높이 평가했다. 그리고 슈미트는 자신의 입장을 위대한 프랑스의 신학자 보슈에를 이끌어댐으로써 명백히 한다. 보슈에의 변론이 의미를 가지는 것은 당연한 권위를 배경으로 비로소 가능하게 된다.

> 그것[보슈에에 대한 훌륭한 수사(필자-얼멘)]은 토론이나 명령 그리고 변증법에도 빠지지 않고 자기 고유의 구조 속에서 전개한다. 그 우수한 어법은 음악 이상이며 합리성을 스스로 형성해나가는 언론 속에 나타나는 인간적 위엄 그 자체이다. 그러나 이것들은 모두 위계를 전제로 한다. 왜냐하면 위대한 수사가 청중에게 정신적 공명을 부여하기 위해서는 화자가 표방하는 대표에 대한 신앙을 청중 자신도 가져야 하기 때문이다. 세계사적으로 보아 사제가 병사나 정치가와 동렬에 있는 것은 보슈에 그 사람에게서 나타난다. 즉 병사나 정치가는 대표적인 형상이기 때문에 사제 역시 그들과 나란히 대표 형상으로서 존재하는 것이다. 사제에게 자선만 하고 그의 대표를 하나의 장식품으로 바꾸어 경제적으로 생각하는 상인이나 기술가를 사제와 동렬에서 논할 수는 없다.[46)]

슈미트는 논의의 각 단계에서 보다 명확하게 『로마 가톨릭주의와 정치형태』가 베버의 경제적 주장에 대한 응답임을 인식시킨다. 이것이 가장 명

45) Ebd., S. 34 (역서 31-32쪽).
46) Ebd., S. 40 (역서 37쪽).

확하게 표명되는 곳은 슈미트가 경제적 사고의 곤란성이나 한계를 시사하고, 휴머니슴이나 사유주의에 초점을 맞추는 마지막 부분의 논평이다. 경제적인 것을 사회원리로 말하려는 목적과, 사법(私法) 특히 사적 소유권(私的 所有權)을 존속시키려는 노력 사이에 어떤 명백한 모순을 지적함에 있어서, 슈미트는 다음의 부분을 확인한다. 즉 경제적인 것의 사법적(私法的) 경향은 법적 형식화의 제약을 의미한다는 것. 왜냐하면 공적 생활의 자발적인 통제가 공중의 여론, 즉 지적 소유권으로서 존재하는 신문, 잡지 등에 의해 이루어지는 것이 일반적으로는 기대되기 때문이다.

> 이 체제에서는 만사가 사사로운 것이며 대표적인 것은 아무것도 없다. 역사적으로 볼 때, '사유화'는 근원적인 것, 즉 종교로부터 시작되었다. 시민적 사회질서란 의미에서의 개인권의 최초의 것은 종교의 자유였다…. 그러나 종교를 어디에 둘 것인가는 항상 종교의, 다른 것을 흡수하고 자기를 절대화하는 작용이 도처에서 나타난다. 그리고 종교가 사적인 경우 그 결과 반대로 사적인 일이 종교적으로 신성화된다. 양자는 서로 분리될 수 없다. 그리하여 사유재산이 신성하다는 것은 바로 그것이 사적인 일이기 때문이다. 지금까지 거의 의식되지 않았던 관계에 의해서 근대 유럽의 사회학적 발전이 해명될 수 있다. 근대 유럽사회에는 또 하나의 종교가 있다. 즉 사사로움이란 종교이다. 이 종교가 없다면 유럽 사회의 질서구조는 파괴되어버릴 것이다.[47]

이곳에서 슈미트는 사안의 핵심 부분에 도달했다. 그는 자주 인용되는 독일 사회민주당의 에르푸르트 강령에서 사적인 것으로서의 종교라는 명제를 자유주의 내부의 '흥미로운 편향'으로 받아들인다. 여기서는 자유주의와 프로테스탄티즘, 세속적인 것과 종교적인 것의 관계가 제기되는 것

47) Ebd., S. 48 (역서 42-43쪽).

처럼 보인다. 다만, 슈미트에게 주된 문제는 나아가 다른 곳에 있다.

> 자유주의가 사적인 것에 기초를 두는 데 반하여 가톨릭 교회의 법학적 형식은 공법적이다. 이것은 가톨릭 교회의 대표적 성격에서 유래하며 교회가 종교적인 것을 그러한 정도에서 법적으로 파악할 수 있도록 만든다.[48]

형식적이라는 점에서의 세속법과 가톨릭주의의 친화성에도 불구하고 가톨릭주의는 세속법 이상의 것이다. 왜냐하면 가톨릭주의는 세속적인 법학과는 다른 것, 아니 보다 이상인 것을 대표하기 때문이다. 바꾸어 말하면 교회는 단순한 정의의 이념뿐만 아니라 그리스도의 인격도 대표하기 때문이다. 슈미트는 다음과 같이 말한다.

> 가톨릭 교회가 그리스도를 단순한 사인으로 보지 않고, 또한 기독교를 사사라든가 순수하게 내면적인 것으로 보지도 않으며 그것을 하나의 가시적 제도로 만들어낸 것을, 어떤 사람들은 기독교의 커다란 배신이라고 비난한다.[49]

그런데 베버는 『프로테스탄티즘의 윤리와 자본주의의 정신』의 마지막 부분에서 다음과 같은 견해를 표명했다. 승리한 자본주의는 이미 종교적 · 프로테스탄트적 혹은 보다 선한 칼뱅주의적 금욕의 뒷받침을 필요로 하지 않는다. 왜냐하면 자본주의는 기계적인 기반 위에 서 있기 때문이다. 나아가 이어서,

> 그것[금욕(필자-얼멘)]을 웃으면서 계승한 계몽주의의 장밋빛 분위기에서마저 전혀 퇴색되지 않고, '천직의무'의 사상은 예전의 종교적 신앙의 망령

48) Ebd., S. 49 (역서 44쪽).
49) Ebd., S. 53-54 (역서 47-48쪽).

으로서 우리들의 생활속을 배회한다.[50)]

라고.

이 베버의 문장에 보이는 계몽주의를 부수적으로 특성화하는 것은, 슈미트 논문의 가장 매력적인 구절이 되었다. 모차르트의 매우 우수한 계몽주의의 오페라 〈마술 피리(Zauberflöte)〉에 대한 슈미트의 해석이 이것이다. 그는 프리메이슨의 비유적인 서술을 강조하면서 20세기의 시초에까지 영향을 미친 모차르트의 모티브의 해석을 성찰한다.[51)] 슈미트에 대해서 프리메이슨의 사제는 계몽주의의 사제이다. 그리고 사제장(司祭長) 자라스트로와 밤의 여왕의 결정적인 적대 태도에 대해서 그는 그것이 실존적이기보다는 기계적이라고 주장한다. 그리고 슈미트는 새로운 19세기가 파파게노의 모습으로, 즉 그 경제적 용어로 말하면 자연인의 모습으로 나타난다고 생각한다. 파파게노는 평균인과 마찬가지로 자신의 경제적 욕망을 채우는 데에 만족한다. 또 슈미트는 〈마술 피리〉뿐만 아니라, 〈마술피리〉와 셰익스피어의 『폭풍』과의 평행적인 관계도 이끌어댄다. 프로스페로는 밀교적(密敎的) 전통을 띤 전형적인 마술사지만 칼리반은 생계를 가지지 않는 자연을 체현한다. 도취한 얼간이들의 안력(眼力)이 칼리반에게 두려운 생각을 일으킬 때 칼리반은 프로스페로*의 전제적 지배로부터 해방되는 것을 조건으로 그들에게 순순히 복종할 것을 약속한다. 이와 같은 조건이 채워지면 칼리반은 완전히 만족하는 것이다. 슈미트가 말하듯이, "프리메이슨의 사제는 프로스페로의 후신이고 파파게노는 칼리반의 후예"[52)]라고 인식한다면, 이념사적으로 볼 때 이 모든 면에서 호평받는 모차르트의 오페라만큼 무서운 것은 없다는 것이 확인될 것이다.

---

50) M. Weber (FN 10), S. 204.

51) 또한 Jacques Chailley, Musique et ésoterisme. La ‚Flute enchantée‘, opera maconnique, Paris 1968에서의 이러한 관점에서의 계속적인 논의도 참조하라.

52) C. Schmitt (FN 4), S. 58 (역서 51쪽).

프리메이슨은 가톨릭주의 마지막의 유럽 최고의 적이었다. 프리메이슨은 인간성의 이념을 교회에 대항시켰기 때문이다. 이러한 이념의 근원적인 힘을 유지하는 한 그 주장자는 이러한 이념을 비인도적인 존재로서의 가톨릭 교회에 관철하는 용기를 지니고 있었다. 18세기의 철학자들은 자의식에 넘친 귀족주의자로서 인도주의의 이념을 대표했다. 그리고 그들은 이러한 이념에 근거하여 자신의 권위나 비밀 사회를 만들었다. 이 엄격한 비교적 결합을 특정지은 것은 그것이 비교적(秘敎的)인 것뿐이며 비밀을 공유하지 않는 사람이나 평균인에 대한 비인도적인 우월성 그리고 대중에 대한 멸시의 감정이다. 그러나 비밀유지라는 귀족주의적인 원리를 포기하는 사회에서는

> 이미 어떠한 '비밀(Arcana)'도, 위계질서도, 비밀의 외교술도 존재하지 않으며 원래 정치적인 것도 존재하지 않는다. 위대한 정치는 모두 '비밀'에 속하기 때문이다. [현대에는] 만사를 무대 앞에서(파파게노의 일등석 앞에서) 행할 수 있다.[53]

자본에 의해서 행사된 지배는 그것이 현존하는 정치형태를 공동화하고 공허한 모습으로 할 수 있다고 하더라도 무대 뒤에서는 아직 '형태(Form)'로서 존재하지 않는다.

> 이것이 성공하면 자본에 의한 지배는 국가를 남김없이 '탈정치화'해버릴 것이다. 그러나 경제적 사고가 자신의 유토피아적인 목표를 실현하고 인간 사회를 완전히 비정치적인 상태로 만들어버리는 데에 성공하여도 교회는 여전히 정치적 사고와 정치형태의 유일한 담당자의 역할을 계속할 것이나.[54]…

53) Ebd.,

54) Ebd., S. 42.

경제적 · 기술적 사고는 과연 정당한 [영업이나 경영의] 비밀이라는 것에는 특별한 이해를 나타내는 것으로 보인다. 그러나 슈미트에 대해서는 오히려 이 점에 억제되지 않는 새로운 권력 가능성이 존재하는 것이다. 따라서 슈미트에 의하면 로마 가톨릭주의가 경제적 사고에 적합해야 하는 것이 아니라 오히려 반대로 경제적 사고가 정치적인 것에 합치해야 하는 것이다.

> 가톨릭 교회를 자본주의적 산업주의의 오늘날의 형태와 조화시키는 것은 불가능하다. 왕좌와 제단이 결합하는 일이 있더라도 사무소와 제단의 결합이나 공장과 제단의 결합이 존재한다고는 생각되지 않기 때문이다.… 아마 가톨릭주의는 모든 사회질서, 국가질서에도 적응해나갈 것이다. 그러나 가톨릭주의는 다음과 같은 조건을 갖출 때 비로소 이러한 사회에 적응할 수 있을 것이다. 즉 경제적 상태에 기초를 두는 힘이 정치적인 것이 되고 그리하여 지배권을 장악한 자본가 내지 노동자가 모든 형식에서 국가의 대표를 자기의 책임으로 떠맡는 것이다. 그 경우 새로이 지배 자리에 앉은 사람은 자신 이외의 사람을 단지 경제적 · 사법적인 상태에 있는 것으로 보지 않을 수 없을 것이다.[55]

거의 마찬가지로 로마 가톨릭주의의 교회 시설(Anstalt)이 '이해집단의 콘체른'에 적합하는 것도 불가능하다.

> 교회는 국가형태를 필요로 한다. 그렇지 않으면 교회에 본질적인, 대표적 지위에 대응하는 것이 존재하지 않게 되어버리기 때문이다. … 교회는 국가와 함께 두 가지의 대표가 협동의 동반자로서 대치하는 독특한 공동체 속에 살 것이다.[56]

55) Ebd., S. 40-41.
56) Ebd., S. 42.

이러한 **국가형태**는 1918년까지는 막스 베버가 프로테스탄티즘의 윤리에 관한 논문의 서문에서 국가를 규정하였듯이 여전히 '정치적 시설(Anstalt)'이란 의미에서의 '국가'였다. 그러나 슈미트는 같은 시기에 이미 민주주의에서는 국가와 사회의 경계선이 불명확하게 되었다는 점에 착안하고 있었다. 따라서 슈미트에 있어서 '정치적 시설(Anstalt)' 대신에 통상 문제가 되는 것은 '정치형태'였다. 곧 그는 국가와 사회가 서로 자신을 관철하는, 국가적인 것=정치적인 것이라는 정식이 부당하고 잘못이라는 견해에 도달했다. 정치형태가 강조되는 "로마 가톨릭주의"에 관한 논문은 슈미트의 이해 과정의 하나의 발전 단계를 나타내는 것이며 "국가의 개념은 정치적인 개념을 전제로 한다"라는 결론으로 돌아간다. 슈미트는 『정치신학』에서 국가의 개념과 정치적인 것의 개념과의 관계에 대하여 몰두하였으며 거기에서 그 이후의 그의 확신을 맹아적인 형태로 인식할 수 있는 것이다.

Ⅲ. 정치신학과 사회학의 원천

사회학적인 종교해석과 법학적인 종교해석의 근본적인 차이는 사회학에 대한 사회학적 이해와 법학적 이해의 근본적인 차이에 관련된다.[57] 이미 『국가의 가치와 개인의 의의』(1914년) 속에서 슈미트는 사회학을 언급했다. 특히 막스 베버에게 주목하고 있었던 것은 슈미트가 다음과 같이 쓸 때 명백하다. 즉 근대의 사회학자는 모든 재판 결정이 사실적으로 효력을 가지는 권력의, 국가에 의한 보증임을 추구했다. 그리고 그들 사회학자는 기계의 시대, 기계론적 시대, 화폐경제의 시대 그리고 그것들의 시대

57) 사회학의 획기적인 신학적 이해는 디트리히 본회퍼의 1930년 학위논문 『성도의 교제』로 나타난다. Dietrich Bonhoeffer, Sanctorum Communio. Eine dogmatische Untersuchung zur Soziologie der Kirche, 3. Aufl., München 1960 [유석성 · 이신건 옮김, 「성도의 교제」, 『디트리히 본회퍼 선집 1』, 대한기독교서회, 2010]. 본회퍼는 이 논문에서 베버라는 명확한 형태로 슈미트와 묵시적으로 대결한다.

를 지배하는 문화가 정신생활, 기예, 학문의 영역에까지 확대하는 '경영'이란 관념에서 정점에 노달하는 깃을 발견했다[58]라고. 이 저서에서 사회학은 확실히 전문적인 대상이 아닌 것처럼 보이지만 슈미트는 이미 그의 독자적인 사회학적 법학을 쌓기 시작하였다.

슈미트는 사회학을 도입 · 응용하고 사회학을 자기 자신의 것으로 만든다. 슈미트에게 있어서 사회학은 신학과 법학의 매개가 되고 법학을 새로이 규정하는 수단이다. 그렇지만 베버처럼 사회학적 사고와 법학적 사고, 즉 사회학적 개념과 법학적 개념의 근본적인 차이라는 시점을 결코 잃지 않았다. 몇 번인가 그는, 법학은 '법인'을 대상으로 하며 사회학은 공통의 사회적 현실의 특정한 개념(국가, 단체 등)을 '이해 가능한' 행위까지, 즉 당해 개개인에게까지 환원한다는 베버의 견해를 확인했다. 사회학이 '법(Recht)'을 대상으로 할 때 그것은 법학적인 의미에서의 논리적 당위로서 유효한, 법학적 규범의 구체적 내용을 문제로 삼는 것이 아니라 사실에 관한 '경험적 개연성의 사례'로서 법에 관심을 나타내는 것이다.[59]

> 그럼에도 불구하고 사회학적 고찰을 '사실상의' 명령권력이 [그 정당화를 위해서] 또 '법적으로' 존재하는 규범적 '질서'를 요구하는 것을 일상이라는 사실에서 출발한다. 따라서 사회학적 고찰은 필연적으로 법학적 개념 장치를 사용하게 되는 것이다.[60]

---

58) Carl Schmitt, Der Wert des Staates und die Bedeutung des Einzelnen, Tübingen 1914, S. 5.

59) 『경제와 법』에 대한 포이그트(A. Voigt)의 강연에 대한 막스 베버의 토론문, 나아가 『법학과 사회학』에 대한 J. 칸트로비츠의 강연에 대한 토론문을 참조하라. 양자는 모두 in : Max Weber, Gesammelte Aufsätze zur Soziologie und Sozialpolitik, Tübingen 1924, S. 471-484; 또한 Über einige Kategorien der verstenhenden Soziologie, in: ders., Gesammelte Aufsätze zur Wissenschaftslehre, 3. Aufl., (Hrsg. Johannes Winckelmann), Tübingen 1968, S. 439 ff.

60) Max Weber, Wirtschaft und Gesellschaft. Grundriß der verstehenden Soziologie, 4. Aufl., Hrsg. Johannes Winckelmann), Tübingen 1956, 2. Halbbd., S. 545 [박성환 옮김, 『경제와 사회』, 문학과지성사, 1997].

사회학적인 종교해석과 법학적인 종교해석의 근본적인 차이는 베버의 종교 사회학과 슈미트의 정치신학을 비교할 때 가장 명확하게 나타난다. 베버의 물적 사상(物的 事象)의 유심론적인 설명에 대해 슈미트의 '주권개념의 사회학', 즉 법학적인 개념의 사회학은 형이상학적인 것이나 신학적인 것에까지 추진된 근원적인 개념성이라는 의미에서 시종일관한 근원적인 이데올로기를 전제로 한다. 슈미트는 막스 베버의 사회학에 대해서 유물론적인 역사 철학과 대립하는 유심론적인 역사철학이 여기에 숨어 있다고 믿는 것은 심한 오해라고 말한다.

> 물질적 과정의 유심론적 설명과 정신적 현상의 유물론적 설명은 모두 양자의 인과적 연관을 확인하려고 한다. 그것들은 최초로 두 영역을 대립시키고 이어서 한편을 다른 한편으로 환원함으로써 다시 이 대립을 무(無)로 귀속시킨다. 즉 이 방법론상 필연적으로 희화화하지 않을 수 없는 설명 방법이다. 엥겔스가 칼뱅주의의 예정설의 교의를 자본주의적 경쟁의 무의미함이나 불안정함의 투영이라고 간주한 것과 아주 마찬가지로, 근대의 상대성 이론이나 그 성과를 오늘날의 세계 시장의 화폐관계로 환원하는 것은 가능하고 또 그렇다면 이것에 대한 경제적 하부구조가 발견될 것이다.[61]

『막스 베버 추모논집』에 기고한 글 속에서 슈미트가 주목한 것은, "막스 베버 저작의 방대한 사회학적 소재를 법학적 개념 규정을 위해서 이용하는 것"[62]이 지금까지 거의 이루어지지 않았다는 점이다. 슈미트는『정치신학』에서 특정한 이념이나 지적 형상에 관하여 유형적인 인간 집단을 탐구하고, 이 집단이 어떠한 사회학적 상태에서 나와서 특정한 이데올로기를 가지기에 이르렀는가를 해명하는 사회학적 방법의 존재를 확인한다.

---

61) C. Schmitt (FN 9), S. 57 (역서 47-48쪽).

62) C. Schmitt (FN 2), S. 12.

"막스 베버가 법영역의 사실적인(sachlich) 구별을 숙달된 법률전문가, 사법담당 관리, 법명망가 등의 형성으로 환원시키는 것은 이런 의미에서의 법률적 개념의 사회학이다".[63] 그러나 슈미트가 한편으로 제안하는 법학적 개념의 사회학은 이것과는 다르다. 그가 제시하는 법학적 개념의 사회학은 법생활의 가장 가까운 실용적 이익을 지향하는 법학적 개념 조작의 영역을 넘는 것이다. 그의 법학적 개념의 사회학의 목표는 "궁극적으로 철저하게 체계적인 구조를 발견하고 이 개념적 구조를 특정한 시대의 사회구조에 의한 개념적 표현을 비교하는 것"[64]이다. 그때 양자의 정신적이며 또한 실체적인 동일성이 입증되어야 한다. 특히 주권 개념의 사회학에 있어서 중요한 것은 특정한 동일성의 확인, 즉 세계의 특정 시대가 구축하는 형이상학적인 상(像)은 그 시대의 정치적 조직의 형태로서 이해되는 구조를 가진다는 것이다. 이에 대해서 슈미트는 다음과 같이 말한다. 에드워드 케어드가 콩트에 관한 저서에서 말하듯이, "형이상학이야말로 한 시대의 가장 강렬하고도 명확한 표현이다"[65]라고.

『정치신학 Ⅱ』에서 슈미트는 왕정복고의 가톨릭 철학자—조세프 드 메스트르, L. G. A. 드 보나르 그리고 도노소 코르테스로부터—를 '이지적인 비평가나 뛰어난 사회학자'로서만이 아니라 '근대 사회학의 아버지'로 특징짓고 있다.[66] 이러한 특징지음 속에 우리들은 슈미트의 사회학 이해의 특수성이나 로마 가톨릭주의에 대한 '고백서'의 열쇠를 발견하는 것이다. 『정치신학』과 같은 시기에 성립한 『로마 가톨릭 주의와 정치형태』는 『정치신학』과 같이 신학적 교의 그 자체를 대상으로 하는 것이 아니라 학문론적 · 개념사적인 문제를 다루고 있다. 즉 법이론적으로나 법실무적으로도 상기되는 신학적인 개념과 법학적인 개념의 체계적인 구조친화성인 것

63) C. Schmitt (FN 9), S. 57 (역서 48쪽).
64) Ebd., S. 59 (역서 49쪽).
65) Ebd., S. 60 (역서 49쪽).
66) C. Schmitt (FN 8), S. 36 (역서 270쪽).

이다. 비신학자로서 슈미트는 신학적 문제에 관한 논의에는 접근하지 않고 법률가로서 법사적이며 사회학적인 연구 영역에서 활동한다. "콩트는 철학자가 신학자로 취급되었듯이 로마 법학자가 카논 법학자로 취급되었다고 했는데, 그는 아마 이 테제에 대한 논거를 나의 논술 중에 인정할 것이다."[67] 콩트는 생시몽뿐만 아니라 근본적인 관심이 주권의 문제에 있었던 드 메스트르에 의해서도 각인을 받았다. 드 메스트르에게 주권은 결단을 의미한다.

> 국가의 가치는 그것이 결단을 내리는 데에 있으며 교회의 가치는 그것이 궁극적인 항변불가능한 결정이라는 데에 있다. 드 메스트르에 대해서 무오류성은 항변불능한 결정의 본질이며 종교질서에서의 무과실성은 국가질서에서의 주권과 본질을 같이한다. 무과실성과 주권이라는 두 가지의 말은 '완전히 동의어'이다.[68]

슈미트에 의하면 드 메스트르부터 도노소 코르테스까지의 발전—정당성으로부터 독재로의 발전은—어떤 특정한 방법으로 이해되어야 한다. 즉 반혁명의 국가철학적 사고에서의 결단을 가진 강도 높은 증대라는 관점에서이다. 그러한 견해가 정치적인 것과는 그 독자의 고유 영역의 것은 아니며 인간의 연합과 분열—그 동기가 종교적이든 민족적이든 경제적 기타—강도의 정도를 표현하는 것으로『정치적인 것의 개념』의 논의에 이르러서는 평범한 한 걸음이었다. 결단의 강도 증대는 인간 본성의 더욱더 공리적으로 되어가는 규정에서 명확해진다. 슈미트는『정치신학』에서 이미 다음과 같은 인식에 도달하였다. "모든 정치이념은 인간의 '본성'에 대해서 어떠한 입장을 취하며, 인간이 '본래 선'한 것인지 '본래 악'한지를 전제

67) Ebd., S. 101 (역서 315-316쪽).
68) C. Schmitt (FN 9), S. 71 (역서 56쪽).

로 한다."[69] 그 경우에 가톨릭주의의 정치이념은 어떻게 이해되어야 할 것일까? 한편으로는 트리엔트 공회의의 도그마가 존재한다. 그것은 인간의 무가치성을 문제로 삼지 않고 본성적 선에 대한 가능성을 어디까지나 인정한다. 다른 한편, 인간의 무가치성을 문제로 삼는 것만이 아니라 인간의 본성적인 음험함을 과장한 도노소 코르테스가 있다. 슈미트에 의하면 가뒤엘 사(師)가 도그마틱한 관점에서 도노소 코르테스를 비판하는 것은 정당하였다. 그럼에도 불구하고 "코르테스에게 중요한 것이 교리의 체계화가 아니라 치열한 현실성을 지닌 종교적 · 정치적 결단이었다는 점을 간과하는 것은 전적으로 부당하다."[70] 바로 이 점에 슈미트의 『로마 가톨릭주의와 정치형태』가 평가될 수 있는 이유가 있다.

그러면 그러한 현실성은 성질상 사회적인 차원은 물론이고 사회학적인 차원에도 관계되어 있다. 그리고 이것은 우리들의 테마를 지시하고 있다. 드 보나르에서는, 근대의 철학은 사회에 주목하는 것은 아니고, 끊임없이 인간에게 주목한다. 그리고 인간은 '본성상 선'하다. 이 이론적인 교의는 프랑스 혁명에서는 실제의 교의가 되지만, 다른 한편 홉스로부터 왕정복고에 이르기까지의 '사회'의 개념은 '본성상 악'으로서의 인간, 즉 현실적 혹은 가능적인 만인에 대한 만인의 투쟁에 근거하여 구축되어 있다. 『정치신학』에서 결단주의의 전개는 홉스를 예로 설명하고, 자유주의의 전개에 대립시킨다. 홉스와 교황, 국가와 교회, 주권적 결단과 궁극적인 결단 그리고 법률적인 것과 신학적인 것이 병렬적으로 존재한다. 여기에 신조상(信條上)의 모순은 존재하지 않으며 오히려 개념적인 친화성이 존재한다. 슈미트의 이러한 친화성의 해석은 사회학을 전제로 한 것이다.

드 메스트르는 반혁명의 주권의 중요한 이론가였지만 우리들은 로베르트 슈패만의 연구 『왕정복고의 정신에서 생긴 사회학의 기원』[71] 이래

69) Ebd., S. 72 (역서 57쪽).

70) Ebd., S. 73 (역서 58쪽).

71) Spaemann, Der Ursprung der Soziologie aus dem Geist der Restauration, München 1959.

사회학의 발전에 대한 가장 중요한 열쇠가 드 메스트르에게 있음을 알고 있다. 사회가 신과 인간의 관계로 간주되기 때문에 보나르의 사회철학이 여전히 형이상학적 색채를 띠고 있더라고 그는 자신의 개념을 오로지 그 사회적 기능에서 도출한 것이다. 드 보나르는 사회에 의한 신의 재생산에 대해서 말한다. 사회가 신을 재생산함으로써 사회 자체가 만들어지는 것이다. 드 보나르가 읽고 배운 최초의 사람은 콩트의 스승인 생시몽이었다.

> 장 라크로아는 다음과 같이 시술하지만—나아가 레온 브룬슈바이크도 동일하게 기술한다—그것은 아주 정확하다. '사회학의 본래의 창설자는 오귀스트 콩트가 아니라 드 보나르'라는 것. 신(神) 관념의 사회적 기능주의화는 첫 번째 철학인 형이상학, 사회이론에 의한 해체의 요점이다. 콩트의 실증주의적 사회학은 사회법칙의 수학이다. 즉 그것은 드 보나르가 구축하려고 한 바로 그것이다.[72)]

사회학이 우선 형이상학적인 성격을 지니고 있음에 대해서, 형이상학은 형이상학적 사회학으로서 정치신학은 형이상학의 사회학으로서 비로소 구체화한다. 이와 같이 파악된 사회학은 어떠한 정치적 행위나 종교적 행위를 '이념적으로' 설명한다는 의미로 이해되어야만 하는 것은 아니다. 오히려 이 사회학을 통하여 인식되는 것은 형이상학적인 상(像), 사회학적인 구조, 정치적 조직의 사이에 동일성이 존재하고, 그럼으로써 신학적 개념과 법학적 개념의 체계적인 구조적 친화성이 상정된다는 것이다. 사회학과 법학의 방법 이원론은 일원론적인 형이상학에서 끝나지만 사회학적 법학의 변증법적인 방법은 사회학적 개념과 법학적 개념의 다의적인 의미해석으로 귀착하는 근원적인 개념성에서 시작한다. 슈미트가 국가 내지 교회를 개념 그리고 시설(Anstalt)로서 해석하는 것은 바로 이러한 의미에

---

72) R. Spaemann, Der Ursprung der Soziologie … (FN 71), S. 182.

서다.—책상에 있는 세 권의 책으로 본론을 중단하게 되지만 적어도 『로마 가톨릭주의와 정치형태』는 한편으로는 『프로테스탄티즘의 윤리와 자본주의 정신』, 다른 한편으로는 『정치신학』을 함께 살펴보는 경우에만 정당하게 이해되는 것이다.

엠마누엘 시에예스와 카를 슈미트에 있어서의 '헌법제정권력'론*

—현대 민주주의 이론의 기초연구를 위한 하나의 기여

파스쿠알레 파스키노

* 이 논문의 독일어 텍스트는 필자(파스쿠알레 파스키노)가 외르크 루터(Jörg Luther)와 공동작업으로 준비한 것이다.

"하나의 신성하고 유익한 이념이 1788년에 확립되었다.
그것은 헌법제정권력과 헌법에 의해서 설정된 권력들과의 구별이다.
이 이념은 과학을 일보 진전시킨 여러 가지 발견 중에서
매우 중요한 것 중의 하나일 것이다. 이것은 프랑스인의 공적이다."

—E. Sieyès, Discours du 2 thermidore, an Ⅲ.

"헌법제정권력은 특히 항상 이러한 법치국가적 구성부분의 외부에
머물러 있으며, 헌법제정권력의 문제는 단순한 법치국가성의 원칙들과
개념들을 가지고서는 이론적으로나 실제적으로도 해결할 수 없다. …
이에 반하여 헌법제정권력의 문제는 불가피한 문제이며 이 문제에 대답하려면
국가형태의 문제에도 대답해야 한다는 사실을 명심해야 할 것이다."

—Carl Schmitt, Verfassungslehre, 1928, S. 204.

I

이 논문에서는 '헌법제정권력(die verfassunggebende Gewalt)'[1]이라는 광

1) 이 테마를 포괄적으로 연구한 것으로서는 다음의 상술 E.-W. Böckenförde, Die verfassunggebende Gewalt des Volkes — ein Grenzbegriff des Verfassungsrechts (Würzburger Vorträge zur Rechtsphilosophie, Rechtstheorie und Rechtssoziologie, Heft 4), Frankfurt a. M. 1986 [김효전 역, 「국민의 헌법제정권력—헌법학의 한계개념—」, 『헌법 · 국가 · 자유』, 법문사, 1992]와 거기에 첨가된 논거 참조. 또한 최근의 것으로서는 P. Häberle, Die verfassunggebende Gewalt des Volkes im Verfassungsstaat — eine vergleichende

범위하고 복잡한 테마의 한 측면만을 소상하게 다루기로 한다. 문제는 헌법제정권력이 국가형태 또는 통치형태로서의 민주주의의 이론에 대해서 어떠한 의의를 가지는가 하는 것이며, 보다 정확하게 말하면 엠마누엘 시에예스와 카를 슈미트의 헌법이론상의 저작에서 헌법제정권력(pouvoir constituant)의 이론과 혼합헌법(gemischte Verfassung)[2]의 이론은 어떤 관계에 있는가 하는 것이다.

이미 여러 가지 측면에서 제시되어온 것인데—여기서는 레이몽 카레 드 말베르와 칼 뢰벤슈타인[3]을 상기하는 데 그친다—'정치체(politischer Körper)'로서의 국가를 순수한 민주주의로서 구성한다거나(루소), 또는 그것을 절대적 대표로 해서 구성하거나(홉스) 하는 국가이론의 체계 중에는 헌법제정권력의 개념은 아무런 위치도 차지하지 않는다. 첫 번째 이론의

Textstufenanalyse: AöR 112 (1987), S. 54-92도 참조. 한계개념으로서의 헌법제정권력의 분석에 대해서는 G. Burdeau, Traité de Science Politique, Bd. Ⅳ, Paris 1983, S. 171이 다음과 같이 서술한 것을 참조. "헌법제정권력의 연구는 법학적 관점에서 본다면 특히 어려움을 나타낸다. 그것은 이 권력의 복합적 성질에서 유래한다. … 법학자에 있어 권력이란 항상 권한에 입각하고 있다. 즉, 그 성질, 그 범위, 그 행사의 모습은 선행하는 규범에 의해서 항상 결정되고 있기 때문에 권력을 법에 의해서 지배된 힘, 따라서 법적 분석에 복종하는 힘이라고 생각할 수 있다. 그런데 헌법제정권력에 대해서는 이렇게 말할 수 없다. 왜냐하면 헌법제정권력이 어떠한 해석을 가지고서도 불식할 수 없는 정치적인 의미를 띠고 있기 때문이다. 그것이 안에 감추고 있는 힘은 규범과 권한에 의해서 계층적으로 조직된 체계로의 완전한 통합을 거부한다. 따라서 헌법제정권력은 가령 어떤 행위에 의해서 이것을 법질서 속에 집어넣을 수 있다고 하더라도, 항상 다른 행위에 의해 그 밖에 머무르는 것이다." 그 밖에 C. Mortati, Studi sul potere costituante, in: Raccolta di scritti, Bd. I, Milano 1972 참조.

2) 그 표현은 여기서는 슈미트가 말하는 의미로 사용되고 있다. 이 개념의 고전적인 의의에 대해서는 최근 W. Nippel, Mischverfassungstheorie und Verfassungsrealität in Antike und früher Neuzeit, Stuttgart, 1980을 참조.

3) 이러한 저자들의 연구는 특히 루소에 관한 것이다. R. Carré de Malberg, Contribution à la théorie générale de l'Etat, Bd.Ⅱ, Paris 1922, S. 513-515 ; K. Lœwenstein, Volk und Parlament nach der Staatstheorie der Französischen Nationalversammlung von 1789, München 1922, S. 285를 참조. 또 이 점에 관해서는 G. Burdeau (FN 1), S. 175 und FN 7; G. Bacot, Carré de Malberg et l'origine de la distinction entre souveraineté du peuple et souveraineté nationale, Paris 1985, S. 66-71도 참조.

변형에서는 입법자의 작용을 헌법제정자의 작용과 구별하는 것이 실제로 불가능하다. 입법자인 인민은 루소에 대해서는 주권적 권력이며 쓰여진 헌법의 준수를 필요로 하지 않는다. 두 번째 이론의 변형에 대해서는 인민이 헌법제정권력의 주체라고는 생각할 수 없다. 왜냐하면 인민 자신도 인민의 통일성도 또한 행위능력도 '대표계약(pactum repraesentationis)'의 확실한 결과이기는 하지만 그 전제는 아니기 때문이다. 이들 두 가지의 어느 쪽의 변형의 경우라도 국가 내지 정치적인 통일체를 구성하는 행위와 헌법을 제정하는 행위를 구별하는 것은 불가능하다.[4] 홉스와 루소의 이론적인 고려는 통일체(Einheit)로서의 인민—인민으로서의 인민(le peuple en tant que peuple)—개념이 어떻게 해서 생각되는가라는 문제에 집중하고 있다. 그때에 그들에 있어서 '주체'와 '형식'을 구별하는 것은 가능하지 않은 것이다.

이에 대해서 엠마누엘 시에예스와 카를 슈미트의 헌법정치상의 저작의 핵심에 있는 것은 헌법에 의해 설정된 권력들(konstituierte Gewalten)과는 구

---

4) 이 구별에 대해서는 C. Schmitt, Verfassungslehre, München 1928, S. 61 f.(김기범 역, 『헌법이론』, 교문사, 1976, 81쪽 이하). 시에예스에 대해서는 이미 E. Zweig, Die Lehre vom pouvoir constituant, ein Beitrag zum Staatsrecht der französischen Revolution, Tübingen 1909, S. 133이 "국가의 인민과 헌법은 [시에예스에서—파스키노] 여러 가지 시점에서 일련의 정치적 현상에 들어 있으며, 따라서 그것들의 존재조건은 여러 가지로 달리하고 있다"라고 서술한 곳을 참조. 또한 P. Bastid, Sieyès et sa pensée, Paris 1939, S. 379가 "시에예스는 자연법학파의 이론가들과는 달리 헌법을 사회계약 그 자체와 동일시하지는 않았다"라고 한 곳도 참조. 슈미트는 위에 제시한 곳에서 루소의 『사회계약론』 제2편 제12장을 예로 제시했고 "루소에 있어서도 국가를 기초 지우는 '사회계약'은 국가권력의 행사를 규율하는 정치적 법률(lois politiques) 또는 기본적 법률(lois fondamentales)로부터 구별된다"라고 서술한다. 여기서 필자는 슈미트에 따르지 않는다. 왜냐하면 이 경우에 루소에 있어서의 헌법은 단순히 집행권력의 형태를 규정하는 법률과 동일한 것에 불과하기 때문이다. 이에 반하여 설득적인 것은 R. Derathé, Les rapports de l'exécutif et du législatif chez J. J. Rousseau, in: Annales de philosophie politique, V (1965), S. 153-169이다. 또 루소가 『에밀』 제5편(Ausgabe Paris : Garnier 1961, S. 588) 중에서 "…다만 하나의 사회계약(pacte social) 이외에 본래의 의미에서의 기본법은 존재하지 않으며, 또 존재하지 못하도록 생각된다"라고 서술한 점도 참조.

별가능한 헌법제정권력이라는 테마이며, 이 헌법제정권력은 구체적으로 미리 정해진 어떤 헌법제정주체에 귀속하는 것이다. 이 테마는 카를 슈미트의 저작에서는 『독재론』에 관한 논문에서부터 1978년 『국가(Der Staat)』지에 게재된 그의 마지막 논문에 이르기까지 계속 반복하여 등장해온 테마이다.[5] 동시에 알 수 있는 것은, 슈미트가 프랑스 혁명의 헌법사와 아베 시에예스의 헌법이론에 계속하여 관심을 가지고 있다는 것이다.[6]

에른스트 볼프강 뵈켄회르데가 확실하게 인식한 것은 헌법제정권력에 대한 근대의 이론이 그것을 지적하고 사회학적인 관점에서 보면 하나의 세속화과정(Säkularisationsprozeß)의 결과라고 하는 것이다. 즉 "이제 더 이상 신적인 세계질서나 자연질서가 정치적 · 사회적 질서의 근거나 이미 존재하는 관계를 규정하는 것이 아니라 인간이 인간의 의지나 절대적인 결단으로써 인간의 운명과 세계의 질서를 담당한다는 것이다."[7] 그렇다면 정치적 · 사회적 세계의 질서는 신의 결단과 유사한 모습이 아니며 창조의 결과가 아니기 때문에 헌법제정권력의 유일한 담당자로서 등장하는 것은 이제 또 인민 자신뿐이다. 이때에 인민이라는 것은 자기 자신을 자각한 정치적인 통일체를 의미하며, 시에예스가 말하는 방식으로는 '국민(nation)'[8]

---

5) Die Diktatur. Von den Anfängen des modernen Souveränitätsgedankens bis zum proletarischen Klassenkampf, München 1921, insbes. S. 137 ff.[김효전 옮김, 『독재론』, 법원사, 1996, 특히 175쪽 이하] ; Die legale Weltrevolution : Der Staat 17 (1978), S. 321-339 (337) [김효전 옮김, 「합법적 세계혁명」, 『유럽법학의 상태』, 1990, 307-343쪽].

6) 『헌법이론』에서 시에예스에 대해 언급한 곳(S. 77, 78, 79, 80, 92, 203, 237, 243)을 참조하라. 시에예스가 독일에서는 바로 프랑스 자체에서보다도 널리 수용되었다는 것을 간과해서는 안 될 것이다. 여기서는 단지 다음과 같은 사실만을 상기하는 데에 그친다. 즉, 이미 1796년에 라이프치히에서는 지금까지 수집한 것 중에서 가장 포괄적인 1,000쪽 이상에 미치는 그의 저작의 수집이 욀스너(K. E. Oelsner)에 의해 『정치저작집(Politische Schriften)』이라는 제목으로 2권으로 번역되어 편집되었다. 그 일부가 새로이 출판되고 있다(E. Schmitt und R. Reichardt: E. J. Sieyès, Politische Schriften, 1788 - 1790, 2. Aufl., München 1981). 시에예스의 독일에 대한 관계에 대해서는 M. Adler-Bresse, Sieyès et le monde allemand, Thèse lettres, Paris I (Sorbonne), 1977을 참조할 것.

7) E.-W. Böckenförde (FN 1), S. 12 (역서 19쪽).

8) 이에 대해서 슈미트가 『헌법이론』(Verfassungslehre (FN 4), S. 82, 205)에서 헌법제정권

이다. 그러나 정치질서의 이와 같이 내재적으로 세속화된 이해의 방식이 헌법제정권력의 근대적 개념의 필연적인 사고전제라고 하더라도, 나아가 여기에 더해서 그 개념의 두 번째의 전제도 명백하게 해두지 않으면 안 된다. 시에예스에 대해서도 슈미트에 대해서도 헌법제정이라는 행위는, 에밀 부트미의 말에 의하면, "국민(nation)의 강제력을 가지는 행위이며 무에서 빼내어 권력들의 위계질서를 조직하는 것이다"[9] 이와 같이 인민이 스스로의 헌법을 부여하는 행위는 실정법을 창조하는 결단으로서 묘사된다. 이러한 견해는 헌법에 대한 하나의 이해에 의거하고 있으며, 시에예스는 그것을 '정치적 조직(établissement politique)'이라고 부른다. 이에 의하면 헌법은 인공적인 질서로서 파악된다. 이러한 견해는 독일 측에서 말하자면 브란데스나 레베르크[10]가 시에예스와 프랑스 국민의회에 비판의 화살을 향하게 하는 형태로서 나온 진화론적 · 역사적인 헌법개념에 반기를 드는 것이다. 헤겔은 1821년이란 시기에도 여전히 그의 『법철학』 §273(임석진 옮김, 한길사, 2008, 433-434쪽)에서 다음과 같이 써놓고 있다.

> 여기서 또 언뜻 생겨나는 의문은 누가 국가체제(헌법)를 만들어내는가 하는 점이다. 이 물음은 겉으로는 분명해 보이지만 곰곰이 따져보면 무의미하다는 것이 곧 드러난다. … 그러나 이제 무엇보다도 본질적인 것은 국가체제라는 것은 시간 속에서 생겨난 것이면서도 그것이 어떤 하나의 만들어진 것으로 간주되어서는 안 된다는 것이다.

끝으로 국민의 헌법제정권력의 결단으로서의 헌법의 개념은 다시 또

력의 주체를 둘러싼 의문에 대해서 논한 곳(인민/국민 대 군주)은 얼핏 보면 모순되는 것 같으나 이 점에 대해서는 이 논문의 마지막에서 검토하기로 한다.

9) Emile Boutmy, Etudes de droit constitutionnel : France, Angleterre, Etats-Unis (1885), 3. Aufl., Paris 1909, S. 241.

10) E. Brandes, Politische Betrachtungen über die französische Revolution, Jena 1790과 A. W. Rehberg Untersuchungen über die französische Revolution, Hannover 1793을 참조.

하나 별개의, 특히 강조해야 할 소극적인 관념을 가지고 있다. 그것은 헌법에 의해서 설정된 여러 권력의 무제약적인 전능을 폐기함으로써이나.[11] 이러한 관점이 궁극적으로 지시하는 바는 예외상태(비상사태)의 이미지이며, 로크가 저항권과 혁명을 근거지운 저 하늘에 대한 호소의 세속화된 유비(類比)이다.[12]

Ⅱ

우도 슈타이너는 『헌법제정과 국민의 헌법제정권력』에 관한 연구서 중에서 다음과 같은 테제를 주장하였다. 즉, "궁극적으로는 시에예스의 설과 슈미트의 설은 헌법제정권력의 대표제적 유형과 인민투표적 유형으로서 서로 대립한다"라는 테제이다.[13] 이 테제는 양자의 이론을 다시 정확하게 검토한다면 지지할 수 없는 것이 분명하다. 아베 시에예스는 지치지 않고 다음과 같이 반복한다. 즉, '시원적 헌법제정권력(pouvoir constituant originaire)'[14]은 전적으로 국민, 즉 제3신분에 귀속하는 것이며, 국왕이나 예

11) '헌법'은 기본적이라고 하지만 그것은 이러한 법이 국민의 의지에서 독립한 것으로 될 수 있다는 의미에서가 아니라 그러한 법에 의해서 존재하고 활동하는 단체가 그것에 언급할 수 없기 때문이다. 헌법은 그 어떠한 구성부분에서도 헌법에 의해 제정된 권력의 산물이 아니라 헌법제정권력의 산물이다(E. Sieyès, Qu'est-ce que le Tiers état?, Neudruck Genève, 1970, S. 180-181) [박인수 옮김, 『제3신분이란 무엇인가』, 책세상, 2003, 94쪽].

12) 이에 대해서는 J. Dunn, The Political Thought of John Locke, Cambridge 1969 ; P. Pasquino, I limiti della politica. Lo stato di natura e l'appello al cielo nel Secondo Trattato sul Governo di John Locke : Rivista di filosofia LXXV (1984), S. 369-395를 볼 것.

13) Udo Steiner, Verfassunggebung und verfassunggebende Gewalt des Volkes, Berlin 1966, S. 218.

14) 시에예스는 이 논문에서의 유일한 고찰대상인 본원적 헌법제정권력과 헌법개정권력의 의미에 있어서 제도화된 헌법제정권력(pouvoir constituant institué)을 구별하고 있지만 이에 대해서는 C. Clavreul, L'influence de la théorie d'Emmanuel Sieyès sur les origines de la représentation en droit public, Thèse droit, Paris Ⅰ (Sorbonne) 1982, S. 143-154를 참조. 또 P. Colombo, "Riforma legale" e "potere constituente" nelle costituzioni rivoluzionaire

컨대 3부회(Etats Généraux)와 같은 어떠한 신분적 단체에도 귀속하지 않는다는 것이다. 그럼에도 불구하고 그는 1789년 7월의 어떤 저작 중에서 「파리시에 적용하려는 헌법의 몇 가지 이론」이라는 제목에서 다음과 같이 강조하고 있다.

> 국민의 의지는 이러한 의미에서는 어떠한 **형식**으로부터 독립해 있다고는 하지만, 그러나 이 의지가 발언하기 위해서는 **하나의** 형식을 취하지 않으면 안 된다.[15]

이 '구현화(mise en forme)'라는 문제, 즉 국민의 의지와 표현이라는 문제는 헌법제정권력을 행사하기 위해서 어떤 대표제도를 요청한다. 따라서 헌법제정권력의 주체는 헌법제정권력 행사의 제도적 형식과 동일한 것은 아니다. 정치적 통일체의 양식과 형태에 관한 결정의 원천인 국민의 의지는 그 담당자인 인민이 자기 스스로는 발언할 수 없기 때문에 해석을 필요로 한다. 슈미트에 따르려고 하는 경우에도 [인민]의 의지는 제정된 국가에 있어서, 헌법제정권력의 잔재로서의 여론의 발현과 같이, 결국 해석되는 것을 필요로 한다.[16]

이 '**누가 해석하는가?**(quis interpretabitur)'라는 문제에 관해서 시에예스는 헌법론에 관한 그의 저작 속에서 '위임권력(pouvoir commettant)'과 좁은 의미에서의 '헌법제정권력'의 구별을 도입하고 있다.[17] '위임권력'만이 직접으로 인민—여기서는 국민의 능동적 시민 층으로 이해되지만—에 의해서 행사되는 것이다. 위임권력에 의해 '자유로운 보통선거(élection libre

---

francesi : Il politico, L (1985), S. 461-479도 참조할 것.

15) Sieyès, Quelques idées de constitution applicables à la ville de Paris, Versailles : chez Baudouin, S. 30-31. (강조는 파스키노)

16) C. Schmitt, Verfassungslehre (FN 4), S. 84, 242.

17) 특히 다음의 것을 보라. Préliminaire de la constitution françoise. Reconnoissance et exposition raisonnée des droits de l'homme et du citoyen, o. O., 3. Aufl., 1789, S. 35-36.

et générale)'[18] 즉, '위임(commission)'과 '대리(procuration)'를 통해서 대표자가 만들어진다. 그러므로 '헌법제정권력'을 행사하고, 헌법전을 편집함에 있어서의 인민의 헌법에 대한 의지에 대해서 정식화해서 이것을 조문마다 나누어 표현하는 것이 가능하게끔 하나의 소리를 부여하는 것이 선거된 대표자들의 임무이다. 그리하여 국민의 헌법제정권력은 국민의 대표자들에 의한 표명을 통해서만 선명될 수 있다고 하더라도,[19] 대표자들의 권위, 바꾸어 말하면 인민의지의 내용의 정통한 해석자로서의 힘은 역시 보통이며 자유로운 선거에 의해서 부여되는 정통성과 밀접하게 결부되고 있다.[20]

시에예스가 '위임권력'과 '헌법제정권력'의 구별을 정당화하는 데 사용한 여러 가지 이유를 깊이 파고들면 그가 정부의 대표적 형태를 근거지우는 데에 사용하는 이유와 동일하다. 그러한 이유는 분업의 원리[21]와 직업으로서의 정치적 이해에 기초하고 있다. 그리고 시에예스가 말하는 국민의 개념 역시 그것들에 기초를 두고 있다.

국민은 시에예스에 있어서는 한편으로 동질적인 사회적 단체이며, 이 단체는 이른바 '가치생산자'의 총체—상품을 생산하고 근무 · 교육 ·

---

18) Sieyès (FN 2), S. 172.

19) 인민(peuple) 또는 국민(nation)은 하나의 소리에 불과하다. 그것은 국민의 입법부의 소리다(E. Sieyès, Discours sur le véto royal, 7 septembre 1789, in : Archives parlementaires, Première série, Bd. Ⅷ, S. 595).

20) 통상의 입법부 또는 헌법을 제정하는 입법부의 대표로서의 기능이 선거에 의한 정통성과 밀접하게 결부되어야 한다는 요청은, 세습적 입법권력이 근거지우는 군주의 거부권에 시에예스가 저항하고 있던 것을 나타내고 있다. 대표와 선거와의 관계에 대한 아베의 상론은 많은 점에서 '페더랄리스트'의 견해와 일치하며, 에드먼드 버크의 이른바 가상대표(virtuelle Repräsentation)의 교설과는 떠나 있다. 이 설은 특히 1791년의 프랑스 헌법전의 기초에 있는 사고방식이며, 이 헌법전에서는 제3장 제2조에서 국왕에게 '국민의 대표자(représentant de la nation)'라는 지위가 부여되고 있다.

21) 아베 시에예스의 헌법정책적 이론에서 분업의 개념이 가지고 있는 중심적 역할에 대해서는 이미 P. Pasquino, Emmanuel Sieyès, Benjamin Constant et le gouvernement des modernes. Contribution à l'histoire du concept de représentation politique : Revue Française de Science Politique 37 (1987), S. 214-229가 논한 곳을 참조하라.

통치의 성과를 만들어내는 '제3신분'[22]—으로 구성되며, '정치적 조직(établissement politique, 국가체제)'의 설립보다 먼저 존재한다. 다른 한편, 의사능력과 행위능력을 가진 정치적인 주체가 되기 위해서 국민은 대표기관을 필요로 하며, 이 대표기관에 의해서 국민은 그 사회적 동질성을 기초로 해서 의지 · 행위통일체가 될 수 있는 것이다.[23] 이러한 이유에서 대표는 이미 국민이란 개념의 정의 중에도 등장한다. 즉, 국민은 "un corps d'associés vivants sous une loi commune et représenté par la même législature." 즉 "하나의 공통된 법률 아래 생활하며 입법(내지 헌법을 제정)하는 동일한 의회에 의해서 대표되는 동료들의 단체"라는 것이다.[24]

그러나 끝으로 결론으로서 종래의 시에예스 해석이 취급해온, 지금까지 영향을 미치고 있는 두 가지의 외견적 문제에 대해서 간단하게 끼어들어 보자. 우선 첫 번째로 거론 할 문제점은 최근에 슈테판 브로이어가 제기한 문제이며, 시에예스에 있어서의 '국민'의 개념은 오히려 인권이론의 자연법적 전통에 그 기원을 거슬러 올라가야 할 개인주의적인 특징을 가진 개념인데, 그렇지만 시에예스는 오히려 정치적 공동체를 기관학적 · 국가주의적으로 파악한 인물 중의 한 사람인가 하는 것이다.[25] 두 번째로 끼어들어야 할 점은 츠바이크와 뢰벤슈타인이 던진 문제이다. 즉 시에예스의 대표이론에는 발전이 있으며 의원은 **자기 자신의 권리**(sui juris)로서 어떠한 법적 지위도 가지지 않으며, 오히려 루소주의적인 견해를 가지고 있던

22) 사적 노동과 공적 직무(travaux particuliers et fonctions publiques)를 통하여 형성되는 동질적인 사회적 단체로서의 국민의 이념은 『제3신분이란 무엇인가』의 제1장 전체에서 논의하고 있다.

23) 이미 서술하였듯이, 공통의 법률은 공통의 대표이며 바로 이것이 하나의 국민을 만들어낸다(E. Sieyès (FN 2), S. 128). 공동체에는 하나의 공통된 의지가 필요하다. 의지의 통일이 없으면 그 공동체가 의욕하고 활동하는 전체적 존재에는 절대로 도달하지 못할 것이다(ebd., S. 178).

24) Sieyès (FN 11), S. 126.

25) St. Breuer, Nationalstaat und pouvoir constituant bei Sieyès und Carl Schmitt : ARSPh LXX (1984), S. 495-517, insbes. S. 502.

시에예스가 뒤에 가서는 '점유적인 대표(appropriierte Repräsentation)' 이론이라고도 부를 정도가 된 파악 방법에 이른 것은 아닌가 하는 문제의 제기이다.[26)]

첫 번째 문제에 대해서 말하자면, 브로이어가 사용한 어느 정도 시대착오적인 개념구조에 따라야 하는가는 원래 의문이며, 이와 같은 개념구조는 혁명시대의 사실적 문제의 해명보다 오히려 '18세기부터 19세기로의' 세기의 변화하는 눈을 둘러싼 사회과학의 논쟁에 적당한 것으로 생각되지만, 이에 대해서는 다음과 같은 것이 유의되어야 할 것 같다.

1. 시에예스에 대해서 국민을 구성하는 것은 주권적 권력의 전통적인 담당자인 국왕에 대치되어야 할 주체이다. 시에예스는 '국민의 단체'를 한

---

26) E. Zweig (FN 4), S. 124 und 138 ff. ; K. Loewenstein (FN 3), S. 24 ff. 양자는 모두 오토 폰 기이르케가 아직 증명하지 못한 테제에 따르고 있다. 알투지우스에 관한 기이르케의 저서에서는 루소의 체계를 실행에 옮기려고 하는 프랑스혁명의 진전 중에서 행해진 시도들에 대해 다음과 같이 언급하고 있다. "후자(즉, 이것들의 시도)에 대해 시에예스는 비판의 화살을 쏘았다. 그는 이제 인민대표의 각자는 전체 국민을 대표하며 지시[위임]에는 구속되지 않는다는 명제도 비호했지만 원래 그는, 대표라는 것은 머릿수로 선거되며, 또한 필연적으로 단 하나의 議院으로 결말을 지어야 하는 것으로서 그것들의 대표는 그들의 선거인의 단순한 위임대리이며, 포괄적인 권한이 부여된 의견지참자이고, 그들에 부여된 권한은 임의로 철회되어 제한된다는 것을 인정하고, 대표자의 단체는 전체에 귀속하는 입법권을 단순히 행사하는 권한만을 가지며 헌법을 변경하는 권한은 가지지 않는 공동주체로서 주권자인 인민의 하위에 두고 있었다"(Otto von Gierke, Johannes Althusius und die Entwicklung der naturrechtlichen Staatstheorien, Breslau 1880, S. 223 FN 38에 수록).

처음에는 루소적인 생각을 했던 시에예스가 나중에는 반루소적인 사고를 나타냈다고 하는 츠바이크와 뢰벤슈타인의 테제에 대해서는 이들 양자의 단계 간의 이행은 그것을 일의적으로 시간적인 순서로 설명하는 것은 불가능하다는 것을 지적할 수 있을 것이다. 어떤 때에는 그들은 '(공화력) 3년의 연설(Discours de l'an Ⅲ)'에 구절을 부가한다고 생각한다면, 또 어떤 때에는 이미 1789년 7월의 저작인 '파리시에 적용되고 있는 헌법의 몇 가지의 이념(Quelques idées de constitution de la ville de Paris)'에서 구절을 첨가하고 있다[이 문헌은 본문 중에서 원주 15) 직전에 게재된 것과 동일하다고 생각되지만 표기가 다르다—역자].

사람 한 사람의(uti singuli) 개인들과 대치하는 것이 아니라 '국왕의 단체'와 대치하는 것이다. 그에게 있어서 국민은 이미 앙시앙 레짐의 고전적인 이해[27]처럼, 모든 신하의 집합이고 동시에 단순히 군주의 그림자와 같은 존재는 아니고 새로운 주권자이다.

2. 개개인은 시에예스에 대해서 시민(citoyens)이 된다. 개개인은 신하도 아니고 예컨대 슐리처가 말하는 '메타정치(Meta-Politik)'란 의미에서의 추상적인 '**지배 없는 사회**(societas sine imperio)'의 주체도 아니다. 개개인의 의지는 대표자의 선거를 통해서 표명되며, 그 의지는 법질서를 산출하는 수권(授權)으로서 이해해야 할 것이며, 이미 예정되어 존재하고 있다. 개별 선거인의 의지 내용의 고지로서 이해되어야 할 것은 아니라고 본다. 그는 말한다.

> 따라서 다음 것은 이론의 여지가 없다. 즉, 의원(議員)이 국민의회에 집회하는 것은 그들의 직접 위임자에 의해서 이미 형성된 의향을 거기에서 표명하기 위한 것은 아니고, 그들의 현재의 의견에 따라서 거기에서 심의하고 자유로이 투표하기 위해서다. 이 의견은 의회가 각 의원에게 가져올 수 있는 모든 지식에 의해서 계발된 것들이다.[28]

의회는 '공통의지를 공동으로 형성(former en commun une volonté commune)'해야 하며, 의회는 선거를 통해서 정통화되는 것이다.

---

27) 예컨대 1766년 3월 3일의 '충격의 시간(Séance de flagellation)'에 있어서 루이 15세의 연설(Remontrances du Parlement de Paris au XVIIIe siècle, publiées par J. Flammermont et M. Tourneux, Bd. II, Paris 1895, S. 554-565, besonders S. 558에 수록)을 참조. 거기에서는 "사람들은 국민에 의해서 군주로부터 분리된(!) 단체를 억지로 만들려고 하지만, 국민의 권리와 이익이라는 것은 짐의 권리와 이익과 일체가 되어야 하며, 짐의 수중에서만 평안 무사한 것이다"라고 되어 있다.

28) Sieyès (FN 19), S. 595. (강조는 파스키노)

두 번째 문제에 대해서는 다음의 점만을 지적하려고 한다. 즉, 시에예스에 있어서 대표는 홉스에서의 대표와는 다르며, 인민의 통일체를 만들어내는 것은 아니고 단지 국민의 헌법제정의지의 통일성을 보장하는 것에 불과하며, 그 의지는 이미 존재한다고 여겨지는 사회학적 통일체를 기초로 해서 만들어지고 있다. 대표는 막스 베버의 카테고리[29]로 표현한다면, 항상 '자유로운' 대표로 머무르며, 루소의 의미에서 '수임권력(pouvoir commis)'[30]과는 정반대되는 것이다. 대표가 결코 **자기 자신의 권리**로서의 법적 지위에 근거하는 것이 아닌 까닭은 다음과 같기 때문이다. 즉

> 자기에게 위임된 권력의 한계를 어지럽히는 것은 수임자로 구성되는 단체의 임무는 아니다.[31]

대표자들이 자기들에게 위임한 시민들이 부여한, 철회할 수 없는 신뢰에 의하여 헌법제정권력을 행사하는 것으로서 만족한다면 시에예스에 있어서의 대표자의 기능은 단순한 루소주의적인 대리를 의미하는 것으로도, 또한 '점유적인 대표'를 의미하는 것으로도 되지 않고, 아래로부터 정통화된 '직무'에 포함될 따름이다.[32]

---

29) M. Weber, Wirtschaft und Gesellschaft, 3. Aufl., Tübingen 1947, S. 171 ff.

30) Rousseau, Contrat Social, livre Ⅲ, ch. 1.

31) Sieyès (FN 11), S. 179.

32) 시에예스에 있어서 대표가 특히 중요한 의의를 가지는 것은, 한편으로는 앙시앙 레짐의 군주제적 대표의 이론과 비교하며, 다른 한편으로는 시에예스의 입헌국가이론에 의해서 주권개념이 받은 변화를 배경으로 한다면 명백하다. 시에예스에서는 루소에서와는 달리, 절대적인 대표자로서의 군주다운 주권자 대신에 주권을 직접 행사하는 인민의 입법자를 두는 것이 중요하지는 않다. '주권'을 가지고 있는 것과 그것을 행사하는 것은 시에예스에서는 '주권의' 주체와 형태가 다른 것과 같이, 같은 것은 아니다. 시에예스에서는 오히려 선출된 대표자야말로 군주의 지위를 탈취하고, 그럼으로써 계보학적 · 세습적인 정통성의 원리를 선거에 의한 정통성에 의해서 해체한다. 이에 대해서 국민의 '시민(Citoyens)'은 군주주의적인 왕권신수설에서 신에 귀속하고 있던 지위를 차지하게 된다. 선거에 의한 정통화는 앙시앙 레짐의 프랑스에 있어서 란스(Raims)

슈미트의 용어법으로 말하면 시에예스의 대표정부라는 관념은 동일성과 대표라는 두 개의 원리에 기초한 혼합형태라고 할 수 있을 것이다.

Ⅲ

이리하여 우리들은 카를 슈미트의 헌법제정권력의 이론으로[33] 옮겨갈 수 있다. 이 이론에도 역시 동일성과 대표의 독특한 혼합이 포함되어 있기 때문이다. 이러한 것은 두 가지 방법으로 실증된다. 즉, 한편으로 슈미트의 헌법과 헌법률의 구별[34]을 출발점으로 하고, 다른 한편으로 '주권적 독재(souveräne Diktatur)'의 개념을 출발점으로 할 수 있다. 그러나 나는 비교적 알려져 있지 않은 후자의 방법에 한정하려고 한다.

슈미트는 시에예스와 동일하게 헌법제정권력을 직접 국민에게 귀속시킨다. 왜냐하면 '인민의 헌법제정권력은 직접적인 의지'이기 때문이다. 따라서 이 의지는 점유될 수 없다. 그러나 슈미트는 "인민에 의해서 직접으로 내려진 정치적 결단을 다시 집행하고 그것에 표현을 부여하기 위해서는 어떤 조직, 하나의 절차가 필요하다"[35]고 부언한다. 이 점에서 그는 혁명의 시대의 프랑스 국민의회의 실제를 보여주는 것이다.[36]

그런데 이 헌법제정의회의 지위는 어떤 것인가? 슈미트는 이미 1926년의 저작 중에서 바이마르 헌법제정 국민의회를 주권적 독재를 행사하는 권력이라고 간주하고 있다.[37] 이러한 주권적인 독재는 그의 견해에 의하

에서의 국왕의 聖別(대관)식(sacre)으로 대신한다. 신과 인민과 헌법제정권력(potestas constituens)의 관계에 대해서는 C. Schmitt, Verfassungslehre (FN 4), S. 77 f.를 참조.

33) Verfassungslehre (FN 4), S. 75-87의 제8장 헌법제정권력의 이론은 이 책 전체를 일관하여 흐른다.

34) Verfassungslehre (FN 4), S. 11 f., 15.

35) Verfassungslehre (FN 4), S. 84(강조는 파스키노).

36) Verfassungslehre (FN 4) S. 85 ff.

37) Unabhängigkeit der Richter, Gleichheit vor dem Gesetz und Gewährleistung des Privateigentums nach der Weimarer Verfassung, Berlin 1926, S. 27. 즉, "오늘날에는 이미

면 하나의 위탁에 기초를 두고 있다. 그러므로 국민의회는 단순히 수탁자일 뿐이며, 헌법제정권력의 주체나 담당자는 아니다.[38] 그러나 동시에 국민의회는 '국가의 유일한 대표자'이기도 하다.[39] 『독재론』 제4장의 몇몇 부분에서 슈미트는 시에예스를 다루고 있는데,[40] 거기에서의 논술은 단순히 슈미트의 아베 시에예스의 이론에 대한 이해가 보통 이상이란 것을 실증하는 데에 그치지 않고, 대표가 가지는 위탁으로서의 성격과 독재와 주권과의 외견상의 **형용모순**(contradictio in adjecto)을 해결하는 것이기도 하다. 헌법제정의회가 대표로서의 기능을 가지는 것은, 그것이 개개인 내지 단체의 단순한 이익대표—18세기의 정치상의 용어법으로 말하는 당 내지 '파벌(factions)'—에 한정되지 않으며, 인민의지가 정치적으로 통일되어 있다는 것을 해석하고 정식화하는 것이기 때문이다.[41] 국민의 '헌법제정권력'을 행사하는 주권적 독재에 대한 바로 이와 같은 개념[42]이야말로 카를

1918년 11월부터 1919년 2월에 걸쳐서 혁명상태는 지배하고 있지 않으며, 또한 헌법제정국민의회의 주권적 독재도 이미 존재하지 않는다".

38) Verfassungslehre (FN 4) S. 58 f.

39) Verfassungslehre (FN 4) S. 59.

40) Die Diktatur (FN 5), S. 142 ff. [김효전 역, 『독재론』, 법원사, 1996, 175쪽 이하].

41) 헌법제정의회는 동시에 공통의 가치와 기본적 룰의 테두리를 한정하고 명시하며, 그 테두리 안에서 여러 가지의 이해가 실현되는 것이다. 이 점에 대해서는 A. Pizzorno, Sulla razionalità della scelta democratica : Stato e mercato, Nr. 7, 1983, S. 3-46, 특히 S. 28 ff.를 참조. 피초르노(A. Pizzorno)는 장기의 이해와 단기의 이해를 구별한다. 장기의 이해는 하나의 정치적 결합의 동일성과 헌법을 한정 · 명시하고, 단기의 이해는 그의 정치적 결합의 절편 · 구성부분으로서의 당이나 파벌의 '부차적 동일성(Sub-Identität)'을 한정 · 명시한다는 것이다.

헌법결단에 의해서 질서지워진 역관계, 특히 '정치적 계급' 내부에서의 역관계에 의해서 발생된 동태는 마지막에는 합법적 헌법개정 또는 초헌법적 헌법변천에 이르게 된다.

42) 카를 슈미트에 있어서 주권적 독재와 국민의 헌법제정권력의 결부를 특히 명확하게 보고 소중히 하는 것은 P. Schneider, Ausnahmezustand und Norm, Stuttgart 1957, S. 77 ff. (78)이다. 즉, "형식 중의 형식으로서 헌법제정권력 그 자체는 형식이 없으며, 헌법제정권력의 의지는 부정이다. 그것이 규정되면 형성력의 밑바탕을 알지 못하는 무진성이라고 하는 헌법제정권력의 본질적 특성은 사라져버린다. 그렇게 되면 헌법제정권력은 스스로 헌법에 의해서 설정된 권력(pouvoir constitué)이 된다. … 국민의 결단력은 바로

슈미트에 있어서 헌법제정권력의 혼합적 성격을 명백히 하는 것이라고 말할 수 있다.

볼프강 만틀은 또한 오래전에 동일성과 대표와의 형태원리에 대해서 다음과 같이 주장했다.

> 카를 슈미트와 게르하르트 라이프홀츠는 단순히 이 대개념을 매력적으로 주조하였을 뿐만 아니라, 이 한 쌍의 개념에 매우 (이분법적으로, dichotomisch) 부담을 지운 결과, '동일성과 대표'의 양 원리의 혼합을 받아들이기 어렵게 되었다.[43]

이것은 『헌법이론』 중에서 다음과 같이 쓰여 있는 것보다 한층 놀라게 한다.

> 정치생활의 **현실**에서는 동일성원리의 존재와 모든 구성요소를 폐기할 수 있는 국가도 대표의 존재와 모든 구성요소를 포기할 수 있는 국가도 역시 존재하지 않는다.[44]

홉스와 루소의 근대적인 정치이론에 따르면, 대표민주제는 항상 '인민의 자기지배'라는 의미에서의 민주주의의 하위의 불완전한 형태이거나, 또는 홉스적인 의미에서의 대표의 약한 형태이고 퇴화 중의 하나로 보이

대표를 지명하고 파면하는 행위 중에서도 나타난다. 그렇게 되면 헌법제정권력의 의지는 1인 또는 복수의 대표를 지정하고 확인하며 또한 위임하기 위해서 충분하게 정확하다. 그 이상의 것, 즉 헌법의 형태를 취한 인민의지의 해석이나 통치활동을 처리하는 것은 제1의적으로는 주권적 독재로서의 대표이다."

43) W. Mantl, Repräsentation und Identität. Demokratie im Konflikt. Ein Beitrag zur modernen Staatsformenlehre, Wien 1975, S. 121.

44) Verfassungslehre (FN 4), S. 205 (강조는 파스키노). 같은 책 S. 216이 "지배와 피지배, 통치와 피통치의 동시성은 대표와 동일성이라는 두 개의 원리의 결합을 의미하며 이러한 두 개의 원리가 없다면 국가는 있을 수 없다"라는 것을 참조.

게 되었다. 그러나 대표민주제가 일종의 혼합형태가 되면 서로 구별되고, 특히 그 이상으로 소급할 수 없는 두 개의 원리에서부터 이를 구성하는 것이 어떻든 필요하게 된다. 이 점에 『헌법이론』의 공적이 있다.

따라서 본래의 문제는, 대표민주제의 민주적 구성요소는 어디에 있어야 하는가 하는 것이다. 그것은 한편으로 대표자를 '통치기관으로서' 선임하는 것이며, 이것은 헌법에 의해서 조직된 선거에서 실행되지만,[45] 다른 한편 그것은 통치자와 피통치자 간의 일체의 질적인 차이를 배제한다는 의미에서의 동일성, 동질성, 그리고 '평등'에 있게 된다. 이때에 슈미트는 특권에 대한 시에예스의 투쟁이라는 고래의 논쟁을 다시 문제 삼는 것이다.[46]

---

45) 이에 대해서는 H. Heller, Die Souveränität (1927), in : Gesammelte Schriften, Leiden 1971, Bd. II, S. 96-98[김효전 옮김, 『주권론』, 관악사, 2004, 89-91쪽]을 보라.

46) 특권의 폐지라는 의미로 이해된 평등은 역할이 다른, 특히 통치자와 피치자 간의 역할의 차이를 부정하는 의미를 내포한 것은 아니다. 시에예스에서는 평등은 오히려 분업이라는 근대의 사회이론과 결부하고 있다. 국민의 구성원은 시민으로서, 또한 대표를 통해서 일반적인 정치적 평등을 자유롭게 처리할 수 있다. 슈미트는 『헌법이론』(Verfassungslehre (FN 4), S. 234 f.) 속에서 '지배자와 피지배자, 통치자와 피치자, 명령자와 복종자의 동일성'으로서의 민주주의에 대한 그의 매우 논의의 여지가 있는 정의를 다음과 같이 설명한다. "이 정의는 민주주의의 본질적 전제인 실질적 평등에서 생긴다. 이 정의는 민주주의 국가의 내부에서 지배하는 것과 지배받는 것, 통치하는 것과 통치되는 것의 구별이 질적인 차이를 나타내거나 산출하는 것을 배제한다. 지배 또는 통치는 민주주의에 있어서는 어떤 불평등에 의거해서는 안 되며, 따라서 지배자 또는 통치자의 우월성, 즉 통치자가 피치자보다도 어떤 질적으로 우수하다는 것에 의거해서는 안 된다. … 어떤 자가 지배하거나 통치하기 때문이라고 해서 그자가 인민의 일반적인 동일성과 동질성에서부터 다리를 내디디는 것이 허용되지는 않는다. 따라서 지배하거나 통치하는 자들의 힘 또는 권위는 인민의 손이 미치지 않는 어떤 고차의 속성, 즉 카스트, 인종, 피 그리고 기타의 '존재에 관계되는' 차이에 의거해서는 안 되며, 지배되거나 통치되는 자의 의지, 위임 그리고 신임에만 의거할 수 있으며, 그리하여 실로 지배되거나 통치되는 자가 스스로 통치하게 된다".

이 텍스트는 충분히 명백한 것처럼 생각된다. 슈미트는 특권에 반대하는 시에예스의 저작의 파토스를 강하게 상기하고 있다. 동일성의 원리로서의 민주주의는 지배형태로서의 민주주의, 따라서 대표와 정부를 배제할 수는 없다. 정치생활에서는 상하질서가 없는 통일체는 없기 때문이다(Verfassungslehre, S. 5. : 절대적 헌법개념의 정의). 이 경우

내 생각으로는 여기에 다시 제3의 요소가 첨가된다. 즉, 슈미트가 인용하는 엠머리히 드 바텔(Emer de Vattel)은 이미 항상 '위엄(dignite)'만이 대표될 수 있다는 데에 주의를 환기하였다.[47] 그러나 민주주의에서는 민주 또는 귀족신분의 위엄이 대표되는 것이 아니라 대표되는 것은 국민을 구성하는 '시민(citoyen)'의 시민적 평등이다. 이른바 '민주적 대표'에 고유한 것이 무엇인지를 말한다면, 내 생각으로는 그것은 이 평등을 그것도 함께 동일성 원리의 내용을 눈에 보이는 형태로 하고 실현하며 보장하는 점에 있는 것처럼 생각된다. 민주제적 대표가 어느 정도의 사회적 동질성을 전제로 한다면,[48] 그 대표는 평등을 만들어내고 그것을 견고한 것으로 만든다고 하는 목적에 봉사하게 된다. 이미 시에예스가 평등에 적대하는 자들에 대해서 강조하였듯이, 민주제적 대표는 어떤 초자연(超自然)인 것(Meta-Physisches)이며 물적으로 이미 완전한 형태로 존재하는 현실은 아닌 것이다.[49]

"통치하는 자만이 대표에 참가하는 것이다.[50]"

에도—주권개념이라는 더욱 잘 알려진 예의 경우처럼—독자는 슈미트의 '완전한' 정의에 자주 눈을 두게 되고, 다시 그 이상 읽어내려 가는 것이 불가능하게 되어 정의의 의미를 자주 오인하는 것이 아닌가 하는 인상을 받는다. 민주주의의 개념에 대해서는 Verfassungslehre, S. 215에서 "…이러한 [직접 또는 순수한 민주주의의—파스키노] 상태는 단순히 관념적인 이상적 구성에 불과한 것으로 보아야 하며, 역사적 · 정치적인 현실로 볼 것은 아니다"라고 말한 것도 참조하라. 순수 민주주의의 한계에 대해서는 Volksentscheid und Volksbegehren. Ein Beitrag zur Auslegung der Weimarer Verfassung und zur Lehre von der unmittelbaren Demokratie, Berlin 1927, S. 31-54[김효전 옮김, 『국민표결과 국민발안—바이마르 헌법의 해석과 직접 민주주의론에 관한 기고』, 관악사, 2008, 39-63쪽]도 참조하라.

47) Verfassungslehre (FN 4), S. 210.

48) H. Heller, Politische Demokratie und soziale Homogenität (1927), in : Gesammelte Schriften (FN 45), Bd. Ⅱ, S. 421-433 [김효전 옮김, 「정치적 민주주의와 사회적 동질성」, 『비교법학』(전주대) 제5집, 2005, 165-182쪽].

49) Préliminaire de la constitution française, Vorwort Zur 3. Auflage, 1789, 4-16. 참조.

50) Verfassungslehre (FN 4), S. 212.

그러므로 예외상태에서는 슈미트에 대해서는 헌법제정의회의 주권적 독재가 대표에 참여하는 것이다. 내 생각으로는 민주제적 지배 내지 민주제적 대표로서 정의내릴 수 있는 것은 평등을 산출하는 정부[51] 내지 주권적 독재만이다. 그러한 정부 내지 주권적인 독재는 국민을 형성하는 것도 아니라면 국민의 의지를 형성하는 것도 아닌 이 의지의 평등주의적 내용을 형성하는 것이다. 그러한 민주제적 대표의 전제는 인민의 평등으로 향한 드넓게 유포된 막연한 의지이다. 이것을 전제로 해서만 인민은 국민이 된다.[52] 그때에만 인민의 동일성이 **구현되는 것**(dargestellt—시에예스)이며, 다만 단순히 정치적 통일체가 **만들어지는 것**(hergestellt)은 아니다.[53]

정치생활에서는 지배, 정부 그리고 대표가 동일한 것과 같은 형태는 존재하지 않는다. '인민의 자기지배'로서의 민주주의의 순수한 원리에 구체적으로 대응하는 것이 현대의 현실에서는 아무것도 없는[54] 것은 슈미트에 대해서는 지배와 정부가 없으면 정치적 통일체라는 것은 생각할 수 없기 때문이다. 통치하는 것은 대표한다는 것이 대표의 원리의 표현이다. 그렇다고 하더라도 절대적 대표는[55] '헌법제정권력'의 헌법론과는 서로 용납되지 않는다. 시에예스와 슈미트의 이론에서 말하는 의미에서의 헌법제정권력이 인민의 국민에의 의지이며 평등에의 의지에 **직결하는 것**인 동시에, 이 인민의지[56]를 정식화와 해석을 통해서 **간접적으로 구현하는 것**이라

---

51) 여기서는 단순히 집행권력이라는 의미에서만이 아니라 정치적 공동체의 지도기능이라는 의미에서도 사용되고 있다.

52) Verfassungslehre (FN 4), S. 79.

53) '구현한다(Darstellung)'와 '만들어낸다(Herstellung)'라고 하는 한 쌍의 개념에 대해서는 Verfassungslehre (FN 4), S. 217 [이것은 아마 S. 207의 잘못일 것이다—역자]. 홉스의 대표이론에 대해서는 L. Jaume, Hobbes et l'Etat représentatif moderne, Paris 1985를 참조하라.

54) Verfassungslehre (FN 4), S. 207, 276 ff.

55) 이 표현은 『헌법이론』의 여러 곳에서 나오는데(예컨대 S. 207, 305), 원래는 홉스의 『리바이어던』 제22장에서 유래하는 것이다.

56) E. Kaufmann, Zur Problematik des Volkswillens (1931), in : Gesammelte Schriften, Bd. Ⅲ, Göttingen 1960, S. 272-284는 여전히 정당하다.

면 대표민주제에 대해서는 정치형태의 두 개의 원리는 어느 쪽에서도 다른 것과 바꿀 수 없는 것이 된다.

Ⅳ

끝으로 '헌법제정권력'에 관한 또 하나의 다른 해석문제를 간단하게 문제 삼지 않으면 안 된다. 왜냐하면 슈미트의 『헌법이론』의 몇몇 곳에서 그 자신의 테제와 모순되는 것처럼 생각되기 때문이다. 이 테제에서 본다면 '헌법제정권력의 담당자로서는 인민만이 문제가 되기'[57] 때문이다. 『헌법이론』에서는 두 개의 서로 다른 헌법사적 관련 속에 헌법제정의 주체가 될 수 있는 것으로서 군주에 대해 언급한다. 즉, 슈미트는 어떤 곳에서는 왕정복고의 시대와 '군주제의 원리'를 증거로 삼으며,[58] 또 다른 곳에서는 이른바 '절대군주제'와 근대의 영방국가에서의 영주의 모습을 이끌어내기도 한다.[59]

첫 번째 인용으로부터는 아무런 문제도 발생하지 않는다. 이미 뢰벤슈타인[60]과 헬러[61]가 나타내었듯이, 거기에서의 문제는 군주제에 이질적인 카테고리를 1789년의 혁명에서 차지하려는, 입헌군주제의 헛된 시도였다. 이에 대해서 두 번째의 경우에는 비교가 되지 않을 만큼 곤란한, 그러나

57) E.-W. Böckenförde (FN 1), S. 13(역서 20쪽). 또한 Verfassungslehre (FN 4), S. 77 f. 참조.

58) Verfassungslehre (FN 4), S. 80-82. 군주주의원리에 대해서는 E. Kaufmann, Studien zur Staatslehre des monarchischen Prinzipes, Leipzig 1906 그리고 O. Hinze, Das monarchische Prinzip und die konstitutionelle Verfassung, in: Gesammelte Abhandlungen, Bd. I : Staat und Verfassung, 2. Aufl., Göttingen 1962, S. 359-389를 참조하라.

59) Verfassungslehre (FN 4), S. 205.

60) FN 3, S. 283.

61) Staatslehre, in: Gesammelte Schriften (FN 45), Bd Ⅲ, S. 394. 즉, "'국민의 헌법제정권력이라는'(파스키노) 이 민주적 · 혁명적 원리에 대한 봉건 군주의 반동으로서 처음으로, 왕정복고는 세습적 국가원수의 헌법제정권력의 교설을 군주제원리로서 정식화한 것이다"[홍성방 옮김, 『국가론』, 민음사, 1997, 393쪽].

동시에 훨씬 생산적인 것도 있는 문제가 제기되기도 한다.

국민의 '헌법제정권력'의 개념은 그 본래의 의미에서는 영주 '군주'를 그 주체로 할 수는 없다. 그와 같은 것을 가능케 하려면 다음과 같은 사고실험을 사용해서 이 개념에 다시 또 하나의 별개의 의미를 만들어내야만 한다. 슈미트가 『헌법이론』 중에서 묘사하는 것은 두 가지의 형태원리(동일성과 대표)의 정태(靜態)라고도 부를 만한 사태이다. 이 때문에 제안되는 사고실험은 『독재론』에 이르는 슈미트의 사고과정 중에서 다시 발견되는 것에 불과한 것은 아니고, 이제 이 헌법론이라는 정태를 헌법사라고 하는 동태로 이전하는 점에 있다.[62] 이 헌법사에서는 대표는 단적으로는 동시적 · 체계적 지평상에서 동일성의 대극에 있는 것은 아니다. 대륙 유럽의 헌법사를 이념형적으로 재구성한다면 대표는 동일성의 선구자라고 간주하는 것이 가능하다.[63] 이러한 관점에서 동일성과 대표라는 양자의 형태원리는 민주제적 대표제의 혼합헌법을 인식하기 위한 보조 카테고리에 불과한 것은 아니고, 현대 유럽의 헌법생활을 이해하는 단서를 제공하는 것이라고 할 수 있다. 토크비유의 『앙시앙 레짐과 혁명(L'Ancien Regime et la Révolution, 1856)』*에서의 테제, 또는 근대 영방국가에서 정치적 통일과 동질성을 산출한 자로서의 영주들의 역할에 대해서 연구한 근래의 에밀 루쓰[64] 내지 게르하르트 외스트라이히[65]의 연구만을 상기하면 좋을 것이다. 이러한 의미에서 군주는 '헌법제정권력'의 담당자 내지 주체[66]일 뿐만 아

62) 여기서는 O. Brunner, Moderner Verfassungsbegriff und mittelalterliche Verfassungsgeschichte: Mitteilungen des österreichischen Institus für Geschichtsforschung, XIV (1939), Ergänzungsband, S. 513-528의 의미로 사용하고 있다.

63) 부록에 나타난 도식을 참조하라.

64) 특히 Emile Lousse, Absolutisme, Droit divin, Despotisme éclairé: Schweizer Beiträge zur Allgemeinen Geschichte, XVI (1958), S. 91-106.

65) 두 권으로 된 논문집(Gerhard Oestreich, Geist und Gestalt des frühmodernen Staates, Berlin 1970 그리고 Strukturprobleme der frühen Neuzeit, Berlin 1980)을 보라.

66) 신만이 이미 국민보다 앞서 '헌법제정권력(potestas constituens)'이 인정된 것이다 (Verfassungslehre (FN 4), S. 77 참조).

니라, 오히려 헌법제정권력의 지상에서의 유일한 주체로서의 국민을 결과적으로 낳는 권력 내지 권위[67]이다. 국민의 정치적 통일은 먼저 최초에 만들어내지 않으면 안 되며 그런 뒤에 구현될 수 있는 것이다.[68] 이와 같은 헌법사적 관점에서 본다면 대표는 단지 동일성의 대극에 불과한 것이 아니라, 동일성보다 앞서 존재하는 것이기도 하다.[69]

끝으로 헌법의 이론에서 헌법의 역사로의 이러한 도정에서 다음의 것도 알 수가 있을 것이다. 즉, 개념의 변증법으로부터 사실의 변증법으로의 이행[70]이 존재하고, 이 사실적 변증법에서는 대표라는 것은 확실히 지양되지만, 그러나 그것은 결코 무(無)가 되어버리지는 않는다.

---

67) Verfassungslehre (FN 4), S. 75 f., FN 1.

68) Verfassungslehre (FN 4), S. 207.

69) Ebd., S. 47. 즉 「대부분의 유럽 국가에서 정치적 통일체는 군주의 절대주의의 소산이었다; 대표가 있어서 비로소 통일체가 만들어진다」(S. 214).

70) J. H. Kaiser, Die Dialektik der Repräsentation, in : Festschrift für Carl Schmitt zum 70. Geburtstag, Berlin 1959, S. 71, 77를 참조. 또한 Verfassungslehre (FN 4), S. 209 f.도 참조하라.

부록 : 정치형태의 두 원리—동일성과 대표

정태=헌법론

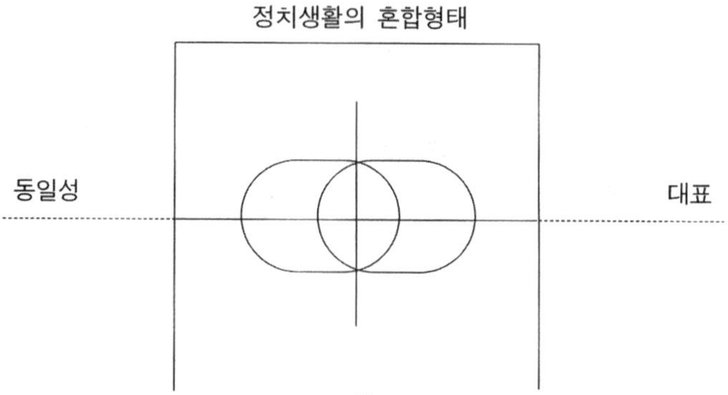

도식 1

동일성과 대표는 극한사태, 한계개념을 나타내며, 그럼으로써 현실의 혼합형태를 생각할 수가 있다. 즉,

> "동일성의 원리를 철저하게 실현하는 데 따른 위험은, 본질적인 전제—인민의 실질적 동종성—가 의제된다는 점에 있다. 그렇게 되면 최대한의 동일성은 실제로 존재하지 않지만, 최소한의 통치는 아마 실제로 존재할 것이다. … 이와 반대로 최대한의 대표는 최대한의 통치를 의미하게 될 것이다. 최대한의 대표가 실효적으로 존재하는 한 그것은 인민의 최소한의 동질성으로 족할 수 있으며, 국민적 종교적 또는 계급적으로 잡다한 인간집단으로부터 하나의 정치적 통일체를 형성할 수 있을 것이다. 이러한 상태의 위험은 정치적 통일체의 주체인 인민이 무시되고, 정치적 통일이란 상태에서의 인민 이외의 다른 어떤 것이 결코 될 수 없는 국가가 그 내용을 상실할 수 있다는 데에 있다. 그렇게 되면 그것은 인민 없는 국가, 포풀루스(populus) 없는 레스 포풀리(res populi)가 될 것이다."(C. Schmitt, Verfassungslehre, S. 215)

동태=헌법사

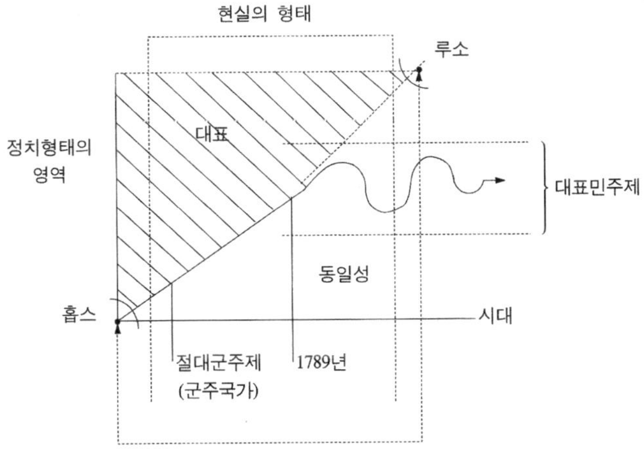

순수한 유형〔Verfassungslehre, S. 214
(김기범 역, 『헌법이론』, 235쪽) 참조〕

도식 2

현대 헌법학에 미친 카를 슈미트의 영향*

—특히 본(Bonn) 기본법을 중심으로

갈봉근

* 『동아법학』 제4호, 1987, 1-43쪽 및 갈봉근, 『헌법 논집. 1961-2001』, 세종출판사, 2002, 254-281쪽에 재수록. 이 논문은 H. Quaritsch (Hrsg.), Complexio Oppositorum Über Carl Schmitt, S. 503-507을 토대로 증보한 것이다.

I. 처음에

1985년 97세로 생애를 끝낸, 세기의 헌법학자이며 국제법학자이며 정치학자인 카를 슈미트 교수는 우리에게는 너무나 고명한 가운데서도 또한 악명도 높았다. 특히 그의 이른바 '오적관계(吾敵關係)', '오적구별(吾敵區別)'에 입각한 정치적인 것의 개념(Begriff des Politischen mit seiner Freund-Feind-Unterscheidung)'은 그의 생존 시보다는 지금에 와서 더욱더 화제와 논의가 집중되고 있다.

필자는 1986년 10월 1일부터 3일간 서독 슈파이어 행정대학원(Hochschule für Verwaltungswissenschaften Speyer)에서 〈20세기 법학과 정신과학에서 카를 슈미트의 위상(Carl Schmitts Stellung in den Rechts-und Geisteswissenschaften des 20. Jahrhunderts)〉이란 의제로 열린 세미나에 토론자로서 참석하였다. 이 세미나에는 60여 명의 헌법학자와 정치학자 그리고 역사학자, 사회학자들이 세계 각지에서 초빙되었다. 여기에서 발표된 논문만도 26편이나 되었다.

이러한 사실은 비록 단적이지만 카를 슈미트의 헌법학이 앞으로도 더욱 다의적이고 다각도로 재평가될 것임을 의미한다. 따라서 우리는 먼저 그의 수많은 저작 중 어떤 것들이 아직도 '현실성'이 있으며, 또 어떤 것들이 현대 헌법학에 유용한 것인가를 찾아내어야 할 것 같다. 다음에 카를 슈미트의 헌법에 관한 저작은 언제나 당면한 현실성과 '구체적 상황'에 입각하고 있음을 간과해서는 안 된다. 따라서 그의 헌법학 '관(觀)'과 '이론'

을 재평가하려면, 반드시 그 저술의 당면한 현실적 그리고 구체적 상황의 배경을 찾아야 할 것이다.

필자는 여기서 그의 주요 논문과 그 저작의 배경과 내용을 간단히 음미하고 '카를 슈미트 헌법학'이 현대의, 특히 현행 독일 헌법과 실제에 무엇을 남겼는가를 알아보며 아울러 우리 헌법에 미친 카를 슈미트의 영향을 살펴보기로 한다.

Ⅱ. 카를 슈미트 헌법학의 학문적 기초

카를 슈미트 연구에 이름난 문헌학자인 피이트 토미센(Piet Tommissen)은, 슈미트가 남긴 주요 저작은 단행본이 약 30권 그리고 주요 논의의 대상이 된 논문이 50여 편이 된다고 한다. 물론 여기에는 전후 (제2차 대전) 익명으로 남긴 것도 있고, 또 비공개의 것도 포함된다.

그러나 그의 저작에 대한 체계적 전집, 특히 그의 문하생과 그의 비판자들에 의한 총서는 아직 출간되지 못하였다. 그 이유는 여러 가지가 있겠지만 아마 주된 이유는 카를 슈미트가 그의 제자와 비판자들보다 학문적 활동을 20-30년 더 오래 계속하였기 때문일 것이다.

뒤에서 보는 바와 같이, 그의 저술 가운데 '제3제국' 시대에 발표된 글들은 도덕적으로나 학문적으로 책임을 회피할 수 없는 것들도 있었다. 그러나 그의 주요 저작은 바이마르 공화기 중간, 즉 1919년에서 1932년 사이에 출간된 것들이었다.

『정치적 낭만주의(Politische Romantik)』, 『정치신학(Politische Theologie)』, 『독재론(Die Diktatur)』, 『헌법의 수호자(Hüter der Verfassung)』, 또 자유주의적 의회주의로부터 정당국가로의 전이과정 체제에 대한 비판으로 저술된 『현대 의회주의의 정신사적 지위(Die geistesgeschichtliche Large des heutigen Parlamentarismus)』, 『정치적인 것의 개념(Der Bergriff des Politischen)』에 기초된 『헌법론(Verfassungslehre)』, 그리고 마지막으로 1932년의 『합성법과 정당성

(Legalität und Legitimität)』 등이 바로 여기에 속한다.

이러한 저작의 제목은 물론 학문적인 것만이 아닌, 현실 헌법에 대한 요구를 넘어선 도전적(herausfordernde) 표제들이었다. 예컨대 1919년 초에 출판된 위의 『정치적 낭만주의』는 1918년에서 1919년에 이르는 독일의 유동적인 정치상황의 영향하에서 집필된 것이었다.

제1차 대전 이전에 낭만주의는 독일의 지적 생활에 있어서 가장 강력한 비정치적 조류의 하나였다. 당시 태반의 독일 지식인들은 당초부터 현실을 주관적으로 인식하게 조장하는 낭만주의 전통의 영향 아래에 있었다. 즉 개성은 사회적 규범보다 우선된다고 하였다. 이러한 낭만주의적 개인주의와 자아에 대한 몰두는 필연적으로 '사회적 소외' 의식을 초래하였다. 카를 슈미트는 이 『정치적 낭만주의』에서 이러한 독일 낭만주의의 당면한 독일 사회에 대한 비현실성을 공박하고 정치적으로 소외된 지식인의 입장을 극복하며 현재에 절박한 정치적 문제들에 당면하여야 할 것을 주장하였다. 따라서 그의 『정치적 낭만주의』의 제목은 참으로 단순한 학문적 내용을 지칭한 것에 그치는 것이 아니라 한 걸음 더 나아가서 당면한 현실(성)에 대한 도전임을 알 수 있다.

그리고 1921년에 저술한 『독재론』의 제목도 마찬가지이다. 그는 이 책에서 고대 로마로부터 레닌 체제에 이르는 독재의 본질을 역사적 · 이론적으로 구명하고 있다. 그러나 그는 동시에 이 글에서 전후 유럽의 혁명적 상황에 현저히 영향받고 있음을 의식하였다. 즉 러시아 혁명과 독일 혁명의 돌발적인 발발은 새로 수립된 정치질서(바이마르 공화국)의 합법성과 정통성에 관한 문제를 야기시켰다. 그리고 당시의 독일의 상황은, 입헌제도가 그 자체의 권위에 대한 국내의 도전에 직면하였고, 여기에 어떻게 입헌제를 지탱하는가의 문제가 제기되었다.

슈미트는 독일의 공산주의자가 바이마르 공화국 헌법의 승인을 거부하는 사실을 직시하고 그들이 그들에게는 부조리인 부르주아적 질서에 대항하여 레닌적 혁명의 모델을 모방할 것을 결의(決意)하게 된다고 예측하였다. 그는 『독재론』에서 레닌적 프롤레타리아트의 독재를 주권적 독재로 열거하고 있다. '주권적 독재'는 "기존의 질서 전체를 스스로의 행동에 의해서 제거하는 상태로 본다. 이는 단적으로 현행 헌법을 정지함에 그치는 것이 아니라, 참된 헌법으로 보는 헌법을 실현하는 상태를 창설하려고 시도한다." 주권적 독재자는 현행질서의 정통성을 부인함으로써 자신이 인민에 대신하여 행동하며, 스스로의 권위가 '무정형(無定形)의 헌법제정 권력'으로부터 유래한다고 주장한다. 따라서 주권적 독재의 목적은 이러한 무정형의 조직되지 않은 인민의 의지를 대표함과 동시에, 그것을 새로운 정치제도와 헌법제도의 형식으로 실현되도록 한 외적 상태를 창조하는 데 있다.

슈미트는 '주권적 독재'와 대비한 '위임적 독재'를 제시하고 있다. 즉 바이마르 공화국은 스스로의 권위를 부정하는 세력에 대하여 자기를 방위하기 위해 헌법 제48조에 의거하여 승인된 독재권위에 의존할 수 있다. 이 권력은 현행체제를 유지함을 목적으로 한 '위임적 독재'이다. 그리고 그는 "(위임적) 독재는 절대주의적인 지배형태가 아니고, 공화국의 헌법에 고유한 자유를 옹호하는 한 수단이다"라고 한다.

이 『독재론』의 제목과 내용도 1921년에 당면한 공산주의자의 바이마르 헌법질서 거부에 의한 혁명적 상황에서 나온 산물임을 쉽게 알 수 있다. 특히 이러한 내용은 그의 1928년의 『헌법론』에서 여실히 볼 수 있다. 그는 『헌법론』에서 「일반 국가론(Allgemeine Staatslehre)」을 명백히 부정하였다. 그리고 그 대표적인 것이 그의 「정치학으로서의 국법과 헌법학(Das Staatsrecht und die Verfassungslehre als politische Wissenschaft)」의 견해라 하겠다. 이는 당시 통설인 규범적 법실증주의(normativer Positivismus)와 정면으로 대립한 「현실과학으로서의 국가학의 견해(die Auffassung der Staatslehre als Wirklichkeitswissenschaft)」이었다.

여기에 당시의 카를 슈미트 비판자들은 그를 일컬어 「헌법학자를 넘어선 이념자(mehr Ideologe als Staatsrechtler)」 혹은 「정치적으로 동원된 상황법학의 일종(betreibt eine Art politisch motivierter Situationsjurisprudenz)」이라고 혹평하기도 하였다.

그 당시 그에 대한 비판의 절정기는 1932년 10월 라이프치히 국사재판소(Staatsgerichtshof)에서 이루어진 라이히와 프로이센 주간(州間)의 헌법소송에서 볼 수 있었다. 이 사건은 프로이센 주에 있어서의 '라이히 코미살'(총독)의 권력장악 중지를 청구한 프로이센 주정부의 청구소송을 둘러싼 헌법분쟁이었다. 그러나 여기에서 논쟁의 주 대상이 된 것은 공화국 헌법 제48조를 둘러싼 카를 슈미트의 1932년 논문「합법성과 정당성」이었다.

더욱 논쟁이 고조된 것은 프로이센 정부의 원고 측 변론대표자와 라이히 정부의 피고 측 변론대표자가 모두 당시 희대의 고명한 헌법학자들이었기 때문이다. 라이히 측은 카를 슈미트(Carl Schmitt), 에르빈 야코비(Erwin Jacobi), 카를 빌핑거(Carl Bilfinger)였으며, 프로이센 측은 프리드리히 기이제(Friedrich Giese), 아르놀드 브레히트(Arnold Brecht), 게르하르트 안쉬츠(Gerhard Anschütz), 한스 나비아스키(H. Nawiasky), 한스 페터스(Hans Peters) 그리고 헤르만 헬러(Hermann Heller) 등이었다.

사실 이 법정 대결은 20세기 초기 독일 헌법학의 절정을 장식하는 이론적 총결산이기도 하였다. 이 헌법소송에서 슈미트의「합법성과 정당성」이론은 확고한 위치를 구축하게 된 것이다. 이 화려한 슈미트의 승리는 험난한 그의 비판자들의 총결집의 요인이 되었음은 두말할 필요가 없다.

여기에서는 지면 관계로 슈미트의 주장을 몇 가지만 지적하는 데 그치기로 한다. 그는 어떠한 정당이 다른 정당의 합법성, 비합법성을 결정할 수는 없다, 여기에는 단지 중립적 권력자(中立的權力者)인 라이히 대통령만이 그것을 결정할 수 있다, 나치스당(민족사회주의독일노동자당, National Sozialistische Deutsche Arbeiterpartei)에 대한 사회당 주정부의 독단적 행위는 내전을 초래할 우려가 있다, 내전상태의 재연(再燃)을 회피하기 위하여 라이히에서 프로이센으로 코미살(총독)을 파견하는 것이 필요하였다고 그는 논증하였다. 특히 그는, 헌법은 하나의 정치적 문서이며, 단적인 법규범의 집합은 아니다, 따라서 헌법은 정치적 현실의 문맥에서 해석하여야 한다고 지적하였다.

그리고 슈미트는, 법적 견지에서 재판소는 '헌법의 수호자'이며, 헌법에 관한 법적 논의의 최종적 재정자임을 인정하였다. "그러나 재판소는 역시 재판소 외는 아무것도 아니다." 그렇기 때문에 재판소는 헌법을 수호하는 데 필요한 정치적 결정을 내리며, 정치적 행동을 가지는 준비도 능력도 결코 갖지 못한다. 바로 이러한 이유에서, 대통령은 제48조와 그 자신의 헌법준수 서약 아래서 헌법의 합법적인 정치적 수호자로 임하게 된 것이다. 이 자격에서 대통령은 구체적인 정치상황의 소명(召命)에 따라서 행동하는 헌법상의 권한을 갖지 않으면 안 되며, 또 실제로 간직해 왔다. 이 권한 중에는, 비상사태에 있어서 국가와 헌법을 옹호하는 데 필요하다면, 직무태만의 주정부를 파면하고 라이히 코미살을 파견하는 권리가 묵시적으로 포함된다고 하였다. 특히 그는 변론의 결론에서 "이 국사재판소에서의 소송절차는 단적인 형식적 절차가 아니고, 그 자체가 바로 정치적 행동이다"라고 단정하였다.

이와 같은 슈미트의 변론에 대하여 반대론자들은, 그가 '상황추종자'이며 '상황법학자'라고 비난하였고, 또 그 후 슈미트는 헌법을 상대화하고 있다고 비판받아 왔다. 그러나 카를 슈미트의 『합법성과 정당성』이 본래 당시 위험 수위에 있는 공산당과 나치스당의 공화국 헌법질서 파괴행위를 저지하기 위한 저술이었음은 너무나 유명한 사실이다. 대통령의 예외적 권력은 "의회제의 특정한 폐해에 대한 안전장치로서 구상된 것이다. 때문에 (대통령의 예외적 권력은) 이 제도의 구제를 의도한 것이지, 결코 어떤 종류의 신국가의 수립을 의도한 것은 아니다."라고 슈미트는 표명하고 있다.

이와 관련하여, 특히 카를 슈미트는 1932년 7월 선거 후의 파펜(Franz von Papen) 수상의 헌법개정 의도를 적극 반대하였다. 카를 슈미트는, 현재의 불안정한 상황 아래서는 파펜 수상이 기도하는 반국민적 계획은 내란을 초래할 것이며, 또 경우에 따라서는 헌법위반적 위험의 옹호를 군에 강요할 가능성도 있을 것이라고 경고하였다. 즉 슈미트는 직접 헌법 개정을 기도하는 것은 "위기 속에서 더욱이 대부분의 국민의 반대에도 불구하고 현행법질서를 개변하는 것은 감당할 수 없는 위험이 동반된다"고 확신한 것이다. 따라서 그는 위험에 있어서는 기존의 헌법의 테두리 안에서 안정과 안전을 회복하는 것이 무엇보다도 우선되어야 한다고 한다. 여기에 바로 카를 슈미트의 합법성과 정당성에 있어서의 대통령의 예외적 권력의 참뜻이 있는 것 같다.

Ⅲ. 카를 슈미트 헌법학의 정신적 기초

카를 슈미트의 정신적 위치는 찬란하지도 않았지만 불확실하지도 않았다. 그러나 그의 정신적 위치가 양면적인 것은 사실이었다. 그의 '가톨릭성(Katholizität)'은 그의 고전적 논문인 「로마 가톨릭 주의와 정치형태」에서 제시된 것과 같이 로마적이었으며, 결코 독일적인 저술은 아니었다. 카를 슈미트는 교회가 갖는 안정성과 법학적인 완벽성을 칭찬하였다. 교회가 근대 국가의 정치논리에 미친 영향에 관해서 논술할 때, 그는 "근대 국가학의 중요한 개념은 모두 세속화된 신학개념이다"라고 강조하였다. 그리고 그는 교회가 갖는 유연성에도 커다란 감명을 받았다. 즉 다양한 정치적 세력들을 그 자체의 주요한 특징은 손상시키지 않고 통일시킬 수 있는 능력 속에 교회가 갖는 유연성이 나타난다고 그는 사려하였다. 슈미트는 이와 같은 부드러움을 교회의 '반대물의 복합체(Complexio Oppositorum)'라고 호칭하였다.

슈미트에게 많은 영향을 끼친 가톨릭 저술가는 보나르(Bonald), 드 메스트르(de Maistre) 그리고 도노소 코르테스(Donoso Cortés)이었다. 그리고 이들은 모두가 독일인이 아니었다. 카를 슈미트는 그중 도노소 코르테스로부터 19세기의 반혁명사상에 대하여 영향을 받았다. 특히 슈미트가 이들 가톨릭적 반혁명철학자로부터 이어받은 것은 인간의 본성에 관한 비판적인 평가였다. 그러나 그가 가톨릭교회의 위광 앞에 무릎을 꿇은 것은 젊은 시절에 한해서였다. 1919년 그는, 신학은 모든 정치이론에 대하여 확고한 기반을 제공하는 것이 아니고, 다른 여하한 학문보다도 강렬하게 논쟁과 독선의 길을 열어주고 있다고 확신하게 되었다.

다음에 카를 슈미트는『정치신학』에서 형이상학과 사회학을 주권과 예외상태의 개념에 입각시켜, 정치적 결단이론에 결합하려고 시도하였다. 그리고『정치적 낭만주의』에서는 정치이념의 연결로부터 '독일 신보수주의(deutscher Neokonservatismus)'를 결별시켰다. 막스 베버의 프로테스탄트적 사회학이 카를 슈미트의 사상에 준 영향은 이와 같은 정신적 위치에 대한 이율배반에 가득 찬 긴장관계 속에서도 더욱 강렬하고 지배적이었다.

카를 슈미트는 1918년과 1919년의 혁명적 상황과 독일 국민에 강요된 가혹한 베르사유 조약의 체결에 당면하여, 독일 국가가 정치적 통일체로서 존립하면서 베르사유 조약의 중하(重荷)를 극복할 수 있는 가능성은 독일인이 자국(自國)의 질서를 유지할 수 있는가의 여하에 달려 있다고 믿었다. 군주국의 권위주의적 지배가 제거된 현재, 그는 국가의 장래에 대한 안전과 안정을 보장할 수 있는 기초를 새 헌법이 제공하여줄 것을 희망하였다. 이리하여 슈미트는 심정보다도 '양식'으로부터 공화국을 받아들인 '이성의 공화파(Vernunftsrepublikaner)'의 입장을 채택하여 막스 베버와 프리드리히 마이네케(Friedrich Meinecke) 등의 저명한 보수적 지식인 대열에 가담하였다. 그들은 모두 이 새로운 질서에 결코 열광하지는 않았다. 그러나 그들은 현재의 상황하에서는 이것이 독일에 대한 최선의 선택이라고 믿었다.

그 후 카를 슈미트는 바이마르 헌법체계의 범위 내에서 독일 정치상황의 안정화에 진력하였다. 즉 이러한 결과는 그의『현대 의회주의의 정신사적 지위』와『합법성과 정당성』에서의 서술이 증명하고 있다. 뿐만 아니라 이는 당시 지배적 견해인 법실증주의에 반대한 카를 슈미트의 현실과학으로서의 헌법학의 견해, 즉 그의 비판적 정신과학적 · 사회학적 방법(die geisteswissenschaftlich-soziologische Methode seiner Kritik)이 증명하고 있다.

앞에서 언급한 『독재론』은 '10월 혁명'의 의식 아래 저술되었다. 여기에서 카를 슈미트는 새로운 리바이어던의 출생을 직시하였다. 그리고 슈미트의 후기에 있어서의 헤겔 철학으로의 전환은 마르크스-레닌주의와의 대결을 위한 준비였다고 볼 수 있을 것 같다. 독재, 혁명 그리고 예외사태가 시민적 의회주의 헌법의 기본개념(Schlüßelbegriff)에 명백히 배치됨은 너무나도 확실하다. 그러나 군주제 붕괴 직후의 공화국(바이마르 공화국)은 이와 같은 상황(독재, 혁명, 예외사태)하에 있었다. 혁명의 성격으로 간주되는 '스파르타쿠스단의 반란(Der Spartakus Aufstand)'은 1871년의 '파리 코뮌(혁명정부, Pariser Kommune)'과 흡사하였다. 이 반란은 10월 혁명의 붉은 불빛 아래 선동되었고, 또 당시 레닌의 혁명 전략의 다음 목표가 독일이었음이 너무나도 명백시되었다.

새 공화국 헌법 (바이마르) 제48조 공화국 대통령의 예외사태에 있어서의 비상대권 규정은 결코 어떤 허구로 꾸며진 헌법규정이 아니었다.

앞서 지적한 카를 슈미트의 『독재론』은 바로 이러한 헌법현실과 상황을 배경으로 하고, 또 공화국의 '안정'이란 그의 정신적 배경에서 서술되었음을 잘 알 수 있다. 그는 헌법에 충실한 사회민주주의자 프리드리히 에버트(Friedrich Ebert) 대통령의 임기가 막 시작한 1919년에 이미 제48조의 '위임적 성격'에 관한 그 자신의 헌법해석을 정립한 것이다. 공화국 기간을 통하여 역대의 공화국 대통령은 250회 이상 제48조의 비상권을 발동하였다. 공화국 초기의 국내투쟁 시기에 공화국의 존속을 보장한 것은 실로 대통령긴급명령의 빈번한 행사라 해도 과언이 아닐 것이다.

슈미트는 자기가 의회제에서 발견한 결함에 대한 구제책을 갖지 못한 것을 헌법에 의한 긴급권을 부여받은 대통령이 정치질서의 안전한 붕괴와 급진파에 의한 권력장악을 저지할 수 있다고 믿은 것이다. 그러나 그는 결코 대통령을 대용황제(Ersatzkaiser)로는 보지 않았으며, 또 헌법에 근거한 의회의 권리를 대통령에 의해서 침해할 수 있다고도 주장하지 않았다. 그는 오히려 대통령을 바이마르 국가 헌법의 수호자로 보았다. 바이마르 공화국 말기에 있었던 힌덴부르크(Hindenburg) 대통령과 공화국 마지막 수상인 슐라이헤르(Kurt von Schleicher) 장군 간의 불화가 주 요인이 되어 힌덴부르크 대통령은 마침내 슐라이헤르 수상의 "나치스당과 공산당의 급진파 세력의 저지를 위한" 긴급조치권 발동 요청을 거절하였다. 이러한 과정에서 히틀러(Adolf Hitler)는 제48조의 행사에 의한 것이 아니라 오히려 제48조가 그에 대하여 행사되지 못한 덕분에 위장된 합법성에 의하여 권력을 장악하게 되었다.

다음에 1923년의 『의회주의의 지위』에 관한 카를 슈미트 논문의 정신적 배경을 살펴보기로 한다. 그는 여기에서 '예외사태'의 고전적 형상을 버리고, 새로운 개념의 예외사태를 구축하였다. 즉 의회주의의 거부(das Versagen des Parlamentarismus)가 그것이었다. 의회주의에 대한 카를 슈미트의 비판은 "자유주의적 의회주의에서 정당국가로의 전위과정(auf den Übergang von liberalen Parlamentarismus zum Parteienstaat)"에 조준되었다. 그러나 슈미트에 대한 비판자들은 그의 비판(의회주의의 거부)이 의회주의 제도 자체에 대한 공격으로 이해한다. 이는 정말 커다란 과오라 하겠다. 사실 슈미트에 대한 그릇된 비판은 이와 같은 과오에서 시작된 것이 태반이다. 막스 베버도 바로 이 점을 중요한 문제성으로 삼았다. 베버는 선거인으로 거대하게 조직된 대중정당의 발전에 문제성의 중점을 두었다. 그는 또 정당의 의회 내에서의 그리고 의회 외에서의 행동능력을 과감하게 인정하였다. 베버는 대중민주주의의 운명을 계속적인 합리화 속에서 찾았고, 이를 "(인간) 기계로 장비된 지도자민주주의(Führerdemokratie mit Maschine)"의 관료화라고 표현하였다. 이 정당국가에서는 정치적 지도체인 정당지도자(politische Führungsauslese)가 결정적 역할을 하게 된다. 이때 그는 명백히 '일당국가'에서 독재적 지도자체제의 가능성을 예상한 것이 아니라 의회를 가진 복수정당제 국가를 생각하였다.

이에 반하여 카를 슈미트는 '이익' 정당의 다원주의 속에서의 위험성을 주시하였다. 즉 의회에서의 만성적이고 불확실한 '다수' 관계는 어떠한 위기도 극복할 수 없다고 보았다. 그리고 안정적 (정당의) 다수제도 없이는 입법은 결코 근시적 이익의 타협 외에는 아무것도 이룩할 수 없다고 단정하였다. 물론 카를 슈미트도 "정치적 통일체의 진정한 대표성(die aktuelle Repräsentation der politischen Einheit)"을 "다수에서(in der Mehrheit)" 찾고 있다. 그러면 새로운 개념의 예외사태란 어떠한 것인가? 그것은 "헌법의 적(Verfassungsfeind)"의 출현 없이도 의회주의 제도의 정지가 야기되는 경우이다. 즉 경제위기의 발생으로 인하여 의회가 다수기능을 상실할 때 대통령이 '위임적 독재(kommissarische Diktatur)'의 지위에 서게 된다. 이때 대통령이 이러한 위임적 독재권력을 부여받게 되는 근거를 카를 슈미트는 국민다수에 의한 대통령의 선출에서 그 정당성을 찾고 있다. 즉 대통령은 "헌법수호자의 지위(die Rolle des Hüters der Verfassung)"에 있는 것이다.

슈미트는 헌법을 "정치적 통일체의 형태에 대한 국민의 정치적 결단"이라고 정의한다. 따라서 '헌법의 적'이란 이 '형태'를 침해하는 자를 지칭한다. 그리고 카를 슈미트는 그의 의회주의에 대한 비판에서, 의회주의의 전통적 형태에는 결코 어떠한 논급도 하지 않았다. 그는 정당국가와 그 배후에 개재하는 조직화된 이익의 다원주의를 내용으로 한 헌법현실에 대항하여 헌법을 옹호한 것이다.

이상에서 우리는 카를 슈미트의 모든 헌법학적 저작은 '현실'과 '구체적 상황'을 떠나서는 결코 있을 수도 없고, 또 이해할 수도 없음을 알 수 있게 되었다. 앞에서 지적한 바와 같이, 카를 슈미트가 '제 3제국'시대, 즉 1933년 봄 그가 나치스에 협력을 시작한 시기부터 1941년까지에 집필한 논문들은 도덕적으로나 학문적으로 책임을 회피할 수 없는 것도 있다.

여기에 그 주된 것을 열거하면, 1933년의 『국가 · 운동 · 국민』, 1933년의 『정치적인 것의 개념』의 개정판, 1934년의 『법학적 사고방식의 세 유형에 관하여』, 1934년의 「총통은 법을 보호한다」, 그리고 1940년에 편집된

『입장과 개념들-바이마르 · 제네바 · 베르사유와의 투쟁』 논문집 등이다. 특히 「총통은 법을 보호한다」의 발표 이후 나치스 비판자들은 카를 슈미트를 잔인한 일당독재의 변호인으로 낙인찍은 것이다.

그러나 슈미트가 1932년까지는 주저에서 나치스당의 반국가적 세력의 저지에 일관하였음은 앞에서 검토한 바와 같다. 즉 그는 반헌법적 정당들에 대하여는 합법적 권력장악을 위한 '기회균등'이 부정되어야 한다고 끊임없이 주장한 것이다. 그의 사상적 뿌리는 결코 나치스가 될 수 없었다. 그러나 망명과 '보호를 위한 복종'의 두 갈림길에 서게 된 당시의 상황에서(1933년 초) 대부분의 독일인의 경우와 같이 그는 후자를 택한 것 같다.

제2차 대전 후 슈미트에 대한 저항이 큰 것은 너무나 당연하였다. 뉘른베르크에서 석방된 후, 한때 그는 그의 고향 플레텐베르크(Plettenberg)에서 지내면서 '침묵의 안전'을 택하였다. 그러나 그의 학문적 정력은 그를 조용히 있게 하지 않았다. 그는 뉘른베르크의 옥중에서도 『구원은 옥중에서(Ex Captivitate Salus)』를 저술하였다. 물론 그가 뉘른베르크에서 유죄판결은 결코 받은 바 없었다. 그러나 전후 그는 '계관법학자(Kronjurist)', '독아론자(獨我論者)', '니체적 허무주의자' 그리고 '탁월한 나치스의 지적(知的) 예언자' 등으로 악평을 받았다. 이러한 가운데서도 그는 익명으로 논문을 발표하고 있었다.

1950년대 이후에 슈미트의 저작이 본명으로 공표되었을 때도 학계에서는 여전히 적의(敵意)에 찬 편파적 비판이 높았다.

이 시기의 주요 저작은 1950년의 『대지의 노모스』[1], 1967년의 「가치의 전제, 한 법학자의 가치철학으로의 숙고」[2], 1963년의 『파르티잔의 이론-정치적인 것의 개념에 대한 중간논평』[3], 1965년의 「완성된 종교개혁 : 새

1) Der Nomos der Erde im Völkerrecht des Jus Publicum Europaeum.

2) Die Tyrannei der Wert : Überlegungen eines Juristen zur Wertphilosophie.

3) Theorie des Partisanen : Zwischenbemerkungen zum Begriff des Politischen.

로운 리바이어던 해석에 대한 논평과 지적」[4], 또 1970년의 『정치신학 속편, 모든 정치신학은 일소되었다는 전설』, 그리고 1978년의 「합법적 세계혁명」[5] 등을 열거할 수 있다.

그리고 1958년에는 슈미트의 옛 친구, 대학의 동료 그리고 문하생들에 의한 70세 기념축하논문집[6]이 발간되었다. 이때에도 슈미트에 대한 비난과 중상이 말할 수 없이 많았다. 특히 주목되는 것은 1959년 11월 20일의 『법률신문(Juristenzeitung)』에 아돌프 학파(Adolf Schule)의 『축하논문집(Eine Festschrift)』이란 표제로 실은 혹평이다.

그러나 나치스기에 있은 슈미트의 이러한 타협을 비판하는 가운데서도 바이마르기의 저작에 대한 공평한 평가가 점차 이루어지기 시작하였다.[7] 그리고 1970년대에 와서는 카를 슈미트 헌법학의 재평가가 본격적으로 시작되었다.

Ⅳ. 본 기본법에 미친 카를 슈미트의 영향

(1) 1919년의 바이마르 헌법이 제1차 세계 대전에서 독일의 패배를 계기로 한 산물이라면, 1949년의 본 기본법(Grundgesetz für die Bundesrepublik Deutschland vom 12. 5. 1949)은 제2차 세계 대전에서 영 · 미 · 불 · 소 연합군에 의한 독일의 무조건항복에 따른 산물이라고 하겠다. 그러나 바이마르 헌법 제정기와 본 헌법 제정기의 헌법현실과 헌법의지(Verfassungswille)는

4) Die vollendete Reformation. Bemerkungen und Hinweise zu neuen Leviathan-Interpretationen.

5) Die legale Weltrevolution.

6) Festschrift für Carl Schmitt zum 70. Geburtstag, Hrsg. Hans Barion, Ernst Forsthoff, Werner Weber, 1959.

7) George Schwab, The Challenge of the Exception. An Introduction of the Political Ideas of Carl Schmitt between 1921 and 1936, 1970; Hasso Hofmann, Legitimität gegen Legalität. Der Weg der politischen Philosophie Carl Schmitts, 1949.

현저한 차이가 있었다. 즉 알레만(F. R. Allemann)이 정확히 지적한 바와 같이, '본은 바이마르가 아니다(Bonn ist nicht Weimar)'.

바이마르 헌법기는 이른바 '불일치의 일치(Einigkeit über das Unabstimmbar)'의 결과로서, '불안정한' 민주적 다수결에 의한 의회는 처음부터 위기 속에서 그 기능을 상실하고 있었고, 또 동시에 잠재적 시민전쟁(ein latenter Bürgerkrieg)의 요인을 품고 있었다.[8)]

따라서 바이마르 헌법은 명실공히 위기 속의 헌법이었다.

그리고 속칭 사상 최대의 민주적 헌법인 바이마르 헌법은 그 내용에 있어 수많은 '연기적인 형식상의 타협(dilatorischer Form-Kompromiß)'[9)]을 피할 수 없었다. 이는 또 이 헌법의 숙명적인 단명을 처음부터 예견케 하였던 것이다.

이에 반하여, 본 헌법시대는 바이마르기와 같은 위기의 헌법현실은 결코 아니었다. 그리고 연합군에 의한 무조건항복은 비록 타율적이기는 하나 독일 헌법의 획기적인 개혁을 가져다 주었다. 즉 본의 기본법제정회의(Parlamentarischer Rat)에서는 나치스와 같은 독재제의 출현을 방지하지 못한 바이마르 헌법의 결점을 제거하는 데 노력하였다. 그리고 현대국가적 요소와 아울러 특히 민주주의와 기본권보장의 철저화를 기도하였다. 그러나 여기에 특기할 것은 기본법제정회의가 바이마르 헌법현실을 교훈 삼아서 정부의 안정을 유념하였다는 사실이다.

여기서는 기본법제정회의의 마지막 과제인 '정부의 안정책'이 본 기본법에 어떻게 반영되었는가를 검토해보기로 한다. 이 문제를 검토하려면 바이마르 헌법시대에 대한 카를 슈미트의 헌법이론의 재음미가 필수적일 것이다. 왜냐하면 그는 바이마르 헌법에 있어서 '정부의 안정책' 확립을 위한 이론 확립에 일관하였기 때문이다.

---

8) E.-W. Böckenförde, Entwicklung und Bedeutungswandel der Verfassung, in: Festschrift für Rudolf Gmür zum 70. Geburtstag, 1983, S. 16 f.

9) C. Schmitt, Verfassungslehre, Neudruck, 1954, S. 29 f.

(2) 앞에서 여러 차례 지적했듯이, 카를 슈미트의 『헌법학』을 포함한 모든 헌법 관련 저작은 어디까지나 '위기 속의 헌법(eine Verfassung in Gefahr)'에 관한 서술이었다.

그가 만일에 바이마르 공화국 헌법 제48조의 비상사태에 대비한 이른바 '공화국대통령의 독재'를 제한한다면, 막스 베버적 '관료제적인 인간기계로 장비된 지도자 민주주의'와는 다른 형상(ein anderes Bild), 즉 '대통령제 민주주의'(Präsidialdemokratie)-일반적으로 표현되는 '정부제 민주주의'(Regierungsdemokratie)가 슈미트에게는 부각되었을 것이라는 데는 이론이 없을 것 같다.

사실 카를 슈미트는 헌법사상의 현실성을 바로 여기에 둔 것 같다.

그는 그의 『헌법론』에서 바이마르 공화국 헌법 아래서는 네 가지 종류의 정부형태가 가능하다고 지적하고 있다.[10] 즉 협의의 의회제정부(Parlamentssystem i.e.S.), 내각제정부(Kabinettssystem), 수상제정부[Premierminister(Kanzler-)System] 그리고 대통령제 정부(Präsidentielles System) 등이 그것이다. 이 중 슈미트는 당시의 헌법현실에 입각하여 공화국의 안전과 안정을 위해서는 대통령제 정부가 적합함을 시사하였다.[11] 이리하여 그는 바이마르 헌법하에서 "정부의 안정"을 유지하는 이론적 기초를 확립하였다. 위에서 지적한 "정부제 민주주의"의 주장도 그 하나에 속한다.

이와 같은 카를 슈미트의 이론적 기초와 헌법사상은 제2차 대전 이후의 그에 대한 많은 저항과 헌법현실의 차이성(본과 바이마르 시대의)에 불구하고, 독일연방공화국의 새 헌법인 본 기본법에 커다란 영향을 주고 있다.

서독 기본법에서는 이른바 '정부제 민주주의'의 과제를 헌법생활(운영)의 지축적 대상으로 삼았다. 여기에는 물론 "바이마르의 망령(Gespenstern

10) C. Schmitt, Verfassungslehre, S. 342.

11) 카를 슈미트는 바이마르 헌법 제53조(라이히 수상과 대신의 임면권)와 제41조(국민에 의한 직선), 제25조(국회해산권) 그리고 제73조(국민투표 부의권)에 기초하여, 바이마르 공화국의 대통령제 정부형태(Präsidentielles System)의 가능성을 제시하고 있다. a. a. O., S. 342.

von Weimar)"과 투쟁하는 이유에서 연방대통령에게는 바이마르 헌법에 있어서와 같은 대권(Vollmachten)을 부여하지 않았다. 그러나 그 대신 연방 수상의 지위에 그 실권을 집중시켰다. 테오도르 에쉔부르크(Theodor Eschenburg)는 기본법의 이와 같은 기능보장을 '수상제 민주주의(Kanzlerdemokratie)'라고 지칭하였다. 이 '수상제 민주주의'도 '정부제 민주주의'의 범주에 속함은 물론이다.

다음은 기본법에 있어서의 이른바 '구성적 불신임 표결(das konstruktive Mißtrauensvotum)'[12)]의 채택이다. 이는 바이마르 헌법 아래서 카를 슈미트가 집권능력이 없는 정당들이 오로지 정부혼란을 목적하여 내각을 불신임하는 것은 위헌이라고 한 주장에서 유래되었다.[13)]

그리고 본 기본법에서 각료에 대한 개별적 불신임을 배제한 것도 앞에서 지적한 '수상제 민주주의'에 연관된 '정부제 민주주의'에서 그 이유를 찾을 수 있을 것이다. 또 군소정당 난입에 대비한 이른바 5퍼센트 조항의 획정(die Hürde der 5-Prozent-Klausel)도 '정부제 민주주의'가 지향하는 정부의 안정에 그 이유가 찾아질 것 같다.

다음은 독일연방공화국의 정치적 통일체의 형태로서의 '자유민주적 기본질서(die freiheitliche-demokratische Grundordnung als die Form der politischen Einheit)'의 위배에 대한 헌법적 제재결정과 헌법재판소에 의한 위헌판결 등을 들 수 있다. 즉 기본법 제18조는 "자유민주적 기본질서를 공격하기 위하여" 자신의 자유를 남용하는 자는 "이들의 기본권을 상실한다"고 규

12) 한국에서는 '건설적 불신임투표'로 번역되고 있다. 그러나 Konstruktives Mißtrauensvotum은 destruktives Mißtraueusvotum의 반대개념으로 사용하고 있기 때문에 '구성적 (새 내각의) 불신임표결'로 번역하는 것이 옳은 것 같다.

13) 카를 슈미트는 이와 같은 저항전술은 군주제정부에 대한 입법부의 투쟁에서는 유익하였다. 그러나 이러한 전술은 이제 공화제정부를 무력화하기 위하여 이용되고 있으므로 이는 공화국 헌법정신에 역행한다고 한다. C. Schmitt, Verfassungsrechtliche Gutachten über die Frage, ob der Reichspräsident befugt ist, auf Grund des Art. 48 Abs. 2 RV. finanzgesetzvertretende Verordnungen zu erlassen. (Juli 28. 1930).

정하고 있다. 그리고 정당의 합헌성에 관하여, 연방헌법재판소는 제18조와 제21조에 의거하여 1950년대에 사회주의 라이히당과 공산당을 금지하는 판결을 내렸다.[14] 이와 같은 이른바 방어적 민주주의(Abwehrdemokratie)의 이론적 기초는 카를 슈미트의 '오적관계', '오적구별'론에서 그 이론적 영향을 찾을 수 있는지의 여부 문제가 새로이 제기되었다.

그의 『정치적인 것의 개념』이 결코 어떤 추상적 '오적구별'이나, 적이 반역자가 되는 공포적 실재를 의미하는 것은 아니다. 오히려 그는 우리가 국가로 호칭하는 정치적 통일체 속에서 '헌법의 적(Verfassungsfeinde)'이 존립할 수 있는 권리를 부여받지 못함을 의미하고 있다. 따라서 기본법상의 이러한 헌법적 규정과 헌법재판소의 규정은 슈미트의 이론과 전혀 관계가 없다고는 할 수 없을 것 같다. 그리고 본 기본법에서는 그 제79조에서 헌법개정의 한계로서 제1조(국민의 기본권 보장원칙)와 제20조(연방공화국은 민주주의 국가이다)를 규정하고 있다. 이는 카를 슈미트의 바이마르 헌법 제76조 해석에 있어서의 "헌법개정의 권능의 한계"에서 유래된 것이다.

즉 그는 헌법개정(Verfassungsänderung)을 헌법폐기(Verfassungsvernichtung), 헌법폐지(V-beseitigung), 헌법파기(V-durchbrechung), 헌법정지(V-suspension)와 구별하고 있다. "헌법을 개정하는" 권능은 전체로서의 헌법의 동일성과 계속성이 계속 유지된다는 전제하에서만 행해진다는 것을 의미한다.[15] 또 바이마르 헌법에 있어서 기본권의 실질적 분류와 구별, 법률적으로 내용 없는 기본권의 프로그램적 규정(Programmsätze)에 대한 카를 슈미트의 비판이 본 기본법에 커다란 영향을 준 것은 누구도 부인할 수 없을 것이다. 특히 그의 제도보장(Institutionsgarantien), 제도적 보장(institutionelle Garantien)과 자유권의 구분[16]은 현대의 기본권이론(die moderne Grundrechtsdogmatik)

14) 극좌익정당인 사회주의라이히당(Sozialistische Reichspartei)는 1952년 10월 23일에, 독일공산당(Kommunistische Partei Deutschlands)는 1956년 8월 17일에 각각 위헌판결을 받았다.

15) C. Schmitt, Verfassungslehre, S. 99-122.

16) C. Schmitt, Verfassungslehre, S. 170 ff.; derselbe, Freiheitsrechte und institutionelle

에 다대한 공헌을 하고 있다.

그리고 그의 '헌법의 수호자'의 과제가 본 기본법에서는 매우 소외된 것이 사실이다. 그러나 현행 기본법을 상세히 검토해보면 이에 관한 슈미트 이론의 유산을 발견할 수 있다. 즉 기본법에서는 연방헌법재판소가 헌법수호자의 지위에 있음은 누구도 부인할 수 없다.

그러나 이 새로운 헌법수호자는 바이마르 헌법 제48조에 있어서와 같은 위기사태에서의 그것이 아니라, 입법부의 정당적 법치국가적 권능수행에 있어서의 헌법의 수호자인 것이다. 기본법은 연방헌법재판소에만 헌법의 수호를 위한 간수직(die Obhut)을 맡긴 것은 아닌 것 같다.

즉 의회와 정부의 협동에 관한 기본법 규정은, 이른바 실질적 헌법이 아닌 '조직적 헌법(das organisatorische Verfassungsrecht)'의 경우에는 국가원수의 정치적 중립화로 그 기능의 수호를 강조하고 있다. 여기에 바로 기본법상의 또 다른 헌법수호자의 가능성을 보여주고 있다. 따라서 서독에서는 이러한 견해에 입각하여, 1983년의 연방의회해산에 관한 연방헌법재판소의 판결에 반대하는 유력한 의견이 있다.[17)]

이와 같은 견해에서 본다면, 본 기본법상의 '헌법의 수호자론'에서는 아직도 카를 슈미트의 영향을 찾을 수 있다. 끝으로 카를 슈미트 헌법이론의 불가결한 부분인 국가긴급권과 예외사태에 관한 제문제의 본(Bonn) 기본법에 있어서의 위치를 검토해 보기로 한다.

사실 본 기본법의 입안자들은 바이마르 헌법 제48조의 이른바 대통령의 위임적 독재에 관한 헌법규정을 공화국 붕괴의 주요 원인으로 믿고, 이에 대한 카를 슈미트의 헌법이론을 의도적으로 무시하였다. 그리고 제2차 대전 후의 본 기본법 제정기의 헌법현실은 바이마르기와 같은 위기사태도

Garantien der Reichsverfassung, 1931, in: Verfassungsrechtliche Aufsätze, 1958, SS.140-173.

17) Reinhard Mußgnug, Carl Schmitts verfassungsrechtliches Werk und sein Fortwirken im Staatsrecht der Bundesrepublik, in: Helmut Quaritsch (Hrsg.), Complexio Oppositorum Über Carl Schmitt, 1988, S. 517-528.

아니었다. 즉 "본은 바이마르가 아니다." 때문에 본 기본법에서는 예외사태에 대한 헌법적 규정이 독재예방의 일환책 아래 전적으로 무시되었다.

그러나 현대는 "위기정부는 예외가 아니라 원칙"의 시대가 되었다. 예외사태에 관한 슈미트의 사상을 가차 없이 비판한 카를 디트리히 브라허(Karl Dietrich Bracher)도 연방공화국 수립 후 20년이 경과한 시점에 와서는 다음과 같이 비상사태의 불가기피성을 술회하고 있다. "실제로 정치이론과 헌법상의 실천에 있어서의 어떠한 이점 중 긴급체제의 창설, 그 범위와 해석, 그 정치적 정당화 그리고 긴급체제와 민주주의 및 헌법과의 관계보다도 더 백숙화된 논의의 대상을 오늘날 어디에서 찾을 수 있을 것인지."[18]

그리고 본의 연방공화국 수립 후 10년에 걸친 치열한 논의 끝에 마침내 긴급법률이 제정되었고, 이 긴급입법의 최초의 초안 제출 시에는 "제48조가 없었더라면, 바이마르 공화국은 결코 14년 동안 존속하지 못했을 것임은 오늘날 의문의 여지가 없다…"고 공식적으로 발표하였다.

사실 현재의 독일도 70년대 이래 테로주의(Terrorismus) 시대에 당면하였고 정부는 그 자체가 위기관리자(Krisenmanagement)가 되었다. 따라서 카를 슈미트의 '위기사태'에 대한 헌법이론의 중요한 측면은 비록 제한적이지만, 아직도 본 기본법의 이론과 실제에서 그 의의가 상실된 것이 아닌 것 같다.

여기에 하나 더 추가해야 할 것은 카를 슈미트의 법률개념론이 본 기본법에 미친 영향이다. 카를 슈미트는 근대 헌법의 구성을 '법치국가적 부분(der rechtsstaatliche Bestandteil)'과 '정치적 부분(der politischer Bestandteil)'으로 나누고 있다. 여기의 법치국가적 부분은 시민적 자유의 근본이념에서 오는 두 개의 귀결에서 두 개의 원리로 구성된다.

즉 "개인의 자유영역이 국가 이전에 부여된 것으로 전제되어, 그 영역에

---

18) Karl Dietrich Bracher, The German Dilema. The Relationship of State and Democracy, 1975, p. 278.

대한 국가의 침해권한이 원리적으로 한정되는 데 반하여, 개인의 자유는 원리적으로 무한정이다"라는 '배분원리(Verteilungsprinzip)'로서의 기본권과 그 배분원리의 실시에 소요되는 '조직원리(Organisationsprinzip)'로서의 권력분립으로 성립된다.[19]

이 '기본권'과 '권력분립'을 결합하고 '법치국가의 조직상의 관철(organisatorische Durchführung des Rechtsstaates)'은 '법규범의 일반성(generaller Charakter der Rechtsnorm)'을 가지고 있는가의 여부에 달려 있다고 한다.[20]

여기서 카를 슈미트의 이른바 '법치국가적' 법률개념(rechtsstaatlicher Gesetzesbegriff)을 찾게 된다.[21] 그러나 슈미트의 법치국가적 법률개념이 현 서독 기본법상의 '사회적 법치국가원리'에는 많은 제한을 받게 됨은 사실이다. 즉 그의 '조치적 법률'과 '개별적 법률'경향에 대한 비판(Kritik an den Phänomenen des Maßnahme-und des Einzelfallgesetzes)은 현대 헌법이론에서는 관철시킬 수 없기 때문이다.[22] 그러나 그의 법률개념이론은 아직도 다음과 같은 이유에서 독일에서는 중요한 비중을 차지하고 있다.

그의 '법치국가적' 법률개념이론은 헌법운영에서 다음과 같은 사실을 지적하였다. 즉 첫째로, 회의 '다수'와 이 다수에 의하여 구성된 정부 간의 협동이 행정부로부터 입법부의 분립을 방지하고, 둘째로 법률의 실질적 내용(materieller Gehalt des Gesetzes)을 파괴하며, 셋째로 권력분립의 원리를 침해한다는 사실이다. 물론 이러한 발전과정은 뒤집을 수 없는 헌법사적 전개이며, 또 이와 같은 전개는 군주제에서 의회주의적 정부형태로 옮겨가는 필연적 결과라 하겠다.

그러나 카를 슈미트의 법률개념이론은 입법부에 그의 고유한 사명의

19) C. Schmitt, Verfassungslehre, S. 126-127.

20) ebenda, S. 151.

21) 갈봉근, 「법률개념의 비교헌법적 고찰(1)」, 『동아법학』 창간호, pp. 116-117.

22) 서독 기본법상의 사회적 법치국가주의는 평등원칙도 구체적 차이에 대응하여는 실질적 · 합리적 차별이 요청되기 때문에 개별적 · 구체적 그리고 조치적 법률을 인정하지 않을 수 없다. K. Stern, Bd. I, § 20 Ⅳ4 e B.

식(zur Besinnung aufseine eigentlichen Aufgaben)에 대한 주의를 환기시켰다. 즉 카를 슈미트 법률개념이론에 따른 경고는 현 서독 기본법 운영에 있어서, 법률의 법적 형태(Rechtsform des Gesetzes)의 무구속적, 비반성적 남용을 제재하는 데 현실적으로 의의를 갖고 있을 뿐만 아니라, 여기에 기여한 법문화(Rechtskultur) 개선에 크게 공헌하고 있다.[23)]

V. 한국 헌법에 미친 카를 슈미트의 영향

위에서 지적한 바와 같이, 카를 슈미트 헌법학은 어디까지나 '현실과학으로서의 국법학(die Staatrechtslehre als Wirklichkeitswissenschaft)'이다. 따라서 헌법현실(Verfassungswirklichkeit)과 구체적 상황(konkrete Situation)을 떠난 카를 슈미트 헌법이론의 검토는 무의미한 것이다. 때문에 그의 헌법이론이 한국 헌법에 미친 영향을 추구하는 데에는 한국 헌법의 '현실성' 및 '구체적 상황'과 카를 슈미트 헌법이론 당시 바이마르 시대의 헌법현실적 배경에 대한 구체적인 상황비교를 하여야 한다. 즉 양 헌법의 역사적 현상의 '사실성'의 공통성이 발견되는 한계에서, 카를 슈미트 헌법이론이 한국 헌법에 미친 영향을 찾을 수 있을 것이다. 따라서 한국 헌법에 미친 카를 슈미트의 영향을 찾아내는 데는 한국 헌법의 특성을 먼저 규명하여야 한다.

1. 한국 헌법의 특성

(1) 헌법이란 헌법적 법규의 단순한 체계를 의미하는 것이 아니다. 그것은 그 국가에 있어서의 정신적 운동, 사회적 대립, 정치적 질서원리의 총체적 구조를 의미한다. 그리고 헌법은 시대적 · 사회적 · 경제적 상황이라는 객관적 사실에 영향을 받고 변천한다.

우리는 1948년 처음으로 입헌주의적 헌법을 제정하였다. 그나마 그것

---

23) Reinhard Mußgnug, a. a. O.

도 자율적이 아닌 연합국의 승리에 의한 타율적 산물이었다. 즉 우리 헌법은 프리드리히(Carl J. Friedrich)의 표현에 의한다면, 이른바 '소극적 혁명(negative Revolution)'의 산물이었다. 앙드레 오류(André Hauriou)는 입헌주의적 헌법의 발전과정을 이른바 「입헌화의 네 개의 큰 물결」에서 설명하고 있다.[24)]

한국 헌법은 그 네 개의 큰 물결 가운데 "제2차 대전 후의 넷째 물결"의 범주에 속한다. 즉 제2차 대전의 결과인 제3세계(tiero-monde)의 탈식민지화에서 유래되는 입헌주의 헌법상의 발전의 물결에 속하는 것이다. 이 제4파(la quatrième vague)는 바로 자유의 세계적 확대, 즉 민주주의의 승리에 의한 열강의 식민적 지배로부터의 약소 민족의 해방을 그 내용으로 한다.

따라서 이 경우에 있어서는 그 헌법의 제정은 바로 동시에 새로운 국가적 형성과 주권의 독립을 의미하고 있다.

우리 제헌 헌법(1948년 7월 17일)이 바로 여기에 속하고 있음은 두말할 필요가 없다. 그러나 자유의 세계적 확대의 결과로 탄생한 전후의 신생국가에서는 헌법의 제정 그 자체가 바로 그 국가의 입헌주의 국가로서의 성격을 규정하지 않는다. 여기에 바로 문제가 있다.

이 문제는 그 국가의 후진성 여하에 따라서 점차 심화되고 있다. 특히 헌법문제에 있어서 정치적 · 경제적 · 사회적 후진성에서 탈피하지 못한 전후의 우리나라와 같은 신생국가에서는 후진국가라는 이유 그 자체에 의하여 그 헌법의 규범력이 문제되고 있다.

우리가 도입한 서구의 입헌주의적 헌법에서는 국가와 사회의 구별, 자기책임과 자유경쟁의 자본주의를 그 내실로 하는 산업사회적 경제구조,

---

24) André Hauriou, Droit Constitutionnel et Institutions Politiques, 1972, pp. 72-76. Le quatre grande vague de constitutionnalisation에는 ①la première provoquée par la revolution française et l'independance Amériçaine, ②la seconde vague liée aux révolutions françaises de 1830 et 1848 ③la troisième vague survenne après la fin de la première guerre mondiale 그리고 ④la quatrième vague consécutive à la seconde guerre mondiale; 한태연, 『헌법학: 근대 헌법의 일반이론』, 1985, pp. 32-35.

합리적 생활양식 그리고 관용적인 기독교적 윤리 등을 헌법의 전제로 하고 있다.

그러나 '봉건적인 농경적 경제구조', '평균화된 경제적 빈곤', '교양과 재산을 가진 시민계급의 결여', '국민의 정치적 미숙' 그리고 '서구적인 합리주의적 정신의 결여' 같은 조건의 우리 사회에 있어서는 미래를 향한 헌법의 의욕적인 정치적 계획성과 함께 헌법의 규범력은 계획의 시동에 따르는 '정치적 프로그램'으로서의 성격으로 전화되고 만다.

여기에 우리 헌법이 아직도 시행착오적 발전과정 속에서 이른바 '규범적 헌법(normative Verfassung)'이 아닌 '명목적 헌법(nominalistische Verfassung)'과 '장식적 헌법(sematische Verfassung)'의 성향에 머물고 있는 이유가 있다.

여기에 바로 한국 헌법이 지속적인 '위기' 헌법에 놓이게 되는 운명적인 문제가 있다.

다음에 우리는 앞에서 지적한 앙드레 오류의 입헌주의적 헌법의 발전과정에서의 '입헌화의 네 개의 큰 물결'에 제5파(la 5. grande vague)를 추가해야 될 것 같다. 그 '제5의 물결'은 "위기정부는 예외가 아니라 원칙이 되고" 있는 현대 입헌주의에 당면한 1958년 10월 4일의 프랑스 제5공화국 헌법의 탄생에 따른 헌법발전이다. 이 이른바 '드골의 맞춤 헌법'은 제정 무렵부터 많은 이론가와 정치인들에 의한 찬반이 엇갈렸다. 그러나 드골 대통령의 제5공화국 헌법에 의한 '현대입헌주의'의 새로운 시도는 헌법실제와 헌법학에 새로운 제도를 하나 창조했다. 우리의 이른바 유신 헌법(1972. 12. 27-1980. 1022)이 드골의 제5공화국 헌법에서 그 모형을 찾은 것도 너무나 유명한 사실이다.

이 '제5의 물결'에 있어서는 '생존과 자유'의 조화와 투쟁에 그 목적이 있음은 두말할 필요가 없다.

(2) 우리는 비록 반세기도 훨씬 안되는 시일 안에 여덟 차례에 걸친 개헌과 다섯 번째 공화국의, 탄생을 맞는 시행착오적 발전과정 가운데서도 서구적 입헌주의적 헌법의 '전제조건'을 상당한 수준까지 갖추게 되었다.

즉 우리의 봉건적인 농경적 경제구조 탈피, 평균화된 경제적 빈곤으로부터의 해방, 교양과 재산을 가진 시민계급의 형성 경향, 국민의 정치적 숙련 그리고 합리주의적 생활양식의 향상 등이 바로 그것이다.

그러나 우리나라에서 이러한 서구적 입헌주의 헌법의 전제조건, 특히 그중 국민의 정치적 숙련과 합리주의적 정신의 형성경향은 아직도 상당한 시간이 소요될 것이다. 뿐만 아니라 우리의 지리적인 남북 대결은 더욱더 이데올로기의 대결과 이에 따른 "힘"의 대결로 긴장되어가고, 또 이에 따른 위기헌법사태는 긴장상태적 헌법현실로 존속되고 있다. 즉 우리의 헌법현실은 아직도 '위기' 속의 헌법이다.

따라서 비록 "서울은 바이마르가 아니(Seoul ist nicht Weimar)"지만 바이마르 헌법시대의 긴장 사태에 기초된 카를 슈미트의 헌법이론은 한국 헌법에 커다란 영향을 미칠 소지가 된 것이다.

2. 카를 슈미트 헌법이론이 한국 헌법에 미친 영향

카를 슈미트 헌법이론이 한국 헌법의 입법적 측면에서나 또 헌법실제의 측면에 미친 영향은 참으로 다대하다. 그중 주요한 것을 지적하면 다음과 같다.

첫째로 한국 헌법은 불과 40년의 짧은 시일 안에 여덟 차례에 걸친 개헌과 다섯 번째 공화국을 탄생시켰는데, 그중 제3차 개헌(1960년 6월 15일)에서의 의원내각제 정부형태를 제외하고는 모두가[25] '강력하고 안정된' 정부의 헌법현실적 요구로 대통령제 정부를 채택하였다. 이는 바이마르 시대에 카를 슈미트에 의해서 주장된 안정된 정부 즉 'Präsidialdemokratie', 'Regierungsdemokratie'이론의 영향이라 하겠다.

그리고 현재의 개헌논의에서, 집권당인 민주정의당은 의원내각제를 주장하고 있지만, 그 골격은 이른바 '구성적 불신임결의(konstruktives

25) 1960년 6월 15일 헌법에 의한 제2공화국은 의원내각제를 채택하였지만 정부의 불안정 때문에 불과 1년도 못 간 단명에 그치고 말았다.

Mißvertrauensvotum)'에 입각하고 있다. 이것도 역시 바이마르 헌법에 대한 카를 슈미트 이론의 영향에서 온 것이라 하겠다.

둘째는 대한민국의 정치적 통일체의 형태로서의 '민주적 기본질서(demokratische Grundordnung)'위배에 대한 헌법적 제재규정과 국가보안법을 들 수 있다.[26)]

이는 카를 슈미트의 "헌법은 정치적 통일체의 형태에 대한 국민적 결정(Die Verfassung ist die politische Entscheidung des Volkes über die Form seiner politischen Einheit)"이라는 헌법개념과 '오적구별', '오적관계'에서의 "헌법의 적은 '이 형태'를 공격하는 자(Der Verfassungsfeind ist der, der diese Form angreift)"라는 '헌법의 적(Verfassungsfeind)' 개념의 영향을 받고 있는 것 같다.[27)]

그리고 카를 슈미트는 반헌법적 정당에 대해서는 결코 '평등의 기회(gleicher Chance)'를 주어서는 안 된다고 주장하였다.[28)]

셋째는 우리 헌법상의 국가긴급권, 예외사태에서의 대통령의 지위에 관한 규정과 그 실제이다. 특히 지적되는 것은 헌법상 국가원수로서 대통령의 중립적 지위에서 오는 '헌법의 수호자'의 역할이다. 우리 헌법과 헌법현실에서는 헌법위원회와 법원 아직도 결코 '헌법의 수호자' 역할을 못하고 있다.

여기에도 카를 슈미트의 『헌법의 수호자』(Der Hüter der Verfassung, 1931)가 많은 영향을 주었다.

넷째는 우리 헌법에 있어서의 헌법개정의 한계에 관한 규정과 그 이론이다.

카를 슈미트의 헌법제정권력(die verfassunggebende Gewalt)과 '헌법에 의하여 설정된 권력' 즉 '헌법률상의 권력'의 구별, 그리고 이에 따른 '헌법

26) 현행 헌법 제7조 4항 및 국가보안법 참조.

27) C. Schmitt, Der Begriff des Politischen, 1932.

28) C. Schmitt, Legalität und gleicher Chance, in:Deutsches Volkstum: Legalität und Legitimität

(Verfassung)'과 '헌법률(Verfassungsgesetz)'의 구분은 헌법개정의 한계론을 확립시켰다. 우리나라의 헌법판례와 통설도 헌법개정의 한계를 전적으로 긍정하고 있다.

그리고 우리 헌법상의 기본권이론(Grundrechtsdogmatik), 자유권적 기본권의 성격과 제도적 보장(Institutionelle Garantie) 그리고 제도보장(Institutsgarantie)의 구별, 특히 기본권보장에 관한 헌법적 구조에는 커다란 영향을 주고 있다.[29)]

Ⅵ. 맺으면서

끝으로 현대 헌법학에서 카를 슈미트 헌법학의 위치를 찾아보기로 한다.

카를 슈미트의 헌법학은 어디까지나 '현실과학'으로서의 헌법학이었으며, 또 '위기 속에서'의 헌법학이었다. 따라서 그의 헌법학의 평가는 '바이마르' 공화국의 헌법과 그 헌법현실적 전개과정을 떠나서는 결코 찾을 수 없다.

그렇기에 그의 현대 헌법학에서의 위치는 바이마르 헌법현실의 차원에서 그리고 그 '차원의 한계점'에서 찾을 수 있다.

여기에 그의 헌법학의 한계점을 몇 가지 예시해보기로 한다.

우리는 현재 다원주의적 산업사회에서 생활하고 있다. 현대 헌법에서의 헌법위기는 헌법과 헌법현실 간의 승리에서 찾고 있다. 따라서 위기보장(Krisensicherung)은 헌법과 헌법현실의 근접을 의미하며 양자의 간격이 떨어지지 않게 하는 장치와 제도를 의미한다.

여기에서 문제되는 것은 카를 슈미트에 있어서의 '정치적 통일체'만이 중심이 되는 것이 아니라, '경제 · 사회질서와의 연결(Verzahnung mit

29) 한태연, 「민주국가에 있어서의 기본권-기본권의 민주적 해석의 한계」, 『고시연구』, 1984년 10월호 참조.

Wirtschaft-und Sozialordnung)'에, 바꾸어 말하면 '전체와의 연관(um den Zusammenhang des Ganzen)'에, 그리고 '모든 것을 포함한 결합과제(um eine umfassende Integrationsaufgabe)'에도 그 중심 요점이 된다는 사실이다.

이와 같이 헌법위기의 개념과 성격도 산업사회에 와서는 더욱 다원적이며 복힙적인 것으로 변천되었다. 특히 무기발전에 따른 새로운 양상의 국가안전 위기의 성격과 양상은 더욱 이 위기문제를 복잡하게 만든다. 즉 바이마르 헌법에서의 '다수-또는 정부위기(Mehrheits-oder Regierungskrise)', '경제적 · 사회적 반사로서의 정치적 위기'는 산업사회에 와서는 그 성격과 범위의 불가피한 변천을 보게 된 것이다.

다음에 우리가 이와 같이 헌법을 전체와의 연관 속에서 이해한다면, 우리는 종래의 헌법사상의 한계에 부닥치게 될 것이다.

즉 에른스트 포르스토프(Ernst Forsthoff)가 지적하다시피, 국가는 기술적 · 경제적 프로세스(der technisch-ökonomische Prozeß)까지를 규범적으로 규율하는 위치에 놓여 있지 않다. 여기에 그는 "국가에 결제된 산업사회의 안정과 기능능력(Funktionsfähigkeit)을 부여하는 어떤 고유한 힘(권력)이 필요하다"고 지적한다. 실제로도 이러한 프로세스는 어떠한 경우에도 국가적 영역에서는 제어할 수 없다.

카를 슈미트는 산업사회적 체제로의 이러한 전개를 그의 개념에 수용치 않았다. 그는 오로지 다원(주의)적 이익의 비판에만 머문 것이다.

그러나 우리는 지금, 물론 언제나 이익에 밀접하게 조직된 다원적(이익) 산업사회에서 생활하고 또 생활하게 될 것이다. 그리고 입법에 대한 조직화된 이익의 영향은 결코 부인할 수 없다. 여기에 바로 카를 슈미트의 바이마르 헌법시대의 헌법 '현실'에 충실한 헌법사상과 헌법학의 한계가 있는 것 같다.

카를 슈미트는 초기 저작부터 줄곧 국가는 그의 사상에서 결정적인 중추 요소이었다. 오로지 국가만이 자유와 문화적 발전에 있어서 불가결의 요소인 질서, 평화 그리고 안전이란 인간적 및 사회적인 기본적 요구를 보

장할 수 있다고 한다.[30)]

이러한 사상적 기초에서, 바이마르 시대의 저작에서는 이러한 목적을 달성하기 위하여 국가는 '오적'을 구별하고, 적에 대한 유효한 행동을 취하는 권력을 간직하여야 한다고 주장하였다. 국가는 또 다만 국민의 일부 이익이 아닌 국민 전체의 이해를 대표하여야 한다. 슈미트에 있어서, 국가는 이와 같이 사회 내에서 결정을 내리는 정치적 권위이었다.[31)] 국가는 헌법제도 아래서 헌법의 적(Verfassungsfeind)을 결정하고, 그들의 권력장악을 방지하여야 한다고 한다.[32)]

특히 슈미트는 1978년의 "합법적 세계혁명(Die legale Weltrevolution)"에서, 그의 정치 · 헌법관이 바이마르 공화국 이래의 그것과 기본적으로 변화하고 있지 않음을 제시하고 있다. 그는 이 논문에서 합법적 수단을 사용하여 헌법제도를 파괴하는 위험성에 대하여 다시 경고하고 있다.

슈미트는 1977-1978년 현재 한 노련한 스페인의 직업혁명가 산티아고 카릴로(Santiago Carrillo)*의 논저[33)]를 인용하여, 1917년 10월의 레닌과 트로츠키의 '불법적' 혁명의 폭력적인 방법은 오늘날 낡아빠졌으며, 그것은 단순히 시간과 장소에 있어서 농업국가로부터 근대적인, 즉 산업사회로의 개편을 옹호해 줄 뿐이었다고 한다.

산티아고 카릴로에 의하면, 1917년 10월 혁명은 공산주의혁명으로서 정당하긴 하였으나 합법적인 것은 아니었다. 오늘날 이에 대해서 그 혁명들은 극복되었다. 왜냐하면 이제 산업적으로 발전된 사회에서는 국가적 권력 자체가 문제가 되기 때문이다. 폭력혁명은 이미 공산주의혁명을 위해서는 적절한 모델이 아니며, 평화적으로, 즉 국가적 · 합법적인 방법으로 대체되지 않으면 안 되게 되었다고 지적하고 있다.

---

30) Helmut Rumpf, Carl Schmitt und Thomas Hobbes, 1972, S. 109-110.

31) G. Schwab, Challenge of the Exception, 2nd ed. 1989, pp. 52, 55-59.

32) C. Schmitt, Die legale Weltrevolution - Politischer Mehrwert als Prämie auf juristische Legalität und Superlegalität, in: Der Staat, Bd. 21, Heft 3 (1978), SS. 321-339.

33) Santiago Carrillo, Eurokommunismus und Staat (독어판역), 1977.

이렇게 카릴로는 무솔리니(Mussolini)의 파시즘과 히틀러의 나치즘의 경험을 충분히 평가할 줄 알고 있다. 그는 '국가(Estado)'를 가장 중요한 제도로 승인하고 있다. 즉 국가는 결코 이미 죽은 것이 아니라 과거 어느 때보다도 필연적이고 생동적인 것이다. 바꾸어 말하면 국가는 평화적 혁명의 이러한 기적을 성취시키는 합법성의 담당자인 것이다. 혁명의 입장에서 보면, 국가는 국가적 · 합법적 혁명의 선행에 대한 반대급부로서 정당화되는 것이다. 합법적 혁명은 항구화되고, 항구화된 국가적 혁명은 합법적으로 된다.[34)]

실제로 지금까지 이러한 합법적 지배를 획득하려고 시도한 좌익과 우익의 혁명가들은 그들의 정치적 · 이데올로기적 목적을 달성하기 위하여 헌법제도를 변혁하는 데 성공해왔다.

여기에 카를 슈미트는 자신의 바이마르 시대의 저작에서 전개한 테마를 반복하며 제시하는 가운데서, 합법적 혁명의 위협은 '기회균등'을 혁명적 정당에 대하여 부정하며, 또 헌법의 본질의 '불가침성'이 규정될 때까지는 제거할 수 없을 것이라고 주장하고 있다.[35)]

아직도 생존하고 있는 '살아 있는' 바이마르 공화국의 역사이며, 충실한 카를 슈미트의 제자인 후버(Ernst Rudolf Huber)는 "만약에 1933년 3월 31일에[36)] 카를 슈미트가 베를린으로 다시 돌아가지 않았다면, 그의 운명은 달라졌을 것이다"라고 술회하고 있다.[37)]

그리고 이 세기의 풍운아인 헌법학자 카를 슈미트는 1945-1947년에

---

34) C. Schmitt, Die legale Weltrevolution, S. 322-323.

35) C. Schmitt, ebenda, SS. 330-336, 338.

36) 1933년 3월 말 카를 슈미트는 로마에서의 부활축제를 위하여 베를린을 떠났다. 그러나 뮌헨에 도착하였을 때 프란츠 폰 파펜(Franz von Papen)으로부터 전보를 받고, 다음날에 개최된 라이히 · 주관계 법률개정위원회에 참석하였다. 이것이 슈미드의 제3제국의 협조의 시작이 되었다. 나치스당을 지금까지 반대한 카를 슈미트에게는 정말 운명의 장난이 되었다. J. Bendersky, Carl Schmitt. Theorist for the Reich, 1983, p. 199.

37) Ernst Rudolf Huber, Carl Schmitt in der Reichskrise der Weimarer Endzeit, in: Helmut Quaritsch (Hrsg.), Complexio Oppositorum Über Carl Schmitt, S. 33 ff.

체험한 『옥중기』에서 "나는 국제법과 헌법학 분야의 법학교수이며 연구가이다. … 이 분야에 있는 자는 국내외의 정치문제를 다루게 된다. 따라서 정치적 위험성은 직접적이며 불가피적이다. 그리고 이 위험성을 회피할 수도 있고, 또 감소시킬 수도 있다. 그러나 이러한 회피는 자기기만이다" 라고 술회하고 있다.[38)]

그리고 그는 이 옥중기에서의 "회고는 결코 내 자신을 선전하고, 변명하려는 것은 아니다(Was ich hier sage, ist weder publizistisch noch apologetisch gemeint)"라고 단언하고 있다.[39)]

그는 97년이란 풍파 속의 생애에서 좌절을 몰랐다.[40)] 카를 슈미트는 제2차 세계대전 이후 40년 동안에도 『입장과 개념들』의 결론을 맺으려고 시도한 일이 결코 없었다. 그는 항상 새로운 상황에 도전하였다. 재래적 전통적 국가학과 헌법학의 방법으로서는 결코 정서할 수 없는 새로운 상황(eine neue Situation)으로 전환하였던 것이다.

1945년 이후 그의 사상의 활성화(die Aktualität eines Denkens)가 전개한 것은 이제는 결코 '위기'(als Krise)로서만 정의해버릴 수 없는 '세계사적 변천에 따른 문제들'에 직접 대결한 용기 그것이라 하겠다.

---

38) C. Schmitt, Ex Captivitate Salus. Erfahrungen der Zeit 1945-47, 1950, S. 55-56.

39) C. Schmitt, ebenda, S. 77.

40) 특히 C. Schmitt, Gesang des Sechzigjährige, 1948의 자작시를 참조.

이데에 비추어 본 현실

폴커 노이만

I. 카를 슈미트와 좌파

루돌프 스멘트는 1933년 1월에 오토 키르히하이머의 논문 「바이마르-다음에 올 것은 무엇인가」를 비판했다. 그 이유는 거기서 카를 슈미트의 기본권 해석을 논리적으로 전개해나갔기 때문이다. 그렇다면 같은 기본권이라도 여러 시대에, 그때마다 극단적으로 다른 의미를 가지게 될 것이라고 스멘트는 말한다. 또 국가의 기본법*은 직무를 수행하는 국가기관과 그 국가기관이 통제하는 다가올 사회질서에 대해서, 어떤 내용이든지, 합법성의 외관을 두르고 전형적인 '결단 없는 헌법'이 되어 버릴 것이다.[1)] 이런 식의 기본권 이해에서 나오는 "전부 잘못되었거나 절반이 잘못된 문제를 다루는 방법"을 취하는 다른 예로서, "프란츠 노이만이 1932년의 『단결권과 라이히 헌법』 47쪽 이하에 전개한 논의"가 있다고 한다. 이와 동일한 논거가 60년대 후반과 70년대에는 역방향으로 향하였다. 그 경우 슈미트와 좌파의 결부를 그대로 모방하는 것은 좌파의 입장을 일소하는 데 도움이 되었다.[2)] 여기에 관련된 문헌이 받아들인 견해는 카를 슈미트가 행

1) Rudolf Smend, Bürger und Bourgeois im deutschen Staatsrecht (1933), in: ders., Staatsrechtliche Abhandlung und andere Aufsätze, 2. Aufl., 1968, S. 309-325 (319 f., 323).[김승조 옮김, 「독일 국법에 있어서 시민과 부르주아시」, 동인, 『국가와 사회』, 교육과학사, 1994, 235-260쪽].

2) 예컨대 Wilhelm Hennis, Verfassung und Verfassungswirklichkeit. Ein deutsches Problem: Recht und Staat Heft 373/374 (1968), S. 22 und-zu "Carl Schmitt frankfurterisch" - S. 35 참조.

한 의회주의나 자유주의에 대한 비판이 바이마르 민주주의를 파괴하는 데에 크게 공헌하였다고 하며, 슈미트가 수행한 역할에 관해 스멘트가 말한 것에 의하면, 슈미트가 "나치의 폭력제도의 주도자로서 커다란 영향을 미친 것은 명백하다"[3]라는 유행의 견지였다. 카를 슈미트가 이러한 행동을 한 책임을 묻기 위한 논리는 다음 명제에 모두 표현되어 있다. 독이 든 텍스트를 수용하는 것은 몸을 해치는 독을 마시는 것과 다를 바가 없다는 것이다.

카를 슈미트와 좌파 논자 간에는 이론적 관계가 없는 것처럼 보이지만, 이 관계에 대해 최근에 이루어진 몇 가지 연구는 효과가 많고 소박한 슈미트=나치스=독이라는 견해에 대해 반론을 제기한다.[4] 마르틴 룸프는 카를 슈미트와 발터 벤야민의 관계를 언급한 논문에서, 양자 간에 서로 철저하게 영향을 미친 것의 배제는 종교적인 필요에까지 거슬러 올라가는 심문의 전략을 가지고 설명한다. "심문을 받는 쪽은 위인의 이름을 끌어내 자신의 세계관적 입장을 공고히 하고 싶다고 생각하기 때문에 정신적 선조의 그림을 충분히 나열한다든지, 정신적 혈족의 가족사진을 제시하여 저자의 특징을 밝히는 보통의 방식을 취한다면, 이러한 목적에 배치되는 것으로, 여기는 이름은 제외할 것이다."[5] 배제된 이론사적 계보를 솔직

3) Smend, Zur Geschichte der Berliner Juristenfakultät im 20. Jahrhundert (1960), in: FN 1, S. 527-546 (542).

4) Martin Rumpf, Radikale Theologie. Benjamins Beziehung zu Carl Schmitt, in: Peter Gebhardt u. a. (Hrsg.), Walter Benjamin. Zeitgenosse der Moderne, 1976, S. 37-50; Volker Neumann, Verfassungstheorien politischer Antipoden: Otto Kirchheimer und Carl Schmitt: KritJ 14 (1981), S. 235; ders., Kompromiß oder Entscheidung? Zur Rezeption der Theorie Carl Schmitts in den Weimarer Arbeiten von Franz L. Neumann, in: Joachim Perels (Hrsg.), Recht, Demokratie und Kapitalismus, 1984, S. 65-78; Alfons Söllner, Linke Schüler der konservativen Revolution? Zur politischen Theorie von Neumann, Kirchheimer und Marcuse am Ende der Weimarer Republik: Leviathan 11 (1983), S. 214. 또한, Keith Tribe, Introduction to Franz Neumann: law and socialist political theory: Economy and Society 10 (1981) S. 316도 참조.

5) Rumpf (FN 4), S. 37.

하게 모사함으로써 전체주의이론으로 단순화하려는 논자나 심문하는 전략가들이 수고를 더하게 되리라는 기대는 완전히 깨졌는데, 이는 마치 동일한 테마에 대해서 새로운 논문을 쓰는 부단한 반작용과 같은 것이다.[6]

슈미트와 좌파에 대해 논한 연구에 대해서는 여기서 이 정도로 해두자. 오히려 근원적으로 묻지 않으면 안 되는 것은 다음 문제이다. 먼저 독일의 좌파에게 카를 슈미트의 사상은 왜 매력이 있는가 하는 질문, 이어서 그럼에도 불구하고 카를 슈미트와 자극적으로 가까운 데에 독일 좌파가 왜 반대하는 태도를 취할까 하는 물음이다. 표면적인 레벨에서 말하면 이 질문은 어떤 세대의 학생이 모두 어떤 책을 읽었는가 하는 것을 안다면 답할 수 있는 물음이다. 60년대 후반에 대학생이었던 사람이 세운 독서계획 중에 어떤 유보를 붙이더라도 슈미트의 바이마르 시대의 저작과 결부하여, 앞의 키르히하이머라든가 노이만 등의 책이 포함되어 있었다. 위르겐 하버마스의 『공공성의 구조전환』[7]이라든지 요하네스 아그놀리의 『민주주의 변용』[8]은 여하튼 그 예증이다. 새로 출판된 키르히하이머[9]라든지 노이

6) Ellen Kennedy, Carl Schmitt und die "Frankfurter Schule". Deutsche Liberalismuskritik im 20. Jahrhundert: GuG 12 (1986), S. 380. 이 논문은 프랑크푸르트학파의 일원으로 불리는 논자들이 카를 슈미트 이론을 수용한 것을 서술하고 있다. 수용사의 결함은 키르히하이머의 몰수 관계의 저작을 부정확하게 자신의 논문에 편입한 데에 있다. Ebd., S. 394 f. 케네디는 또 하버마스의 언어철학의 저작을 고려하지 않고 하버마스의 최근의 정치적 저작이 슈미트의 이론을 직접 모방하였다는 등 잘못된 논의를 하고 있다. Ebd., S. 414 f. 교훈적인 이 논문의 규범적인 틀에 관해서는 후술하는 각주 86을 보라.

7) 초판은 1962년에 출판되었으며 이 책은 하버마스의 교수자격논문이다. [한국어 번역은 한승완 역, 『공론장의 구조변동: 부르주아 사회의 한 범주에 관한 연구』, 나남출판, 2001—역자]

8) Johannes Agnoli / Peter Brückner, Die Transformation der Demokratie, 1968. 이 저작과 카를 슈미트의 의회주의 비판과 관련해서는 Agnoli, Zwanzig Jahre danach: Prokla 62 (1986), S. 7 (14) 참조.

9) 특히, 중요한 것은 다음 두 권의 논문집이다. Politik und Verfassung, 1964; Politische Herrschaft. Fünf Beiträge zur Lehre vom Staat, 1967. 키르히하이머의 '대저':Politische Justiz. Verwendung juristischer Verfahrensmöglichkeiten zu politischen Zwecken, deutsche Erstaufl., 1965는 정말 알 수 없다. 이 책에 관하여는 Volker Neumann, Feindschaft

만[10]의 책은 한결같이 모든 좌파 법학도의 필독 문헌이었다. 이러한 책을 읽지 않으면, 『크리티셰 유스티즈』지에서 전개된 마르크스주의의 법과 국가이론을 둘러싼 논의는 결코 이해할 수 없는 것이다. 이와 같은 카를 슈미트와의 묵시적인 관련에서 제1차적인 원천에 대한 파악은 놀랄 것이 없다. 물론 슈미트의 저작을 다루려면 슈미트의 평가에서 오는 일정한 레테르를 붙인다. 그 일례로서 에른스트 블로흐가 선명히 했듯이, 슈미트의 "피비린내 나는 교활함"이 자유주의의 법물신성을 파괴하는 목적은 유일하며, "새디스틱하게 유혹하고, 메두사*처럼 마비시키면서"[11] 파시스트 특유의 일그러진 얼굴을 망설임 없이 바로 드러내는 것이다. 슈미트가 활발하게 활동했던 당시 매력을 느끼는 사람과 거부반응을 보이는 사람들이 연합하여 네 가지 조직을 만든 사태가 있었기 때문에 오늘날까지 논쟁이 계속해서 이어지고 있다. 이러한 사정은 상당히 많은 외국의 독일 연구자를 아연실색하게 만들 정도로 독일 좌파 진영에서 카를 슈미트가 저명하다는 것을 명백히 하고 있다. 하지만 다음과 같은 물음에 대한 대답은 거기에서 나오지 않는다. 그 물음은 이렇다. 왜 하필 바이마르 공화국의 사회주의자들이 슈미트 책을 수용했는가? 왜 그렇게 일찍 1960년대 초에 하

als Kriterium des asylrechltlichen Politikbegriffs: NVwZ 1985, S. 628 (630). 볼프강 루타르트는 1970년에 더 나아가 키르히하이머의 논문과 소론들을 모은 두 권의 논집 Funktionen des Staats und der Verfassung, 1972; Von der Weimarer Republik zum Faschismus. Die Auflösung der demokratischen Rechtsordnung, 1976을 출판했다. 미국에서는 1969년 프레데릭 S. 버린과 커트 L. 셸(Frederic S. Burin and Kurt L. Shell)이 편집한 Politics, Law and Social Change, U. P. New York, London이 출판되었다. 허츠(John H. Herz)와 에리히 훌라(Erich Hula)가 쓴 서문은 카를 슈미트의 이론에 대하여 키르히하이머와의 관계를 고찰한 점에서도 읽을 만한 가치가 있다.

10) 가장 읽어야 할 책 중의 하나는 헤르베르트 마르쿠제가 편집한 프란츠 노이만의 논문집 Demokratischer und autoritärer Staat. Studien zur politischen Theorie, 1967에 있다. 특히 1937년에 "Zeitschrift für Sozialforschung"에 발표되었던 논문 Der Funkionswandel des Gesetzes im Recht der bürgerlichen Gesellschaft는 많이 읽혔다.

11) Ernst Bloch, Naturrecht und menschliche Würde, 1972, S. 208 [박설호 옮김, 『자연법과 인간의 존엄성』, 열린책들, 2011, 319쪽].

버마스처럼 젊어서 책을 쓴 사람들이 이런 슈미트를 수용한 좌파 저작에 의지했는가? 끝으로 왜 68세대에게서 이러한 슈미트를 수용한 좌파 사상이 놀랄 만큼 성공을 거두었는가?

Ⅱ. 매력의 요인

1. 이데에 의한 현실의 정서

"카를 슈미트는 개인적인 체계, 즉 자기가 영속하고 싶다고 생각하는, 우선 타인에게는 생각할 수도 없었던 체계를 가지고 있다. 슈미트는 생의 사실을 자세하게 하나의 완성된 형태로 분류한다. 슈미트는 또 이데가 생을 지배한다는 근본 신념, 생은 자기를 규정하는 조건에 따라서가 아니라 자유롭게 무조건의, 단도직입적으로 말한다면 자기 쪽에서 상대를 규정하는 통찰력에 의해서만, 즉 이데 그 자체에 의해서 정서되고 구성될 수 있다는 근본신념에 따라 자신의 전체 경험을 정서한다."[12] 40년 뒤에 에른스트 프랭켈은 루소를 언급하면서 실은 바로 슈미트를 빗대어 하나의 문장을 썼다. 그 문장이란 "(그는) '고전적인 것'이라면 어떤 것이나 열렬하게 존경하기 때문에 그때 '고전적인 것'은 어떤 것이라도 마음 속 깊은 곳에서 경멸하였다"[13]는 것이다. 고전적이란 생을 '그 조건'에 따라 정서하는 인식방법에 의거한다. 이에 반하여 고전적인 사고는 현실을 이데에 따라 정서하는 것이다. 좌파의 슈미트 수용사를 채색하는 좌파의 놀랄 만한 특징이란 좌파의 것이었던 논문(따라서 마르크스주의의 논문도 거기에 들어간다)에 또다시 한 번 보이는 이러한 사고 태도 바로 그것이다.

---

12) Hugo Ball, Carl Schmitts politische Theologie: Hochland 1924 (Bd. 2), S. 261. 인용은 Jacob Taubes (Hrsg.), Der Fürst dieser Welt. Carl Schmitt und die Folgen, 1983, S. 100-115 (100)에 따랐다.

13) Ernst Fraenkel, Der Pluralismus als Strukturelement der freiheitlich-rechtsstaatlichen Demokratie (1964), in: ders., Deutschland und die westlichen Demokratien, 4. Aufl., 1968, S. 165-189 (182).

고전적인 카를 슈미트의 민주주의이론은 동질적인 사회에서 지배자와 피지배자의 동일성이다. 볼프강 아벤트로트에게 "지배자와 피지배자의, 지도자와 추종자의 직접적인 동일성"은 실은 유토피아였으며, 그러나 그 자체는 불가결한 정당한 기준, '민주주의 사상의 필수 조건'[14)]이었다. 키르히하이머는 다음과 같은 동질성의 요청조차도 받아들였다. 그것은 **사회적** 동질성은 다수결의 원리가 억압이 기술이 되지 않고 일반의지가 요괴로 변하지 않기 위한 필수 전제라는 것이다.[15)] 기조(Guizot)의 고전적인 규정에 의하면, 의회란 독자적인 대표가 수행하는 공개 토론을 통해서 공공복리를 추구하는 사회적 장소이다. 하버마스는 이러한 규정에서 출발하여 공개 토론과 자유주의적 법률개념에 암시된 '일반성과 진리성의 계기'와의 관계가 사라져가는 모습을 스케치하였다.[16)] 독재에 관한 고전적인 이론은 막스 아들러가 국법상의 범주로서의 '프롤레타리아트 독재'의 내용을 충실하게 하기 위한 것이다.[17)]

2. 이데에서 본 타락으로서의 현실

이러한 카를 슈미트의 방법을 좋지 않다고 비판한 곳을 살펴보면 슈미트가 이데와 현실이라는 긴장을 극한으로까지 밀고 나가서 의회제 민주주의는 '전혀 타개책이 없는 타락 상태'[18)]라고 하면서 고발하려는 부분이다. 이러한 비판이 동시에, 바이마르 헌법의 제도들을 파괴하기 위한 하

14) Wolfgang Abendroth, Das Problem der innerparteilichen und innerverbandlichen Demokratie in der Bundesrepublik (1964), in: ders., Antagonistische Gesellschaft und politische Demokratie, 1967, S. 272-317 (317).

15) Kirchheimer, Weimar-und was dann? Analyse einer Verfassung (1930), in: ders., Politik und Verfassung, 1964, S. 9-56 (17 f.).

16) Habermas, Strukturwandel der Öffentlichkeit, 5. Aufl., 1971, 특히 S. 211-216 [한승완 역, 286-292쪽].

17) Max Adler, Die Staatsauffassung des Marxismus, 1922, S. 188-204.

18) Jürgen Fijalkowski, Die Wendung zum Führerstaat. Die ideologischen Komponenten in der politischen Philosophie Carl Schmitts, 1958, S. 4.

나의 특수하고도 재치 있는 논증 기술을 밑에 깔고 있는 한, 이 비판 자체는 이념이 현실을 규정한다는 예의 비판적인 가정에 빠진다. 하지만 이데가 너무 '강한 빛'을 발하면, "이 빛에 비추어진 연구 대상이 빛나기 시작하게"[19] 되는 것은 누구나 그렇다고 생각한다. 현실은 이데에 비추어 보면 충분할 정도로 타락한 상태의 병적인 특징을 자주 보인다. 그런데 타락의 진단은 결코 좌파 저자들의 법과 헌법이론을 서술한 논문의 전형적인 것은 아니다. 이것은 노이만의 법이론에서 아주 명백한데, 그것은 이데에 비춘 법의 근본형태를 요청하며 이러한 요청에서 법형태를 수정하는 것을 타락이란 시각에서만 인지할 수 있다는 위험에 빠진다.[20] 타락사적으로 보는 것은, 학생운동 중에서 상품형태로부터 법형태를 도출하는 것이 유행하였다는 것(「독일 연역(演繹)=론(論)」),[21] 그리고 아벤트로트 헌법이론의 기초에 놓여 있는 헌법과 헌법현실 간의 구별을 들 수 있다.[22]

3. 이데의 현실화

역사란 타락사이며 현실은 이데로부터의 낙하라고 생각한다면, 눈앞에 있는 현실과 대결하기보다는 오히려 거기에서 물러서는 것이 중요하지 않은가? 카를 슈미트는 결코 그러한 퇴각을 하지 않았다. 왜냐하면 이데는 현실 가운데 파고들기 때문에 현실은 이데로부터 낙하했음에도 불구하고 가치가 있다. 대학교수 자격논문 속에서 이미 법은 이데라고 하며, 더구나 이데는 법현실로부터 어느 정도 엄격하게 분리된다고 생각하였고,

---

19) Günter Maschke, Im Irrgarten Carl Schmitts, in: Karl Corino (Hrsg.), Intellektuelle im Bann des Nationalsozialismus, 1980, S. 204-241 (204).

20) Neumann, Funkitionswandel des Gesetzes (FN 10), S. 31-81.

21) 그러한 사고방식의 표현과 비판에 관하여는 다음을 보라. Thomas Blanke, Demokratie, Kapitalismus und Krise in der neueren kritischen Rechtstheorie: Prokla 45 (1981), S. 141; Volker Neumann, Rechts-und verfassungstheoretische Positionen der staatsrechtlichen Linken: Der Staat 21 (1982), S. 551 (564-569).

22) Abendroth, Das Grundgesetz. Eine Einführung in seine politischen Probleme, 6. Aufl., 1976, S. 13-17. 이 접근에 대한 비판은 다음을 보라. Neumann (FN 21), S. 552-557.

마찬가지로 그것은 이데를 현실화하려고도 한다.[23] 이데와 현실을 연결한 것이 대표라는 개념이다. 대표란 볼 수 없는 것을 볼 수 있도록 하는 것이다. 그렇지만 현실만이 이데를 볼 수 있도록 할 수 있기 때문에 현실은 항상 가치가 있다고 결론을 내리는 것은 경솔한 비방을 면할 수 없을 것이다. 여하튼 이러한 결론은 진정한 가시성과 사실의 구체성 간의 구별을 고려하지 않았기 때문이다. 그리하여 법과 권력이 모순이라고 말하게 되면 "정치적으로는 교회로서 행동하는 어떠한 역사적 현실이 … 그럼에도 불구하고 가시적인 교회와는 일치하지 않는"[24] 경우도 있을 수 있으며, 그래서 이데와 현실의 대립은 경험적 크기에 의해서 표현하려는 이데를 위하여 과오를 인정하는 것이다. 에른스트 루돌프 후버는 이미 30년대 초반에 슈미트의 저서를 읽고 다음과 같은 사상을 제시했다. 즉 헌법현실이 정치상의 이데와 모순되거나 "국가의 정신적 통일 원리"를 파괴할 수 있다면, 똑같이 반대로 헌법 현실이 정치상의 이데와 일치하고, "현행 헌법의 중요한 변천"을 이끌어낼 수도 있다는 사상이 그것이다.[25] 거기에서 이데가 존재하는 증거로서 현실이 제시해야 할 증거가 무엇인가 하는 문제가 발생한다. 해답은 정치신학 가운데 쓰여 있다. 정상적인 것, 즉 "반복 속에 경직된 메커니즘의 껍질"은 아무것도 입증하지 못한다. 예외가 모든 것을 입

---

23) C. S., Der Wert des Staates und die Bedeutung des Einzelnen, 1914. 슈미트는 예링의 목적론을 예리하게 비판함에도 불구하고, 여기서 말하는 슈미트의 생각은 예링의 법개념을 떠올리게 한다. "왜냐하면 법의 본질은, 그 과제 · 목적 · 내용이 어떤 것이든 실현하는 것 속에 있기 때문이다." Rudolf von Ihering, Geist des römischen Rechts auf den verschiedenen Stufen seiner Entwicklung, Dritter Teil, 8. Aufl., 1954, S. 328.

24) C. S., Die Sichtbarkeit der Kirche. Eine scholastische Erwägung: Summa 1917 (Zweites Viertel), S. 71 (76).

25) Ernst Rudolf Huber, Verfassung und Verfassungswirklichkeit bei Carl Schmitt: Blätter für Deutsche Philosophie 5 (1931/32), S. 302 (311). 아벤트로트학파도 헌법상 정당한 현실과 헌법상 부당한 현실을 구별하기 위한 규준을 필요로 한다. 아벤트로트(FN 22, S. 15)는 성립사를 고려한 헌법해석을 지시한다. 그러나 그 헌법해석은 문제를 해결할 수 없다. 왜냐하면 원점에 입각해서 볼 때 도대체 헌법의 성립사 바로 그것이 정당한가의 여부를 판단할 필요가 생기기 때문이다.

증한다.[26)] 고양된 존재만이 대표자의 존귀를 누릴 권한이 있다.[27)] 이데가 모습을 드러내는 것은, 긴장들이 최고에 달하여 더 이상 높일 수 없는 곳이다. 따라서 분석자의 시선은 정치질서와 법질서와의 병적인 왜곡으로 나아간다. 그래서 발이 체스터튼에서 차용한 예를 도입하면, 소방호스의 수압을 문제로 삼는 수력학 이론은 불타는 로마에서 연구하는 것이 최고라는 것이다.[28)]

좌파의 타락진단은 특히 노이만의 법이론 저작이 보여주듯이, 자주 사실에 반해서도 규범적으로 민주주의의 원리를 고수하는 것이다. "시민사회는 파국을 맞이하였다는 이론의 설득력이나 예리함 등(과) 민주주의는 역사적인 필연성을 가질 가능성이 있다는 두 가지를 동시에 고수하는 태도에는 명백한 모순"이 있지만, 이러한 모순을 이론적으로 검토해보면 실제로 타협가능한가의 여부에 대해서[29)]는 여기서 논하지 않기로 한다. 여하튼 좌파 입장의 분석에서 질릴 정도로 사용된 위기개념은, 왜 이 타락진단은 영원불변한 것에 대해서 체념하는 태도가 반드시 강제되지 않는가를 명백히 해준다. 위기는 병적 발전의 정점이며, 동시에 새로운 에너지를 방출하고 발전 가능한 것이라는 전환점도 있다. 따라서 좌파 분석자의 눈은 정상상태를 위기라고 하여 방해하는 태도나 법질서의 병리학으로 향하고 있다. 따라서 "시민사회의 발전과정에 정상상태와 예외상태의 내적 변증법"이 있는 것을 폭로하는 활동은 "…좌파 헌법이론이 반복해서는 안 될 활동"이다.[30)] 긴급사태의 카테고리에서는 사상의 우위성이 높이 평가

---

26) C. S., Politische Theologie. Vier Kapitel zur Lehre von der Souveränität, 2. Aufl., 1934, S. 21 [김효전 역, 『정치신학』, 25쪽].

27) C. S., Verfassungslehre, 5. Aufl., 1970, S. 209 f. [김기범 역, 『헌법이론』, 교문사, 1976, 230쪽 이하].

28) Ball (FN 12), S 100. 이 인용은 다음에서 취했다. Gilbert Keith Chesterton, What's Wrong with the World, New York 1910, S. 11 f.

29) Blanke, Kirchheimer, Neumann, Preuß: Die Radikalisierung der Rechtstheorie, in: Perels (FN 4), S. 163-194 (175).

30) Ulrich K. Preuß, Aktuelle Probleme einer linken Verfassungstheorie: Prokla 61 (1985), S.

된다. "슈미트 학파는 과잉사회론이나 수준화된 중산 계급사회라는 이론이 활성화된 시대에도 많은 좌파와는 반대로 이처럼 조화화하는 이데올로기에는 결코 넘어가지 않았다."[31]

4. 이데의 현실화로서의 결단

이데는 현실화되기를 바란다. "대체로 어떤 적극적인 규정은 어떤 구체적인 내용이 되는 것"보다도 중요하다.[32] 정치적 낭만주의는 결단을 회피한다고 슈미트는 규정하기 때문에 결단의 유무는 정치적 낭만주의가 무엇인가를 결정짓는 시금석이 된다. 낭만주의적 사고는 "가시적인 세계에서 현실의 적절한 관계들에 개입하는 활동"능력이 없다. 왜냐하면 낭만주의의 사상에는 원인을 탐구하고 그것과 관련된 태도가 없기 때문이다.[33] 낭만주의자는 사물의 인과관계적인 고찰을 두려워할 뿐만 아니라 정치활동을 두려워한다. 특히 후자를 두려워한다. 왜냐하면 양자의 행위는 결단을 전제로 하기 때문이다. 낭만주의자처럼 세계는 무한한 가능성으로 가득 차 있다고 생각하는 사람들만이 인식원리나 행동원리로서의 결단을 두려워한다.[34] 정당함과 부당함 간의 결단은 "모든 정치적 에너지의 원리이다.

---

65 (67).

31) Peter Römer, Vom totalen Staat zur totalen bürgerlichen Gesellschaft: Das Argument 58 (1970), S. 322 (332).

32) C. S. (FN 23), S. 79.

33) C. S., Politische Romantik, 3. Aufl., 1968, S. 122 [배성동 역, 『정치적 낭만』, 461쪽]. 원인(causa)이라는 말은 자연과학적인 원인-결과-모델의 의미로 이해될 뿐만 아니라 "목적론적 또는 규범적인 결속이라는 의미라든지, 적절한 관계를 인식하는 정신적 또는 도덕적 강제라는 의미"도 나타낸다. Ebd., S. 191. 영어판 Political Romanticism, MIT Press, Cambridge (Massachusetts), London 1986의 「역자 서문」은 읽을 만 하다. 가이 옥스는 낭만주의자의 주관적 기회원인론을 해석함에 있어서 베트남 전쟁에 대한 항의 운동에 노만 메일러가 '참가한' 예를 인용했다.

34) 슈미트는 정치적 낭만주의를 비판함에 있어 독일의 문화 개념에 반대하는 프랑스의 전쟁 프로파간다로서의 "이 무서움, 특히 식별 능력 없음"이라는 말에 내포된 논의를 모범으로 삼는다. 다음을 보라. Jacques Rivière, L' Allemand. Souvenirs et Reflexions d'un Prisonnier de Guerre, septième édition, Paris 1925, S. 182. "문화에 선택 따위는 불필요할

예컨대 자연권이나 인권에 의거하는 혁명가의 에너지의 원리인 동시에 말하자면 역사적 권리에 호소하는 보수주의자의 에너지의 원리"[35]이기도 하다. 좌파가 결단에 관련된 사고에 너무 쉽게 감염된다는 것은 학생운동이 붕괴되는 국면을 보면 알 수 있다. 그것은 영원한 토론이며 사회과학적 분석과 정치적 행동지침을 통일한다는 미해결의 문제가 되지만 혁명적 결단이라는 단호한 태도에서 알 수 있는 시대이다. "바라는 것은 가능할지도 모른다"라는 것이다.

낭만주의자의 '미적 섬세한 감정'은 정치적 결단뿐만 아니라 개념형성도 회피한다.[36] 그리하여 인간이 결합한다든가 분열하는 정도가 강하기 때문에 정치적 결단이 이루어지도록 개념형성에도 그 개념이 자신을 분해시키기 위한 구체적인 대립이 필요하다. "고전적인 것은 분명하고 명쾌한 구별의 가능성이다."[37] 구별이 '궁극적'인 경우 그것은 분명하고 명쾌하다. 슈미트의 의회주의비판이 지적한 것은 의회 "제도의 궁극적인 핵심", 즉 "의회주의의 궁극적인 정신적 기초"이다.[38] 사회주의는 "정신적인 의미에서 결정적이며 궁극적 논거", 즉 "사회주의 신앙의 궁극적인 명증성"이 발견된 때에 비로소 사회주의란 무엇인가를 알 수 있다.[39] 변장을 벗기고 복면을 찢어버린다는 주장은 자주 합리화의 배경을 탐구하여 '궁극적인' 또는 '있는 그대로의 현실'을 탐구하려는, 좌파 이데올로기 비판의 프로그램과 똑같이 일치한다.

그러면 어떻게 분석자는 "혼돈과 한데 뒤엉킨"[40] 생각들을 밝혀내어

것이다"라고. Ebd., S. 191.

35) C. S. (FN 33), S. 161.

36) Ebd., S. 11.

37) C. S., Der Begriff des Politischen. Text von 1932 mit einem Vorwort und drei Corollarien, 1963, S. 11 [김효전 · 정태호 옮김, 『정치적인 것의 개념』, 살림, 2012, 18쪽].

38) C. S., Die geistesgeschichtliche Lage des heutigen Parlamentarismus, 4. Aufl., 1969, S. 30, 41 f. [김효전 옮김, 『현대 의회주의의 정신사적 지위』, 관악사, 2007, 30쪽, 45쪽].

39) Ebd., S. 65.

40) C. S., Zu Friedrich Meineckes "Idee der Staatsräson", in: ders., Positionen und Begriffe im

'궁극적인 물음'에 다가가면서 스스로 경쟁하는 세력들의 긴장의 소용돌이 가운데에 말려들지 않을 수 있는가? 막스 베버는 책임윤리에 따라 행동하는 정치가에 대해 "생의 현실에서 훈련된 가차 없는 시선을 향해 이러한 현실에 참고 내면적으로 이 현실에 대처할 수 있는 능력"을 요구한다.[41] 에른스트 윙거는 사물과의 거리를 두고 환상 없이 고찰하기 위하여 '영웅적 리얼리즘'[42]이라는 장중한 개념을 만들어냈다. 이러한 좋은 방법도 에른스트 폰 잘로몬의 자신만만한 논평에 의하면 바이마르 공화국의 청년 보수파의 무대에 나타난 일종의 유행현상임에 틀림없었다.[43] 윙거의 사고 태도를 뒷받침하는 방법론에 나타난 특징은 의사나 "원형경기장의 관람석에서 이방인 검투사가 피 흘리는 것을 보는"[44] 관객의 차가운 시선이다. 카를 슈미트는 후기 저작에서 이러한 사고 태도를 '절망적인 히로이즘'으로 불렀고, 이러한 사고 태도에는 역사철학적 기초가 결여되었다는 이유에서 자살로 이르는 길이라고 평가했다.[45] 그럼에도 불구하고 자신의 저작의 사고가, 특히 20년대 저작의 사고가 이러한 사고와 어느 정도 유사하다는 것을 암시하고 있다.

좌파 사상과 대립한 것은 우선 "영웅적인 실증주의가 가지는 위대한

Kampf mit Weimar - Genf - Versailles 1923 - 1939, S. 45-52 (46).[김효전 · 박배근 옮김, 「프리드리히 마이네케의 『국가이성의 이념』에 부쳐」, 『입장과 개념들』, 세종출판사, 2001, 61-74쪽 (62쪽)].

41) Max Weber, Politik als Beruf, in: ders., Gesammelte politische Schriften, 4. Aufl., 1980, S. 505-560 (558).

42) Ernst Jünger, Der Arbeiter. Herrschaft und Gestalt (1932), 1982, S. 37, 82, 178.

43) Ernst von Salomon, Der Fragebogen, 1985, S. 213.

44) Ernst Jünger, Über den Schmerz, in: ders., Sämtliche Werke, Bd. 7, 1980, S. 143-191 (146 f.).

45) C. S., La Unidad del Mundo, Madrid 1951, S. 31 f. 아마도 카를 슈미트는 이러한 비판에서 윙거의 이런 설명(FN 42, S. 178)을 염두에 두었을 것이다. 이 상태(즉, 기술 그 자체의 현상형태인 노동자의 형상을 통하여 세계를 동원하는 상태. ―폴커 노이만)에 어울리는 덕이란 영웅적인 리얼리즘의 덕이다. 영웅적 리얼리즘 자체는 자기의 노력이 완전히 허사로 돌아가고 가망 없는 것이라고 알고 있어도 흔들릴 수 없는 것이다.

수식어"[46]가 아니라 감정 이입의 부족뿐일지도 모른다. 마르크스주의적 입장에 선 인식론의 당파성이 나타나는 것은 "가치 평가와 객관적 기술을 완전히 혼동하는 태도"가 보일 때이다.[47] 일정한 평가를 내릴 때에 기술의 목적을 명쾌하게 하고 기술개념을 얻기 위해 가치평가 개념을 무차별하게 사용하는 것이 과거 백년간의 마르크스주의=르네상스의 유일한 유산처럼 생각된다. 좌파라고 생각되는 논자들이 자주 취하는 태도에 나타난 추상적 도덕관은 본질적으로 이러한 혼동에 근거한다. 좌파가 슈미트학파의 분석들을 동시에 인용하는 것, 특히 에른스트 포르스토프의 현실 분석을 빈번히 인용하는 원인은 이러한 독자적인 연구법을 가지지 못했기 때문일 것이다.

5. 마르크스주의 정치이론과 국가이론에 결여된 것

카를 슈미트의 이론이 마르크스주의의 입장에 선 지식인들에게 미친 영향은 자주 지적하듯이, 본질적으로 마르크스주의에 무엇인가 결여되었다는 관점에서 설명된다. 특히 결여된 것은 리얼한 정치이론이다. 마르크스주의 결함은 모든 사회적 모순을 단 하나의 원인으로 돌리는 환원 사고에서 볼 수 있으며, 이러한 사고에서 사회관계의 전복과 같은 1회의 역사적 행위가 정치적이라고 생각하는 것에서도 나타난다. 오랜 시간에 걸쳐 긴 호흡으로 분쟁에 결정을 보지 못한다.[48] 시각을 좁게 해서 보기 때문에 "자본주의를 타도한 후에 나타나는 사회에도 분쟁의 종류가 어느 계급에

46) Hans Albert, Diskussionsbeitrag, in: Otto Stammer (Hrsg.), Max Weber und die Soziologie heute, 1965, S. 73.

47) Christof Helberger, Marxismus als Methode. Wissenschaftstheoretische Untersuchungen zur Methode der marxistischen politischen Ökonomie, 1974, S. 40.

48) Friedrich Müller, Entfremdung. Folgeprobleme der anthropologischen Begründung der Staatstheorie bei Rousseau, Hegel, Marx, 2. Aufl., 1985, S. 165 f. [홍성방 옮김, 『소외론』, 유로, 2011].

있는가를 전혀 보려고 하지 않는"[49] 태도를 취하게 된다. 분쟁을 혐오한다는 점에서는 도저히 비난할 수 없는 레닌의 정치이론은 다른 결점을 가지고 있다. 레닌의 정치이론은 모호한 정당구상에 맞추어 만들어지며 정치선동을 경제투쟁 이상으로 중요시했음에도 불구하고,[50] 정치적 모순을 경제적으로 해석하는 마르크스주의적 도식에 여전히 붙어 있다. 연방공화국에서 마르크스·레닌주의에 입각한 정당조직들이 소리없이 자취를 감춘 것은 이러한 정당구상이나 정치개념이 낡았다는 것을 입증하는 것이다. 더구나 그러한 입증이 또 필요하게 되면 설명하겠지만 말이다. 새로운 사회운동들은 대표라는 정치적 개념을 거부한다는 점에서 일치한다. 특히 사회운동을 산출한 사회적 갈등은 임금노동과 자본의 모순에 따라서 편가를 수는 없는 것이다.

동일한 이유들에서 마르크스주의 국가이론은 원리적으로 국가 통일이 이루어진 것은 사회적 모순의 조정의 결과로서 파악할 수는 없다. 왜냐하면 마르크스주의에 따르면 국가란 원래 그 탄생하는 순간부터 계급국가일 수밖에 없다는 낙인이 찍혔기 때문이다.[51] 사회적으로 동질적인 사회에서 비로소 국가는 물론 자신의 죽음의 댓가로 물질적으로 보편적인 것을 대표한다. "국가가 실제로 전체사회의 대표자로서 나타나는 최초의 행위, 즉 사회라는 이름으로 생산수단을 소유한다는 행위는 곧 국가로서 행동하는 최후의 독립행위이다."[52] 공산주의는 역사의 수수께끼를 풀었기 때문에 단속할 갈등은 더 이상 존재하지 않으며 "따라서 법도 존재하

49) Joachim Perels, Rechtstypus und gesellschaftliche Aneignung, in: FS Abendroth, 1982, S. 190-204 (192).

50) W. I. Lenin, Was tun?, in: ders., Augewählte Werke, Bd. 1, 1970, S. 333-541, insbesondere S. 393 ff. und 452 ff.

51) Herbert Sultan, Gesellschaft und Staat bei Karl Marx und Friedrich Engels, 1922, S. 50.

52) Friedrich Engels, Herrn Eugen Dührings Umwälzung der Wissenschaft, 1969, S. 262 [김민석 옮김, 『반듀링론』, 1989].

지 않고, 매일 똑같이 수행되는 공무도 없다."[53] 왜냐하면 부르주아적 헌법국가와는 달리 진정한 사회주의국가에서는 폭력수단을 가능한 한 피하는 것이 불가능하고, 때때로 보이는 매우 첨예한 이해가 대립하는 조건하에서도 사회협력을 시도하려고 하지 않는다는 문제에 대답하려면, 대답은 진정한 사회주의 국가의 목적이 조정을 통해서 타협을 목적으로 하는 것뿐만 아니라 궁극적인 갈등의 극복도 목적으로 삼기 때문이라는 것이다.[54]

첫 번째 사람 중의 하나로서 에른스트 니키슈가 인정하는 것은, 갈등을 궁극적인 대립으로까지 첨예화시키는 카를 슈미트의 적과 동지이론이 원래 마르크스주의적 계급투쟁이론의 모티브를 수용하였다는 점이다.[55] 그러나 슈미트이론은 마르크스주의의 모범보다도 훨씬 유연하고 세련되어 있다. 슈미트이론은 갈등의 초점을 고정시키지 않고 모든 범위의 인간행동이 잠재적으로 정치적이라는 것을 승인한다. 적대관계는 인간 분열이 어느 정도 강한가만을 나타내므로 슈미트이론은 반드시 적의 섬멸을 목적으로 하지 않고 오히려 반대로 적에게 승리를 거두는 것을 그만두고 적을 약화시킴으로서 결말을 짓는 것이다. 국가는 국민의 **정치적** 통일체일 뿐이지만 정치적인 것의 존재의의는 그 국민의 내부에서조차 구별을 할 경우에 존재하기 때문에 사회적 모순은 국가를 생각하는 한 여하튼 생각하지 않으면 안 되는 요소이다. '정치적인 것의 2차적 개념'이 암시하는 것은, 모든 정치적 통일체가 그 자체 안에 분열의 싹을 포함한다는 것이다. 슈미트의 정치이론도 국가이론도 통합이론이라기보다는 오히려 갈등이

53) Friedrich Müller/Joachim Perels, Ist eine marxistische Rechtstheorie möglich? Ein Streitgespräch zu Rousseau, Marx und Bloch: Bloch-Almanach 6 (1986), S. 66 (79 f.)

54) 마르크스주의가 다른 정치이론에서 배우지 못하는 데 대해 교훈적인 것은 Preuß, Zivilisation und Gewaltmonopol. Über Linke wie grüne Mißverständnisse: Freibeuter 25 (1985), S. 3.

55) Ernst Niekisch, Zum Begriff des Politischen: Widerstand 8 (1933), S. 369.

론이라는 것이 타당하다.[56)]

볼라피(Bolaffi)의 견해는 이렇다. 즉 카를 슈미트 이론 덕분에 좌파는 "자유민주적인 헌법의 전통에 대항하고 이전에는 마르크스주의에 입각해서 가지고 있던 편견을 지금은 슈미트류의 반규범주의적, 반다원주의적인, 한마디로 반자유주의적인 선입견"[57)]이 가능하게 되었다는 의미에서 슈미트이론은 좌파 지식인에 대해서 마르크스주의의 위기에서 돌파구를 마련했다는 것이다. 하지만 좌파 지식인이 이와 같이 슈미트의 이론을 수용하는 것은 슈미트의 이론을 생생한 것으로 만드는 분석력과 현실감각을 무시하고 수용한 것이어서 좋다고는 할 수 없을 것이다. 카를 슈미트는 기술을 20세기의 유일한 '중심영역'으로 보았다.[58)] 슈미트 자신의 추측에 반하여[59)] 우리들이 현대의 체험에서 알게 된 것은 적과 동지 상황을 동기지우는, 다양한 영역의 갈등의 소재를 기술이 제공할 수 있는 한, 실은 기술은 다른 다양한 중심영역과 서로 혼재되었다는 사실이다. 슈미트의 파르티잔 이론은 기술의 시대에 어울리는 새로운 종류의 파르티잔을 스케치하고 있다. '산업=파르티잔'은 기술의 세계가 손해를 받기 쉬운 것을

56) Pasquale Pasquino, Bemerkungen zum "Kriterium des Politischen" bei Carl Schmitt: Der Staat 25 (1986), S. 385는 이러한 견해에 대해 다음과 같이 주장한다. 카를 슈미트의 정치적 사고는 적대관계라는 테마에 따라 규정되었다기보다는 질서 · 결속 · 동질성 그리고 정치적 통일을 둘러싸고 전개되었다(ebd. S. 386)라고. 이러한 해석은 "국가의 개념은 정치적인 것의 개념을 전제로 한다"는 『정치적인 것의 개념』 서두의 한 문장을 읽으면 이미 어려움에 직면한다. 카를 슈미트 사상의 강점은 분열과정의 분석에 있으며 정치질서의 규범적 구상에는 존재하지 않는다.

57) 인용은 Roland Czada, Hersteller politischer Analysen. Zur Aktualität von Werk und Person Otto Kirchheimers. Ein Tagungsbericht: Journal für Sozialforschung 26 (1986), S. 107 (111)에 의함.

58) C. S., Das Zeitalter der Neutralisierungen und Entpolitisierungen, in: FN 37, S. 79-95 (역서 107-130쪽).

59) 카를 슈미트에게 기술은 "항상 수단이며 무기에 불과하다." 마찬가지로 기술은 중립적인 것이 아닌데 그 이유는 "모든 종류의 문화, 모든 민족과 모든 종교, 모든 전쟁과 모든 평화"는 기술에 봉사할 수 있기 때문이다. FN 37, S. 90 [『정치적』, 124쪽].

알며, 기술의 세계를 근절하는 현대적 수단을 구사하는 기술을 잘 알고 있다.[60] 이러한 형태의 파르티잔이 요즘 화제가 된다는 것은 핵무기 관련 테러리즘 문헌을 한번 읽어보면 알 수 있을 것이다.[61] 요컨대 적과 동지라는 이론은 삶과 죽음에 관하여 '궁극적인' 결단을 내리는 관점에서 아무것도 거칠 것 없이 증가하는 사회적 갈등을 보며, 어떤 정치문화가 어느 정도로 발전할 수 있는가를 명백하게 한다. 거기에서 다름 아닌 의회제 법치국가의 동지에 대해서 다원적 민주주의의 결점이나 약점을 알고 그 반성에 입각하여 이러한 주의의 본질과 가치를 확실하고 새롭게 인식하기 위해 슈미트의 저서를 반면교사로서 읽어두라고 권하는 것은 당연한 귀결이다.[62]

Ⅲ. 방어의 계기

1. 나치즘의 선구자

1985년 11월에 개최된 키르히하이머 심포지엄에서 만든 자료집 서문을 보면, 그 도중에 회의 참가자에 대한 하나의 경고가 적힌 것을 볼 수 있다. "오토 키르히하이머의 생애, 그의 정치적 영향, 특히 그의 학문적 유산은 카를 슈미트의 그것과 대조적이다. 이른바 좌파 슈미트주의자라는 최

60) C. S., Theorie des Partisanen. Zwischenbemerkung zum Begriff des Politischen, 1963, S. 81 f.[김효전 역, 『파르티잔』, 문학과지성사, 1998, 129쪽 이하]. 기술 · 정치 · 국가 그리고 파르티잔의 관련에 관하여는 Ilse Staff, Die Wahrung staatlicher Ordnung. Ein Beitrag zum technologischen Staat und seinen rechten Propheten Carl Schmitt und Ernst Forsthoff: Leviathan 15 (1987), S. 141도 보라. 부제목은 약간 오해하기 쉽다. 슈타프는 '예언자'라고 하지만 좀 더 정확한 것은 진단하는 자 또는 분석자라는 개념일 것이다.

61) Alexander Roßnagel, Großtechnik und Bürgerfreiheit, in: Menschengerecht. Rechtspolitischer Kongreß der SPD, 1986, S. 210-242; Paul Leventhal / Yonah Alexander (Hrsg.), Preventing Nuclear Terrorism. The Report and Papers of the International Task Force on Preventing of Nuclear Terrorism, Lexington Books, Massachusetts, Toronto 1987.

62) Wolfgang Mantl, In der Waagschale der Zeit. Zum Tode von Carl Schmitt: Die Presse vom 12. 4. 1985, S. 5.

근 다시 시민권을 얻어온 개념은 1933년 이전의 오토 키르히하이머의 일정한 분석에 첨가된 레테르인데 바로 1933년 이전의 키르히하이머의 업적을 철저히 분석해보면, 즉 대상을 벗어난 이데올로기적인 레테르에 불과한 것을 알 수 있다."[63] 회의의 보고에 따르면 두 저자의 이론적 관계는 중심테마라고는 할 수 없더라도 하나의 중요한 테마였다.[64] 이러한 문장에 나오는 양자를 결합시키는 데에 저항하는 이유는 무엇인가?

제3제국에서, 특히 1933~1936년까지의 카를 슈미트의 저작물과 정치적 영향은 오늘날까지도 카를 슈미트란 인물의 평가를 특색 짓고 있다. 제3제국과 관련된 문헌이나 기록을 읽으면 이러한 사실에 대해 아무런 특이한 것도 찾지 못할 것이다. 따라서 슈미트 이외의 사람으로 나치와 관련된 사람들이라면 더욱 많은 것을 관찰해낼 수 있었을 텐데,[65] 슈미트가 제3제국과 관련되었기 때문에 왜 후세에까지 평가가 좋지 않은가 하는 의문이 종종 일어나지만 이것은 상당히 어렵고 좀처럼 대답하기 힘든 물음이다. 1933년에 카를 슈미트는 45세로 독일이나 외국에서도 존경받던 학자였다. 확실히 이러한 학자의 두드러진 특질을 든다면, 정치적으로 소박하고 세상과는 소원했다고 말할 수는 없다. 거기서 동시대 다른 사람들을 바라보는 눈보다도 더욱 엄격한 눈이 카를 슈미트에게 쏠릴지라도 그렇게 놀랄 일은 아니다. 이것과는 완전히 다른 문제, 즉 생애의 어떤 시기에 관한 평가만으로 슈미트의 전체 업적을 판단할 수 있을까 하는 문제는 남는다.

슈미트를 엄격하게 판단한 선구적 연구자는 이를 시인한다. 이 선구자

---

63) Wolfgang Luthardt (Hrsg.), Demokratischer Vefassungsstaat, Politische Justiz, Gesellschaftlicher Wandel. Materialien zum Otto Kirchheimer Symposium, Freie Universität Berlin-Fachbereich Politische Wissenschaft 1985.

64) Czada (FN 57), S. 109.

65) Ernst Forsthoff, Der Staatsrechtler im Bürgerkrieg: Christ und Welt, 11. Jg., Nr. 29 vom 17. 7. 1958, S. 14; Preuß, Die latente Diktatur im Verfasungsstaat. Zum 95. Geburtstag von Carl Schmitt: Tageszeitung vom 12. 7. 1983, S. 8 f.

피잘코우스키의 주장은 오늘날에는 이미 지지받지 못하는 아주 단순한 문장으로 표현된다. 그가 말하기를 1933년 이전에 슈미트가 만든 저작은 총통국가를 준비하기 위해 쓰인 것으로 읽혀야만 했던 것이다[66]라고. 이 선구적 연구자의 명제와 다른 견해도 있다. 그것은 그의 저작이 전체적으로 아주 일관성 있게 일정한 역할을 하였다는 것이다. 슈미트의 이론구성은 "동일한 방법으로 항상 변화하는 정치적 컨텍스트로부터 완전히 독립한, 장기간에 걸친 사회경제적 발전을 나타내는 동시에 정치테러의 체계를 정당화한다"[67]라고 한다. 시종일관성이란 명제는 이론내제적인 고찰로부터는 무리하기 때문에 이론 외의 분야에서 저작의 통일성을 구성하는 기준을 아주 잘 보여주기 위해서 이론 외에 분야에 발을 들여놓을 수밖에 없다. 잉게보르크 마우스는 슈미트 이론의 사회적 기능에 착안하여 그의 저작에는 시종일관성이 있다고 주장한다.[68] 기능적 해석은 행동하는 개인의 동기와는 무관하게 어떤 행동의 목적을 결정하는 것이므로, 선구적인 연구의 명제를 목표로 하는, 도덕적 기술과 분석적 기술을 교차시키는 방법과는 일치하지 않는다.[69] 실제로 마우스의 평가는 "저자가 주관적으로 한편에 가담하는 것을 넘어서" 저작의 객관적 의도를 부각시킬 것을 목적으로 하는 점에서 논리 일관성을 가진다.[70]

---

66) Fijalkowski (FN 18).

67) Ingeborg Maus, Rechtsgleichheit und gesellschaftliche Differenzierung bei Carl Schmitt, in: F. de Pauw / M. Weyenbergh (Hrsg.), Gelijkheid en Conservatisme (Gleichheit und Konservatismus), Zwolle 1985, S. 135-159 (136). 필자(노이만)는 슈파이어에서 이 논문의 요약을 마쳤을 때에 마우스가 이 회의에 참석하지 않은 것은 아쉽다고 논술한 것을 여기서 다시 반복하고 싶다.

68) Maus, Zur "Zäsur" von 1933 in der Theorie Carl Schmitts: KriJ 2 (1969), S. 113; dies., Bürgerliche Rechtstheorie und Faschismus. Zur sozialen Funktion und aktuellen Wirkung der Theorie Carl Schmitts, 2. Aufl., 1980. 마우스 여사의 저작집 Rechtstheorie und Politische Theorie im Industriekapitalismus, 1986에 수록된 그녀의 논문들도 참조.

69) 유감스럽지만 슈미트의 저작을 논한 방대한 문헌이 있는데, 이는 도덕적인 판단을 가지고 방법론적으로 신중하지 못한 기능논리적인 해석을 인물과 결합시킨 것이다.

70) Maus (FN 66) , S. 136.

이에 대해서 카를 슈미트라는 개인과 그 저작에 관한 기술을 한정해보면 카를 슈미트는 나치스의 정신적 선구자로 활동했다는 다른 견해가 등장한다. 존트하이머는 최근 이러한 방법론을 서술한다.[71] 이 입장의 제1원리는 "어떤 일에든 책임 없는 사상은 없다"는 문장으로 나타난다. 이 명제의 암시적인 결론은, 사상은 항상 책임을 수반한다는 것이다. 왜냐하면 정신과학, 특히 정치이론에서는 사상가가 자신의 사상을 통제하려고 해도 진리의 규준을 근거로 조건부로만 가능하며, 사유하는 자는 표현된 사상의 필연적 귀결을 손에 넣을 수는 없기 때문이다. 존트하이머는 결론을 도출한 것이 아니라 사상을 판단하는 일정한 기준을 제시하였다. 책임 있는 사상이란 의회민주주의에 기여하는 사상이다. 국법학자가 자유주의적이며 민주적인 헌법국가에는 "정당성이 없고 불합리와 모순이 있을 뿐이다"라고 가차 없이 말하게 내버려둔다면 무책임한 사상가라고 할 수밖에 없을 것이다. 존트하이머는 '국법의 악마'인 카를 슈미트를 비판하고, 그 보복으로 지식인 일반에게 그중에서도 '하버마스, 오페, 프로이스' 같은 좌파 지식인에게 철퇴를 내리쳤다. 카를 슈미트가 "일반적으로 말해서 학문의 미묘한 태도"를 지켰다는 것은 명백하다. 그리하여 비난할 것은, 전문적인 관할을 뛰어넘은 것이 아니라 "예리하게 파헤치는 관찰력", 그의 "냉정하게 분석"하는 "총명한 지능"을 가진 측면이다.

카를 슈미트와 좌파 지식인 사이에 예리하고 철저한 분석력을 갖추었다는 데에 공통점이 있다면, 양자가 설정하는 정치목표의 불일치에 대한 비난처럼,[72] 좌파와 카를 슈미트의 사고를 안간힘을 다해 구별하려고

71) Kurt Sontheimer, Der Macht näher als dem Recht. Zum Tode Carl Schmitts: Die Zeit vom 19. 4. 1985, Nr. 17, S. 7.

72) Helga Grebing, Linksradikalismus gleich Rechtsradikalismus. Eine falsche Gleichung, 1971 참조. 학문적인 글에서 '정치적 목표설정'이라는 말은 무엇을 의미하는가? 이 목표를 어떻게 확실하게 만들 수 있는가? 카를 슈미트 저작의 특별성은 이론의 여지없이 일상 정치적인 관심사를 다룬 글들이 있다는 것이다. 그러한 글들이 가령 1930-1932년의 키르히하이머의 글과는 다른 정치적 맥락에 속한다는 것은 명백하다. 그러나 명증성이

애써도 헛수고일 것이다. 여기서는 좌파가 지식인의 역할 독점을 주장할 권리 따위는 없다는 것을 냉정하게 인식하는 것으로 충분할 것이다. 그렇지만 이러한 냉정한 견해에 대응하는 것이 있다. 그것은 좌파 논자들 사이에서 성행하는 심문이라는 전술이다. 이 논문의 서두에는 심문을 받는 방법에 관하여 논술했지만, 지금은 심문을 하는 쪽의 전술이며, 이 전술의 출발점은 독일 정신사의 전통을 유익한 자산과 손실로 나누고 어떤 사상가는 반드시 어떤 진영에 들어간다고 생각하는 곳으로 인도한다. 카를 슈미트는 반진보 · 반해방의 논진을 주장하는 진영의 일원으로 분류된다. 진보적인 진영의 사람들과 반진보적인 슈미트가 실은 연결되었다고 말하는 것처럼, 다른 진영의 여러 논자와 이쪽 측의 누군가와 연결되었다는 것은 이러한 세계의 관점에서 볼 때 유익한 사상가와 비난해야 할 사상을 함께 쓸모없게 만들고, 음험하고 의도적인 비방을 하는 것이나 다름 없다. 서두에서 전체주의 이론이라는 참으로 단순한 이론에 관해 서술했지만 전체주의의 문헌들을 보면 각 문헌의 도입부에서는 다양한 규준을 열심히 서술하되 여하튼 좌파의 전체주의는 안 된다는 결론은 일치한다. 그러면 이러한 전체주의론이 좌우의 사람들은 연결된다는 음표에 근거하여 건반을 두드리는 것은 대단한 것이라고 생각한다. 슈미트와 좌파의 차이점을 강조하는 심문전술과 슈미트와 좌파 간에는 연결점이 있다는 이론 간의 위치관계를 확실히 확정하면 이 연주는 특히 미묘한 음색을 가지게 될 것이다. 좌우는 연결된다는 세계의 견해에 매달리면 이 연주는 악의를 가진다든지 계속 심술을 부린다. 무엇보다 그 키의 높이는 변하며 동시에 두 가지를 연주하는 좌파의 공연자는 좌파이론사의 전통에 반하는 논의를 하지 않을 수 없으므로 트럼프로 말하면 패가 나쁜 것이 될 것이다.

이론적인 연결선들과 공통점들에 대한 연구를 면제하여 주는가? 정치적 목표들이 상이하다는 점에 비추어 볼 때 그와 같은 공통점들의 존재가 어떻게 설명될 수 있는가의 문제는 자명한 것들을 지칠 정도로 관찰하는 것보다 매력적이다.

2. 정치적인 것을 탐미화한 인물

체스터튼에서 빌린 비유에 좀 더 덧붙여 설명하면, 슈미트에 대한 널리 유포된 비판은 한마디로 이렇다. 카를 슈미트는 불타는 로마에서 수력학을 연구하지 않고, 바이올린을 연주한 것이라고. 그는 정치적인 것을 탐미화한 인물, "국가학에서의 가브리엘레 단눈치오"[73]인 것이다. 발터 벤야민이 정치적인 것을 탐미화하는 것은 파시즘의 현상이라고 말한 이래,[74] 이미 정치와 미학을 확실하게 구별하지 않는 것은 불쾌하다고 느낀다. 무엇보다도 어떤 이론이 이른바 탐미주의이기 때문에 좋지 않다는 비판의 칼도 거기에서 사용하는 미적 개념이 학문의 세계에서 추방된 것이 아닌 경우에는 칼끝이 무뎌진다. 확실히 그 카테고리를 칸트의 『판단력 비판』에서 이끌어내는 연구를 비판하는 것은 어렵다.[75] 카를 슈미트는 자연의 창조성을 중시하는 것을 예술이라고 생각한 칸트의 개념을 정치적인 것의 영역에 전용하였다. 슈미트의 저서를 읽으면 보통 논리적인 입증보다도 적절한 비유, 훌륭한 정식화가 우선되고 있지만 이것은 슈미트와 칸트가 서로 유사한 테제에 유리한 사안이다. 이 점에서 슈미트가 기술하는 방식은 칸트가 '미적 이데의 표현 능력'이라고 명명한 원리에 근거한 것처럼 생각된다. 미적 이데는 구상력이란 관념인데, 칸트에 의하면 구상력은 "많은 것을 생각나게 하지만 그 자체로는 어떤 일정한 사상, 즉 개념은 적합하지 않으므로 구상력에 언어를 완전히 얻게 하거나 이해시킬 수는 없다."[76] 카를 슈미트가 만든 개념들은 이해하기 쉽고 구상적이다. 그러나

---

73) Mantl (FN 62).

74) Walter Benjamin, Das Kunstwerk im Zeitalter seiner technischen Reproduzierbarkeit, in: ders., Lesezeichen, Leipzig 1970, S. 373-414 [최성만 옮김, 『발터 벤야민 선집 5』, 도서출판 길, 2008].

75) Peter Bürger, Carl Schmitt oder die Fundierung der Politik auf Ästhetik, in: Christa Bürger (Hrsg.), Zerstörung, Rettung des Mythos durch Licht, 1986, S. 170-175.

76) Immanuel Kant, Kritik der Urteilskraft, A 190 [백종현 옮김, 『판단력비판』, 아카넷,

이 개념은 구상력과는 다르고, 확실히 언어에 의해서 의사의 소통이 불가능한 곳에는 존재하지 않는다. 미적 판단력에 이어서 목적론적 판단력이 시야에 들어오면, 개념상의 명석함과 풍부한 비유 등이 독특한 형태로 결부된 것이 확실하다. 예술 작품은 합목적적인 사물과는 다른데 그것은 후자가 전체를 통일하는 이데에 의해서 파악될 뿐만 아니라 전체를 구성하는 부분은 형식에 따라서 결합하여 전체라는 통일체가 되고, 각 부분은 "서로 이념의 형식의 원인이 되거나 결과가 되기"[77] 때문이다. 인과율에 따른 사고와 조형이란 인간의 인식에 객관성을 부여한다. 그런데 낭만주의자가 행하는 미적 고찰은 현실도피적인 주관적 판단을 나타낸다. 그렇지만 역사적 현실은 "모든 미학보다도 강하며 최고 천재의 머릿속 형상보다도 강하다."[78]

슈미트의 후기 작품의 부제목에는 관극 프로그램이 적혀 있다. 말하자면 "연극에 침입하는 시간." 카를 슈미트는 가다머가 적절히 확정했듯이, 연극 한가운데서 공백 시간을 구하며, 이 순간을 통해 현실이 통과하는 셈이다.[79] 이 틈을 타서 "낭만주의자가 자부해 마지않는 꿈의 세계로부터 엄연한 현실"로 이르게 하는 시기는 언제일까, 그것은 위급 존망할 때이다.[80] 뷔르거는 사유가 현실과 관련된 것을 양자를 아주 분리하는 사고방식에 대한 반론으로서는 인정하지 않지만 슈미트의 탐미주의가 '행위

2009].

77) Ebd., A 287, 288.

78) C. S., Hamlet oder Hekuba. Der Einbruch der Zeit in das Spiel (1956), 1985, S. 31.

79) Hans-Georg Gadamer, Wahrheit und Methode. Grundzüge einer philosophischen Hermeneutik, 4. Aufl., 1975, S. 470 [임홍배 옮김, 『진리와 방법(1)(2)』, 문학동네, 2000, 2012]. 가다머는 카를 슈미트를 '잘못된 역사주의'에 입각한다고 비난한다. 왜냐하면 슈미트는 "본래 큰 뜻이 있는 테마를 둘러싸고 전개된 연극도 항상 불확정 요소를 포함한 것이다"라는 것을 간과했기 때문이다. Ebd., S. 471.

80) 아니마 슈미트에 의해 영어에서 독일어로 번역된 Lilian Winstanley, Hamlet, Sohn der Maria Stuart, 1952에 비유한 카를 슈미트의 서문(같은 책 15쪽).

와 위급한 경우'[81]를 고려에 넣은 탐미주의라고 한다. 미적인 것의 개념을 확대하는 고찰 방법은 이미 칸트의 카테고리—슈미트의 고찰 방법은 이 칸트의 카테고리에서 출발하며, 이 카테고리의 장점을 받아들인 것인데—와 함께 생각할 수 없다고도 한다. 단눈치오를 참조하는 곳은 별도로 하고(양자를 뚜렷하게 부각하지만 보잘것없는 비교이다), 도대체 이러한 특별한 형태의 미학이 어떤 것인지는 뷔르거의 논문을 읽어도 여전히 알 수 없다. 뷔르거가 장래 유망하다고 해서 시작한 연구는 가엾게도, 도저히 불평불만을 늘어놓은 것이라고밖에는 생각할 수 없다.

3. 이데올로기

프랭켈은 카를 슈미트의 사상이 루소의 정치철학으로부터 만들어진 유럽 대륙의 사고형태와 관계가 있다고 한다. 이 사상 형태는 이데와 현실을 비교할 때 현실을 경시하여 이루어진 이데올로기이다. 이것과 명확하게 상대하는 사고형태는 앵글로색슨의 실용주의이다. 실용주의자들은 현실이 다원적으로 형성되어가는 것을 보고 풍부함을 느낀다.[82] 위르겐 자이페르트는 슈미트의 입장과 대립하지만 독일의 정치사상에서 오랜 전통을 가지고 있는,[83] 독일식으로 말하면 유기적 성장이라는 근본사상을 카를 슈미트에 대한 추도문에서 다음과 같이 흥미 있게 구체적으로 서술한다.[84] 즉 자이페르트는 좌파의 해방의 노력 목표를 "현실 생활의 상황과는

---

81) Bürger (FN 75), S. 174.

82) Fraenkel (FN 13), S. 173-180.

83) 제도들이 유기적으로 성장하는 것을 믿는 영국의 국가론을 추상적인 프랑스형의 이데 한가지만을 밀고 나가는 사고 태도보다 우선하는 입장은 이미 칼 프리드리히 게르버(Carl Friedrich Gerber)의 책 Über öffentliche Rechte, Tübingen 1852에서 밝혀진다. 연방대통령 리하르트 폰 바이체커(Richard von Weizsäcker)는 런던의 영국 양원에서의 연설에서 이 전통을 언급하고 있다. 말하기를 "여러분들 쪽에서는 삶이 이데를 목표로 하는 것이 아닙니다. 여러분들에게서는 이데는 삶의 내부로부터 성장해가는 것입니다." 인용은 『쥐드도이체 차이퉁(Süddeutsche Zeitung)』 1986년 7월 3일 자.

84) Jürgen Seifert, Theoretiker der Gegenrevolution. Carl Schmitt 1888-1985: KritJ 18 (1985),

관계없는 정치적인 것의 평면"에 두는 데에 반대하여, "구체적인 노동조건과 생활조건을 직시하고" 느리지만 항상 변화하는 과정을 중시하는 쪽을 단호하게 선택했다는 것이다. 생활로부터 이데가 생겨 나왔다는 사고방식을 믿는 것은, 말하자면 같은 루소일지라도 슈미트가 입각한 정치학파에 반대하고, 다음과 같이 에밀의 교육자적 입장에 서는 것을 의미한다. 즉 우리들은 느긋하게 기다리는 것이 가능하지 않지만 재촉하지는 말아야 한다. 요컨대 한 번에 망치지 말고 자연을 동정하는 사회를 신뢰해야 할 것이다.

프랭켈과 자이페르트는 카를 슈미트의 사상이 실용주의자의 이성과 일치하지 않고 냉정하고 느긋하게 기다리는 것을 보는 방법과도 일치하지 않는다는 점에 동의한다. 이러한 진단결과를 보더라도 별로 놀랄 것은 없다. 카를 슈미트가 살았던 시대와 사회는 실용주의자의 견해가 그다지 적절하지 않았는데, 그 까닭은 사물이 더 이상 공동으로 기능하지 않았기 때문이다. 그의 사상은 대상이나 상황을 분석해보면 생산적인 것이 명백하다. 그의 사유의 단면은, 바이마르의 실험실에서는 그 대상이나 상황에 적합하게, 즉 정상적인 상태가 손상되고 국가의 통합력이 상실된 데에 직면하여 무너졌다. 바이마르 공화국의 정치질서는 경험에 의하면 이상과는 거의 거리가 멀었을 뿐만 아니라 늦어도 뮐러 내각의 사직과 함께 "어쩔 수 없을 정도로 절망적인 타락 상태"에 빠져들어 갔다. 그러나 슈미트가 분석한 가치는 어떤 역사적 시기를 훌륭한 개념으로 파악했다는 1회에 한한 지적인 성과를 소진한 것인가? 위기의 시대는 어떤 정치질서에 "정당성이 결여되고 불합리한 면과 모순이 있다"는 징후를 한층 분명하게 한다. 그럼에도 불구하고 정치제도는 평온한 시대에도 동일한 사물의 법칙에 따라서, 즉 앞에서 기술한 괄호 안의 결함을 품은 채로 움직인다."

S. 193 (199).

슈미트의 의미를 이와 같이 확인했다고 해서 그의 사상이 좋지 않은 이데올로기를 가진다고 하는 이의가 없어지는 것은 아니다. 미하엘 슈톨라이스가 말했듯이, 슈미트의 "역사 · 철학 · 사회학 · 정치학을 편의적으로 사용하는 법률학을 좋은 기회에만 전개하는 것이 얼마나 위험한가를 나타낸 본보기"이다.[85] 위험한 것은 결단 내리기 좋아하는 파토스, 예외상태라는 흥분된 은유, 토론 · 타협 그리고 조정에 대한 공격이다. 세계의 종말에 대한 기대를 희롱하고, 도를 넘은 슈미트의 형상은 상당 부분 20년간에 걸친 문학 취미 때문이며, 그러한 한에서는 논증의 장식이라든지 추상적 개념이 이해가 한층 더 깊은 층에까지 들어가는 때에 도움이 될 뿐이라고 해도 과언은 아니다. 그렇지만 슈미트의 저작은 합리적 부분과 비합리적 부분으로 정확히 나눌 수 없다. 엘렌 케네디는 여기서 다음과 같은 결론을 도출한다. 즉 수용이란 것은 대체로 수용하는 이론의 비합리적 연관을 자기 안으로 몰고 가는 결과가 되는 경우와, 비합리적 연관이 수용의 관심사와 대극에 서는 규범적 결과를 몰고 가는 결말이 되는 경우가 있다.[86] 그러므로 슈미트의 카테고리와 정리를 합리적인 법이론이나 사회이론에 편입하는 것은 몹시 위험한 모험일 것이다.

정확히 수용 가능한지의 여부는 수용하는 이론에 포함된 비합리적 내용을 방법적으로 수정할 수 있는가의 여부와 결정적으로 관련된다. 벤야민은 우선 첫째로 카를 슈미트와 정확할 정도로 일치된 모습으로 이데, 현상 그리고 개념의 관계를 규정한다. "일반적인 것은 이념이다. 이에 반하여 경험적인 것은 그것이 어떤 극단적인 것으로 명확하게 통찰되면 될수록 그만큼 더 깊이 파악된다. 극단적인 것에서 개념은 출발한다. 아이들이 어머니가 가까이 있다고 느끼면서 그녀를 에워싸고 있을 때 비로소 어머니가 온 힘을 다해 삶을 시작하는 것과 마찬가지로, 이념들은 극단들

85) Michael Stolleis, Carl Schmitt, in: Martin Sattler (Hrsg.), Staat und Recht. Die deutsche Staatslehre im 19. und 20. Jahrhundert, 1972, S. 123-146 (146).
86) Kennedy (FN 6).

이 그 이념들 주위에 모여들 때 살아 움직이기 시작하는 법이다."[87] 이데를 기준으로 삼는 사유태도는 '아무런 의도도 가지고 있지 않으며 철학적 관조'[88]이다. 벤야민은 이렇게 서술한다. 그런데 카를 슈미트의 사유는 아무런 의도도 가지지 않은 관조적이었던 것은 아니며 그러한 것도 기대할 수 없었다. 법적 사유는 항상 결단과 관련된다. 법적 결단 상황이 존재하는가 아닌가의 징표는 종말의 때가 다가오고 있는가의 여부이다. 이와 같은 사유도 바로 벤야민의 철학적 관조와 동일한 과제, 즉 개념이 "현상을 모은다"[89]는 과제에 직면한다. 법학자가 이러한 과제에 대해 철학자와는 다른 방법으로, 즉 도구적으로 아마 정확히 요점에 대해, 그러나 여하튼 아주 단기간에 성급하게 취해도 이상하지 않다. 그 결과 '현상을 얻음'에 있어서 손댈 필요가 있을 것이다. 카를 슈미트는 법학자였다.[90] 그러므로 그의 전문적인 방법론과 연구상황에 규정되고 있었다. 그가 인접과학, 예컨대 사회학의 분야에 들어가는 한 그의 업적은 그것에 일치하는 전문 과학의 규준에 맞게 측정되어야 한다. 법학 이론은 사회과학의 경험적 지식과 마찬가지 현상을 식별하는 능력에 구애되지 않을 수 없다. 벤야민의 견해와는 상반되지만 세속의 세계에서는 물론 세부적인 것까지 서술하는 것이 중요하다.[91] 슈미트가 "그 밖에 무엇이 있는가"라고 반문해도 의회주의 내지 다수결의 원칙을 비판하는 설명을 그만두지 않는 것은, 그런대로 정

87) Walter Benjamin, Ursprung des deutschen Trauerspiels, 1963, S. 16 [최성만 · 김유동 옮김, 『독일 비애극의 원천』, 한길사, 2009, 46쪽].

88) Ebd., S. 19, 29.

89) Ebd., S. 16.

90) 카를 슈미트는 Falco Lanchester, Un giurista davanti a se stesso. Intervista a Carl Schmitt: Quaderni Costituzionali a. Ⅲ, n. 1 (aprile 1983), S. 5 (34)에 실린 인터뷰에서 당신은 자신을 법학자나 정치학자 이상의 어떤 사람이라고 생각합니까 라는 물음에 이렇게 명쾌하게 대답했다. 「나는 100% 법학자이지 다른 어떤 것도 아닙니다. 다른 어떤 것이 되려고 생각하지도 않습니다」.

91) Benjamin (FN 87), S. 193은 세속 세계에서 엄밀하게 말하면 세부적으로까지 논술하는 것은 중요하지 않다고 말하는 것을 "사람을 움츠러들게 하는 판단이지만 정확한 판단이다"라고 한다.

당할 것이다.[92] 반면에 무조건 단순히 정신사적으로 볼 때 소용없다고 의회주의를 추상적으로 비판하는 것뿐만 아니라 원래 정치제도의 장해를 써두는 것이 온당한 것인가의 여부, 이러한 장해는 어떤 정도가 되어 있을까, 이 장해는 조금 시정하면 배제할 수 있는 것인가의 여부를 논함에 있어서 먼저 경험적으로 조사해보는 것도 정당할 것이다. 이러한 조건을 붙여도 슈미트의 저작 가치가 감소하는 것은 아니다. 슈미트의 주장은 대담하면서도 좋은 방법을 썼다면 사변적 이성의 중심 이데가 오성의 활동에 불가결하듯이, 법학이나 정치 철학에 불가결한 것이다.

좀 더 조사해본다면 실용적인 조건을 붙인 이러한 접근에 대해서는 슈미트의 저작이 가지는 매우 현실적인 시사성을 보지 못하고, 이 저작의 폭발력을 둔하게 한다는 이의를 주장할 수도 있을 것이다. 야콥 타우베스는 여하튼 다음과 같이 반대의 방향에서 접근하려 한다. "카를 슈미트는 묵시록적으로 고찰하는데, 위로부터 마지막 권력의 면에서 고찰한다. 그러나 나는 아래로부터 고찰한다. 그러나 우리들 두 사람은 함께 격동의 시기, 처형의 유예 기간으로서의 시대와 역사를 함께 체험하고 있다."[93] 바로 '12시 5분 전'이란 이 시간개념에서 새로운 사회운동이 일어났다. 경험이 보여주는 곳에서는, 잔존 기간을 기묘하게 연장할 수 있다. 이 기묘함에서 생각나는 것은 그리스어 apokalyptō라는 말의 의미가 '나는 존재하는 것을 폭로한다. 나는 존재하는 것을 계시한다'는 것이다. 제1인칭으로 계시되는 것은 단수이다. 이러한 인칭 형식은 오늘날 강렬한 비유로 서술하고 인정을 얻으려고 경쟁하는 묵시록적 예언의 복수성(複數性)을 설명한다. 은유법으로 오랫동안 인식의 결함을 감추는 것은 어렵다. 이것은 카를 슈미트가 간결하고도 명백한 정식으로 서술한 견해이다. 말하

92) C. S. (FN 38), S. 90. Claus Offe, Politische Legitimation durch Mehrheitsentscheidung?, in: Bernd Guggenberger/Claus Offe (Hrsg.), An den Grenzen der Mehrheitsdemokratie, 1984, S. 150-183 (151).

93) Jacob Taubes, Carl Schmitt-ein Apokalyptiker der Gegenrevolution: Tageszeitung vom 20. 7. 1985, S. 10 f.

기를 “강력한 영향력을 가진 언어—무서운, 피비린내 나는, 두려운, 놀라운, 강력한—의 끊임없는 반복은 평범한 인상을 주었고 소기의 목적을 달성하는 것이 불가능하였다.”[94)]

94) C. S., Der unbekannte Donoso Cortés (1929), in: ders., Donoso Cortés in gesamteuropäischer Interpretation, 1950, S. 67-79 (69) [김효전 · 박배근 옮김, 「알려지지 않은 도노소 코르테스」, 동인 편역, 『입장과 개념들』, 세종출판사, 2001, 166쪽].

카를 슈미트는 정치사상에 있어서 최신의 고전적 대가인가?

베르나르드 빌름스

Ⅰ. 지옥과 다른 어떤 곳에서의 서막

1679년 토머스 홉스가 사망했을 때 일련의 주목할 만한 문헌들이 발간되었다. 중요한 것은 보통 성직자가 만든 소책자들이고 그중 이 무서운 철학자, 이 교회와 모든 도덕의 적이 이제는 그가 아주 당연히 가야 할 곳, 즉 지옥으로 떨어지는 모습을 선명하게 그려내었다. 확실히 그는 가장 무서운 고통의 불속에 내던져지고, 그를 불태우는 장작더미는 영원한 모든 것을 위하여 시커먼 연기를 내뿜었다.[1)]

1985년 부활절 다음 날 월요일에 카를 슈미트가 플레텐베르크에서 사망했을 때 그의 적인 오늘날의 정치적 도그마의 관리인들은 이 위대한 인물에 대하여 물론 17세기식으로 복수하지는 않았다. 그러나 돌프 슈테른베르거(『프랑크푸르터 알게마이너 차이퉁』 1985년 6월 1일 자)나 쿠르트 존트하이머(『디 차이트』 1985년 4월 19일 자)처럼 시대정신에 투철한 사람들이 발간한 것은, 그 불쾌한 수법에서 17세기의 성직자들이 행한 저 분서갱유를 상기시켰다. 새로운 '지식인의 사제적 지배'라는 헬무트 셸스키의 적확한 테제는 다시 한 번 더 그 올바름을 확인하였다.

물론 홉스시대에도 지적 수준이 높은 논쟁에 눈높이를 맞출 수도 있다. 제임스 해링턴(1611~1677)은 정치사상가와 저술가로서도 그 당시에는 홉스의 경쟁 상대로서 전체적으로 더구나 커다란 성공을 거둔 인물이다. 그

1) 이에 대해서는 S. J. Mintz, The Hunting of Leviathan. Seventeenth Century Reactions to the Materialism and Moral Philosophy of Hobbes, Cambridge 1962 (Nachdruck 1969) 참조.

러한 인물이 명백한 적대관계에 있었음에도 불구하고 홉스의 의의를 높이 평가하고 이렇게 기술한다. "내가 홉스 씨의 정치이론에 이의를 제기하는 것은 정당하다 … 그럼에도 불구하고 내가 확신하는 것은 홉스 씨가 우리 시대에 세상에 있었던 가장 훌륭한 저술가로서 현재와 미래에도 높이 평가되리라는 것이다."[2)]

카를 슈미트는 그의 사후 독일에서 서적으로 화형당했는데, 그러한 서적의 대부분에 눈을 돌린 사람은 학문상의 적대자에 대한 해링턴의 아량을 생각해내고 참담한 기분이 되지 않을 수 없다.[3)] 그러한 서적의 방법은 홉스의 속 좁은 적대자들이 17세기에 그랬던 것과 일치한다. 물론 그들은 카를 슈미트를 지옥의 뜨겁고 맹렬한 불 속에 집어던지진 않았다. 그러나 슈미트는 나치즘과 그 지옥에 상당히 가깝게 결합하게 되었고, 그리하여 그에게 그 이상의 분석은 모두 불필요하다고 믿게 되었다. 이러한 방법은 그들과 같이 시야가 좁은 정신의 소유자가 좋아하는 것이며,—그리고 카를 슈미트와의 관련만이 아닌—우리들 연방공화국의 정신에서 위험한 사고상의 장애의 하나가 되었다.

정치저술가에 대한 이 정도의 증오와 몰이해는 물론 고전적 대가일 수도 있는 그의 자질에 대해서 아직 아무것도 말한 것이 못 된다. 그러나 엇비슷한 추도사는 여전히 아연실색케 한다. 거기에 더하여 사후에까지도 박해받을 정도라면 오히려 고전적 대가로서—여하튼 정치사상가라는 점에서 볼 때—부족하다는 징표일 것이다. 줄리앙 프로인트는 이미 1960년에 뮌스터 대학 철학교실의 강연에서, 진정한 정치사상가는 그러한 박해를 모면할 수는 없다고 분명히 말했다. 마키아벨리가 그러했고 토머스 홉스도 그러했고 마찬가지로 카를 슈미트 역시 그렇다고.[4)]

---

2) J. Harrington, Works, London 1771, Nachdruck Aalen 1963, S. 241.

3) 외국에서의 반응을 인식하는 경우 비난할 만한 작용은 더욱 강하다. 이에 대해서는 특히 G. Maschke, Carl Schmitt in Europa. Bemerkungen zur italienischen, spanischen und französischen Nekrologdiskussion: Der Staat 25 (1986), S. 575 ff. 참조.

4) 카를 슈미트를 다루는 중요성에 대한 질문에 대해서 가장 명쾌한 답은 이념사적

이 의견에 따르면 카를 슈미트가 고전적인 정치사상가인가 하는 질문은—여하튼 줄리앙 프로인트에 관해서는—30년 전에 해명이 끝났다고 할 수 있을 것이다. 그럼에도 불구하고 내가 이러한 형태로 테마의 문제를 제기하는 것은 오히려 의심스러운 사료에서 나오는 데에 있다.[5] 여하튼 '고전적 대가'로서의 카를 슈미트라는 문제는 그리스의 좌파 쪽이—그리고 우리가 다 알듯이, 그리스의 좌파는 아니지만—돌프 슈테른베르거나 쿠르트 존트하이머가 말한 지식인의 종류보다도 훨씬 편견에 사로잡히지 않고 물을 수 있는 것은 분명하다.

그렇지만 카를 슈미트가 정치사상에 있어서 최신의 고전적 대가인가라는 물음은 이미 결정난 것으로, 여기서 적극적으로 논할 것은 아니다. 더구나 이 논문에서 이론상 내용의 중요성을 논증하는 것에 관한 이 물음에는 대답할 생각도 없다. 그보다는 오히려 질문은 방법론에서 시작되어야 하며 덧붙이자면 그것은 '정치사상에 있어서의 고전적 대가'와의 부합을 일용할 양식으로 삼는 직업적인 이념사가의 감각에서 해야 할 것이다.

그러므로 내가 여기서 먼저 제기하는 문제는, 정치사상에서 고전적 대가라는 말을 우리들은 어떻게 이해할 것인가이다. 다음에 카를 슈미트는 고전적 대가로 간주할 수 있는가의 여부, 또한 간주할 수 있다면 그것은 어느 정도인가를 상술한 규정에 따라서 추측할 것이다—다만 이 추측에 대해서 설득력 있는 증거가 요구되는 것은 아니라는 유보를 붙여둔다. 그 때에 정치사상 일반에서 두 가지의 종류에 대한 근본적인 고찰과 '고전적인' 사상을 규정함에 적합한 카를 슈미트의 사상에 대해서 적어도 도식적인 질문 정도는 해야 할 것이다. 그리하여 우리들은 '고전적 대가'의 가능

인 비교(여기서는 보댕과의)라는 우회로를 명백히 제시한 Helmut Quaritsch, Über Möglichkeiten und Gründe, sich mit Carl Schmitt zu beschäftigen. Referat auf dem Berliner Colloquium am 15./16. Juni 1987(본서 13쪽 이하)에 찾을 수 있다.

5) Carl Schmitt, "teleutaios klassikos tes europaikes politeiologias", aus: Thesis! Analysis, kritiki, prowlimata tis palis ton taxeon. Jia mia aristeri politiki, Athen, Januar/März 1985, Nr. 10, S. 82.

성이 있는 인물의 동시대인으로서 거기서 도대체 어떤 것을 도출하는가라고 묻는 것이—카를 슈미트가 역시 정밀로 고전적 대기의 한 사람으로서의 말이지만—가능함에 틀림없다. 그리고 끝으로 어떠한 경우에도 명심해야 할 일련의 실천적인 제안이 나오는데,—말하자면 파스칼이 내기*한 의미에서처럼—카를 슈미트에는 즉 '고전적 대가'라는 근거 있는 추정이 그 자체로 오류라고 증명될지도 모르는 위험마저 있는 것이다.

Ⅱ. 정치사상에서 고전적 대가란 무엇인가?

1. 이념이란 무엇인가?

우선 먼저 정치사상 내지 정치이념이란 무엇인가를 대략적으로 고찰해야 한다. 즉 정치이념사가에게 항상 따라다니는 질문에는 위와 같이 직업적으로 시작한다는 것이다.[6)]

"이 옷에는 좋은 이데가 있어요"라고 하인리히 하이네의 양복점은 말했고, 이미 당시에도 그러한 또 이와 비슷한 언어사용법이 있고 그것은 하이네가 '이데'라고 한 것을 냉소적인 태도로—그의 『르 그랑의 서』에까지 '이데'라는 제목을 붙일 정도로—문제를 제기하는 계기가 되었다.** 최근의 논의에서는 정치이념사에 대해서 근본적으로 비판하고 그 비판의 근저는 특히 이념사를 작성함에 있어서 저자는 "그의 견해에 의하면(!) 도대체 이념이란 무엇인가"[7)]를 조금도 말하지 않는다는 것이다. 직업적인 이념사가는—자기가 고찰한 수준이 정치이념사에서 있을 수 있는 오류의 원인[이념을 고정화하는 것]을 의식하는가의 여부로 결정하는 이상—이념과 이념사에 대한 그러한 논의에는 바로 디오게네스처럼 대처할 수밖에 없다. 디

6) 이 제1절의 논술은 본질적으로 나의 다음 논문에 근거하고 있다. Politische Ideengeschichte, Politikwissenschaft und Philosophie, in: U. Bermbach (Hrsg.), Politische Theoriegeschichte. Probleme einer Teildisziplin der Politikwissenschaft, Sonderheft 15/1984 der PVS, S. 33 ff.

7) L. Kramm, Von Unsinn einer politischen Ideengeschichte: PVS 22 (1981), S. 169 참조.

오게네스는 어떤 철학자들의 모임에서 운동의 불가능성이 연역되었을 때 일어나서 침묵을 지킴으로써 이러한 근본적인 논의에 공헌하였다.[8)]

이념사 연구가 생산적인 것인가의 여부는, 오히려 실제로 연구를 담당한 자가 이념이라고 부르거나 이념으로서 발견하거나 또는 이념으로 이해한 것이 충분히 정밀하지 않다는 점에 좌우된다. 이념에 대해서 "그래서 그게 무엇인가"라는 논의는 브레히트의 습작에서 그의 코이너 씨가 정원사로서 월계수를 둥글게 다듬어 마친 것과 동일한 성과를 거둘 것이다. 그 달인은 코이너 씨의 성공을 다음과 같은 확인으로 총괄하였다. "좋습니다. 둥글게 되었군요. 그런데 월계수는 어디에 있습니까?"[9)*] 학문상의 논의를 어떤 기준점에서 시작하기 바라는 것은 난센스이다. 이념사 연구는 바로 이러한 기준점에서 시작하는 것이 저자 자신의 의도와 일치한 곳에서 불가능하였고, 또 불가능하다는 것을 나타낼 수 있으며, 또 나타내고 있다.[10)]

또한 연구 상황은, 즉 실제로 수행한 것이 연구수준에서 철저하게 살펴보아야 한다. 이념사가는 여러 텍스트들과, 더욱이 어떤 시대에나 변함없이 항상 집중적으로 어떤 텍스트에 몰두한다. 이념사가는 이들 텍스트에 관하여 각기 다른 결론에 도달한다. 그리고 다른 한편 이 차이를 해명하는 것은 이념사가의 일이며 그때에 컨텍스트 연구(스키너)**를 어느 정도까지 다루어야 할 것인가의 여부는 이차적인 문제이다.[11)] 왜 토머스 아

---

8) Diogenes Laertius, Leben und Meinungen berühmter Philosophen, Hamburg 1967, S. 313이 전하는 바에 의한다.

9) B. Brecht, Geschichten vom Herrn Keuner, Versuche 27/32, Berlin 1953, S. 151. 이 비유는 그 밖에 브레히트에 의해서 분명히 '다수의 철학자들'과 관련된다.

10) 그래서 홉스는 아리스토텔레스적인 것의 모든 거부를 서술하는데, 그가 아리스토텔레스적인 것에 의존한다는 것을 분명히 증명하려고 한다면 될 수 없는 것이나.

11) 퀜틴 스키너는 매우 이질적인 다수의 홉스 해석이 많은 데에 절망하고 '컨텍스트 연구'라는 방법을 도입하였다. 이 방법은 일부에서는 이념사에 있어서의 과학혁명으로서 환영을 받고 있다. 이 문제에 대해서는 B. Willms, Der Weg des Leviathan: Die Hobbes-Forschung von 1968-1978, Beiheft 3 zu "Der Staat", Berlin 1979. 키워드 '스킨

퀴나스에 대한 관심이 뚜렷하게 쇠퇴하였는가? 왜 토머스 홉스나 윌리엄 오컴에 대한 관심이 20세기에 현저한 르네상스를 가져왔는가? 또는 왜 연방공화국 이외의 국가에서 카를 슈미트에 대한 관심이 증대되고 있는가? 이러한 연구 동향의 생명력은 무릇 진지한 논의 자체의 활발함과 중요성으로 나타나며, 이념이란 도대체 무엇인가 하는 것을 사전에 분명히 하지 않는다. '사회계약의 이념'이나 '인민주권의 이념', '계급투쟁의 이념', '자연법의 이념', '프랑스 혁명의 이념들'과 같은 것은 책이나 강의, 논문의 제목으로서 여전히 의미가 있다. 그리고 그러한 이념을 다룸에 있어서 그러면 어떤 텍스트를 정확하게 조사해야 할 것인지는 이념사에서 아주 시시한 문제이다. 그러한 '이념'에 관한 역사적인 텍스트는 읽거나, 반론을 시도하거나, 열광적인 지지나 분노의 폭풍을 선동하거나, 불태워지거나, 성도의 반열에 오르거나, 그 텍스트들이 '대중을 사로잡는 경우 실제적인 권력이' 되며, 영향력을, 즉 역사를 만들어낸다. 그러한 이념이 하늘에서 떨어졌다고는 아무도 더 이상 생각하지 않거나 그렇게 다루지 아니한다. 고의로 부정확한 의미에서의 이념이란 그 시대의 문제들에 대해서 사색하여 언어로 나타내어 기록한 해답이다. 그러한 이념들은 현실의 역사에 대해서 도전과 응답[12]의 관계에 놓여 있다. 이러한 구조를 증명하는 것은 이념사에 대해서 초보적인 것이다. 특정한 시대와 그 이념들에 관심 있는 학생은 이념사에 관한 2차 문헌을 읽기보다 장편소설을 한 번 읽는 쪽이 더 많은 것을 배운다고 의견을 제시하는 사람이 있더라도,[13] 그것은 그것으로 비록 의의가 있더라도, 고작해야 정치이념의 주변 부분에서 '넓은 팸플릿 자료와 저널리즘'을 눈을 통하여 정리해가는 것과 같은 정도의 의의밖에는 가지지 않는다.[14]

너(Skinner)'와 '포코크(Pocock)' 참조.

12) 토인비의 「도전과 응답」에 대해서는 본고의 후술 참조.

13) R. Ashcraft, Political Theory and the Problem of Ideology: The Journal of Politics, Vol. 42, S. 687 ff. 참조.

14) U. Bermbach, Bemerkungen zur politischen Theoriengeschichte: PVS 22 (1981), S. 181 ff.

그러한 충고는 생산적이지만 그러나 또 하나의 문제가 생긴다. 그 문제는 시종일관한 학문상의 실천으로서 정치이념사를 사전에 주지 않고서는 일반적으로 이해할 수 없거나 또는 [이념이란 도대체 무엇인가라는] 의도적으로 궁리해낸 문제를 또다시 떠올리는 것이다. 도대체 어떤 특정한 시대를 이해하기 위해서 어떤 장편소설을 읽어야 하는가, 그것을 어디서부터 아는 것이 좋은가? 가능한 한 많이 읽는다는 것은 유효한 대답이다. 그러나 그 권고를 구체화하는 데에는 그 시대의 문헌목록을 A부터 Z까지 전부 제공하는 것은 아니며 아울러 선택 기준을 제공해야만 한다. 요컨대 어떤 장편소설이 학문상의 해석의도에 적합한가를 알아야 하지만 그러나 이러한 지식은 그것에 선행하는 이념사적인 통찰력에서만 나올 수 있는 것이다.

이념이 풍부하다고 평가된 텍스트에서도 동시대인의 일은 특히 중요하다. 그는 일정한 생활의 상황과 개개의 재능에 근거하여 살아 있는 현재의 여러 가지 현실과 그것을 움직이는 여러 힘들에 대해서 성찰적으로 거리를 두는 눈을 가지고 있다. 그리고 믿거나 갈망하게 되는 것 역시 그러한 현실이나 힘들에 속한다. 그리고 그는 반드시 이러한 이유에서 현재와 과거의 사건에 대해서 많은 세세한 정보를 수용하고 통합할 수 있으며, 그것도 예술가적이며 서사시적인 서술의 확대에서가 아니라 그가 시대를 개념화하는 그 칼과 같은 예리함에서 그럴 수 있다. 또한 현실을 어느 정도 파악하는가에 따라 그의 후세에 대한 영향력, 즉 그의 텍스트의 영향력은 결정되며, 그리하여 이 텍스트는 역사 그 자체가 다시 현실을 중개한다면 바로 학술적 · 정신과학적인 역사뿐만 아니라 정치사도 계속하거나 계속되는 역사를 가진다. 정확하지 않은 것을 용인하는 것에서 현실적인 연구에 종사하는 이념사가는 이념이라는 것에 가까이 갈 수 있는데, 거기에는 물론 어떤 일정한 전문 지식에 뒷받침된 능력이 내포되어 있다. 이 경우에

이 점에 관하여는 S. 189 참조.

는 또한 이념에 관련된 사상의 발전에 대한 통찰력이라는 것도 포함한다. 이러한 발전 중에서, 즉 이념사 중에서 사람은 물 만난 물고기처럼 또는 민중 속의 파르티잔처럼 행동해야 한다. 그러나 결코 익사자처럼 자신이 충분히 공기를 공급할 수 없기 때문이라고 하여 '이념'을 어떤 고정된 점에 붙잡아두려고 해서는 안 된다.[15)]

2. 고전적 대가란 무엇인가?

물론 이 경우 '고전적 대가'의 문제와 이념의 문제는 매우 밀접하게 관련되어 있다. '고전적 대가'란 무엇인가, 또는 어째서 이념사는 자기가 '고전적 대가'라고 표현하는 저자들에게 의지하는가라고 묻는 것은 좀 어정쩡한 느낌이 든다.[16)] 필자는 이전에 넓은 의미에서의 유럽 문화권에 속하는 모든 이념사의 대표적인 전문가와 함께 모든 '정치철학'의 저명한 대표자도 포함하여, 그것도 사회주의 진영의 대표적인 학자까지 포함하여 당일치기 대회에서 '정치이념에서의 고전적 대가들'이라는 하나의 커다란 총서에 수록할 저자들의 명단을 거기서 만나 이야기하고 작성하자고 제안한 일이 있다. 이를 인정하더라도 텍스트의 선택이나 그때그때의 주요 저작의 결정도 어느 정도는 어려움에 직면하게 된다고 생각한다. 그러나 그 이름 자체에 관해서는 어떤 경우에도 컨센서스에 도달할 수 있을 것이다. 물론 이것은 역사적인 이름에 대해서만 말할 수 있고, 카를 슈미트와 같은 동시대인을 그러한 수집에 추가할 것인가 하는 문제는 이런 방법으로는 결정할 수 없다. 그러나 여기에 대해서는 더더욱 추측하게 된다. 누군가가 새로운 이름을 역사적으로도 추구해간다면 괜찮다고 여길 것이다. 그가 우리들의 집대성에 그런 이름을 하나 추가한다면 그는 행운일 것이다. 누군가가 이념사를 '반(反)고전적 대가'로부터 서술하는 것에 의의를 인정한다면 더더욱 유익할 것이다. 즉 그는 '고전적 대가'의 개념을 소

15) 이에 대해서는 B. Willms (FN 6), S. 62 FN 48 참조.
16) Bermbach (FN 14), S. 182 참조.

극적으로 증명하기 때문이다. 예컨대 어떤 '고전적 대가'가 지나친 역사적 평가를 하는 것을 누가 증명하거나 또는 완전히 표절자라는 것을 폭로함으로써 왕위로부터 떨어트리는 데 성공하였더라도 …… 그러나 이것은 고전적 대가라는 개념 자체의 의의를 바꿀 수 있다는 것은 결코 아니다. 그렇다면 그 의의는 어디에 있는가? 이에 대해서도 의도적으로 생각해내었거나 스스로 편리하게 만든 개념과는 다르기 때문에 우리는 그 성찰을 시작해야 한다.

> 신중한 세계의 함유성, 우리는 대체로 고전적인 것으로 돌아가는데 그 기초는…신중하게 제어된 복잡함에 있다…그리고 추측건대 고전적인 것의 본질은 여러 문화적이며 인류적인 원형들이 어떤 문화의 발자취 속에서 지금까지 도달한 적이 없는 일치에 도달하였다는 것이다…'고전(classicus)'이란 말은 그의 파생어와 함께 그 기원과 역사를 통하여 여러 오해를 지니고 있다. 그러나 여기서 말은 크게 중요하지 않다 … 그럼에도 불구하고 보다 많은 기술을 이 명칭에 할애하기를 바라는 사람이 있다면, 그 사람에게는 문화적인 계시의 높이에 대하여 말하는 것이다. 왜냐하면 어떤 문화의 발자취 전체가 계시에서 차지하는 것과, 그리고 어떤 사회가 거기서 수용하고 현실적으로 변화할 수 있다는 것, 그것은 절정과 격변의 순간에 가장 풍부하게 나타나기 때문이다.[17]

고전적 대가란 그의 시대에 대해서 아리아드네의 실이다.* 그는 시대를 지금까지 논해온 의미에서 개념을 사용한 것이며, 그러므로 그의 텍스트는 필연적인 영향력을 가져온 것이다. 그 영향력은 다른 여러 책들—이른바 2차 문헌—을 읽고 조사할 뿐만 아니라 실제상의 역사적인 행위의 흔적에노 식별할 수 있는 것이다. '정치이념에서의 고전적 대가'란 말의 진정

17) Walter Wimmel, Die Kultur holt uns ein, Würzburg 1981, S. 40 ff. 참조.

한 의미에서, 역사에서 말살될 수 없는 저자이다. 프랑스 혁명과 같은 사건은 "결코 잊히지 않는다"고 칸드는 말했고, 헤겔은 다시 그 역사적 필연성을 입증하고 있다.[18] 이와 마찬가지로 『리바이어던』이나 정언명령법은 결코 잊히지 않는다.

물론 진지하게 받아들여야 할 문제가 하나 있다. 때와 장소에서 적절한 것은, "우세한 저작 내재적인 해석이나 시대를 초월하여 타당한 명제의 탐구에 수반하는 고전적인 대가 지향의 이념사가 여전히 지배적이며", 그리하여 고전적 대가라는 개념은 확실히 문제가 있을 것이다.[19] 이 개념이 이념사라는 수단에 의해서—여기서 이념사의 역사적인 성격은 이미 결코 진지하게 검토되지 않는데,[20]—절대적인 것이나 보편 · 타당한 진리 또는 어떤 원리적인 것에 대한 견해를 공표하는 데에 이용되기도 한다면, 이 개념은 실제로 각하되어야 한다. 즉 마이어, 라우슈, 덴처*가 서술하듯이, "정치사상에서의 고전적인 대가에 대해서 우리들이 말하는 것은 그 저작이 일단 아주 단기간에 불과하더라도 어떤 시대의 정치이념과 정치관념의 중심에 선 경우에만, 어떤 사회를 대표하게 된 경우에만, 그리고 그 저작이—이것은 앞의 두 가지에 못지않게 중요한 조건인데—보편적인 보급의 가능성과 역사적인 영향력을 발휘할 힘도 자기 속에 가지고 있는 경우만"[21]이며, 더구나 예컨대 '보편적인 보급의 가능성'과 같은 정식화에 대해서는 그것을 의심스런 눈으로 보더라도, 이러한 견해는 전체적으로 지금까지 시사해온 고전적 대가에 대한 역사적 · 현실적인 견해에 합당한 것이다. 물론 이러한 견해가 일단 오늘날 '시대에서 해방된 것, 항상 보편타당

18) Hegel, Phänomenologie des Geistes: "Die absolute Freiheit und der Schrekken", in: H. Glockner (Hrsg.), Georg Wilhelm Friedrich Hegel - Sämtliche Werke, 2. Bd., 3. Aufl., Stuttgart 1951 [임석진 옮김, 『정신현상학』, 한길사, 2005] 참조.

19) Bermbach (FN 14), S. 182 참조.

20) Kramm (FN 7)은 '병렬'에 대해서 말한다. S. 169.

21) Bermbach (FN 14), S. 182에서 인용.

한 인간적인 것'[22]이라는 규정과 결부되는 경우에는 여기서 명백히 고전적 대가라는 개념을 어떤 종류의 독특하게 규범적으로 생각된 입장을 뒷받침하는 데 이용하게 된다고 베름바흐에게 동의해야 하고, 그리고 우리는 그것에 대항하여 지금까지 시사하고 시도해온 고전적 대가의 역사적 · 세속적인 개념을 물론 어디까지나 주장해야 한다. '저작 내재적인 해석'[23]의 문제에 대해서는 상술한 곳에서 이미 보았다.

3. 철학은 두렵지 않다!

여기서 먼저 서술할 고찰의 출발점은 정치이념사에 대한 질문 또는 정치사상 내지 정치이념사란 무엇인가라는 질문이다. 거기에서 만약 '정치이념'이라는 언어사용이 철학에 대한 거리가 가까움에도 불구하고 문제가 되지 않을 수 있다는 것은 명확할지도 모른다. '홉스의 정치이념'은 정말 조작하지 않고 '홉스의 정치사상'이라고 하거나 '홉스의 정치이론'이라고도 명명할 수 있을 것이다. 정치이념에 종사하는 것이 철학의 분야와 가까운 거리에 있다는 것은, 그러나 좀 깊이 생각해보아야 할 것이다. 독일에서도 철학의 분야는 황량한 상태지만 이 분야에서 저작 내재적인 2차 문헌이나 문헌학적 · 학문적인 고전적 대가에 종사하는 스키너(Skinner)가 말하듯이 '철학을 대체하는 것(ersatz-philosophy)'으로 보인다. 이러한 상태는 확실히 정치학이 철학의 분야에 근거를 두었던 정치이념에 종사하는 것에서 많은 학제적인 이익을 도출하는 것을 기대하는 커다란 동기가 되지는 않는다.[24] 그리고 또한 독일 철학이 멀리가 아닌 자신으로부터 카를 슈미트의 이념들을 받아들이게 되었다는 것도 그럴듯하지 않다. 정치학이

---

22) Ebd.

23) Ebd., S. 183.

24) 현대 철학의—정치적인 것으로부터—황폐한 상태에 관련된 나의 논문이 있다. Offensives Denken. Philosophie und Politik, Opladen 1978; 그리고 Antaios-oder die Lage der Philosophie ist die Lage der Nation, in: N. W. Bolz (Hrsg.), Wer hat Angst vor der Philosophie?, Paderborn 1982.

전체적으로 정치적 · 비구속적인 또는 당세 유행하는 시대에 뒤떨어진, 사회학화된 과학만능주의에서 탈출하는 것에 관심을 가지고 있는 때와 장소에서 정치학은 자기의 이론적 기초를 자기 스스로 확보해야 한다. 그리고 이 기초야말로 전통적인 의미에서의 정치이념이며 이미 지적했듯이 그것에 관해서는 매우 깊이 고려하지 않고 부정확하게 수용하는 것이 중요하다. 정치사회학에로의 환원은 정치과학을 뿌리 없는, 구속력 없는 스콜라적으로 만들거나 그렇지 않으면 더욱 악한 것에, 정당정치상의 입장이나 견해를 뒤따르고 있다. 정치학이 자기의 철학적인 차원을—단지 첨가하는 것은 아니다—생생하게 통합하는 데까지 들어간다면, 철학과 역사가 그것을 상실한 이래 교사에게 적합한 새로운 학문을 바라는 영예는 정치학의 손에, 그러므로 정치이념에 종사하는 학문의 손에 넣었을 것이다. 그러므로 철학에 언급하는 불안을 제거하는 것은 '국가학'이나 전통적인 '경찰학(Polizeywissenschaft)'과의 관계를 보다 강화하듯이 해야 한다. 특히 명백히 해야 할 것은, 피가 통하지 않고 정치가 결핍된 저 '철학과 닮은 것'은 물론 정치학을 활성화시킬 수 없다는 것이다. 실질적으로 정치를 이해하는 위에 철학을 새롭게 의무지우는 것에서 비로소 강력함이 생겨날 것이다—다른 한편, 정치학도 자신의 고유한 대상에 대한 실질적인 이해를 가진다는 것, 또한 그것을 발전시켜야 한다는 것을 의미하게 된다.[25] 그러므로 카를 슈미트에 종사한다면 그것은 의심할 여지가 없는 제1급의 자극 중의 하나가 될 것이다. 정치학이 사회학자가 좋아하는 과학만능주의 성격 속에 해소되지 않는 한, 또한 그것으로 만족하는—그렇다면 정치학에는 이념사 등이 들어가지 않게 된다—것이 아닌 한, 즉 정치학이 자기

25) 이에 대해서는 매우 주목할 만한 논문 W. Seitter, Menschenfassungen. Studien zur Erkenntnispolitik (Habil.), Aachen 1983에서 인용하였다. "정치학의 주제를 인식하는 … 근거에는 어떤 것이 있는가? … 첫째로, 인식의 시대성이란 수수께끼는 정치적인 것의 인간적 · 근본적인 개념을 가지고 가장 쉽게 해명할 수 있다는 추측이 있다. 그리고 둘째로, 정치적인 것의 개념—체계적인 기초 정치학으로서 이해된다—의 전개는 인식자 측에서 구성적인 기능을 도입하여 인식해야 한다는 호의적인 추측이 있다"(S. 24).

이해의 일부분으로서의 정치이념의 역사를 고집하는 한, 그러한 한에서 정치학은 학문으로서 자기의 고유한 기초를 성찰하고 완전한 형태로 그것을 손에 넣을 기회를 잡게 된다. 카를 슈미트 속에는 한 명의 대가가 있다는 추정은 정치학에 대해서 이 저자를 법학에만 한정하지 않는다는 것을 무엇보다도 먼저 의미할 뿐이다.

독일의 정치학을 정치이념의 정신에서 재생하는 것은 가능하다.[26] 다만 그것은 사람이 철학에 망설이지 않는 경우, 그리고 물론 자기의 거대한 대상을 두려워하는 정도와 같은 종류의 철학의 영위를 결코 본보기로 하지 않는 경우에만 가능한 것이다. 독일의 철학자들이 '철학과 비슷한 것'으로는 결코 만족하지 않는 시대, 즉 무엇인가의 '논쟁'에 대한 기여를 얼굴을 붉히거나 자기만족적이거나 또는 무력감에서 겸손한 것에 결코 만족하지 않는 시대도 과거에 있었다. 철학자들이 자신들이 바라는 것은 자신의 시대를 사상적으로 파악하는 것이며, 자신들에게는 현실에 대해서 그 출현의 조건들을 정할 수 있고, 철학은 단지 의견에도—더구나 좋은 의견 등에는 무관하다—생각에도 유토피아나 이데올로기와는 무관한 오히려 현실을 의식화하고 그것을 구성하거나 세계를 구상하는 것과 관련지을 수 있다는 것을 잘 알던 시대도 과거에는 있었다. 물론 조국이 분단된 때에 철학하는 것은 어렵다.[27] 그러나 여하튼 지금까지 독일인을 사상의 민족으로 보아온 철학은 결코 단순한 상태의 사상적 재생산은 아니었으며 오히려 엄밀한 이론이라는 명령에 근거한 변혁에 대한 외침인 것이다. 이와 같이 하여 우리들의 위대한 철학은 실질적인 의미에서 정치적이었으며, 그리고 정치적인 것에 대한 학문은 이 차원을 계속 유지하거나 회복해야 한다. 바꾸어 말하면 정치적인 것에 대한 학문은 철학보다도 철학

26) 이러한 관련에서 흥미로운 것은, 비록 요구로서는 상당히 낮다 하더라도, 노넨마허에 있어서[오도 마르크바르트(Odo Marquard)의 용어를 빌려서] 이념사에서의 전문적 능력의 결여를 보충하는 전문적 능력을 지정하는 것이다. 이에 대해서는 G. Nonnenmacher, Was war wichtig? in: Bermbach (Hrsg.) (FN 6), S. 237 ff. 참조.

27) 이에 대해서는 Willms, Antaios (FN 24) 참조.

적으로, 즉 보다 엄밀하게 보다 현실과 관계 깊은, 즉 확실히 보다 정치적이어야 한다. 정치적인 것에 대한 학문은 스스로 나아가 철학에게, 그리고 또는 이념들이나 고전적인 대가들의 철학에게 그들의 출현 조건, 그것들의 현실성의 조건을 규정하지 않으면 안 된다. 그럼으로써만 그것은 하나의 사색하는 그리고 무엇인가를 말할 수 있는 학문이—자기 자신만이 아니라 예컨대 자신의 조국을, 그리고 그와 함께 세계를 사색하고 그리고 무엇인가를 말할 수 있는 학문이 될 수 있을 것이다.

카를 슈미트는 어떤 대화 중에서 위대한 철학자는 모두 근본적으로 법학자였다고 확실히 말하였다. 그리고 이 발언을 계기로 해서 우리들은 철학과 정치이념과의 관계에 대해 여기서 몇 가지 체계적으로 잘 생각해보기로 한다. 앞서 보았듯이, 카를 슈미트에게 '정치사상의 고전적 대가'라는 의미에서의 정치이념이 존재한다고 말했지만 말이다. 지금까지 여기서 강령선언적으로 기술해온 의미에서의 이념들의 역사적인 컨텍스트의 연구는 자명한 전제로 받아들인다. 여기서 서술하는 것은 바로 불가피하게 근본적인 성질에 관한 것이다.

그러면 철학은 어느 정도까지 근본적으로 정치적일 수 있는가? 이러한 관련에서 보다 중요한 것은, 정치이념은 어느 정도까지 철학적 차원을 가지고 있는가? 철학이란 일은 가장 넓은 의미에서의 '인간의 조건'에 대한 성찰이다. '인간의 조건'이란 특수한 것과 보편적인 것의 불가피한 긴장의 내부에서 존재를 분명히 자각하는 것이다. 이러한 긴장은 인간학적으로는 개체의 류에 대한 관계로서, 윤리적으로는 행위와 규범의 관계로서, 인식론적으로는 개념으로 파악하는 것과 개념과의 관계로서, 그리고—'인간의 조건'의 구체적인 실현에 관하여 근본적이지만—정치적으로는 개별적인 것 내지 특수한 것의 구체적이고 보편적인 것에 대한—즉 정치에 대한, 다만 근대에 있어서는 국가에 대한—관계로서 나타난다. 철학적인 것을 이렇게 규정하는 것은 교사에게 특유한 것이나 개인적인 의견과 같은 의미로 평가해야 할 것은 아니다. 이러한 규정은 아리스토텔레스의 그것과 같은 정도의 근본적으로 거의 의문시할 수 없는 확인을 따로 떼어 설명한 것일 뿐이다. 그 아리스토텔레스의 확인이란, 즉 '인간의 조건'에서 본질적인 것은 '로고스를 가지는' 것이며, 또한 '폴리스적인' 것이다—그것은 즉, 인간은 생각하는 존재인 한 정치적인 존재이기도 하며 그 반대이기도 하다.[28)]

철학이라는 일은, 인간의 존재가 유예되거나 인간의 실천의 모든 영역에서 보편적인 것의 차원을 분명히 나타내며, 그리하여 인간적 현실을 단순히 개인적인 의견이나 태도의 추상화로부터 보편적인 것의 구체화까지 높이는 것이다.[29)] 철학의 생명은 단순한 개인적 실천을 자각하지 않는 것, 의식하지 않는 것과 이러한 실천이 보편적인 관련들에 의해서 제시가능하게 지도되고 의존하고 규정되는 것과의 긴장관계에 있다. 정치에서 이 긴장관계가 의미하는 것은 개개인의 국가에 대한 관계라는 문제임에 틀림없다. 이 문제에 대해서 카를 슈미트는 어떤 유명한 논문에서 '국가에 대한 의무'가 있다는 정식화로 해답을 제시하고 있다.[30)]

이념사 연구는 특수한 것과 보편적인 것의 관계가 문제되는 것처럼 재생산되어 가는 한에서 '인간의 조건'을 성찰한다는 조건 아래에 있다. 그리고 이것은 대상에서만이 아니라 방법에서도 그렇다. 후자에 관해서는 그러므로 여기서 약간의 비판적인 논평이 서술되어야 할 것이다.

개개인의 사상은 그때그때 특수한 것에다 보편적인 것을 첨가한다. 이 보편적인 것은 특수한 것에서 본다면 개념 틀과 질서 틀로서 비로소 자신

---

28) 여기서 '폴리스적'은 단순히 '정치적' 또는 결코 '사회적'이라고만 번역할 수 있다는 것은 물론 명백하다. '폴리스적'의 의미는, 인간은 고도의 제도성을 갖춘 구체적인 정치적 질서 속에서만 자기 자신 아래서 (즉 자유롭게) 있을 수 있다는 것이다. 이에 대해서는 J. Ritter, Metaphysik und Politik. Studien zu Aristoteles und Hegel, Frankfurt 1977. 특히 S. 57 ff. 참조.

29) 이에 대해서는 Willms, Antaios (FN 24) 참조.

30) Carl Schmitt, Staatsethik und pluralistischer Staat: Kant-Studien 35 (1930), S. 28 ff. 이것은 FN 38에 인용된 논문집 S. 133 ff. [김효전 · 박배근 공역, 「국가윤리학과 다원적 국가」, 『입장과 개념들』, 세종문화사, 2001, 190쪽 이하]에 다시 수록되었다.

을 이해할 수 있거나 심지어 파악 가능하게 한다. 모든 철학적 성찰과 모든 실천적인 존재의 영역에서 그러하듯이, 여기서도 최대의 위험은 추상화에 의한 단축의 위험 내지 한쪽의 측정하기 어려운 우위이다. 그 밖에는 위험의 정도는 다양한 것으로 생각된다. 개인적인 것으로의 침잠, 텍스트에로의 퇴각, 텍스트의 문헌학적인 복구나 그 해석학적 해명은 얼핏 보면 이것들이 보편적인 것 쪽을 비교적 소홀히 하는 경우일지라도 훨씬 더 적은 위험만이 있는 것으로 보인다.

왜냐하면 이미 보았듯이, 각 시대에 대한 시종일관된 관념, 즉 개개인에 관한 연구 작업이 많든 적든 그 속에 집어넣을 수 있는 충분히 응집하는 시대적 관념이 항상 존재하기 때문이다(물론 그러한 악의 없는 것이 카를 슈미트와의 관련에서 이미 취해진 경우 그것은 낙관적 이상일 것이다). 여하튼 그래도 위험은 큰 것이다. 이론으로서의 존엄을 상실할 위험, 즉 궁극적으로 모든 보편적인 의의를 상실할 위험이 있다. 더구나 이론사의 작업은 바로 순수한 역사학이나 순수한 문헌학이 되어버리고 만다. 물론 양자는 이제 또다시 매우 의문의 여지가 없는 성실한 학문적 일이며 정치이념에 관련된다면, 그것도 철학이라는 견해가 보급되고 강화됨에 따라서 오히려 보편적인 의의의 상실을 한결 쉽게 감수할 수 있게 된다.

모든 인간 존재의 역사는 '인간의 조건'에 대해서 근본적인, 특수한 것과 보편적인 것의 긴장관계의 실천에서의 실현의 역사이며—그리고 이러한 긴장관계에 대한 성찰의 역사이다. 이 역사는 성찰된 발전으로서, 즉 그 '인간의 조건' 자체의 역사성이라는 사실이 의식 위로 온 가운데 늦어도 19세기 이래 진행하고 있다. 모든 현재적 존재는 그 이전의 발전의 조건들 아래서 현실화한다. 그리고 우리들은 오늘날 이 현실과 사상의 발전을 이미—기술적 패러다임에 매료되어—단지 진보로서 볼 수는 없으며, 더구나 '인간'은 물론이고 '인류'의 부단한 완성가능성으로 보는 등 불가능에 가까운 것이다. 그럼에도 불구하고 이렇게 생각했다고 해서 그것은 결코 이념사에서의 패배주의로 인도해서는 안 된다. 패배주의는 환멸의 표현이다. 그러나 모든 환멸은 하나의 착각을 전제로 한다. 사상의 발전에서 최대의 착각은 그 진보의 낙천주의 그리고 그 사회주의적 파생물이다. 철학적 내지 이론적 패배주의는 보편적인 것을 인식하는 것의 단념이다. 그것은 실천상의 패배주의가 특수한 것의 자기 주장의, 즉 자기 책무의 단념인 것과 매우 동일하다. 인간 존재의 발전에서 보편적인 것 또는 역사에서 보편적인 것이란 그러나 바로 이 발전이 특수한 것과 보편적인 것의 부단한 실천적인 논쟁으로서 이념사적으로 축적된 성과이다. 역사적 발전의 '의미'는 그 성과이다. 이 성과란 이 세계이며 현재의 정치이다. 그리고 이 세계란 진보의 세계에도, 인류의 세계에도 없으며 오히려 구체적인 국가들과 국민들의 세계이다.[31] 근대 국가란 특수한 것의 자기주장 아래서 구체적인 보편성이 발전된 상태에 대한 개념—즉 자유의 개념이다. 그리고 19세기 초부터 개개인의 자유나 개념들의 역동적인 힘은 일반적으로 '이성국가'에, 즉 사유하는 개인에 의해서 생생하게 파악되고 혁명적으로 획득된 현실이 되었다. 그것은 바로 헤겔의 이성국가의 핵심이며, 또는 국민의 근대적 이념의 핵심인 것, 그러나 또한 슈미트의 '국가에 대한 의무'라는 명령의 핵심인 것이다.

현재 절박한 것으로서의 역사적 성과는 장래의 문제를 결코 해결하지 못하며, 그 결과 현재의 문제조차 해결하지 못한다. 그러나 그 성과는 그 내부로부터의 저 '인간의 조건'의 근본적인 긴장관계가 어떤 경우에도 해결될 수 있는 틀을 규정하며, 그리고 그 속에 있는 정치적 이념이 들어가지 않으면 안 되는 틀을 규정한다. 모든 현실적 존재의 역사는 정치적인 것의 발전의 역사이다. 즉 근대에서는 국가 발전의 역사이다. 이것은 바로 칸트 이래 '실천적인 것의 우위'로서 중요하게 된 핵심이다.[32] 그리고 그럼으로써 사상의 역사 역시 이 사상이 저 본질적인 조건들로 향하는 한 현

31) 이 주제를 나는 논문에서 다루었다. Weltbürgerkrieg und Nationalstaat: Der Staat 22 (1983), S. 499 ff.

32) I. Kant, Werke Ⅶ, hrsg. von W. Weischedel, Wiesbaden 1956, S. 252에서의 중심 부분.

재 규정되었는가, 장래에도 규정되는가이다. '근저'를 성찰한다는 의미에서 근본적인 사상은 요컨대 정치사상—오늘날에 본다면 '국가사상'—이다. 그리고 그 의미는 카를 슈미트가 적어도 우선 첫째로 자동적으로 이 전통에 손꼽히며, 그리고 사람은 그러므로 우리는 그의 사상의 철학적 차원을 성찰해야 한다는 것이다.

이러한 정치와 정치철학에 대한 견해는 역사적인 텍스트의 위치 가치의 연구도 바로 거기에 규정되어야 하는데 두 가지의 전제를 포함한다. 그 두 가지의 전제란 역사적인 사상에 대한 요구로서 또는 오히려 그 이해의 전제로서 제기하는 것이다. 먼저 각각의 사상은 그때 그 장소의 현실과 관련된다는 전제, 즉 역사적 구체화라는 전제가 있다. 사상은 그것이 역사적 현실에 의해서 중개되는 경우에는 필연적인 것임에 틀림없다. 고전적인 대가는 그러한 경우에만 생긴다. '진리의 절대적 무(無)역사성'[33]이란 수면부족으로 인한 악몽이나 페넬로페가 본 낭만적인 꿈*이나 상황에 따른 '애매모호한 것'에 불과하다. 정치적인 것은 언제나 군호, 스스로 건실한 사상임을 증명하는 군호이며 또한 '정치적인 것의 개념'이란 정치학에서처럼 철학에서의 사상이 근본적인 것인가의 여부에 대한 결정적인 증거이다.[34] 물론 그것은 언제나 포스터처럼 분명하다고 할 수는 없다. 그러나 정치현실과의 관계는 어떤 사상의 사회적 · 역사적 구체화에 대해서, 즉 본래 어떤 사상이나 이념의 인간적 · 보편적 의의에 대한 테스트가 된 것이다. 어떤 사상 속의, 구체적이며 보편적인 존재로서의 이 정치적인 것의 존재는 매우 다양한 형태를 취할 수 있다. 역사적인 사상에 대해서 앞에서 제기한 질문은 진정한 현실의 정도에 따라서, 즉 개념적인 시대 파악의 정도일 것이다. 여기에 역사적 · 구체적으로 연구하는 역사학과 정치학과의 연결점이 있다는 것은 명백하다.[35]

---

33) R. Lauth, Stuttgart 1965의 더 오래된 저작의 제목은 이것이다.

34) 이 점에 관해서는 FN 25 참조.

35) 그것에 대해서는 동일하게 Seitter (FN 25)를 참조하면 좋다.

두 번째의 전제는 체계적인 것이다. 여기서는 사상의 연관이—전통적인 규정에 따른다면—이론적인 차원과 실천적인 차원을 하나로 묶는 한에서 질문하여야 한다. 체계적인 일관성의 원칙은 발견적인 이해의 원칙이라는 방법적인 차원뿐만 아니라 대량으로 생각하거나 저술하는 것을 내용적으로 질서지우는 기능도 가지고 있다. 그 사상을 현실과 관련하여 체계화하는 것은 당해 사상이 내적으로 정서된 것을 추구하며, 이것이야말로 이 사상에 본질적인 것을 인식하기 위한 유일한 척도이다. 역사적인 사상으로부터 그러한 체계의 재구성이 불가능하다면—그 경우 물론 모든 해석자가 지닌 미혹되지 않음과 강인함이 전제되어야 한다면, 그 사상은 기껏해야 재미는 있지만 정치철학적으로 본질적이 아닌 관점을 제공하는 정도이며—이 경우 고전적인 대가도 문제되지 않는다. 내용에서 생겨나는, 재구성 가능하고 재구성된 역사적 사상의 체계성이 의미하는 것은, 동시에 본질적인 것과 비본질적인 것의 분리 가능성이다. 다른 한편, 이것은 텍스트의 선택에 대한, 주요 저서의 결정에 대한, 전체로서의 저술가의 위치와 가치를 인식함에 대한 기초이며, 모든 정치이념의 역사에서 그리고 어떤 저자를 정치에서 고전적인 대가로 결정하려는 시도에서 하게 되는 필연적인 발걸음이다.

Ⅲ. 카를 슈미트에 있어서의 도전과 응답

도전과 응답이라는 한 쌍의 개념은 아놀드 토인비의 세계사적인 사상에서 유래한다. 그리고 이 정식 속에는 헤겔이 "그 시대를 사상 속에서 파악"하거나 "개념으로 가져온다"고 한 것도 동일하게 관련된다. 토인비의 정식은 지금까지 서술해온 '고전적인 대가'와 그 시대와의 관계를 이 정식이 시대의 도전이란 부엇인가, 사상의 응답은 무엇인가 하는 질문을 다루기 쉬운 공식 속에 정리하였다는 의미에서 실천적이며 운용 가능한 것이다. 예컨대 우선 첫째로 정치사상의 세 가지 저작에 대하여 간결하게 지적하기로 한다. 그 세 가지 저작이란 마이클 오크숏이 사상사 전체에서 가장 중요하다고 말한 것, 즉 플라톤의 『국가』, 홉스의 『리바이어던』, 그리고 헤겔의 『법철학』이다.[36)*]

플라톤의 『국가』는 그리스 세계와 그 조상 전래의 질서의 붕괴에 의한 도전에 대한 응답이다. '폴리스', 즉 그리스 도시국가는 그때까지 인간 본질의 실현으로서 또한 자유로운 사상에 대한 기초로서 이해되고 있었는데 그 후 알렉산더 대제국에 의해서 해체되었다. 즉 정치형식에서 시대를 규정하는 지평이 미지의, 그리고 기괴하게 간주되는 정도의 정체에 의해서 그 기존의 틀을 파괴시킨(Entgrenzung) 것이다. 다른 한편, 홉스의 철학은 전체적으로 바로 근대라는 것의 도전에 대한 응답이다. 이 도전은 특히 낡은 유럽의 관념들이 점점 붕괴되고 있다는 인식 속에 있으며, 그것은 시대의 파국 속에서 더 이상 배제될 수 없는 것이다. 사람들은 이미 신적인, 즉 피안적인 기원을 가지는 포괄적인 질서를 승인할 가능성을 갖지 못하였다. 그리고 헤겔의 사상은 위대한 프랑스 혁명에 대한 응답이었다. 거기에서 지배적인 것은 시민사회와 그 모순의 관철이며 그리고 국민의 혁명적인 새로운 규정과 결합하고, 더구나 정치를 담당하는 계층의 민중에의 더욱 완전히 전망할 수 없는 확대와 결부된 근대국가의 정치적 자기주장의 분출인 것이다.

카를 슈미트가 자신이 직면하였다고 본 시대의 도전은 20세기의 도전이다. 20세기의 정치적 특징을 카를 슈미트 자신은—도이블러의 어떤 은유[**]에서 추출한 것으로서—'해방(Entbindung)'[***]이라고 나타내었다. 그러나 우선 첫째로, 사람이 이 20세기의 도전을 참으로 유일한 '개념으로 가져오고' 싶다면 이것은 이미 지나칠 정도로 고전적일 것이며, 그리고 둘째로, 각자가 이 개념에 만족한 것을 질문하지 않으면 안 될 것이다—카를 슈미트 저작에 다소 친근한 사람이라면 '탈 · 결합(Ent-Bindung)'의 도움을

36) Michael Oakeshott, 'Introduction' zu Hobbes; Leviathan, Blackwell 1957 참조.

받아 이 저작에서 나오거나 이 저작으로 향한 많은 의문이 있는 결정적인 원형으로 정리될 수 있음에도 불구하고 말이다.[37]

그러나 모든 사상가는 그가 (이미) 고전적인 대가이든 (아직) 그렇지 않든, 우리들이 늦어도 헤겔 이래 알고 있듯이 '그 시대의 아들'이며, 그리고 여기서 첨가할 것은 이미 서술한 예가 마찬가지로 명백하듯이, 어떤 경우에도 그의 (조국)의 아들이라는 것이다. 이탈리아의 비참함과 영국의 내란은 정치사상의 고전적 대가인 마키아벨리와 홉스에게 그 첫 번째 도전이 된 것이다—마치 플라톤에 있어서 폴리스의 '탈 · 결합'처럼 말이다. 자신의 시대를 구체화한 경우만, 그리고 자신의 조국의 비참함으로부터—내가 알고 있는 한 영광으로부터도—출발한 경우에만 정치 저술가는 대체로 고전적 대가가 될 기회를 가지며, 그리고 여기, 상황을 결정하는 데에서 카를 슈미트에 대한 모든 성찰적인 파악은 시작되어야 한다. 이제 카를 슈미트 사상에 대해서 도전이 된 상황을 규정함에는 우선 첫째로, '1918년의 패자들'과 1945년의 패자들—모두 암울한 시대이다—이 문제가 된다. 그리고 당연히 기존의 틀을 파괴하는 가운데 또한 그 후에, 그때에 다시 확실한 기반이나 보다 확실한 형식을, 또는 적어도 확실한 점을 발견하는 노력—연방공화국의 비참함에 외관적인 안정을 찾기까지 행한 노력—도 역시 문제가 된다.

가장 좁은 범위로 집약된 것은, 카를 슈미트가 체험한 시대의 도전이 그 속에 나타난 범위로 정치사상가로서의 그의 참모습이 나타난 시대이다. 그 범위는 세 가지의 지명과 결부된다. 베르사유-바이마르-제네바이다. 이것은 카를 슈미트 자신의 자기 이해와 전적으로 일치한다.[38] 우리들

37) 그때 저자가 표명한 추측은, 테어도어 도이블러(Theodor Däubler)는 산부인과적 · 발생적 관점을 카를 슈미트보다 쉽게 생각해낸지도 모른다는 것이다. 사람은 이러한 관점 대신에 아마 '탈 · 경계'의 해체적인 의미 쪽을 오히려 받아들여야 할 것이다. 그것은 눈물겨운 보수적 표현이라기보다는 오히려 카를 슈미트의 경우 주지하듯이 반대로 진단적인 의미를 가진다.

38) 유명한 논문집 Positionen und Begriffe im Kampf mit Weimar-Genf-Versailles, Hamburg

이 전기적으로도 중요하기 때문에 그 후에 '베를린'을 추가해야 한다는 것은 일의적인 동시에 다의적이기도 하며 여하든 계발적이다. 나아가 우리들이 끝으로 도전과 응답의 보다 외부적인 범위를 특징짓기 위해서, 또한 '플레텐베르크'를 사용할 수 있다면 그것은 전기적으로도 명백하며 더구나 사상의 도전을 규정하는 집약된 범위의 확장을 시사할 수 있다. 그 확장은 결코 보다 커다란 추상성을 의미하지는 않으며 오히려 단지 정치사상의 보다 커다란, 즉 보다 구체적인 일반성을, 그럼으로써 바로 이 사상이 저널리즘으로부터 구별되는 일반성을 의미하고 있다.

'베르사유'는 파멸로 끝난 제1차 세계대전을, 즉 패전과 강화조약체결을 상징하며 독일에게만 전쟁 책임을 물은 것을, 라이히의 해체를, 라인란트 점령과 수정주의를 상징하고 있다. '바이마르'는 근본적으로 더구나 시급한 헌법학과 헌법 비판을, 그리고 패전 국민에게 불가피한 기존 틀의 파괴를 상징하고 있다. 패전 국민이 주권이나 '정치적인 것의 개념' 그리고 '국가에 대한 의무'와 같은 매우 근본적인 문제에, 적어도 기존 틀을 파괴하는 데에 몰두할 정도로 깊이 들어간다면, 이 국민은 여하튼 자기 자신을 내던진 것이다. '제네바'는 기존 국제법 틀의 파괴를, 그리고 국제 정치의 도덕화를 상징하고 있다. 이것은 의심할 것 없이 20세기의 가장 도전적인 거대한 상징의 하나이다.

'베를린'은 '1945년의 패자들'만큼 그 운동을, 전체국가를, 나치스를 상징한다. 그리고 끝으로 일견 시골 이름에 불과한 '플레텐베르크'는 시대의 도전에 대한 응답의 위대한 보편성을, 유럽 중심주의적인 세계의 몰락을, 유럽 외부의 초강대국의 대두, 파르티잔에 의한 정부 전복의 가능성을 상징하고 있다. 그리고 구체적인 것에서 보다 구체적인 것으로의 상승 속에 여전히 생각할 수 있는 것은 키워드이다. 이 키워드는 카를 슈미트의 사상을 그 발전 속에서 최초로 움직여온 것이며, 그의 사상 범위의 가장 바깥

1940[김효전 · 박배근 옮김, 『입장과 개념들: 바이마르-제네바-베르사유와의 투쟁에 있어서』, 세종문화사, 2001]의 제목으로 어울린다.

쪽 지평을 나타내고 있다. 그 키워드는 정치의 결핍과 생에 대한 자유주의의 착각, 오로지 '중립화와 탈정치화'*이며 정치의 모든 신뢰할 만한 건설적인 성격의 종언이다.

이러한 시사는 그것이 완벽함을, 심지어 구속력을 요구할 수 없는 것과 마찬가지로, 사상을 전기적으로 거슬러 올라가기 위한 발판의 소묘라고 오해해서도 안 된다. 이것은 바로 카를 슈미트가 끝까지 살아간(er-lebt hat) 시대의 도전을 시사하는 것 이외에 아무것도 아니다. 그렇지만 그러한 시사가 그의 사상으로 결부되거나 심지어 개개의 저작에 결부되는 것은 여하튼 불가피한 것이다.

이제 그러나—동일하게 소묘하였지만—카를 슈미트가 거기에서 이러한 많은 도전에 응답한 복수의 지평이 시사되어야 한다. 나는 그것들을 **전문가**의 지평, **'정치로서의 정치'**의 지평, **정치철학**의 지평이라고 명명한다.

카를 슈미트는 국법학자, 헌법학자 그리고 국제법학자를 직업으로 하였다. 그리고 이 전문적 능력의 대학 교사적 측면이 과대평가되는 것을 바라지 않은 채 그는 이 전문가로서의 입장에서 법을 교수하고 청강하게 한다는 관계를 옛날이나 지금에도 계속하고 있다. 그가 이 전문가로서의 성격을 일생동안 견지했다는 것은 사실이다. 물론 그는 오로지 법학자였다. 이와 같이 논함으로써 이 사실을 이번에는 반대로 카를 슈미트의 사상으로 환원시켜도 좋다는 것은 아니다.

이것은 이 정치사상을 '정치로서의 정치'의 전통에 편입시키려고 시도하는 다음의 지평이 상기되는 경우에 명백해진다. '정치로서의 정치'는 한편으로는 그 속에 예컨대 '신화로서의 정치'나 '이데올로기로서의 정치', '정치로서의 정치'가 구별될 수 있는 역사적 발전이라는 것에 대하여, 분류자로서 나타난다. 더구나 잊어서는 안 될 것은 '정치로서의 정치'에 대한 결단은 자명하지만 체계화하는 것뿐만 아니라 뛰어나게 정치적이라는 점이다. 전선은 '이데올로기로서의 정치'에 향하고 있다. 즉 늦어도 17세기 이래의 신학화되고 도덕화된 정치가 그렇게 되어버린 '이데올로기로서의 정치'에 향하고 있다. 내용적으로는 '정치로서의 정치'는 '도덕화'(니체)와의 투쟁에만 특유한 것은 아니며, 특히 또 카를 슈미트 자신이 『정치적인 것의 개념』에서 모든 현실적인 정치사상의 전제로서 서술하는 전제에도 있다.

> 따라서 남는 것은, 진정한 정치이론이란 모두 인간을 '악한 것'으로 전제하는, 즉 결코 문제가 없는 것이 아니라 '위험하고' 역동적인 존재로 간주한다는, 기묘하고도 많은 사람들을 확실히 불안하게 하는 확인이다.[39]

그러나 '정치로서의 정치'는 인간학적인 전제에 한정되는 것은 아니다. 그것은 우리들이 그 속에 카를 슈미트를 보아야만 하는 일련의 전통을 단지 약간의 이름으로 부각시킨다면 명백하게 된다. 즉 마키아벨리, 보댕, 홉스는 헤겔처럼 이러한 전통에 속하며, 또한 『16세기 종교전쟁 중의 프랑스 법학자들』[40]도, 그리고 프랑스 혁명이래 대체로 '루소라는 독거미의 상처'(니체)로 쓰러지지 아니한 모든 사람들이 전통에 속한다.

카를 슈미트와 그의 사상에서 중요해진 세 번째의 지평은 정치철학의 지평이다. 법학에서의 전문가라는 견실한 기초 위에서 건설되고 쓸데없는 공론에서 면역된 '정치로서의 정치'라는 기초 위에 건설되고, 이 세 번째의 지평은 이제 다시 정치신학이나 인간학과 같은 근본적인 문제로 다루어지고, 나아가 자신의 견고한 버팀벽에 따라 우리들의 시대에는 어떠한 진보보다도 필요한 반대 계몽을 하는 것이다. 여기서는 그 응용의 예를 하나만 지적하기로 한다. 방법에 관한 근본적인, 철학적인 문제, 즉 '배제된 것의 존재(Anwesenheit des Ausgeschlossene)'라는 사상은 카를 슈미트의 사상

39) Begriff des Politischen, Berlin 1963 (Text von 1932), S. 61 [김효전 · 정태호 옮김, 『정치적인 것의 개념』, 살림, 2012, 82쪽] 참조.

40) 중요한 저작의 제목은 Roman Schnur, Die französischen Juristen im konfessionellen Bürgerkrieg des 16. Jahrhunderts, Berlin 1962이다.

에서, 예컨대 『정치적인 것의 개념』에서 바로 고전적인 해결을 발견할 수 있다.

Ⅳ. 정치사상의 두 종류

이것이 무엇인지를 간단히 설명하기로 한다. 문제는 바로 정치사상의 두 가지 종류의 대치, 현실에 대한 두 가지 관계에 일치하며, 그 지지자들을 정면에서—정치적으로 말하면 적과 동지—대립시키는 이 대치이다.

한쪽의 사상의 출발은 인간질서의 완결가능성과 불가능한 것의 제거이다. 하나의 예를 들면 예컨대 합리주의이다. 합리주의는 그 차안적인 합리성에 근거하며 자신의 투명한 사상을 승인한다. 그리하여 신앙처럼 신학을 배제하는 이 사상은 그럼으로써 양자를 '청산'해버리기도 하였다. 이러한 사고방식에서 문제가 되는 것은 현상으로서의 역사에 대한, 그리고 역사적 사실에 대한 좌파의 패러다임이며, 그러나 또한 자신의 조화적인 인간관이 장래를 내다보는 '최대 다수의 최대 행복'을 포함하는 것을—그리고 인간성의 모든 악을 제거하는 것을 승인하는 계몽주의자나 자유주의자의 패러다임이다.

또 하나의 사고방식은 배제된 것의 존재를 고집하는 것이다. 여기서 헤겔의 (마르크스가 아닌) 변증법을 상기하는 것은 오히려 일반적이듯이 자명할 것이다. 그러나 내가 여기서 생각한 것은 인간과 세계의 관계에 대한 현실적인 이념, 바로 카를 슈미트 역시 그것을 개념에 가져온 이념 이외의 아무것도 아니다. 이러한 사고 방법 내지 이러한 현실과의 관계는 정치적으로는 내가 '정치로서의 정치'의 전통이라고 명명해온 것 속에도 물론 존재한다. 그 원리란 모든 질서는 그 자체가 우연적이듯이 필연적이라는 것이다. 모든 질서는 규정된 것이며 규정된 모든 질서는 필연적으로 구체적이며 모든 구체적인 질서는 우연적이다—즉 그것은 여러 가능성들을 시야에서 제외하고, 그리고 이 제외라는 조건 아래서만, 즉 배제된 것의 존재라는 원칙 아래서만 존재한다. 배제된 것의 존재라는 이 패러다임에, 즉 생략 없는 현실과의 관계에 관련된 예시들은 원래 카를 슈미트의 '진정한' 정치사상을 증명하는 것이며, 여기서는 그것을 바로 시사하는 데 그치기로 한다.

첫 번째의 예는 물론 '적과 동지의 구별'이다. 이 '적과 동지의 구별'은 건설적인 좌파 자유주의자로서는 매우 받아들이기 어렵다. 왜냐하면 그들은 '루소라는 독거미의 상처'로 거슬러 올라가는, 고의로 쇠락한 그들의 인간학에 따라서 악을 공공연하게 직시하려고 하지 않기 때문이다. 그러나 그것으로써는 악의 문제도 적의 문제도 해결되지 않았을 뿐만 아니라 오히려 결국에는 우리가 알고 있듯이, 기껏해야 '약한 국민'을 해결하는 것이다. 두 번째의 예는 정상상태와 예외상태의 구별이며, 즉 주권의 문제 속에 존재한다. 주권자로서 제도적으로 '예외상태를 결정하는' 자에 의해서 정상상태는 정치적 해결로서 또는 구체적 질서로서 확보될 수 있을 뿐이다. 배제된 것은—결코 정상상태라는 것은 생각할 수 없지만—여기서는, 즉 주권자의 결단 속에 제도적으로 존재한다. 이것은 배제된 것의 존재라는 원리의 이 세상에 있는 가장 독창적인 정식화의 하나이다. 세 번째의 예는 『로마 가톨릭주의와 정치형태』라는 매력이 본질을 이룬다. 구체적인 사상의 패러다임으로서의 로마 가톨릭주의는 배제된 것, 즉 초월적 존재를 의식하면서 또는 의식적으로 승인하면서 자신의 세계의 규칙, 자신의 질서를 규정한다. 이리하여 존재는 의심할 여지없이 매우 중요하게 되며, 그것이 이 존재를 카를 슈미트에 대해서—개인적으로 가톨릭교의에 적합한 종교심을 가지고 있는가라고 묻는 것은 관계없이—의문의 여지없이 매우 중요하게 만들었다. 매우 중요한 것은 오로지 재현전(Repräsentation)*의 패러다임이다.

V. 카를 슈미트가 고전적 대가라면 무엇 때문인가?

이상의 예를 고전적인 해결이라고 서술했는데 이로써 필자는, 필자가 카를 슈미트가 고전적 대가라고 보는 것은 물론 누구나 아는 것을 인정한다. 그리고 생각이 나르다는 위험을 무릅쓰고—그러나 파스칼의 내기에 대한 지적을 상기하고 싶다—필자는 동시대인에게 마치 그런 것처럼 적어도 그렇게 보도록 권유하는 것이다.

그러나 이것은 이념사가의 전문적인 관점에서 볼 때 적어도 네 가지의 종류를 의미한다.

우선 첫째로, 본질적인 것의 관철이지만 그것은 물론 저자를 의논의 여지없는 존재로 하지는 않는다. 상술한 전통 속의 고전적인 작자는 어떤 평가가 내려지지 않은 상태에 있다. 그러나 이러한 관철이 성공한다면, 논쟁에서 벗어나기 위한 오류나 사소한 전기적 사실, 성격상의 결함이나 그 밖의 유사한 것을 구별할 어떤 능력도 없는 채 편입하는 접근은, 모두 그럼으로써 단지 협량함과 수동적인 무능력만을 분명히 나타내는 접근을 모두 일소하는 것이다. 그렇다면 '고전적 대가' 카를 슈미트 역시 다른 한편으로는 정치적인 것이며, 그러므로 적과 동지를 구별해야 한다는 태도의 결정을 요구하게 될 것이다.

카를 슈미트는 어쩌면 고전적 대가일 수도 있다는 가정에서 두 번째의 귀결을 나는 에커만(Eckermann)* 콤플렉스라고 명명한다. 이 말로써 내가 이해하는 것은 입수 가능한 것을 특정한 시점이나 특정한 선택을 일체 배제하고 수집하는 요구, 사람이 무릇 손에 넣을 수 있는 모든 것을 손에 넣을 요구를 말한다. 왕복서간이나 유고, 책의 헌사, 그 솜씨에 따른 언어들, 모든 아네크도트, 동시대 증인의 모든 회상, 수중의 모든 세세한 전기적 사실, 간단히 말하자면 모든 것이다.[41)]

---

41) 물론 이 점을 언급하는 사람으로 피이트 토미센(Piet Tommissen)에 의한 헌신적인 활동을 생각하지 않을 수 없다(!).

세 번째의 관점은 가능한 한 급속히 확립되어야 할 카를 슈미트 문헌학이다. 모든 서작을 입수 가능하게 하고 그의 사상의 지평들을 하나도 소홀히 하지 않고 비판적인 전집을 준비하고 대학생용 보급판을 출판하고 카를 슈미트 잡지를 편집한다.[42] 끝으로 카를 슈미트 협회를 창설한다. 이러한 것들은 모두 '고전적 대가'와의 정상적인 직업적 취급에 보통 뒤따르는 것이다.

끝으로 네 번째 관점은 논쟁, 습득 그리고 해석의 관점이다. 이것들도 관련 분야들의 직업적인 규칙에 따른 것이다.[43]

그러므로 비록 발견적인 것일지라도 카를 슈미트를 고전적 대가로서 승인하는 것은 그를 지금부터 기념상의 대좌 위에 올리거나 또는 그를 상아탑의 중심으로 이동하는 것을 의미하는 것은 결코 아니다. 물론 앞으로의 논쟁에서는 사육하려고 길들이는 시도나 탈묵시록화의 시도, 실용주의적인 좌파에 의한 위험 부분의 삭제가 불가피할 것이다. 고전적 대가로의 부합에 있어서 직업적인 규칙에 관하여 여기서 단 한 가지만 보다 상세하게 서술할 것이 있다. 왜냐하면 전문적인 논쟁에서도 그것에 주의해야 한다면 항상 매우 많은 사도(邪道)로 인도했기 때문이다. 내가 말하는 것은 저자에게 유리하도록 시종일관성을 추정한다는 방법상의 규칙이다. 이 의미는 우선 단순한 요청 이상의 것도 아니라면 그 이하도 아니다. 그 요청이란 저자 속에 들어가는 것, 그리고 첫눈에 들어온 모순된 곳을 시종일관성이 확립되거나 또는—대체로 10회나 12회를 본 뒤에 결코 그것보다

---

42) 그동안에 이탈리아(!)에서는 이미 카를 슈미트 연감이 준비되었으며 그 편집에 있어서 귄터 마쉬케는 적어도 공동작업을 하였다. 슈파이어에서의 연구보고에서 여하튼 우리는 최소한 『플레텐베르크 통신』 정도는 생각해도 좋다는 진정한 나 자신의 지적은, 『프랑크프루터 알게마이네 차이퉁』(FAZ) 통신원인 게르투르드 뤱베-볼프에 의해서 유머도 없이 씁쓸하게 배척되었다. 분명히 그녀는 『바르크펠더 통신』—철저하게 진정으로 생각하여 만든 아르노 슈미트(Arno Schmidt)에 대한 풍자를 못 보거나—또는 아르노와 카를이라는 두 슈미트(Schmi(d)t(t))를 같은 정도로 평가하는 사람이 있다는 것은 그녀의 상상력을 넘은 것은 아닌가?

43) 이에 대해서는 일반적으로 내가 이미 FN 6에서 언급한 논문 참조.

빠르지 않게—모순된 곳이(잠정적이라는 것) 실증되기까지, 그 기간 계속 자신을 오해하게 한다는 것이다. 시종일관이라는 초점을 자기 것으로 한다면, 거기로부터 본길과 곁길, 그리고 주요 저작과 이차적인 저작의 문제나 체계성의 문제도, 다시 또 단순한 기회주의로서 정리할 수 있는 텍스트에 관한 문제도 결정되는 것이다—그러면 이것은 과대평가할 수 없는 성과가 될 것이다.

필자가 카를 슈미트를 '정치사상의 최신의 고전적 대가'로 보고, 적어도 그를 우선 그러한 것으로 논해보고 권하는 것은 이미 독자들의 눈에는 명약관화할 것이다. 이러한 권고의 위험은 카를 슈미트 연구가 급속히 발전할수록 점점 적어지고 있다. 카를 슈미트가 고전적 대가라는 것은 세계적 규모에서 점차로 널리 승인되어 오고 있으며 오늘날 그것을 부정하는 것은 이미 편협하고 무지한 사고일 뿐이다. 이러한 편협하고 무지한 사고를 상징할 수 있는 것은 물론 예컨대 '플레텐베르크'와 같은 이름은 아니다. 오히려 그것을 상징하는 것은 예컨대 '본'과 같은 이름 또는 '프랑크푸르트'와 같은 이름이다.

끝으로 시오랑이 드 메스트르에게 쓴 편지를 인용하면서 카를 슈미트에게 적용하기로 한다.

> 우리들이 그를 부러워하는 것은 억지로 끌어내리고자 하는 자도 열광적인 추종자도 어리둥절하게 된다는, 그가 얻은 행운이고 특권이다. 그는 어느 쪽에나 이렇게 자문하도록 강제하였다. 그는 사실 폭군과 전쟁의 옹호자였는가? 또는 피할 수 없는 것을 승인하고 감수하였는가? 이론가는 어디서 끝나고 파르티잔은 어디서 시작하는가? 그는 한 사람의 풍자가였고 열광자였는가? 아니면 그는 일개 심미가로서 가톨릭주의에 빠진 심미가에 불과했던가?…(중략)
>
> 불명확한 표현은 언제나 사람을 유혹한다. 더구나 그가 표명했듯이 확신을 가지고 그것을 이루는 것—이것은 대단한 실력이다. 불가피하게 사람은

그의 광신의 진지함을 의문시하게 되었으며, 사람은 그 자신이 그 냉혹한 진술에 덧붙인 한정이나 그가 기원하고 행한 건전한 인간 오성에 대한 그 때그때의 양보를 강조하게 되었다. **우리들은 그를 미온적인 인간으로 보고 우리들 쪽에서 그를 욕하지는 않을 것이다.** 그가 우리들의 마음을 움직이는 것은, 그의 불손함, 그의 놀라운 대담함, 그의 원만함의 절도와 정도 그리고 때로는 예의를 결여한 것이다. 그럼에도 불구하고 우리들이 그를 인내심을 가지고 읽는다면 그는 우리들을 어떤 순간에도 당황하지 않게 하였는가? 많은 주석자들은 동정이 없음에도 불구하고 그의 성실함에 의문을 품어왔다. 그때에 그들은 그가 그들에게 불러일으킨 불쾌함을 오히려 즐거워하였을 것이다. 그의 모순 없는, 그가 본능적이거나 타산적으로 야기한, 그 자신에 대한 오해 없이는 그 경우는 훨씬 이전에 처리되었을 것이며, 그는 이해된다는 재앙에 빠졌을 것이다—저자는 재앙에 빠질 운명이라는 말 이 이상으로 심한 것은 없을 것이다.[44]

44) E. M. Cioran, Über das reaktionäre Denken, Frankfurt/M., 1980.

역주

서문

08* 그럼에도 이 책에 글을 실을 수 있도록 양해해주신 한스 요아힘 아른트(Hans-Joachim Arndt, 하이델베르크), 라인하르트 무쓰그누크(Reinhardt Mußgnug, 만하임), 빌헬름 니센(Wilhelm Nyssen, 쾰른) 제위께 감사를 표한다. 피에르안젤로 쉬에라(Pierangello Schiera, 트리엔트), 미켈레 니콜레티(Michele Nicoletti, 트리엔트), 갈봉근(葛奉根, 대한민국, 부산) 제위께서도 세미나에 참석하셨으며, 세미나 후에 글을 제출해주셨다. 시야케 마사노리(初宿正典, 교토) 씨의 논문은 프라이부르크의 카이저(Joseph H. Kaiser)씨께서 중개를 해주셨고, 지안프랑코 밀리오(Gianfranco Miglio) 씨의 논문은 『정치적인 것의 개념』의 이탈리어 판에 카를 슈미트로부터 그간 독일어로는 알려져 있지 아니했던 서문을 받아 게재하신 쉬에라(Schiera) 씨가 중개를 해주셨다. (본서에 수록하지 않은 논문을 언급한 부분은 삭제하였다-옮긴이)

카를 슈미트와 그의 저작에 대한 접근방법

17* 쿠르트 존트하이머(Kurt Sontheimer 1928~2005). 뮌헨대 교수. 『바이마르 공화국의 반(反)민주적 사상』. 『독일의 정치체제 개론』.

17** 야콥 타우베스(Jacob Taubes, 1923~1987). 조효원 옮김, 『바울의 정치신학』, 그린비, 2012.

17*** 슈미트의 논문 「총통은 법을 보호한다」는 김효전 · 박배근 옮김, 『입장과 개념들: 바이마르-제네바-베르사유와의 투쟁에 있어서 1923~1939』(세종출판사, 2001), 287-293쪽 참조.

18* 장 보댕 지음, 나정원 옮김, 『국가에 관한 6권의 책』, 아카넷, 2013(전6권) 참조.

21* 볼테르(Voltaire, 1694~1778). 본명 François Marie Arouet. 프랑스의 계몽주의 작가 · 사상가. 이성과 자유를 내세워 봉건제와 전제정치 그리고

종교에 대한 불관용과 투쟁하였다. 저서 『철학서간』; 『철학사전』(정순철 역, 한국출판사, 1982); 『관용론』(임미경 옮김, 한길사, 2001); 풍자소설 『캉디드』(윤미기 옮김, 한울, 1991) 등이 있다.

21** 바알세불(Beelzebub; Baal-Sebub). 「그러나 바리새파 사람들은 이 말을 듣고 말하였다. "이 사람이 귀신의 두목 바알세불의 힘을 빌지 않고서는, 귀신을 쫓아내지 못할 것이다"」(마태 12:24).

카를 슈미트의 '정치신학'의 근원

51* 카테콘(Kat-echon). 원뜻은 '억제하는 자'. 신약성서 데살로니가 후서 2장에는 그리스도의 재림 앞에 '멸망의 아들'이 등장하고, 「범사에 일컫는 하나님이나 숭배함을 받는 자 위에 뛰어나 자존하여 하나님 성전에 앉아 자기를 보여 하나님이라 하느니라」(살후 2:4). 그는 '불의의 모든 속임을 하는' 사람들을 유혹한다. 여기서 유혹된 자는 그리스도 재림 후에 심판을 받는데, 이 '멸망의 아들'이 등장하기까지 그것을 '억제하는 자'가 있다. 슈미트에 의하면 중세의 신성로마제국은 '적그리스도의 등장과 현세의 종말을 저지하는' 권력이라고 생각되었다. 슈미트는 히틀러에게서 독일과 서양의 몰락을 저지하는 Katechon의 모습을 본 것은 아닐까? 그러나 실제로 그는 오히려 '멸망의 아들'이며 사람들을 유혹하여 독일을 파멸로 인도하였다. 문헌 김효전 옮김,『정치신학외』, 416-417쪽; 최재훈 옮김,『대지의 노모스』, 36-40쪽; G. Meuter, Der Katechon. Zu Carl Schmitts fundamentalistischer Kritik der Zeit, Berlin: Duncker & Humblot 1994, S. 212-213 참조.

카를 슈미트와 '보수혁명'

72* 성 히에로니무스(Hieronymus, 347~420; 영: Jerome). 로마 제정 후기 시대의 주요한 신학자이자 성서번역자 중의 한 사람. 상세한 것은 「제1부 번역가들의 수호성인」, 발레리 라르보, 정혜용 옮김, 『성 히에로니무스의 가호 아래』, 아카넷, 2012, 7-10쪽 참조.

정치적 표현주의

166* 쇠렌 키르케고르를 가리킨다.

카를 슈미트 국법학 저작의 열쇠로서의 정치적인 것의 개념

184* b)의 서술은 1991년판에 새로 첨가된 것이다. 원저자의 요망에 따라 해석했다.

198* 뵈켄회르데 교수의 논문에서는 "단순한 사회성이라는 상태"로 되어 있지만, 여기에서 인용한 슈미트의 저작에서는 "단순한 사회성이라는 비정치적인 상태"라고 되어 있기 때문에, 슈미트의 원문에 따라서 번역했다.

200* 뵈켄회르데 교수의 논문에서는 '질서'이지만, 슈미트의 원문에 따라서 '현존의 질서'로 슈미트의 원문에 따라서 번역했다.

구체적 질서사고

215* 기본법 제79조(기본법의 개정) 3항: 연방을 각 주로 분할 편성하는 것, 입법에 있어서 주의 원칙적인 협력 또는 제1조(인간의 존엄)와 제20조(연방국가, 저항권)에 규정된 원칙들에 저촉되는 기본법 개정은 허용되지 아니한다.

정치신학과 정치경제학

233* '진리가 아니라 권위가 법을 만든다'(Leviathan, Cap. 26). 슈미트는 이 표현을 즐겨 인용한다. 예컨대 『정치신학』(김효전 옮김, 법문사, 1988, 54쪽), 『홉스 국가론에서의 리바이어던』(김효전 옮김, 교육과학사, 1992, 309쪽) 등.

238* 교회의 조직 · 제도(Anstalt). 독일어의 Anstalt는 보통 시설(본서 262쪽), 영조물, 교도소(감옥) 등으로 번역한다. 공법상의 영조물(Anstalten des öffentlichen Rechts)은 공법상의 행정시설이며, 일정한 목적에 제공된 사법(私法)상의 재단에 상당하며, 사법상의 사단(社團)에 상당하는 공법상의 단체(Körperschaft des öffentlichen Rechts)와는 다르다. 공법상의 영조물로서는 연방철도 등이 있다.

260* 프로스페로(Prospero), 칼리반(Caliban). 칼리반은 셰익스피어의 작품 『템페스트』(폭풍)에 나오는 반수인(半獸人)으로 프로스페로의 머슴. 추악하고 잔인한 사람을 상징한다.

엠마누엘 시에예스와 카를 슈미트에 있어서의 '헌법제정권력'론

292* 토크비유, 『앙시앙 레짐과 혁명』(1856)의 한국어 번역은 이용재 옮김, 『구체제와 프랑스혁명』, 프랑스혁명 200주년 기념총서 2, 일월서각, 1989.

현대 헌법학에 미친 카를 슈미트의 영향

326* 산티아고 카릴로(Santiago Carrillo, 1915~2012) 스페인의 직업혁명가. 저서 "Eurocommunismo" y estado, 1977(김유향 옮김, 『유로코뮤니즘과 국가』, 새길, 1992; 재판 시에 『마르크스즘과 유로코뮤니즘』, 중원문화, 2010로 제목 바꿈).

이데에 비추어 본 현실

331* 국가의 기본법(Grundrecht). 보통 기본권으로 번역하지만 여기서는 내용상 국가의 기본법이라고 하였다.

334* 메두사(Medusa). 본디 아름다운 여인이었지만 해신(海神) 포세이돈과 아테나 신전에서 정을 통했다가 분개한 아테나의 저주로 흉측한 괴물이 되었다. 영웅 페르세우스는 청동 방패에 비친 모습을 보고 메두사의 목을 단칼에 잘라 무찔렀다. 메두사의 머리카락은 뱀이며 그를 한 번 본 사람은 공포 때문에 돌이 되어버렸다고 한다.

카를 슈미트는 정치사상에 있어서 최신의 고전적 대가인가?

366* 파스칼의 내기. 그의 『팡세』(현미애 옮김, 을유문화사, 2013) 중의 유명한 단장을 가리킨다. 신이 존재하는가의 여부에 관한 문제를 인간의 이성으로써는 결정할 수 없다는 것이다. 카를 슈미트가 고전적 대가인가의 문제를 빗대어 한 말이다.

366** 하인리히 하이네의 『이념. 르 그랑의 서(Ideen. Das Buch Le Grand, 1827)』는 『여행 풍경(Reisebilder)』 제2권에 「북해」 2, 3부, 「베를린에서 온 편지(Briefe aus Berlin)」와 함께 들어 있다. 하이네의 작품으로 홍성광 옮김, 『독일. 겨울동화』(창작과비평사, 1993) 참조.

367* 베르톨드 브레히트의 『코이너 씨 이야기』. 코이너 씨는 브레히트의 일련의 우화의 주인공이다. 정원사로 일하는 코이너 씨는 어느 날 주인으로부

터 월계수를 둥글게 만들도록 명을 받았다. 그는 고심한 끝에 둥글게 만드는 데에 성공했다. 월계수 잎의 대부분을 잘라버렸기 때문에 작은 동그라미가 되었다. 이 경험에서 코이너 씨는 "많은 철학자들이 그런 것처럼 … 형태를 만들려고 해서 그 때문에 소재가 없어져버린 것입니다"라고 해설한다.

367** 퀜틴 스키너(Quentin Skinner, 1940~). 영국의 역사학자. 저서 Visions of Politics, Vol.1, 2002 (황정아 · 김용수 옮김, 『역사를 읽는 방법』, 돌베개, 2012). 이 책 3권은 『홉스와 시민학』(Hobbes and Civil Science)으로 국가이론에 중점을 두어 홉스 정치사상의 진화와 성격을 검토한다.

371* 아리아드네(Ariadne)의 실. 아리아드네가 영웅 테세우스를 미궁에서 구출할 때 사용한 실.

372* Hans Maier und Horst Denzer, Klassiker des politischen Denkens, München: C. H. Beck, 3. Aufl., 2008, in 2 Bänden.

380* 오딧세우스의 아내 페넬로페는 남편이 20년간 표류하는 동안 많은 구혼자들을 물리치고 오로지 남편의 생환을 믿고 기다렸다. 오딧세우스는 천신만고 끝에 무사히 귀국하여 난폭한 구혼자들을 처벌하게 된다. 아테네 여신은 이 구혼자를 물리칠 계획이 성공하도록 남편 때문에 울기만 하는 페넬로페를 위해서 잠들게 했다. 빌름스는 아마 이것을 서술한 것으로 보인다.

382* 플라톤의 『국가』(천병희 옮김, 숲, 2013), 홉스의 『리바이어던』(진석용 옮김, 나남, 2008), 헤겔의 『법철학』(임석진 옮김, 한길사, 2008) 참조.

382** 원문은 도이블러(Däubler)의 아넥도트(Anekdote)인데 '도이블러의 은유'로 번역한다. 슈미트는 서정시인 도이블러에 관한 책도 썼다. C. Schmitt, Theodor Däublers "Nordlicht". Drei Studien über die Elemente, den Geist und die Aktualität des Werkes, Unverän. Ausg. der 1916 bei Georg Müller in München erschienenen Erstauf. - Berlin: Duncker & Humblot, 3. Aufl., 2009.

382*** Entbindung에는 분만과 해방이란 두 가지의 의미가 있다. 아마 도이블러는 전자의 의미로 은유하여 사용한 듯하며, 이에 대해서 슈미트는 이 표현을 빌려 후자의 의미로 사용하였다고 빌름스는 주장하는 것 같다. 여기서는 '해방'으로 번역한다.

385* 「중립화와 탈정치화의 시대」는 김효전 · 정태호 옮김, 『정치적인 것의 개념』, 107-130쪽 참조.

388* Repräsentation을 '재현전'(再現前)으로 해석하는 것은 일본인 和仁陽, 『教會 · 公法學 · 國家: 初期カール · シュミットの公法學』(東京大出版會, 1990)가 있다.

389* 에커만(Johann Peter Eckermann, 1792~1854). 괴테의 조수이자 친한 동료로서 저서 『괴테와의 대화』(장희창 옮김, 민음사, 2008)가 유명하다. 그는 괴테와 10년간 1000번 이상의 대화를 나누었다. 글은 혼자 쓰지만 그 글을 쓰기 위해서는 많은 기록과 대화가 필요하다는 의미에서 빌름스는 '에커만 콤플렉스'라고 부른 것 같다.

카를 슈미트 연보

1888년 7월 11일 독일 베스트팔렌주 플레텐베르크/자우어란트의 가톨릭 가정에서 출생. 아버지 요한은 상인.

1907년 아텐도른의 김나지움 졸업. 그 후 베를린, 뮌헨, 스트라스부르대학에서 법학을 공부.

1910년 스트라스부르대학을 최우등으로 졸업. 학위논문은 형법상의 『책임과 책임의 종류: 하나의 술어적 고찰』. 지도교수는 프리츠 판 칼커.

1912년 『법률과 판결』 출간.

1914년 교수자격논문 『국가의 가치와 개인의 의의』 출판.

1915년 제2차 국가시험 합격. 처음에는 지원병이었으나 나중에는 뮌헨의 참모본부에서 1919년 4월까지 근무. 파울라 도로티아(Pabla v. Dorotič)와 결혼.

1916년 교수자격을 취득하고 스트라스부르대학 사강사가 되어 1918년 11월까지 근무. 『테오도르 도이블러의 『북극광』』을 발표.

1918년 11월 스트라스부르대학이 폐쇄되어 대학에서의 직을 상실한다.

1919년 본(M. J. Bonn)의 주선으로 뮌헨 상과대학의 사강사가 된다. 막스 베버의 사강사 세미나에 참석. 『정치적 낭만주의』 출간.

1921년 그라이프스발트대학 정교수가 되다. 『독재론』 출판.

1922년 4월에 에리히 카우프만의 도움을 받아 루돌프 스멘트의 후임으로 본대학 정교수가 된다. 다음해에 슈미트는 E. 포르스토프, E. 프리젠한, W. 구리안, E. R. 후버, O. 키르히하이머, W. 베버 등을 제자로 배출. 『정치신학』 출판.

1923년 민족주의적 투쟁 시작. 『입장과 개념들: 바이마르-제네바-베르사유와의 투쟁에 있어서』; 바이마르의 사형 선고, 즉 『현대 의회주의의 정신사적 지위』 출간.

1924년 『로마 가톨릭주의와 정치형태』 출판. 부인 파울라 도로티아와 이혼.

1925년 베르사유 체제와 투쟁. 『국제정치의 대상으로서의 라인란트』 발간.

1926년 두슈카 토도로비치(Duska Todorović)와 재혼. 이 때문에 가톨릭교회로부터 파문을 당함.

1927년 에른스트 윙거와 평생에 걸친 우정이 시작된다.

1928년 4월 바이마르 헌법의 기초자인 후고 프로이스의 후임으로 베를린 상과대학의 정교수가 된다. 『헌법이론』 발표.

1930~32년 저술과 감정으로 바이마르 대통령제도를 정당화함. 행정 관료와의 공동 작업으로 라이히 정부와 사법부에 영향력을 행사.

1931년 『헌법의 수호자』 출판. 외동딸 아니마 출생(1983년에 사망).

1932년 『합법성과 정당성』, 『정치적인 것의 개념』(제2판)을 출판. 이른바 파펜쿠데타 사건에서 라이히 측 대리인으로서 라이프치히의 국사재판소 법정에 선다.

1933년 4월 한스 켈젠의 도움을 받아 슈티이르 · 좀로의 후임으로 쾰른대학 교수가 된다(9월까지). 5월 1일 나치스당에 입당. 7월 괴링에 의해서 추밀고문관에 임명된다. 10월 베를린대학 교수가 된다(1945년 12월까지). 11월 나치 독일 법률가연맹 대학교수부회장이 된다. 『국가 · 운동 · 민족』을 출판.

1934년 『법학적 사고방식의 세 유형』, 『제2제국의 국가구조와 붕괴』, 『국가사회주의와 국제법』 출판. 히틀러의 룀 살해를 정당화하는 「총통은 법을 보호한다」를 발표.

1936년 무솔리니를 공식 접견한다. 「유태 정신과 투쟁하는 독일 법학」 발표. SS(돌격대)의 공격을 받고 정치 일선에서 물러난다. 베를린대학 교수직과 슈미트가 높이 평가한 프로이센 추밀고문관 등 나치스당과 명예직까지 상실한다. 이후 법사학과 국제법의 연구에 몰두한다.

1938년 『홉스 국가론에서의 리바이어던』 출판.

1939년 『국제법상의 광역질서』 발표.

1940년 논문집 『입장과 개념들』 발표.

1942년 『땅과 바다』 발표.

1945년 4월 소련군에게 체포되어 심문을 받은 후 석방. 9월 미군에게 체포되어 베를린 교외 뤼덴샤이드 포로 · 정치범수용소에 구금되다. 1945년 12월 교수직 상실.

1946년 10월 일단 석방되다.

1947년 3월 미군에 의해서 다시 체포되다. 바거제의 감옥을 거쳐 뉘른베르크로 이송되었으나 불기소처분을 받고 5월에는 고향 플레텐베르크로 돌아간다.

1950년 옥중기 『구원은 옥중에서』와 국제법사적 회고인 『대지의 노모스』 출판. 부인 두슈카 사망. 파문이 풀려 가톨릭교회로 복귀. 플레텐베르크에서 은둔생활을 한다. 그러나 여러 사람들과 왕성한 접촉을 가지고 강연 활동이나 프랑스, 이탈리아, 스페인 등의 폭넓은 국제적 교류를 고령 때까지 계속한다.

1956년 『햄릿이냐 헤쿠바냐』 출판.

1958년 논문집 『헌법 논집 1924-1954』 출판. 서독 헌정에 대한 비판적인 주석을 가함.

1963년 『파르티잔의 이론』 출판. 전후 시기의 슈미트의 가장 중요한 해석으로 평가됨.

1967년 논문 「가치의 전제」 발표.

1970년 『정치신학 Ⅱ』 출판.

1978년 마지막 논문 「합법적 세계혁명」을 『국가』지에 발표.

1985년 4월 7일 플레텐베르크의 병원에서 사망.

1986년 10월 슈파이어에서 카를 슈미트 추모 특별 세미나 개최. 1988년 논문집 『반대물의 복합체』로 발간.

1991년 『주석집』 출판.

1995년 논문집 『국가 · 광역 · 노모스 1916-1969』 출판.

2005년 논문집 『평화냐 평화주의냐』 발간.

카를 슈미트 저작

* 카를 슈미트의 저작목록 전체와 최근까지의 상세한 연구문헌은 다음의 책들에 수록되어 있으며, 여기서는 주요 단행본만을 열거하였다. 특히 최근의 영어사용권에서의 연구동향은 (4) 참조.

(1) 김효전 · 정태호 옮김, 『정치적인 것의 개념』, 살림, 2012.

(2) 김효전 편역, 『칼 슈미트 연구: 헌법이론과 정치이론』, 세종출판사, 2001.

(3) Alain de Benoist, Carl Schmitt Bibliographie seiner Schriften und Korrespondenzen, Berlin: Akademie Verlag 2003, 142 pp.

(4) Daniel Hitschler, Zwischen Liberalismus und Existentialismus: Carl Schmitt im englischsprachigen Schriften, Baden-Baden: Nomos 2011. 187 pp. (Würzburg Diss. 2011)

* 이하 괄호 안의 숫자는 초판의 발간 연도이며, D&H는 Berlin: Duncker & Humblot사의 약자임.

Über Schuld und Schuldarten. Eine terminologische Untersuchung(1910).

Gesetz und Urteil. Eine Untersuchung zum Problem der Rechtspraxis(1912), München: C. H. Beck, 2. Aufl., 1969(홍성방 옮김, 『법률과 판결: 법실무의 문제에 대한 연구』, 유로, 2014).

Der Wert des Staates und die Bedeutung des Einzelnen(1914), D&H., 2. Aufl., 2004.

Theodor Däublers 'Nordlicht', Drei Studien über die Elemente, den Geist und die Aktualität des Werkes(1916), D&H., 3. Aufl., 2009.

Politische Romantik(1919), D&H., 6. Aufl., 1998(배성동 역, 『정치적 낭만』, 삼성출판사, 1977).

Die Diktatur. Von den Anfängen des modernen Souveränitätsgedankens bis zum proletarischen Klassenkampf(1921), D&H., 7. Aufl., 2006(김효전 옮김, 『독재

론』, 법원사, 1996).

Politische Theologie. Vier Kapitel zur Lehre von der Souveränität(1922), D&H., 9. Aufl., 2009(김효전 역, 『정치신학』, 법문사, 1988).

Die geistesgeschichtliche Lage des heutigen Parlamentarismus, D&H., 9. Aufl., 2010(김효전 옮김, 『현대 의회주의의 정신사적 지위』, 관악사, 2007+원문 90 S.; 나종석 옮김, 『현대 의회주의의 정신사적 상황』, 도서출판 길, 2012).

Römischer Katholizismus und politische Form(1923), Neue Aufl., Köln: Hohenheim 1984(김효전 역, 『로마 가톨릭주의와 정치형태』, 교육과학사, 1993).

Volksentscheid und Volksbegehren. Ein Beitrag zur Auslegung der Weimarer Verfassung und zur Lehre von der unmittelbaren Demokratie(1927), D&H., 2. Aufl., 2012(김효전 옮김, 『국민표결과 국민발안』, 관악사, 2008+원문 54 S.).

Verfassungslehre(1928), D&H., 10. Aufl., 2010(김기범 역, 『헌법이론』, 교문사, 1973).

Der Begriff des Politischen(1928).(윤근식 역, 『정치의 개념』, 법문사, 1961, 위성문고).

Hugo Preuß. Sein Staatsbegriff und seine Stellung in der deutschen Staatslehre(1930).(김효전 역, 「후고 프로이스」, 『정치신학 외』, 법문사, 1988에 수록).

Der Hüter der Verfassung(1931), D&H., 5. Aufl., 2000(김효전 역, 『헌법의 수호자』, 법문사, 2000).

Legalität und Legitimität(1932), D&H., 8. Aufl., 2012(김효전 역, 『합법성과 정당성』, 교육과학사, 1993).

Staat, Bewegung, Volk. Die Dreigliederung der politischen Einheit(1933).(김효전 역, 「국가 · 운동 · 민족」, 위의 『정치신학 외』에 수록).

Das Reichsstatthaltergesetz(1933).

Über die drei Arten des rechtswissenschaftlichen Denkens(1934), D&H., 3. Aufl., 2006(김효전 역, 「법학적 사고방식의 세 유형」, 위의 『정치신학 외』에 수록).

Staatsgefüge und Zusammenbruch des zweiten Reiches. Der Sieg des Bürgers über den Soldaten(1934), D&H., Herausgegeben, mit einem Vorwort und mit Anmerkungen versehen von Günter Maschke, 2. Aufl., 2011. 117 S. Anhang: Die Logik der geistigen Unterwerfung(김효전 옮김, 『제2제국의 국가 구조와 붕괴』, 관악사, 2008+원문 49 S.).

Nationalsozialismus und Völkerrecht(1934).(김효전 옮김, 「국가사회주의와 국제법」, 위의 『정치신학 외』에 수록).

Das politische Problem der Friedenssicherung(1934), 3. Aufl., Wien-Leipzig: Karolinger 1993.

Der Leviathan in der Staatslehre des Thomas Hobbes(1938), Neue Aufl., Köln: Hohenheim 1982(김효전 역, 『홉스 국가론에서의 리바이어던』, 교육과학사, 1992).

Die Wendung zum diskriminierenden Kriegsbegriff(1938), 4. Aufl., 2007.

Völkerrechtliche Großraumordnung(1939), 3. Aufl., 2009(김효전 역, 「역외열강의 간섭 금지를 수반하는 국제법상의 광역질서」, 위의 『정치신학 외』에 수록).

Positionen und Begriffe im Kampf mit Weimar-Genf-Versailles 1923-1939(1940), 3. Aufl., 1994(김효전 · 박배근 공역, 『입장과 개념들』, 세종출판사, 2000).

Land und Meer(1942), Neue Aufl., Köln: Hohenheim 1981. 2008; Stuttgart: Klett-Cotta, 2011.

Die Lage der europäischen Rechtswissenschaft(1950)(김효전 역, 『유럽 법학의 상태』, 교육과학사, 1990).

Ex Captivitate Salus. Erfahrungen der Zeit 1945/47(1950), 2. Aufl., D&H., 2002(Facsimile reprint)(김효전 역, 『구원은 옥중에서』, 교육과학사, 1990).

Donoso Cortés in gesamteuropäischer Interpretation. Vier Aufsätze, Köln: Greven Verlag(1950); D&H., 2. Aufl., 2009. 113 S.

Nomos der Erde im Völkerrecht des Jus Publicum Europaeum(1950), D&H., 4. Aufl.,1997(최재훈 옮김, 『대지의 노모스』, 민음사, 1995).

Gespräch über die Macht und den Zugang zum Machthaber(1954), Neue Aufl., Berlin: Akademie 1994; Pfullingen: Gunther Neske 2008; Stuttgart: Klett-Cotta, 2008. 95 pp.(김효전 역, 「권력과 권력자에의 길에 관한 대화」, 위의 『유럽 법학의 상태』에 수록).

Hamler oder Hekuba: Der Einbruch der Zeit in das Spiel(1956), 5. Aufl., Stuttgart: Klett-Cotta 2008. 72 pp.

Verfassungsrechtliche Aufsätze aus den Jahren 1924-1954. Materialien zu einer Verfassungslehre(1958), D&H., 4. Aufl., 2003.

Die Tyrannei der Werte(1960), D&H., 3., korregierte Aufl., Mit einem Nachwort von Christoph Schönberger, 2011. 91 S.(김효전 역, 「가치의 전제」, 『유럽 법학의 상태』에 수록).

Der Begriff des Politischen. Text von 1932 mit einem Vorwort und drei Corollarien(1963), D&H., 8. Aufl., 2009(김효전 · 정태호 공역, 『정치적인 것의 개념』, 살림, 2012).

Theorie des Partisanen. Zwischenbemerkung zum Begriff des Politischen(1963), D&H., 7. Aufl., 2010(김효전 옮김, 『파르티잔』, 문학과지성사, 1998).

Politische Theologie Ⅱ. Die Legende von der Erledigung jeder Politischen Theologie(1970), D&H., 5. Aufl., 2008(김효전 역, 「정치신학 Ⅱ」, 『동아법학』 제16호, 1993).

Das internationalrechtliche Verbrechen des Angriffskrieges und der Grundsatz "Nullum crimen, nulla poena sine lege." Hrsg. Helmut Quaritsch, Berlin: D&H., 1994(김효전 옮김, 「국제법상의 침략전쟁의 범죄와 '죄형법정주의' 원칙」, 『동아법학』 제34호, 2004).

Carl Schmitt Antworten in Nürnberg. Hrsg. von Helmut Quaritsch, Berlin:D&H., 2000.

Glossarium. Aufzeichnungen der Jahre 1947-1951. Hrsg. von Eberhard Freiherr von Medem, Berlin: D&H., 1991.

Staat, Großraum, Nomos. Arbeiten aus den Jahren 1916-1969. Herausgegeben, mit einem Vorwort und mit Anmerkungen versehen von Günter Maschke,Berlin: D&H., 1995.

Frieden oder Pazifismus? Arbeiten zum Völkerrecht und zur internationalen Politik 1924-1978, Herausgegeben, mit einem Vorwort und mit Anmerkungen versehen von Günter Maschke, Berlin: D&H., 2005.

Festschrift für Carl Schmitt zum 70. Geburtstag dargebracht von Freunden und Schülern, H. Barion / E. Forsthoff / W. Weber(Hrsg.), Berlin: D&H., 1959. 3. Aufl., 1994.

Epirrhosis. Festgabe für Carl Schmitt zum 80. Geburtstag, H. Barion / E.-W. Böckenförde / E. Forsthoff / W. Weber(Hrsg.), Berlin: D&H., 1968. 2. Aufl.,(in einem Band), 2002.

참고문헌

1. 번역

1 윤근식 역, 『정치의 개념』, 위성문고(64), 법문사, 1961년, 77쪽(Der Begriff des Politischen, 1927).

2 윤근식 역, 한스 크루파, 「카알 슈밋트의 『정치적인 것』의 이론」, 위의 문고, 79-131쪽에 수록(Hans Krupa, Carl Schmitts Theorie des "Politischen", 1937).

3 최치봉 역, 「카알 슈미트 헌법의 개념 제1편(상)」, 『경희법학』(경희대), 제3권 1호, 1961년, 53-66쪽(Verfassungslehre, 1928).

4 김형배 역, 「법학적 사고방식의 3유형에 관하여」, 『법률학보』(고려대) 제2집, 1955년, 117-124쪽; 제3집, 1956년, 82-88쪽; 제10집 1963년, 86-91쪽(Über die drei Arten des rechtswissenschaftlichen Denkens, 1934).

5 김기범 역, 『헌법이론』, 교문사, 1976, 425쪽(Verfassungslehre, 1928).

6 배성동 역, 『정치적 낭만』, 삼성출판사, 1977년, 369-540쪽 삼성판 세계사상전집 (44)(Politische Romantik, 1919).

7 김효전 역, 합법적 세계혁명, 『법정논총』(동아대) 제20집, 1980년, 53-70쪽(Die legale Weltrevolution, 1978).

8 김효전 역, 「후고 프로이스: 그 국가개념과 독일 국가학상의 지위」, 『법정논총』(동아대) 제24집, 1984년, 19-39쪽(Hugo Preuß. Sein Staatsbegriff und seine Stellung in der deutschen Staatslehre, 1940).

9 최종고 역, 「법학적 사고방식의 3 유형」, 『위대한 법사상가들 Ⅱ』, 학연사, 1985년, 290-314쪽.

10 김효전 역, 「가치의 전제」, 『법대논총』(동아대) 제26집, 1986년, 15-40쪽(Die Tyrannei der Werte, 1967).

11 김효전 역, 「칼 슈미트의 옥중기: 구원은 옥중으로부터」, 『부산문화』 제12호, 1987년 1월, 98-111쪽(Ex Captivitate Salus. Erfahrungen der Zeit 1945/47, 1950).

12 김효전 역, 「국가개념의 구체성과 역사성」, 『성균법학』 제19집, 1987년,

133-141쪽(Staat als konkreter, an eine geschichtliche Epoche gebundener Begriff, 1941).

13 박남규 역, 『현대 의회주의의 정신』, 탐구당, 1987년, 230쪽(Die geistesgeschichtliche Lage des heutigen Parlamentarismus, 1926).

14 김효전 역, 『정치신학 외』, 법문사, 1988년, 477쪽. 수록 내용: 『정치신학』(Politische Theologie, 1934): 「신화의 정치이론」(Die politische Theorie des Mythus, 1923), 「의회주의와 현대 대중민주주의와의 대립」(Der Gegensatz von Parlamentarismus und moderner Massendemokratie, 1926), 「중립화와 탈정치화의 시대」(Das Zeitalter der Neutralisierungen und Entpolitisierungen, 1929), 『후고 프로이스』(Hugo Preuß, 1930), 『국가 운동 민족』(Staat, Bewegung, Volk, 1933), 『법학적 사고방식의 세 유형』(Über die drei Arten des rechtswissenschaftlichen Denkens, 1934): 「국가사회주의와 국제법」(Nationalsozialismus und Völkerrecht, 1934), 『역외 열강의 간섭을 허락하지 않는 국제법적 광역질서』(Völkerrechtliche Großraumordnung mit Interventionsverbot für raumfremde Mächte, 1939. 4. Ausgabe 1942), 「국가개념의 구체성과 역사성」(Staat als ein konkreter, an eine geschichtliche Epoche gebundener Begriff, 1941). 부록으로 카를 슈미트의 생애와 저작, 슈미트에 관한 연구문헌이 수록되어 있다.

15 김효전 역, 「홉스와 데카르트에 있어서의 메커니즘으로서의 국가」, 『고시연구』 제15권 11호, 1988년 11월, 93-104쪽(Der Staat als Mechanismus bei Hobbes und Descartes, 1937).

16 김효전 역, 「파르티잔의 이론」, 『동아법학』(동아대) 제9호, 1989년 12월, 345-440쪽(Theorie des Partisanen, 1963).

17 김효전 역, 『유럽법학의 상태: 구원은 옥중에서』, 교육과학사, 1990년 4월, 396쪽, 법학교양총서(8). 수록 내용: 『유럽법학의 상태』(Die Lage des europäischen Rechtswissenschaft, 1943/1944), 『구원은 옥중에서』(Ex Captivitate Salus, 1950), 「권력과 권력자에의 길에 관한 대화」(Gespräch über die Macht und den Zugang zum Machthaber, 1954), 「완성된 종교개혁」(Die vollendete Reformation, 1965), 『가치의 전제』(Die Tyrannei der Werte, 1967), 「합법적 세계혁명」(Die legale Weltrevolution, 1978).

18 김효전 역, 「합법성과 정당성」, 『동아법학』 제10호, 1990년 5월, 87-173쪽

(Legalität und Legitimität, 1932).
19 정용화 옮김, 『파르티잔 이론: 정치적인 것의 개념에 관한 중간소견』, 인간사랑, 1990년 7월, 174쪽(Theorie des Partisanen, 1963). 부록으로 『정치적인 것의 개념』, 109-174쪽에 수록. 그러나 이 책에는 「1963년판의 서문」, 「중립화와 탈정치화의 시대」, 「세 개의 계론(系論)」, 그리고 해제는 물론 수록되어 있지 않다.
20 배성동 역, 『정치적 낭만』[신판], 삼성출판사, 1990년 9월, 197쪽. 세계사상전집(34).
21 김효전 역, 「헌법의 수호자」, 『동아법학』 제11호, 1990년 12월, 227-294쪽(Der Hüter der Verfassung, 1929). 여기에는 한스 켈젠의 「누가 헌법의 수호자이어야 하는가?」(Hans Kelsen, Wer soll der Hüter der Verfassung sein? 1931)도 함께 수록되어 있다.
22 김효전 역, 「바이마르 헌법에 있어서의 자유권과 제도적 보장」, 『독일학연구』(동아대) 제6호, 1990년 12월, 29-49쪽(Freiheitsrechte und institutionelle Garantien der Reichsverfassung, 1931).
23 김효전 역, 「라이히 대통령의 독재: 바이마르 헌법 제48조에 따른」, 『동아법학』 제12호, 1991년 7월, 253-309쪽(Die Diktatur des Reichspräsidenten nach Artikel 48 der Reichsverfassung, 1924).
24 김효전 역, 『헌법의 수호자 논쟁』, 교육과학사, 1991년 12월, 308쪽. 법학교양총서(20).
25 김효전 역, 『로마 가톨릭주의와 정치형태, 홉스국가론에서의 리바이어던』, 교육과학사, 1992년 2월, 350쪽. 법학교양총서(23). 수록 내용: 『로마 가톨릭주의와 정치형태』(Römischer Katholizismus und politische Form, 1923), 「위임적 독재와 국가학」(Die Diktatur, 1921, S. 1-42), 「라이히 대통령의 독재」(Die Diktatur des Reichspräsidenten, 1924), 「국가의 국내정치적 중립성의 문제」(Das Problem der innerpolitischen Neutralität des Staates, 1930), 「현대 국가의 권력상황」(Machtpositionen des modernen Staates, 1933), 「홉스와 데카르트에 있어서의 메커니즘으로서의 국가」(Der Staat als Mechanismus bei Hobbes und Descartes, 1937), 『홉스국가론에서의 리바이어던』(Der Leviathan in der Staatslehre des Thomas Hobbes, 1938).
26 김효전 역, 『정치적인 것의 개념: 서문과 세 개의 계론을 수록한 1932년판』,

법문사, 1992년 8월, 169쪽(Der Begriff des Politischen, 1932).

27 김효전 역, 『합법성과 정당성』, 교육과학사, 1993년 6월, 319쪽. 수록 내용. 『합법성과 정당성』(Legalität und Legitimität, 1932), 「바이마르 헌법에 있어서의 자유권과 제도적 보장」(Freiheitsrechte und institutionelle Garantien der Reichsverfassung, 1931), 「법치국가에 관한 논쟁의 의의」(Was bedeutet der Streit um den "Rechtsstaat"? 1935)와 칼 뢰비트(Karl Löwith)의 「칼 슈미트의 기회원인론적 결정주의」(Der okkasionelle Dezisionismus von C. Schmitt, 1960) 및 「막스 베버와 카를 슈미트」(Max Weber und Carl Schmitt, 1964).

28 김효전 역, 『정치신학Ⅱ: 모든 정치신학은 일소되었다는 전설』, 『동아법학』 제16호, 1993년 12월, 249-356쪽(Politische Theologie Ⅱ. Die Legende von der Erledigung jeder politischen Theologie, 1970).

29 김효전 역, 「제2제국의 국가구조와 붕괴」, 일암 변재옥 박사 화갑기념 『현대공법논총』, 1994년 6월, 169-208쪽(Staatsgefüge und Zusammenbruch des zweiten Reiches, 1934).

30 김효전 역, 「국민표결과 국민발안: 바이마르 헌법의 해석과 직접민주주의론에 대한 기고」, 균재 양승두 교수 화갑기념논문집(I), 「현대공법과 개인의 권익보호」, 1994년 12월, 944-982쪽(Volksentscheid und Volksbegehren. Ein Beitrag zur Auslegung der Weimarer Verfassung und zur Lehre von der unmittelbaren Demokratie, 1927).

31 김효전 역, 피이트 토미센 편, 「칼 슈미트와의 대화 외 2편」, 『세계헌법연구』 (국제헌법학회 한국학회) 창간호, 1994년 10월, 294-341쪽(Piet Tommissen (Hrsg.), OVER EN IN ZAKE CARL SCHMITT, 1975, S. 89-119).

32 최재훈 옮김, 『대지의 노모스: 유럽 공법의 국제법』, 민음사, 1995년, 432쪽(대우학술총서. 번역 74) (Der Nomos der Erde im Völkerrecht des Jus Publicum Europaeum, 3. Aufl., 1988).

33 김효전 역, 『정치적인 것의 개념』[증보판], 법문사, 1995년 6월, 225쪽. 수록 내용: 레오 슈트라우스(Leo Strauß)의 「카를 슈미트의 『정치적인 것의 개념』에 대한 주해」(Anmerkungen zu Carl Schmitt, Der Begriff des Politischen, 1934)와 에른스트 볼프강 뵈켄회르데(Ernst-Wolfgang Böckenförde)의 「카를 슈미트의 국법학상의 저작을 이해하기 위한 열쇠로서의 정치적인 것의 개념」(Der Begriff des Politischen als Schlussel zum staatsrechtlichen Werk Carl

Schmitt, 1988의 두 논문을 증보).

34 김효전 역, 『독재론: 근대 주권사상의 기원에서 프롤레타리아 계급투쟁까지』, 법원사, 1996년 4월, 335쪽(Die Diktatur. Von den Anfängen des modernen Souveränitätsgedankens bis zum proletarischen Klassenkampf, 6. Aufl., 1994).

35 김효전 옮김, 「법치국가에 관한 논쟁의 의의」(1935년), 김효전 편역, 『법치국가의 원리』, 법원사, 1996년 2월, 27-41쪽에 재수록.(Was bedeutet der Streit um den "Rechtsstaat"? in: Zeitschrift für die gesamte Staatswissenschaft, Bd. 95. Heft 2, 1935. S. 189-201).

36 김효전 옮김, 『파르티잔: 그 존재와 의미』, 문학과지성사, 1998년 4월, 207쪽(Theorie des Partisanen. Zwischenbemerkung zum Begriff des Politischen, 3. Aufl., 1992).

37 김효전 역, 『입장과 개념들』, 『동아법학』 제24호, 1998년 12월, 415-492쪽(Positionen und Begriffe, 1940). 수록 내용: 「1849년 베를린에서의 도노소 코르테스」, 「민주주의와 재정」, 「파시스트 국가의 본질과 성립」, 「알려지지 않은 도노소 코르테스」, 「중립화와 탈정치화의 시대: 국가윤리학과 다원적 국가」.

38 김효전 역, 『입장과 개념들(2)』, 『동아법학』 제25호, 1999년 4월, 227-273쪽(Positionen und Begriffe, 1940). 수록 내용: 「전체국가에로의 전환」, 「국가의 국내정치적 중립성개념의 다양한 의미와 기능들의 개관」, 「라이프치히 국사재판소에서의 최후연설」, 「독일에 있어서 전체국가의 발전」, 「헌법사의 새로운 과제에 대해서」.

39 김효전 옮김, 『헌법의 수호자』, 법문사, 2000년 2월, 250쪽(Der Hüter der Verfassung, 1931).

40 김효전 옮김, 「국제법상의 침략전쟁의 범죄와 '죄형법정주의' 원칙」, 『동아법학』 제34호, 2004년 6월, 381-496쪽(Das internationalrechtliche Verbrechen des Angriffkrieges und der Grundsatz "Nullum crimen, nulla poena sine lege", 1994).

41 김효전 옮김, 「라이히 의회의 해산」, 『헌법학연구』 제10권 2호, 2004년 6월, 539-555쪽(Reichstagsauflösungen, 1924).

42 정태호 옮김, 「기본권과 기본의무」(1932), 『동아법학』 제36호, 2005년 6월,

215-267쪽(Grundrechte und Grundpflichten, 1932).
43 정태호 옮김, 「헌법의 수호자인 라이히재판소」, 『동아법학』 제37호, 2005년 12월, 419-467쪽(Das Reichsgericht als Hüter der Verfassung, 1929).
44 정태호 옮김, 「공용수용개념의 해체」(1929), 『경희법학』 제39권 제3호, 2005년, 363-377쪽(Die Auflösung des Enteignungsbegriffs, 1929).
45 정태호 옮김, 「바이마르 헌법상의 긴급명령의 국법적 의의: 그 법적 효력을 중심으로」, 『경희법학』 제40권 1호, 2005년, 277-303쪽(Die staatsrechtliche Bedeutung der Notverordnung, 1931).
46 김효전 옮김, 『현대 의회주의의 정신사적 지위』, 관악사, 2007년 6월, 118쪽+원문 90쪽.
47 정태호 역, 「합법률성(Legalität)의 문제」(1950), 『경희법학』 제42권 제1호, 2007년, 411-423쪽(Das Problem der Legalität, 1950).
48 김효전 옮김, 『국민표결과 국민발안/제2제국의 국가구조와 붕괴』, 관악사, 2008년 3월, 124쪽+원문 103쪽.
49 김효전 옮김, 「헌법의 개념」(1)(2)(3)(1928), 『동아법학』 제48호, 2010, 953-1000쪽; 제49호, 2010, 421-477쪽; 제50호 2011, 577-614쪽(Verfassungslehre, 1928. I. Abschnitt: Begriff der Verfassung).
50 김항 옮김, 『정치신학: 주권론에 관한 네 개의 장』, 그린비, 2010년 10월, 127쪽.
51 나종석 옮김, 『현대 의회주의의 정신사적 상황』, 도서출판 길, 2012년 2월, 118쪽.
52 김효전 · 정태호 옮김, 『정치적인 것의 개념: 서문과 세 개의 계론을 수록한 1932년판』, 살림, 2012년 9월, 338쪽.
53 홍성방 옮김, 『법률과 판결: 법실무의 문제에 대한 연구』, 유로, 2014년 5월, 185쪽(Gesetz und Urteil, 1912. 2. Aufl., 1969).

2. 연구 문헌

1 황산덕, 「법과 정치의 근본문제: 카알 슈밋트의 「3종의 법학적 사고」를 중심으로」, 『전시과학』 제2호, 1951년, 68-80쪽. 김효전 편역, 『칼 슈미트 연구』, 세종출판사, 2001, 233-247쪽에 재수록.

2 이동주, 『국제정치원론』, 장왕사, 1955년. 이 책에서는 슈미트의 정치개념을 그대로 도입하고 있다.

3 김동명, 『적과 동지』, 평창사, 1955년, 456쪽.

4 윤근식, 「카알 슈밋트(Carl Schmitt)의 정치이론과 그 한계성」, 『정경논집』(경희대) 제1호, 1961년, 144-154쪽.

5 한스 크루파, 윤근식 역, 「카알 슈밋트의 '정치적인 것'의 이론」, 동인 역, 『정치의 개념』, 법문사, 1961년, 80-131쪽에 수록. 원문은 Hans Krupa, Carl Schmitts Theorie des "Politischen", Leipzig: S. Hirzel 1937. 47 S.

6 윤근식, 「카알 슈밋트의 사상」, 윤근식 역, 『정치의 개념』, 1961년, 132-146쪽 수록.

7 한동섭, 「헌법제정권력의 이론: 칼 슈밋트의 소론을 중심으로」, 『법정』 통권 133호, 제16권 7호, 1961년 7월, 36-37쪽.

8 한동섭, 「헌법제정권력의 이론」, 『고시계』 제7권 6호, 1962년 6월, 22-28쪽.

9 한태연, 「카알 슈밋트 헌법학」(법률학을 위한 고전), 동양출판사, 1965년, 206쪽. 『현대사상강좌』(4).

10 박정규, 「법철학상의 규범주의와 결정주의 : H. Kelsen과 C. Schmitt의 견해에 관한 비교적 고찰」, 고려대학교 법학석사학위논문, 1966년, 65쪽.

11 김기범, 「Carl Schmitt 연구」, 『연세논총』, 연세대학교 대학원, 제10집, 1972년, 275-294쪽.

12 류은상, 「칼 슈밑의 정치적 단위체의 개념에 대한 연구」, 서울대학교 대학원 정치학석사학위논문, 1973년, 66쪽.

13 김남진, 「헌법과 헌법률」, 『고시계』 제18권 6호, 1973년 6월호, 12-18쪽.

14 류은상, 「Carl Schmitt의 공간개념 연구」, 『지리학연구』(한국지리교육학회) 제1권 2호 1974, 59-73쪽.

15 갈봉근, 슈미트 항목, 『정치학대사전』, 박영사, 1975년, 886쪽.

16 심재우, 「결정주의적 헌법개념과 규범주의적 헌법개념」, 현민 유진오 박사 고희기념논문집 『헌법과 현대법학의 제문제』, 일조각, 1975년, 103-141쪽.

17 지명렬, 『독일 낭만주의 연구』, 일지사, 1975년, 176쪽.

18 고시연구사 편집부, 「카알 슈미트의 생애와 사상」, 『고시연구』 제3권 3호, 1976년 3월호, 175-178쪽.

19 배성동, 「정치적 낭만 해제」, 앞의 번역서 『정치적 낭만』, 1977년, 20-30쪽.

20 김효전, 「칼 슈미트 헌법이론의 한국적 전개」, 해암 문홍주 박사 화갑기념논문집 『공법의 제문제』, 1978년, 111-156쪽. 김효전 편, 『독일헌법학설사』, 법문사, 1982년, 125-174쪽에 재수록.

21 김효전, 「칼 슈미트의 생애와 업적」, 『대학원논문집』(동아대) 제2집, 1978년, 101-137쪽.

22 박용철, 「Carl Schmitt의 의회제」, 『교육연구지』(경북대 사대), 제21집, 1979년, 73-88쪽.

23 신일철, 「파르티잔 이론」(서평), 『주간조선』1979. 8. 26. No. 552, 62-63쪽.

24 박정관, 「국민의 헌법제정권력: 특히 칼 슈미트와 헹케의 이론을 중심으로」, 고려대학교 대학원 법학석사학위논문, 1980년, 79쪽.

25 中道壽一, 김효전 역, 「칼 슈미트의 전체국가」, 김효전 편, 『독일헌법학설사』, 법문사, 1982년, 175-212쪽에 재수록.

26 좌종흔, 「C. Schmitt의 헌법개념」, 『논문집』(강릉대) 제3집, 1982년, 121-137쪽.

27 김명재, 「Carl Schmitt의 전체국가와 법치국가」, 『전남대학교 논문집』(법 · 행정학편) 제29집, 1984년, 1-20쪽.

28 김명재, 「Carl Schmitt의 헌법개념론: 그의 방법론을 중심으로」, 『전남법학』 제12호, 1984, 23-46쪽.

29 나용화, 『정치신학비판』, 기독교문서선교회, 1984년, 159쪽.

30 김효전, 「칼 슈미트의 서거 1888-1985」, 『월간고시』 제12권 10호, 1985년 10월호, 332-333쪽.

31 박종보, 「독일 헌법학에 있어서 헌법관의 비교연구: 규범주의, 결단주의, 통합주의를 중심으로」, 서울대학교 대학원 법학석사학위논문, 1985년, 151쪽.

32 유명준, 「헌법관에 따른 기본권이론에 관한 비교연구: C. Schmitt와 R. Smend의 이론을 중심으로」, 동아대학교 대학원 법학석사학위논문, 1985년, 95쪽.

33 정종섭, 「헌법의 정당성에 관한 연구: C. Schmitt 이론에 대한 비판을 중심으로」, 경희대학교 대학원 법학석사학위논문, 1985년, 220쪽.

34 최종고 역, 카를 슈미트, 『위대한 법사상가들 Ⅱ』, 학연사, 1985년, 268-289쪽.

35 박규하, 「실증주의적 헌법개념: 슈미트와 켈젠의 이론을 중심으로」, 『고시연구』 제12권 1호, 1986년 1월호, 25-42쪽.

36 이동과, 「20세기 법학의 3 거인, 그들의 생애와 학문: 파운드, 켈젠, 슈미트」, 『법학논고』(청주대) 제16집, 1986년, 161-166쪽.
37 이손규, 「칼 슈미트의 독재론」, 『법대논총』(동아대) 제26집, 1986년, 123-142쪽.
38 J. 몰트만 저, 조성로 역, 『정치신학』, 심지, 1986년, 259쪽.
39 갈봉근, 「헌법현실과 '위기' 속의 헌법: 한국 헌법에 끼친 칼 슈미트의 영향」, 『동아대학보』 제638호, 1987년 3월 23일 자.
40 갈봉근, 「현대 헌법학에 미친 칼 슈미트의 영향: 특히 본(Bonn) 기본법을 중심으로」, 『동아법학』(동아대) 제4집, 1987년, 1-43쪽.
41 김명재, 「Carl Schmitt의 국가론 연구: 정치적 결정구조문제를 중심으로」, 『논문집』(전남대) 1987, 1-21쪽.
42 박인규, 「C. Schmitt와 R. Smend의 기본권이론에 관한 비교연구」, 건국대학교 대학원 법학석사학위논문, 1988년.
43 무명, 서평: 김효전 역, 『정치신학 외』, 『출판저널』 제25호, 1988년 8월 20일 자.
44 정용화, 「Carl Schmitt의 전쟁사상 연구: 적 및 전쟁개념을 중심으로」, 서울대학교 대학원 정치학석사학위논문, 1989년 2월, 72쪽.
45 좌종흔, 「Carl Schmitt의 결단주의와 Thomas Hobbes」, 고려대학교 대학원 법학박사학위논문, 1990년 2월, 126쪽.
46 김효전, 「칼 슈미트의 국제법이론」, 현정 최재훈 박사 화갑기념논문집 『현대법의 제과제』, 1990년 7월, 43-72쪽.
47 김태홍, 「Carl Schmitt와 국가사회주의와의 관련」, 『논문집』(동의공업전문대학) 제6집, 1990년 12월, 15-32쪽.
48 문종욱, 「칼 슈미트 법사상과 현대 법학에 미친 그 영향」, 충남대학교 대학원 법학박사학위논문, 1991년 2월, 258쪽.
49 박종대, 「칼 슈미트의 정치신학」, 차인석 외, 『사회철학대계 3: 사회원리에 관한 새로운 모색들』, 민음사, 1993년, 355-370쪽.
50 문종욱, 「칼 슈미트 법철학에 있어서 구체적 질서사고」, 『법학연구』(충남대) 제4권 1호, 1993년 12월, 273-305쪽.
51 문종욱, 「가톨릭적 법사상이 Carl Schmitt에 미친 영향」, 문송 정종학 박사 화갑기념논문집, 1993년, 349-376쪽.

52 계희열, 「결단주의적 헌법개념과 그 문제점 소고」, 『헌법논총』 제4집, 헌법재판소, 1993년 12월, 125-148쪽.

53 계희열, 「결단주의적 헌법개념과 그 문제점 소고」, 『고시연구』 제21권 3호, 1994년 3월호,(통권 제240호), 72-87쪽.

54 권영설, 「바이마르 헌법상의 국가긴급권 논쟁: 슈미트의 해석론을 중심으로」, 『법학논문집』(중앙대), 제19집, 1994년, 37-66쪽.

55 최봉철, 「칼 슈미트의 반의회주의 입장에 대한 재평가」, 한국의회발전연구회 1993-1994년도 지원 과제.

56 최재훈, 슈미트 저, 『대지의 노모스』(연구번역 후기), 대우재단소식 제50호, 1994년 겨울, 17-19쪽.

57 박규하, 「스멘트의 헌법이론과 법률개념: 슈미트 이론과의 비교를 중심으로」, 균재 양승두 교수 화갑기념논문집(I) 『현대 공법과 개인의 권익보호』, 1994년, 1004-1032쪽.

58 레오 슈트라우스, 김효전 역, 「칼 슈미트의 『정치적인 것의 개념』에 대한 주해」, 동인 역, 『정치적인 것의 개념』[증보판], 법문사, 1995년, 155-182쪽에 수록 [L. Strauß, Anmerkungen zur Carl Schmitts "Begriff des Politischen", in: Archiv für Rechts- und Sozialphilosophie 67 (1932), S. 732-749].

59 에른스트-볼프강 뵈켄회르데, 김효전 역, 「칼 슈미트의 국법학상의 저작을 이해하기 위한 열쇠로서의 정치적인 것의 개념」, 동인 역, 『정치적인 것의 개념』[증보판], 법문사, 1995년, 183-209쪽에 수록 (E.-W. Böckenförde, Der Begriff des Politischen als Schlüssel zum staatsrechtlichen Werk Carl Schmitt, 1988).

60 한태연, 「Carl Schmitt와 프랑스 헌법이론」(상)(중)(하), 『고시연구』 제22권 10호, 11호 및 제23권 2호, 1995년 10월호, 76-92쪽; 11월호 125-140쪽; 1996년 2월호, 80-101쪽.

61 최준형, 「칼 슈미트의 국가이론」, 동아대학교 대학원 법학석사학위논문, 1995년 2월, 84쪽.

62 최원기, 「Carl Schmitt의 자유주의비판 연구: 의회민주주의와 정당성에 대한 논의를 중심으로」, 서울대학교 대학원 정치학석사학위논문, 1995년 2월, 107쪽.

63 권영설, 「슈미트의 헌법개념」, 『고시연구』 제22권 5호, 1995년 5월 (통권 제

254호), 90-106쪽.

64 배상오 · 문종욱, 「칼 슈미트 헌법개념의 한국적 전개」, 『법학연구』(충남대) 제6권 1호, 1995년 12월호, 25-50쪽.

65 박희정, 「독일 국법학의 성립과 발전에 관한 연구: C. Schmitt, R. Smend, H. Heller의 국가사상을 중심으로」, 중앙대학교 대학원 법학박사학위논문, 1996년 8월, 257쪽.

66 서규환, 슈미트 항목, 김우창 외 엮음, 『103인의 현대 사상: 20세기를 움직인 사상의 모험가들』, 민음사, 1996년, 389-396쪽.

67 마르기트 크라프트 폭스, 김효전 역, 「칼 슈미트의 헌법이론에 대한 원리적 비평」, 『토지공법연구』 제3집, 1996년 9월, 321-360쪽[Margit Kraft-Fuchs, Prinzipielle Bemerkubgen zu Carl Schmitts Verfassungslehre, in: Zeitschrift für Öffentliches Recht, Bd. IX, Heft 4 (1930), S. 511-541].

68 권영설, 「슈미트의 '전체국가론'에 대한 소고」, 효산 김계환 교수 회갑기념 논문집 『헌법학과 법학의 제문제』, 1996년 12월, 127-142쪽.

69 칼 슐테즈, 김효전 역, 「파시즘에 있어서의 헌법사상의 몰락」, 효산 김계환 교수 회갑기념논문집 『헌법학과 법학의 제문제』, 1996년 12월, 143-171 쪽(K. Schultes, Der Niedergang des staatsrechtlichen Denkens in Faschismus, 1949, 38 S.).

70 유스투스 하스하겐, 김효전 역, 「슈미트와 스멘트의 헌법이론」, 금촌 육종수 박사 화갑기념논문집 『공법이론의 현대적 조명』, 형설출판사, 1997년, 211-225쪽(Justus Hashagen, Zwei Neuerscheinungen zu Verfassungstheorie und Verfassungsrecht, in: Schmollers Jahrbuch, Bd. 53. 1929, S. 127-139).

71 이계수, 「의회주의와 행정법: 칼 슈미트 학설과 그에 대한 비판을 중심으로」, 서울대학교 대학원 법학박사학위논문, 1997년 8월, 316쪽.

72 권영설, 「슈미트의 '이념국가'와 '전체국가'」, 『한국정치연구』 제7호, 공삼 민병태 교수 20주기 추모 특집, 서울대학교 한국정치연구소, 1997년 12월, 91-114쪽.

73 김홍우, 「민병태 『정치학』의 이해: 슈미트와 라스키의 논의를 중심으로」, 『한국정치연구』 제7호, 1997년 12월, 49-90쪽.

74 권영설, 「바이마르 시대 슈미트의 헌법사상」, 『법학논문집』(중앙대), 제23 권 1호, 1998년, 7-32쪽.

75 김동규, 「치안국가에서 안보국가론으로: Carl Schmitt, Max Weber를 중심으로」, 『허창대문집』(해군사관학교), 제41집, 1998, 117-149쪽.

76 성정엽, 「칼 슈미트의 국가개념」, 『공법연구』(한국공법학회), 제27집 1호, 1998년 12월, 229-244쪽.

77 한스 크루파, 김효전 역, 「칼 슈미트의 『정치적인 것』의 이론」, 『독일학연구』(동아대) 제14호, 1998년 12월, 137-161쪽(Hans Krupa, Carl Schmitts Theotie des Politischen, 1937). 김효전 편역, 『칼 슈미트 연구』, 세종출판사, 2001, 147-190쪽에 수록.

78 김태홍, 「칼 슈미트 헌법이론의 가톨릭적 기초」, 동아대학교 대학원 법학박사학위논문, 1999년 2월, 236쪽.

79 김동규, 「Leo Strauss의 Carl Schmitt 비판」, 서울대학교 정치학석사학위논문, 1999년 2월.

80 최봉철, 「칼 슈미트의 의회주의 비판」, 『헌법학연구』(한국헌법학회), 제5권 2호, 1999년 10월, 390-406쪽.

81 슈미트 항목, 『파스칼 세계대백과사전 15』, 동서문화, 1999년, 8963쪽.

82 권영설, 「슈미트 이론의 몇 가지 사상적 기초」, 권영성 교수 정년기념논문집 『헌법규범과 헌법현실』, 법문사, 1999년, 104-121쪽.

83 성정엽, 「칼 슈미트의 정치개념」, 권영성 교수 정년기념논문집, 1999년, 1018-1035쪽.

84 요제프 H. 카이저, 김효전 옮김, 「구체적 질서사고」, 『성균관법학』(성균관대), 제12호, 2000년 10월, 103-119쪽(J. H. Kaiser, Konkretes Ordnungsdenken, 1988). 김효전 편역, 『칼 슈미트 연구』, 세종출판사, 2001년 2월, 105-122쪽에 재수록.

85 파스쿠알레 파스키노, 김효전 옮김, 「엠마누엘 시에예스와 칼 슈미트에서의 '헌법제정권력론': 현대 민주주의이론의 기초연구를 위한 하나의 기여」, 실보 김영수 교수 화갑기념논문집 『헌법학의 제문제』, 학문사, 2000년 11월, 601-618쪽(P. Pasquino, Die Lehre vom "pouvoir constituant" bei Emmanuel Sieyès und Carl Schmitt, 1988).

86 김효전 편역, 『칼 슈미트 연구』, 세종출판사, 2001년 2월, 426쪽. 수록 내용: 유스투스 하스하겐, 「슈미트와 스멘트의 헌법이론」, 마르기트 크라프트 푹스, 「칼 슈미트 『헌법이론』에 대한 원리적 비평」, 칼 슐테즈, 「파시즘에 있어

서의 헌법사상의 몰락」, 요제프 카이저, 「구체적 질서사고」, 파스쿠알레 파스키노, 「엠마누엘 시에예스와 칼 슈미트에 있어서의 '헌법제정권력'론」, 한스 크루파, 「칼 슈미트의 '정치적인 것'의 이론」, 피이트 토미센, 「칼 슈미트와의 대화」, 황산덕, 「법과 정치의 근본문제: 『3종의 법학적 사고』를 중심으로」, 부록 칼 슈미트에 관한 연구 문헌.

87 문종욱, 「칼 슈미트의 법사상과 '파르티잔론'」, 『법학연구』(한국법학회), 제7집, 2001, 65-96쪽.

88 마크 릴라, 서유경 옮김, 『분별 없는 열정』, 미토, 2002년. 「제2장 황제 법학자 칼 슈미트」(65-96쪽).

89 국순옥, 「미영 문화권과 칼 슈미트」, 『민주법학』 제21호, 2002년, 311-324쪽.

90 국순옥, 「위르겐 하버마스와 좌파 슈미트주의」, 『민주법학』 제22호, 2002년, 13-52쪽.

91 미카엘 니콜레티, 김효전 옮김, 「칼 슈미트 『정치신학』의 근원」, 『독일학연구』(동아대), 제18호, 2002, 85-108쪽(M. Nicoletti, Die Ursprünge von Carl Schmitts "Politischer Theologie", 1988).

92 귄터 마슈케, 김효전 옮김, 「《결단》의 이의성: 칼 슈미트 저작에서의 토머스 홉스와 도노소 코르테스」, 금촌 육종수 박사 정년기념논문집 『현대 공법이론 연구』, 2002년 8월, 75-107쪽(G. Maschke, Die Zweideutigkeit der "Entscheidung", 1988).

93 게어리 L. 얼멘, 김효전 역, 「정치신학과 정치경제학: 칼 슈미트와 막스 베버에 대하여」, 지당 유희일 박사 화갑기념 논문집, 2002년 11월, 33-60쪽(G. L. Ulmen, Politische Theologie und politische Ökonomie, 1988).

94 양용, 「한국 헌법학과 칼 슈미트 이론의 수용」, 충남대학교 대학원 법학석사 학위논문, 2002년.

95 아르민 몰러, 김효전 옮김, 「칼 슈미트와 보수혁명」, 『헌법학연구』 제9권 4호, 2003년 12월, 536-578쪽(A. Mohler, Carl Schmitt und die "Konservative Revolution", 1988).

96 최미향, 「Renato Cristi의 Carl Schmitt 해석: 권위주의적 자유주의」, 인하대학교 대학원 석사학위논문, 2003.

97 이해영, 「칼 슈미트의 정치사상: '정치적인 것'의 개념을 중심으로」, 『21세기

정치학회보』, 제14권 2호, 2004년, 1-25쪽.

98 정태욱, 「민주적 법치주의를 위하여: 바이마르 공화국 법치주의 논쟁의 교훈: 공화국과 시민」, 『시민과 세계』, 2004년.

99 고지현, 「발터 벤야민의 초기 주 저작 『독일 비애극의 기원』에서의 칼 슈미트의 비판적 수용」, 『사회와 철학』 제9호, 2005년, 239-276쪽.

100 나종석, 「하버마스인가 아니면 슈미트인가? 인도주의적 개입과 근대 주권국가 사이의 긴장」, 『사회와 철학』 제9호, 2005년, 63-98쪽.

101 이진민, 「마키아벨리, 홉스, 슈미트에게 있어서 공포 개념의 정치사상적 이해: 능동적 행위성(agency)과 내면적 주체성(subjectivity)을 중심으로」, 연세대학교 대학원 석사논문, 2005년.

102 이현상, 「칼 슈미트의 정치적인 것과 공동체적 가치의 회복: 정치적 재현재화를 중심으로」, 연세대학교 대학원 석사논문, 2005년.

103 장준호, 「국제정치에서 '적과 동지의 구분'에 대한 소고: 칼 슈미트(Carl Schmitt)의 '정치적인 것'(das Politische)을 중심으로」, 『국제정치논총』 제45집3호, 2005년, 7-31쪽.

104 홍철기, 「칼 슈미트와 스피노자: 헌법제정권력과 정치신학」, 『진보평론』 제25호, 2005년, 175-192쪽.

105 장준호, 「국제정치에서 '적과 동지 구분'에 대한 소고: 칼 슈미트(Carl Schmitt)의 '정치적인 것'(das Politische)을 중심으로」, 『국제정치논총』 제45집 3호, 2005년, 7-31쪽.

106 홍철기, 「칼 슈미트의 정치적인 것의 개념에 대한 연구」, 서울대학교대학원 석사학위논문, 2005년.

107 홍철기, 「칼 슈미트의 정치적인 것의 개념과 민주주의 이론」, 『역사와 사회』(국제문화학회), 제35집, 2005년, 27-70쪽.

108 김주녕, 「칼 슈미트의 법철학 사상이 기본권이론에 미친 영향」, 충남대학교 대학원 석사논문, 2006년.

109 박규하, 「칼 슈미트의 구체적 질서사고」, 『외법논집』(한국외대) 제21집, 2006년, 23-62쪽.

110 김성호, A Constitutional Politics of the Extraordinary: Carl Schmitt, Hans Kelsen, and the 1932 Crisis of the Weimar Constitutional Order, 『한국정치학회보』 제41집 2호, 2007년, pp. 271-292.

111 양천수, 「합법성과 정당성: 칼 슈미트의 이론을 중심으로 하여」, 『영남법학』 제25권 2007년, 91-116쪽.
112 이병옥, 「칼 슈미트의 정치적 낭만주의 비판: "주관화된 기연주의"를 중심으로」, 『헤겔연구』(철학의 고전적 담론들) 제21권, 용의숲, 2007년, 329-354쪽.
113 최형익, 「입헌독재론: 칼 슈미트(Carl Schmitt)의 주권적 독재와 한국의 유신헌법」, 『한국정치 연구』(서울대 한국정치연구소) 제17집 1호, 2008년, 241-269쪽.
114 나종석, 「'정치적인 것'의 본질과 칼 슈미트의 자유주의 비판」, 『헤겔연구』 제25집, 2009년.
115 최지영, 「관개체적인 민주주의와 주권: 칼 슈미트와 스피노자를 중심으로」, 건국대학교 대학원 석사논문, 2009년.
116 샹탈 무페, 이보경 옮김, 「제8장 다원주의와 현대 민주주의: 칼 슈미트를 중심으로」, 『정치적인 것의 귀환』, 후마니타스, 2007년, 185-212쪽.
117 복도훈, 「대지와 그 적들: 칼 슈미트와 마르틴 하이데거의 '문학과 정치'에 대하여」, 『인문학연구』(계명대), 제45권, 2011년, 93-125쪽.
118 칼 디트리히 브라허, 이병련 · 이대헌 · 한운석 옮김, 『바이마르 공화국의 해체』(전3권), 나남, 2011년.
119 페리 앤더슨, 안효상 · 이승우 옮김, 『현대 사상의 스펙트럼: 칼 슈미트에서 에릭 홉스봄까지』, 도서출판 길, 2011년.
120 오향미, 「주권주체와 주권의 한계: 바이마르 공화국 주권 논쟁의 한 단면」, 『법철학연구』 제14권 2호, 2011년 8월, 105-128쪽.
121 임미원, 「슈미트의 법 및 정치관념에 대한 일 고찰」, 『법철학연구』 제15권 제1호, 2012년 4월, 219-250쪽.
122 야콥 타우베스, 조효원 옮김, 『바울의 정치신학』, 그린비, 2012년.
123 임미원, 「홉스의 법 및 정치사상에 대한 재해석 가능성: 슈미트, 아감벤, 푸코, 아렌트의 홉스 해석을 중심으로」, 『법과 사회』 제42호, 2012년.
124 장선영, 「칼 슈미트의 『햄릿 또는 헤큐바』: 정치적 재현과 주권의 문제」, 『영어영문학』 제58권 5호, 통권 제217호, 2012년 겨울, 975-999쪽.
125 이호영, 「칼 슈미트 헌법이론 분석과 비판: 예외상태와 정치적인 것의 개념을 중심으로」, 건국대학교 대학원 박사학위논문, 2013년.

126 이형동, 「칼 슈미트(Carl Schmitt)의 독재개념과 그것의 정치적 함의에 대한 연구」, 성균관대학교 대학원 석사학위논문, 2013년.

127 박상원, 「아렌트, 슈미트, 아감벤에게 있어서 헌법과 폭력: 국가와 주권의 개념을 중심으로」, 연세대학교 대학원 석사학위논문, 2013년.

128 헬무트 크바리치 편, 김효전 옮김, 『반대물의 복합체: 20세기 법학과 정신과학에서 카를 슈미트의 위상』, 산지니, 2014년.

카를 슈미트 관련 인명록

* 카를 슈미트의 저작 『정치신학』(1922)에서부터 「합법적 세계혁명」(1978)까지, 그리고 이 특별 세미나에 등장하는 인물 전반을 망라하였다.
* 이 인명록은 R. Mehring, Carl Schmitt(2009); Nachlass Carl Schmitt(1993); Glossarium(1991); Kürschners Deutscher Gelehrten-Kalender; 長尾龍一編, 『カール・シュミット 著作集 II』, 慈學社(2007); 岩波 『西洋人名辭典』(1981); 김효전 편역, 『칼 슈미트 연구』(2001); 김효전 편, 「독일의 공법학자들」, 『동아법학』 제12호(1991)~제37호(2005) 등을 참조하면서 역자가 추가한 것이다.

Abendroth, Wolfgang(1906-1985) 독일 부퍼탈-엘버펠트 출생. 1930년 프랑크푸르트대학 수학. 1935년 스위스 베른대학에서 박사학위 취득. 1947년 동독 할레대학에서 교수자격논문 통과. 1948년 라이프치히, 예나대학 교수 역임하다가 동서독이 분열된 후 서독으로 이주하여 1949년 빌헬름스하펜, 1951-1974년 마부르크대학 정치학 교수. 헤센주와 브레멘주 헌법재판소재판관 역임. 저서 『유럽노동운동사』(Sozialgeschichte der europäischen Arbeiterbewegung, 1965; 신금호 역, 석탑, 1983); 『1968년 이전의 유럽좌파』(신금호 옮김, 책벌레, 2001). 문헌 Jürgen Habermas, Wolfgang Abendroth zum 100. Geburtstag, in: Kritische Justiz 2006, 3. S. 293-294.

Abraham de Cologna(1754-1832) 이탈리아 만두아의 랍비, 나폴레옹 점령하의 유태 회의 지도자.

Achelis, Johann Daniel(1898-1963) 생리학자.

Adams, Alfons(1899-1973) 본 시대의 슈미트 제자. 저널리스트.

Adams, John Quincy(1767-1848) 제6대 미국 대통령(1825-1829)

Adams, Paul(1894-1961) 본 시대 슈미트 제자. 저널리스트.

Adenauer, Konrad(1876-1967) 독일의 가톨릭계(CDU) 정치가. 바이마르 시대 쾰른 시장, 전후 독일 연방수상. 저서 『불가분의 세계』(민병기 역, 아데네,

1956).

Adler, Max(1873-1937) 오스트리아의 마르크스주의자. 사회과학방법론과 국가론에서 논쟁을 전개. 켈젠의 『사회주의와 국가』(1923)를 마르크스주의 옹호라는 입장에서 비판한 『마르크스주의의 국가관』(Die Staatsauffassung des Marxismus, 1922)이 유명하다.

Adorno, Theodor W.(1903-1969) 독일의 사회학자. 저서 『계몽의 변증법』(김유동 옮김, 문지사, 2007); 『미학이론』(홍승용 옮김, 문지사, 1984) 등 다수.

Agamben, Giorgio(1942-) 이탈리아의 정치학자. 그는 슈미트의 『정치신학』에서의 주권론은 예외상태를 법질서로 연결시키기 위한 시도라고 주장하면서 슈미트이론에 적극 찬동한다. 저서 『도래하는 공동체』(이경진 옮김, 꾸리에, 2014), 『예외상태』(김항 옮김, 새물결, 2009), 『정치란 무엇인가』(양창렬 옮김, 난장, 2010), 『민주주의는 죽었는가』(김상운 외 옮김, 난장, 2010), 『목적 없는 수단』(김상운 · 양창렬 옮김, 난장, 2009) 등.

Ahlmann, Wilhelm(1895-1944) 사채업자. 병역 복무 중 부상으로 실명. 히틀러에 저항하는 집단의 신뢰자. 1944년 7월 20일 이후 자살. 슈미트는 그의 『구원은 옥중에서』를 알만의 추억에 바친다.

Ahrens, Heinrich(1805-1874) 독일, 프랑스 등에서 활약한 자연법사상가. 저서 『자연법』(1841).

Aisopos(Aesop)(620?-560?) 고대 그리스의 이야기 작가.

Alarich I(c. 370-410) 서고트의 왕. 410년 로마 약탈.

Albrecht, Wilhelm Eduard(1800-1876) 독일 국법학자. 1837년 하노버 왕의 헌법 폐기에 항의한 '괴팅겐의 7인' 중 한 사람.

Alexander the Great(356-323 B.C.) 마케도니아 왕. 그리스에서 인도에 미치는 대제국 건설.

Alibert, Raphael(1887-1963) 비시 정권의 법무장관. 독일에 협력한 죄로 결석재판에서 사형선고를 받았으나 망명지인 벨기에에서 살았다.

Altheim, Franz(1898-1976) 독일의 고대사가. 로마사, 페르시아사 등에 업적.

Altmann, Rüdiger(1922-2000) 슈미트 베를린 시대의 칭징생. 문헌 Dirk van Laak, Gespräche in der Sicherheit des Schweigens 1993. S. 262-265.

Alvarez, Alejandro(1868-1960) 칠레의 국제법학자. 선진국 중심 국제법질서의 개혁을 제창.

Ambrosius(St.)(c. 339-397) 교부. 밀라노 주교. 아우구스티누스의 스승.

Amira, Karl von(1848-1930) 법시학자. 슈미트 뮌헨 시절의 은사. 게르마니스트.

Ammianus Marcellinus(320?-400) 고대 로마의 역사가. 한때 율리아누스 배교제 아래 있었다.

Andersch, Alfred(1914-1980) 저널리스트이며 작가.

Andrič, Ivo(1892-1975) 세르비아 작가. 『드리나강의 다리』(1945)로 노벨문학상 수상(1961). 슈미트의 친구.

Annegarn, Joseph(1794-1843) 가톨릭 신학자. 청소년용 저서 『세계사』로 유명.

Annunzio, Gabriele d'(1863-1938) 이탈리아의 시인, 소설가. 관능주의와 유미주의의 추구자로 알려지고 제1차 대전에서는 열광적인 참전론을 주장하여 종군. 전후에는 의용군을 이끌고 유고의 피우메시를 점령하는 등 군사행위를 찬미하고 파시즘운동에 영향을 끼쳤다.

Anschütz, Gerhard(1867-1948) 제2제정 시대와 바이마르 시대의 대표적인 국법실증주의학자. 하이델베르크대학 교수. 프로이센 헌법과 바이마르 헌법의 정치한 해석자로서 유명. 1932년 '프로이센 대 라이히' 소송에서 프로이센을 옹호. 나치 정권 성립과 함께 하이델베르크대학을 자발적으로 사임. 전후 미점령군의 고문 역임. 저서 Die Verfassung des Deutschen Reichs, 14. Aufl., 1933. 토마와 공동으로 편찬한 Handbuch des deutschen Staatsrechts, 2 Bde., 1932(Nachdruck 1998). 문헌 Anschütz, Aus meinem Leben. Hrsg. und eingeleitet von Walter Pauly. Frankfurt a.M.: Vittorio Klostermann, 1993.

Antonius, Marcus(83-30 B.C.) 로마의 정치가. 카이사르의 심복으로 이집트 여왕 클레오파트라(Cleopatra VII, 69-30 B.C.)와 결합하지만 옥타비아누스(=Augustus)에게 패배.

Apelt, Otto(1845-1932) 독일의 고전학자. 플라톤 연구로 알려짐.

Aquinas, Thomas von(1225-1274) 중세의 신학자이며 철학자. 저서 『신학대전』(정의채 역, 성바오로출판사, 1993 이후).

Arendt, Hannah(1906-1975) 여류 철학자. 저서 『전체주의의 기원』(이진우 · 박미애 옮김, 한길사, 2006); 『폭력의 세기』, 『정치의 약속』(김선욱 옮김, 푸른숲, 2007); 『공화국의 위기』(김선욱 옮김, 한길사, 2011); 『이해의 에세이: 1930-1954』(홍원표 외 옮김, 텍스트, 2012); 『예루살렘의 아이히만』(김선욱 옮김, 한길사, 2006) 등.

Aristoteles(383-322 B.C.) 고대 그리스의 철학자.

Arius(c. 260-336) 삼위일체설에 반대. 니카이아 공회의(325)에서 이단으로 되고 추방된다.

Arndt, Adolf(1904-1974) 독일의 법학자이며 사회민주당의 정치인. 동프로이센 쾨니히스베르크 출생. 연방의회 의원 역임. 저서 E.-W. Böckenförde und Walter Lewald(Hrsg.), Adolf Arndt. Gesammelte juristische Schriften. Ausgewählte Aufsätze und Vorträge 1946-1972, München: C. H. Beck 1976.

Arndt, Hans-Joachim(1923-2004) 슈미트의 전후 제자. 정치학자. 일역: 『서독: 무계획이라는 정책』

Arnim, Hans von(1859-1931) 오스트리아의 고전학자.

Aron, Raymond(1905-1983) 프랑스의 사회학자. 저서 『산업사회의 비교연구』(심상필 역, 일조각, 1973); 『사회사상의 흐름』(이종수 옮김, 기린원, 1988) 등.

Aschaffenburg, Gustav(1866-1944) 정신과 의사.

Aschenberg, Kurt(1893-1968) 슈미트의 본 시절 조교.

Atger, Fréderic(1881- ?) 프랑스의 정치사상사가.

Athanasius(St.)(c. 296-373) 교부. 알렉산드리아의 주교. 삼위일체설의 대표자.

Aubrey, John(1626-1697) 영국의 전기 작가. 홉스 친구.

Augstein, Rudolf(1923-2002) 독일 공법학자.

Augustinus, Aurelius(St.)(354-430) 북아프리카(현재 알제리아) 출생. 마니교와 플라톤 철학의 영향을 받은 후 암브로시우스에 인도되어 기독교로 개종. 아프리카 히포의 주교가 되고 반달족의 포위 중에 사망. 인간성의 타락, 은총의 우위, '하나님 나라'와 '악마 나라'의 투쟁 등을 설파. 정통교의의 기초를 구축. 저서 『신국론』(성염 역주, 분도출판사, 전3권, 2004); 『신국』(윤성범 역, 을유문화사, 1963).

Aulard, François-Alphonse(1849-1928) 프랑스의 역사가. 저서 『프랑스혁명사』.

Austin, John(1790-1859) 영국의 법철학자. 독일 유학 후 독자적인 법실증주의적 이론체계를 고안.

Averrhoes(1126-1198) 중세 이슬람 철학자.

Baader, Franz Xaver von(1765-1841) 독일의 가톨릭 신학자.

Baberg, Heinz(1927-1983) 독일 플레텐베르크시 시장.

Babeuf, François Noël(1760-1797) 프랑스의 혁명가. 평등과 사유재산폐지를 주상하고 무상 봉기하여 사형.

Bachofen, Johann Jakob(1815-1887) 스위스의 법사학자. 그리스 고전 연구를 통해 인류사의 기원에 모권제가 있으며, 그것이 부권제로 이행했다고 주장. 저서 『모권』(1861; 한미희 옮김, 나남, 2013).

Bacon, Francis(1561-1626) 영국의 법률가, 철학자. 저서 『신기관』(진석용 옮김, 한길사, 2005); 『새로운 아틀란티스』(김종갑 옮김, 에코리브르, 2002), 『학문의 진보』(이종흡 옮김, 아카넷, 2003).

Baensch, Otto(1878-1936) 독일의 철학자. 스피노자 전집의 편집자.

Baeumler, Alfred(1887-1968) 나치스 철학자.

Bakunin, Michael Alexandrowitsch(1814-1876) 러시아의 혁명가. 무정부주의자. 문헌 『미하일 바쿠닌』(E. H. 카, 이태규 옮김, 이매진, 2012).

Balibar, Etienne(1942-) 프랑스의 마르크스주의 철학자. 알튀세르(Louis Althusser, 1918-1990)의 제자.

Ball, Emmy(1885-1948) 여류 작가.

Ball, Hugo(1886-1927) 독일의 극작가, 비평가. 뮌헨대학 등에서 철학을 배운 후 연극계에 투신. 평화주의자로 제1차 세계대전 중에는 스위스로 이주하여 다다이즘 운동을 창시. 1917년 가톨릭으로 개종. 『독일 지식층비판』에서 루터, 헤겔, 니체 등을 비판. 1924년 슈미트의 『정치신학』 논평(Hochland, Juniheft 1924, S. 263 ff.).

Ballweg, Ottmar(1928-) 슈미트의 전후 제자.

Barabbas(1 c.) 예수 대신 사면된 사형수. '강도'라고도 하며, 반로마 반란자라는 설도 있다.

Barbey d' Aurevilly, Jules-Amédée(1808-1889) 프랑스의 비평가. 소설가.

Barion, Hans(1899-1973) 독일의 가톨릭 신학자이며 교회법학자. 나치정권을 지지하여 전후 실각. 제2 바티칸 회의의 '현대화'에 반대. 슈미트의 친구. 저서 Rudolf Sohm und die Grundlegung des Kirchenrechts, 1931; 논문집 Kirche und Kirchenrecht. Gesammelte Aufsätze, Werner Böckenförde(Hrsg.), Paderborn: F. Schöningh 1984. 712 S. 저작목록은 S. 681-691. 바리온은 슈미트의 고희기념 논문집 『에피로시스』에 「세계사적 권력형성?」(Weltgeschichtliche Machtform? Eine Studie zur Politischen Theologie des Ⅱ. Vatikanischen Konzils, in: Festschrift

Epirrhosis, Berlin 1968, S. 13-59)을 기고하였다.

Barth, Karl(1886-1968) 스위스의 프로테스탄트 신학자. 신은 절대타자이며 그리스도를 통해서 위로부터 수직으로 내리는 계시만이 신과 인간을 연결한다고 하여 인간중심주의적 기독교를 비판. 나치스에 의해서 본대학 교수직에서 추방되고 스위스 바젤대학 교수가 된다. 제2차 세계대전 후에는 반공주의비판, 독일의 재군비비판 등 정치적 발언도 했다. 저서 『교회교의학』(박순경 외 옮김, 대한기독교서회, 2003); 『로마서주해』(조남홍 역, 한들, 1997) 등.

Barthélemy, Joseph(1874-1945) 프랑스 공법학자. 파리대학 법학부 교수. 나치스가 프랑스를 점령한 후 페탱(Pétain) 원수의 괴뢰 정권(1941-1943년)하에서 법무장관 역임. 1944년 8월 체포되어 1945년 툴루즈 교도소에서 사망.

Bartolus(1314-1357) 이탈리아 볼로니아의 법학자, 후기 주석학파의 대표자.

Basilius(St.)(c. 331-379) 교부. 카에사레아의 주교. 그리스도의 신성의 옹호자. 대(大) 바실리우스라고 불린다. 갑파도기아 3교부 중의 한 사람. 아리우스파와 싸우고 그 설은 콘스탄티노플 공회의(381)에서 지도적 역할을 했다.

Bataille, Georges(1897-1962) 프랑스의 철학자.

Baudelaire, Charles(1821-1867) 프랑스의 시인. 저서 『악의 꽃』(김붕구 옮김, 민음사, 1994).

Baudissin, Wolf Wilhelm(1847-1926) 독일의 프로테스탄트 신학자. 구약학자. 베를린대학 교수.

Bauer, Bruno(1809-1882) 청년 헤겔파. 신학자. 헤겔 우파에서 좌파로 전향. 성서를 문학작품이라고 하여 그리스도의 신성을 부정하여, 1842년 본대학에서 추방. 마르크스나 니체의 종교론에 영향을 주었으나 그의 사변적 경향의 잔재는 마르크스의 『신성가족』에서 비판을 받았다.

Bauer, Otto(1881-1938) 오스트리아의 사회주의자. 외무장관 역임. 1934년 망명.

Bayle, Pierre(1647-1706) 프랑스의 계몽사상가. 회의적 지성에 근거하여 관용을 설파.

Beaud, Olivier(1958-) 프랑스의 공법학자. 슈미트의 『헌법론』불역판에 장문의 서문을 썼다. Préface Carl Schmitt ou le Juriste Engagé, in: Theorie de la Constitution, puf., 1993, pp. 5-113.

Beck, James Montgomery(1861-1938) 미국의 법률가, 저술가. 검찰총장 역임.

저서 『미국 헌법: 어제 오늘 그리고 내일』, 『이상한 나라의 관료제』. Becker, Enno(1869-1981) 독일의 세법학자.

Becker, Werner(1904-1981) 슈미트의 본 시절 제자. 목사. 1948년 이래 라이프치히의 교목. 슈미트와의 왕복 편지 모음, Werner Becker, Briefe an Carl Schmitt, Herausgegeben und mit Anmerkungen versehen von Piet Tommissen, Berlin: D&H., 1998.

Beckerath, Erwin von(1889-1964) 독일의 경제학자. 문헌 『입장과 개념들』, 156쪽. 저서 Wesen und Werden des fascistischen Staates, 1927.

Bedford → Russell, Francis

Behn, Siegfried(1884-1970) 교육철학자. 본대학 교수. 저서 『가치의 철학』(1930), 『교육학사』(1939) 등.

Bellarmino, Roberto(1542-1621) 이탈리아의 가톨릭 신학자. 1602-1605년 카푸아의 주교. 반종교개혁의 대표적 이론가. 제임스 1세에 대한 영국민의 복종의무를 거부. 갈릴레오의 심문에도 관여했다.

Belloc, Hilaire(1870-1953) 영국의 가톨릭계 저술가. 웅변가.

Below, Georg Anton Hugo von(1858-1927) 독일 역사학자. 헌정사가이며 경제사가. 국민주의적 정론가. 저서 『중세 독일 국가』.

Bendersky, Joseph William(1946-) 미국의 역사학자. 슈미트 연구가. 1969년 뉴욕시립대, 1970년 미시간대 석사, 1975년 박사. 독일 본대학 유학. 뉴욕시립대 교수. 저서 Carl Schmitt. Theorist for the Reich, 1983.

Beneš, Edvard(1884-1948) 체코슬로바키아의 독립운동가. 1935년부터 마사리크(Masaryk, Tomas Garrigue, 1850-1937)를 이어 대통령. 뮌헨협정 체결을 보고 런던에 망명정부를 설립. 전후 대통령에 복귀하지만 공산주의에 저항하고 사임.

Benjamin, Walter(1892-1940) 유태계 독일인 문예비평가. 브레히트, 마르쿠제와 친하며 마르크스주의를 유태교적 메시아니즘으로 기초를 마련한 인물로 알려져 있다. 1933년 파리에 망명. 게슈타포의 추적을 피하기 위해 자살. 저서 『독일 비애극의 원천』(1928; 조만영 옮김, 새물결, 2008) 중에서 슈미트를 언급하고 이 책을 그에게 헌정했다.

슈미트는 『햄릿이냐 헤쿠바냐』(1956)에 붙인 보론 2 '셰익스피어 연극의 야만적 성격에 대해서: 발터 벤야민의 독일 비애극의 기원'에서 "잉글랜드 섬의 전체 상황과 유럽의 대륙적 전체 상황의 차이를, 나아가서는 잉글랜드의 희곡과 17세기 독일의 바로크 비애극의 차이도 그[벤야민]는 과소평가하는 것처럼 나는 생각한다. 이 차이는 햄릿해석에 대해서도 본질적이다. 이 차이는 정치적인 것의 개념의 정신사를 잘 나타낸 것이다. 그것은 야만과 정치적이라는 대립이다"(Klett-Cotta, 1985, S. 64)라고 비판적으로 본다.

문헌 『발터 벤야민 선집』(전10권, 도서출판 길, 2007-2013); 『종교철학 논문선집』(김성훈 역, 열린문화사, 2007). 기타 『발터 벤야민』(몸메 브로더젠, 이순예 역, 인물과사상사, 2007); 『발터 벤야민』(베른트 비테, 윤미애 역, 한길사, 2001) 등.

Benn, Gottfried(1886-1956) 베를린의 의사이며 시인. 저서 『올페의 죽음』(김주연 옮김, 민음사, 1995).

Benoist, Alain de(1943-) 프랑스의 저널리스트. 슈미트 연구가. 1960년에 신파시스트의 학생조직 '내셔널리스트 학생연맹'(FEN)을 결성, 1968년에는 신우익의 중심단체가 되는 '유럽문명조사 · 연구집단(GRECE)'의 창설 멤버. 이 단체의 기관지 『누벨 에콜』(Nouvelle Ecole)과 『엘레망』(Élément)의 편집장으로 활약. 1978년 『오른쪽에서 보아』(Vu de droite)란 저서로 프랑스 아카데미의 에세상을 수상하고 신우익의 중심적 이론가로서 각광을 받는다. 2003년 슈미트 관련 문헌목록을 발간했으며, 한국문헌을 알려준 역자에게 감사의 뜻을 적고 있다. 저서 Kritik der Menschenrechte, Berlin 2004. 문헌목록 Benoist, Carl Schmitt. Bibliographie seiner Schriften und Korrespondenzen, Berlin: Akademie Verlag 2003.

Benson, Robert Hugh(1871-1924) 영국의 성직자. 캔터베리 대주교인 Edward White Benson(1829-96)의 4남. 1904년 가톨릭으로 개종. 교황 피오 14세의 측근이 된다.

Bentham, Jeremy(1748-1832) 영국의 법학자이며 철학자. 공리주의 제창자. 저서 Fragment on Government, 1776; 『도덕과 입법의 원리 서설』(고정식 옮김, 나남, 2011).

Bentin, Lutz-Arwed(1940-1986) 슈미트 연구가. 저서 Johannes Popitz und Carl Schmitt. Zur wirtschaftlichen Theorie des totalen Staates in Deutschland, 1972.

Berber, Friedrich(1898-1984) 국제법학자. 슈미트의 베를린대학 동료.

Berend, Alice(1875-1938) 뮌헨의 지인. 여류 작가.

Bergbohm, Karl(1849-1927) 독일의 법철학자. 일반법학의 대표자. 저서 『법학과 법철학』.

Bergson, Henry Louis(1859-1941) 프랑스의 철학자. 구체적 생은 개념에 의해서 파악할 수 없는 부단한 창조적 활동이며, 창조적 진화에 불과하다. 저서 『창조적 진화』(황수영 옮김, 아카넷, 2005).

Bernanos, Georges(1888-1948) 프랑스의 종교 문인.

Bernatzik, Eduard(1854-1941) 오스트리아의 공법학자. 켈젠의 스승.

Bernstein, Eduard(1850-1932) 독일의 사회주의자. 엥겔스와 친했으나 중산계급 몰락론에 의문을 품고 '수정주의'를 제창했다. 저서 『사회주의의 전제와 사민당의 과제』(강신준 옮김, 한길사, 1999); 『마르크스주의의 수정』(하기락 역, 형설, 1984).

Bernstein, Helene 슈미트의 약혼자. 그녀의 부친의 반대로 파혼.

Berth, Edouard(1875-1939) 프랑스의 정치사상가. 무정부주의를 논함. 저서 『'자본론'에서 '폭력론'으로』.

Berthélemy, Henri(1857-1943) 프랑스의 행정법학자.

Bertram, Alfred(1890-1937) 법관, 함부르크의 지인.

Best, Werner(1903-89) SS 법률가.

Beste, Theodor(1894-1973) 경영학자. 본과 베를린 시절 동료.

Betz, Anton(1893-84) 슈미트의 본 시절 박사과정생. 출판업자.

Beyerhaus, Gisbert(1882-1960) 독일의 사상사가. 브레슬라우대학 교수.

Beyerle, Konrad(1872-1933) 독일의 법사학자, 정치가. 뮌헨대학 교수를 지내고 제1차 대전 후 국회의원 역임.

Beza, Theodorus(Bèze, Théodore de, 1519-1605) 프랑스의 프로테스탄트 신학자. 제네바에서 칼뱅을 도왔다.

Bezold, Friedrich von(1848-1928) 독일의 역사가. 본대학 교수. 중세 말부터 근대 초기의 문화사에 업적.

Bienert, Ina(1870-1966) 도이블러 애호가.

Bilfinger, Carl(1879-1958) 독일의 국법학자. 슈미트 동료. 하이델베르크, 베를린 대학 교수. 대통령에 의한 프로이센 정부 파면에 관한 재판에서 슈미트와 함께 중앙정부를 변호. 나치당원이 되고 전후 파면된 후 학계에 복귀.

Binding, Karl(1841-1920) 독일의 형법학자. 응보형론의 대표자. 『생존할 가치

없는 생의 부정』이란 유저가 있다.

Birkmeyer, Karl Ritter von(1847-1920) 형법학자. 슈미트의 뮌헨대학 은사.

Bismarck, Fürst Otto von(1815-1898) 라이히 수상. 독일의 정치가. 1872년부터 1880년까지 국내의 가톨릭 세력과 다투었다(「문화투쟁」). 교회의 교육권의 제한, 수도원의 삭감, 예수회의 추방 등을 법률로 규정했다. 가톨릭 이단파의 Joseph von Döllinger(1799-1890) 등을 보호하고 많은 주교를 투옥, 추방했는데, 교회의 저항으로 불리한 타협으로 끝났다.

Bitter, Theodor(1877-1925) 역사학자. 슈미트의 뮌헨대학 은사.

Blackstone, William(1723-1780) 영국의 법학자. 저서 『영법주해』에서 코먼로를 자연법적으로 정당화함. 슈미트의 『침략전쟁론』에서 인용.

Blakeslee, George Hubbard(1871-1954) 미국의 국제정치학자. 클라크대학 교수.

Blanqui, Louis Auguste(1805-1881) 프랑스의 사회주의 혁명가. 대중선동에 의한 폭력혁명을 주장하고 7월혁명, 2월혁명, 파리 코뮌 등에서 활약. 1827년 이후 폭동과 투옥을 반복하다가 40년간을 옥중에서 보냈다.

Blasius, Dirk(1941-) 독일의 정치사학자. 에센대학 교수.

Blei, Franz(1871-1942) 오스트리아의 작가이며 편집자. 빈 출생. '모데르네'의 대표자의 1인. 보들레르 시를 독역. 1933년까지 슈미트와 밀접한 관계를 가짐. 1933년 미국으로 망명. 연극평론 등으로 활약.

Bloch, Ernst(1885-1979) 유태계 독일의 철학자. 루트비히스하펜 암 라인 출생. 뮌헨, 뷔르츠부르크대학에서 철학, 물리학, 음악 공부. 1908년 박사학위 취득. 루카치, 브레히트, 베냐민, 크라카우어, 아도르노 등 동시대 지성인과 친교를 맺음. 저서 『자연법과 인간의 존엄성』(박설호 옮김, 열린책들, 2011); 『희망의 원리』(전5권, 박설호 옮김, 열린책들, 2004); 『저항과 반역의 기독교』(박설호 옮김, 열린책들, 2009).

Bloch, Marc(1886-1944) 프랑스의 중세사가. 스트라스부르, 파리대학 교수. 반나치 저항운동 중 체포되어 살해. 저서 『역사를 위한 변명』(고봉만 옮김, 한길사, 2007).

Bloy, Léon(1846-1917) 프랑스의 문예비평가. 종교 문인. 빈곤의 체험에서 세상을 저주하고 현대문명의 파멸이라는 종말론적 신앙을 설파. 합리주의를 비판하고 아나톨 프랑스(Anatole France, 1844-1924), 모파상(Guy de Maupassant, 1850-1893) 등을 공격.

Blücher, Hans(1888-1955) 독일의 작가.

Blumenberg, Hans(1920-1996) 독일 철학자. 중세 이후 유럽사의 정신사적 이해를 시도. 함부르크, 기센, 보훔대학 교수 역임. 저서 『우리가 살고 있는 현실들』(양대종 옮김, 고려대 출판부, 2011); 『현대의 정통성』, 『코페르니쿠스적 세계의 생성』 등.

Bluntschli, Johann Kaspar(1808-1881) 스위스, 독일의 국법학자. 국가유기체설을 주장. 저서 『일반 국법학』과 『근대 국제법』은 한국, 일본, 중국에 지대한 영향을 미침. 문헌 김효전, 『법관양성소와 근대 한국』(소명출판, 2014); 『개념과 소통』(한림대) 제7호, 2011; C. Metzner, Johann Caspar Bluntschli. Leben, Zeitgeschehen und Kirchenpolitik 1808-1881, Lang 2009.

Bobbio, Norberto(1909-2004) 베를린 시절 지인. 이탈리아의 홉스 연구가. 저서 『자유주의와 민주주의』(황주홍 옮김, 문지사, 1992); 『제3의 길은 가능한가』(박순열 옮김, 새물결, 1998); 『민주주의의 미래』(윤홍근 옮김, 인간사랑, 1989) 등.

Bockhoff, Ernst Hermann(1911- ?) 쾰른의 나치 학생지도자.

Bodin, Jean(1529-1596) 프랑스의 정치사상가. 주권개념의 도입으로 유명. 저서 『국가론에 관한 6권의 책』(나정원 옮김, 아카넷, 2013)은 근대 주권국가의 고전.

Böckenförde, Werner(1928-2003) 슈미트의 전후 제자. 교회법학자이며 목사.

Boehm, Max Hildebert(1891-1968) 민족이론가.

Bohle, Ernst Wilhelm(1903-1960) 나치의 대외선전 조직 등으로 활약. 뉘른베르크재판에서 5년의 금고형이 선고되었으나 만기 전에 석방.

Bojić, Milutin(1892-1917) 세르비아 시인.

Bolingbroke, Henry St. John Viscount(1678-1751) 영국의 정치가. 토리당 소속으로 대신 역임. 기적을 부정하는 이신론자로 종교적 관용을 설파. 저서 Idea of a Patriot King, 1749.

Böll, Heinrich(1917-1985) 독일의 작가. 『휴가병 열차』(1947) 등 다수.

Bonald, Louis Gabriel Ambroise Vicomte de(1754-1840) 프랑스 정치사상가. 법복귀족의 가정에서 태어나 프랑스 혁명 중에는 망명. 왕관과 성단(聖壇)의 결합과 왕정복고를 주창, 프랑스 혁명의 개인주의 · 합리주의를 비판했다.

Bonn, Moritz Julius(1873-1965) 유태인 독일의 경제학자. 뮌헨에서 슈미트에게 첫 강좌를 맡기고, 나중에는 베를린 상과대학 교수로 초빙. 1933년 미국으로 이민.

Bonnecase, Julien(1878-1950) 프랑스의 사법학자. 저서 『해상법의 독자성』(1921), 『법학연구서설』(1926), 『법학과 낭만주의』(1928).

Bonwetsch, Gottlieb Nathnael(1848-1925) 독일의 프로테스탄트 신학자, 교회사가. 괴팅겐대학 교수.

Borchard, Edwin Montefiore(1884-1951) 미국의 국제법학자. 예일대학 교수. 저서 『미국의 중립』, 『극동분쟁의 법적 문제』.

Borges, Jorge Luis(1899-1986) 아르헨티나의 전위 작가. 종교적 · 철학적 · 신화적 주제를 즐겨 다루었다. 처음에는 시인으로서 나중에는 단편작가로서 활약했는데 1956년에 부에노스 아이레스 대학 영미문학과 교수로 취임했다. 제1회 포르만톨상(국제출판상)을 사무엘 베케트와 함께 수상한 이후 국제적으로 명성을 날렸다. 문헌 『보르헤스 문학전기』(김홍근, 솔, 2005); 『보르헤스의 미국문학 강의』(청어람미디어, 2006) 등.

Borgia, Cesare(1476-1507) 이탈리아의 정치가. 교황 알렉산더 6세(Alexander VI, 1431?-1503, 재위 1492?-1503)의 4남. 마키아벨리 『군주론』에서 정치가의 모범으로서 묘사된다.

Bormann, Claus von. 독일의 철학자. 기센대학 박사. 저서 『비판의 실천적 기원』(Der praktische Ursprung der Kritik, 1974).

Börne, Ludwig(1786-1837) 독일의 저술가. 프랑크푸르트, 파리에서 잡지를 편집, 언론에 의한 인권투쟁을 전개.

Bornhak, Conrad(1861-1944) 법학자. 슈미트의 베를린대학 은사. 저서 『국가학』.

Borromaeus, Carolus(St.)(1548-1584) 밀라노 주교. 추기경. 트리엔트 공회의에서 활약.

Bosch, Hieronymus(c. 1450-1516) 네덜란드의 화가. 환상적 작풍으로 알려짐.

Bossuet, Jacques Bénigne(1627-1704) 프랑스의 성직자. 저술가. 정통신학, 왕권신수설을 옹호. 루이 14세가 존경하여 황태자의 교사가 된다. 『보편사론』은 구속사적 역사관의 대표적인 저작.

Bothwell, James Hepburn, Earl of(1530?-1577) 영국의 귀족. 스코틀랜드 왕녀 메리 스튜어트의 두 번째 남편 던리를 살해하고 3개월 후에 메어리와 결혼하나,

반역죄로 구속되고 옥중에서 사망.

Boutmy, Emile-Gaston(1835-1906) 프랑스의 정치학자. 파리 출생. 아버지는 지유당의 명사로서 교육을 중요시하였으며 상당히 여유 있는 가정생활에서 성장. 1848년 2월혁명으로 아버지가 재산상의 손실을 본 이후 매우 어려운 생활을 한다. 1870년 보불전쟁 중 사고를 당하고 야전병원에서 패전의 원인은 프랑스 국민의 무식함에 있다고 생각하여 사립 정치학교를 세우기로 결심하고 실천에 옮긴다. 저서 『영미불 비교헌법론』(Études de droit constitutionnel: France, Angleterre, États-Unis, 1885); 프랑스 인권선언의 기원은 미국 각주 헌법전의 모방이라는 G. 옐리네크의 논문에 대해서 18세기의 공통된 정신이라고 반박한 것으로 유명하다. 『인권선언논쟁』(김효전 역, 법문사, 1991).

Boveri, Margret(1900-1975) 독일의 여류 저널리스트. 1930년 전후 시기에 베를린대학에서 정치학 전공. 제2차 대전 중에는 Frankfurter Zeitung의 특파원으로 외교문제를 다룸. 전후에 윙거, 슈미트, 몰러와 친교를 맺음. 저서 『20세기에서의 배반』. 슈미트의 『파르티잔』에서 인용. 문헌 Chr. Tilitzki, Margret Boveri und Carl Schmitt, in: Schmittiana VII. 2001, S. 281-308.

Bracher, Karl Dietrich(1922-) 독일의 역사학자. 튀빙겐대 박사. 1959-1987년 본대학 교수. 저서 『바이마르 공화국의 해체』(이병련 · 이대헌 · 한운석 옮김, 나남, 2011); 『독일의 독재』; 『이데올로기의 시대』 등.

Bracht, Franz(1877-1933) 중앙당 정치인, 파펜 정권의 라이히 장관.

Bramhall, John(1594-1663) 케임브리지에서 공부한 후 아마(Armagh)의 대주교. 전 생애를 영국 국교회에서 충실히 보내고 그 옹호를 위해 저술했다. 크롬웰에 반대하고 왕정복고 후 아일랜드 대주교가 된다. 자유의지를 둘러싸고 홉스와 논쟁. 주저 『리바이어던의 포획』(The Catching of Leviathan, or the great Whale Demonstrating out of Mr. Hobbes his own Works, That no man who is thoroughly an Hobbist can be a good Christian or a good Commonwealth's man, 1658).

Braubach, Bernhard(1892-1930) 슈미트의 본대학 박사과정생이며 조교.

Braun, Dietrich(1928-) 프로테스탄트 신학자. 칼 바르트 제자.

Braun, Otto(1872-1955) 프로이센 국무총리. 독일 사회민주당 정치가. 1932년 중앙정부에 의해 프로이센 국무총리에서 파면되고 나치시대에는 스위스로 망명.

Brauweiler, Heinz(1885-1976) 독일의 정치학자. 저널리스트. 저서 『독일 공화국에서의 장군들』.

Brecht, Arnold(1884-1977) 프로이센 관료. 정치학자. 저서 『정치이론』(1959).

Brecht, Berthold(1898-1956) 독일의 극작가. 제1차 세계대전의 반전운동에서 마르크스주의로 이행. 1933년 덴마크로 망명. 1942년 미국으로 건너감. 그러나 매카시즘의 공격을 받고 제2차 대전 후 동독에서 활약. 표현주의에서 출발하여 점차 사회주의로 향한다. 또 서사적 연극을 주장하여 자연주의적인 전통연극의 개혁을 지향했다. 희곡 『사천의 선인』(임한순 옮김, 한마당, 1987), 「서푼짜리 가곡」(임한순 옮김), 「억척 어멈과 그 자식들」, 『갈릴레오 갈릴레이』(차경아 역, 두레, 1989) 등. 문헌으로는 이원양, 『브레히트 연구』(두레, 1984)가 있다.

Breitscheid, Rudolf(1874-1944) 독일 정치인. 처음에는 민주당의 창당에 참여했다가 1912년 이래 독일사회민주당(SPD)에 소속하여 라이히 의회의원으로 활약했다. 1933년 3월 스위스로 망명하고, 다시 파리에서 반나치전선에 투신하였다가 1941년 12월 프랑스에서 체포되어 강제수용소에 보내지고 연합군의 공습으로 수용소에서 사망했다.

Breloer, Bernhard(1894-1947) 독일의 인도학자. 인도 법사와 인도 음악사 연구.

Brentano, Clemens(1778-1842) 후기 독일 낭만파의 대표자의 1인.

Brentano, Franz(1838-1917) 철학자, 심리학자. 시인 클레멘스 브렌타노(Clemens Brentano, 1778-1842)의 조카, 경제학자. 루요 브렌타노(Lujo Brentano, 1844-1931)의 형. 가톨릭 성직자가 되지만 삼위일체론, 교황무류설에 반대해서 가톨릭 성직자의 지위를 박탈당한다(1873년). 1874년 빈대학 교수. 심리와 논리의 관계를 통해서 논리학을 기초지우고 현상학의 선구가 된다.

Breughel, Pieter(1525?-1569) 네덜란드의 화가. 초기에는 종교적 작품, 후기에는 농민의 생활을 묘사. '백성 브뤼겔'로 불린다.

Breughel, Pieter(1564?-1637) '백성 브뤼겔'의 아들. '지옥의 브뤼겔'로 불린다.

Briand, Aristide(1862-1932) 프랑스의 정치가. 수상을 지낸 후 외무장관으로서 부전조약을 추진했다. 1926년 노벨 평화상 수상.

Brinkmann, Carl(1885-1954) 독일의 사회학자. 저서 『사회경제사』. 영미 연구에도 업적이 있다.

Brockdorff, Cay(Ludwig Georg Konrad), Baron von(1874-1946) 독일의 사상사가. 볼테르, 데카르트, 홉스 등에 관한 저작이 있다.

Broermann, Johannes(1897-1984) 출판업자.

Browne, John(1642?-1700?) 영국의 외과의사. 인체해부도로 유명.

Brüning, Heinrich(1885-1970) 독일 중앙당 정치인, 라이히 수상. 1930-1932년 초연 내각의 수상으로서 공황 시에 긴축정책을 썼다. 사직 후 나치스에 반대하고 망명, 1939년부터 하버드대학 교수. 1947년 귀국하여 쾰른대학 교수.

Bruno, Giordano(1548-1600) 이탈리아의 철학자. 젊은 날 도미니크회 수도사였다가 뒤에 칼빈파로 개종. 고대철학, 코페르니쿠스, 니콜라스 쿠자누스 등의 영향으로 범신론적 철학체계를 주창. 종교재판을 받고 7년간의 금고 후 로마에서 화형당했다.

Bruns, Viktor(1884-1943) 독일의 국제법학자. 1910년 스위스 제네바대학 교수. 1912년 베를린대학으로 옮겨 1925년 국제법 및 외국공법연구소 설립. 슈미트의 동료.

Brupbacher, Fritz(1874-1945) 스위스의 의사. 아나르코 생디칼리스트. 저서 『마르크스와 바쿠닌』 등.

Brutus, Junius → Duplessis-Mornay

Buddeberg, Karl Theodor 독일의 사상사가. 저서 『신과 주권자』.

Büchner, Georg(1813-37) 독일의 극작가. 혁명사상을 품고 단기간에 약간의 우수한 작품을 남기고 요절. 저서 『뷔히너 문학 전집』(임호일 옮김, 한마당, 1987); 『당통의 죽음』(임호일 옮김, 지만지, 2011) 등.

Bultmann, Rudolf Karl(1884-1976) 독일의 프로테스탄트 신학자, 역사가. 바르트와 함께 변증법신학을 주창. 실존철학의 영향 아래 복음서는 비신화적 · 실존론적으로 해석되어야 한다고 주장. 저서 『기독교 초대교회 형성사』(허혁 옮김, 이대출판부, 1983); 『역사와 종말론』(서남동 옮김, 대한기독교서회, 1993). 문헌 K. Hamann, Rudolf Bultmann. Eine Biographie, 3. Aufl., Mohr 2012.

Bumke, Erwin Konrad Eduard(1874-1945) 라이히재판소 소장.

Burckhardt, Jakob(1818-1897) 스위스의 역사가. 바젤 대학 교수. 권력을 그 자체로서 악이라고 보는 입장에서 모든 것이 정치화해 가는 근대문명에 대해서 비관론을 제창하고 문명진보사관을 비판했다. 저서 『콘스탄티누스 대제의 시대』, 『이탈리아 르네상스의 문화』(안인희 역, 푸른숲, 1999) 등.

Burke, Edmund(1729-1797) 아일랜드 출생의 영국 정치가. 정치적 보수주의의 대표자. 휘그당의 국회의원으로서 활약. 인도 총독 헤이스팅스의 부정을 규탄하고 하원에서 탄핵법안을 통과시켰다(1788년). 프랑스 혁명의 개인주의, 질서파괴 등을 비판하고, 공포정치의 도래를 예상했다. 저서 『프랑스혁명에 관한 성찰』(이태숙 옮김, 민음사, 2008); 『숭고와 아름다움의 이념의 기원에 대한 철학적 탐구』(김동훈 역, 마티, 2006).

Busold, Georg(1850-1920) 독일의 그리스 역사가. 저서 『펠로폰네소스 전쟁』.

Bustamante, Antonio Sanchez de(1865-1951) 쿠바의 국제법학자. 상설국제중재재판소 판사. 국제사법 『부스타만테 법전』의 저자.

Büttner, Ruth(1903-1954) 슈미트의 베를린 시절 개인 여조교. 베를린 상과대학 박사과정생. 저서 『경제적 겸직금지』(1933).

Bung, Hubertus(1908-1981) 베를린의 나치 협력자. 변호사.

Bynkershoek, Cornelis van(1673-1743) 네덜란드의 국제법학자. 실증주의 국제법학의 대표자. 대포의 사정거리에 의한 영해 3해리설의 제창자.

Byron, George Gordon Noel(1788-1824) 영국의 시인. 방탕 귀공자로 인습적인 도덕을 비웃고 유럽을 방랑했다. 그리스 독립전쟁에 지원병으로서 참전하여 전쟁 중 병사. 괴테, 하이네, 푸시킨 등에게 영향을 주었다.

Caesar, Julius(100-44 B.C.) 고대 로마의 군인, 정치가. 저서 『갈리아 전기』(박광순 옮김, 범우사, 1997).

Cahier, Charles(1807-1882) 프랑스의 고물수집가.

Caird, Edward(1835-1908) 영국의 철학자. 칸트, 헤겔 등의 영향으로 관념론적 철학을 전개. 저서 『칸트의 비판철학』, 『종교의 진화』 등.

Calhoun, John C.(1782-1850) 미국의 정치가, 정치사상가. 부통령 두 번 역임. 주는 연방법의 효력을 부정할 수 있다는 주권론(州權論)을 제창하고, 노예제를 옹호하여 사후에 일어난 남북전쟁의 남군 측에 이론을 제공했다.

Calker, Fritz van(1864-1957) 스트라스부르크대학의 형법 교수이며 보수적 정치인. 슈미트의 지도교수. 슈미트는 '정말 좋은 사람이며 나를 열심히 보살폈다'고 일기에 적었다. Mehring, CS., S. 28. 저서 『형법강요』(1916); 『정치학입문』(1927) 등. 문헌 R. Mehring, CS. Aufstieg und Fall, S. 601 FN 26.

Calvin, Jean(1509-1564) 스위스 제네바의 종교개혁자. 저서 『기독교 강요』(지봉운 역, 그리심, 2001); 『칼뱅 작품 선집 I-VII』(박건택 편역, 총신대학교 출판부, 2009-2012).

Calvo Serer, Rafael(1916-1988) 스페인의 역사가.

Campanella, Tommaso(1568-1639) 이탈리아의 철학자. 반스페인 정치활동 때문에 1599년부터 27년 간 옥중생활을 보낸다. 플라톤적 이상국가를 구상. 만년은 프랑스에서 리슐리외의 보호를 받았다. 저서 『태양의 나라』(임명방 역, 삼성출판사, 1977).

Capitant, René(1901-1970) 프랑스의 법학자이며 정치학자. 스트라스부르대학 교수. 드골의 협력자. 저서 『의회주의의 개혁』(1934).

Carlyle, Thomas(1795-1881) 스코틀랜드 출생. 영국의 비평가, 시인. 독일 사상의 영향을 받았다. 저서 『영웅숭배론』(박상익 옮김, 한길사, 2003; 박시인 역, 을유문화사, 1960).

Carrillo, Santiago(1915-2012) 저서 "Eurocommunismo" y estado, 1977(김유향 옮김, 『유로코뮤니즘과 국가』, 새길, 1992; 재판 시에 『마르크스즘과 유로코뮤니즘』, 중원문화, 2010로 제목 바꿈).

Caro, Joseph(1488-1575) 유태 법학자. 이베리아 반도 출생. 박해를 받아 터키로 망명, 팔레스티나에서 학원을 열었다. 저서 『Shulhan Aruch』는 유태법 최고의 고전 중의 하나로 불린다.

Carson, Sir Edward Henry(1854-1935) 영국의 정치가. 자치법(Home Rule Act)에 의해서 아일랜드 자치가 승인될 때 북아일랜드의 분리를 주장하여 무장반란을 일으켰다.

Castracani, Castruccio(1284-1328) 이탈리아 토스카나의 정치인. 황제당 소속으로 정치적, 군사적 수완으로 알려졌다.

Castro, Américo(1885-1972) 스페인의 역사가. 브라질 출생. 문예평론가. 마드리드 대학 교수를 지낸 후 신대륙으로 건너갔다. 저서 『세르반테스의 사상』 등.

Catherine of Siena(Sta.)(c. 1347-1380) 도미니크회 수도녀. 신비체험을 기초로 분열된 교회의 재통합, 즉 교황 그레고리우스 11세를 아비뇽에서 로마로 귀환하도록 힘썼다.

Catilina, Lucius Sergius(108-62 B.C.) 로마의 정치가. 음모가로 키케로의 규탄을 받았다.

Cavaglieri, Arrigo(1880-1935) 이탈리아의 국제법, 국제사법학자. 나폴리대학 교수.

Cavendish, William, 3rd Earl of Devonshire(1617-1684) 영국의 귀족. 홉스는 1631-1642년 가정교사로 근무.

Cavour, Camillo Benso Conte di(1810-1861) 이탈리아의 정치가. 사르디니아 수상으로서 나폴레옹 3세의 협력을 얻어 이탈리아 통일에 진력. 초대 이탈리아 수상.

Cay → Brockdorff

Celsus(그리스어로는 Kelsos) 2세기 후반의 그리스 철학자로서 플라톤주의, 스토아주의적 철학자. 천지창조 신의 人化, 그리스도에 의한 구속 등을 비합리로서 기독교를 비판, 다시 기독교도는 반국가적이라고 하였다. 178년 기독교비판의 책 『Alethes Logos』를 저술. 이 책은 현존하지 않으나 오리게네스의 『반켈수스』(248)에 의해서 내용이 알려졌다. 『켈수스를 논박함』(임걸 옮김, 새물결, 2005).

Cereno, Benito 미국 작가 허만 멜빌(Herman Merville, 1819-1891)의 소설 『베니토 세레노』(변희준 옮김, 금성출판사, 1990)의 주인공 이름. 흑인의 반란으로 백인은 그를 제외하고 모두 살해되며, 그는 선장으로서 생명의 위협을 받으며 지휘한다. 다른 선박과 마주치더라도 이상이 없는 것처럼 손짓하지만 나중에 목숨을 걸고 탈출에 성공한다. 슈미트는 『구원은 옥중에서』 에서 두 번 인용. 슈미트는 이미 제2차대전 때부터 나치스 체제하에서의 자신의 입장을 베니토 세레노에 비유한 것 같다. 윙거의 1941년 10월 18일자 일기에서 슈미트는 자신의 상황을 베니토 세레노에 비유하고 다음의 잠언을 인용했다. 즉 "벌을 내리는 자를 거역하여 글을 쓸 수는 없다"(Non possum scribere contra eum, qui potest proscribere)라고. 이 잠언은 고대 로마의 문법가인 마크로비우스의 말로 『구원은 옥중에서』, 103쪽에도 보인다. 문헌 E. Jünger, Sämtliche Werke, Bd. II. S. 265.; 황문수 역, 『베니또 쎄레노』(한국학술정보, 2009).

Chamberlain, Houston Stewart(1855-1927) 독일에 귀화한 영국인. 작곡가 바그너의 딸 에바와 결혼. 게르만 민족의 우위를 설파한 『19세기의 기초』(1899)로 나치의 사상적 선구자의 한 사람이 된다.

Charles Ⅱ(1630-1685) 영국 왕(1660-1685). 황태자 시대 내전을 피해 프랑스에 망명. 여기서 홉스를 기하학의 스승으로 삼는다.

Chastel, P. 프랑스의 신부.

Chateaubriand, François René(1768-1848) 프랑스의 작가, 정치가, 외교관. 소설 『아딸라』,『르네』(신곽균 옮김, 새미, 2003),『광야의 처녀』.

Che Guevara, Ernesto(1928-1967) 라틴 아메리카의 혁명가. 문헌: 장 코르미에, 김미선 옮김, 『체 게바라 평전』, 실천문학사, 2000; 슈미트 『파르티잔』, 158쪽.

Chrysippos(276-204 B.C.) 고대 그리스의 철학자. 스토아학파의 원조.

Churchill, Winston(1874-1965) 영국의 정치가. 양차 대전에서 대독주전론자. 제1차 대전 시에는 해군장관, 제2차 대전 시에는 수상으로서 전쟁을 지도(1940-1945). 1953년 노벨문학상 수상. 문헌 『폭풍의 한가운데: 윈스턴 처칠 수상록』(조원영 옮김, 아침이슬, 2003).

Cicero, Marcus Tullius(106-43 B.C.) 고대 로마의 정치가, 사상가. 기원전 60년대에 법무관(praetor), 통령(consul) 등 요직을 역임. 폼페이우스의 동지로 반카이사르파. 카이사르 사후 안토니우스를 억제하기 위해 옥타비아누스 카이사르와 결합하려고 하였으나 옥타비아누스는 안토니우스와의 화해의 표시로서 키케로를 인도해서 살해되었다. 저서 『국가론』(김창성 옮김, 한길사, 2007); 『법률론』(성염 옮김, 한길사, 2007); 『노년에 관하여』(천병희 옮김, 숲, 2005); 『키케로의 의무론』(허승일 옮김, 서광사, 2007) 등.

Cioran, Emile M.(1911-1995) 루마니아의 저술가. 저서 『해뜨기 전이 가장 어둡다』(김정숙 옮김, 챕터하우스, 2013), 『지금 이 순간, 나는 아프다』(전성자 옮김, 챕터, 2013), 『독설의 팡세』(김정숙 옮김, 문학동네, 2004), 『절망의 끝에서』(동인, 강, 1997), 『세상을 어둡게 보는 법』(동인, 이땅, 1992), 『동구로 띄우는 편지』(동인, 이땅, 1990) 등.

Clapmarius, Arnold(1574-1604) 요절한 독일의 정론가. 저서 『통치의 비밀』.

Clausewitz, Carl Philipp Gottfried von(1780-1831) 프로이센의 군인. 『전쟁론』(1832; 김만수 옮김, 갈무리, 2006-2009)은 근대 전쟁의 특질을 구명한 고전. 여기서 '전쟁은 정치의 연속이다'는 공식을 전개. 슈미트는 「정치사상가로서의 클라우제비츠」라는 논문도 썼다. 문헌 『파르티잔』, 83쪽 이하.

Clemenceau, Georges(1841-1929) 프랑스의 정치가. 수상으로서 베르사유 회의에서 알사스-로랭의 할양과 배상 등 강경한 요구를 관철했다.

Codurcus, Philippus(1580?-1660?) 17세기 프랑스의 성서학자.

Cohen, Hermann(1842-1918) 유태계 독일 철학자. 마부르크학파 신칸트주의의 대표자. 인도주의적 사회주의자. '인식은 대상을 구성한다'고 설명하는 마르부르크 학파 신칸트주의의 창시자. 그의 '윤리적 사회주의'의 주장은 사회민주당에 영향을 주었다. 유태교에 관한 저작도 있다.

Cole, George Douglas Howard(1889-1959) 영국의 길드 사회주의자이며 문인. 페비안협회에서 활약. 저서 『사회주의사상사 I』(이방석 역, 1987), 『영국 노동운동의 역사』(김철수 옮김, 책세상, 2012), 『경제학입문』, 『협동조합운동 한 세기』.

Comte, Auguste(1798-1857) 프랑스의 철학자. 실증주의를 주창. 인간의 인식은 신학적 · 형이상학적 · 실증적인 3 단계를 거쳐 발전한다고 주장. 또한 사회학(sociologie)이라는 말과 새로운 학문분야를 창시했다. 미래에는 학자(savants)가 지배하는 합리화된 이상국가를 구상했고, 만년에는 '인류교'(la religion d' Humanit)라는 새 종교를 주장하고 그 교조가 된다. 저서 『실증 철학 강의』(1830-1842), 『실증 정치의 체계』(1851-1854), 『실증주의서설』(김점석 옮김, 민음사, 2001). 콩트의 3단계 법칙에 관해서는 슈미트의 「중립화와 탈정치화의 시대」, 『정치적인 것의 개념』, 121쪽; 『정치신학 외』, 109쪽 참조.

Condé Garcia, Francisco Javier(1908-1974) 슈미트의 베를린 제자. 스페인의 정치사상사가.

Condorcet, Marie Jean Antoine Nicolas de Caritat, Marquis de(1743-1794) 프랑스의 수학자, 철학자인 동시에 정치가. 혁명 초기에 활약했으나 정쟁 중 체포되어 자살했다. 저서 『인간정신의 진보에 관한 역사적 개요』(장세룡 옮김, 책세상, 2002).

Connolly, James(1868-1916) 아일랜드의 사회주의 혁명가. 무장봉기하여 중상을 입고 사망. 저서 『아일랜드 내셔널리즘과 사회주의』.

Constant de Rebecque, Benjamin(1767-1830). 프랑스의 사상가, 작가, 정치가. 공화적 자유주의의 입장에서 브뤼메르의 쿠데타 후에 법제위원회에 들어가 나폴레옹 1세의 강권 정치에 반대하다가 추방되었다. 망명 중 바이마르에서 괴테, 실러와 사귀고, 귀국 후 백일천하 때에는 나폴레옹의 의뢰로 자유제국을 구상한 헌법추가소항을 기초하고 그 고문관이 되었다. 왕정복고 후 추방되었다가 귀국하여 하원의원이 되고 반정부파의 입장에서 자유주의를 주장했다. 저서 『정치원리』(1872)와 심리소설 『아돌프』(1816, 김석희 옮김, 열림원, 2002)가 있다. 슈미트는 뱅자맹 콩스탕을 '운명의 형제'라고 부르고 그의 여러 저작을 인용하며, 특히 '중립적 권력'의 이론을 빌려서 헌법의 수호자를 설명한다. 예컨대 『헌법의 수호자』(김효전 옮김, 법문사, 2000, 183쪽 이하)와 『구원은 옥중에서』(김효전 옮김, 교육과학사, 1990, 153쪽) 등. 문헌: 스탈 부인과의 관계를 다룬 Günter Barudio, Madame de Staël und Benjamin Constant, 1996(김이섭 옮김, 『기묘한 관계: 살롱의 여신 스탈 부인과 정치신사 콩스탕』, 한길사, 1999); 권유현, 『마담 드 스탈 연구』, 서울대 출판부, 2000 등.

Constantinus, Caius Flavius Valerius Aurelius(274-337) 로마 황제(재위 306-337). 밀라노 칙령(313년)으로 기독교를 공인. 콘스탄티우스 1세의 서자로서 태어나, 306년 부제위(副帝位)에 취임하자 내란을 통일, 밀라노 칙령(313)으로 기독교를 공인. 니카이아(현재 터키령) 공회의(325)를 소집하고 "어리석고 번잡한 말다툼"인 삼위일체 논쟁에 종지부를 찍으려고 했다. 그 의도는 미도라교 등을 포함한 일신교도를 통일시키고, 황제숭배와 결합시키는 데 있었다고 한다. (니코메디아의) 유세비우스에 의해서 죽기 직전에 세례를 받았다. 장남과 처를 반역죄로 처형하는 등 피로 물든 생애였다.

Copernicus, Nicolau(1864-1925) 폴란드의 천문학자. 지동설을 창도.

Cortés, Donoso(Juan Francisco Maria de la Salud, Marquéz de Valde Gamas, 1809-1853) 스페인의 외교관, 정치사상가. 젊을 때에는 자유주의사상을 품었으나 1847년에 심경의 변화가 생겨 합리주의나 유물론은 신의 분노를 초래하는 전조라고 하여 종말론적 역사관을 설파. 문헌은 C. Schmitt, Donos Cortés in gesamteuropäischer Interpretation, 1950; 『정치신학』, 55쪽 이하; 『입장과 개념들』(김효전 · 박배근 공역), 107쪽 이하, 165쪽 이하 참조.

Craemer, Rudolf(1903- 1941) 독일의 사상사가. 저서 『벤저민 디즈렐리』.

Croce, Benedetto(1866-1952) 이탈리아의 사상가, 정치가. 자유주의를 기조로 비코, 헤겔의 영향 아래 시대를 논평. 파시즘에 비판적 태도를 취하고 전후 일시 정계에 등장했다. 저서 『사고로서의 역사, 행동으로서의 역사』(최윤오 옮김, 새문사, 2013); 『역사의 이론과 역사』(이상신 역, 삼영사, 1981); 『자유발전의 역사』(김정남 역, 홍신사, 1991).

Cromwell, Oliver(1599-1658) 영국의 정치가이며 군지휘관, 퓨리턴혁명의 지도자. 1742-1748년의 내란 때 의회군을 이끌고 왕군을 격파, 1649년 찰스 1세를 처형하고 공화제를 선포. 아일랜드 출정, 스코틀랜드군을 격파하여 영국섬을 평정. 1651년 항해법을 발포하고, 1653년 호국경(the Lord Protector)으로 천거되어 독재권을 행사. 1652-1654년 네덜란드 해군을 격파하여 영국이 해상을 제패하는 계기를 마련함. 슈미트는 『정치적인 것의 개념』, 90-91쪽, 『로마 가톨릭주의와 정치형태』, 9쪽 등에서 인용.

Cujas, Jacque(1522-1590) 프랑스의 로마법학자. 인문학파의 대표자.

Curtius, Ernst Robert(1886-1956) 로마니스트.

Curzon, George Nathaniel(1859-1925) 영국의 정치가. 인도 총독, 외무장관 역임.

Cusanus, Nicolaus(1401-1464) 독일의 철학자, 신학자, 추기경. 독자적인 범신론적 세계관을 구축. 1448년 추기경. 1450년 브릭센 주교. 수학, 자연과학의 소양과 신비주의의 영향에서 독자적인 범신론적 체계를 주장하고 조르다노 브루노 등에게 영향을 미쳤다. 중세와 근세의 중간에 선 사상가로 알려짐. 저서 『박학한 무지』(조규홍 옮김, 지식을만드는지식, 2013), 『신을 보는 것에 대해서』(De visione Dei).

Cyprianus, Caesilius Thascius(St.)(c. 200-258) 교부. 카르타고 주교. '교회 밖에는 구원이 없다'고 설파. 발레리아누스 황제(Publius Licinius Valerianus, 200?-260?, 재위 253-260)의 박해로 순교.

Cyrillus, Hierosolymitanus(St.)(c. 315-386) 영어로는 Cyril of Jerusalem. 교부. 삼위일체론의 이론가. 예루살렘의 주교. 아리우스파와 싸워 여러 번 추방되었다. 비적론 등 교의학적 업적도 있다.

Dahlmann, Friedrich Christoph(1785-1860) 독일의 역사가. 하노버 왕의 헌법폐기에 항의한 '괴팅겐의 7인' 중 한 사람. 저서 『정치』(1847).

Dahm, Georg(1904-1963) 독일의 형법학자, 국제법학자. 나치시대에 활약, 패전과 함께 파면. 파키스탄의 다카대학에서 교편을 잡은 후 1955년 킬대학에 복귀.

D'Alemberg, Jean le Rond(1717-1783) 프랑스의 수학자, 물리학자, 철학자. 디드로와 『백과사전』 편찬.

D'Alquen, Gunter(1910-1998) 나치시대의 저널리스트. 힘러의 발탁으로 친위대(SS) 기관지 Das Schwarze Korps(흑색군단) 편집장 역임.

Daniels, Wilhelm(1903-1977) 본대학 박사과정생. 시장 역임.

Dante, Aleghieri(1265-1321) 중세 이탈리아의 시인. 저서 『단테 제정론』(성염 역주, 경세원, 2009); 『신곡』(최민순 역, 을유문화사, 1960) 등.

Darnley, Henry Steward(1546-1567) 스코틀랜드의 귀족. 1565년 메어리 여왕과 결혼. 여왕의 총신 리찌오(David Rizzio, 1540-1566)를 여왕의 면전에서 살해하나 다음 해인 1567년 보스웰에게 살해된다.

Daskalakis, George D.(1912-1980) 베를린대학 교수자격논문준비생. 그리스의 정치학자. 슈미트의 소개자.

Däubler, Theodor Johannes Adolf(1876-1934) 독일의 작가. 트리에스테 출생. 이탈리아의 피우메에서 아비투어를 마치고 불안정한 생활을 했으며 유럽을 여행했다. 1910년 시 「북극광」(Das Nordlicht)을 발표. 당대의 대가들과 사상적인 교류를 가졌다. 1934년 결핵으로 사망. 저서 Das Sternenkind, Insel 1916; Der sternhelle Weg, Insel 1919; Das Nordlicht, Genfer Ausgabe 2 Bde., 1921; Griechenland. aus dem Nachlass Max Sidow(Hrsg.), K. H. Henssel 1946. 슈미트는 서정시인 도이블러에 관한 책도 썼다. Theodor Däublers "Nordlicht". Drei Studien über die Elemente, den Geist und die Aktualität des Werkes, Unverän. Ausg. der 1916 bei Georg Müller in München erschienenen Erstauf. - Berlin: Duncker & Humblot, 3. Aufl., 2009.

Dawes, Charles Gates(1865-1951) 미국의 정치가, 실업가. 쿨리지(Calvin Coolidge, 1872-1933, 대통령 재임 1923-1929) 아래서 부통령(1925-1929). 독일 배상문제에서의 '도즈안'의 제창자. 1925년 노벨평화상 수상.

De Gaulle, Charles(1890-1970) 프랑스의 군인, 정치가. 제2차 대전 중 런던에 망명하여 저항운동을 전개. 1958-1969년 대통령. 저서 『드골』(심상필 역, 한림, 1977).

Dekker, Thomas(1572-1632) 영국의 극작가.

Delbrück, Hans(1848-1929) 독일의 역사가. 베를린대학 교수. 국회의원으로서는 리버럴파에 속했다. 저서 『전쟁기술사(記述史)』.

Delitzsch, Friedrich(1850-1922) 독일의 아시리아 학자. 베를린대학 교수. 저서 『거대한 사기』(1921)에서 유태인과 유태교를 공격.

De Lorme, Marion(1613-1650) 파리 살롱의 호스테스. 많은 저명인사와 교류하고 연애했다.

Del Vecchio, Giorgio(1878-1970) 이탈리아의 법철학자. 저서 『정의의 문제』(장광수 역, 양영각, 1983).

De Maistre, Joseph-Marie(1753-1821) 프랑스의 정치가, 정치사상가. 계몽사조

와 이성주의를 비판하고 교황지상주의, 왕권신수설을 제창. 사보아의 외교관으로서 빈 회의(1815)에 참석, 1817년에는 수상이 되었다. 원죄의 교의에서 출발하여 프랑스 혁명을 신의 벌이라고 한다. 교황지상주의(ultramontanism)와 절대군주제를 주장. 저서 『프리메이슨』.

Dempf, Alois(1891-1982) 가톨릭계 철학자, 본 신학자. 나치에 의해서 빈대학 교수직에서 추방된다. 전후 뮌헨 대학 교수. 신토마스주의의 입장에서 중세 사상사를 연구하고 독자적인 철학적 인간학을 전개했다.

D'Entrèves, Alessandro Passerin(1902-1985) 이탈리아의 사상사가. 토리노대학 교수, 옥스퍼드대학 교수 역임. 저서 『자연법』, 『국가란 무엇인가』 등.

De Quincy, Thomas(1785-1859) 영국의 저작자, 방랑자. 저서 『어느 영국인 아편 중독자의 고백』.

Derrida, Jacques (1930-2004) 알제리 태생의 프랑스 철학자. 파리 고등사범학교에서 수학한 후 철학교수 자격 취득. 소르본대학 철학 강사를 지낸 후 1987년부터 사망시까지 파리 사회과학고등연구원 연구주임. 데리다는 슈미트의 '통치의 비밀'과 관련하여 발전시킨 것이 '경찰'이라고 한다. 즉 "경찰은 법의 힘이며, 법의 힘을 지니고 있다. 경찰은 법을 발명하고 자신을 법정립적인 것, 입법적인 것으로 만든다. 경찰은 근대의 입법자는 아닐지라도 근대 속에서의 입법자로 자처한다"(Force de loi, 1994; 진태원 옮김, 『법의 힘』, 문학과지성사, 2004, 97쪽). 또한 데리다는 벤야민과 비교하면서 슈미트를 비판한다(역서, 73쪽). 데리다는 loi와 droit를 구별하여 사용하는데 역자는 "우리말에서는 양자 모두 '법'이라고 번역되기 때문에 제대로 구분이 되지 않는다"고 하여 혼동하고 있다. 그러나 한국어로는 '법률'과 '법'으로 명백히 구별된다. 데리다의 저서 『마르크스의 유령들』(진태원 옮김, 이제이북스, 2007); 『철학에의 권리/법에서 철학으로』(1990) 등.

Dersch, Hermann(1883-1961) 베를린의 법률가.

Descartes, René(1596-1650) 철학자.

Devonshire, 3rd Earl of →Cavendish

Dewall, Wolf von(1882-1959) 독일 『프랑크프루터 짜이퉁』 기자. 1904-1924년 중국 특파원.

Dibelius, Otto Franz Wilhelm(1876-1931) 영문학자.

Diderot, Denis(1713-1784) 프랑스의 철학자. 달랑베르와 『백과사전』 편찬. 저서

『미의 기원과 본성』(이충훈 옮김, 도서출판 b, 2012).

Diederichs, Peter(1905-1990) 출판업자.

Diels, Rudolf(1900-1957) 프로이센 경찰 및 게슈타포 총수.

Dietrich, Hermann(1879-1954) 독일 민주당의 정치가. 바이마르 시대에 여러 번 각료 역임.

Dilthey, Wilhelm(1833-1911) 독일의 철학자, 사상사가. '생'과 '정신'의 개념을 기초로 하여 철학 · 정신과학의 이론을 구축했다. 저서 『정신과학에서 역사적 세계의 건립』(김창래 옮김, 아카넷, 2009); 『체험과 문학』(한일섭 역, 중앙일보, 1984); 『딜타이 시학』(김병욱 외 역, 예림기획, 1998) 등.

Diner, Dan(1946-) 뮌헨 출생. 이스라엘 역사가. 나치시대의 독일사 전공. 예루살렘대학 교수.

Diocletianus, Gaius Aurelius Valerius(245-313) 로마 황제(재위 284-305). 군대가 추대하여 황제가 되고 니코메디아로 천도하여 동양적 전제정치를 실시. 제국을 4분할하고 니코메디아를 수도로 정했다. 303년 기독교를 크게 박해했다.

Diogenes(412-323 B.C.) 그리스의 철학자.

Dionysius of Alexandria(St.)(?-264/5) 제25대 교황(259-268). 오리게네스의 제자. 여러 이단파(사베리우스설, 성자종속설 등)와 논쟁하여 삼위일체설을 옹호. 또한 Valerius 황제의 박해로부터 교회를 보호했다.

Disraeli, Benjamin(1804-1881) 영국의 정치가, 작가. 젊은 날에 유태교에서 영국교회로 개종. 빅토리아 여왕의 신임 아래 보수당을 이끌고 제국주의 정책을 추진. 문헌 E. Feuchtwanger, Disraeli, D&H., 2011.

Dölle, Hans(1893-1980) 본대학 동료.

Dohna, Alexander Graf zu(1876-1944) 쾨니히스베르크, 하이델베르크대학 교수, 슈미트와 본대학 동료. 바이마르 제헌국민의회 의원.

Dominicus(St)(c. 1170-1221) 도미니크 수도회의 창시자(1216). 스페인의 주교. 이단심문재판(inquisitio)의 창시자로 불린다.

Donellus, Hugo(1527-1591) 칼뱅파의 인문주의적 법학자. 유스티니아누스 법전의 주석자.

Donoso Cortés, Juan Francesco Maria de la Saludad(1809-1853) 스페인의 가톨릭 사상가. 슈미트의 저서 『도노소 코르테스』(1950).

Doremus, André(1924-) 프랑스의 정치학자. 저서 『카를 슈미트 사상 입문』

(1982), 역서 슈미트 『옥중기』.

Dorn, Hanns(1878-1934) 뮌헨 상과대학 슈미트 동료.

Dorn, Herbert(1887-1957) 라이히 재정원 원장. 베를린 상과대학 동료.

Dorotić, Pauline Carita/Cari(1883-1968) 카를 슈미트의 부인.

D'Ors, Álvaro(1915-2004) 스페인의 법학자. 문헌 M. Herrero (Hrsg.), Carl Schmitt-Álvaro d'Ors: Briefwechsel 2004.

Dostoevsky, Fyodor Mikhailovich(1821-1881) 러시아의 작가. 작품 『죄와 벌』.

Droit, Roger-Pol(1949-) 프랑스의 철학자. 부타론 등 동양사상에도 관심을 보였다.

Droste-Hülshoff, Annette Freiin von(1797-1848) 독일의 여류 시인. 본명은 길다(Ann Elisabeth Franzisca Adolphine Wilhelmine Louse Maria von Droste-Hülshoff). 저서 『유대인의 너도밤나무』(이미선 옮김, 부북스, 2013)

Drucker, Peter Ferdinand(1909-2005) 오스트리아 태생의 경영학자.

Drury, Shadia(1950-) 캐나다의 정치사상가. 레비-스트로스의 비판자로서 알려짐.

Duez, Paul(1888-1947) 프랑스의 공법학자. 저서 『통치행위론』, 『헌법론』(바르텔레미와 공저), 『행정법론』[드베르, Guy Debeyre(1911-1998)와 공저] 등.

Dufour, Gabriel Michel(1811-1868) 프랑스의 공법학자. 광산법, 수리법에 관한 저서 외에 『집행권론』, 『응용행정법론』 등.

Duguit Léon(1859-1928) 프랑스의 공법학자. 저서 『공법변천론』, 『법과 국가』, 『일반 공법학 강의』(이광윤 옮김, 민음사, 1995).

Duhem, Pierre Maurice Marie(1861-1916) 프랑스의 물리학자, 과학사가. 열역학, 전자기학 등에서 업적을 남긴 외에 물리법칙을 인간의 구성물로 하는 과학이론을 전개하여 빈 학단에 영향을 준 독실한 가톨릭교도로 중세 물리학사, 레오나르도 다빈치의 연구로도 유명. 저서 『물리이론의 목적과 구조』.

Dühring, Karl Eugen(1833-1921) 독일의 철학자, 경제학자, 사회주의사상가. 유물론에 입각하여 종교를 비판. 반유태주의자이기도 했다. 『반뒤링론』(김민석 옮김, 새길, 1987)에서 엥겔스의 비판을 받았다.

Duke of Norfolk, Henry Fitzalan Howard(1847-1917) 제15대 노포크 공작. 가톨릭교도.

Duns Scotus, Johannes(1266-1308) 스코틀랜드 출생 스콜라 신학자이며 철학자.

저서 『제일원리론』(박우석 옮김, 누멘, 2010), 문헌 『둔스 스코투스의 철학사상』(김현태, 가톨릭대 출판부, 1994).

Dupanloup, Félix Antoine Philibert(1802-1878) 프랑스의 가톨릭 정치가, 교육사상가. 가난한 농부의 사생아로서 태어남. 가톨릭 자유파의 대표자로 교권주의와 반종교사상의 양면에서 논쟁했다. 교황무류설에 최초로 반대했으나 일찍이 이에 굴복했다. 만년에는 국회의원으로서 활약, 왕당파에 속했다.

Duplessis-Mornay, Philippe(1549-1623) 프랑스의 프로테스탄트 신학자.

Durkheim, Emile(1858-1917) 프랑스의 사회학자. 파리대학 교수. 저서 『자살론』(김충선 옮김, 청아, 2005); 『사회학적 방법의 규칙들』(윤병철 · 박창호 옮김, 새물결, 2001); 『종교생활의 원초적 형태』(노치준 · 민혜숙 옮김, 1992) 등.

Ebert, Friedrich(1871-1925) 독일 사회민주당의 정치가. 1919-1925년 바이마르 공화국 초대 대통령.

Eckhardt, Karl August(1901-1979) 독일의 법사학자. 슈미트의 베를린 동료. 나치스 반대자.

Ehrhardt, Arnold Anthony Traugott(1903-1965) 독일에서 영국으로 망명. 맨체스터대학에서 교편을 잡았다. 고대사상사, 성서학에 업적이 있다. 저서 『정치적 형이상학』(Politische Metaphysik).

Eichmann, Eduard(1870-1946) 법사학자, 가톨릭 교회법학자. 저서 『카논법전에 근거한 교회법교과서』 등.

Eisenmenger, Johann Andreas(1654-1704) 오리엔트 학자, 하이델베르크대학 강사. 저서 『유태교 발견』(1700)은 반유태주의 문헌의 선구라고 한다.

Eisler, Bernhard Georg(1892-1983) 1933년까지 슈미트의 절친한 친구.

Eisler, Fritz(1887-1914) 법률가. 카를 슈미트의 젊은 날의 유태인 친구. 공저 『그림자 그림(실루엣)』(Schattenrisse, 1913) 발간. 1914년 제1차 세계대전시 전사. 슈미트는 그의 『테오도르 도이블러의 『북극광』』(Theodor Däublers "Nordlicht", 1916)과 『헌법이론』(1928)을 아이슬러의 추억에 바친다. 이 『그림자 그림』(실루엣)은 'Johannes Negelinus, mox Doctor'라는 가명으로 발표되었으며, 여기의 '그림자'는 십계명 중 제4계명인 안식일을 교부들이 '그림자 계명'이라고 부른 데서 연유하는 것이라고 생각된다.

Eisler, Heinrich(1853-1924) 출판업자. 슈미트 후원자.

Eisner, Kurt(1867-1919) 독일의 유태계 저널리스트. 사회주의 사상을 품고 제1

차 세계대전 중에는 평화주의를 주창. 바이에른 혁명정부의 수상이 되었으나 뮌헨에서 암살되었다.

Elias, Hendrik Jozef(1902-1973) 벨기에의 정치가, 역사가. 나치 점령하의 겐트 시장. 저서 『플라만사』.

Elliott, William Yandell(1896-1979) 미국의 역사가. 옥스퍼드대학에서 공부함. 여러 대통령의 조언자. 저서 『미국의 대외정책』.

Eltzbacher, Paul(1868-1926) 법률가, 무정부주의 연구가.

Emge, Carl August(1886-1970) 슈미트의 베를린대학 동료. 일찍부터 나치스에 입당하여 나치 법철학의 대표자.

Engels, Friedrich(1820-1895) 독일의 사상가, 혁명가. 카를 마르크스와 함께 과학적 사회주의의 창시자. 마르크스를 도왔으며 그의 사후에는 『자본론』 2, 3권을 출판. 마르크스와 공저 『독일 이데올로기』(1845-1846); 『공산당선언』(1848; 김재기 편역, 1988); 단독으로 『반뒤링론』(1876; 김민석 옮김, 1987); 『가족 · 사유재산 및 국가의 기원』(1884; 김대웅 옮김, 두레, 2012); 『공상에서 과학에로의 사회주의의 발전』(1884) 등. 문헌 이해영 편, 『엥겔스 연구』, 녹두, 1989.

Engisch, Karl(1899-1990) 베를린대학 학부 조교. 뮌헨대학 법철학 교수. 저서 『법학방법론』(안법영 · 윤재왕 공역, 세창, 2011).

Ephraim der Syrer(306?-378?) 교부. 찬미가의 작사자.

Epting, Karl(1905-79) 로마니스트, 강사, 교사.

Erastus, Thomas(1524-1583) 스위스의 신학자, 의사. 죄에 대한 벌은 속권에 위임해야 한다고 주장.

Erich, Oswald Adolf(1883-1946) 민속학자. 저서 『독일 민속학 사전』(Wörterbuch der deutschen Volkskunde)의 편자.

Ernst-August → Hannover

Eschenburg, Theodor(1904-1999) 베를린의 지인. 정치학자.

Escherich, Karl(1886-1936) 신학자.

Escherich, Karl(1871-1951) 독일의 곤충학자. 뮌헨대학 교수.

Eschweiler, Karl(1886-1936) 가톨릭 신학자. 토머스주의적 신학을 설파했으며 나치스를 지지했다.

Esmein, Adhémar(1848-1913) 프랑스의 헌법학자이며 법제사가. 저서 『프랑스와 비교헌법의 기초원리』(Eléments de droit constitutionnel Français et comparé, 1895). 문헌 Stéphane Pinon et Pierre-Henri Prélot, Le droit constitutionnel d'Adhémar Esmein, Paris 2009.

Eulenburg, Franz(1867-1947) 사회과학자. 베를린 상과대학 동료.

Eusebius(ca. 260-340) 카에사레아(팔레스티나)의 주교. 교부. 교회사가. 콘스탄티누스 대제의 신임을 얻었다. 오리게네스의 신봉자인 팜필루스(Pamphilus)의 영향을 받았다. 콘스탄티누스의 죽음(337) 이후에 『콘스탄티누스 전기』를 써서 그를 찬미하였다. 저서는 방대하며 특히 『교회사』는 원시교회에 대한 제1급 자료가 된다. 저서 『유세비우스의 교회사』(은성, 1998).

Eusebius of Nicomedia(? -341/2) 아리우스파의 신학자. 대(對) 아타나시우스파와 투쟁하는 중심인물. 임종하는 콘스탄티누스 대제에게 세례를 베품.

Feil, Ernst(1932-) 독일의 프로테스탄트 신학자. 뮌헨대학 교수. 저서 『정치신학』(Von der politischen Theologie); 『본회퍼론』 등.

Felipe II(1527-1598) 스페인 국왕(1555-1598). 사적(事蹟)으로 네덜란드 독립전쟁, 레판토 해전에서 터키에 대한 승리(1571), 포르투갈 병합(1580), 대영(對英) 전쟁의 패배 등이 있다.

Ferrero, Guglielmo(1871-1942) 이탈리아의 역사학자이며 사회학자. 파시즘의 반대자. 1930년 스위스로 갔다.

Ferri, Enrico(1856-1929) 이탈리아의 범죄학자, 사회주의자. 롬브로조(Cesare Lombroso, 1835-1909)의 범죄이론을 사회학적인 방향으로 발전시켰다. 1921년의 아르헨티나 형법은 그의 이론에 의거하고 있다. 저서 『범죄사회학』.

Feuchtwanger, Ludwig(1885-1947) 출판업자.

Feuerbacher, Anselm von(1775-1833) 독일의 형법학자. 철학자 루드비히의 아버지.

Feuerbacher, Ludwig(1804-1842) 헤겔 좌파의 철학자. 저서 『기독교의 본질』(강대석 옮김, 한길사, 2008), 『종교의 본질에 대해서』(상동, 2006), 문헌 F. 엥겔스, 양재혁 옮김, 『포이에르바하와 독일 고전 철학의 종말』(돌베개, 1987).

Fichte, Johann Gottlieb(1762-1814) 독일의 철학자. 나폴레옹 군대 점령하에 '독일 국민에게 고함'이라는 연속 강연으로 독일의 재건을 강조한 것으로 유명하다(1807. 8). 저서 『독일 국민에게 고함』(김정진 옮김, 삼성문화문고, 1971);

『전체 지식론의 기초』(한자경 옮김, 서광사, 1996).

Figgis, John Neville(1866-1919) 영국의 정치사상사, 교회사학자. 영국 교회의 성직자.

Fijalkowski, Jürgen(1928-) 독일의 정치학자.

Fischer, Hugo(1897-1975) 철학자, 사상사가. 프로디노스론, 헤겔론, 니체론 등이 있다.

Flaubert, Gustave(1821-1880) 프랑스의 리얼리즘 작가. 작품 『보바리 부인』 등.

Flechtheim, Ossip K.(1909-1998) 법학자이며 정치학자. 1935년 스위스를 거쳐 미국으로 이민. 전후 뉘른베르크재판에 관여하러 귀국. 이후 베를린 자유대학 교수 등 역임. 저서 『독일연방공화국의 정당』(중앙선거관리위원회, 1975); 『미래는 그래도 구원될 것인가』(이동승 역, 탐구당, 1987).

Fleig, Hans(1916-1988) 저널리스트.

Fontaine, Jean de la(1621-1695) 프랑스의 작가. 『우화시』(Les Fables, 1668-1679)의 번역은 박명숙 옮김, 『라퐁텐 그림 우화』, 시공사, 2004. 슈미트는 라퐁텐의 우화시를 자주 사용한다. 예컨대 『정치적인 것의 개념』, 79쪽; 『홉스의 리바이어던』, 315쪽; 『입장과 개념들』, 155쪽 등.

Forçade, Eugène(1820-1869) 프랑스의 역사가, 문예비평가. 저서 『동방전쟁원인론』.

Forcellinis, Egidio(1688-1768) 이탈리아의 언어학자. 라틴어사전의 편찬자.

Fornari, Raffaele(1877-1954) 가톨릭 성직자. 추기경.

Forsthoff, Ernst(1902-1974) 독일의 공법학자. 일찍이 슈미트의 문하생으로 나치스 초기에는 대표적인 나치스 법학자 중의 한 사람. 그의 '급부행정법론'은 한국과 일본에도 많은 영향을 미쳤다. 저서 『행정법 교과서』(1950); 『근대 독일 헌법사』(3. Aufl., 1967); 『변화 속의 법치국가』(1964) 등. 카를 슈미트와 관련해서는 Dirk van Laak, Gespräche in der Sicherheit des Schweigens, 1993. S. 240-246; 서신 교환집은 Briefwechsel Ernst Forsthoff-Carl Schmitt(1926-1974), Berlin: Akademie Verlag 2007.

문헌 Willi Blümel(Hrsg.): Ernst Forsthoff. Kolloquium aus Anlaß des 100. Geburtstag von Prof. Dr. Dr. h.c. Ernst Forsthoff, Duncker & Humblot 2003; Peter Axer, Otto Mayer, Walter Jellinek, Ernst Forsthoff und das Recht der öffentlichen Sache, in: Christian Baldus, Herbert Kronke und Ute Mager(Hrsg.),

Heidelberger Thesen zu Recht und Gerechtigkeit, Mohr, 2013.

Forsthoff, Heinrich(1871-1942) 프로테스탄트 신학자. 목사. 저서 『칼뱅이냐 루터냐』, 『인간주의적 환상의 종언』.

Fourier, Charles(1772-1837) 프랑스의 사회사상가. 저서 『사랑이 넘치는 신세계』(변기찬 옮김, 책세상, 2007).

Fraenger, Wilhelm(1890-1964) 미술사가.

Fraenkel, Ernst(1898-1975) 유태계 독일인으로 쾰른 출생. 김나지움 학생으로서 제1차 대전 참전. 전후 법학과 역사학 전공. 1921년 독일사회민주당 입당. 후고 진츠하이머(Hugo Sinzheimer)의 영향과 지도 아래 노동법으로 박사학위 취득. 나치스의 권력장악 이후인 1939년 미국으로 이민. 미국에서는 국방성에 자리를 얻고 대전후 한국전쟁이 발발하기까지 주한미군의 법무담당자로서 한국에 근무. 1953년 베를린자유대학 교수가 된다. 1967년 정년 퇴임. 저서 Zur Soziologie der Klassenjustiz, 1927; The Dual State, 1941. 전기는 Klassenjustiz und Pluralismus. Festschrift für Ernst Fraenkel zum 75. Geburtstag, 1973.

Franco Bahamonde, Francisco(1892-1975) 스페인의 장군이며 정치가.

Frank, Brigitte(1895-1959) Hans Frank의 부인.

Frank, Hans(1900-1946) 나치스의 정치가. 1923년 나치당의 전신인 독일노동당 입당. 1927년부터 뮌헨에서 변호사 개업. 여러 번 히틀러를 변호하여 나치당의 법률고문이 된다. 독일법 아카데미 회장, 1934년 라이히 법무장관, 1939년 폴란드 총독, 뉘른베르크 군사재판에서 교수형. 저서 자서전 『교수대에 직면하여』(Im Angesicht des Galgens, 1953).

Franz Ferdinand von Habsburg(1863-1914) 오스트리아의 황태자. 1914년 6월 28일 보스니아의 사라예보에서 암살된 것이 제1차 세계대전의 계기가 되었다.

Franz Joseph I(1830-1916) 오스트리아-헝거리 제국 황제(1848-1916). 다민족 국가통합의 상징이었으나 말기에 황태자의 암살(1914. 6. 28)을 계기로 제1차 대전에 돌입. 합스부르크 왕조의 종말을 보기 직전에 사망.

Freisler, Roland(1893-1945) 나치스의 법률가. 1934년 발족하여 국가반역죄 등 형사사건을 전속적으로 관할한 민족재판소(Volksgerichtshof)의 소장(1942-1945). 1921년 예나대학 법학박사. 1925년 나치당 입당. 1932년부터 프로이센주 의회의원. 1933년부터 라이히의회의원, 동시에 프로이센과 라이히 법무부 간부. 1945년 2월 베를린의 민족재판소에서 소송지휘 중 연합군의 공습으로 사망. 카를 슈미트의 『국가 · 운동 · 민족』에 대해서 그는 국무장관 시절 '이 책자는 하나의 구원이다. 나치스적 토대의 완전한 자주성에 대한 타당성 있는 학문적 증거'라고 서평했다.

Freud, Sigmund(1856-1939) 오스트리아의 의사, 심리학자. 일상 회화 중 말이 다른 것은 단지 음운상의 유사성에 기인하는 것이 아니라 심리적인 요인이 개재하고 있음을 지적. 저서 『꿈의 해석』(김인순 옮김, 열린책들, 1997); 『일상생활의 정신병리학』, 『프로이드 전집』(열린책들).

Freund, Julien(1921-1993) 프랑스의 정치학자. 제2차 대전 중 저항운동에 참가. 스트라스부르 대학 교수 역임. 저서 『정치의 본질』(L'Essence du Politique, Paris 1965, 2. Ausg. 1986)에서 슈미트의 적과 동지의 이론에 따라서 정치의 개념을 파악한다.

Freyer, Hans(1887-1969) 독일의 사회학자. 라이프치히대학 교수. 나치시대에 활약. 전후에는 소외되었다. 『사회학강화』(진인숙 역, 규문사, 1967).

Freytag-Loringhoven, Axel Freiherr von(1878-1942) 독일의 국제정치학자. 브레슬라우대학 교수. 나치시대의 국제법 잡지 『국제연맹과 국제법』(Völkerbund und Völkerrecht)의 편집자.

Frick, Wilhelm(1877-1946) 나치스 내무장관.

Friedberg, Heinrich von(1813-1895) 프로이센 상원의원, 법무장관, 형법, 형사소송법, 육군형법 등의 제정에 공헌.

Friedensburg, Ferdinand(1886-1972) 베를린 지방행정가.

Friedmann, Alfred(1883-?) 독일의 재정, 조세전문가. 긴급구제세(Reichsnotopfer), 구왕실재산의 처리, 신탁입법에 관한 논문과 감정서가 있다.

Friedrich I(c. 1124-1190) 독일 왕. 신성로마제국 황제(1152-1190). 붉은 수염(Barbarosa)이라고도 불린다. 교황권에 도전해온 이탈리아에 침입하여 여러 도시연합과 싸웠다. 89년 제3회 십자군에 참가, 약간의 승리를 거둔 후 강을 건너나가 익사.

Friedrich II(1712-1786) 프로이센 국왕(1740-1786). 계몽전제군주. 슐레지엔을 둘러싸고 마리아 테레지아(1717-1780, 오스트리아 대공(1740-1780) 통치하의 오스트리아와 7년전쟁(1756-1763)을 벌였다. 저서 『브란덴부르크 왕가사 잡록』, 『7년전쟁사』, 『반마키아벨리론』, 작곡 『플루트협주곡』 등.

Friedrich, Carl Joachim(1901-1984) 베를린대학 지인. 정치학자. 미국으로 이민, 미국정치학회 회장 역임. 저서 『현대헌법과 입헌주의』(박남규 옮김, 홍익, 2006); 『법철학』(이병훈 옮김, 교육과학사, 1996).

Friesenhahn, Ernst(1901-1984) 1928년 본대학 수학. 1939년 본대학 교수가 되었으나 곧 나치스에 의해서 추방. 대전 후인 1946년 본대학 교수 및 총장 역임. 1951-1963년 연방헌법재판소 재판관. 카를 슈미트가 본대학에 재직했던 1922-1928년 당시 프리젠한은 학생이었고 조교였다(1925-1932년). 문헌은 Jochen Abraham Frowein, Ernst Friesenhahn 1901-84. Nachruf, in: Archiv des öffentlichen Rechts, Bd. 110. 1985, 1. S. 99-102.

Fritsche, Hans(1900-1953) 나치 정권하 선전부에서 라디오 해설자로서 활약. 전후 모스크바로 연행된 후 뉘른베르크재판에서 무죄가 선고된다. 1947년 제2차 재판에서 징역 9년이 선고되었으나 1950년 석방되었다.

Fuchs, Friedrich(1890-1948) 잡지 Hochland 편집자.

Fueyo Álvarez, Jesús Florentino(1922-1993) 스페인의 정치철학자. 하이데거 등을 소재로 현대의 불안을 논했다. 슈미트 70세 기념 논문집 Epirrhosis, S. 213-235에 논문 "Die Idee der 'auctoritas'" 기고.

Fuller, John Frederick Charles(1878-1966) 영국의 군인, 군사 저널리스트, 군사사가. 힘러, 무솔리니 등을 인터뷰했다.

Gadamer, Hans-Georg(1900-2002) 독일의 철학자. 1922년 마부르크대학 철학박사. 하이데거의 지도 아래 교수자격 취득. 1949년 칼 야스퍼스 후임으로 하이델베르크대학 교수. 저서 『진리와 방법 1, 2』(임홍배 옮김, 문학동네, 2000, 2012); 『과학시대의 이성』(박남희 옮김, 책세상, 2009). 문헌 Jean Grodin, Hans-Georg Gadamer: Eine Biographie, Mohr, 2. Aufl., 2012.

Gaduel, Abbé(1772-1836) 프랑스의 성직자.

Galiani, Abbé Ferdinando(1728-1787) 이탈리아의 정치가, 경제학자. 저서 『중립적 군주의 교전중의 군주에 대한 의무』(1782).

Galileo, Galilei(1564-1642) 이탈리아의 천문학자.

Gambetta, Léon(1838-1882) 프랑스의 정치가.

Gandillac, Maurice de(1906-2006) 프랑스의 철학자. 사르트르(Jean Paul Sartre, 1905-1980)의 제자로 1946-1977년 솔본느의 교수. 데리다(Jacques Derrida,

1930-2004), 들뢰즈(Gilles Deleuze, 1925-1995)의 학생시대의 은사. 발터 벤야민의 소개자, 역자로서 알려졌다.

Gayssot, Jean-Claude(1944-) 프랑스의 국회의원, 공산당 소속. 홀로코스트를 부인하는 언론 등을 처벌하는 '게이소법'(1990)의 제안자.

Gassendi, Petrus(1592-1655) 프랑스의 자연연구가이며 철학자.

Gebhardt, Klaus(1896-1976) 산업 및 예술애호가. E. 윙거와 G. 네벨의 후원자.

Geffcken, Heinrich(1865-1916) 독일의 공법학자. 쾰른상과대학 교수. 저서 『독일제국 헌법』(1901), 『공법 · 국제법의 기초로서의 전체이익』(1908).

Gehlen, Arnold(1904-1976) 독일의 철학자, 사회학자. 한스 드리쉬(Hans Driesch, 1867-1941) 아래 철학을 배움. 전후 독일 사회학의 대표자. 셸러 등의 영향으로 '철학적 인간학'을 전개. 1933년 나치당에 입당. 라이프치히, 쾨니히스베르크, 빈대학 교수. 전후 파면되었다가 아헨공과대학 교수 등. 1947년 슈파이어 행정대학원 교수로 취임. 당시의 교명은 국립 행정과학 아카데미(Staatliche Akademie für Verwaltungswissenschaften). 인류학과 제도이론을 사회심리학과 윤리학, 사회학, 종교이론 등에 적용. 전집 Arnold Gehlen Gesamtausgabe, 10 Bde. 문헌은 H. Klages, Zur geisteswissenschaftlichen Bedeutung Arnold Gehlens, Berlin: Duncker & Humblot 1994; F. Ley, Arnold Gehlens Begriff der Religion. Ritual-Institution-Subjektivität, Mohr 2009.

Gelasius I(St.)(?-496) 제49대 교황(재위 492-496). 양검설에 의해서 황제에 대한 교황의 우위를 주장. 또한 펠라키우스주의의 비판자로서도 알려짐.

Gelasius II(1050-1119) 로마 교황(1118-1119). 황제 하인리히 5세(Heinrich V, 1081-1125. 재위 1111-1125)와 다투었다.

Gellius, Aulus(130?-180?) 로마의 수필가. 작품 『아티카의 밤』.

Gentilis, Albericus(1552-1608) 이탈리아 출생의 법학자. 프로테스탄트로 개종하고 옥스퍼드대학 교수가 됨. 근대 국제법학의 선구자의 한 사람. 저서 De juris interpretibus dialogi, 1582; De legationibus libri tres, 1585; 『전쟁법』(De jure belli commentationes tres, 1588/89) 등. 슈미트는 젠틸리의 이름과 그의 명제를 『구원은 옥중에서』와 『대지의 노모스』 등에서 자주 인용한다.

Gentz, Friedrich von(1764-1832) 독일의 사회철학자. 처음에 프랑스혁명을 찬미했다가 곧 환멸, 나폴레옹을 계속 비판했다. 1803년 버크의 『프랑스혁명에 관한 고찰』을 번역하여 독일 보수주의의 바이블이 된다.

Gény, François(1861-1959) 프랑스의 법학자. 낭시대학 교수. 자유법론의 대표자. 저서 『실정 사법에서의 해석방법과 법원(法源)』(1899); 『실정 사법에서의 과학과 기술』(전4권, 1914-1924).

George, Stefan(1868-1933) 서정시인.

Gerber, Carl Friedrich von(1823-1891) 독일의 법실증주의 국법학자.

Gerber, Emile(1897-2차 대전 전몰) 본대학 박사과정생. 저서 『빈회의와 3월혁명 간의 시기의 독일에서의 대표개념의 국법학적 연구』(1929).

Gerhardt, Paul(1607-1676) 독일의 시인. 많은 찬미가를 작사.

Giehlow, Karl(1863-1913) 독일의 미술사가. 뒤러(Albrecht Dürer, 1471-1528) 등 르네상스 회화의 연구가.

Giap, Vo Nguyen(武元甲, 1911-2013) 베트남의 군인. 문헌: 러셀 스테틀러 엮음, 류영래 역, 『인민전쟁 · 군사예술론』, 참한, 1995.

Gierke, Otto von(1841-1921) 독일의 법학자. 게르마니스트의 대표자. 1860년 베를린대학에서 학위 취득. 1867년 게오르그 베젤러(Georg Beseler)의 지도 아래 교수자격논문 완성. 사비니와 함께 독일 근대 법학의 거두이며 게르마니스트의 입장에서 이른바 판덱텐 법학의 형식적 개념주의와 추상적 개인주의를 비판하였다. 브레슬라우대학 교수 및 총장. 베를린대학 교수와 총장 역임. 『독일 단체법론』과 『단체이론』에서는 게르만법적 단체사상을 역사적 실제이론적으로 연구하였으며, 『독일 사법』은 게르만법적 입장에서 독일 사법을 체계화한 것이다. 저서 『독일 단체법론』(Das deutsche Genossenschaftsrecht, 1868, 1873, 1881, 1913. 4 Bde.).

Giese, Friedrich(1882-1958) 프랑크프루트대학 국법학자.

Gieseke, Paul(1888-1967) 슈미트의 베를린 상과대학 동료.

Giesler, Gerd(1940-) 화학자이며 출판업자. 슈미트의 오랜 신임자.

Gilles, Werner(1894-1961) 화가.

Gladstone, William(1809-1898) 영국의 휘그당 정치가. 처음에는 토리당에 속했으나 1850년에 자유당으로 옮김. 1868년부터 1894년까지 4번 수상이 되고 선거법개정, 국교제도폐지 등 자유주의적 정책을 추진. 또한 디즈렐리의 제국주의정책과 대립하였다. 문헌 김기순, 『신념과 비전의 정치가 글래드스턴』(한울, 2007).

Gleichspach, Wenzelaus Graf(1876-1944) 슈미트의 베를린대학 형법 동료.

Gneist, Rudolf von(1816-1895) 독일의 법률가이며 정치가. 베를린 대학 교수, 프로이센 국회의원, 제국의회 의원 등 역임. 1848년에는 리버럴파로서 활동했으나 곧 비스마르크 측근이 되어 문화투쟁이나 반사회주의투쟁에 협력했다. 저서 『법치국가와 독일의 행정재판』(Der Rechtsstaat und die Verwaltungsgerichte in Deutschland, 1879. Neudruck 1958) 등이 있으며, 일본 명치헌법의 제정에 많은 영향을 미쳤다. 문헌: W. Pöggeler, Die deutsche Wissenschaft vom englischen Staatsrecht. Ein Beitrag zur Rezeptions-und Wissenschaftsgeschichte 1748-1914, Berlin 1995; G. Kleinheyer-J. Schröder, Deutsche Juristen aus fünf Jahrhunderten, 2. Aufl., 1983, S. 99-103.

Goebbels, Joseph(1897-1945) 나치스의 선전 장관. 패전으로 몰린 1945년 5월 1일 자살. 문헌 R. G. 로이트, 김태희 옮김, 『괴벨스, 대중 선동의 심리학』(교양인, 2006).

Goethe, Johann Wolfgang von(1749-1832) 독일의 문학자.

Gogarten, Friedrich(1887-1968) 독일의 루터파 신학자.

Goodhart, Arthur(1891-1978) 영국의 법학자. 뉴욕 출생, 케임브리지대학 교수. 저서 『영국 법철학의 발전』.

Göppert, Heinrich(1867-1937) 슈미트 본대학 동료. 회사법 전문가.

Göring, Hermann Wilhelm(1893-1946) 나치스 정치가이며 공군 총사령관, 원수. 카를 슈미트를 추밀원에 추천. 뉘른베르크재판에서 사형판결을 받고 집행 2시간 전 음독자살.

Görres, Joseph von(1776-1848) 독일의 가톨릭 사상가. 뮌헨 대학 교수. 최초 프랑스혁명에 심취했다가 혁명의 실태를 보고 환멸, 가톨릭교에 귀의. 계몽사상, 프랑스 혁명, 낭만주의 등의 영향 아래 개명적 가톨리시즘을 설파하여 커다란 영향력을 지녔다.

Gottl-Ottlilienfeld, Friedrich von(1868-1958) 독일의 경제학자. 함부르크, 킬, 베를린대학 교수. 경제와 기술의 관련성 등 뛰어난 착안도 있었으나 만년 나치스로 기울었다. 저서 『경제의 본질과 근본개념』.

Gougenot des Mousseaux, Henri-Roger(1805-1876) 프랑스의 외교관. 기독교 세계의 '유태화'에 경고, 반유태주의의 선구자.

Grabbe, Christian Dietrich(1801-1836) 3월 전기의 연극가.

Grabowski, Adolf(1880-1969) 독일의 정치학자. 국제정치, 독재론, 지정학 등에 업적이 있다.

Gregorius I(540?-604) 교부, 교황(190-604).

Gregorius de Elvira(St.)(300?-392?) 스페인 엘비라의 주교. 삼위일체설을 옹호하여 투쟁. 아리우스파와의 논쟁으로 알려졌다. 저서 『정통신앙론』(De fide orthodoxa).

Gregorius of Nazianzus(St.)(c. 329-389) 동방교회의 교부. 삼위일체론, 기독론의 발전에 중요한 역할을 하고, 아리우스파가 지배하는 콘스탄티노플의 교회를 숙청하였다.

Gregorius of Nissa(St.)(c. 334-394) 니싸의 주교. 동방교회의 교부. 대바실리우스의 동생. 신플라톤주의의 영향 아래 정통적 그리스도론을 체계화하였다. 테오도시우스 제의 친구 안티오키아 공회의(379), 콘스탄티노플 공회의(381)에 참석. 교회재산을 낭비한 혐의로 비판받은 일도 있다.

Gremmels, Herbert(1913-1977) 베를린대학 박사과정생.

Greven, Sigurt(1908-1981) 출판업자.

Grewe, Wilhelm G.(1911-2000) 슈미트의 베를린대학 제자. 국제법학자, 외교관.

Grillparzer, Franz(1791-1872) 오스트리아 시인. 작품 『메데이아』(윤시향 옮김, 지만지, 2009), 『거짓말 하는 자 벌받을 지어다』(김기선 옮김, 성신여대 출판부, 2006).

Grimm, Jakob Ludwig Karl(1785-1863) 법사학자, 민족학자, 언어학자. 사전의 편찬자. 저서 『그림 형제 옛 이야기 모음집』(이은자 옮김, 부북스, 2012).

Grimm, Wilhelm Karl(1786-1859) 위와 같음.

Groh, Dieter(1932-) 역사가.

Gross, Johannes(1932-1999) 슈미트의 전후 애제자. 신문기자.

Groß, Otto(1877-1920) 범죄학자 한스 그로스(Hans Groß, 1847-1915)의 아들. 정신분석을 아나키즘적 정치이론과 결합. 자신도 정신병원의 입퇴원을 반복하고 임신시킨 여성의 자살 등 스캔들도 적지 않다. 저서 『성적 위기로부터 사회적 파국으로』 등.

Grossheutschi, Felix 독일의 슈미트 연구가. 저서 『카를 슈미트와 카테콘 이론』(1996).

Grotius, Hugo(1583-1645) 네덜란드 출신의 국제법학자. 저서 『전쟁과 평화의 법』(1625).

Grobowsky, Adolf(1880-1969) 독일의 정치학자. 저서 『민주주의와 독재』(1949)를 비롯하여 지정학과 정치이론에 관한 저작이 있다.

Guardini, Romano(1885-1968) 신학자. 슈미트의 본과 베를린 지인.

Guénon, René(1886-1951) 프랑스 출신의 신비사상가. 스피즘에 걸려 이슬람교에 입신. Sheikh' Abd Al Wahid Yahya로 개명.

Gueydan de Roussel, William(1908-1997) 베를린대학 외래강사. 스위스 로잔느 출생. 제네바, 파리, 베를린, 빈대학에서 수학. 1935년 제네바대학에서 법학박사학위 취득. 카를 슈미트의 제자이며 그의 『합법성과 정당성』을 프랑스어로 번역. 1948년 아르헨티나로 이민. 저서 Verdad y motos, 1987. 문헌 Schmittiana Ⅲ, 1991, S. 52-62.

Guizot, François(1787-1874) 프랑스의 역사가, 정치가. 신교도로서 자유주의자. 7월 왕정 하에서 수상이 되어 금융 부르주아지의 이익을 대표. 2월 혁명 후 국외로 망명. 저서 『영국 혁명사』(1854), 『유럽 문명사』(1858), 『프랑스 문명사』(1829-1832).

Gumplowicz, Ludwig(1838-1909) 폴란드와 오스트리아의 사회학자, 국가학자. 오스트리아 그라츠대학 교수. 국가는 지배를 둘러싼 인종집단의 투쟁에서 성립한다고 주장. 저서 『인종투쟁』(1883), 『사회학과 정치』.

Gundlach, Gustav(1892-1963) 가톨릭 사회사상가. 제수이트회원. 사회연대를 제창. 피오 11세(1922-1939), 피오 12세(1939-1958)의 조언자. 저서 『인간사회의 질서』 등.

Gunkel, Hermann(1862-1932) 독일의 프로테스탄트 신학자. 성서학자. 오리엔트 신화학과 성서학을 결합. 기센, 할레대학 교수.

Günther, Albrecht Erich(1893-1942) Stapel-Kreis, 민족지 기자.

Günther, Gerhard(1889-1976) Stapel-Kreis, 함부르크 복음주의 아카데미 원장. 저서 『안티 크리스트』(Der Antichrist, 1969).

Günther, Max Hermann Rudolf Gerhard(1889-1976) 루터파의 언론인, 출판업자. 권위주의를 주장하고 나치 정권을 지지.

Gürtner, Franz(1881-1941) 라이히 법무장관.

Gütersloh, Albert Paris(1887-1973) 화가이며 작가.

Gurian, Waldemar(1902-1954) 독일과 미국의 정치학자. 유태인 출신의 가톨릭 저널리스트. 러시아 출생. 어머니가 유태교에서 가톨릭으로 개종하여 가톨릭

교도로서 성장. 나치스 시대에는 스위스로 망명하여 나치스와 소련 등을 분석했다. 슈미트의 본 시절 제자.

Gürke, Norbert(1904-1941) 나치스 독일의 국제법학자. 저서 『독일 국제법학에 대한 유태인 이론가의 영향』(1938) 등.

Gutjahr, Herbert(1911-1944) 베를린대학 조교.

Guttmann, Jacob(1845-1919) 독일의 유태교 랍비, 신학자, 유태사상사학자.

Guyot, Yves(1843-1928) 프랑스의 자유주의적 정치가, 정론가. 저서 『경제학』, 『사회주의의 전제지배』 등.

Haas, Willy(1891-1973) 기자.

Habermas, Jürgen(1929-) 독일의 철학자. 저서: 『공론장의 구조변동』(한승완 역, 나남, 2001); 『사실성과 타당성: 담론적 법이론과 민주주의적 법치국가 이론』(한상진 · 박영도 공역, 나남, 2000); 『이질성의 포용』(황태연 역, 나남, 2000); 『의사소통행위이론』(장춘익 역, 나남, 2006).

Hadrich, Josef(1891-1983) 법률가이며 단체 정치인.

Hadrianus, Publius Aelius(76-138) 로마 황제(재위 117-138). 바르고구파가 이끈 유태인의 반란을 진압(132-135). 기독교도 박해도 하였음. "Catachannae" 라는 제목의 자서전도 있다.

Haecker, Theodor(1879-1945) 슈미트의 뮌헨 지인. 종교 기자. 존 헨리 뉴먼(John Henry Newman, 1801-1890)의 영향으로 1921년 프로테스탄트에서 가톨릭으로 개종. 막스 쉘러 등의 영향을 받고 현대 문명을 비판. 뉴먼, 키에르케고르 등의 번역도 있다. 나치 시대에는 히틀러를 적그리스도로서 비판, 발매금지처분을 받다. 나치 저항운동에 영향을 미쳤다.

Haenel, Albert(1833-1918) 독일 국법학자. 쾨니히스베르크, 킬대학 교수 역임. 제국의회 의원(진보당, 1903-1908년). 저서 『독일 국법 연구』(3권, 1873-88).

Haller, Karl Ludwig von(1768-1854) 스위스 출신의 정치사상가. 봉건적 복고를 주장. 저서 『국가학의 부흥』(전6권, 1816-1834).

Hamacher, Wilhelm(1883-1951) 중앙당 정치인.

Hamann, Johann Georg(1730-1788) 독일의 철학자. 괴테, 헤르더에게 영향을 미침. '북방의 요승'(Magus aus Nord)이라고 불린 쾨니히스베르크 출신의 반계몽주의적 사상가.

Hamilton, Alexander(1757-1804) 미국의 정치인. 뉴욕주 대표로 미국헌법의 기초에 참여. 후에 재무장관 역임. 그의 사상은 제퍼슨과 반대로 정치권력은 집중되고, 또 일반 인민의 수중에 머물지 않도록 해야 한다는 것이다. 중앙집권주의자. 부통령 바(Aaron Burr, 1756-1836)와의 결투로 사망. 저서 Hamilton, Madison and Jay, Federalist Papers, 1788(김동영 옮김, 『페더랄리스트 페이퍼』, 한울, 1995).

Hannover, Ernst August, König von(1771-1851) 하노버 국왕.

Hardouin, Jean(1646-1729) 프랑스의 예수회 회원.

Harnack, Adolf von(1851-1930) 독일의 프로테스탄트 신학자(루터파). 교회사학자. 베를린대학 교수(1889-1924). 비스마르크나 빌헬름 2세와 친하여 제1차 대전을 지지하는 언론을 전개. 전후에는 바이마르 체제를 지지. 기독교를 그리스 철학의 영향을 받은 교의신학에서 해방하고 원시 기독교로 복귀할 것을 주장. 카이저 · 빌헬름연구소(현재의 막스 플랑크연구소)의 제안자로 초대소장 역임. 문헌 Christian Nottmeier, Adolf von Harnack und die deutsche Politik 1890-1930, Mohr Siebeck, 2. Aufl., 2012.

Harold Ⅱ(1022-1066) 최후의 앵글로색슨왕(1953-1066). 헤이스팅스 전투에서 정복자 윌리엄과 싸워 전사.

Harrington, James(1611-1677) 영국의 유토피아적 공화주의자. 그의 『오세아니아』에 묘사된 공상적 공화국은 미국에 큰 영향을 미침. 초기 아메리카 식민지 헌법에는 그의 사상에 따른 것이 많다. 재산균형을 기초로 해서 지식에 의해서 통치되어야 하는 공산주의 정치를 논한 것으로 유명. 저서 『오세아나 연방』(The Commonwealth of Oceana, 1656). 문헌 C. Blitze, An Immotal Commonwealth: The Political Thought of James Harrington, 1961.

Hartmann, Eduard von(1842-1906) 독일의 철학자. 무릎의 질병으로 일생 교직에 종사하지 못했다. 셸링, 쇼펜하우어, 헤겔의 영향으로 세계의 근원을 무의식의 생명의사에서 찾았다. 불교적인 비관주의를 생에 대한 헌신으로 극복할 것을 역설. 생의 철학, 프로이트주의 등의 선구라고 불린다.

Hartmann, Nicolai(1882-1950) 독일의 철학자. 마르부르크학파의 신칸트주의에서 출발했으나 인식론에서 존재론으로 이행하여 아리스토텔레스적 형이상학을 수립. 윤리학에서도 실질적 가치의 윤리학을 제창하여 전후의 신자연법론에 영향을 주었다. 저서 『인식과 윤리』(금교영 · 허재윤 공역, 형설출판사,

1994); 『윤리학』(전원배 역, 원광대출판국, 1979); 『존재학원론』(하기락 역, 형설출판사, 1983); 『존재학범주론』(하기라 역, 형설출판사, 1987) 등.

Hartung, Fritz(1883-1967) 하이델베르크와 베를린에서 역사, 경제학, 철학 공부. 1915년 할레대학 조교수. 1922년 킬대학, 1923년 오토 힌체(O. Hintze)의 후임으로 베를린대학 교수. 1949년 정년퇴직. 저서 『독일헌법사』(1950); 『근대의 국가형성력』(1961). 문헌 『동아법학』 제14호(1992).

Harvey, William(1578-1657) 의사. 제임스 1세, 찰스 1세의 시의. 혈액순환의 메커니즘을 해명. 홉스의 친구였다.

Hasbach, Wilhelm(1849-1920) 독일 역사학파에 속하는 경제학사 연구자. 저서 『근대의 민주주의』(Die moderne Demokratie, 1913), 『고전경제학의 철학적 배경』

Hasenkamp, Gottfried(1902-1990) 저널리스트이며 작가. 전후 나치에 협력한 죄과로 파면.

Hashagen, Justus 프랑크푸르트대학 교수 역임. 저서 England und Japan seit Schimonoseki(1915), 논문 「슈미트와 스멘트의 헌법이론」, 김효전 편역, 『칼 슈미트 연구』, 1-20쪽 수록.

Hastings, Warren(1732-1818) 영국의 정치가. 인도 총독. 버크의 공격을 받고 실각.

Hauck, Albert(1845-1918) 프로테스탄트 신학자. 에어랑겐대학 교수. 저서 "Realencyklopädie für protestantische Theologie und Kirche"(22권)의 편자.

Hauriou, Maurice(1856-1929) 현대 프랑스의 대표적인 공법학자. 툴루즈대학 교수. 논문 「제도와 창설의 이론」(La thorie de l'Institution et de la fondation, 1925)에서 제도이론을 주장. 카를 슈미트, 에리히 카우프만, 페터 해벌레(Peter Häberle, 1934-) 등 독일의 공법학자에게 많은 영향을 미쳤다. 슈미트의 구체적 질서사상에 영향을 미침. 슈미트는 오류를 자신의 맏형이라고 부르고 그를 알게 해준 행운을 적고 있다. E. Frhr. von Medem(Hrsg.), Carl Schmitt, Glossarium. Aufzeichnungen der Jahre 1947-1951, Berlin: Duncker & Humblot 1991, S. 13. 슈미트의 『정치신학』, 14쪽, 『법학적 사고방식의 세 유형』, 259쪽; 『유럽 법학의 상태』, 79쪽 등. 김효전, 「제도이론의 계보-모리스 오류와 독일 공법학」, 『월간고시』 1993년 9월호; 김충희, 「모리스 오류의 제도이론」, 서울대 석사논문, 2010 참조.

Hausenstein, Wilhelm(1882-1957) 기자.

Hauser, Henri(1866-1946) 프랑스의 경제사학자. 파리대학 교수. 나치스 시대에는 프랑스 남부에 잠복, 실명상태에서 리슐리외론을 완성했다.

Hayek, Friedrich von(1899-1992) 오스트리아 태생의 경제학자. 프라이부르크대학 교수. 자유시장의 철학적 토대를 마련. 1974년 노벨 경제학상 수상. 저서 『노예의 길』(김이석 역, 나남, 2006).

Heckel, Johannes(1889-1963) 국법학자이며 교회법학자.

Hedemann, Justus Wilhelm(1878-1963) 독일의 사법학자. 경제법 개척자의 한 사람. 1903년 브레슬라우대학에서 교수자격논문 통과. 1906-1936년 예나대학 교수. 1936년 베를린대학 교수. 1946년 정년퇴직. 나치 시대에는 나치법학자로서 활약. 저서 『일반조항에로의 도피』(1933), 『독일경제법』(1939) 등.

Hefele, Hermann(1885-1936) 가톨릭 문화비평가. 로마니스트. 저서 『독일에서의 가톨리시즘』.

Hegel, Georg Wilhelm Friedrich(1770-1831) 독일의 관념론 철학자. 저서 Grundlinien der Philosophie des Rechts, 1821(임석진 옮김, 『법철학』, 한길사, 2008) 등 다수.

Hegmann, Horst 함부르크대학 재정학연구소 연구원. 논문 「궤변적 형이상학-칼 슈미트의 "정치신학"」, 김효전 편역, 『칼 슈미트 연구』, 305-330쪽 수록.

Hegner, Jakob(1882-1962) 출판업자. 가톨릭 시인과 사상가의 전문 출판. 슈미트의 『국가의 가치와 개인의 의의』 출판. 나치시대에는 1936년 빈에, 1938년 런던에서 망명생활을 보냄.

Heiddeger, Martin(1889-1976) 독일의 실존철학자. 1933년 8월 슈미트에게 나치 협력을 호소하고 마지막 인사로 'Heil Hitler'라고 적은 편지가 있다. 저서 『존재와 시간』(이기상 옮김, 살림, 2006).

Heine, Heinrich(1797-1856) 독일의 유태계 시인. 저서 『독일. 겨울동화』(홍성광 옮김, 창작과비평사, 1994), 『노래의 책』(김재혁 옮김, 문지사, 2001), 『아타트롤』(김남주 옮김, 창비사, 1991).

Heller, Hermann(1891-1933) 오스트리아 테셴 출생. 빈, 그라츠, 인스브루크, 킬대학에서 법학과 국가학 수학. 1915년 그라츠대학에서 학위 취득. 라드브루흐와 민중대학 창설에 참가. 사회민주당 입당. 베른슈타인의 수정주의에 가까운 입장으로 켈젠, 슈미트 등과 논쟁. 1928년 『주권론』(김효전 옮김, 관악사, 2004)으로 준교수로 초빙받다. 1932년 프랑크푸르트대학 정교수. 1933년 4월 히틀러의 권력장악으로 대학에서 추방된다. 스페인 마드리드대학으로 망명하나 거기서 심장병으로 곧 사망한다. 저서 『국가론』(홍성방 옮김, 민음사, 1997); 『독일정치사상사』(윤기황 옮김, 교육과학사, 1993). 문헌: Michael Henkel, Hermann Hellers Theorie der Politik und des Staates, Tübingen: Mohr 2011; Kathrin Groh, Demokratische Staatsrechtler in der Wemarer Republik, Mohr 2010.

Hellingrath, Norbert von(1888-1916) 독일의 문학사가. 횔덜린론 등.

Hellmann, Friedrich(1850-1916) 법학자. 슈미트의 뮌헨 시절 은사.

Hello, Ernest(1828-1885) 프랑스의 가톨릭계 평론가. 르낭 등의 합리주의적 종교비판에 반론했다.

Hellwig, Konrad(1856-1913) 법학자. 슈미트의 베를린대학 은사.

Henkel, Heinrich(1903-1981) 독일의 형법학자. 나치학자로서 활약. 저서 『형사소송법』(1953), 『법철학입문』(1977) 등.

Hennings, Herbert 독일의 법학자. 저서 『죄형법정주의의 성립사』.

Hennis, Wilhelm(1923-) 독일의 정치학자. 스멘트 제자. 1951년 괴팅겐대학 박사. 1960년 프랑크푸르트대학에서 교수자격논문 통과. 1960년 하노버, 1962년 함부르크대학 교수. 1967년 이래 프라이부르크대학 교수. 1991년 정년퇴직. 저서 『헌법과 헌법현실』(1968); 『조직화된 사회주의』(1977). 문헌 Andreas Anter(Hrsg.), Wilhelm Hennis' Politische Wissenschaft, Mohr 2013.

Hensel, Albert(1895-1933) 슈미트의 본 시절 동료. 독일의 세법학자. 철학자 멘델스존의 자손. 저서 『독일 조세법론』. 1933년 쾨니히스베르크대학 교수직 파면. 이탈리아에서 객사. 1980년부터 젊은 세법학자에게 주는 '알베르트 헨젤상'이 창설되었다.

Hepp, Robert(1938-) 사회학자. 오스나브뤼크대학 교수. 나치면죄론을 주창. 2006년 페히타(Vechta)대학 정년퇴직.

Heraklit von Ephesus(550-480 B.C.) 그리스 철학자.

Herder, Johann Gottfried(1744-1803) 독일의 사상가. 문학자. 낭만주의의 대표자. 저서 『새로운 역사철학』(안성찬 옮김, 한길사, 2011), 『언어의 기원에 대하여』(조경식 옮김, 한길사, 2003).

Herrfahrdt, Heinrich(1890-1969) 독일 공법학자. 마부르크대학 교수 역임. 나치

에 코미트하여 실직했으나 1949년 복직. 저서 『혁명과 법학』(1930).

Herschel, Wilhelm(1895-1966) 노동법학자.

Herz, Carl(1877-1951) 독일의 사회민주당 정치인. 베를린-크로이츠베르크 시장. 나치정권 성립과 함께 시장실에서 끌려나와 폭행을 당함. 영국, 나중에는 이스라엘에 망명, 거기서 사망.

Heß, Rudolf(1894-1987) 나치 독일의 부총통이었으나 1941년 영국으로 탈출.

Hettlage, Karl Maria(1902-1995) 베를린시의회 의원. 법률가이며 정치인.

Heuss, Theodor(1884-1963) 자유주의 정치가. 1949-1959년 독일 연방대통령.

Heydrich, Reinhardt(1904-1942) 나치 친위대(SS)의 간부. 보헤미아, 모라비아 지배자로 유태인 절멸을 규정한 반제 회의의 지배자. 프라하에서 암살되었다.

Heym, Georg(1887-1912) 표현주의의 시인.

Heyne, Moritz(1837-1906) 독일의 언어학자. 괴팅겐대학 교수.

Hierocles of Alexandria(5C.) 신플라톤파 철학자. 점성술 등을 미신으로서 비판했다.

Hieronymus, Sophronius Eusebius(St.)(342?-420) 영어로는 Jerome. 교부. 달마티아(현재의 크로아티아) 출생. 각지를 여행하고 만년에 베들레헴 수도원장. 교황 다마수스의 권유로 불가타(Vulgata)라 불리는 구약성서의 라틴어 번역을 완성. 나지안즈스의 그레고리우스를 콘스탄티노플로 방문하여 친교를 맺는다. 많은 교부들과 마찬가지로 투쟁적인 성격으로 다수의 논쟁이 있다. 유세비우스의 『교회사』를 라틴어로 번역하고 그 속편을 썼다. 문헌 발레리 라르보, 정혜용 옮김, 『성 히에로니무스의 가호 아래』(아카넷, 2012).

Hildebrandt, Dietrich von(1889-1977) 가톨릭 철학자. 나치를 비판하고 미국으로 망명. 1933년까지 뮌헨 대학 교수. 1941년 뉴욕의 포담(Fordham) 대학 교수. 현상학적 존재론을 주창하여 20세기의 가톨릭 사상에 영향을 미쳤다. 저서로 Metaphysik der Gemeinschaft, 1955; Christliche Ethik, 1959; Idolkult und Gotteskult, 1974 등.

Himmler, Heinrich(1900-1945) 나치 친위대장(Schutzstaffe=SS), 비밀경찰(Gestapo)의 상. 영국군에 체포되어 자살.

Hindenburg, Paul von(1847-1934) 독일의 육군 군인, 정치가. 프로이센 · 오스트리아 전쟁, 독불전쟁, 제1차 세계대전 시 동부전선을 지휘, 탄넨베르크 전투에서 승리를 거두어 원수, 참모총장으로 승진. 1925년 바이마르 공화국 제2대

대통령, 1921년 재선, 1933년 1월 히틀러를 수상으로 지명.

Hintze, Hedwig(1884-1942) 독일의 역사가. 여성으로서 최초로 베를린 훔볼트 대학에서 교수자격을 취득, 동 대학 강사. 1933년 유태인이기 때문에 파면되고 망명지인 네덜란드에서 자살. 남편은 역사가 오토 힌체. 저서 『옛 프랑스와 혁명에서의 국가통일과 연방주의』.

Hintze, Otto(1861-1940) 베를린대학 헌법사 교수. 『전집』(Gesammelte Abhandlungen, 1962).

Hippel, Fritz von(1897-1991) 독일의 사법학자. 프랑크푸르트, 마부르크, 프라이부르크대학 교수.

Hirsch, Hans(1878-1940) 오스트리아의 중세사학자. 프라하대학, 빈대학 교수.

Hirschberg, Max(1883-1964) 뮌헨의 변호사.

Hitler, Adolf(1889-1945) 나치스 정치가. 저서 『나의 투쟁』.

Ho, Chi Minh(胡志明, 1890-1969) 베트남의 정치가. 문헌: 안경환 옮김, 『호지명 옥중일기』, 조명문화사, 2003; 이우희 옮김, 『인간 호치민』, 녹두, 1995. 슈미트 『파르티잔』, 157-158쪽.

Hobbes, Thomas(1588-1679) 영국의 철학자, 정치사상가. 저서 『리바이어던』(Leviathan, 1651; 진석용 옮김, 나남, 2008; 이정식 역, 박영문고, 1984); 『인간론』(De Homine, 1658; 이준호 옮김, 서광사, 2009); 『시민론』(De Cive, 1642; 이준호 옮김, 서광사, 2013); 『철학자와 법학도간의 대화』(A Dialogue between a Philosopher and a Student of the Common Law of England, 1666년경).

Hobhouse, Leonard Trelawny(1864-1929) 영국의 자유주의 사회학자. 저서 『자유주의의 본질』(김성균 역, 현대미학사, 2006).

Hoche, Alfred(1865-1943) 독일의 정신병리학자. 프라이부르크대학 교수.

Höhn, Reinhard(1904-2000) 나치시대의 헌법학자. 슈미트의 베를린대학 동료. SS의 라이벌. 1933년 7월 나치 입당. 하이델베르크, 이어서 베를린대학 교수. 동시에 SS의 요인으로서도 활약. 논문 Die kommende Demokratie und ihre Staatsform, 1928; Wahre Integration, 1929.

Hölderlin, Friedrich(1770-1843) 독일의 시인.

Hofmann, Hasso(1934-) 슈미트 연구가. 뷔르츠부르크 출생. 하이델베르크, 뮌헨, 에어랑겐대학에서 법학과 철학 공부. 에어랑겐대학에서 박사학위와 교수자격 취득. 1976-1992년 뷔르츠부르크대학 교수. 이후 베를린 훔볼트대학 교수 역임. 1992년 이후 바이에른 학술원 정회원. 저서 Repräsentation, 1974, 2. Aufl., 1990; Legitimität gegen Legalität, 1992. 3. Aufl., 1995.

Hold-Ferneck, Alexander(1875-1955) 오스트리아 빈대학 교수와 총장 역임. 저서로 켈젠을 비판한 『초인으로서의 국가』(Der Staat als Übermensch, 1926)이 있다.

Holstein, Günther(1892-1931) 에리히 카우프만의 제자. 1921년 본 대학에서 교수자격논문 통과. 카를 슈미트의 후임으로 1922년 그라이프스발트대학에, 이후 킬대학 교수 역임. 문헌 K. Rennert, Die "geisteswissenschaftliche Richtung" in der Staatslehre der Weimarer Republik. Untersuchungen zu Erich Kaufmann, Günther Holstein und Rudolf Smend, Berlin: Duncker & Humblot 1987, S. 197-213; Ernst Wolf, Artikel G. Holstein, in: NDB, Bd. 9, 1972, S. 552-553.

Holtzendorff, Joachim Wilhelm Franz Philipp von(1829-1889) 독일의 형법학자. 국제법학자. 귀족 출신이었으나 자유주의사상을 가졌기 때문에 베를린대학 정교수가 되지 못하고 뮌헨대학으로 옮긴다.

Homeyer, Anna 베를린에서 그림 형제 이웃에 살면서 편지에서 그 생활을 묘사.

Hooker, Richard(1553-1600) 영국의 신학자, 정치사상가. 저서 『교회체제의 법』은 로크에게 영향을 미쳤다.

Horatius, Quintus Flaccus(65-8 B.C.) 고대 로마의 시인. 해방 노예의 아들로 로마, 아테네에서 배움. 빌립보에서 브루터스군에게 참가하였기 때문에 불우하였으나 곧 아우구스투스의 사면을 받았다. 작품 『풍자시』 등.

Huber, Ernst Rudolf(1903-1990) 킬, 라이프치히, 슈트라스부르크, 프라이부르크대학 교수 역임. 1968년 괴팅겐대학 정년 퇴직. 1927년 본대학에서의 카를 슈미트 제자. 저서 『1789년 이후의 독일헌법사』(전7권); 『독일헌법사 자료집』(전3권). 문헌 Hans H. Klein, Zum Gedenken an Ernst Rudolf Huber(1903 bis 1990), in: AöR 1991.1. S. 112-119; Werner von Simson, Ernst Rudolf Huber, in: NJW 1991. 14. S. 893-894; R. Mußgnug, Nachruf: Ernst Rudolf Huber, in: DÖV 1991, 6. S. 343-245.

Huber, Konrad 독일의 공법학자. 1961년에 법학박사학위 취득(Maßnahmegesetz und Rechtsgesetz, 1963).

Huber, Tula(1905-2000) 결혼 전 성 Simons. 슈미트의 개인 조교. 여류 변호사.

Hugenberg, Alfred(1865-1951) 독일 국수인민당(DNVP) 총재. 히틀러의 정권획득에 힘을 빌려주어 그 각료가 되었다. 1933년 3월 5일 선거에서는 8%를 얻고 약 44%를 획득한 나치스는 이와 손을 잡아 마침내 과반수를 넘었다.

Hughes, Charles Evans(1862-1948) 미국의 정치가, 재판관. 국무장관 등을 역임한 후 1930-1941년 대법원장. 루즈벨트 대통령의 뉴딜 정책에 비판적 입장을 취했다. 저서 『미국의 연방대법원』.

Hugo, Victor(1802-1885) 프랑스의 작가. 작품 『레미제라블』(정기수 옮김, 민음사, 2012).

Humboldt, Wilhelm von(1767-1835) 독일의 언어학자, 정치가. 저서 『인간교육론 외』(양대종 옮김, 책세상, 2012); 『국가작용의 한계』. 문헌 신익성 편저, 『훔볼트: 언어와 인간』(서울대출판부, 1993).

Hume, David(1711-1776) 영국의 경험론 철학자. 저서 『오성에 관하여』(이준호 옮김, 서광사, 1996); 『도덕에 관하여』(이준호 옮김, 서광사, 1998); 『종교의 자연사』(이태하 옮김, 아카넷, 2004) 등.

Hüsmert, Ernst(1928-) 슈미트의 고향 플레텐베르크 친구. 서정 시인, 슈미트 개인 유산 관리인.

Husserl, Edmund(1859-1938) 독일의 철학자. 현상학의 창시자. 주저 『순수현상학과 현상학적 철학의 이념들』(이종훈 옮김, 한길사, 2009) 등.

Huxley, Aldous(1894-1963) 영국의 작가, 사상가. 작품 『멋진 신세계』.

Ilting, Karl-Heinz(1925-1984) 리터 서클(Ritter-Kreis), 철학자.

Innocentius Ⅲ(1160?-1216) 로마 교황(1198-1216)

Ipsen, Hans-Peter(1908-1998) 독일의 공법학자. 함부르크대학 교수. 문헌 Rolf Stödter, Hans Peter Ipsen - Leben und Leistung, in: Festschrift für H. P. Ipsen, S. 1-8; Helmut Quaritsch, Hans Peter Ipsen zum Gedenken, in: Archiv des öffentlichen Rechts, Bd. 123, Heft 1. 1998, S. 1-20; 김효전 편, 「독일의 공법학자들」(4), 『동아법학』 제15호, 1993, 345-357면.

Irenaeus(St.)(2nd C.) 리옹 주교. 셉티미우스 세베르 황제(146-211, 재위 193-211)의 박해로 순교.

Isensee, Josef(1937-) 독일의 국법학자. 본대학 교수 역임. P. Kirchhof와의 편저, Handbuch des Staatsrechts der Bundesrepublik Deutschland, 10 Bde. 논문 김효전 옮김, 「방어권과 보호의무로서의 기본권」, 『동아법학』 제35호(2004); 이덕

연 · 강태수 편역, 『언어와 헌법 그리고 국가』(신조사, 2013).

Jacobi, Erwin(1884-1965) 라이프치히대학 공법교수. 루터파 교회법학자. 카를 슈미트와 함께 1924년 4월 예나에서 개최된 독일국법학자 대회에서 '바이마르 헌법 제48조에 따른 대통령의 독재'를 발표. 1933년까지 슈미트와 밀접한 협력 동료. 프로이센 정부파면에 관한 '프로이센 대 라이히' 소송에서 라이히를 변호. 1933년 유태계 혈통이어서 파면되었다가 전후 동독의 라이프치히대학 교수로 복직. 문헌은 VVDStRL Heft 1(1925), S. 105-139.

Jacoby, Johann(1805-1877) 독일의 정치가. 1848년 혁명에서 좌파를 대표하고 나중에는 비스마르크의 강권정치를 비판하여 여러 번 투옥되었다.

Jaeger, Werner Wilhelm(1888-1961) 그리스 고전 연구가. 1936년 미국으로 이주. 저서 『파이데이아』.

Jahrreiß, Otto Emil Hermann(1894-1992) 국제법학자.

James, William(1842-1910) 미국의 철학자. 저서 『프래그머티즘』(박경화 역, 미네르바, 1971).

James I(1566-1625) 영국 왕(재위 1603-1625). 스코틀랜드 왕 제임스 6세. 저서 『악마학』. 슈미트는 『햄릿이냐 헤쿠바냐』에서 햄릿의 모델이라고 주장했다.

Janentzky, Christian(1886-1968) 게르만학자. 언어사, 문학사 연구. 뮌헨, 드레스덴 대학 교수. J. S. Lavater(1741-1801)의 연구자로서 알려짐. 저서 『신비주의와 합리주의』(1922) 등.

Janssen, Wilhelm(1933-) 뒤셀도르프 문서관장.

Jarry, Alfred(1873-1907) 프랑스의 극작가. 얀센극의 선구자.

Jean d'Arc(1412-1431) 프랑스의 소녀. 영불 백년전쟁에서 병사를 이끌고 기적의 승리를 거두지만 포로가 되어 처형된다.

Jefferson, Thomas(1743-1826) 미국 독립선언의 기초자. 제3대 대통령. 저서 『버지니아에 관한 노트』(1787).

Jellinek, Georg(1851-1911) 하이델베르크대학 교수. 독일 공법학의 집대성자. 저서 『일반국가학』(김효전 옮김, 법문사, 2005); 『인권선언논쟁』(김효전 편역, 법문사, 1991). 문헌 Jens Kersten, Georg Jellinek und die klassische Staatslehre, Tübingen: Mohr Siebeck 2000; Klaus Kempter, Die Jellineks 1820-1955. Eine familienbiographische Studie zum deutschjüdischen Bildungsbürgertum,

Düsseldorf: Droste 1998(Schriften des Bundesarchivs, Bd. 52); Stanley L. Paulson und Martin Schulte(Hrsg.), Georg Jellinek - Beiträge zu Leben und Werk, Tübingen: Mohr 2000.

Jellinek, Walter(1885-1955) 독일 행정법학자, G. 옐리네크의 아들. 킬, 하이델베르크대학 교수 역임. 바덴-뷔르템베르크주 행정 및 국사재판소재판관 역임. 저서 『행정법』(1928).

Jennings, Ivor(1903-1965) 영국의 헌법학자. 제2차 대전 후에는 실론(스리랑카) 대학 설립 등으로 활약. 저서 『법과 헌법』(박일경 역, 1961).

Jerusalem, Franz Wilhelm(1883-1970) 독일의 사회학자. 저서 『사회학원론』, 『국가』 등.

Jessen, Jens Peter(1899-1944) 경제학자. 베를린 대학 동료.

Jessup, Philip Caryl(1897-1986) 미국의 국제법학자. 컬럼비아대학 교수. 유엔 대표로서도 활약. 저서 『현대국제법』(이한기 역, 일한도서출판사, 1950).

Jèze, Gaston(1869-1953) 프랑스의 행정법, 재정법학자. 릴대학 교수.

Joachim of Floris(1130-1202) 이탈리아의 신비주의 사상가. 역사를 아버지 시대, 아들 시대, 성령시대의 3단계로 나누고, 사랑과 자유의 시대, 묵시록 제14장 6절에 기록된 영원한 복음의 시대인 제3의 시대는 1260년에 시작한다고 하였다.

Johannes XXⅢ(1881-1963) 교황. '제2차 바티칸 공회의'에서 교회의 현대화(Aggiornamento)를 추진했다.

John of Salisbury(1115/20-1180) 영국의 사상가. Policraticus(1159)에서 세속의 권력은 교회의 수권에 의한 것으로 그것을 일탈하면 저항권이 정당화된다고 주장했다.

Jordan, Leo(1874-1940) 로마니스트. 슈미트의 뮌헨 상과대학 동료.

Josephus, Flavius(37-c. 100) 고대 유태의 군인, 역사가. 유태의 로마에 대한 반란(63-67)에 군인으로서 참전했다가 포로가 되고 이후 로마에 협력. 저서 『유태사』는 당시의 중요 자료. 『유태 전사』, 『유태의 옛말』 등을 저술. 이들은 유태 역사에 대해서 최고의 사료이지만 그 출처나 진퇴에는 논의가 있다.

Julianus Flavius Claudius(311-363) 로마 황제(355-363)이자 신플라톤주의 철학자. 콘스탄티누스 황제에 의한 제국의 기독교화를 역전시켰기 때문에 '배교자'(Apostata)라고 불린다.

Jung, Erich(1866-1950) 독일의 법학자. 슈미트의 스트라스부르 시절 은사. 초기에 『자연법의 문제』 등 법철학을 저술했으나 나치법학자로서 활약.

Jünger, Carl Alexander(1934-1993) 슈미트의 대자(代子). 의사.

Jünger, Ernst(1895-1998) 슈미트의 절친한 친구. 독일의 저술가. 약제사의 아들로 하이델베르크 출생. 1913년 아프리카에 대한 동경에서 외인부대 근무. 1923년 일선 장교와 제국 장교 제대. 1923-1926년 라이프치히와 나폴리에서 동물학 수료. 1941년 파리 주둔 독일군 지휘부대 근무. 1944년 히틀러에 대한 저항 장교그룹에 속함. 저작 Auf den Marmorklippen, 1939(노선정 옮김, 『대리석 절벽 위에서』, 문학과지성사, 2013); Der Waldgang, 1951(숲길); 슈미트와의 서신 교환집 Ernst Jünger-Carl Schmitt, Briefwechsel. Briefe 1930-1983(1999). 문헌 Christian von Krockow, Die Entscheidung. Eine Untersuchung über Ernst Jünger, Carl Schmitt und Martin Heidegger, Stuttgart 1958; 오한진, 『독일 참여작가론』, 기린원, 1989, 225-279쪽.

Jünger, Ernst jun.(1926-1944) 윙거의 아들.

Jünger, Friedrich Georg(1898-1977) 저술가. 에른스트 윙거의 동생.

Jünger, Gretha(1906-1960) 형 E. 윙거의 부인.

Jung, Edgar Julius(1894-1934) 독일의 변호사, 정치인.

Juvenalis(60?-135?) 로마의 시인. 저서 『풍자집』(Satires). '빵과 서커스'라는 말로 유명.

Kaas, Ludwig(1881-1952) 트리어대학 교회법교수에서 정계로 진출. 가톨릭중앙당 당수가 되고 1933년부터 나치에 협력. 파체리 추기경(뒤에 피오 12세)과 협력하여 정교조약(Concordat) 체결에 진력.

Kahr, Gustav von(1863-1934) 바이에른 국무총리.

Kaltenbrunner, Ernst(1903-1946) 나치 친위대 간부. 수십만의 유태인, 집시, 포로, 반나치 운동가들을 살육. 뉘른베르크재판에서 사형되다.

Kandinsky, Wassily(1866-1944) 모스크바 태생의 화가. 주로 독일에서 제작. 바우하우스 운동의 창시자. 현대 추상화 선구자의 한 사람.

Kancko Gentaro(金了堅太郎, 1853-1942) 일본의 정치인. 하버드 로스쿨 졸업. 이토 히로부미(伊藤博文)의 헌법기초에 협력. 시어도어 루즈벨트 대통령의 학우로 러일전쟁 시 도미하여 협력을 요청했다.

Kanne, Johann Arnold(1773-1824) 동양학자.

Kant, Immanuel(1724-1804) 독일 철학자. 주저: Die Metaphysik der Sitten, 1797(백종현 옮김, 『윤리형이상학』, 아카넷, 2012); 『순수이성비판』, 1781; 『실천이성비판』, 1788; Kritik der Urteilskraft, 1790(백종현 옮김, 『판단력비판』, 아카넷, 2009); Der Streit der Fakultäten, 1798(오진석 옮김, 『학부들의 논쟁』, 도서출판 b, 2012) 등.

Kappus, Georg 독일의 국제법학자. 저서 『군사복구와 전쟁의 국제법적 경계』(1936).

Kaufmann, Erich(1880-1972) 유태계 독일의 공법, 국제법학자. 『국제법의 본질과 사정변경의 원칙』(Das Wesen des Völkerrechts, 1911)에서 힘의 법에 대한 우위를 주장, 『신칸트주의법철학비판』(1921)에서 신칸트주의를 '생명 없는 형식주의'로서 비판했다. 바이마르 시대에는 신헤겔주의의 대두에 앞장섰다. 1912년 쾨니히스베르크(현 러시아 Kaliningrad)대학 조교수. 1917년 베를린, 1920년 본대학 교수 역임. 외무부 고문, 상설국제사법재판소 독일대표로서 활약. 1934년 베를린대학 재직 중 유태인이라는 이유로 추방되어 네덜란드로 이주. 전후 뮌헨대학에 복직. 저서 『민주주의의 기본개념』(1950) 외에 전집 Gesammelte Schriften, 3 Bde., 1960. 문헌 K. Rennert, Die "geisteswissenschaftliche Richtung" in der Staatslehre der Weimarer Republik. Untersuchungen zu Erich Kaufmann, Günther Holstein und Rudolf Smend, Berlin: Duncker & Humblot 1987.

Kautsky, Karl(1854-1938) 독일사회민주당과 제2인터내셔널의 대표적인 이론가. 베른슈타인의 수정주의에 반대하고 논쟁했으나 러시아 혁명정부의 전제지배에 반대했다. 저서 『프롤레타리아 독재』(강신준 역, 한길사, 2006); 『에르푸르트 강령』(서석연 역, 범우사, 2003). 기타 『토마스 모어와 유토피아』, 『기독교의 기원』 등.

Kellogg, Frank Billings(1856-1937) 미국의 법률가, 정치가. 1928년 프랑스 외무장관 브리앙과 함께 부전조약의 추진자. 노벨평화상 수상(1929).

Kelsen, Hans(1881-1973) 오스트리아의 법학자. 1906년 빈대학 법학박사, 1911년 교수자격논문 통과. 1919-1930년 빈대학 교수, 1919-1930년 오스트리아 헌법재판소 재판관, 1930-1933년 쾰른대학 교수, 1933-1940년 제네바대학 교수, 1936-1938년 프라하대학 교수, 1945-1952년 미국 버클리대학 교수 역임. 신칸트주의에 입각하여 순수법학을 창시. 저서 『순수법학』(1934; 변종필 · 최희수 역, 길안사, 1999); 『일반 국가학』(1925; 민준기 옮김, 민음사, 1990); 『정의란 무엇인가』(1950; 박길준 역, 전망, 1982; 김영수 역, 삼중당, 1982); 전집 Hans Kelsen Werke, Mohr, 4 Bde. 2013. 슈미트와는 여러 가지 점에서 학설상 대립하였으나 인간적으로 이해할 수 있다고 하였다. Mehring, C. Schmitt, 2009. 문헌 Matthias Jestaedt (Hrsg.), Hans Kelsen und die deutsche Staatsrechtslehre, Tübingen: Mohr 2013.

Kemp, Friedhelm(1914-) 번역가. 기자.

Kempner, Robert M. W.(1899-1993) 미국의 법률가. 프로이센과 사회민주당 하에서의 경찰법무관이 되며 '프로이센 타도'로 파면된다. 나치시대 유태인으로서 박해를 받고 이탈리아, 이어서 미국에 망명. 뉘른베르크 전범재판에서의 고소인으로 많은 피고를 심문했다. 문헌 Heiner Lichtenstein, Robert M. W. Kempner, in: Gegen Barbei. Essays, Robert M. W. Kempner zu Ehren, (Hrsg.), Rainer Eisfeld u.a., 1989, S. 20-34.

Kepler, Johannes(1571-1630) 독일의 천문학자.

Kerrl, Hanns(1887-1941) 독일의 정치가. 1934년 종교 담당 무임소장관이 되고 교회와 나치의 중개를 시도했다.

Kervégan, Jean-François(1950-) 프랑스의 철학자. 파리대학 교수. 헤겔 연구가.

Keynes, John Maynard(1883-1946) 영국의 경제학자. 저서 『고용, 이자 및 화폐의 일반이론』(조순 역, 비봉출판사, 2007).

Kesting, Hanno(1925-1975) 슈미트의 전후 제자. 사회학자. 문헌 Dirk van Laak, Gespräche in der Sicherheit des Schweigens. Carl Schmitt in der politischen Geistesgesichichte der frühen Bundesrepubkik, 1993. S. 271-276.

Kesting, Marianne(1930-) 여류 문학자.

Kiener, Friedrich(1874-1942) 스트라스부르 대학의 로마니스트.

Kierkegaard, Søren(1812-1855) 덴마크의 철학자. 키에르케고르란 덴마크말로 '공동 묘지'를 뜻한다. 실존주의 철학의 원조. 저서 『이것이냐 저것이냐』(임춘갑 역, 치우, 2011); 『반복/현대의 비판』(임춘갑 역, 치우, 2011); 전집; 문헌: 월터 라우리, 임춘 갑 역, 『키르케고르: 생애와 사상』(종로서적, 1979).

Kiesinger, Kurt Georg(1904-1988) 독일 기독교민주동맹(CDU) 정치인, 연방수상.

Kipp, Karl Theodor(1862-1931) 법학자. 슈미트의 베를린대학 은사.

Kirchheimer, Otto(1905-1965) 독일의 정치학자. 하일브론 출생. 1928년 슈미트의 지도로 '사회주의와 볼셰비즘의 국가론'으로 박사학위 취득. 1930년경부터 사회민주당 좌파의 당원으로 좌익계 잡지에 바이마르체제를 헌법학적·정치학적으로 분석한 논문을 다수 발표. 특히 「바이마르 다음엔 무엇이?」(Weimar - und was dann?)가 주목을 받았다. 1932년부터 베를린에서 변호사 개업. E. 프랭켈(E. Fraenkel), F. 노이만(F. Neumann)과 좌파의 법률가로서 실무에 종사. 나치스 정권장악 후인 1933년 파리로 망명, 프랑크푸르트에서 망명해온 막스 호르크하이머(Max Horkheimer)와 사회조사연구소에서 활동하다가 1937년 미국으로 이주한 후에도 이 연구소에서 계속 연구한다. 특히 나치스법체제의 비판적인 해부 등으로 프랑크푸르트학파의 일원으로서 이름을 날리게 된다. 1955-1962년 뉴욕의 New School of Social Research, 1962-1965년에는 컬럼비아대학의 공법 및 행정학 교수직 역임. 저서 『바이마르공화국에서 파시즘으로』. 저작목록 Verfassungsstaat, Souveränität, Pluralismus. Otto Kichheimer zum Gedächtnis. W. Luthard u.a.(Hrsg.), Opladen: Westdeutscher Verlag 1989, S. 231-238. 문헌 Joachim Perels(Hrsg.), Otto Kirchheimer(1905-1965). Demokratischer Marxist und Verfassungstheoretiker, in: Kritische Justiz(Hrsg.), Streitbare Juristen, Baden-Baden: Nomos 1988, S. 401-141; M. Luther, E. C. Stiefel, M. H. Hoeflich(Hrsg.), Der Enfluß deutscher Emigranten auf die Rechtswissenschaft in den USA und in Deutschland, Tübingen: Mohr 1993.

Kirchhoff, Peterheinrich(1886-1973) 기업가. 기독교민주동맹(CDU) 소속 의원.

Kisch, Wilhelm(1874-1952) 법학자. 슈미트의 스트라스부르대학 은사. 독일법아카데미 부회장.

Kissinger, Henry Alfred(1923-) 미국의 국무장관. 저서 『회복된 세계』(박용민 옮김, 북앤피플, 2014),『중국 이야기』(권기대 옮김, 민음사, 2012) 등.

Kistiakowski, Theodor(1868-1920) 러시아 키에프 출신의 사회과학자. 독일에 유학. 빈델반트(Wilhelm Windelband, 1848-1915), 짐멜(Georg Simmel, 1858-1918), 옐리네크 등에게 배웠다. 저서 『사회와 개인』(1899).

Kjellén, Rudolf(1864-1922) 스웨덴의 국가학자.

Klausing, Friedrich(1887-1944) 슈미트의 뮌헨 상과대학 동료.

Kleist, Heinrich von(1777-1811) 프로이센의 극작가. 저서 『깨어진 항아리』

(1811; 김기선 옮김, 성신여대출판부, 2005)

Klévanski, Georges 프랑스의 정치인. 파리대학 박사논문 『일본의 몬로주의』(1935).

Kličković, Sava(1916-1990) 슈미트와 긴밀한 베를린대학 박사과정생.

Kluckhohn, Paul(1886-1957) 게르마니스트. 슈미트의 뮌헨 지인.

Kluxen, Franz(1887-1968) 슈미트의 학교 친구.

Knabenbauer, Joseph(1839-1911) 독일의 가톨릭 성서학자.

Knapp, Georg Friedrich(1842-1926) 슈미트의 스트라스부르 은사.

Knox, Philander Chase(1853-1921) 미국의 정치인. 태프트 대통령 하에서 국무장관(1909-1913).

Kodalle, Klaus-Michael(1943-) 독일의 철학자.

Kölble, Josef(1913-1990) 슈미트의 베를린 대학 제자.

Koellreutter, Otto(1883-1972) 프라이부르크 대학에서 리하르트 슈미트(Richard Schmidt, 1862-1944)에게 교수자격논문을 작성. 할레(1920년), 예나(1921년) 대학 교수. 바이마르, 나치스 시대를 통해 보수적 입장을 대표하는 국법학자. 특히 1933-1945년까지 뮌헨 대학 교수로서 나치스를 지지하고 협력하였고 1939년 일본을 방문. 전후 미군에 의해서 5년 금고형을 받고 공직에서 추방되었다. 저서 『일반국가학강요』(Grundriß der allgemeinen Staatslehre, 1933); 『독일행정법』(1953) 등. 문헌 Jörg Schmidt, Otto Koellreutter, 1883-1972. Sein Leben, sein Werk, seine Zeit, Frankfurt a. M.[usw]: Peter Lang 1995; M. Stolleis, Art. Koellreutter, in: NDB, Bd. 12, 1980, S. 324 f.

Kohler, Josef(1849-1919) 독일의 법사학자. 슈미트의 베를린대학 은사. 만하임의 재판관으로 실무에 있다가 뷔르츠부르크, 베를린대학 교수가 됨. 독일에서 비교법학이 학문분야로서 확립하는데 공헌했다는 평가를 받는다. 그러나 그의 강의는 학생 슈미트를 실망시켰다. 저서 『법의 일반적인 역사』(Allgemeine Rechtsgeschichte, 1914).

Kohlrausch, Eduard(1874-1947) 슈미트의 스트라스부르와 베를린 시절 형법학 동료.

Kojève, Alexandre(1902-1968) 프랑스의 헤겔 연구가. 저서 Introduction à la lecture de Hegel, 1947. Eng. tr. by James H. Nicols, Jr. Introduction to the Reading of Hegel, 1969 (설헌영 옮김, 『역사와 현실변증법: 헤겔 철학의 현대

적 접근』, 한벗, 1981).

Kommerell, Max(1902-1944) 문학자.

König, Eduard(1846-1936) 독일의 프로테스탄트 성서학자.

Korn, Karl(1908-1991) 저널리스트.

Korsch, Karl(1886-1961) 독일의 마르크스주의 이론가. 미국으로 망명.

Korum, Michael Felix(1840-1921) 가톨릭 성직자. 비스마르크의 교회적대시정책(문화투쟁)에 저항. 후일 트리어주교.

Koselleck, Reinhart(1923-2006) 역사학자. 슈미트가 신뢰하는 제자. 『개념사사전』 편찬. 저서 『지나간 미래』(한철 옮김, 문학동네, 1998).

Koskenniemi, Martti(1953-) 핀란드의 교수. 이락 전쟁시 자주 주장된 미국적인 '도덕적 제국'에 대항하는 유럽적인 '국제법'이라는 대립은 그 자체가 정치적인 헤게모니 투쟁이며, 국제관계의 보편적인 법제화라는 하버마스의 시도 역시 이것에서 완전히 도피한 것은 아니라고 주장한다. Koskenniemi, International Law as Political Theology. How to Read Nomos der Erde? in: Constellations, 11 (2004), S. 506. 저서 The Politics of International Law (2011); The Gentle Civilizer of Nations: The Rise and Fall of International Law 1870-1960 (2002).

Krabbe, Hugo(1857-1936) 네덜란드의 공법학자. 라이덴대학 교수. 종래의 권력주의적인 주권개념을 배격하고 법주권설을 주장. 그에 의하면 주권은 군주, 국민, 국가 어느 것도 아니며 국민의 법의식의 표현인 법 내지 규범 그 자체에 있다고 한다. 이러한 국가권력부정론은 영국의 다원적 국가론과 아울러 제1차 세계대전 후의 상대적 안정기의 민주주의 정치이론으로서 유명하다. 저서 『근대의 국가이념』(Die moderne Staatsidee, 1919).

Kraft-Fuchs, Margrit(1902-1994) 법이론가. 철학자 Julius Kraft(1889-1960)의 처. 파면된 켈젠의 쾰른 집을 정리한 후 네덜란드를 거쳐 미국으로 망명. 논문 「칼 슈미트의 헌법이론에 대한 원리적 비평」, 김효전 편역, 『칼 슈미트 연구』, 21-66쪽.

Kraus, Annie(1900-1991) 아이슬러(Eisler)의 조카. 베를린대학 개인 여비서.

Krauss, Günther(1911-1989) 쾰른대학 시절부터 슈미트의 제자이며 평생의 협력자. 공증인. 문헌 Dirk van Laak, Gespräche in der Sicherheit des Schweigens, S. 246-250; Schmittiana I. S. 55-56.

Kreuz, Lothar(1888-1947) 의사. 베를린대학 총장.

Krieck, Ernst(1882-1947) 나치스 선전가.

Kriele, Martin(1931-) 독일의 국법학자. 요아힘 리터 서클(Joachim Ritter-Kreis). 1963년 학위취득 후 미국 예일대학 유학. 1966년 뮌스터대학에서 교수자격 취득. 1967년부터 쾰른대학 교수 역임. 저서 『민주적 헌정국가의 역사적 전개』(국순옥 옮김, 종로서적, 1983); 『헌법국가의 도전』(홍성방 옮김, 두성사, 2007); 『법발견론』(홍성방 역, 한림대출판부, 1995); 『법과 실천이성』(홍성방 역, 한림대, 1992); 『민주주의 세계혁명』(홍성방 역, 새남, 1990); 『해방과 정치계몽주의』(홍성방 역, 가톨릭출판사, 1988) 등.

Krockow, Christian Graf von(1927-2002) 사회학자이며 정치학자. 카를 슈미트 비판가. 저서 『결단』(Die Entscheidung. Eine Untersuchung über Ernst Jünger, Carl Schmitt, Martin Heidegger, 1990); Die deutschen in ihrem Jahrhundert 1890-1990, 1989.

Kröger, Klaus(1929-) 기센대학 교수 역임. 1994년 정년 퇴임. 저서 Die Ministerverantwortlichkeit in der Verfassungsordnung der Bundesrepublik Deutschland, 1972; Einführung in die jüngere deutsche Verfassungsgeschichte(1806-1933), 1988; Einführung in die Verfassungsgeschichte der Bundesrepublik Deutschland, 1993.

Kropotkin, Pyotr Alekseevich(1842-1921) 러시아의 무정부주의 사상가. 반산업 사회적 소공동체주의를 설파. 저서 『전원 · 공장 · 사업장』; 『만물은 서로 돕는다』(김영범 옮김, 르네상스, 2005); 『한 혁명가의 회상』(김유곤 옮김, 우물이 있는 집, 2009) 등.

Krüger, Herbert(1905-1989) 국법학자. 저서 『국가학』(Staatslehre, 2. Aufl., 1966).

Krupa, Hans 저서 『칼 슈미트의 '정치적인 것'의 이론』(1937), 김효전 편역, 『칼 슈미트 연구』, 147-190쪽 수록.

Kuhn, Helmut(1899-1991) 철학자.

Kunig, Philip(1951-) 독일의 공법학자. 베를린자유대학 교수. 저서 『법치국가의 원리』(1986); 폰 뮌히 · 쿠니히 공저, 김주환 역, 『독일 기본법 주해서 제1권(I)』〈헌법전문, 제1조-제4조〉, 헌법재판소, 2004.

Kunz, Josef Laurenz(1890-1970) 오스트리아의 국제법학자. 빈대학에서 국제법을 강의한 후 1934년 미국으로 망명. 톨레도대학 교수. 저서 『중립법』.

Laband, Paul(1838-1918) 브레슬라우에서 유태계 의사의 아들로 출생. 게르버(C. F. v. Gerber)와 함께 국법실증주의의 대표자. 그는 법사학과 사법학에서 출발하여 법률구성을 주요 과제로 삼는 법학적 방법을 국법학에 적용하였다. 논문 '일반 독일 상법전에 의한 법률행위의 체결에서의 대리'(1866년)에서 법률관계를 외부관계와 내부관계로 논리적으로 구별하는 이론을 내세워 대리이론 전개의 기초를 놓았다. 『예산론』(Das Budgetrecht, 1871)에서 흠결이론을 주장하여 제2제정시대의 통치에 법학적 기초를 마련하고 이로써 통치를 정당화했다. 스트라스부르대학 교수 및 총장 역임. 저서 Das Staatsrecht des Deutschen Reiches, 3 Bde., 1876-82. 문헌 Hugo Sinzheimer, Jüdische Klassiker der deutschen Rechtswissenschaft, Amsterdam 1938, S. 181-200; Walter Pauly, Die Wendung zum Staatsrecht. Paul Laband in Königsberg, in: Die Albertus-Universität zu Königsberg und ihre Professoren, Berlin: Duncker & Humblot 1995, S. 341-347; B. Schlink, Laband als Politiker, Der Staat 31(1992), S. 553 ff.; M. Friedrich, Paul Laband und Staatsrechtswissenschaft seiner Zeit, in: Archiv des öffentlichen Rechts, Bd. 111(1986), S. 197-218; ders., Geschichte der deutschen Staatsrechtswissenschaft, Berlin 1997, S. 256-274.

Lacambra, Luis Legaz(1906-1980) 스페인의 법철학자. 마드리드 대학 교수 역임. 켈젠 밑에서 법이론을 배우고 독자적인 자연법론을 전개했다.

Lacordaire, Jean Baptiste Henry(1802-1861) 프랑스의 가톨릭 성직자. 자유주의적이며 동시에 교황주의적인 람네(Robert de Lamennais, 1782-1854)가 주재하는 잡지 『미래』(L'avenir)의 동인이었으나 람네가 반자유주의적 교황 그레고리우스 16세에 의해서 이단선고를 받자 이에 굴복했다. 프랑스에서의 도미니크회의 부흥에 진력.

Ladner, Gerhart Burian (1905-1993) 가톨릭 교회사학자.

La Fontaine, Jean de(1621-1695) 프랑스의 시인. 저서 『라퐁텐 그림 우화』(박명숙 옮김, 시공사, 2004).

Laird, John(1887-1946) 영국의 철학자.

Lamartine, Alphonse de(1790-1869) 프랑스의 시인. 낭만주의의 한 대표자. 2월 혁명 시대에는 정치가로서도 활약. 작품 『호반의 연인』(김인환 옮김, 신원문화사, 2005), 『명상시집』(Meditations poetiques, Gallimard 2004).

Lambach, Walther(1885-1943) 독일의 실업가, 정치가. 보수당 국회의원. 저서 『라테나우의 독재』, 『500인에게 지배: 새로운 독일 의회 풍경』 등.

Lambert, Hugo(1858-1931) 변호사.

La Mettrie, Julien Offray de(1709-1751) 프랑스의 유물론자. 저서 『인간기계론』.

Lammers, Hans-Heinrich(1879-1962) 나치스 정치인. 국무장관 및 라이히 내각 사무처장.

Landauer, Carl(1891-1983) 독일 태생의 경제학자. 나치 시대에 미국으로 망명. 저서 『계획경제와 유통경제』.

Landry, Bernard 프랑스의 사상사가. 저서 『둔스 스코투스』, 『홉스』 등.

Landsberg, Ernst(1880-1927) 슈미트의 본 시절 동료.

Landsberg, Herrad von(1130?-1195) 독일의 수녀. 저서 『즐거운 동산』.

Landsberg, Paul Ludwig(1901-1944) 철학자.

Landshut, Siegfried(1897-1968) 정치학자.

Lange, Heinrich(1900-1977) 독일의 민법학자. 민법전 주석서 외에 『민족사회주의와 민법』, 『1933년 이후의 민법학의 발전』 등 나치학자로서의 저작이 있다.

La Pradelle, Albert Geoffre de(1871-1955) 프랑스의 국제법학자.

Larenz, Karl(1903-1993) 민법 · 법철학자. 나치스 시대에는 킬 학파의 기둥으로 '혁신적' 이론을 전개하고 전후 독일 사법학을 대표하는 학자로서 활약했다. 헤겔 철학과 나치사상을 결합하려고 시도했다. 1927년 괴팅겐 대학에서 율리우스 빈더(Julius Binder) 지도 아래 학위 취득. 1929년 『법률행위해석의 방법』으로 교수자격 취득. 1933년 킬 대학. 1960년 뮌헨 대학 교수. 저서 『법학방법론』(허일태 역, 세종, 2000); 『법률행위의 해석』(엄동섭 옮김, 서강대출판부, 2010) 등. 그의 행적에 비판적인 것으로 Heinz Wagner, Kontinuitäten in der juristischen Methodenlehre am Beispiel von Karl Larenz, Demokratie und Recht, Heft 3. 1980.

Larnaude, Ferdinand(1853-1942) 프랑스의 국제법학자. 파리대학 교수. 잡지 "Revue de droit public et de la science politique en France et à l'étranger"(1894 ff.) 편집.

Lask, Emil(1875-1915) 독일의 신칸트파 철학자. 제1차 대전에서 전사. 저서 『법철학』, 『판단론』(1912), 『가치철학』 등.

Lasker, Eduard(1829-1884) 독일의 자유주의적 정치가. 사법관을 역임한 후 진보당 국회의원. 민법전 등 통일법전의 제정에 진력.

Lasker-Schüler, Else(1869-1945) 여류 시인.

Laski, Harold Joseph(1893-1950) 영국의 정치학자. 사회주의자이며 페비안협회, 영국 노동당에서 중요한 역할을 담당. 다원적 국가론을 주장하고 만년에는 마르크시즘적인 입장을 취했다. 저서 『국가란 무엇인가』(The State in Theory and Practice, 1935; 김영국 역, 두레, 1983); 『근대 국가에 있어서의 자유』(Liberty in the Modern State, 1930; 이상두 역, 범우사, 1975). 다원적 국가론에 대한 슈미트의 비판은 김효전 · 박배근 옮김, 『입장과 개념들』, 190-209쪽.

Lassalle, Ferdinand(1825-1864) 독일의 사회주의자, 정치가, 노동운동가. 저서 『노동자강령』(서석연 옮김, 범우사, 1990); 『헌법의 본질』 등.

Latte, Kurt(1891-1964) 독일의 고대종교사학자.

Laun, Rudolf(1882-1975) 독일의 국법학자. 저서 『자연법과 국제법』.

Lauterpacht, Hersch(1897-1960) 영미의 국제법학자. 저서 『국제법 논집』(E. Lauterpacht ed., 1970).

Le Bon, Gustave(1841-1931) 프랑스의 저술가. 저서 『군집론』에서 군중 속에서 인간은 진화의 단계를 역행하고 미개인으로 돌아간다고 주장했다.

Lederer, Emil(1882-1939) 오스트리아 · 독일의 경제학자. 수정마르크스주의적 입장. 1913-1915년 도쿄대학 객원교수. 나치에 의해서 베를린대학에서 파면되고 일본을 거쳐 미국에 망명. 저서 『이론경제학』.

Leers, Johann von(1902-1965) 반유태주의 기자.

Legaz y Lacambra, Luis(1906-1980) 스페인의 법철학자.

Leibholz, Gerhard(1901-1982) 슈미트의 베를린 시절 지기. 독일의 헌법학자이자 정치학자. 유태인으로 프로테스탄트로 개종했으며, 처는 히틀러 암살계획에 가담하여 처형된 루터파 신학자 본회퍼(Dietrich Bonhoeffer, 1906-1945)와 쌍둥이. 나치 시대에 파면되어 영국으로 망명, 전후 귀국하여 괴팅겐대학 교수 및 연방헌법재판소 재판관(1951-71년) 역임. 저서 『현대 민주정치론』(1958; 주수만 역, 서문당, 1974); 『헌법과 헌법국가』(1974; 권영성 역, 박영사, 1975). 저작목록 F. Schneider, Bibliographie Gerhard Leibholz, Tübingen: J.C.B. Mohr, 2. Aufl., 1981, 92 S. 문헌 H. H. Klein, Gerhard Leibholz(1901-1982). Theoretiker der Parteiendemokratie und politischer Denker - ein Leben zwischen den Zeiten, in: Fritz Loos(Hrsg.),

Rechtswissenschaft in Göttingen, 1987, S. 528-547. 본회퍼에 관하여는 『디트리히 본회퍼 선집』(대한기독교서회, 2010); 『디트리히 본회퍼』(매택시스, 김순현 옮김, 포이에마, 2011) 등.

Leibniz, Gottfried Wilhelm(1646-1716) 독일의 철학자. 저서 『모나드론』(배선복 옮김, 책세상, 2007).

Leitner, Friedrich(1874-1945) 슈미트의 베를린 상과대학 동료.

Le Mercier de la Revière, Paul Pierre(1720-1801) 프랑스의 사상가. 저서 『행복한 국민』.

Lenin, Vladimir Ilyich Ulyanov(1870-1924) 러시아의 혁명가. 저서 『국가와 혁명』(문성원 · 안규남 옮김, 아고라, 2013).

Lenz, Jacob Michael Reinhold(1751-1792) 독일의 시인, 극작가. '질풍노도'(Strum und Drang)의 대표자. 광기에 미쳐 러시아를 방랑하다가 사망. 괴테의 친구.

Leo I(?-461) 교부. 로마 교황(440-461).

Leo XIII(1810-1903, 재위 1878-1903) 256대 로마 교황.

Le Pen, Jean-Marie(1928-) 프랑스의 우파 정치가. 이민제한 등을 주장, 또 홀로코스트의 비존재를 주장하여 비난을 받았다.

Leroy, Maxime(1873-1957) 프랑스의 사상사가, 평론가.

Lessing, Gotthold Ephraim(1729-1781) 독일 계몽사상의 대표적인 문학자. 친구인 유태인 철학자 모세 멘델스존(Moses Mendelssohn, 1729-1786)을 모델로 한 『현자 나탄』(1779; 윤도중 옮김, 창작과비평사, 1991)은 여러 종교의 무엇이 올바른가는 불가지라고 하여 관용을 주장했다.

Lewis, Wyndham(1882-1957) 영국의 전위 화가, 저술가. 소용돌이주의(vorticism)를 제창. 한때 파시즘과 나치스에 호의적 태도를 취함. 저서 『악마주의』, 『부르주아 보헤미안들』 등.

Lidzbarski, Mark(1868-1928) 폴란드 태생 독일의 오리엔트 학자. 유태교에서 프로테스탄트로 개종. 괴팅겐대학 교수.

Liebert, Arthur(1878-1946) 철학자. 슈미트의 베를린 상과대학 동료.

Liebmann, Otto(1865-1942) 잡시 『독일 법률가 신문』(Deutsche Juristen-Zeitung) 편집자.

Ligon, Richard(1667-1723) 영국의 여행가. 1647년 발바도스 섬을 방문. 낙원적인 탐방기를 저술.

Lilburne, John(1614-1657) 영국 퓨리턴 혁명기의 수평파(Levellers)의 지도자. 처음에 크롬웰에 협력했으나 그가 권력적으로 되자 내립, 투옥 · 출옥 · 망명을 반복했다.

Linn, Pierre(1897-1966) 번역가. 마리탱 서클(Kreis).

Linnebach, Karl(1879-?) 독일의 군인, 군사평론가.

Lippmann, Walter(1889-1974) 미국의 저널리스트. 평론가. 자유민주주의의 옹호라는 입장에서 국내외의 문제를 논함. 제1차 대전의 종전안과 국제연맹의 구상은 윌슨 대통령에게 영향을 미침. 저서 『여론』(이충훈 옮김, 까치, 2012); 『민주주의의 몰락과 재건』(이극찬 역, 대한기독교서회, 1974).

Lips, Julius(1895-1950) 독일의 인류학자. 아프리카 연구자. 쾰른대학 교수. 나치시대 미국으로 망명하여 컬럼비아대학 교수.

Liszt, Franz von(1851-1919) 형법 및 국제법학자. 저서 『마르부르크 강령:형법의 목적사상』(심재우 · 윤재왕 옮김, 강, 2012).

Lloyd George, David(1863-1945) 영국의 정치가. 자유당 각료로서 사회보험제도 도입, 귀족원개혁 등을 단행. 제1차 대전을 지도하여 베르사유조약에서는 프랑스의 대독강경론을 다소 완화했다.

Locke, John(1632-1704) 영국의 정치사상가. 사회계약설에 의해서 민주주의의 기초를 마련. 저서 『시민정부론』(1689; 이극찬 역, 연세대출판부, 1970; 강정인 · 문지영 옮김, 『통치론』, 까치, 1996); 『교육론』(박혜원 옮김, 비봉, 2011); 『자연법론』(이문조 · 정달현 옮김, 이문출판사, 1988); 『관용에 관한 편지』(공진성 옮김, 책세상, 2008) 등.

Loewenfeld, Philipp(1887-1963) 뮌헨의 변호사.

Loewenstein, Karl(1891-1973) 유태계 독일인으로 뮌헨 출생. 뮌헨대학에서 법학 공부. 1933년 히틀러가 정권을 장악하자 미국으로 건너가서 매사추세츠의 앰허스트대학 정치학 교수가 된다. 전후 독일로 돌아와서 뮌헨대학 교수가 된다. 저서 Political Power and the Governmental Process, 1957. 이 책의 독어판 Verfassungslehre, 1959(김기범 역, 『현대헌법론』, 1973)은 중남미와 일본 그리고 한국에 커다란 영향을 미쳤다. 문헌 『비교헌법론』(김효전 역, 교육과학사, 1991).

Löwith, Karl(1897-1973) 독일의 철학자. 저서 『베버와 마르크스』(이상률 역, 문예출판사, 1992); 『마르크스냐 베버냐』(강신준 · 이상률 편역, 기린원, 1990,

123-202면). 논문 「카를 슈미트의 기회원인론적 결정주의」, 「막스 베버와 카를 슈미트」, 김효전 옮김, 『합법성과 정당성』, 교육과학사, 1993, 229-313면에 수록.

Long, Johnson 저서 『만주와 문호개방 원칙』(1933).

Louis XⅣ(1638-1715) 프랑스 국왕(1643-1715).

Louis Philippe(1773-1850) 프랑스의 국왕(재위 1830-1848). 오를레앙 공 필립-에갈리테(평등)의 아들. 7월혁명(1830) 후 라파예트 등의 후원을 얻어 왕위에 즉위. 시민왕(roi citoyen)을 자칭하고 기조 등을 등용하여 자유주의적 정책을 폈으나 서서히 보수화하고, 또 실정을 거듭하여 2월혁명(1848)에서 추방되어 영국으로 망명. "왕은 군림하나 통치하지 않는다"는 이 왕정의 수상(1836-1840)이었던 티에르(Thier)가 한 말이라고 한다.

Lohmann, Karl(1901-1978) 슈미트의 본 시절 제자. 오랫동안 베를린대학에서의 협력자.

Lolme, Jean Louis de(1740-1807) 프랑스의 정치학자.

Lorković, Mladen(1909-1945) 베를린대학 박사과정생. 크로아티아 장관.

Lortz, Joseph(1887-19975) 신학자.

Lubbe, Marius van der(1909-1934) 네덜란드인 석공(무직)으로 무정부주의자. 이른바 '바라의 월요일'의 국회의사당 방화사건의 범인으로서 체포되어 1934년 1월 라이프치히의 감옥에서 처형되었다.

Lübbe, Hermann(1926-) 네덜란드 출생의 독일 철학자, 정치학자. 요아힘 리터 서클(Ritter-Kreis). 취리히 대학 교수 역임. 저서 『독일의 정치철학』(권혁민 옮김, 정음사, 1985); 『역사에서의 의식』. 문헌 Dirk van Laak, Gespräche in der Sicherheit des Schweigens, 1993. S. 276-281.

Lucanus Marcus Annaeus(39-65) 로마의 시인. 네로 황제의 측근이었으나 자살이 강요되었다.

Ludendorff, Erich(1865-1937) 독일의 군인. 제1차 대전시 대러시아 탄넨베르크 전투에서 승리하여 영웅시되었다. 1916년부터 총사령부에서 전쟁을 지휘. 전후 '등 뒤의 비수' 진설에 따라 유태인을 공격. 바이마르 시대에는 히틀러 쿠데타(1923)에 참가하는 등 우익의 상징적인 인물이 되었다. 1925년 히틀러의 추천으로 힌덴부르크의 라이벌로서 대통령후보가 되었으나 참패.

Lukács, Georg(1885-1971). 헝가리의 철학자, 문학사가, 미학자. 독일철학, 특히 신헤겔주의의 영향 아래 마르크스주의에 접근하고, 『역사와 계급의식』(1923; 박정호 · 조민영 옮김, 기름, 1992) 속에서 물상화(物象化)론을 주축으로 역사의 변혁주체인 프롤레타리아트도 자본주의적 사물화의 영향을 받아 개별 이익으로 파악되어 전체성에 대한 시각을 상실한다고 지적하고, 그것을 자각하고 극복하는 주체의 능동적 실천, 즉 역사변혁에서의 의식성의 역할을 제기했다. 저서 『레닌』(김학노 옮김, 녹두, 1985); 『사회주의와 민주화 운동』(박순영 옮김, 한겨레, 1991); 『사회적 존재의 존재론』(김성민 옮김, 동녘, 1996) 등.

Lupus, J. 저서 『철학과 가톨릭 교의의 견지에서 본 전통주의와 이성주의』(1858).

Luther, Martin(1483-1546) 독일의 종교개혁자. 저서 『탁상담화』(이길상 옮김, 크리스찬다이제스트, 2005); 『루터 선집』(전12권, 컨콜디아사).

Lykurgos (9-8 C. B.C.?) 스파르타의 전설적 입법자.

Lytton, Victor Alexander George Robert, 2nd Earl(1871-1947) 영국의 외교관. 인도를 통치하면서 1932년 만주사변 조사단장으로서 보고서를 작성.

Mably, Gabriel Bonnet de(1709-1785) 프랑스의 역사가, 철학자. 로크나 콩티약의 자연법, 모렐리의 영향을 받아 경제적 평등에 따른 평등사상을 주장하여 사유재산제를 공격, 토지공유에 의한 공산주의 사회 건설을 주장. 로베스피에르와 바뵈프에 영향을 미침. 철학자 콩티약(Etienne Bonnot, Abbé de Condillac, 1715-1780)의 형. 저서 『유럽의 공법』 전2권, 1746.

Machiavelli, Niccolò(1469-1527) 피렌체의 외교관이며 저술가. 저서 『군주론』, 『로마사 논고』(강정인 · 안선재 옮김, 한길사, 2003).

Mach, Ernst(1838-1916) 오스트리아의 물리학자. 경험론으로 물리학의 기초를 마련하려고 힘썼다.

MacIver, Robert Morrison(1882-1970) 스코틀랜드 태생의 미국 사회학자. 컬럼비아대학 교수. 저서 『근대 국가론』(민병태 · 김영국 역, 민중서관, 1977) 등.

Mac-Mahon, Edmé-Patrice Comte de(1808-1893) 프랑스 장군.

Macrobius, Ambrosius Theodosius(395-423) 고대 로마의 저술가. 저서 『사투르나리아』는 언어학 등 흥미 깊은 화제를 다룬다.

Mahlberg, Werner(1876-1944) 경제학자. 슈미트의 뮌헨 상과대학 동료.

Mahler, Gustav(1860-1911) 작곡가.

Maier, Hans(1931-) 독일의 가톨릭 정치사상가, 정치가. 뮌헨대학 교수. 바이에른 주 교육장관. 1970년부터 연방교육문화부 장관. 저서 『혁명과 교회』, 『정치신학비판』, 『교회와 사회』, 『기본적 인권론』이 있다. 그는 "슈미트 학파에서 '정치신학' 개념은 오늘날에 이르기까지 여전히 계속 살아 있다"고 서술하며, 그 주에서 "Epirrhosis"에 수록된 바리온의 논문 Weltgeschichtliche Machtform?을 그 예증으로 제시한다(Hans Maier, Politische Theologie? in: Stimmen der Zeit, 1969 Februar S. 74, FN 8).

Maistre, Joseph Marie Comte de(1753-1821) 프랑스의 정치가, 정치사상가. 사보아의 외교관으로서 1815년 빈 회의에 참석. 1817년 수상. 원죄의 교의에서 출발하여 프랑스 혁명을 신의 벌이라고 했다. 교황지상주의(ultramontanism)와 절대군주제를 주장. 저서 『프리메이슨』(Die Freimaurerei, Deutsch von Cornelia Langendorf, Wien: Karolinger 1988). C. Schmitt, Politische Theologie, S. 67-84(김효전 옮김, 『정치신학』, 55-66쪽).

Maitland, Frederick William(1850-1906) 영국의 법사학자. 저서 『영국법과 르네상스』, 『법인론』 등.

Maiwald, Serge(1916-1952) 독일의 국제법학자. 저널리스트. 슈미트의 베를린 시대 애제자. 1944년 슈미트 아래서 교수자격논문 제출. 1940년대 후반부터 50년대 초에 걸쳐 슈미트 국제법론의 테제를 계승한 논문들을 발표. 1949년 잡지 『Universitas』를 창간하고 편집장이 된다. 그는 이 잡지에서 슈미트에게 「역사적 의미부여의 세 단계」(1950)를 발표할 기회를 마련해주고 『유럽법학의 상태』를 발간하도록 주선했다. 마이발트는 땅과 바다의 대립을 하나의 포괄적인 작업의 기초로 파악하고 대서양적 법질서와 대륙적 법질서에서의 국가 · 사회 · 소유 개념의 차이를 체계적으로 부각시켰다. 슈미트, 「국가개념의 구체성과 역사성」, 김효전 편역, 『정치신학외』, 397쪽; 『대지의 노모스』, 제1장 S. 143 ff.

Malberg, Raymond Carré de(1861-1935) 프랑스의 공법학자. 알사스의 스트라스부르 출생. 1890년 아그레가시옹(대학교수자격)을 얻은 후 캉(Caen)대학, 낭시(Nancy)대학에서 교편을 잡으면서도 휴가 중에는 이곳을 방문하여 연구와 사색의 생활을 보냈다고 한다. 제1차 세계대전이 끝나고 1919년 스트라스부르대학이 문을 열자 바라던 고향에서 15년간 교육과 연구에 종사하다가 73세로 여기서 생애를 마감한다. 원래는 로마법과 민법을 담당했으나 헌법강좌의 담당을 요청받고 이를 수락한다. 당시 헌법은 일천한 학문으로 미지의 분야여서 그는 독일의 예링, 기이르케, 게르버, 라반트, 옐리네크 등의 이론을 정력적으로 연구하고 비판적인 분석을 가하여 법학적 국가론을 전개했다. 저서 『국가의 일반이론에 대한 기여』(Contribution à la Théorie générale de l'Etat, 1920); 『일반의사의 표명으로서의 법률』(La loi. Expression de la volonté générale. Etude sur le concept de la loi dans la Constitution de 1875, 1931).

Malebranche, Nicolas de(1638-1715) 프랑스의 철학자이며 기회원인론의 제창자. 데카르트 철학을 계승하면서 심신문제 등을 탐구. 저서 『진리의 탐구』, 『형이상학과 종교에 대한 대화』.

Mandeville, Bernard de(1670-1733) 네덜란드 출신의 영국 사상가. 저서 『꿀벌 이야기』(1623)에서 개인의 악덕도 사회의 이익에 연결될 수 있다고 하여 시장원리론의 선구가 된다.

Manes, Alfred(1877-1963) 보험학자. 슈미트의 베를린 상과대학 동료.

Mann, Thomas(1875-1955) 독일의 작가. 작품 『마의 산』(홍경호 옮김, 범우사, 1987).

Mannheim, Karl(1893-1947) 독일의 사회학자. 지식사회학을 제창. 나치 시대 프랑크푸르트대학 교수직에서 추방되고 래스키의 초빙으로 영국에 망명. 저서 『이데올로기와 유토피아』(임석진 옮김, 청아, 2000).

Mao, Zedong(毛澤東, 1893-1976) 중국의 정치가. 저서로 『신민주주의론』, 『연합정부론』, 『모순론』, 『실천론』 등. 문헌 유진성 편역, 『모택동 시집』, 문원북, 2000; 슈미트 『파르티잔』, 157, 165-166쪽.

Marat, Jean Paul(1744-1793) 프랑스의 혁명가.

Marcks, Erich(1891-1944) 장교. 쉴라이허(Schleicher)의 협력자. 에리히 마르크스(Erich Marcks, 1861-1938)의 아들.

Marcion(ca. 85-160) 이단사상가. 구약의 신을 부정하고 바울 서신을 중심으로 신학을 구성했다. 144년 파문되었다. 신약성서의 신을 구약의 신과 대립시켜 구약과 (바울 서신을 제외한) 신약성서의 많은 부분을 배척했다. 그노시스주의에 가까우며 금욕을 실천하였다. 144년 교회로부터 배척을 받고 독자적인 단체를 만든다.

Marcuse, Herbert(1898-1979) 철학자. 하이데거 아래 철학을 배우고 초기 마르크스의 영향을 받는다. 나치 정권 성립과 함께 스위스, 프랑스를 거쳐 미국에 망명. 저서 『에로스와 문명』(김인환 역, 나남, 2004); 『일차원적 인간』(박병진 역, 한마음사, 2009); 『이성과 혁명』(김현일 옮김, 중원문화, 2008) 등.

Maritain, Jacque(1882-1973) 프랑스의 철학자. 프로테스탄트에서 가톨릭으로 개종. 네오토미스트. 토머스 아퀴나스의 사상에 의한 현대의 구제를 설파. 국제인권선언의 기초에 관여했다. 처 라이사(Raissa Maritain, 1883-1960)는 원래 유태교도. 저서 『인권과 자연법』(장광수 역, 양영각, 1983); 『철학의 근본이해』(박영도 옮김, 서광사, 1984) 등.

Marlowe, Christopher(1564-1593) 영국의 극작가. 셰익스피어와 친하며 그에게 영향을 미쳤다.

Marquard, Odo(1928-) 철학자. 요아힘 리터(J. Ritter) 제자.

Marr, Heinz(1876-1940) 독일의 사회학자. 프랑크푸르트대학 교수. 노동문제를 많이 논했다.

Marshall, John(1755-1835) 미국의 재판관. 1801-1835년, 34년간 연방대법원장 역임. Marbury v. Madison 사건(1803)에서 대법원의 위헌법률심사권을 확립.

Marschall von Bieberstein, Freiherr(1842-1912) 독일의 외교관, 외무장관.

Marsilius, Padua of(1275/80-1342/43) 이탈리아의 정치사상가. 교황의 세속에 대한 개입권을 부정하고 국민주권론, 사회계약론의 선구를 이루었다. 저서 『평화의 수호자』(Defensor Pacis, 1324). 문헌 박은구, 『서양 중세 정치사상 연구』, 혜안, 2001.

Martin, Arthur(1801-1856) 프랑스의 성직자. 중세 미술의 연구로 알려짐.

Martini, Winfried(1905-1991) 기자.

Martitz, Ferdinand von(1839-1921) 독일의 국제법학자. 국법학자. 저서 『국제법』.

Marx, Karl Heinrich(1818-1883) 독일의 철학자, 경제학자, 사회주의자. 저서 『자본론』(김수행 역, 비봉출판사, 1989) 등 다수.

Maunz, Theodor(1901-1993) 국법학자. 뮌헨대학 교수 역임. 저서 Deutsches Staatsrecht, 1951(Zippelius와 공저, 30. Aufl., 1998). 문헌은 P. Lerche, Theodor Maunz†, in: AöR 1994. 1. S. 156-157; R. Herzog, Theodor Maunz als Lehrer, FS f. Th. Maunz, 1981, S. 109-117; D. Deiseroth, Kontinuitätsproblem der deutschen Staatsrechtslehre(r)? Das Beispiel Th. Maunz, in: Ordnungsmacht?, 1981, S. 85-111.

Maupassant, Guy de(1850-1893) 프랑스의 작가.

Maurenbrecher, Romeo(1803-1843) 독일의 법학자. 『현대 독일국법론』, 『현대 독일 사법 교과서』 등.

Maurras, Charles(1868-1952) 프랑스의 사회운동가. 악숑 프랑세즈(Action Française)의 지도자. 한편으로 드 메스트르, 보날, 다른 한편으로 꽁트, 다윈 등의 영향을 받아 종교개혁, 프랑스 혁명, 낭만주의에의 반대와 권위, 애국, 규율, 교회옹호를 주창. 1914년 교황청으로부터 이단선고를 받고, 그 저서는 금서목록에 들어갔으나 승복하지 않는 신도도 많았다. 나치스 점령 중 페탱 정부를 지지, 전후 이적죄로 무기징역, 1952년 은사로 출옥.

Maus, Ingeborg(1937-) 여류 정치학자. 슈미트 연구가. 비스바덴 출생. 1971년 박사학위 취득. 1980년 프랑크푸르트대학에서 카를 슈미트의 법이론 연구로 교수자격을 얻었다. 그 해부터 같은 대학 교수가 된다. 저서 Bürgerliche Rechtstheorie und Faschismus. Zur sozialen Funktion und aktuellen Wirkung der Theorie Carl Schmitts, 1976. 2. Aufl., 1980.

Mauthner, Fritz(1849-1923) 철학자.

Mayer, Gustav(1871-1948) 독일의 노동운동사가. 사회민주당원. 신문사 해외특파원으로서 활약한 후 베를린대학 교수. 나치에 의해서 파면된 후 네덜란드, 이어서 영국으로 망명. 저서 『엥겔스전』, 『비스마르크와 라살레』 등.

Mayer, Max Ernst(1875-1923) 슈미트의 스트라스부르 대학 은사.

Mayer, Otto(1846-1924) 프랑스 행정법을 연구하여 독일 행정법학의 체계를 구축한 행정법학자. 스트라스부르대학 교수 역임. 저서 『프랑스의 행정법이론』(Theorie des französischen Verwaltungsrechts, 1886), 『독일행정법』(Deutsches Verwaltungsrecht, 2 Bde., 1895/96).

Mazzini, Giuseppe(1805-1872) 이탈리아의 애국자. 청년이탈리아당(La Giovine Italia)을 결성하고 망명을 거듭하면서 공화국적인 독립과 통일을 위해서 노력했다. 1860년의 통일실현 후에도 계속 왕정을 반대했다. 저서 『인간의 의무』(김광형 역, 박영문고, 1976).

McIlwain, Charles Howard(1871-1968) 미국의 정치사상사가. 하버드대학 교수. 저서 『헌법과 정치』(Constitutionalism, 1947; 김준환 역, 법문사, 1961).

Medem, Eberhard Freiherr von(1913-1993) 베를린 NS 협력자. 슈미트의 『주석집』 편집. Glossarium. Aufzeichnungen der Jahre 1947-1951. Hrsg. von Eberhard Freiherr von Medem, Berlin: D&H., 1991.

Mehring, Franz(1846-1919) 독일의 마르크스주의자.

Mehring, Reinhard(1959-) 본, 프라이부르크에서 철학, 독문학, 정치학 공부. 1988년 카를 슈미트 연구로 박사학위 취득. 하이델베르크 교육대학 정치학 교수. 저서 『카를 슈미트 입문』(1992); 『카를 슈미트 전기』(CS. Aufstieg und Fall, 2009). 논문 「칼 슈미트와 오늘날의 헌법학」, 김효전 편역, 『칼 슈미트 연구』, 269-304쪽 수록.

Meier, Christian(1929-) 고대사가.

Meier, Heinrich(1953-) 철학자. 슈미트 연구가.

Meinecke, Friedrich(1862-1954) 독일의 역사학자. 베를린 자유 대학 초대 총장 역임. 저서 『세계시민주의와 민족국가』(이상신 · 최호근 역, 나남, 2007); 『국가권력의 이념사』(이광주 옮김, 한길사, 2010); 『독일의 비극』(이광주 역, 을유문화사, 1965). 문헌 슈미트의 「프리드리히 마이네케의 『국가이성의 이념』에 부쳐」, 김효전 · 박배근 공역, 『입장과 개념들』, 61-74쪽.

Meissner, Otto(1880-1953) 국무장관. 총통부의 고관으로서 3대에 걸친 지배자 에버트, 힌덴부르크, 히틀러에게 봉사. 전후 두 번 소추되었다.

Melville, Herman(1819-1891) 미국의 작가. 여행체험을 기초로 해양을 무대로 한 작품을 남겼다. 작품 『백경』, 『베니토 세레노』(변희준 역, 금성출판사, 1990). 슈미트는 『구원은 옥중에서』 중에서 '나는 (유럽 공법)의 종말을 베니토 세레노가 해적선으로 항해한 것과 같은 체험을 하였다'(김효전 역, 152쪽)고 술회한다. 베니토 선장은 흑인 노예가 반란을 일으켜 그 이외의 모든 백인을 살해하고 그에게 배의 지휘를 명하여 그 배를 해적선으로 만든다. 슈미트는 나치라는 반란 노예의 위협 아래 마음에도 없는 해적행위에 가담했다는 뜻일까? 그는 베니토와 달리 스스로 해적선에 탔던 것이다.

Mendelssohn-Bartholdy, Albrecht von(1874-1936) 법률가. 함부르크의 지인.

Mendelssohn, Moses(1729-1786) 독일의 유태인 계몽사상가. 레싱(Gotthold Ephraim Lessing, 1729-1781)의 저서 『현자 나탄』(윤도중 옮김, 창비, 1991)의 모델. 작곡가 Felix Mendelssohn(1809-1847)의 조부.

Menzel, Adolf(1857-1938) 오스트리아의 정치사상사가. 저서 『국가론사 논집』(1929), 『자연법과 사회학』(1912) 등.

Mercier, Désiré(1851-1926) 벨기에의 가톨릭 성직자. 1907년부터 추기경. 토마스주의 철학자로 실증주의, 칸트주의 비판자.

Merkl, Adolf(1890-1970) 오스트리아의 공법학자. 켈젠의 이론을 승계하고 법단계설을 주장. 저서 Hans Klecatsky u.a.(Hrsg.), Die Wiener rechtstheoretische Schule von Hans Kelsen, Adolf Julius Merkl, Alfred Verdross, 2 Bde., 1968.

Mersenne, Marin(1588-1648) 프랑스의 성직자. 수학자. 당시의 철학자, 과학자 서클 중심의 인물로 데카르트, 가상디(Gassendi, Pierre, 1592-1655), 홉스 등이 서클의 멤버였다.

Mestre, Achille James Emile(1874-1960) 프랑스의 공법학자. 파리대학 교수.

Métall, Rudolf Aladár(1903-1975) 저서 『켈젠전』.

Metz, Johann-Baptist(1928-) 가톨릭 신학자. 슈미트의 '낡은 정치신학'에 대해서 '새로운 정치신학'을 제창, '해방신학' 운동에 영향을 미침. 저서 『세상의 신학』; 『새로운 정치신학의 개념: 1967-1997』, 1997 등.

Metzger, Edmund(1884-1962) 독일의 형법학자. 나치 협력 법학자의 한 사람. 법률이 없더라도 '건전한 국민감정'에 반하는 것은 처벌해야 한다고 하여 죄형법정주의를 부정했다.

Meyer, Eduard(1855-1930) 독일의 고대사가. 베를린 대학 등 교수 역임. 저서 『역사는 과학인가』; 『역사의 이론과 방법』은 베버의 비판을 받았다.

Meyer, Georg(1841-1900) 독일의 공법학자. 하이델베르크대학 교수. 국회의원.

Meyer, Herbert(1875-1941) 독일의 법사학자. 슈미트의 베를린 동료. 브레슬라우대학 교수.

Meyerbeer, Giacomo(1791-1864) 베를린 출생. 파리의 오페레타 작곡가.

Michel, Ernst(1889-1964) 가톨릭 좌파 기자.

Michelet, Jules(1798-1874) 프랑스의 역사가. 파리대학과 콜레주 드 프랑스 교수 역임. 저서 『프랑스혁명사』 전7권, 1847-1853; 『프랑스사』 등.

Michels, Robert(1876-1936) 독일, 이탈리아, 스위스의 정치사회학자. 막스 베버에게 사사하고 독일사회민주당원으로서 활동. 1907년 이탈리아로 옮겨 생디칼리슴, 이어서 파시즘의 지지자가 된다. 투린대학 교수로 근무하다 1914년부터 스위스 바젤대학 교수. 로마대학 교수로도 재직. 저서 『정당사회학』(1911; 김학이 옮김, 한길사, 2003)에서 어떠한 대중정당도 결국 과두지배적이 된다는 '과두지배의 철칙'을 정식화했다.

Mignet, François Auguste(1796-1884) 프랑스의 역사가. 프랑스혁명을 역사의 필연으로 이해하였으나 '공포정치'는 부정했다. 자유주의적 입장에서 『프랑스

혁명사』(1824)를 저술. 티에르의 친구.

Mill, John Stuart(1806-1873) 영국의 철학자, 경제학자. 벤담의 공리주의를 신봉하고 이를 발전시킴. 남녀동권을 강력히 주장. 저서 『대의정부론』(서병훈 옮김, 아카넷, 2012); 『논리학체계』(1843); 『자유론』(1859; 이극찬 역, 사상문고, 1962); 『여성의 예속』(1869; 김예숙 역, 이대출판부, 1986); 『공리주의』(1861; 서병훈 옮김, 2007) 등.

Milner, Alfred(1854-1925) 영국의 정치가이며 식민지 정치인.

Milton, John(1608-1674) 영국의 시인. 퓨리턴혁명의 옹호자. 저서 『아레오파지티카』(박상익 역주, 소나무, 1999; 임상원 역주, 나남, 1998).

Mirgeler, Albert(1901-1979) 가톨릭 역사학자이며 기자.

Mitteis, Heinrich(1889-1952) 독일의 법사학자. 저서 『독일법제사 개설』, 『자연법』 등.

Moeller, Ernst von. 법학자. 슈미트의 베를린 은사.

Moeller van den Bruck, Arthur(1876-1925) 슈미트의 초기 지인. 저술가.

Mohl, Robert von(1799-1875) 독일의 국법학자. 서남 독일 자유주의의 지도자. 1848년 프랑크푸르트 국민의회 의원. 법치국가론을 체계화했다. 튀빙겐대학 교수 역임. 저서 『국법학, 국제법 및 정치』 전3권, 1860-1869.

Molsworth, William(1810-1855) 영국의 정치가. 귀족의 아들로 태어나 케임브리지대학 시대 교사에게 결투를 신청하여 퇴교처분을 받았다. 뒤에 국회의원. 그리스사가 그로테(George Grote, 1794-1871)와 친하고 홉스전집의 편찬자.

Molotov, Vyacheslav Michilovich(1890-1986) 소련의 외교관. 작곡가 알렉산드르 스크리아빈(Aleksandr Skriabin, 1872-1915)의 조카. 수상, 외상 역임.

Moltmann, Jürgen(1926-) 독일의 철학자. 프로테스탄트 신학자. 제2차 대전 중 영국군의 포로가 된다. 귀국 후 목사를 역임한 후 부퍼탈 신학교, 본대학 교수 등을 역임. 저서 『희망의 신학』(박봉랑 · 전경연 공역, 현대사상사, 1982); 『정치신학』(조성로 역, 심지, 1986); 『신학적 사고의 경험들』, 『정치신학 · 정치윤리』(조성로 옮김, 대한기독교서회, 1992); 『십자가에 달리신 하나님』(김균진 역, 한국신학연구소, 1994); 『과학과 지혜』(김균진 옮김, 대한기독교서회, 2003); 『희망의 신학』(이신건 옮김, 대한기독교서회, 2002) 등.

Mommsen, Momme(1907-2001) 독일의 괴테연구가.

Mommsen, Theodor(1817-1903) 독일의 로마사학자. 1848년혁명에 참가. 저서

『로마사』, 『로마의 성립』 등.

Moncada, Luís Gabral de(1888-1974) 포르투갈의 법학자.

Monnier, Henry(1851-1920) 프랑스의 공법학자, 법사학자.

Monroe, James(1758-1831) 미국의 5대 대통령(1817-1825). 1823년 '먼로주의'를 발표, 유럽의 서반구 간섭을 거부했다.

Montalembert, Charles Forbes René de(1810-1870) 프랑스의 자유주의적 가톨릭 사상가. 정치가. 망명귀족의 아버지와 신교도의 영국인 어머니 사이에 출생. 자유주의적 가톨리시즘의 대표자. 1837년부터 국회의원. 1848년의 인민집회의 의원. 저서 『자유로운 국가 중의 자유로운 교회』(1863) 등.

Montesquieu, Charles Louis de Secondat, Baron de la Brède, et de(1689-1755) 프랑스의 헌법사회학자. 저서 『법의 정신』(신상초 역, 을유문화사, 1963).

Montherlant, Henry Millon de(1896-1972) 프랑스의 저술가.

Moon, Parker Thomas(1892-1936) 미국의 정치학자.

More, Thomas(1478-1535) 영국의 정치인이며 인문주의자. 옥스퍼드와 링컨 법학원에서 수학한 후 시의원이 되고 유능하고 공정한 법률가, 행정가로 명성을 떨침. 헨리 8세에 의해서 하원의장을 거쳐 대법관의 지위에 오른다. 결혼을 위해 교황청과 결별하고 영국 교회의 최고 수장을 자처하려는 헨리 8세의 계획에는 침묵으로 대응했으나 적극적인 지지를 기대한 헨리 8세의 분노를 사서 참수된다. 『구원은 옥중에서』, 103쪽. 문헌으로는 토머스 모어 · 윌리엄 로퍼 지음, 이미애 옮김, 『영원과 하루: 토머스 모어 서한집』(정원, 2012).

Morgenthau, Hans(1904-1980) 독일 태생의 미국 국제정치학자. 슈미트나 에리히 카우프만의 영향을 받아 국제질서에서의 국제재판의 무력함을 주장한 논문(1929)으로 박사학위 취득. 제네바에서 교직에 있었을 때 나치정권이 성립하여 스페인을 거쳐 미국으로 망명. 시카고대학 교수가 되어 공화당 정권의 세계정책에 커다란 영향을 미쳤다. 저서 『현대 국제정치론』(이호재 옮김, 법문사, 1987; 신판 이호재 · 엄태암 옮김, 『국가간의 정치』, 김영사, 2014), 『과학적 인간과 권력정치』(김태현 옮김, 나남, 2010) 등. 슈미트의 『정치적인 것의 개념』, 260쪽 역주 .

Morgenthau, Henry(1891-1967) 미국의 정치인.

Morsey, Rudolf(1927-) 역사학자.

Mosca, Gaetano(1858-1941) 이탈리아 정치학의 창시자. 엘리트 이론가. 저서

『지배계급』(Elementi di scienza politica, 1895).

Moser, Johann Jakob(1701-1785) 독일의 공법학자. 저서『독일국법론』에 의해서 독일 국법학의 원조로 불린다.

Mouffe, Chantal(1943-) 벨기에 출신 여류 정치철학자로 영국 웨스트민스터 대학교 민주주의연구소 교수. 저서『정치적인 것의 귀환』(이보경 옮김, 후마니타스, 2007);『헤게모니와 사회주의전략』(이긍원 옮김, 후마니타스, 2012);『민주주의의 역설』(이행 옮김, 인간사랑, 2006). 논문「칼 슈미트에 찬동, 또는 반대하며 현대 민주주의를 생각한다」, 김효전 편역,『칼 슈미트 연구』, 249-268쪽 수록.

Mozart, Wolfgang Amadeus(1756-1791) 오스트리아의 작곡가.

Müller, Adam Heinrich(1779-1829) 독일 정치적 낭만주의의 대표자. 외교관, 정치사상가. 슈미트에 의해서 '정치적 낭만주의'의 전형적 인물로 불렸다. 문헌 슈미트,『정치적 낭만』(배성동 역, 삼성출판사, 1976); 지명렬,『독일낭만주의 연구』, 일지사, 1975; 장남준,『독일낭만주의연구』, 나남, 1989.

Müller, Friedrich von(1779-1849) 독일의 정치가. 괴테의 친구로 사후 유고를 정리했다.

Müller, Hermann(1876-1931) 독일의 정치가. 사회민주당을 이끌고 두 번 수상 역임. 1928년 연립내각 수상. 1930년 세계공황에 따르는 실업보험금 문제의 내각분열을 극복하지 못하고 하야. 이것이 바이마르 시대 의원내각의 마지막이 된다.

Müller-Meiningen, Ernst Winstanly Lillian(1866-1944) 바이에른 출신의 자유주의적 정치가. 저서『세계전쟁과 국제법』,『의회주의』등.

Murger, Henri(1822-1861) 프랑스의 작가. 자전적인 작품『보헤미안의 생활』은 푸치니(Giacomo Puccini, 1858-1924)의 가극『라 보엠』의 소재가 되었다.

Murray, Kathleen(1898-1970) 슈미트의 아일랜드-호주 연인. 유학 중 슈미트의 지도를 받고 '플라토닉 러브'의 상대였다고 한다.

Musil, Robert(1880-1942) 오스트리아의 작가. 저서『특성 없는 남자』(안병률 옮김, 북인더갭, 2013).

Mussolini, Benito(1883-1945) 이탈리아의 정치가. 문헌으로는 래리 하트니언, 김기연 옮김,『베니토 무솔리니』, 대현출판사, 1993.

Muth, Carl(1867-1944) 가톨릭계 기자.

Mutius, Bernhard Ludwig von(1913-1979) 베를린 NS 협력자.

Napoléon Bonaparte(1769-1821) 프랑스 황제(재위 1804-1814, 15).

Napoléon Ⅲ(Charles Louis Bonaparte, 1808-1873) 프랑스 황제(1852-1870). 1848년 망명에서 귀국, 선거로 대통령에 선출된 후 국민투표로 황제가 된다. 보불전쟁에 패하여 영국으로 망명. 저서 『나폴레옹의 이념』, 『황제의 생애』 등.

Naumann, Friedrich(1860-1919) 독일의 기독교사회주의 정치가. 민족주의면도 주장하고 노동운동과 현재의 국가체제와의 화해를 시도. 막스 베버의 친구. 저서 『중부 유럽』(1915).

Nawiasky, Hans(1880-1961) 오스트리아 그라츠 출생. 빈대학에서 박사학위와 교수자격 취득. 1919년 뮌헨대학 교수. 1933년 나치스의 박해를 피해 스위스로 망명. 그곳 장트 갈렌(St. Gallen) 상과대학 교수로 재직. 1945년 종전 후 독일 재건에 힘썼다. 1947년 뮌헨대학에 복귀하였다가 1952년 은퇴. 그 후임으로 제자인 마운츠(Th. Maunz, 1901-1994) 초빙. 저작목록 Staat und Wirtschaft. Festgabe zum 70. Geburtstag von Hans Nawiasky, 1950, S. 297-309; 김효전 편, 「독일의 공법학자들」(7), 『동아법학』 제19호, 1995, 426-442쪽.

Nay, Ernst Wilhelm(1902-1968) 독일의 화가. 작품은 나치시대 '퇴폐 예술'로 낙인 찍혔다.

Nebel, Gerhard(1903-1974) 에세이스트이며 여행 작가. 슈미트의 베를린 시절 청강생.

Neeße, Gottfried(1911-1987) 나치스 법률가.

Nero(37-68) 로마 황제(54-68).

Nerval, Gaston(본명 Diez de Medina, Raul, 1909-) 우루과이의 외교관.

Neske, Günter(1913-1997) 출판업자.

Nette, Herbert(1902-1994) 기자.

Neumann, Franz(1900-1954) 슈미트의 청강생. 유태인 상인의 아들로 카토비치(Kattowicz)에서 출생. 브레슬라우, 로스토크, 프랑크푸르트대학에서 법학 공부. 바이마르 혁명 과정에서는 레테 운동에도 관여하고, 라이프치히 바리케이트 전투에도 가담하는 등 사회주의 입장에 섰다. 1923-1927년 후고 진츠하이머(Hugo Sinzheimer)의 개인 비서였으며, 1928년 변호사로서 독립하고 E. 프랭켈(E. Fraenkel)과 같은 사무소에서 건설노동조합의 고문변호사로서 활동하는 한편, 베를린정치대학의 노동법 강사로서 헌법과 노동법 관계 논문을 많이 발표하였다. 1933년 5월 나치스의 박해로 영국에 망명. 1936년 런던의 경제대학(School of Economics)에서 학위 취득. 같은 해 미국으로 건너간다. 1948년부터 컬럼비아대학 공법 교수, 1951년부터 베를린자유대학의 객원교수 겸임. 1954년 여름 휴가 중 교통사고로 사망. 저서 『비히모스』(Behemoth. The Structure and Practice of National Socialism, 1942). 문헌 Neumann zur Einführung, Hannover, Soak-Verlag 1982; U. K. Preuß, Franz L. Neumann(1900-1954). Demokratie als unvollendetes Projekt, in: Kritische Justiz(Hrsg.), Streitbare Juristen, 1988, S. 390-400.

Neumann-Hofer, Adolf(1867-1925) 독일의 정치가. 리버럴 좌파에 속하며 바이마르 시대에는 독일 민주당원으로서 활약. 저서 『사회민주당의 발전』 등.

Neuß, Wilhelm(1880-1965) 1933년 이전에 슈미트와 관련된 가톨릭 신학자, 중세미술사학자. 본대학 교수.

Newman, John Henry(1801-1890) 영국의 가톨릭 사상가. 영국 교회의 성직자로서 1845년에 개종.

Newton, Isaac(1642-1727) 영국의 물리학자.

Neuwiem, Erhard(1889-1943) 슈미트의 그라이프스발트대학 동료.

Nézard, Henry(1875-?) 프랑스의 공법학자.

Nicolai, Helmut(1895-1955) 나치스 인종이론가, 정부 총감, 국무원 사무처.

Nicolaus Cusanus(1401-1464) 독일의 신비주의철학자. 추기경이 된다. 독자적인 범신론적 세계관을 구축하고 '중세와 근대의 중간에 선 사상가'라고 불린다.

Niedermayer, Oskar von(1885-1948) 장교이며 지리학자.

Niekisch, Ernst(1889-1967) 정치저술가. 민족 과격파. 정치기자. 1948년 베를린 훔볼트대학 교수. 논문 Zum Begriff des Politischen, in: Widerstand 8(1933).

Nieklisch, Heinrich(1876-1946) 경제학자. 슈미트의 베를린 상과대학 동료.

Nietzsche, Friedrich(1844-1900) 독일의 철학자. 루터파 목사의 아들로 태어남. 그리스 고전연구와 근대문명에 숨어 있는 니힐리즘에 대한 통찰에서 기독교의 구속사관을 부정, 영겁회귀 중에서의 인간의 자기극복을 주장. 『니체 전집』(책세상, 2002).

Nipperdey, Hans Carl(1895-1968) 독일의 민법학자, 노동법학자. 1920년 예나

대학에서 교수자격논문 통과. 1924년 예나대학 조교수. 1925년 쾰른대학 정교수로 초빙받다. 슈미트의 쾰른대학 동료. 전후 1954-1963년까지 초대 노동재판소 소장 역임. 기본권의 제3자효력의 주장자로서 알려짐. 나치시대에는 나치 노동법의 주석서가 판을 거듭했다. 저서 『노동법강의』(Alfred Hueck, 1889-1975과 공저).

Noack, Paul(1925-2003) 독일의 정치학자. 프라이부르크, 제네바, 파리대학 수학. 1954-1958년 Frankfurter Allgemeine Zeitung 정치부 기자. 1958-1968년 Münchner Merkur 편집장. 1968년 이래 뮌헨대학 교수. 저서 『카를 슈미트전』(1993).

Nolde, Emil(1867-1956) 독일의 화가. 독일 표현주의의 대표자.

Norden, Eduard(1868-1941) 고전어학자.

Novalis(1772-1801) 독일의 낭만주의 시인. 문헌 『노발리스』(G. Schulz, 이온화 옮김,행림출판, 1982).

Nys, Ernest(1851-1920) 벨기에 국제법학자이며 법철학자.

Nyssen, Wilhelm(1925-1994) 쾰른대학 교목.

Oakeshott, Michael(1901-1990) 영국의 정치학자. 케임브리지대학에서 역사를 공부했고, 1920년대 독일 튀빙겐대학과 마르부르크대학에서 신학을 공부했다. 1951년 해럴드 래스키의 후임으로 런던정경대학의 정치학 교수로 취임. 저서 『경험과 그 양식』(1933), 『인간행동론』(1975) 등. 문헌은 에드먼드 닐, 이화여대 통번역연구소 옮김, 『마이클 오크숏』(아산정책연구원, 2012).

Obendiek, Hermannus Anton(1894-1954) 프로테스탄트 성직자, 신학자.

Oberheid, Heinrich(1895-1977) 산업상인, 잠시 복음주의 주교. 1927년부터 카를 슈미트와 밀접한 친교.

Ockham, William of(1285-1347/49) 영국의 스콜라 신학자. 문헌으로는 『서양 중세 정치사상 연구: 마르실리우스와 오캄을 중심으로』, 박은구, 혜안, 2001.

Offe, Klaus(1940-) 독일의 좌파 정치학자. 『국가이론과 위기분석』, 서규환 역, 전예원, 1988.

Olney, Richard(1835-1917) 미국의 법률가, 정치가. 클리블랜드 대통령 하에서 1895-1897년 국무장관 역임.

Oncken, Onno(1914-) 역사학자 헤르만 옹켄(Hermann Oncken, 1869-1946)의 아들. 국제법을 연구한 후 제2차 대전에 종군. 전후 실업계로 들어감.

Opicinius de Canistris(1296-1352) 이탈리아의 화가.

Oppenheimer, Franz(1864-1943) 독일의 경제학자, 사회학자. 일종의 정복국가설을 설파. 나치의 박해를 받아 일시 일본 고베에 체재한 후 미국으로 망명. 저서 『국가론』(윤세창 역, 1950).

Origenes(185/6-254/5) 알렉산드리아의 이단파 신학자. 이집트 알렉산드리아 출생. 기독교신앙의 학문화를 위해 후진을 교육하고 성서해석에 주력. 팔레스티나의 카에사리아(Caesarea)에 교리 학교 설립. 그의 손자 제자가 카에사리아의 유세비우스이다. 신플라톤주의의 영향 아래 아들을 아버지에게, 성령을 아들에게 종속시키는 교의를 설파. 아우구스투스에 의한 로마 통일을 구속사에서의 사건으로 보았다. 그리스 철학의 소양이 풍부하며 교의는 유연하였다. 유세비우스의 스승 판필리우스는 그의 제자. 저서 『켈수스를 논박함』(임걸 옮김, 새물결, 2005).

Orosius(310?-418?) 스페인의 신학자. 호교가, 역사가. 아우구스티누스의 제자. 다니엘서의 예언에 근거하여 세계사를 7단계로 나누어 역사신학을 설명.

Ortega y Gasset, José(1883-1955) 스페인의 철학자, 문명평론가. 니체 등의 영향 아래 생의 철학, 엘리트 지배의 사상을 주창, 현대 문명의 '방향 없는 공격성'을 파시즘의 원천이라고 하였다. 저서 『대중의 반역』(황보영조 역, 역사비평사, 2005)에서 대중민주주의를 비판적으로 분석했다.

Ostrogorsky, Moisei Yakovlevich(1854-1919) 러시아인으로 프랑스 유학. 저서 『민주주의와 정당조직』(1902)에서 정당민주주의가 과두지배로 전화하는 현상을 지적했다. 저서 『비잔티움제국사』(한정숙 · 김경연 옮김, 까치, 1999); La démocratie et les partis politique, 1912.

Otero Varela, Alfonso(1925-2001) 스페인의 법학자. 카를 슈미트의 사위.

Otero Schmitt, 슈미트의 손자. Beatriz(1958-), Carlos(1960-), Jorge(1963-), Álvaro(1968-)

Ott, Eugen(1889-1977) 쉴라이허(Schleicher)의 부관. 주일 대사.

Overbeck, Franz Camille(1837-1905) 프로테스탄트 신학자. 스위스의 바젤대학 교수로 신약성서와 교회사를 강독. 종말을 대망하는 원시기독교의 세속화를 비판하고, 그 위에 성립한 교회나 교의를 비판했다.

Ovidius Naso, Publius(43 B.C.-17) 로마의 시인.

Padraic Pearse(1879-1916) 아일랜드의 시인이며 독립운동가. 영국에 대항하여 반란을 일으켰다가 처형됨.

Paeschke, Hans(1911-1991) 『Merkur』지 편집자.

Paine, Thomas(1737-1809) 미국 독립기의 사상가. 저서 『상식』(1776)에서 반왕제, 민주주의를 주장. 프랑스혁명도 지롱드파 지지의 논진을 폈다. 저서 『인권론』(이가형 역, 을유문화사, 1967; 신판 박홍규 옮김, 필맥, 2004) 등.

Palyi, Melchior(1892-1970) 경제학자. 슈미트의 뮌헨과 베를린 상과대학 동료.

Papen, Franz von(1879-1969) 독일 외교관, 중앙당 정치인. 라이히 수상. 1933/34년 부수상. 히틀러정권을 성립시켰다.

Pareto, Vilfredo(1848-1923) 이탈리아의 경제학자, 사회학자. 토리노 공대를 졸업한 후 경제학을 공부하여 1892년 스위스 로잔 대학의 교수가 된다. 안간의 정신활동 중 비합리적인 욕망을 잔기(résidue)라 부르고, 이를 자기와 타자에 대해서 정당화하는 기술을 파생체(dérivation)으로서 파악했다. 문헌 『사회학 이론의 발달사』, I. M. 짜이틀린(이경용 · 김동노 옮김, 한울, 1985).

Parmenides(c. 500 B.C.) 엘리아 출신 그리스 철학자.

Partridge, Eric(1894-1979) 영국의 사전 편찬자.

Partsch, Josef(1882-1925) 슈미트의 본대학 동료.

Pascal, Blaise(1623-1662) 프랑스의 철학자. 저서 『팡세』(이환 옮김, 민음사, 2003).

Passerin D'Entrèves, Alessandro(1902-1985) 이탈리아 투린(Turin)대학 정치이론 교수. 1946-1957년 옥스포드대학 교수 역임. 저서 『국가의 관념』(The Notion of the State, 1967).

Pathe, Karl(1905-1954) 쾰른대학 조교.

Paulus, Hermann(1846-1921) 독일의 언어학자. 독일어사전의 편찬자.

Paulus(apostle)(3?-67?) 사도. 기독교의 박해자였다가 예수의 사후 기독교로 개종. 로마 시민의 지위를 이용하여 지중해 세계에 전도. 12사도에 이어 제13의 사도가 된다. 유태교에서 기독교로 개종하고 기독교를 민족종교에서 보편종교로 발전시키는 데 공헌.

Pearse, Padraic(1879-1916) 아일랜드의 독립운동가. 영국에 대한 반란으로 사형됨.

Péguy, Charles(1873-1914) 프랑스의 시인, 작가. 가톨릭교도로 드레퓌스사건에서는 드레퓌스를 지원했다. 문헌으로는 할라즈 지음, 황의방 옮김, 『나는 고발

한다. 드레퓌스사건과 에밀 졸라』, 한길사, 1998.

Pericles(495-429 B.C.) 고대 아테네의 정치가.

Perkins, Dexter(1889-1984) 미국의 정치사학자. 로체스터대학 교수.

Peters, Hans(1896-1966) 독일의 법학자. 슈미트의 베를린대학 동료.

Peterson, Erik(1890-1960) 독일의 가톨릭 신학자, 교회사학자. 스트라스부르, 괴팅겐, 베를린, 바젤 등 프로테스탄트 신학부에서 신학을 배운 후 1920-1924년 괴팅겐 대학에서 교회사를 강의하고, 1924-1928년 본대학 교수로서 신약성서를 강의. 키르케고르에 대한 관심을 원시 기독교의 종말론적 성격의 연구에 의해서 프로테스탄트적 · 바르트적 입장에서 떠나 1929년의 크리스마스에 가톨릭으로 개종. 1934년부터 로마로 옮겨 영주. 교황설립 기독교고대학연구소 교수가 된다. 죽기 직전 출생지인 함부르크로 돌아와 여기서 사망. 문헌 Giancarlo Carnello(Hrsg.), Erik Peterson. Die theologische Präsenz eines Outsiders, Berlin: Duncker & Humblot 2012. 652 S.

Petwaidic, Walter(1904-1978) 저널리스트.

Peyrère, Isaac de la(1596-1676) 저서 『아담 이전인』(1655)에서 유태인 이외의 백성은 아담 이전에 창조되었다고 설파하여 처벌되었다. 홉스의 영향을 받고 스피노자에게 영향을 미침. 유태교도의 자손.

Pfeiffer, Helmut(1907-1945) 베를린의 나치스 협력자.

Philon of Alexandria(c. 25 B.C.-50 A.D.) 알렉산드리아의 유태교 신학자. 플라톤, 스토아학파, 피타고라스 등의 사상과 유태를 결합한 신학사상을 설파. 기독교 신학에도 커다란 영향을 미쳤다. 형은 유태 왕의 금융고문으로 40년에 알렉산드리아의 유태인을 대표하여 로마에 부임, 가리그라 황제에게 유태인 박해의 정지를 호소하였다.

Pichler, Hans(1882-1958) 독일의 철학자. 그라이프스발트대학 교수. 마이농(Alexius Meinong, 1853-1920)의 영향을 받았다.

Pigenot, Ludwig von(1891-1976) 횔덜린 연구가. 『전집』 간행에 협력.

Pilatus, Pontius(?-39?) 로마의 유태 총독. 자의적인 지배를 하여 많은 반란을 야기. 그리스도를 재판할 때 "진리란 무엇이뇨"라고 물어서 불가지론자로서 알려지고 있다. 사마리아에서의 실정으로 파면된다. 예수의 재판을 회오하고 자살했다는 설이 있다. 한편 유세비우스 『교회사』는 그가 가리그라 황제의 명령으로 자살했다고 한다. 슈미트도 『정치적인 것의 개념』에서 '진리란 무엇이

뇨'를 인용했다.

Pindaros(7th C., B.C.) 고대 그리스의 시인.

Pius X(원명 Giuseppe Sarto, 1835-1914) 257대 교황.

Pius XI(원명 Achille Ratti, 1857-1939) 259대 교황.

Pius XII(원명 Eugenio Pacelli, 1876-1958) 260대 교황(1939-1958). 제1차 대전 후 주독일 대사로 근무하여 독일에 친하며, 1929년부터 추기경. 나치스 정권 성립 직후에 카아스 중앙당 당수와 교섭하여 정교조약(Konkordat)을 체결했다. 교황으로서 제2차 대전에 대응했는데 중립적 입장을 계속하여 나치스의 유태인 박해를 묵살했다는 비판도 있다.

Planck, Max(1858-1947) 독일의 물리학자.

Platon(428-347 B.C.) 그리스의 철학자.

Platt, Orville Hitchcock(1827-1905) 미국 상원의원.

Platz, Hermann(1880-1945) 본대학 로마니스트.

Plessner, Helmuth(1892-1985) 독일의 철학자이며 사회학자. '철학적 인간학'을 전개했으며 나치에 쫓겨 터키로, 이어서 네덜란드로 망명. 전후 괴팅겐대학 교수. 저서 『늦게 온 국민』, 『독일 낭만주의와 나치즘』, 『웃음과 울음의 인간학』 등. 문헌 R. Kramme, Helmuth Plessner und Carl Schmitt, 1989.

Plotinos(205-269/70) 신플라톤파의 철학자. 세계를 '1자'로부터의 유출로 파악하고 탈아(ekstasis)에 의한 '1자'와의 합일을 설파.

Poe, Edgar Allen(1809-1849) 미국의 작가.

Poincaré, Henri(1854-1912) 프랑스의 수학자, 물리학자. 저서 『과학과 가설』, 『과학의 방법』 등. 저서 『포앙카레 만년의 사상: 수학과 과학』(교우사, 2002).

Polany, Michael(1891-1976) 헝거리 태생의 과학철학자. 경제사상가. 저서 『암묵지의 차원』, 『자유의 논리』, 『과학 · 신념 · 사회』 등.

Politis, Nicolas(1872-1942) 프랑스의 국제법학자. 파리대 교수. 그리스 외무장관, 파리 주재 그리스 대사 역임. 국제회의에서 그리스 대표. 헤이그 국제법 아카데미 창립자. 상설국제사법재판소 판사, 국제법학회 회장 역임.

Pomponius Mela(1 C.) 고대 로마의 지리학자. 저서 『세계지리』(De situ orbis).

Popitz, Heinrich(1925-2002) 사회학자.

Popitz, Johannes(1884-1945) 1933년 4월 이후 프로이센 재무장관. 그는 나치당원은 아니었으며 보수주의자 · 군국주의자로서 1938년 이래 저항운동에 참가하고 1944년 7월 20일 사건 다음 날에 체포되어 1945년 2월 2일 베를린의 블레젠제 감옥에서 처형되었다. 슈미트의 베를린 대학 동료이며 절친한 친구였다. 문헌 L.-A. Bentin, Johannes Popitz und Carl Schmitt, 1972.

Porphyrius(232/3-305?) 그리스의 철학자. 플로티노스의 제자. 신플라톤주의의 입장에서 기독교를 비판했는데 그의 저작은 기독교도에게 널리 읽혔다. 기독교의 '아버지'와 플로티노스의 '1자'를 동일시하는 사상 등은 그에게서 유래한다.

Preuschen, Erwin(1867-1920) 독일의 프로테스탄트 신학자. 교회사학자.

Preuß, Else(1860-1948) 후고 프로이스의 부인. 과학자 카를 리버만(Carl Liebermann, 1842-1924)의 딸. 화가 막스 리버만(1847-1935)의 조카. 1939년 프랑스로 망명.

Preuß, Hugo(1860-1925) 바이마르 헌법의 기초자. 베를린에서 유태인 부호의 아들로 출생. 일찍부터 비스마르크의 국내정치에 반대하는 진영에 가담하여 사회민주주의자와 공동하는 자유주의적 입장을 취했다. 교수자격논문 『자치체 · 국가 · 라이히』(Gemeinde, Staat, Reich, 1889)는 라반트 등의 지배적인 학설을 비판하고 단체이론을 기초로 국가를 재구성하려고 시도하였다. 유태인이었기 때문에 사강사의 지위에 머물렀고 1906년에야 비로소 베를린상과대학의 교수가 된다. 지방의회의원을 지내고 제국의회에는 진출하지 못했다. 그는 바이마르 혁명을 '국민국가냐 관헌국가냐' 하는 선택의 문제로서 지지하였다. 1919년 2월 에버트(Ebert) 대통령에 의해서 초대 내무장관에 임명되었으나 베르사유조약에 항의하고 사직한다. 카를 슈미트는 그의 후임으로 베를린상과대학에 취임한다. 저서 Verfassungspolitische Entwicklung in Deutschland und Westeuropa, 1927; Staat, Recht und Freiheit, 1926; Hugo Preuss Gesammelte Schriften, 5 Bde., Tübingen: Mohr 2007/2010. 문헌 Gunther Gillessen, Hugo Preuß. Studien zur Ideen-und Verfassungsgeschichte der Weimarer Republik, Berlin: Duncker & Humblot 2000; 『후고 프로이스』(김효전 옮김, 『정치신학외』, 법문사, 125-154쪽).

Preuß, Ulrich K.(1939-) 1971년 이후 브레멘대학 공법 및 행정학 교수. 1970년부터 1976년까지 베를린과 브레멘에서 변호사 개업. 저서 Zum staatsrechtlichen Begriff des Öffentlichen, 1969; Legalität und Pluralismus, 1973; Revolution, Fortschritt und Verfassung, 1990 등.

Prévost-Paradol, Lucien Anatole(1829-1870) 프랑스의 저널리스트, 비평가. 고등사범학교(Ecolc normalc) 이래 테느의 친구로 영국식 입헌체제를 지지하고 제2 제정하에 의회주의의 부활에 공헌한 헌정론자. 나폴레옹 3세의 비판자. 주워싱턴공사. 워싱턴에서 권총 자살. 저서 『새로운 프랑스』(La France nouvelle, 1868).

Prigogine, Ilya(1917-2003) 프랑스의 철학자. 저서 『확실성의 종말』(이덕환 옮김, 사이언스북스, 1997); 『혼돈으로부터의 질서』(신국조 옮김, 자유아카데미. 2011) 등.

Pringsheim, Fritz(1882-1967) 법사학자.

Proudhon, Pierre Joseph, 1809-1865) 프랑스의 무정부주의적 사상가. '연합주의'를 제창. 저서 『소유란 무엇인가』(Qu'est-ce que la propriété? 1861; 이용재 옮김, 아카넷, 2003; 박영환 역, 형설출판사, 1989)에서 '소유란 절도'라고 주장. 마르크스의 『철학의 빈곤』의 공격 대상.

Przywara, Erich(1889-1972) 폴란드 태생의 독일 가톨릭 신학자. 제수이트. 저서 『뉴먼 종교체계』. 가톨릭계의 잡지 『Stimmen der Zeit』의 편집자. analogia entis의 개념을 둘러싸고 카를 바르트(Karl Barth, 1886-1968)와 논쟁했다.

Pufendorf, Samuel von(1632-1694) 독일의 법사상가, 국제법학자.

Pyotr I(1672-1725) 러시아 황제. 근대화 · 전승에 의한 영토확장 · 시베리아 정복 등으로 '대제'라고 불린다.

Pythagoras(ca. 582-ca. 493) 그리스의 철학자, 종교가. 우주의 기하학적 질서와 영혼의 윤회를 설파하는 피타고라스 교단의 시조. 우주를 수학적 조화의 세계로서 묘사하고 영혼윤회설을 제창하여 플라톤에게 영향을 미쳤다.

Quintilianus, Marcus Fabius(35?-96?) 고대 로마의 작가이자 교육자.

Raczynski, Athanasius Conte di(1788-1874) 포젠(현 폴란드령 포즈난) 태생의 독일 외교관, 미술사가. 포르투갈 미술을 연구.

Radbruch, Gustav(1878-1949) 독일 법철학자. 형법학자. 1903년 하이델베르크대학에서 교수자격 취득. 1914년 쾨니히스베르크대학 교수. 1916-1918년 제1차 대전 참전. 1919년부터 킬대학 교수. 1921-1923년 법무장관. 1926년 하이델베르크대학 교수. 1933년 '그의 인격과 종래의 정치활동에 비추어' 새로운 나치국가에 대한 충성의 보증이 없다고 하여 해직된다. 전후 1945년 하이델베르크대학에 복귀하여 재건에 힘쓴다. 저서 『법철학』(최종고 역, 삼영사,

1973).

Ranke, Leopold von(1795-1886) 독일의 역사가. 그는 국가들의 흥망성쇠를 논하는 정치사이며, 국가의 세력관계의 추이를 도덕적 에너지 관념을 중심으로 파악한다. 문헌 마이네케, 차하순 역, 『랑케와 부르크하르트』, 규장문화사, 1979; 이상신 옮김, 『강대세력들 · 정치대담 · 자서전』, 신서원, 2014.

Rathenau, Walter(1867-1922). 독일의 실업가, 사상가, 정치가. 전기회사 사장 에밀 라테나우(Emile Rathenau, 1838-1915)의 아들로 회사를 승계. 제1차 대전 중 국가총동원체제를 입안하고 실시. 제1차 대전 후 부흥장관, 외무장관 역임. 바이마르 공화국 초기에 외무장관으로서 이행정책을 수행하여 극우파에게 암살되었다. 자본주의와 사회주의의 협조, 계획경제를 주장하여 극우 대자본가로부터 공격을 받았다. 시인 하우프트만(Gerhard Hauptmann, 1862-1946)과 친하며 문필가로서도 알려짐. 저서 『시대비판』, 『새로운 사회』 등.

Rauschning, Hermann(1887-1982) 독일의 저술가, 음악사가. 한때 나치에 관여했으나 영불을 거쳐 미국에 망명. 저서 『히틀러와의 대화』, 『니힐리즘 혁명』.

Redeker, Robert(1954-) 철학자. 이슬람을 비판하여 암살의 위협을 받고 잠복 중.

Redslob, Robert(1882-1962) 독일에서 프랑스로 이주한 국법학자. 스트라스부르대학 교수로서 제1차 대전 중 친불적 태도를 취하고, 전후 프랑스령이 되자 스트라스부르대학 교수가 된다. 행정권과 입법권 간의 균형의 존부를 기준으로 '진정한 의원내각제'와 '부진정한 의원내각제'로 구별. 저서 『의원정부제』(Die parlamentarische Regierung in ihrer wahren und in ihrer unechten Form, 1918; 불어판 1924); 『국제법론』, 『국제연맹론』 등.

Rehm, Hermann(1862-1917) 슈미트의 스트라스부르대학 은사. 저서 『일반 국가학』(1899).

Reland, Adrian(1676-1718) 네덜란드의 오리엔트 학자. 유트레히트대학 교수. 기독교도로서 유태교, 이슬람교 등을 연구했다. 1715년 일본 지도를 간행.

Rembrandt, Harmenszoon van Rijn(1606-1669) 네덜란드의 화가.

Renan, Joseph Ernest(1823-1892) 프랑스의 종교학자. 동양학자. 성직자가 되려고 신학교에 들어갔으나 3년 만에 퇴학하고 19세기의 합리주의의 영향 아래 중근동의 고대사를 연구. 『예수의 생애』(1863)는 예수를 인간적인 무정부주의자로서 묘사하여 논쟁을 불러일으켰다. 저서 『예수의 생애』(최명관 역, 훈복문화사, 2003); 『민족이란 무엇인가?』(1882; 신행선 옮김, 책세상, 2003),

82쪽의 「매일 매일의 인민투표」 참조.

Renard, Georges(1876 1943) 프랑스의 법시상가. 토머스주의를 거점으로 하여 '제도이론'을 주장. 저서 『제도의 이론』(1930).

Rendtorff, Trutz(1931-) 독일의 프로테스탄트 신학자. 루터파 성직자의 가계에서 조부 프란츠(Franz, 1860-1937), 부친 하인리히(Heinrich, 1888-1960), 형 롤프(Rolf, 1925-) 모두 저명한 신학자. 뮌헨대학 교수. 저서 『혁명의 신학』(1968) 등.

Renner, Karl(1870-1950) 오스트리아의 마르크스주의 법이론가이며 정치가. 제1차 대전 후 수상, 제2차 대전 후 대통령 역임. 저서 『사법제도의 사회적 기능』(정동호 · 신영호 옮김, 세창출판사, 2011).

Rials, Stéphane(1951-) 현대 프랑스의 정치철학자, 공법학자.

Ribbentrop, Joachim von(1893-1946) 청년시대를 캐나다에서 보냄. 나치정권의 주런던대사. 외무장관. 전시에는 나치점령 하의 정권들에게 유태인의 강제수용소 이송을 강요했다. 뉘른베르크재판에서 사형되다.

Ricardo, David(1772-1823) 영국의 고전경제학자. 저서 『경제학 및 조세원리』(최호진 감역, 보문각, 1959).

Richelieu, Armand-Jean de Plessis(1585-1642) 프랑스의 정치가. 신학교를 나와 사제에서 추기경이 된 후 루이 13세(1601-1643) 하에서 권력을 장악, 절대주의체제를 확립한다. 뒤마(Alexandre Dumas, 1802-1870)의 『삼총사』(1844)에서는 악역으로 묘사하지만 아카데미 프랑세즈의 설립 등 문화면에서의 업적도 있다.

Richter, Eugen(1838-1906) 독일의 정치인. 1867년 이래 국회의원으로서 활약하고 1885년에는 자유주의 신문을 창간하여 주필을 역임했다.

Rickert, Heinrich(1863-1936) 독일의 철학자. 서남독일학파의 신칸트주의자. 하이델베르크대학 교수. 저서 『문화과학과 자연과학』(1898; 이상엽 옮김, 책세상, 2004; 윤명로 역, 삼성문화문고, 1973) 등.

Ridder, Helmut(1919-2007) 독일의 국법학자. 슈미트 비판가. 서독의 평화운동을 추진하던 대표적 인물의 한 사람. 1947년 학위 취득. 1950년 뮌스터대학에서 교수자격 취득. 1952년 프랑크푸르트대학 교수, 1965년부터 기센대학 교수 역임. 저서 『독일공산당금지의 절박한 법적 문제』(1960); 『기본법의 사회질서』(1975) 등.

Riemer, Friedrich Wilhelm(1774-1845) 독일의 언어학자, 문학자. 훔볼트, 괴테 아들의 가정교사. 괴테의 조수를 역임하고 그의 사후에 전집 출판에 협력.

Rilke, Rainer Maria(1875-1926) 독일의 시인.

Rimbaud, Arthur(1854-1891) 프랑스의 시인.

Ritter, Gerhard(1888-1967) 독일의 사상사가. 니콜로 쿠자누스, 아우구스티누스, 헤겔 등을 연구.

Ritter, Henning(1943-) 기자.

Ritter, Joachim(1903-1974) 독일의 실존주의 철학자. 1932년 함부르크대학에서 교수자격 취득. 1943년 킬, 1946년 이후 뮌스터대학 교수 역임. 저서 아리스토텔레스와 헤겔의 연구가로서 유명. 저서 Docta ignorantia, 1927; 『헤겔과 프랑스혁명』(김재현 옮김, 한울, 1983).

Ritterbusch, Paul(1900-1945) 나치스 법률가. 킬대학 교수. 1940-1945년 교육부에서 학문을 전쟁에 동원하는 '리터부슈 작전'의 지도자.

Rivaroli, Antoine Comte de(1753-1801) 이탈리아계 프랑스의 저널리스트. 슈미트, 『파르티잔』, 165쪽.

Rocco, Alfredo(1875-1935) 이탈리아의 정치가, 법학자. 무솔리니의 법적 조언자로 형법전 기초에 중요한 역할을 담당. 저서 『자유주의국가에서 파시즘국가로』.

Röhm, Ernst(1887-1934) 나치스 정치인. 나치 돌격대(Sturmabteilung=SA) 대장. 주도권 다툼의 권력투쟁 중에서 1934년 6월 30일부터 7월 2일까지 '반란' 혐의로 약 200명의 SA 대원과 함께 살해되었다.

Rohan, Karl Anton Prinz(1898-1975) 기자.

Rohmer, Friedrich(1814-1856) 독일의 정치가. 프로테스탄트 종교사상가. 자유보수파에 속한다. 저서 『제4계급과 군주제』 등.

Rohrmoser, Günter(1927-) 독일의 우익 정치사상가. 저서 『기독교 없이 유럽은 존재가능한가』, 『비판이론의 빈곤』(Das Elend der kritischen Theorie, Adorno/Marcuse/Habermas, 1970) 등.

Romano, Santi(1875-1947) 이탈리아의 공법학자. 공법학자이며 정치가인 올란도(V. E. Orlando, 1860-1952)의 제자로 팔레르모(Palermo)대학 강사로 시작하여 모데나(Modena), 피사, 밀라노, 로마대학 교수 역임. 1928-1944년까지는 최고행정재판소(Consiglio di Stato) 소장. 제도이론의 제창자. 저서 『법질서』, 『헌법강의』, 『행정법강의』 등. 문헌 Roman Schnur(Hrsg.), Die Rechtsordnung, Berlin: Duncker & Humblot 1975.

Röhmer, Hans 독일의 중남미 전문가.

Rommen, Heinrich(1897-1967) 슈미트의 본대학 청강생. 저서 『자연법의 영원회귀』.

Roosevelt, Franklin Delano(1882-1945) 미국의 대통령(재임 1933-1945).

Roscher, Wilhelm(1817-94) 독일의 경제학자. 역사학파의 대표자의 1인.

Rosenbaum, Eduard(1887-1979) 슈미트 대학 동창. 1933년까지 친교. 독일의 경제학자. 저서 『베르사유조약』, 『라살레』 등.

Rosenberg, Alfred(1893-1946) 나치스 이론가. 저서 『20세기의 신화』(1930)는 합리주의를 배격하고 독일민족의 우수성을 강조한 것으로 백만 부 이상 팔렸다고 한다. 1946년 '인종증오의 원작자'로서 뉘른베르크 국제 군사재판에서 사형 선고를 받고 처형되었다.

Rosenkreuz, Christian(1378-1484) '장미십자단'의 전설적인 창시자. 이집트, 모로코 등을 방문하여 비교(秘敎)를 체득하고 독일로 돌아와 이 결사를 창조하였다고 한다.

Rosenstock-Huessy, Eugen(1880-1973) 독일의 역사가, 정치학자.

Rosin, Heinrich(1855-1927) 독일의 국법학자. 저서 『일반 국가학 강요』(1897).

Rossini, Gioacchino(1792-1868) 이탈리아의 가극작가. 작품 『도둑까치』.

Rosskopf, Veit(1898-1976) 저널리스트.

Roth, Christian(1873-1934) 독일의 법률가, 정치인. 슈미트의 뮌헨 상관.

Rothenbücher, Karl(1880-1932) 뮌헨의 법률가.

Rothfels, Hans(1891-1976) 독일의 역사가. 제1차 대전에서 한쪽 다리를 잃는다. 나치정권에 의해서 쾨니히스베르크대학 교수직에서 파면되고 미국으로 망명. 시카고대학 교수가 된다. 전후 독일로 돌아와 튀빙겐대학 교수가 된다. 저서 『클라우제비츠론』, 『제3제국에의 저항』 등.

Rothfels, Mayer Amschel(1744-1812) 프랑크푸르트의 금융업자. 유럽의 권력자들과 거래관계를 가지고 발전의 계기로 삼았다.

Rottleutner, Hubert(1944-) 독일의 법이론가. 베를린자유대학 교수.

Rousseau, Jean-Jacque(1712-1778) 스위스 제네바 출생의 프랑스 작가이며 계몽사상가. 『인간불평등기원론』, 『사회계약론』 등으로 민주주의이론을 창도하여 대혁명의 선구를 이루었다. 문헌: 『사회계약론연구: 홉스 · 로크 · 루소를 중심으로』(조긍호 · 강정인, 서강대출판부, 2012); 『장 자크 루소 투명성과 장애물』(장 스타로방스키 지음, 이충훈 옮김, 아카넷, 2012) 등.

Rousselle, William Gueydan de(1908-1997) 프랑스의 법학자. 슈미트 제자. 『합법성과 정당성』을 불어로 번역.

Ruffini, Francesco(1863-1934) 이탈리아의 정치가. 법학자. 토리노대학 교수(교회법 · 이탈리아법사). 1916-1917년 문교장관. 1931년 파시즘에 충성을 거부. 저서 『종교의 자유』.

Rühlmann, Paul(1875-1933) 독일의 정치평론가. 근현대사와 시사문제에 대해서 많은 우국적 저술이 있다.

Rümelin, Max(1861-1931) 독일의 법학자. 이익법학의 대표자. 본대학의 에른스트 치텔만(Ernst Zitelmann)의 지도로 교수자격 논문 작성. 1889년 할레대학 조교수. 1895년 튀빙겐대학 교수 및 사무총장 역임. 일찍부터 예링의 목적법학에 친근감을 가지고 판덱텐 법학의 개념법학적 구성에 비판적이었다.

Russel, Francis, 5th Duke of Bedford(1765-1802) 영국의 정치가.

Rüthers, Bernd(1930-) 노동법학자. 법철학자. 카를 슈미트 연구가. 콘스탄츠대학 교수. 1967년 뮌스터대학에서 교수자격논문 『무제한의 해석: 나치즘에서의 사법질서의 변천』 통과. 1968년 발간. 1968년부터 베를린자유대학 교수. 그 후 콘스탄츠로 이동. 저서 『헌법의 시대적 변천 속에서의 제도적 법사상』(1969); 『민법총칙』(3판, 1980) 등.

Rumpf, Helmut(1915-1988) 슈미트의 베를린대학 제자. 외교관. 미국 하버드대학에서 정치학 석사를 받은 뒤 베를린대학에서 법학박사 학위 취득. 1950년 다시 하이델베르크대학에서 발터 옐리네크의 지도로 교수자격논문 통과. 루르의 보훔대학 명예교수. 저서 Regierungsakte im Rechtsstaat, 1955; Carl Schmitt und Thomas Hobbes, 1972.

Ruttke, Falk(1894-1955) 나치스인종개량정책, 유전병환자의 단종정책의 추진자.

Saint-Beuve, Charles Augustin(1804-1869) 프랑스의 문예비평가. 작가. 저서 『나의 독』, 『육욕』.

Saint-Simon, Claude Henri de Rouvroy, Comte de(1760-1825). 프랑스의 사회사상가. 백작. 종교를 중요시하고 산업인이 지배하는 사회를 이상으로 여긴다. 마르크스에 의해서 공상적 사회주의자라고 비판을 받았다. 제자인 바자르(S.-E. Bazard, 1791-1832), 앙팡탱(B. P. Enfantin, 1796-1864) 등이 생시몽주의를 형성하고 콩트에게도 영향을 미쳤다. 저서로는 『생시몽 회고록』, 『루이 14세와 베르사유 궁정』(이영림 옮김, 나남, 2009); 『유럽사회의 재조직에 대하여』(1814); 『산업체제에 대해서』(1821); 『산업자의 교리문답』(1823-1824); 『새로운 기독교』(1825) 등.

Salan, Raoul Albin Louis(1899-1984) 프랑스의 장군, 정치가. 슈미트, 『파르티잔』, 166쪽.

Saleilles, Raymond(1865-1912) 프랑스의 법학자. 비교법학의 선구자. '형벌의 개별화'를 주장. 저서 『의사표시』, 『법인』 등.

Salin, Edgar(1892-1974) 독일, 스위스의 경제학자, 사회학자. 역사학파에 속하며 리스트 전집의 간행에 협력. 사상사적인 업적도 많다. 슈미트의 초기 지인. 스위스 바젤대학 교수. 러일전쟁에서 일본에 차관을 제공한 쉬프(Jacob H. Schiff, 1847-1920)의 조카. 저서 Platon und die griechische Utopie, 1921; Civitas dei, 1929; Jacob Burckhardt und Nietzsche, 1938; Um Stefan George, 1948; 『경제학사의 기초지식』 등.

Salomon-Delatour, Gottfried(1892-1964) 사회학자. 뮌헨의 지인.

Salomon, Ernst von(1902-1972) 저술가.

Salomon, Richard(1884-1966) 중세사학자. 비잔틴 전문가. 1933년 함부르크대학 교수직에서 파면되어 도미. 펜실베이니아대학 교수 등 역임.

Sander, Fritz(1889-1939) 법철학자. 공법학자. 빈대학에서 켈젠에게 배우지만 법과 법학의 관계를 둘러싸고 켈젠과 논쟁. 프라하 독일인대학 교수. 반유태주의운동 중 자살. 저서 『국가와 법』(1922).

Sanders, Hans-Dietrich(1928-) 민족주의 기자.

Sanderson, Robert(1587-1663) 영국교회의 성직자.

Sarpi, Paolo(1552-1623) 이탈리아의 신학자, 성직자. 베네치아인. 수도회의 Ordo Servorum의 수도사. 교황청과 베네치아시가 대립했을 때 교황의 세속권력에 반대해서 베네치아를 지지했다. 저서 『트리엔트 공회사』(1619)를 저술.

Sauer, Ella Carola/Lolo, verh. Braune(1895-1979) 여의사. 본 시절의 연인.

Sauer, Joseph(1872-1949) 독일의 가톨릭 신학자. 미술사가.

Saussure, Ferdinand de(1857-1913) 프랑스의 언어학자. 저서 『일반 언어학 강의』

(최승언 옮김, 민음사, 1996, 2006).

Savigny, Friedrich Carl von(1779-1861) 독일 근대 사법학의 확립자. 로마법학자. 베를린대학 교수. 역사학파의 시조. 티보(Anton Friedrich Justus Thibaut, 1772-1840)가 제창한 민법전편찬론에 반대하고 그 주장을 배척. 저서 『점유권론』(1803); 『입법과 법학에 대한 현대의 사명』(1814); 『현대로마법체계』(전8권, 1840-1849) 등.

Scelle, Georges(1878-1961) 프랑스의 국제법학자. 국제중재재판소 판사.

Schäfer, Wilhelm(1868-1952) 기자.

Schäffle, Albert(1831-1903) 독일 오스트리아의 사회학자. 경제학자. 독일관념론과 진화론을 결합한 사회철학을 설파하고 사회주의를 미래의 체제라고 생각했다. 저서 『사회주의의 본질』 등.

Schaffstein, Friedrich(1905-2001) 독일의 형법학자. 나치법학자단의 활동가. 전후 괴팅겐대학 교수.

Scheffer, Paul(1883-1963) 저널리스트.

Scheibe, Siegfried 독일의 문학사가. 포르스터(Georg Forster, 1754-1794)의 저작집 편찬자로서 알려짐.

Scheibe, Siegfried(1916-1945) 제2차 대전 중 돌격대(SS)의 대대장(Sturmbannführer) 및 돌격대 의용군 사령관.

Scheiber, Peter(1915-1995) 역사가.

Scheler, Max(1874-1928) 독일의 철학자. 지식사회학자. 루돌프 오이켄(Rudolf Eucken, 1846-1926)에게 철학을 배웠는데 후설의 영향을 받아 칸트주의의 형식적 윤리학에 반대하여 실질적 가치의 윤리학을 제창. 또한 만하임과 함께 지식사회학의 선구자가 된다. 유태계였으나 가톨릭으로 개종했다. 저서 『우주에서 인간의 지위』(진교훈 옮김, 아카넷, 2001; 김종헌 역, 울산대출판부, 2002); 『철학적 세계관』(박영문고, 1976) 등.

Schelling, Friedrich Wilhelm Joseph(1775-1854) 독일의 관념론 철학자. 저서 『인간 자유의 본질』(한자경 옮김, 서광사, 1998); 『자연철학의 이념』(한자경 옮김, 서광사, 1999) 등.

Schelsky, Helmut(1912-1984): 독일의 사회학자. 홉스 연구가. 함부르크와 빌레펠트 대학을 거쳐 1973년부터 뮌스터 대학 교수. 저서 『대학의 고독과 자유』, 『산업사회의 학교와 교육』 기타 Rückblicke 'Anti- Soziologen', Opladen 1981;

Politik und Publizität, Stuttgart 1983. 문헌: Recht und Institution. Helmut-Schelsky-Gedächtnis-symposion Münster 1985. Hrsg. v. d. Rechtwiss. Fak. d. Univ. Münster, Berlin: Duncker & Humblot 1985; Helmuth Schelsky - ein Soziologe in der Bundesrepublik. Eine Gedächtnisschrift von Freunden, Kollegen und Schülern. Hrsg. v. Horst Baier, Stuttgart: Enke 1986.

Schelz, Sepp(1917-1986) 저널리스트.

Scheuner, Ulrich(1903-1981) 독일의 국법학자. 베를린 시절 지인. 뒤셀도르프 출생. 1925년 뮌스터대학에서 박사학위 취득, 1933년 예나, 1940년 괴팅겐, 1950년 본대학 교수 및 명예교수 역임. 저서 Schriften zum Staatskirchenrecht, 1973; Staatstheorie und Staatsrecht, 1978; Schriften zum Völkerrecht, 1984.

Schickel, Joachim(1924-2002) 저널리스트.

Schieder, Theodor(1908-1984) 역사가.

Schiffer, Eugen(1860-1954) 라이히 법무장관.

Schiller, Johann Christoph Friedrich von(1759-1805) 독일의 시인.

Schindler, Dietrich(1890-1948) 스위스의 헌법 및 국법학자. 1921년 취리히대학 사강사. 1936년 이래 정교수.

Schirach, Baldur von(1907-1974) 히틀러 유겐트 지도자. 어머니는 미국인. 10대에 나치 입당. 1932년 최연소 국회의원. 1933년 히틀러 유겐트 총재. 나치를 찬미하는 노래 가사를 작사. 1941년 빈에서 유태인 이송. 1943년 동구인 · 유태인의 대우에 대해서 히틀러에 비판적이 되고 영향력을 상실한다. 뉘른베르크재판에서 유태인 이송에 관하여 '인도에 반한 죄'로 20년 금고형을 선고받고 복역.

Schirmer, Walter Franz(1888-1984) 독일의 영국문학사 연구자.

Schlaf, Johannes(1862-1941) 독일의 극작가. 휘트먼(Walt Whitman, 1819-1892)이나 졸라(Emile Zola, 1840-1902)의 번역자.

Schlegel, August Wilhelm von(1767-1845) 독일 낭만파의 대표자.

Schlegel, Friedrich von(1772-1829) 독일의 문학사가.

Schlegelberger, Franz(1876-1970) 라이히 법무부의 국무장관.

Schleicher, Kurt von(1882-1934) 독일 라이히 국방장관, 라이히 수상. 바이마르 말기 힌덴부르크 대통령을 조종하여 권력을 휘둘렀으나 룀 사건으로 살해된다.

Schleiermacher, Friedrich Ernst Daniel(1768-1834) 독일의 프로테스탄트계 종교 사상가. 베를린대학 신학 및 철학 교수. 종교의 본질을 '절대의존의 감정'에서 구했다. 저서 『종교론 - 종교를 멸시하는 교양인을 위한 강연』(1799; 최신한 옮김, 한들, 1997); 『성탄 축제』(1806; 최신한 옮김, 문학사상사, 2001) 등. 문헌: 『슐라이어마허의 해석학』(강돈구 지음, 이학사, 2000); Miriam Rose, Schleichermachers Staatslehre, Tübingen: Mohr 2011.

Schmid, Carlo(1896-1979) 국제법학자이며 독일사회민주당(SPD)의 정치인.

Schmitt, Anna Margarete(1902-1954) 슈미트의 여동생. 피아노 교사.

Schmitt, Anima Louise(1931-1983) 슈미트의 외동딸. 번역가. 스페인 법학자 알폰소 오테로 발레라(Alfonso Otero Valera, 1925-2001)와 1957년 산티아고데 콤포스텔라에서 결혼, 1983년 6월 17일 그곳에서 사망. 네 자녀를 두었다. 릴리안 윈스탠리(Lilian Winstanley)의 『메어리 스튜워트의 아들 햄릿』을 번역했다.

Schmitt, Auguste/Üssi(1891-1992) 슈미트 여동생. 교사.

Schmitt, Dušanka/Duška(1903-1950) 결혼 전 성 Todorović. 슈미트의 두 번째 부인.

Schmitt, Ernst(1880-1919) 첫 번째 결혼에서 태어난 이부모(異父母) 형제. 도살업자.

Schmitt, Johann(1853-1945) 슈미트의 아버지. 회사의 경리(Buchhalter)였다고 한다.

Schmitt, Joseph/Jupp(1893-1970) 슈미트 동생. 의사.

Schmitt, Louise/Luise(1863-1943) 슈미트의 어머니. 결혼 전 성 Steinlein.

Schmitt, Maria(1850-1882) 결혼 전 성 Rehse. 슈미트 아버지의 첫 번째 부인.

Schmitt, Otto(1890-1951) 미술사학자. 스트라스부르대학 교수. 『미술사사전』(1937) 편찬.

Schmitt, Pauline(1883-1968) 결혼 전 공식명 Dorotič. 슈미트의 첫 번째 부인.

Schmitz, Arnold(1893-1980) 음악학자. 슈미트의 일생 동안 절친한 친구.

Schmoller, Gustav(1838-1917) 역사학파의 경제학자.

Schmoller, Gustav von(1907-1991) 베를린 시절 조교 및 박사과정생. 외교관.

Schneider, Hans(1912-) 슈미트의 베를린대학 제자. 국법학자.

Schneider, Peter(1920-2002) 스위스 출신의 공법학자. 마인츠대학 교수. 저서

『비상사태와 규범』(1957).

Schnitzler, Georg von(1884-1962) 슈미트의 종사령부에서의 동료.

Schnitzler, Lilly von(1889-1981) Georg의 부인. 슈미트가 일생 신뢰한 사람.

Schnur, Roman(1927-1996) 국법학자. 슈미트의 전후 제자. 하이델베르크대학 교수 역임. 편집 『인권선언사』(Zur Geschichte der Erklärung der Menschenrechte, 1964). 저작목록 R. Morsey u. a.(Hrsg.), Staat, Politik, Verwaltung in Europa. Gedächtnisschrift für Roman Schnur, Berlin: Duncker & Humblot 1997, S. 353-363. 문헌 Dirk van Laak, Gespräche in der Sicherheit des Schweigens, 1993. S. 281-288.

Schoeps, Hans-Joachim(1909-1980) 종교사상가. 유태계의 가정에서 태어났으나 프로이센 정신을 찬미하고 1933년에는 동방 유태인과 독일 유태인을 구별하고, 후자는 나치스와 양립한다고 주장했다. 스웨덴에 망명. 양친은 강제수용소에서 사망. 전후 에어랑겐대학 교수. 유태교를 기독교에 접근시키는 교의를 설파. 저서 『현대의 유태교』(Jüdischer Glaube in dieser Zeit, 1932); Das war Preußen, 1955 등.

Schöllgen, Werner(1893-1985) 독일의 가톨릭계 윤리학자. 사회철학자. 본대학 교수. 저서 Ohne mich, ohne uns? 외에 Festschrift für W. Schöllgen, Düsseldorf 1964 등.

Schomerus, Hans(1903-1969) 신학자. Stapel-Kreis.

Schönfeld, Walther(1888-1958) 독일의 법철학자. 튀빙겐대학 교수. 나치 전기에는 나치법철학자로서 활약. 나중에는 소원했다고 한다. 저서 『법질서의 논리적 구조』(1927); 『법학의 기초이론』(1951).

Schopenhauer, Arthur(1788-1860) 염세주의 철학자. 저서 『의지와 표상으로서의 세계』(홍성광 옮김, 을유문화사, 2009).

Schramm, Percy Ernst(1894-1970) 독일의 중세 · 근세사가. 괴팅겐대학 교수. 1939년 나치 입당. 전후 대학에서 파면.

Schranz, Franz(1894-1961) 의사.

Schreuer, Hans(1866-1931) 슈미트의 본대학 동료.

Schroer, Hermann(1900-1958) 독일의 유태법연구가.

Schroers, Rolf(1919-1981) 독일의 저널리스트, 문필가. 리버럴한 정치적 입장에서 50년대 후반에는 반핵운동 참여. 60년대에는 비상사태법안에 반대하는 운동에 참여. 법안을 반대하는 자유민주당(FDP)으로 두 번 연방의회의원에 입후보. 1965년 FDP의 기관지 『리버럴』 편집장. 1968년 이후 사망 시까지 프리드리히 나우만재단의 테오도어 호이스 아카데미 소장으로 근무. 저서 Der Partisan, 1961; Meine deutsche Frage, 1979. 문헌 슈미트 『파르티잔』, 36쪽; D. van Laak, Gespräche in der Sicherheit des Schweigens, S. 251-255; Hansen/Lietzmann (Hrsg.), Carl Schmitt und die Liberalismuskritik, S. 141-153; Noack, S. 288.

Schücking, Walther Adrian(1875-1935) 독일의 국제법학자. 평화주의자로서 베베르크(Hans Wehberg)와 협력. 마부르크, 킬대학 교수. 국제사법재판소 판사.

Schüle, Adolf(1901-1967) 법률가.

Schultz, Fritz(1871-1957) 슈미트의 본과 베를린에서의 동료.

Schultze-Delitzsch, Hermann Franz(1808-1883) 독일의 사회운동가, 정치가, 경제학자. 협동조합을 조직화하여 노동자를 혁명투쟁에서 눈을 돌리게 하려고 하였다.

Schulze-Gävernitz, Hermann Johann Friedrich von(1824-1888) 독일의 공법학자. 하이델베르크대학 교수. 저서 『국권론』.

Schulze-Thulin, Werner(1911-1990) 슈미트의 베를린에서의 조교.

Schultes, Karl. 구 동독의 법학자. 저서 「파시즘에 있어서의 헌법사상의 몰락」, 김효전 편역, 『칼 슈미트 연구』, 67-104쪽 수록.

Schumpeter, Joseph Alois(1883-1950) 오스트리아 출신의 경제학자. 슈미트의 본대학 동료. 1919년 재무장관. 1935년 미국으로 망명. 하버드대학 교수. 저서 『자본주의 · 사회주의 · 민주주의』(변상진 옮김, 한길사, 2011); 『경제학의 역사와 방법』(성낙선 옮김, 한신대출판부, 2007); 『경제발전의 이론』(박영호 옮김, 박영사, 2005).

Schwab, George David(1931-) 미국의 역사학자. 뉴욕 시립대학 교수 역임. 슈미트 연구서인 The Challenge of the Exception, 1970이 있다. 슈미트의 80세 기념논문집 『에피로시스』에 논문 「Enemy냐 Foe냐? 근대 정치의 한 갈등」(Enemy oder Foe: Der Konflikt der modernen Politik, in: Epirrhosis. Festgabe für Carl Schmitt, Berlin: Duncker & Humblot 1968, S. 665-682)를 기고. 영문은 Enemy or Foe: A Conflict of Modern Politics, in: Telos 72(Summer 1987), pp. 194-201.

Schweinichen, Otto von(1911-1938) 독일의 공법학자. 엠게(Emge)의 조교. 슈미트의 베를린 제자. 나치시대에 활약.

Schwerin, Claudius, Freiherr von(1880-1944) 독일의 게르만법사학자. 나치시대 뮌헨대학 교수.

Seebaß, Friedrich(1887-1963) 독일의 문예사가. 횔덜린, 뫼리케(Eduard Mörike, 1804-1875), 슈티프터(Adalbert Stifter, 1805-1868) 등의 연구가.

Seeberg, Reinhold(1859-1935) 독일의 루터파 신학자. 베를린대학 교수.

Seeler, Wilhelm von(1861-1925) 법학자. 슈미트의 베를린대학 은사.

Seewald, Richard(1889-1976) 화가.

Seifert, Jürgen(1928-2005) 리터 서클(Ritter-Kreis). 문헌 Dirk van Laak, Gespräche in der Sicherheit des Schweigens, S. 288-293.

Seignobos, Charles(1854-1942) 프랑스의 역사가. 소르본대학 교수.

Seillière, Erneste(1866-1955) 프랑스의 비평가. 아카데미 회원. 과격한 반낭만주의로 유명. 젊은 날 독일에 유학. 독일 낭만주의, 니체, 사회주의, 제국주의 등에 관심을 가지고 개명적 입장에서 이를 논평했다.

Sellner, Gustav(1905-1990) 극장 감독.

Seneca, Lucius Annaeus(4 B.C.-65) 로마의 철학자. 극작가. 네로 황제의 스승이었으나 대립하여 자살.

Seston, William(1900-1983) 프랑스의 고대사학자. 파리대학 로마사 교수. 저서 Dioclétien et la tétrarchie, 1946; Le Droit au service de l'impérialisme romain, 1976.

Seuffert, Lothar Ritter von(1840-1920) 슈미트의 뮌헨대학 은사.

Severing, Carl(1875-1952) 독일의 사회민주당 정치가. 뮐러내각의 내무장관. 1932년 중앙정부로부터 프로이센 내무장관의 지위가 파면됨.

Seydel, Max Ritter von(1846-1901) 독일 바이에른의 공법학자. 뮌헨대학 교수 역임. 연방국가의 개념에 관한 연구로 유명. 독일 통일 후에도 바이에른은 주권국가라고 주장했다. 저서 『일반 국가학 강요』(1873).

Shaftsbury, Anthony Ashey Cooper, Earl of(1671-1713) 영국의 철학자. 윤리학자. 섭리신앙과 인간의 도덕감각설을 접합한 윤리학설을 제창.

Shakespeare, William(ca. 1564-1616) 영국의 작가이며 시인. 대표작으로는 『오셀로』, 『햄릿』. 카를 슈미트는 셰익스피어의 『햄릿』을 소재로 '비극성의 원천'

을 파헤치려고 『햄릿이냐 헤쿠바냐』를 저술했다. 햄릿의 마지막 대사는 "The rest is silence"다. 이 문장은 여러 가지로 번역되지만 "나머지는 침묵"이다. 슈미트는 전후 '침묵의 저항은 가능하다'고 하였고, 또 이 『햄릿이냐 헤쿠바냐』의 저술동기도 시대 상황 속에서 운명의 장난이라고 자기변명하기 위한 것이 아닌가 하는 느낌이 든다. 슈미트의 『대지의 노모스』 서문과 니콜라우스 좀바르트의 『남성동맹과 모권제 신화: 카를 슈미트와 독일의 숙명』; 슈미트의 딸 아니마가 번역한 Lilian Winstanley, Hamlet. Sohn der Maria Stuart. Aus dem Englischen übersetzt von Anima Schmitt, Verlag Günther Neske, 1952 참조.

Shelly, Percy Bysshe(1792-1822) 영국의 시인. 무신론을 주창하여 옥스퍼드에서 퇴학처분을 받고 16세의 소녀와 결혼. 무정부주의 사상가 윌리엄 고드윈(William Godwin, 1756-1836)과 친교를 맺고 그의 딸 메어리와 연애하여 처는 자살. 메어리와 재혼. 대륙을 방랑하고 나폴리에서 요트가 전복되어 사망. '순수하게 사랑과 아름다움을 추구한 시인'으로 신자도 많다.

Shiyake Masanori(初宿正典, 1947-) 일본 사가(滋賀)현 출생. 1971년 교토대학 법학부 졸업. 아이치(愛知) 교육대학 조교수, 교토대학 교양부 조교수를 거쳐 1992년부터 교토대학 대학원 법학연구과 교수. 저서 『기본판례 헌법25강』(1989); 『헌법2 기본권』(1996). 역서 『인권선언논쟁』(1981, 1995); 카를 슈미트, 『유럽법학의 상태』(1987); 크바리치 『카를 슈미트의 입장과 개념』(1992) 등.

Sickel, Wilhelm(1847-1929) 법학자. 슈미트의 스트라스부르대학 은사.

Siebeck, Richard(1883-1965) 의사. 슈미트의 베를린대학 동료.

Siebeck, Werner(1891-1934) 출판업자.

Siebert, Wolfgang(1905-1959) 독일의 민법과 노동법 학자로서 킬학파에 속한다. 슈미트의 베를린대학 동료. 서프로이센 메저리츠(Messeritz) 출생. 1927년 학위취득. 할레(Halle)대학의 구스타프 뵈머(Gustav Boehmer)의 지도로 27세의 젊은 나이에 교수자격 취득. 1935년 킬대학 조교수. 1937년 정교수. 1938-1945년 베를린대학 교수 역임. 여기서 유스투스 빌헬름 헤데만(Justus Wilhelm Hedemann, 1878-1963)과의 교류가 시작한다. 1950년부터 괴팅겐으로, 1957년에는 하이델베르크대학으로 옮긴다. 저서 『법률행위적 신탁』(1933); 『실효와 권리행사의 불허용』(1934).

Sieyès, Emmanuel Joseph(1748-1836) 프랑스의 성직자이며 정치가. 혁명 전야

『제3신분이란 무엇인가』(Qu'est-ce que le tiers état? 1789; 박인수 옮김, 책세상, 2003)를 반간하고 대혁명 때에는 3부회, 국민의회에서 활동. 나중에 1799년 나폴레옹과 제휴하고 제2통령이 된다. 1815년의 왕정복고 후 벨기에로 망명. 1830년 귀국. 그의 헌법제정권력의 이론은 슈미트에게 절대적인 영향을 미친다. 『헌법이론』 제8장.

Sigismund Ⅲ(1566-1632) 폴란드 국왕(1587-1632). 스웨덴 국왕(1593-1598). 보리스 고드노프 황제(1551?-1605)의 사후 혼란한 틈에 러시아에 침입. 폴란드의 가톨릭화에 진력.

Simmel, Georg(1858-1918) 독일의 철학자. 『근대 세계관의 역사』(김덕영 옮김, 길, 2007); 『짐멜의 모더니티 읽기』(김덕영 · 윤미애 옮김, 새물결, 2005).

Simon, Paul(1882-1946) 독일의 가톨릭 성직자. 교회사가. 가톨릭 프로테스탄트의 재통일을 지향했다. 저서 『신화와 종교』, 『세계관』 등.

Singer, Kurt(1886-1962) 경제학자. 슈미트의 함부르크 지인.

Sinzheimer, Hugo(1875-1945) 독일의 노동법학 창시자의 한 사람. 나치시대 네덜란드로 망명. 강제수용소에서 해방된 후 사망. 뮌헨, 베를린, 프라이부르크 등에서 법학과 경제학 수학. 1903년부터 프랑크푸르트에서 변호사 개업. 사회민주당원으로서 바이마르 헌법제정국민의회의 심의에 참가, 노동자의 이익을 대표하는 논진을 폈다. E. 프랭켈, F. 노이만 같은 젊은 사회민주적인 법률가를 육성했다. 나치스의 권력장악 후 유태인이었기 때문에 네덜란드로 이주하여 1933-1940년 암스테르담대학 교수직 역임. 저서 『독일 법학에서의 유태인 학자』(1937); 진츠하이머 논문집 『노동법과 법사회학』(Kahn-Freund/T. Ramm 편) 등.

Skinner, Quentin(1940-) 영국의 역사학자. 케임브리지대학 수학, 런던대학 교수, 케임브리지대학 근대사 교수 역임. 저서 Visions of Politics, Vol.1, 2002 (황정아 · 김용수 옮김, 『역사를 읽는 방법』, 돌베개, 2012). 이 책의 3권은 『홉스와 시민학』(Hobbes and Civil Science)으로 국가이론에 중점을 두어 홉스 정치사상의 진화와 성격을 검토한다.

Smend, Rudolf(1882-1975) 슈미트의 친한 동료이며 후원자. 1933년 이후 멀어진다. 국법학자이며 교회법학자. 그는 국가를 살아 있는 정신적 현실이자 생활과정으로 보고 동적 · 기능적으로 이해한다. 스멘트는 독일의 사회학자 리트(Th. Litt, 1880-1962)의 이론에 입각하여, 국가가 자신을 실현해 나아가는 과정을 통합(Integration)이라고 부르고, 통합에는 인적 통합, 기능적 통합 그리고 물적 통합의 세 가지가 있다고 한다. 헌법이란 바로 국가가 통합을 이루어 나아가는 법적 과정이라고 한다. 또 그는 기본권은 국가에게 그 내용과 존엄성을 부여해 주는 물적 통합의 요소이며 가치체계라고 이해하고, 특히 언론의 자유의 국가창설적 기능을 강조한다. 그의 통합이론(Integrationstheorie)은 파시즘에 가까운 입장이었으나 나치에 협력을 거부하여 베를린대학에서 괴팅겐대학으로 좌천되었다. 전후 독일 공법학의 주류가 된다. 카를 슈미트학파와 대립하는 학파로서 한국에도 이를 지지하는 몇몇 학자가 있다. 저서 Verfassung und Verfassungsrecht, 1928(김승조 옮김, 『헌법과 국가』, 교육과학사, 1994); 통합이론에 대한 비판은 H. Kelsen, Der Staat als Integration, 1930(김효전 역, 『통합으로서의 국가』, 법문사, 2004). 카를 슈미트와의 편지교환집 R. Mehring(Hrsg.), "Auf der gefahrenvollen Straße des öffentlichen Rechts." Briefwechsel Carl Schmitt-Rudolf Smend 1921-1961, D&H., 2010.

Sohm, Rudolf(1841-1917) 독일의 프로테스탄트 교회법학자. 로마법과 교회법의 권위. 참된 교회는 불가시한 것으로 이를 법제화하는 교회법은 교회의 본질에 반한다고 주장하여 많은 논의를 불렀다. 주저 『로마법제요』(Institutionen. Geschichte und System des römischen Privatrecht, 1883, Nachdruck 1949). 문헌은 G. Kleinheyer und J. Schröder, Deutsche Juristen aus fünf Jahrhundert, 1983, S. 247-249.

Solon(640?-560? B.C.) 아테네의 입법자. 그리스 7현인 중의 한 사람.

Sombart, Corina(1892-1971) 슈미트와 친한 지기.

Sombart, Nicolaus(1923-2008) 슈미트가 신뢰하는 전후 제자. 경제학자 베르너 좀바르트의 아들. 저서 『남성동맹과 모권제신화: 카를 슈미트와 독일의 숙명』(1991). 문헌 Dirk van Laak, Gesprächre in der Sicherheit des Schweigens, 1993. S. 266-271.

Sombart, Werner(1863-1941) 독일의 경제학자, 사회학자. 슈미트의 베를린 동료.

Sontheimer, Kurt(1928-2005) 슈미트 비판가. 독일의 정치학자. 뮌헨대학 정치학 교수 역임. 저서 『바이마르 공화국의 반민주적 사상』(Antidemokratisches Denken in der Weimarer Republik, 1962; dtv 1978), 『독일 정치체제 개론』(Grundzüge des politischen Systems der Deutschland, 2002) 등.

Sophocles(496-406 B.C.) 그리스의 비극작가.

Sorel, Georges(1847-1922) 프랑스의 사회주의자. 혁명적 생디칼리슴의 이론적 대표자. 마르크스주의, 생디칼리슴으로부터 우익의 악시옹 프랑세즈(Action Française)로 사상편력을 하였다. 니체, 파레토, 베르그송, 프루동, 마르크스의 영향 아래 혁명에서의 신화와 폭력의 중요성을 설파하여 레닌과 무솔리니에게 영향을 주었기 때문에 '파시즘의 정신적 아버지'라고 불린다. 저서 『폭력에 대한 성찰』(Réflexions sur la Violence, 1908; 이용재 옮김, 나남, 2007); 『진보의 환상』(Les Illusions du Progrès, 1908). 슈미트는 『현대 의회주의의 정신사적 지위』(1923)와 「신화의 정치이론」에서도 소렐을 인용한다. 『정치신학 외』, 김효전 옮김, 70쪽; 『입장과 개념들』, 10쪽. 소렐의 폭력론은 슈미트에 의해서 독일에 최초로 소개되었다고 한다. Übersetzt von Ludwig Oppenheimer, Über die Gewalt, 1928. Mit einem Nachwort von George Lichtheim, Suhrkamp 1981.

Spaemann, Robert(1927-) 리터 서클(Ritter-Kreis). 독일의 철학자, 교육학자. 뮌헨 대학, 잘츠부르크대학 교수. 1971년 이래 철학사사전 공동편집자. 저서 Moralische Grundbegriffe, 1981(류지한 · 반찬구 역, 『도덕과 윤리에 관한 철학적 사유』(철학과현실사, 2001); 『자연적인 것과 이성적인 것』(1987) 등.

Spann, Othmar(1878-1950) 독일의 경제학자. 저서 『국민경제학 속의 위기』(1930); 『국민경제학의 주요이론』(1926).

Specht, Rainer(1930-) 리터 서클(Ritter-Kreis). 독일의 철학자. 만하임 대학 교수 역임. 저서 『데카르트』.

Speidel, Hans(1897-1984) 장교.

Spencer, Herbert(1820-1903) 영국의 사상가.

Spengler, Oswald(1880-1936) 독일의 철학자. 그는 『서구의 몰락』에서 세계의 문화들을 유기체로서 형태학적으로 관찰하고 문화 주기(周期)의 견지에서 현재의 서구 문화는 몰락의 단계에 있다고 주장한다. 그러나 나치가 그것에 대신할 미래의 담당자라고 하는 주장에는 반대했다. 저서 Der Untergang des Abendlandes. Umrisse einer Morphologie der Weltgeschichte, 1918-1922(『서구의 몰락』, 박광순 옮김, 범우사, 1995); Der Mensch und die Technik(『인간과 기술』, 양우석 옮김, 서광사, 1998).

Spinoza, Baruch de(1632-1677) 네덜란드의 유태인 철학자. 유태교에서 파문되었다. 저서 『신학정치론/정치학논고』(최형익 옮김, 비르투, 2011); 『에티카』

(강영계 옮김, 서광사, 1990).

Spranger, Eduard(1882-1963) 독일의 철학자, 교육학자. 베를린대학 교수 및 총장. 딜타이에게 철학을 배우고 정신, 인격, 문화 등의 개념을 기초로 철학과 교육학의 체계를 설명했다. 제2차 세계대전 후 슈프랑거는 미군이 점령한 지구에서 131개에 달하는 항목의 설문지를 만들고 나치스 시대의 행동을 심문했다. 이에 대해 슈미트는 옥중에서 도대체 '너는 누구냐'라고 반문하고 자신은 '기독교적 에피메테우스'라고 답변한다. C. Schmitt, Ex Captivitate Salus. Erfahrungen der Zeit 1945/47, S. 9-12(『구원은 옥중에서』, 김효전 옮김, 91-94쪽). '기독교적 에피메테우스'(Der christliche Epimetheus)에서 에피메테우스는 신에게서 불을 훔쳐 낸 프로메테우스의 동생이다. 제우스 신은 그 벌로 프로메테우스를 바위에 묶고 그 심장을 매가 쪼도록 하고 판도라 상자를 지상에 보낸다. 형의 충고도 무시하고 에피메테우스가 그 상자를 열자 모든 악이 인간에 퍼지고 희망만이 상자에 남았다고 한다. 또 『기독교적 에피메테우스』는 슈미트의 친구인 콘라트 바이스(Konrad Weiss, 1880-1940)가 1930년에 출판한 책 제목이기도 하다. 슈프랑거의 저서 『천부적인 교사』(김재만 역, 배영사, 1978).

Staedke, Helmut(1905-1973) 장교.

Stahl, Friedrich Julius(1802-1861) 독일의 법철학자, 교회법학자, 정치가. 유태인의 아들로 태어나 프로테스탄트로 개종. 프로이센 왕 빌헬름 4세의 신임을 얻어 베를린대학 교수가 된다. 신학적이며 역사주의적인 정치철학을 솔파하고 보수당을 이끌고 사상계와 정계에 영향을 미쳤다. 국가와 법을 신의(神意)에 두었다. 저서 『법철학』(1830-1837) 등.

Stalin, Iosif Vissarionovich(1879-1953) 소련의 독재자.

Stammler, Rudolf(1856-1938) 독일의 관념론적 법철학자. 저서 『법과 법학의 본질』(한태연 역, 1950); 『유물사관비판』(1921).

Stand, Anni(1915-1997) 주부. 카를 슈미트의 플레텐베르크 가정부.

Stapel, Otto Friedrich Wilhelm(1882-1954) 민족지 기자.

Steding, Christoph(1903-1938) 정치사가.

Stein, Heinrich Friedrich Karl, Reichsfreiherr vom und zum(1757-1831) 프로이센의 정치가. 농노해방 등의 개혁을 추진. 나폴레옹에 저항하여 러시아 황제 알렉산드르 1세(Alexander I, 1777-1825)에게 협력했다.

Stein, Lorenz von(1815-1890) 독일의 행정학자, 재정학자, 사회학자. 귀족의 가정에서 태어났지만 프랑스에서 사회주의자와 교류. 1846년 킬대학 교수가 되었으나 파면. 1855년 빈대학 교수. 헤겔의 영향 아래 시민계급에서의 계급투쟁을 계급중립적인 군주가 조정한다는 '사회군주제론'을 주창. 재정학과 행정학 등을 통합하는 '국가학'을 제창. 저서 『프랑스사회운동사』(Die Geschichte der soziale Bewegung in Frankreich von 1789 bis auf unsere Tage, 3 Bde., 1850); Handbuch der Verwaltungslehre und des Verwaltungsrechts, Utz Schliesky(Hrsg.), Mohr 2010.

Steinböhmer(Hillard), Gustav(1881-1972) 슈미트의 베를린 지기. 저술가. 필명 Hillard. 미술사, 게르만 고사 등에 관한 저서가 있다.

Steinhauser, Marie-Louise, 프랑스의 여류 번역가. 슈미트의 『정치적인 것의 개념』과 『파르티잔의 이론』을 프랑스어로 번역(La Notion de Politique, Théorie du Partisan, Flammarion, 1992).

Steinlein, Andreas(1865-1950) 슈미트 어머니의 동생.

Steinlein, André(1891-1964) 공증인, 슈미트 사촌.

Stendhal, Henri Beyle(1783-1842) 프랑스의 작가. 작품 『적과 흑』, 『파르므의 승원』.

Stephen, Leslie(1832-1904) 영국의 철학자, 문필가. 종교가에서 종교비판자가 된다. 저서 『홉스』(1904).

Sternberger, Dolf(1907-1989) 독일의 정치학자. 저서 Begriff des Politischen, 1962; Gesammelte Schriften, Bd. I. 1977; Verfassungspatriotismus, 1990. 저작목록은 Auswahlbibliographie Dolf Sternberger, in: Res Publica. Studien zum Verfassungswesen. Dolf Sternberger zum 70. Geburtstag, Hrsg. von Peter Haungs, München: Wilhelm Fink Verlag 1977, S. 473-481; 김효전 편, 「독일의 공법학자들」(12), 『동아법학』 제37호, 2005, 594-611쪽.

Stier-Somlo, Fritz(1873-1932) 독일의 국법학자. 1904년부터 본대학 교수. 1912년부터 쾰른대학 교수로 재직 중 사망. 켈젠을 이 대학 국제법교수로서 초빙하는데 힘썼다. 슈티어-좀로가 갑자기 세상을 떠나자 후임으로 슈미트가 초빙되었다. 저서 『프로이센 국법학』(1906); 『독일제국헌법』(1919) 등.

Stimson, Henry Louis(1867-1950) 미국의 정치가. 국방장관(1940-1945). '스팀슨주의'란 침략전쟁이나 무력행위로 취득한 결과를 유효한 것으로 승인하지 않는다는 미국 외교정책상의 원칙이다.

Stirner, Max(원래는 Johann Kaspar Schmidt)(1806-1856) 독일의 유아론적 철학자, 교사이며 저널리스트. 저서 『유일자와 그 소유』(Der Einzige und sein Eigentum, 1892).

Stobbe, Johann Ernst Otto(1831-1887) 독일의 법사학자, 사법학자. 저서 『독일 사법사 한트부흐』.

Stödter, Rolf(1909-1993) 함부르크 해상법학자.

Stolleis, Michael(1941-) 독일 공법사학자. 하이델베르크, 뷔르츠부르크, 뮌헨대학 수학. 1967년 박사학위 받다. 1973년 뮌헨대학에서 교수자격 취득. 1975년부터 프랑크푸르트대학에서 공법, 법사학, 교회법 담당 교수 역임. 저서 Geschichte des öffentlichen Rechts in Deutschland, 3 Bde., 1988-1999. 문헌 김효전 편, 「독일의 공법학자들」(12), 『동아법학』 제37호(2005).

Story, John(1504-1571) 영국의 가톨릭 성직자. 메어리 여왕(1516-1558)의 치세(1553-1558)에는 프로테스탄트를 박해하고, 엘리자베스 1세(1533-1602) 즉위(1558) 후 망명지인 프란들에서 체포되고 영국으로 연행되어 처형당함.

Strabo, Walahfrido(808?-849) 중세 독일의 시인, 신학자.

Strasser, Gregor(1892-1934) 나치스 정치인.

Strauß, David Friedrich(1808-1874) 헤겔좌파의 철학자. 저서 『예수의 생애』(1835)에서 복음서의 기술은 신화이며 기독교는 인간적 과정이라고 해석했다. 저서 『새로운 신앙과 낡은 신앙』(1872).

Strauss, Leo(1899-1973) 독일 태생의 정치철학자. 헤센주 키르히하인의 유태인 가정에서 태어나 1921년 함부르크대학에서 학위를 받고 그 이듬해 프라이부르크 대학교수로 부임하였다. 여기서 그는 후설과 하이데거로부터 사상적 영향을 많이 받았다. 그 후 베를린의 유태주의 연구소에 근무하면서 스피노자나 멘델스존의 연구에 종사하는 한편, 코제브, 뢰비트, 가다머 등과 교류하였다. 1932년 영국으로 건너가 홉스 연구에 주력하다가 1938년부터 미국에 정착. 1949년까지는 사회조사 뉴스쿨(New School for Social Research)에서, 1968년까지는 시카고대학에서 정치철학을 강의했고, 1968년 클레어먼트대학에서 잠시 재직하다가 세인트존스대학에서 정년퇴직. 저서로 Natural Right and History, 1953(『자연권과 역사』, 홍원표 옮김, 인간사랑, 2001), What is Political Philosophy, 1959(『정치철학이란 무엇인가』, 양승태 옮김, 아카넷,

2002), 『홉스의 정치학』(Hobbes' Politische Wissenschaft, 1965) 등. 논문으로 카를 슈미트의 『정치적인 것의 개념』에 대한 주해(1932), 『정치적인 것의 개념』, 김효전 · 정태호 옮김, 살림, 2012, 187-223쪽 수록. 연구서로 『레오 스트라우스의 정치철학』, 김영국 외, 서울대출판부, 1995; 『(레오 스트라우스가 들려주는) 정치이야기』, 육혜원, 자음과모음, 2008; 『(부활하는 네오콘의 대부) 레오 스트라우스』, 박성래, 김영사, 2005.

Strauß, Richard(1864-1949) 독일과 오스트리아에서 활약한 작곡가.

Streicher, Julius(1885-1946) 나치선전 담당자. 유태인 보이콧 등을 선동. 뉘른베르크재판에서 사형당함.

Stresemann, Gustav(1878-1929) 바이마르 독일의 정치가. 애국자로 현실주의자였으나 교묘한 외교정책과 경제정책으로 파국에 놓인 독일 경제를 구하고, 미국의 교섭을 통하여 배상의 개정에 성공했다.

Strindberg, August(1849-1912) 스웨덴의 저술가, 극작가. 저서 『죽음의 무도』 등.

Strupp, Karl(1886-1941) 국법 및 국제법학자. 프랑크푸르트대학 교수. 1933년 망명하여 이스탄불대학 교수.

Stuart, Mary(1542-1587) 스코틀랜드 여왕. 제임스 5세(James V, 1512-1542)의 딸. 프랑스에서 자라나 프랑소와 황태자와 약혼. 1558년 결혼. 1559년 프랑소와 왕위에 취임(프랑소와 2세, François Ⅱ, 1544-1560). 1560년 왕이 사망하여 스코틀랜드로 돌아온다. 1565년 던리와 결혼. 1567년에는 보스웰이 남편을 살해. 3개월 후에 보스웰과 결혼. 이 결혼의 반대자의 압력으로 퇴위. 영국으로 도망하나 엘리자베스 여왕(Elizabeth, 1533-1602)에게 감금되고 결국 사형에 처한다.

Stuckart, Wilhelm(1902-1953) 나치스 국무장관.

Suarez, Francisco(1548-1617) 스페인의 신학자, 제수이트. 저서 『법론』, 『입법자론』 등에서 국제법론을 전개. 그로티우스의 선구자가 된다. 『근세의 스콜라학』 중 일부 논설의 일본어 번역 있음.

Sulla, Lucius Cornelius(138-78 B.C.) 로마의 장군, 정치인.

Swedenborg, Emanuel(1688-1772) 스웨덴의 자연과학자. '신지학'(神智學)을 설파, 칸트의 비판을 받다.

Swift, Jonathan(1667-1745) 영국, 아일랜드의 저술가. 작품 『걸리버 여행기』.

Swoboda, Heinrich(1856-1926) 역사학자. 프라하대학 교수. 저서 『그리스사』, 『그리스 법사론』 등.

Sybel, Heinrich von(1817-1895) 독일의 역사학자. 랑케의 영향 아래 중세사, 근대사에서 실증적으로 신화를 파괴하는 작업을 계속했다. 저서 『독일 왕권의 성립』, 『프랑스혁명사』 등.

Taine, Hipplyte Adolphe, 1828-1893) 프랑스의 저술가. 콩트 학도로서 철학자, 역사가이며 비평가. 문예비평에 최초로 과학적 정신을 도입하고 비평에서의 자연주의의 선구자. 인종, 환경, 시대의 세 요소에서 예술작가를 이해하려고 하였다. 보불전쟁(1871)의 패전을 보고 일종의 문명비관주의를 설파. 저서 『현대 프랑스의 기원』(Les origines de la France contemporaine, 1875-1893); 『영국문학사』(Histoire de la litérature anglaise, 1864); 『예술철학』 등.

Talleyrand-Périgord, Charles Maurice de(1754-1838) 프랑스의 정치가. 오단의 주교. 대혁명 직전의 전국 3부회 성직자(승려) 의원. 혁명 발발 후 헌법제정의회에서 활약하고 교회재산의 국유화를 제안. 교황으로부터 파문당하고 나폴레옹 1세와 루이 18세의 외무장관 역임. 빈 회의에서는 자국 영토의 보전에 성공.

Tatarin-Tarnheyden, Edgar(1882-1966) 독일의 공법학자, 국제법학자. 로스토크대학 교수. 나치시대에 『생성 중의 국법』, 『유태인의 국법론 · 국가론에의 영향』 등을 저술.

Taubes, Jacob(1923-1987) 유태계 독일 신학자. 취리히대학에서 학위를 받고 베를린자유대학 종교사 교수 역임. 저서 Ad Carl Schmitt: Gengenstrebige Fügung, Berlin: Merve Verlag(1987), Die politische Theologie des Paulus, München: Wilhelm Fink, 2. Aufl., 1995 (조효원 옮김, 『바울의 정치신학』, 그린비, 2012), Eng. tr. by Dana Hollander, The Political Philosophy of Paul, Stanford Univ. Press, 2004 등.

Tertulian, Nicholas(1929-) 루마니아 출신의 철학자. 저서 『루카치와 스탈린니즘』 등.

Tertullianus, Quintus Septimius(150/60-c. 220) 신학자. 로마에서 변호사로서 활약한 후 195년 경 기독교에 귀의. 카르타고 주교가 된다. 해박한 지식과 예리한 필봉으로 논쟁을 거듭하고, 그 동안 삼위일체(trinitas), 자연(natura), 은총(gratia), 공덕(meritum), 위격(persona) 등의 개념을 정식화하여 후세의 신학

사상에 결정적인 영향을 미쳤다. 나중에는 몬타노스파로 개종, 다시 결별하고 독자적인 데르툴리아누스파를 언나. 격정적인 성격으로 극단적인 금욕을 실천하였다. 그의 광신적 성격에 대해서는 정신의학적인 관심도 중요하다. 저서 『그리스도의 육신론』(떼르뚤리아누스, 이형우 역주, 분도출판사, 1994). 문헌 한철하, 『고대 기독교 사상』(대한기독교서회, 1970, 91쪽 이하).

Theseus 전설적인 아테네의 건국자.

Thiers, Adolphe(1797-1877) 프랑스의 정치가, 역사가. 저널리스트로서 출발. 『프랑스 혁명사』(1823-1837)는 자유주의적 입장에서 프랑스 혁명을 찬미. 1830년 하원의원이 되고, 루이 필립의 옹위에 진력, 이후 장관, 수상 등을 역임. 1840년 政敵 기조에 쫓겨 하야. 『통령기 · 제정기사』(1845-1912)의 저술에 전념. 1863년 정계로 복귀하여 하원의원이 된다. 1871-1873년 대통령이 되어 파리 콤뮌을 진압. 저서 『프랑스혁명사』 등.

Thoma, Richard(1874-1957) 독일의 국법학자. 켈젠, 안쉬츠와 함께 대표적인 국법실증주의자. 안쉬츠와 공편한 『독일 국법 편람』(Handbuch des Deutschen Staatsrechts, 2 Bde., 1930-1932) 외에 논문집 Horst Dreier(Hrsg.), Rechtsstaat-Demokratie-Grundrechte, Mohr, 2008이 있다. 문헌 H.-D. Rath, Positivismus und Demokratie. Richard Thoma 1874-1957, Berlin: Duncker & Humblot 1981.

Thomas von Aquin(St.)(1225-1274) 중세의 유명한 철학자이며 신학자. 저서 『신학대전』(정의채 역, 성바오로출판사, 1993 이후).

Thomasius, Christian(1655-1728) 독일의 계몽주의적 법사상가. 법학의 신학으로부터의 해방을 주장.

Thompson, Francis(1859-1907) 영국교회로부터 가톨릭으로 개종한 시인. 아편중독으로 거리 생활 등을 경험했다. 저서 Essay on Shelley, 1889(1908) 등.

Thur, Andreas von(1864-1925) 법학자, 슈미트의 스트라스부르대학 은사.

Tiedemann, Rolf(1932-) 독일의 사회철학자. 아도르노의 제자. 벤야민 연구, 아도르노 전집편집으로 알려짐.

Tito, Josip Broz(1892-1980) 유고슬라비아의 정치가. 문헌 김성진, 『발칸분쟁사』(우리문학사, 1997); 슈미트, 『파르티잔』, 165쪽.

Tocqueville, Charles Alexis Henri Clérel de(1805-1859) 프랑스의 정치가, 역사가. 1831-1832년에 미국을 여행하고, 『미국민주주의론』을 저술하여 미국론과

민주주의론의 고전이 됨. 1839-1848년 하원의원으로서 온건자유파의 입장에 선다. 1848년 2월혁명 후 헌법의회에 속하고 1849년 외상. 그러나 루이 나폴레옹에 반대하여 1851년 인퇴. 저서 『미국의 민주주의』(De la démocratie en Amérique, 1835-1840; 박지동 · 임효선 역, 한길사, 1997; 이영범 역, 사상문고, 1963); 『앙시앵 레짐과 프랑스 혁명』(이용재 옮김, 박영률출판사, 2006).

Todorović, Julijana(1880-1950) 결혼 전 성 Belajević. 슈미트의 장모.

Todorović, Vasilije(1872-1954) 슈미트의 장인.

Tommissien, Piet(1925-) 벨기에의 사회학자이며 슈미트 연구가. 브뤼셀 소재 생 알로이시우스 경제대학(Economische Hogeschool Sint-Aloysius) 교수 역임. 카를 슈미트 70세 기념 논문집(Festschrift für Carl Schmitt zum 70. Geburtstag, Berlin: Duncker & Humblot 1959)에 슈미트 저작목록을 작성한 이래 세계 각국에서의 슈미트 관계 문헌을 수집하고 있다. 1988년부터는 『슈미트 연보』(SCHMITTIANA)를 발간. 문헌 「칼 슈미트와의 대화」(1975), 김효전 편역, 『칼 슈미트 연구』, 191-232쪽 수록.

Tönnis, Ferdinand(1855-1936) 사회학자이며 철학자. 킬대학 교수. 1936년 나치 정부에 의해서 파면됨. 저서 『공동사회와 이익사회』(황성모 역, 삼성출판사, 1976)에서 사회학의 근본개념을 해명하고 사회학의 발전에 큰 영향을 미침. 마르크스와 홉스에 관한 연구가 있다. 저서 『토머스 홉스』 등.

Topitsch, Ernst(1919-2003) 오스트리아의 철학자, 사회학자. 1951년 빈대학 사강사. 1956년 동 대학 조교수. 1962년 하이델베르크대학 정교수. 1969년 그라츠대학 교수 겸임. 베버, 켈젠, 포퍼 등의 영향 아래 비판적 합리주의의 입장에서 형이상학이나 자연법론을 인간적 · 사회적 모델을 우주에 투사한 이데올로기라고 비판하였다. 저서 『이데올로기와 과학 사이』(1961), 『인식과 환상』(1988) 등.

Torczyner, Harry(1886-1973) Tur-Sinai, Naphtali Herz로 개명. 히브리어학자. 빈대학 강사. 예루살렘 헤브류대학 교수.

Toynbee, Arnold(1889-1975) 영국의 역사학자. 문화이론가이며 역사철학자. 저서 『역사의 연구』(김규태 · 조종상 옮김, 너스타일, 2012).

Trakl, Georg(1887-1914) 오스트리아의 시인. 제1차 대전에 지원병으로서 참전하나 정신장애를 일으켜 음독자살.

Treitschke, Heinrich von(1834-1896) 독일의 역사가. 국권주의적인 경향이 강함.

일찍부터 독일 통일론자로 프로이센을 지지. 사회주의자, 가톨리시즘, 유태인을 비애국적이라고 공격했다. 독일의 제국주의적 발전을 창도하고 영국을 적대시. 저서 『군국주의정치학』, 『프로이센 발흥사』 등.

Trescher, Hildegard(1893-?) 저서 『몽테스키외가 헤겔에 미친 영향』(1917) 외에, 몽테스키외의 『유럽 군주제론』의 독역자.

Treviranus, Gottfried Reinhold(1891-1971) 독일의 보수파 정치가. 1924년부터 국회의원. 1929년 국민보수연합(Volkskonservative Vereinigung)을 결성. 브뤼닝 내각의 각료. 1834년 영국, 미국, 캐나다로 망명했다가 1949년 독일로 귀국.

Triepel, Heinrich(1868-1946) 독일의 정치학자, 공법학자, 국제법학자. 베를린대학 교수 및 총장 역임. 공법학에 이익법론을 도입, 국제법 · 국내법이원론, 정당과 국가의 관계에 관한 4단계론 등을 주장. 나치에 비협조적이었다. 저서 『국제법과 국내법』(1899); 『국법과 정치』(1927); 『헌법과 정당』(1928; 김효전 역, 『월간고시』 1985년 9월호). 문헌 U. M. Gassner, Heinrich Triepel. Leben und Werk, D&H., 1999.

Troendle, Hugo(1882-1955) 화가. 슈미트의 뮌헨 시절 지인.

Troeltsch, Ernst(1865-1923) 독일의 종교사가. 종교철학, 역사철학, 신학에 큰 업적을 남김. 제1차 대전 후에는 독일민주당원으로서 정치활동에도 관여했다. 저서 『기독교사회윤리』(현영학 옮김, 한국신학연구소, 2003), 『기독교 교회들의 사회이론』(1922) 등.

Trotsky, Leon(1879-1940) 러시아의 혁명가. 본명 Lev Davidovich Bronstein. '영구혁명'을 제창. 1924년 레닌의 사후 스탈린과 대립, 망명지인 멕시코에서 암살되었다. 저서 『러시아 혁명사』(최규진 역, 전3권, 풀무질, 2003/4).

Tüngel, Richard(1893-1970) 기자.

Ule, Carl Hermann(1907-1999) 독일의 국법학자. 1930년 예나대학에서 학위 취득. 1940년 뮌헨대학에서 교수자격논문 통과. 1951-1955년 괴팅겐대학 명예교수. 1955-1972년 슈파이어 행정대학원 교수 및 총장 역임. 저서 『행정재판론』(1962); 『행정소송법』(7판, 1978); 『행정과 행정재판』(1979).

Ulmen, Gary(1939-) 미국의 슈미트 연구가.

Vaihinger, Hans(1852-1933) 철학자.

van Krieken, Albert Theodor 네덜란드의 공법학자. 저서 『이른바 국가유기체설을 논함』에서 국가유기체설을 비판했다.

Varro, Marcus Terentius(116-27 B.C.) 고대 로마의 정치가이며 문인. '가장 박식한 사람'으로 불린다[Quintilianus(c. 35-c. 96)의 말]. 아우구스티누스의 『신국』에 빈번히 인용된다. 폼페이우스, 카이사르, 아우구스투스의 보호를 받았다.

Vattel, Emmerich de(1714-1767) 스위스의 정치가, 국제법학자. 저서 『국제법』(Droit des Gens, 1758)은 오랫동안 원용되었다.

Vaughan, Charles Edwyn(1854-1922) 영국의 문예평론가, 사상사가. 리드대학 교수. 루소론 등이 있다.

Verdross, Alfred(1890-1980) 오스트리아의 법철학자이며 국제법학자. 켈젠의 초기 제자. 일찍이 그의 법실증주의와 결별하고 자연법적으로 국제법우위설의 토대를 마련하려고 했다. 저서 『보편국제법론』(Universelles Völkerrecht, 1937).

Vergilius, Publius Maro(70-19 B.C.) 로마의 시인. 서사시 『아에네이스』(김은애 옮김, 문학과지성사, 2006); 『아이네이스』(천병희 옮김, 숲, 2004); 『아이네이드』(김명복 옮김, 문학과의식, 1998).

Vernuls, Nicolas de(1583-1649) 룩셈부르크 출신의 극작가, 저술가. 웅변술에 관한 저서와 희곡 「헨리 8세」 등이 있다.

Veuillot, Louis François(1813-1883) 프랑스의 가톨릭계 저널리스트. 교황지상주의를 주장. 몽탈랑베르(Montalembert), 뒤팡루(Dupanloup) 등 온건파와 논쟁하였다.

Vialatoux, Joseph(1880-1970) 프랑스의 정치사상사학자. 리용대학 교수.

Vico, Giambattista(1668-1744) 이탈리아의 역사학자. 저서 『새로운 학문』(Principj di Scienza Nuova, 1744; 이원두 옮김, 동문선, 1997)에서 역사발전의 철학을 설파. 나폴리대학 교수.

Vietta, Egon(1903-1959) 슈미트의 베를린 지인. 기자.

Vitoria, Francisco de(1492-1546) 스페인의 도덕신학자, 도미니카너. 근대 국제법의 창시자. 그로티우스에게 영향을 미침. 또 신대륙 신주민의 권리를 옹호했다. 살라만카대학 교수.

Voegelin, Eric(1901-1985) 정치학자. 독일 쾰른에서 출생. 가족이 빈으로 이주하여 1919년 빈대학 법학부 수학. 1922년 오트마르 슈판과 한스 켈젠의 지도 아래 박사학위 취득. 옥스퍼드, 베를린과 하이델베르크, 미국, 소르본 등에서 공부하고 1929년 교수자격논문을 마친 후 1938년까지 빈대학에서 사상사와 조교수로서 가르쳤다. 1938년 여름 게슈타포의 체포 위험으로 미국으로 피난 가서 후일 미국 시민권을 취득한다. 하버드, 베닝턴 칼리지(Bennington College), 알라바마대학 등 미국의 여러 대학에서 교수 및 연구활동을 한 후 1942년과 1959년간 루이지애나 주립대학의 정치학 교수를 역임하고 1958년 뮌헨대학의 초빙을 받아 신설된 정치학연구소의 초대 소장이 된다. 정년퇴직 후 1969년 다시 미국으로 돌아가 스탠포드대학 후버연구소 석좌교수와 선임연구원으로 재직하다가 세상을 떠난다. 주요 연구분야는 서구 정치사상사와 역사철학. 저서 The New Science of Politics (Chicago 1952); Order and History (Baton Rouge 1956-1988) 5 Vols.; Anamnesis. Zur Theorie der Geschichte und Politik (München 1966). 저작목록은 Autobiographische Reflexionen (München 1993)에 수록.

Vogel, Henriette(1780-1811) 클라이스트의 여자 친구. 자궁암으로 추측되는 중병에 걸려 있었다. 클라이스트와 동반 자살. 문헌으로는 프리드리히 바이센슈타이너, 신혜원 옮김, 『(역사의 거울에 비친) 세기의 자살자들』(한숲, 2002).

Voigt, Oskar 초기 슈탈의 전기 연구 논문은 전문가들이 자주 인용한다.

Vollrath, Ernst(1932-) 독일의 철학자.

Voltaire(1694-1778) 프랑스의 계몽사상가. 문학자. 본명은 François Marie Arouet. 파리에서 태어나 예수회 계통의 루이 르 그랑에서 공부. 1717년 당시 섭정인 오르레앙 공을 풍자한 시를 써서 바스티유에 약 1년간 투옥되었다. 그 후 영국 체류보고서라는 위장으로 프랑스의 정치 · 종교 · 철학 등을 신랄히 비판한 『철학서한』을 발간하지만 곧 발매금지처분을 받는다. 신변의 위험을 느끼고 애인 샤틀레 부인과 실레로 도망가서 약 10년간 그곳에서 체재하며 학구생활을 보낸 후 파리로 귀국하지만 피로 때문에 곧 사망한다. 저서 『철학서한 · 철학사전』(Lettres philosophiques, 1734; Dictionnaire philosophique, 1764; 볼테르 · 디드로 · 데니스, 정순철 옮김, 한국출판사, 1982); 『관용론』(송기형 · 임미경 옮김, 한길사, 2001); 『캉디드』(Candide ou l'optimisme, 1759; 윤미기 옮김, 한울, 1991); 「범죄와 형벌」, 임미경 역, 서울대 『법학』 제48권 2호, 2007.

Von der Heydte, Friedrich August(1907-1994) 독일의 국법학자. 1951년 마인츠

대학 교수, 1954년 뷔르츠부르크대학 교수. 1975년 정년퇴직. 1966-1970년 바이에른주 의회의원. 저작목록 Um Recht und Freiheit. FS f. Heydte, 1977. S. 1517-1528; 『동아법학』 제14호, 1992, 331-349쪽.

Vormfelde, Karl Heinrich(1881-1944) 농업학자. 슈미트의 본 시절 친구.

Vorwerk, Friedrich(1893-1969) 저널리스트, 출판업자.

Voß, Christian Friedrich(1722-1795) 독일의 출판업자. 『포스 신문』(Vosissche Zeitung)의 창업자.

Wagner, Adolph von(1835-1917) 경제학자. 슈미트의 베를린대학 은사.

Wagner, Richard(1813-1883) 독일의 작곡가.

Wahl, Karl(Charles) Hermann(1907-1983) 베를린 상과대학 청강생.

Waitz, Georg(1813-1886) 독일의 역사가, 정치가. 중세사 사료 편찬.

Waline, Marcel(1900-1982) 프랑스의 공법학자. 저서 『행정법론』, 『개인주의와 법』 등.

Wallenstein, Albrecht von, Herzog von Friedland(1583-1634) 30년전쟁 때의 사령관. 문헌 프리드리히 쉴러, 안인희 역, 『발렌슈타인』(청하, 1986).

Walz, Gustav Adolf(1897-1948) 바이마르와 나치시대의 국제법학자. 브레슬라우대학 총장.

Warnach, Walter(1910-2000) 독일의 예술철학자.

Washington, George(1732-1799) 미국 초대 대통령.

Wasse, Günter(1919-1983) 베를린대학 조교.

Wasserrab, Karl(1851-1917) 경제학자. 슈미트의 뮌헨대학 은사.

Weber, Alfred(1868-1958) 경제학자, 사회학자. 막스의 동생. 저서 『문화사회학』, 『공업입지론』 등.

Weber, Max(1854-1920) 독일의 사회학자, 경제학자, 역사가. 슈미트의 뮌헨대학 은사. 리케르트 등의 영향을 받고 경제행위나 종교현상의 사회학적 이론분야를 개척. '이념형론'을 제창하여 학계에 큰 영향을 미침. 독일민주당원으로 바이마르 헌법기초에 관여. 주저 Wirtschaft und Gesellschaft, 1922(『경제와 사회 1』, 박성환 역, 문학과지성사, 1997); 『프로테스탄티즘의 윤리와 자본주의의 정신』(1904/05; 권세원 · 강명규 공역, 1960); 『법과 사회(법사회학)』, 최식 역, 박영사, 1959. 문헌 『막스 베버』, 김덕영, 도서출판 길, 2012.

Weber, Werner(1904-1976) 독일의 국법학자. 슈미트의 본대학 제자. 뷔르프라트(Würfrath) 출생. 1930년 베를린상과대학의 조교가 되어 슈미트의 지도를 받는다. 1935년 동 대학 정교수. 1942년 라이프치히대학으로, 전후인 1949년 괴팅겐대학으로 옮겨 이곳에서 정년퇴직. 슈미트학파의 한 사람으로 나치스시대로부터 전후에 걸쳐 활동한 공법학자. 나치스시대에는 독일법아카데미의 연구활동에도 참가. 저서 『공법상의 사단. 영조물과 재단』(1940), 『독일인의 역무와 급부의무』(1943), 『현대의 국가행정과 자치』(1953); Spannungen und Kräfte im westdeutschen Verfassungssystem, Berlin: Duncker & Humblot 3. Aufl., 1970. 저작목록 Im Dienst an Recht und Staat. Festschrift für Werner Weber zum 70. Geburtstag, Berlin: Duncker & Humblot 1974.

Wegner, Arthur(1900-1989) 독일의 형법학자, 국제법학자. 처가 유태인이어서 나치시대에 파면되고 영국, 캐나다에 망명. 전후 서독에 귀국한 후 동독으로 이주.

Wehberg, Hans(1885-1962) 독일 출신의 국제법학자. 평화주의자. 제1차 대전에서의 벨기에의 중립침범을 반대. 킬대학 교수를 지낸 후 1928년 이후 스위스 제네바대학 교수.

Weigand, Friedrich Ludwig Karl(1804-1878) 『독일어사전』의 편찬자.

Weininger, Otto(1880-1903) 철학자.

Weiß, Konrad(1880-1940) 가톨릭계 시인. 구속사적 주제를 즐겨 다루었다. 슈미트는 바이스의 책 "Der christlicher Epimetheus"(1930)를 따라 '기독교적 에피메테우스'라는 자기규정을 그의 시에서 얻었다. 카를 슈미트, 『구원은 옥중에서』(김효전 역, 94쪽, 112쪽); Complexio Oppositorum, S. 181-192.

Weizsäcker, Ernst Friedrich Freiherr von(1882-1951) 외교관.

Weizsäcker, Richard von(1920-) 독일 연방대통령. 저서 『우리는 이렇게 통일했다』(Der Weg zur Einheit, 탁재택 옮김, 창비, 2012).

Weizmann, Kurt(1904-1993) 독일 출신의 성서고고학자. 나치협력을 거부하고 미국에 이주. 프린스턴대학 교수.

Welty, Eberhard(1902-1965) 슈미트의 쾰른대학 시대의 청강생. 도미니칸 신부이며 강사. 편집인.

Welzel, Hans(1904-1977) 독일의 형법학자, 법철학자. 저서 『형법체계의 신형상』(황산덕 역, 박영사, 1957); 『자연법과 실질적 정의』(박은정 옮김, 삼영사, 2001) 등.

Wenger, Leopold(1874-1953) 오스트리아의 법사학자.

Werner, Felix(1876-1942) 슈미트의 뮌헨 상과대학 동료.

Wessel, Wilhelm(1904-1971) 화가.

Weth, Rudolf(1937-) 독일의 프로테스탄트 신학자, 저술가 및 신학문헌의 편집자. 몰트만의 제자. 튀빙겐대학 강사. 1973-2003년 신교회 교육연합(Neukirchener Erziehungsverein) 소장 역임. 저서 『예수 속의 하나님』 등.

Wieacker, Franz(1908-1994) 독일의 법사학자, 사법학자. 프라이부르크에서 1930년 박사학위를, 1932년 'Societas'에 관한 논문으로 24세의 젊은 나이로 교수자격을 취득. 1932년 킬대학 사강사. 1937년 라이프치히대학 조교수가 되어 패전 시까지 재직. 전후 1948년 프라이부르크대학에, 1953년부터 1973년까지 괴팅겐대학 교수 역임. 나치스시대에 연구활동을 시작하여 전후 서독의 사법학, 사법사(私法史) 분야의 제1인자. 저서 『근세사법사』(1952. 2. Aufl., 1967); 『산업사회와 사법질서』(1975). 저작목록 Festschrift für Franz Wieacker zum 70. Geburtstag, 1978, S. 489-506.

Wilamowitz-Moellendorff, Ulrich von(1848-1931) 고대문헌학자. 슈미트의 베를린대학 은사.

Wilbrandt, Robert(1875-1954) 경제학자. 슈미트의 베를린대학 은사.

Wilhelm I(1797-1888) 독일 황제.

Wilhelm Ⅱ(1859-1941) 독일의 마지막 황제. 프로이센 왕(1881-1918). 비스마르크를 사직케 하여 '비전문가정치'로 독일을 파국으로 인도했다는 평가를 받는다.

Wilhelmine Markgräfin von Bayreuth(1709-1758) 프리드리히 2세의 여동생.

Wilkens, Cornelius August(1829-1976) 빈의 루터파 성직자.

William(the Conqueror)(1027-1087) 영국 왕(1066-1087). 노르만디공이었으나 왕위계승 다툼에 편승하여 영국에 진입, 왕조를 창건했다.

Williams, John Fischer(1870-1947) 영국의 국제법학자. 베르사유회의에 참가. 국제중재재판소 판사. 슈미트는 그의 '개싸움이론'을 『정치적인 것의 개념』(156, 186쪽)에서 원용한다.

Willms, Bernard(1931-1991) 리터 서클(Ritter-Kreis), 홉스 연구가.

Willms, Hans 독일의 기독교미술사가.

Willoghby, Westel Woodbury(1867-1945) 미국의 정치학자, 중국전문가. 존스홉

킨스대학 교수. 저서 『입법부의 조직 및 운영』(길기상 역, 어문각, 1968), 『국가철학』 등.

Wilmart, André(1876-1941) 프랑스의 교회사가.

Wilson, Woodrow(1856-1924) 정치학자, 미국 대통령(1913-1921). 제1차 대전에 참전을 결정. 전후처리에 중요한 역할을 담당. 국제연맹의 설립을 제창했으나 의회는 미국의 참가를 부결했다. 저서 『의회정부론』(1884).

Wimpfheimer, Heinrich(1877-1934) 공증인, 베를린 상과대학 명예교수.

Winckelmann, Johannes(1900-1985) 변호사, 은행가. 슈미트의 베를린 제자. 베버 관계의 자료정리가. 막스 베버 연구소장.

Windelband, Wilhelm(1848-1915) 독일의 철학자. 저서 『철학사교과서』(1919), 『철학개론』(하기락 · 김주은 공역, 문성당, 1955) 등.

Windthorst, Ludwig(1812-1891) 독일의 가톨릭 정치인. 중앙당의 당수로서 활약하고 비스마르크와 대립했다.

Winstanley, Lilian(1875-1960) 영국의 여류 셰익스피어 연구가. 저서 『햄릿과 스코틀랜드 왕위계승문제』(1921). 슈미트의 딸 아니마는 윈스탠리의 논문을 독일어로 번역했으며 여기에 슈미트가 서문을 썼다. Lilian Winstanley, Hamlet. Sohn der Maria Stuart. Aus dem Englischen übersetzt von Anima Schmitt, Verlag Günther Neske, 1952 참조.

Wirmer, Otto(1903-1981) 슈미트의 본 시절 청강생. 변호사.

Wirsing, Giselher(1907-1975) 저널리스트.

Wittich, Werner(1867-1937) 경제학자. 슈미트의 스트라스부르 대학 은사.

Wittmayer, Leo(1876-1936) 국법학자. 저서 『바이마르헌법론』(1922).

Wohlgemuth, Heinrich. 초기의 슈미트 비판가.

Wolfers, Arnold(1892-1968) 베를린대학 정치학자.

Wolff, Christian(1679-1754) 독일의 철학자. 프리드리히 2세의 존경을 받다.

Wolff, Hans J.(1898-1976) 독일의 공법학자. 뮌스터대학 교수. 저서 『행정법』.

Wolzendorff, Kurt(1882-1921) 독일의 공법학자. 할레대학 교수. 베르사유회의에 참석. 영양실조로 인한 간염으로 급사. 저서 『독일의 국제법 사상』(1919); 『국제법의 허구』(1919); 『국법학의 정신』(1920). 슈미트의 『정치신학』에서 인용.

Wright, Quincy(1890-1970) 미국의 국제법학자, 국제정치학자. 제1차 대전 후

학제적인 전쟁연구를 조직하고 대저 『전쟁연구』를 발표.

Wycliffe, John(1324-1384) 영국의 신학자. 종교개혁의 선구자로 불린다.

Xiao, Gongquan(簫公權, 1897-1981) 중국사상사가. 워싱턴대학(시애틀) 교수. 중국어와 영어로 많은 저서가 있다. 저서 『중국정치사상사』(최명 · 손문호 공역, 서울대출판부, 1998).

Yeats, William Butler(1865-1939) 아일랜드의 시인, 극작가.

Young, Carl Walter(1902-1939) 미국의 극동전문가. 저서 『만주에서의 일본의 관할권 및 국제법상의 지위』 등.

Zachariae von Lingenthal, Karl Salomo(1769-1843) 독일의 법학자. 하이델베르크대학 교수. 저서 『프랑스민법개론』(전2권, 1808) 등.

Zachlin, Egmont(1896-1992) 역사가.

Zarka, Yves Charles(1950-) 정치사상사가. 홉스, 슈미트 등에 관한 저서가 있다.

Zechlin, Egmont(1896-1992) 독일의 역사가. 비스마르크론 등.

Zehrer, Hans(1899-1968) 저널리스트.

Zellinger, Johannes(1880-1958) 독일의 교회사, 미술사학자. 뮌헨대학 교수.

Ziegler, Benno(1894-1949) 출판업자.

Ziegler, Leopold(1881-1958) 독일의 철학자, 문명평론가.

Zierold, Kurt(1899-1989) 슈미트의 베를린 지인, DFG 협력자.

Zimmer, Aloys(1896-1973) 본대학 박사과정생. 기독교민주동맹(CDU) 의원.

Zincgref, Julius Wilhelm(1591-1635) 독일의 서정 시인.

Zinn, Adelbert Alexander(1880-1941) 편집인, 저술가, 함부르크 시의회

Zitelmann, Ernst(1852-1923) 독일의 민법, 국제사법학자. 독일민법전 기초에 공헌했다. 괴팅겐, 로스토크, 할레, 본대학 교수 역임. 카를 슈미트의 본 시대 동료.

Zschokke, Hermann(1838-1920) 가톨릭 신학자. 성서학자, 셈어학자. 빈대학 신학부 교수. 총장(1884-1885) 역임.

Zweig, Egon(1870-1920) 독일의 국법학자. 저서 『헌법제정권력론: 프랑스혁명 국법론』(Die Lehre vom "pouvoir constituant", Tübingen, 1909).

Zweigert, Erich(1879-1947) 사회민주당원. 내무관료로서 바이마르 헌법 제정에 관여. 그 기록은 사료적 가치가 높다. 내무장관 역임.

카를 슈미트 저작과 서평

* 다음은 카를 슈미트의 저작에 대한 독일과 외국 학자들의 서평을 비롯하여 전문 잡지와 일간지 등에 게재된 논평과 광고문이다.

정치신학 외 김효전 옮김, 법문사, 1988년, 477쪽(Politische Theologie, 1922, 2. Aufl., 1934. u.a.)
수록 내용: 「정치신학 - 주권론에 관한 네 개의 장 -」, 「신화의 정치이론」, 「의회주의와 현대 대중민주주의와의 대립」, 「중립화와 탈정치화의 시대」, 「후고 프로이스」, 「국가 · 운동 · 민족 - 정치적 통일체의 세 요소 -」, 「법학적 사고방식의 세 유형」, 「국가사회주의와 국제법」, 「역외열강의 간섭을 허용하지 않는 국제법적 광역질서 - 국제법에 있어서 라이히 개념에의 기여 -」, 「국가개념의 구체성과 역사성」. [부록] 카를 슈미트의 생애, 저작목록 및 연구문헌.
"기쁜 것은 무엇보다도 서술의 압축성에도 불구하고 이 저서를 두드러지게 해주는 사고와 흥미로운 관점의 풍부함이다." —Zeitschrift für schweizerisches Recht

정치적인 것의 개념—서문과 세 개의 계론을 수록한 1932년판 김효전 · 정태호 옮김, 살림, 2012년, 339쪽(Der Begriff des Politischen, Text von 1932 mit einem Vorwort und drei Corollarien, 8. Aufl., 2009, 124 S.)
부록으로서 레오 슈트라우스의 「카를 슈미트의 『정치적인 것의 개념』에 대한 주해」와 상세한 참고문헌 첨부.
"저자의 말에 의하면, 이 신판의 목적은 수많은 반박으로 제 소리를 내지 못하는 텍스트가 최소한 순간적으로나마 다시 목소리를 내게 하는 데 있다. 그래서 카를 슈미트는 우선 자신의 저작을 '잘못된 신화화'로부터 구해 내어 본래의 모습으로 새로이 작용하게 하려 하고 있다." —Neuer Literatur-Anzeiger
"엄격한 학문적 성실성으로 저자는 정치적 개념들을 피력하고 그리하여 미래의 정치학 교과서에 대한 교리문답서를 만들어내는데, 사용된 개념들은 정치에서 근본적 진리로 간주되어야 하므로 모든 정치가들에게 익숙할 것임에 틀림없다."

—Juristische Wochenschrift
"그의 논지의 풍부함, 고전적 명쾌성과 보편성이 이 저서를 유사한 저술 영역에서 탑처럼 높이 부각시키고, 또한 문외한을 위해서도 우리 시대를 뚫고 나가는 가치 있는 지침서로 만들어준다." —Süddeutsche Zeitung

합법성과 정당성 김효전 옮김, 교육과학사, 1993년, 319쪽(Legalität und Legitimität, 1932, 8. Aufl., 2012, 98 S.)
이 저작 외에 「바이마르 헌법에 있어서의 자유권과 제도적 보장」, 「법치국가를 둘러싼 논쟁의 의미」 2편을 수록. 부록에 카를 뢰비트의 「카를 슈미트의 기회원인론적 결정주의」, 「막스 베버와 카를 슈미트」 수록.
"이 책에서 카를 슈미트는 대가답게 헌법의 수호자의 사고과정을 계속 서술하면서 당시의 헌법상황을 새롭게 분석하고 있다. 합법성과 정당성의 대립은 하나의 프로그램을 의미한다. 예전의 관념 없는 합법성 실증주의의 거절, 국가생활의 모든 것을 정당화하는 실체적 문제로의 돌진, 헌법에 적합한 정당성의 시도들 중에서 당시 가장 중요한 현상형태들에 대한 고찰이 그것이다." —Juristische Wochenschrift

로마 가톨릭주의와 정치형태/홉스 국가론에서의 리바이어던 김효전 옮김, 교육과학사, 1992년, 401쪽(Römischer Katholizismus und politische Form, 2. Aufl., 1925, 53 S.; Der Leviathan in der Staatslehre des Thomas Hobbes, 1938, 132 S.)
수록 내용: 「로마 가톨릭주의와 정치형태」, 「위임적 독재와 국가학」, 「라이히 대통령의 독재」, 「국가의 국내정치적 중립성의 문제」, 「현대 국가의 권력상황」, 「홉스와 데카르트에 있어서 메커니즘으로서의 국가」, 「홉스 국가론에서의 리바이어던 - 정치적 상징의 의미와 좌절」.

헌법의 수호자논쟁 김효전 옮김, 교육과학사, 1991년, 308쪽(C. Schmitt, Der Hüter der Verfassung, 1929; H. Kelsen, Wer soll der Hüter der Verfassung sein? 1931)
수록 내용: 카를 슈미트의 「헌법의 수호자」, 한스 켈젠의 「누가 헌법의 수호자이어야 하는가?」 [부록] 헌법의 보장(김효전), 카를 슈미트의 주요 저작과 연구문헌, 한스 켈젠의 주요 저작과 연구문헌.

유럽 법학의 상태 · 구원은 옥중에서 김효전 옮김, 교육과학사, 1990년, 396쪽 (Die Lage der europäischen Rechtswissenschaft, 1950; Ex Captivitate Salus, 1950).
수록 내용: 「유럽 법학의 상태, 「구원은 옥중에서 - 1945~47년 시대의 경험들 - 권력과 권력자에의 길에 관한 대화」, 「완성된 종교개혁 - 새로운 리바이어던 해석에 대한 논평과 언급」, 「가치의 전제」, 「합법적 세계혁명 - 법적 합법성과 초합법성을 얻기 위한 프레미엄으로서의 정치적 잉여가치」, [부록] 슈미트의 저작 목록과 연구문헌.

파르티잔—그 존재와 의미 김효전 옮김, 문학과지성사, 1998년, 207쪽(Theorie des Partisanen. Zwischenbemerkung zum Begriff des Politischen, 1963, 7. Aufl., 2010, 96 S.)
"이 책에는 정치적인 것의 개념의 역사적 및 논리적인 연관성과 차별화가 풍부하게 수록되어 있다. 특히 해당 주제는 물론 저자가 서술하면서 사용했던 철학적 및 정신사적인 배경들이 잘 기술되어 있어서 읽는 이로 하여금 무의식적으로 끌리어들도록 하고 있다." —Der Staat

헌법이론 김기범 옮김, 교문사, 1976년, 425쪽(Verfassungslehre, 1928, 10. Aufl., 2010, 404 S.)
"이 책이 비교적 오랜 기간 동안 정신적 영향과 성과를 입증했다면, 그것은 무엇보다도 밀도 높은 개념규정적 문제, 역사적인 동시에 비교하는 전망의 폭, 그리고 제기된 논지의 단호한 엄밀성, 간단히 말해서, 고도의 형식적이며 내용적인 질의 덕택이라고 해야 한다." —쇼이너(Scheuner) 교수, Neue Politische Literatur

헌법논집: 1924-1954 헌법학 자료 김효전 · 정태호 공역, 근간 (Verfassungsrechtliche Aufsätze aus den Jahren 1924-1954, Materialien zu einer Verfassungslehre, 1958, 4. Aufl., 2003. 517 S.)
수록 내용: 제1부 「출발 상태」, 제2부 「헌법의 수호자 문제와 헌법보장」, 제3부 「예외상태와 내란 상태」, 제4부 「일반적인 것」 등 21편의 논문.
"이 새 저서의 특별한 의미는 부분적으로는 접근하기 어려운 저술들을 합일시켜 간편하게 한 실체적 유용성을 훨씬 능가한다. 슈미트는 새로 출판하는 데 그치지 않고, 각 논문들을 사실의 경과나 후기의 저작을 평가함으로써 보충했으며 이 논

문들의 지속적인 현실성을 명백하게 하였다."— 포르스토프(Forsthoff)교수, Das Historisch-Politische Buch

대지의 노모스—유럽 공법의 국제법 최재훈 옮김, 민음사, 1995년, 432쪽(Der Nomos der Erde im Völkerrecht des Jus Publicum Europaeum, 1950, 3. Aufl., 1988, 308 S.)
"이 글을 쓰는 필자처럼 수년 전부터 국제법의 역사적 문제, 특히 17세기의 국제법 발달사를 다룬 사람은 여기 논의되는 저서의 저자가 가진 유럽 공법 정신으로의 높은 감정이입 능력에 대해 거듭해서 놀라게 된다. 슈미트는 이 시대에 완전히 숙달했으며, 이 시대를 또한 법률서 아닌 문헌의 독서를 통해서 파악하려고 했으므로 그의 저술은 견고한 기초에 근거를 두고 있다." —베베르크(Wehberg)교수, Die Friedenswarte

독재론—근대 주권사상의 기원에서 프롤레타리아 계급투쟁까지. 김효전 옮김, 법원사, 1996년, 335쪽(Die Diktatur. Von den Anfängen des modernen Souveränitätsgedankens bis zum proletarischen Klassenkampf, 1921, 7. Aufl., 2006, 257 S.)
"카를 슈미트는 독재에 관한 책을 통해 정치학 이론가로서의 명성을 굳혔다. 이 저술은 독재의 개념을 비로소 확실한 것으로 끌어 올렸으며, 무엇보다도 특히 위임적 독재와 주권적 독재라는 중요하고 성과있는 구분을 정치이론에 도입하였다." —Deutschlandfunk

정치적 낭만 배성동 옮김, 삼성출판사, 1977년, 197쪽. 세계사상전집 34. (Politische Romantik, 1925, 6. Aufl., 1998, 234 S.)
"우리는 낭만주의 문제에 관한 토론을 광범위한, 즉 유럽적 기초로 확대한 사실을 슈미트의 정치적 낭만주의의 업적에 넣는다. …낭만적 심리학 및 실제와의 낭만적 관계라는 중심 문제에 관한 통찰력 있고 기지에 넘치는 저술이라는 인상이 새로워진다."— Historische Zeitschrift

국가 · 운동 · 민족—정치적 통일체의 세 요소 김효전 옮김, 『정치신학 외』, 1988년에 수록(Staat, Bewegung, Volk. Die drei Gliederung der politischen Einheit, 1933,

46 S.)

"이 책자는 하나의 구원이다! 우리는 이 저술을—분량이 직음에도 불구하고 저술임이 명백함으로—지속적으로 해방감을 느끼며 읽게 된다. 마침내 바이마르 헌법의 극복을 위한, 세계관에 의해 뒷받침되어, 명쾌하고 진정으로 학문적 기반을 둔 고백서 한편! 마침내 국가사회주의적 토대의 완전한 자주성에 대한 타당성 있는 학문적 증거!" —국무장관 프라이슬러(Freisler) 박사, Deutsche Justiz

"그의 새 저서 『국가 · 운동 · 민족』에서 추밀원(Staatsrat) 고문관인 카를 슈미트 교수는 국가사회주의적 국법학과 국가사회주의적 국가론의 기초를 정립하였다." —Deutsches Recht

법학적 사고방식의 세 유형 김효전 옮김, 『정치신학 외』, 1988년에 수록(Über die drei Arten des rechtswissenschaftlichen Denkens, 1934, 3. Aufl., 2006, 55 S.)

"이 연구에서 카를 슈미트는 법학적 사고의 세 가지 기본 유형을 대비하고 있다. 법과 법률을 동일시하는 규범주의, 결정에 의해 독재적 법을 만들 수 있다고 믿는 결정주의, 그리고 법률과 규범이 특정한 자연질서의 산물일 따름이라고 보는 세 유형이 그것이다. 지도, 규율과 명예는 국가사회주의적 법형성의 근본적 힘인 구체적인 질서사상의 본질적 요소이다. 카를 슈미트는 여기서 새 국가에서 지지될 사상 형태를 명확하게 그려내고 있다. 그의 저술은 전생애에 걸친 연구의 획기적 진전을 뜻하며, 오늘 이미 독일 국가론의 계속적 발전에 결정적이다."

헌법의 수호자 김효전 옮김, 법문사, 2000년, 250쪽(Der Hüter der Verfassung, 1931. 5. Aufl., 2000, 159 S.)

수록 내용: 「헌법의 수호자로서의 사법」, 「현재의 구체적인 헌법상태」, 「헌법의 수호자로서의 라이히 대통령」.

차별적 전쟁개념으로의 전환 Die Wendung zum diskriminierenden Kriegsbegriff, 1938, 4. Aufl., 2007, 53 S.

수록 내용: 「두 개의 국제법이론적 저작에 관한 보고」, 「1936년 영국 국제법 연감의 두 논문에 관한 보고」, 「차별적 전쟁개념에로의 새로운 국제법적 전환의 비판적 상술」.

입장과 개념들—바이마르 · 제네바 · 베르사유와의 투쟁에 있어서 1923~1939 김효전 · 박배근 옮김, 세종출판사, 2001년, 522쪽(Positionen und Begriffe im Kampf mit Weimar-Genf-Versailles 1923-1939, 1940, 3. Aufl., 1994, 361 S.)
수록 내용: 「신화의 정치이론」(1923)으로부터 「국제법에서의 라이히의 개념」(1939)에 이르기까지 당시의 국내외의 정치상황에 대해서 쓴 논문과 강연 36편.

현대 의회주의의 정신사적 지위 김효전 옮김, 관악사, 2007년, 118쪽(Die geistesgeschichtliche Lage des heutigen Parlamentarismus, 1923, 9. Aufl., 2010, 90 S.)
수록 내용: 「민주주의와 의회주의」, 「의회주의의 원리들」, 「마르크스주의 사상에 있어서의 독재」, 「의회주의의 적으로서의 직접적 폭력행사의 비합리주의적 이론들」.

국민표결과 국민발안 · 제2제국의 국가구조와 붕괴 김효전 옮김, 관악사, 2008년, 125쪽(Volksentscheid und Volksbegehren, 1927, 2. Aufl., 2012, 54 S.; Staatsgefüge und Zusammenbruch des zweiten Reiches, 1934, 2. Aufl., 2011., 49 S.)
수록 내용
국민표결과 국민발안: 국민입법절차, 국민입법절차에서 제외된 사항들, 직접민주주의의 자연적 한계.
제2제국의 국가구조와 붕괴: 프로이센 군인국가와 시민적 입헌주의, 붕괴, 결어.

정치신학 Ⅱ—모든 정치신학은 해결되었다는 전설 김효전 옮김, 『동아법학』 제16호, 1993년, 249-356쪽(Politische Theologie Ⅱ. Die Legende von der Erledigung jeder Politischen Theologie, 1970, 5. Aufl., 2008, 126 S.)
"신학과 정치는 두 개의 내용적으로 분리된 영역인가의 여부, 그리고 어떠한 방식인가의 문제를 이 책자는 파고 들어가며, 슈미트는 다시 한 번 신학적 개념들과 법학적 개념들의 체계적인 구조적 친화력에 관한 그의 주장을 반복한다."—그라이펜하겐(Greiffenhagen) 교수, Das Historisch-Politische Buch

국제법상의 침략전쟁의 범죄와 「죄형법정주의」 원칙 헬무트 크바리치 주해, 김효전 옮김, 『동아법학』 제34호, 2004년, 381-496쪽(Das internationalrechtliche

Verbrechen des Angriffkrieges und der Grundsatz "Nullum crimen, nulla poene sine lege, 1994, S. 12-81).

수록 내용: "법률 없으면 범죄 없다"라는 명제의 실제적 의미, 베르사유조약에서의 전쟁범죄와 전쟁책임, 1919-1939년에서의 침략전쟁의 국제법적 형벌화의 전개, '침략전쟁'이라는 국제범죄의 정범자와 공범자, 개개의 국민, 특히 경제적으로 활동하는 보통 비즈니스맨의 입장, 결론.

칼 슈미트 연구—헌법이론과 정치이론 김효전 편역, 세종출판사, 2001년, 420쪽.
내용: 유스투스 하스하겐, 마르기트 크라프트 · 푹스, 칼 슐테즈, 요제프 카이저, 파스키노 파스쿠알레, 한스 크루파, 피이트 토미센, 황산덕, 샹탈 무프, 라인하르트 메어링, 호르스트 헤그만의 연구 논문 수록. 카를 슈미트에 관한 한국 · 일본 · 독일 · 미국 · 프랑스의 문헌을 총망라. 국내 최초의 본격적인 카를 슈미트 연구서.

반대물의 복합체—20세기 법학과 정신과학에서 카를 슈미트의 위상 헬무트 크바리치 외 저, 김효전 편역, 산지니, 2014년, 552쪽(Quartisch(Hrsg.), Complexio Oppositorum-Über Carl Schmitt, 1988)
내용: 「카를 슈미트와 그의 저작에 대한 접근방법」(서론, 헬무트 크바리치); 「카를 슈미트의 '정치신학'의 근원」(미켈레 니콜레티); 「카를 슈미트와 '보수혁명'」(아르민 몰러); 「'결단'의 이의성」(귄터 마슈케); 「정치적 표현주의」(엘렌 케네디); 「카를 슈미트 국법학 저작의 열쇠로서의 정치적인 것의 개념」(E.-W. 뵈켄회르데); 「구체적 질서사고」(요제프 H. 카이저); 「정치신학과 정치경제학」(게어리 L. 얼멘); 「엠마누엘 시에예스와 카를 슈미트에 있어서의 '헌법제정권력'론(파스쿠알레 파스키노); 「현대 헌법학에 미친 카를 슈미트의 영향」(갈봉근); 「이데에 비추어 본 현실」(폴커 노이만); 「카를 슈미트는 정치사상에 있어서 최신의 고전적 대가인가?」(베른하르트 빌름스) 등 12편의 논문 수록. 부록에는 카를 슈미트 연보, 저작목록 그리고 상세한 카를 슈미트 관련 인명록과 참고문헌 수록. 카를 슈미트 연구의 길잡이인 동시에 인명백과사전이다.

인명 색인

헬무트 크바리치(Helmut Quaritsch)

1930년 함부르크 출생. 함부르크대학에서 철학, 신학, 법학을 공부하고, 1965년 공법과 교회법 대학교수자격을 취득했다. 보훔대학(1966)과 베를린자유대학(1968) 교수를 거쳐 1972년부터 1995년까지 슈파이어행정대학원에서 교수 및 총장(1981~1983년)을 지내고 정년퇴임. 2011년 8월 19일 슈파이어에서 81세로 작고. 1968년 이래 잡지 "Der Staat"의 공동편집자를 지냈으며, 저서로 『주권론』(Souveränität, 1986), 『카를 슈미트의 입장과 개념들』(Positionen und Begriffe Carl Schmitts, 1989) 등이 있다. 독일에서 카를 슈미트에 관한 국제회의를 주관하고 그 결과를 집대성한 본서 『반대물의 복합체』 외에, 슈미트의 『침략전쟁론』(Das internationalrechtliche Verbrechen des Angriffskriegs, 1994; 김효전 옮김, 「국제법상의 침략전쟁의 범죄와 '죄형법정주의' 원칙」, 『동아법학』제34호, 2004)과 『뉘른베르크에서의 카를 슈미트의 답변』(Carl Schmitt - Antworten in Nürnberg, 2000)을 편집하고 주해했다.

미켈레 니콜레티(Michele Nicoletti)

1956년생. 1988년 집필 당시 이탈리아 파두아대학 철학과 연구원. 저서 La dialettica dell' Incarnazione, Soggettività e storia in S. Kierkegaard(1983), Transcendenza e potere. La teologica politica di Carl Schmitt(1990).

아르민 몰러(Armin Mohler)

1920년 스위스 바젤 출생. 2003년 작고. 1949~1953년 에른스트 윙거(Ernst Jünger)의 비서 역임. 스위스와 독일 신문의 파리 특파원. 1961년 이후 국민보수적인 저널리스트로서 뮌헨에 거주. 1967년 이후 오스트리아 인스브룩대학 정치학 강사를 지냄. 저서 Die Konservative Revolution in Deutschland 1918-1932, 3. Aufl.(1989), Der Nasering- Die Vergangenheitsbewältigung vor und nach dem der Mauer, 2. Aufl.(1991). 논문 Carl Schmitt und Ernst Jünger. Anläßlich von Carl Schmitt Nachlaß-Werk "Glossarium" in: Criticón, 1991. 128, S. 294-298. 문헌 Dirk van Laak, Gespräche in der Sicherheit des Schweigens, 1993, S. 256-262.

귄터 마슈케(Günter Maschke)

1943년 독일 에르푸르트에서 태어나 트리어에서 성장. 프랑크푸르트대학 강사 역임. 극좌 반체제 운동가였으나 1968~1969년 쿠바에 체류한 뒤 전향. 1979년 카를 슈미트를 알게 되고 1980년 Edition Maschke사를 설립하여 슈미트의 『땅과 바다』, 『토머스 홉스 국가론에서의 리바이어던』을 발간. 저널리스트로서 방송, 신문과 잡지에 다수 기고. 1988년 『도노소 코르테스』를 독일어로 편역. 저서 Kritik des Guerrillero. Zur Theorie des Volkskrieges(1972), Der Tod des Carl Schmitts(1987), Juan Donoso Cortés, Essay über den Katholizismus, den Liberalismus und den Sozialismus(1989). 슈미트 저작의 편집과 주해로 "Staatsgefüge und Zusammenbruch des zweiten Reiches"(2011), "Frieden oder Pazifismus?"(2005), "Staat, Großraum, Nomos. Arbeiten aus den Jahren 1916-1969"(1995)이 있다.

엘렌 케네디(Ellen Kennedy)

1946년생. 미국의 여류 사회학자. 펜실베이니아대학 교수 역임. 저서 Freedom and the Open Society(1977). The Bundesbank: Germany's Central Bank in the International Monetary System(1991).

에른스트-볼프강 뵈켄회르데(Ernst-Wolfgang Böckenförde)

1930년 독일 카셀 출생. 뮌스터대학과 뮌헨대학에서 법학 · 역사학 공부. 1956년 법학박사, 1961년 철학박사, 1964년 교수자격논문 통과. 1964년 이래 하이델베르크, 빌레펠트대학을 거쳐 프라이부르크대학에서 공법, 법제사 및 헌법사, 법철학 교수 역임. 1995년 정년퇴직. 1983-1996년 연방헌법재판소 재판관 역임. 주저 Gesetz und gesetzgebende Gewalt, 1958. 2. Aufl.(1981), Die verfassungstheoretische Unterscheidung von Staat und Gesellschaft als Bedingung der individuellen Freiheit(1973; 김효전 역, 『국가와 사회의 헌법이론적 구별』, 법문사, 1989); Recht, Staat, Freiheit, 1991; Staat, Verfassung, Demokratie(1991; 김효전 · 정태호 옮김,『헌법과 민주주의』, 법문사, 2003); Geschichte der Rechts-und Staatsphilosophie(2002).

R. 메링은 뵈켄회르데를 슈미트의 '직계 제자'로 표현한다. 뵈켄회르데는 1953년 이래 슈미트로부터 많은 가르침을 받았으며 그의 저작에 직간접적으로 관여한 것을 회상한다. Böckenförde/Gosewinkel, Wissenschaft Politik Verfassungsgericht. Aufsätze von Ernst-Wolfgang Böckenförde. Biographisches Interview von Dieter Gosewinkel, 2011, S. 359 ff.

요제프 H. 카이저(Joseph H. Kaiser)

1921년 베스트팔렌의 알텐훈뎀(Altenhundem/Westfalen)에서 출생. 1998년 프라이부르크에서 작고. 베를린대학에서 슈미트 청강생. 1947년 튀빙겐대학에서 법학박사. 1954년 본대학 교수자격논문 통과. 1953년 미국 오하이오주립대학 교수. 1954~1955년 외무부 근무. 1955년 프라이부르크대학 교수로 역임하다가 1989년 정년퇴직. 슈미트 학문 유산의 관리인. 저서 Die Repräsentation orgaisierter Interessen, 2. Aufl.(1978), Planung, 7 Bde.(1965-1982).

게어리 L. 얼멘(Gary L. Ulmen)
1939년생. 본 논문 집필 당시 워싱턴대학 극동과 러시아연구소 중국사연구팀 공동 연구원. 주저 The Science of Society: Toward and Understanding of the Life and Work of Karl August Wittfogel(1978). Politischer Mehrwert: Eine Studie über Max Weber und Carl Schmitt(1991).

파스쿠알레 파스키노(Pasquale Pasquino)
1948년 이탈리아 출생. 1988년 본 논문 집필 당시 파리 이공과학교(CREA) 국립과학 연구센터(CNRS) 연구원. 저서 프랑스혁명의 헌법이론과 바이마르 시대의 국가학에 관한 논문이 있다.

갈봉근(葛奉根, Bongkun Kal)
1932년 부산 출생. 2002년 서울에서 작고. 1955년 서울대학교 법과대학 졸업. 1958년 서독 본대학에서 법학박사학위 취득. 1958~1960년 마부르크대학 강사. 1961~1973년 중앙대 교수. 1973~1980년 국회의원 역임. 1981~1987년 동아대 대학원 교수. 1989년~2002년 일본 도시샤(同志社)대학 객원교수. 저서 『신헌법개론』(1964), 『유신헌법론』(1976),『헌법 논집 1961-2001』(2002) 등.

폴커 노이만(Volker Neumann)
1947년생. 베를린(훔볼트)대학 교수 역임. 저서 Der Staat im Bürgerkrieg. Kontinuität und Wandlung des Staatsbegriffs in der politischen Theorie Carl Schmitts(1980); Freiheitsgefährdung im kooperativen Sozialstaat. Rechtsgrundlagenden und Rechtsformen der Finanzierung der freien Wohlfahrtspflege(1992).

베르나르드 빌름스(Bernard Willms)
1931년생. 보훔대학 교수 역임. 1991년 작고. 저서 Die totale Freiheit. Fichtes politische Philosophie(1967), Die deutsche Nation. Theorie-Lage-Zukunft(1982), Thomas Hobbes. Das Reich des Leviathan(1987).

카를 슈미트(Carl Schmitt)

1888년 7월 11일 플레텐베르크에서 출생하였다. 바이마르 공화국 시대부터 그라이프스발트(1921), 본(1922), 베를린상과대학(1928), 쾰른(1932), 베를린(1933~1945) 대학 교수를 역임.

헌법, 국제법, 정치학, 정치사상 등의 분야에서 폭넓게 활약하였다. 그동안 시민적 민주주의의 정치적 · 법적인 개념과 범주에 대한 논쟁적인 해명과 아울러 생명 없는 규범주의 파괴에 관한 지적 작업을 일관되게 해왔다. 가톨릭의 입장에서 사상사적인 배경 아래 예리한 통찰력과 유려한 필치로 시민적 법치국가의 가면을 벗기는 그의 명석한 두뇌는 가히 악마적이라고도 할 정도다. 이런 의미에서 그는 현대의 독일에서 가장 자극적이며 논쟁적인 정치사상가의 한 사람에 속한다. 특히 정치적인 것의 개념을 적과 동지의 구별에서 찾는 이론을 비롯하여 낭만주의, 정치신학, 주권론, 독재, 합법성과 정당성에 대한 개념적인 연구는 독일과 그의 전문 영역을 넘어 여러 나라에 많은 영향을 미쳤다. 1933년 나치의 정권장악에 협력한 죄과로 제2차 세계대전 후에는 대학에서 추방되고 고향에서 은둔생활을 하다가 1985년 4월 7일 96세를 일기로 세상을 떠났다.

김효전(金孝全)

1945년 서울 출생. 성균관대학교 법학과와 서울대학교 대학원을 졸업하고 서울대에서 법학박사 학위를 받았다. 1977년부터 2010년까지 동아대학교 교수를 지냈으며, 현재는 명예교수이자 대한민국학술원 회원이다. 그동안 독일 프라이부르크대학 초청교수, 미국 버클리대학의 방문학자, 한국공법학회 회장, 동아대 법학전문대학원장을 역임하였다.

저서로는 『서양헌법이론의 초기수용』,『근대한국의 국가사상』, 『헌법』 등이 있고, 번역서로는 옐리네크의 『일반 국가학』, 뵈켄회르데의 『헌법과 민주주의』 등이 있으며, 『정치신학』, 『독재론』, 『헌법의 수호자』 등 카를 슈미트의 주요 문헌 대부분을 한국어로 옮겼다. 그 밖에 250여 편의 논문을 발표하였다.

반대물의 복합체

20세기 법학과 정신과학에서 카를 슈미트의 위상

초판 1쇄 발행 2014년 6월 13일

지은이 헬무트 크바리치 외
옮긴이 김효전
펴낸이 강수걸
편집장 권경옥
편집 손수경 권경옥 양아름 윤은미
펴낸곳 산지니
등록 2005년 2월 7일 제14-49호
주소 부산광역시 연제구 법원남로15번길 26 위너스빌딩 203호
전화 051-504-7070 | 팩스 051-507-7543
홈페이지 www.sanzinibook.com
전자우편 sanzini@sanzinibook.com
블로그 http://sanzinibook.tistory.com

ISBN 978-89-6545-254-6 93300

*책값은 뒤표지에 있습니다.
*이 도서의 국립중앙도서관 출판시도서목록(CIP)은 e-CIP 홈페이지
(http://www.nl.go.kr/ecip)에서 이용하실 수 있습니다.
(CIP 제어번호: CIP 2014016201)